JLPT 한권으로 끝내기 N1~N5 교재 연계 강의 구성

JLPT 수강료 100% 환급 패키지

환급 패키지 혜택

N1~N5 전 급수
유형 분석&팁 강의 무료

N1~N3 실전 모의고사
N1~N4 한자/족집게 특강 무료

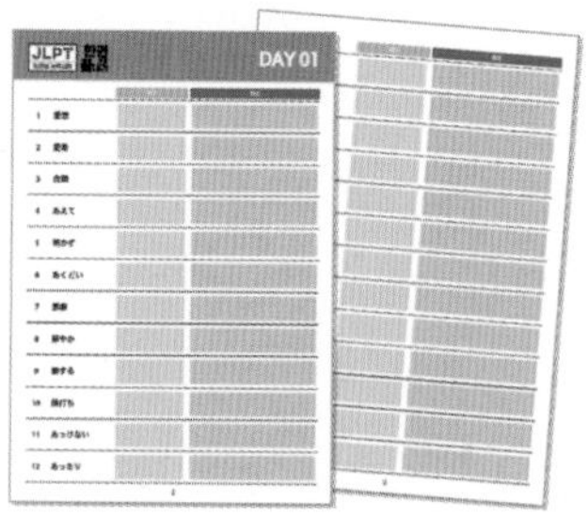

N1~N5 전 급수
비법 자료 무료

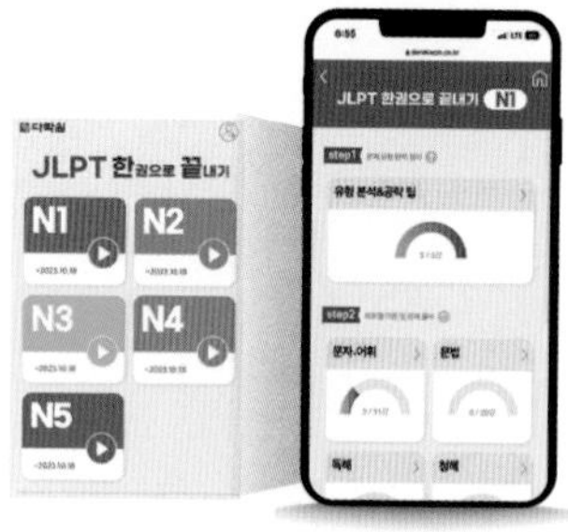

편리한 학습 환경
JLPT 전용 강의실 이용

합격 후기 이벤트

100% 증정!

상기 혜택 및 이벤트 상품은 변경될 수 있으며, 자세한 내용은 다락원사이트〉JLPT 환급 패키지 페이지를 참고해 주세요.

JLPT

일본어능력시험

한권으로 끝내기

이치우, 北嶋千鶴子 공저

N2

다락원

저자

이치우 (lcw7639@yahoo.co.jp)

인하대학교 문과대학 일어일문학과 졸업
일본 横浜国立大学 教育学部 研究生 수료
(전) 駐日 한국대사관 한국문화원 근무
(전) 일본 와세다대학 객원 연구원
(전) 한국디지털대학교 외래교수
(현) TAKARA 대표
(현) 일본어 교재 저술가

저서
『(4th EDITION) JLPT [문자 · 어휘 / 문법 / 한자] 콕콕 찍어주마 N1 / N2 / N3 / N4 · 5』 (다락원)
『2021 최신 개정판 JLPT(일본어능력시험) 한권으로 끝내기 N1 / N2 / N3 / N4 / N5』 (다락원, 공저) 등

기타지마 치즈코 (北嶋千鶴子)

일본 早稲田大学 第一文学部 졸업
(전) 早稲田京福語学院 교장
(현) のぞみ日本語学校 교장
(현) J-cert 生活・職能日本語検定 감수위원장
(현) ノースアイランド 대표

저서
『2021 최신 개정판 JLPT(일본어능력시험) 한권으로 끝내기 N1 / N2 / N3』 (다락원, 공저)
『にほんごであそぼうシリーズ Ⅰ～Ⅴ』 (日本文化研究会出版部)
『読解問題 55 シリーズ Ⅰ～Ⅲ』 (ノースアイランド)

JLPT 일본어능력시험 한권으로 끝내기 N2

지은이 이치우, 北嶋千鶴子
펴낸이 정규도
펴낸곳 (주)다락원

초판 1쇄 발행 1998년 7월 15일
개정2판 1쇄 발행 2005년 8월 10일
개정3판 1쇄 발행 2010년 8월 19일
개정4판 1쇄 발행 2015년 12월 21일
개정5판 1쇄 발행 2021년 9월 30일
개정5판 11쇄 발행 2024년 12월 20일

책임편집 손명숙, 김은경, 한누리, 송화록
디자인 장미연, 정규옥

다락원 경기도 파주시 문발로 211
내용문의: (02)736-2031 내선 460~465
구입문의: (02)736-2031 내선 250~252
Fax: (02)732-2037
출판등록 1977년 9월 16일 제406-2008-000007호

ISBN 978-89-277-1242-8 14730
978-89-277-1240-4(세트)

http://www.darakwon.co.kr

- 다락원 홈페이지를 방문하시면 상세한 출판 정보와 함께 동영상강좌, MP3 자료 등 다양한 어학 정보를 얻으실 수 있습니다.
- 다락원 홈페이지 또는 표지의 QR코드를 스캔하시면 청해 MP3 파일 및 관련자료를 다운로드 하실 수 있습니다.

머리말

JLPT(일본어능력시험)는 일본어를 모국어로 하지 않는 학습자들의 일본어 능력을 측정하고 인정하는 것을 목적으로 하는 시험으로, 국제교류기금 및 일본국제교육지원협회가 1984년부터 실시하고 있습니다. JLPT는 일본 정부가 공인하는 세계 유일의 일본어 시험인 만큼 그 결과는 일본의 대학, 전문학교, 국내 대학의 일본어과 등의 특차 전형과 기업 인사 및 공무원 선발에서 일본어 능력을 평가하는 자료로도 활용되고 있습니다.

JLPT의 수험자층은 초등학생에서 일반인으로 그 폭이 넓어지고 있고 수험의 목적도 실력 측정이나 취직 및 승진을 위해서 대학이나 대학원 등의 진학을 위해서 등등 다양해지고 있습니다. 이와 같은 변화에 대응하여 국제교류기금과 일본국제교육지원협회는 시험 개시로부터 20년 넘게 발전해 온 일본어 교육학이나 테스트 이론의 연구 성과와 지금까지 축적해 온 시험 결과의 데이터 등을 활용하여 JLPT의 내용을 개정하여 2010년부터 새로운 JLPT를 실시하고 있습니다.

『JLPT 한권으로 끝내기 N2』는 2015년에 발행된 『JLPT(일본어능력시험) 한권으로 끝내기 N2』의 개정판으로, 실제 시험 문제와 같은 형식인 1교시 언어지식(문자·어휘·문법)·독해, 2교시 청해 순으로 구성되어 있습니다. 이번 개정판에서는 JLPT N2에서 고득점을 받을 수 있도록 문자·어휘, 문법, 독해, 청해의 각 파트별 총정리는 물론, 예상문제와 실전모의테스트까지 준비하였습니다. 또한 2010년부터 현재까지 출제된 어휘와 문법을 연도별로 정리하였고, 새롭게 출제된 문제 유형을 철저히 분석 및 반영하여 JLPT N2의 모든 파트를 종합적으로 마스터할 수 있도록 하였습니다.

이 책을 이용하는 독자 여러분 모두에게 아무쪼록 좋은 결과가 있기를 바랍니다. 끝으로 이 책의 출판에 도움을 주신 (주)다락원의 정규도 사장님과 일본어 편집부 직원분들께 이 자리를 빌어 감사 드립니다.

저자 이치우 · 北嶋千鶴子

JLPT (일본어능력시험)에 대하여

❶ JLPT의 레벨

N1, N2, N3, N4, N5로 나뉘어져 있으며 수험자가 자신에게 맞는 레벨을 선택한다. 각 레벨에 따라 N1~N2는 언어지식(문자 · 어휘 · 문법) · 독해, 청해의 두 섹션으로, N3~N5는 언어지식(문자 · 어휘), 언어지식(문법) · 독해, 청해의 세 섹션으로 나뉘어져 있다.

시험 과목과 시험 시간 및 인정기준은 다음과 같으며, 인정기준을 「읽기」,「듣기」의 언어 행동으로 나타낸다. 각 레벨에는 이들 언어행동을 실현하기 위한 언어지식이 필요하다.

레벨	과목별 시간		인정기준
	유형별	시간	
N1	언어지식 (문자·어휘·문법) 독해	110분	**폭넓은 장면에서 사용되는 일본어를 이해할 수 있다.** 【읽기】 신문의 논설, 논평 등 논리적으로 약간 복잡한 문장이나 추상도가 높은 문장 등을 읽고, 문장의 구성과 내용을 이해할 수 있으며, 다양한 화제의 글을 읽고 이야기의 흐름이나 상세한 표현의도를 이해할 수 있다. 【듣기】 자연스러운 속도로 체계적 내용의 회화나 뉴스, 강의를 듣고, 내용의 흐름 및 등장인물의 관계나 내용의 논리구성 등을 상세히 이해하거나 요지를 파악할 수 있다.
	청해	55분	
	계	165분	
N2	언어지식(문자·어휘·문법) 독해	105분	**일상적인 장면에서 사용되는 일본어의 이해에 더해, 보다 폭넓은 장면에서 사용되는 일본어를 어느 정도 이해할 수 있다.** 【읽기】 신문이나 잡지의 기사나 해설, 평이한 평론 등, 논지가 명쾌한 문장을 읽고 문장의 내용을 이해할 수 있으며, 일반적인 화제에 관한 글을 읽고 이야기의 흐름이나 표현의도를 이해할 수 있다. 【듣기】 자연스러운 속도로 체계적 내용의 회화나 뉴스를 듣고, 내용의 흐름 및 등장인물의 관계를 이해하거나 요지를 파악할 수 있다.
	청해	50분	
	계	155분	
N3	언어지식(문자·어휘)	30분	**일상적인 장면에서 사용되는 일본어를 어느 정도 이해할 수 있다.** 【읽기】 일상적인 화제에 구체적인 내용을 나타내는 문장을 읽고 이해할 수 있으며, 신문기사 제목 등에서 정보의 개요를 파악할 수 있다. 일상적인 장면에서 난이도가 약간 높은 문장은 대체 표현이 주어지면 요지를 이해할 수 있다. 【듣기】 자연스러운 속도로 체계적 내용의 회화를 듣고, 이야기의 구체적인 내용을 등장인물의 관계 등과 함께 거의 이해할 수 있다.
	언어지식(문법)·독해	70분	
	청해	40분	
	계	140분	
N4	언어지식(문자·어휘)	25분	**기본적인 일본어를 이해할 수 있다.** 【읽기】 기본적인 어휘나 한자로 쓰여진, 일상생활에서 흔하게 일어나는 화제의 문장을 읽고 이해할 수 있다. 【듣기】 일상적인 장면에서 다소 느린 속도의 회화라면 내용을 거의 이해할 수 있다.
	언어지식(문법)·독해	55분	
	청해	35분	
	계	115분	
N5	언어지식(문자·어휘)	20분	**기본적인 일본어를 어느 정도 이해할 수 있다.** 【읽기】 히라가나나 가타카나, 일상생활에서 사용되는 기본적인 한자로 쓰여진 정형화된 어구나 문장을 읽고 이해할 수 있다. 【듣기】 일상생활에서 자주 접하는 장면에서 느리고 짧은 회화라면 필요한 정보를 얻어낼 수 있다.
	언어지식(문법)·독해	40분	
	청해	30분	
	계	90분	

※N3 ~ N5 의 경우, 1교시에 언어지식(문자 · 어휘)과 언어지식(문법) · 독해가 이어서 실시된다.

❷ 시험 결과의 표시

레벨	득점 구분	득점 범위
N1	언어지식(문자·어휘·문법)	0 ~ 60
	독해	0 ~ 60
	청해	0 ~ 60
	종합득점	0 ~ 180
N2	언어지식(문자·어휘·문법)	0 ~ 60
	독해	0 ~ 60
	청해	0 ~ 60
	종합득점	0 ~ 180
N3	언어지식(문자·어휘·문법)	0 ~ 60
	독해	0 ~ 60
	청해	0 ~ 60
	종합득점	0 ~ 180
N4	언어지식(문자·어휘·문법)·독해	0 ~ 120
	청해	0 ~ 60
	종합득점	0 ~ 180
N5	언어지식(문자·어휘·문법)·독해	0 ~ 120
	청해	0 ~ 60
	종합득점	0 ~ 180

※ 일본어능력시험은 매회 시험의 난이도를 관리하고, 새로운 유형의 문제를 평가하기 위해 득점에 가산되지 않는 문제를 포함할 수 있다.

❸ 시험 결과 통지의 예

다음 예와 같이 ① '득점 구분 별 득점'과 득점 구분 별 득점을 합계한 ② '종합득점', 앞으로의 일본어 학습을 위한 ③ '참고 정보'를 통지한다. ③ '참고 정보'는 합격/불합격 판정 대상이 아니다.

*예 : N3을 수험한 Y씨의 '합격/불합격 통지서'의 일부 성적 정보 (실제 서식은 변경될 수 있다.)

① 득점 구분 별 득점			② 종합득점
언어지식 (문자·어휘·문법)	독해	청해	
50 / 60	30 / 60	40 / 60	120 / 180

③ 참고 정보	
문자·어휘	문법
A	C

A 매우 잘했음 (정답률 67% 이상)
B 잘했음 (정답률 34%이상 67% 미만)
C 그다지 잘하지 못했음 (정답률 34% 미만)

이 책의 구성과 활용

이 책은 2010년부터 시행된 JLPT N2를 완벽하게 대응할 수 있도록 출제 경향 및 문제 유형을 철저히 분석하여 종합적으로 정리한 학습서이다. 이번 개정판에서는 2010년부터 출제된 기출 어휘, 문법과 함께 새 문제 경향에 대비한 문제도 함께 추가하였다. 전체 구성은 본책 〈1교시 끝내기 – 언어지식(문자·어휘·문법) / 독해〉 〈2교시 끝내기 – 청해〉와 별책부록 〈실전모의테스트〉 〈스피드 체크북〉으로 이루어져 있다.

1교시 끝내기　언어지식(문자·어휘·문법) / 독해

제1~2장 언어지식 – 문자·어휘 기출 공략편/예상 공략편

제1장은 문자·어휘 기출 공략편으로 JLPT N2에 출제된 기출어휘를 2024~2016, 2015~2010, 2009~2000으로 각각 나누어 정리하고 확인문제를 실었다. 제2장에서는 출제 가능성이 높은 문자와 어휘를 품사별로 나누어 정리하고 문제별 예상문제를 통해 학습한 내용을 다시 한 번 확인할 수 있도록 하였다.

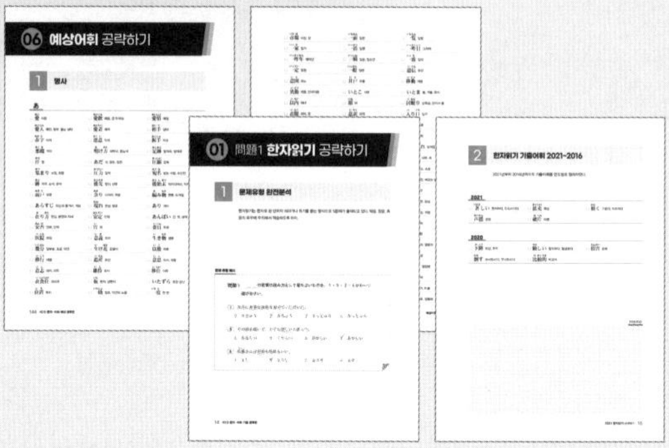

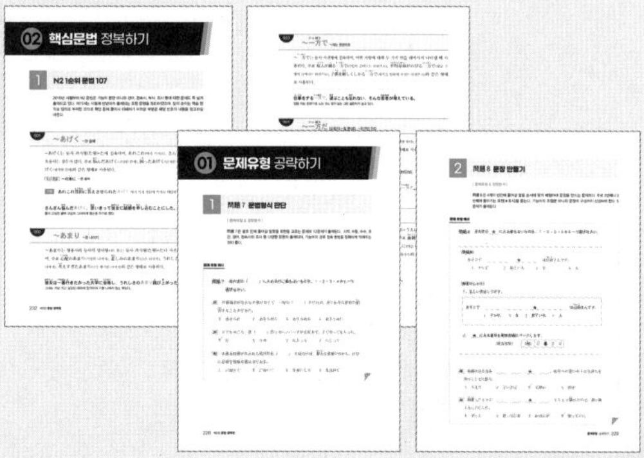

제3장 언어지식 – 문법 공략편

JLPT N2 대비용으로 선정한 기능어를 1순위 107, 2순위 53으로 나누어 수록하고, 출제 가능성이 높은 경어도 정리하였다. 또한 문제 유형에 맞추어 제시한 문법 확인문제로 기능어가 가진 역할과 함께 새로운 문제 패턴을 충분히 이해하고 연습할 수 있다.

제4장 독해 공략편

JLPT N2 독해 문제의 유형 분석과 함께 문제를 푸는 요령을 정리하였다. 각 문제 유형별로 예제를 통해 실전 감각을 익히고, 다양한 연습문제를 통해 실전에 대비할 수 있도록 하였다.

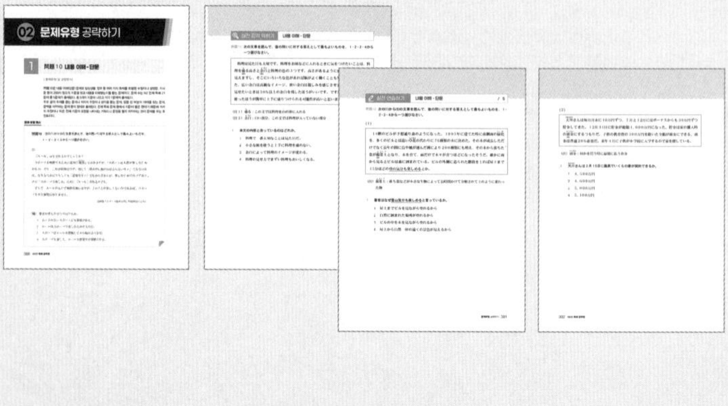

2교시 끝내기 청해

제5장 청해 공략편

우리나라 사람들이 알아 듣기 힘든 발음을 항목별로 정리하고 원어민 음성을 통해 요령을 터득할 수 있도록 하였다. 또한 각 문제 유형별로 예제를 통해 실전 감각을 익히고, 다양한 확인문제를 통해 실전에 대비할 수 있도록 하였다.

MP3 파일은 다락원 홈페이지에서 다운로드할 수 있으며, QR코드를 촬영하면 쉽게 스마트폰으로 접속하여 음성을 들을 수 있다.

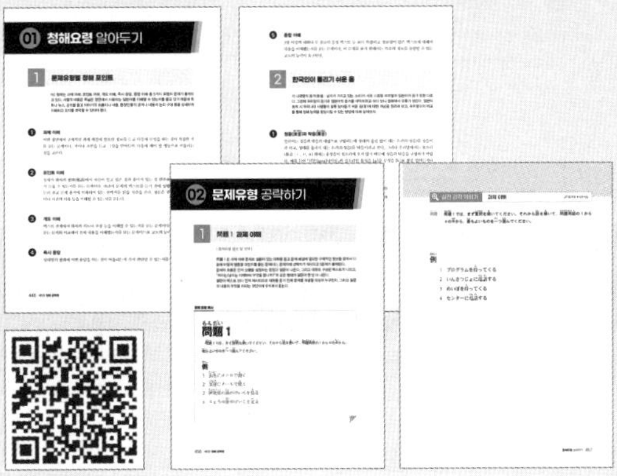

별책 부록

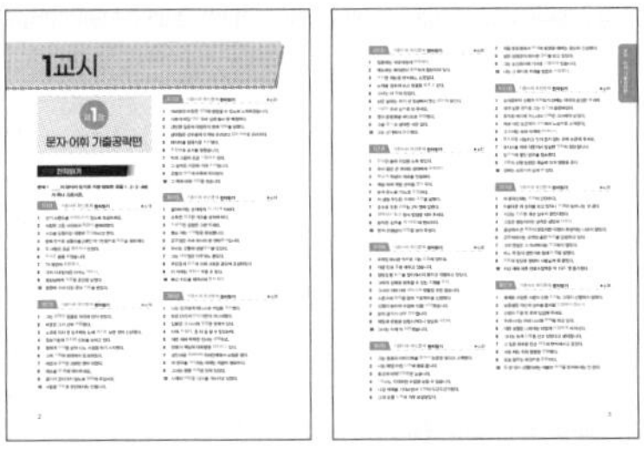

해석 및 해설집

학습의 이해도와 능률을 높이기 위하여 각 단원별로 확인문제의 해석, 독해 지문의 해석 및 정답과 해설, 청해 스크립트 및 정답과 해설을 실었다. 문제를 풀고 확인하기 편리하게끔 별책으로 제공한다.

실전모의테스트 (2회분) / 해답 및 스크립트

실제 시험과 동일한 형식의 모의테스트가 2회분 수록되어 있다. 모의테스트를 통해 학습한 내용을 최종적으로 점검하고 함께 수록된 채점표를 통해 본 시험에서의 예상 점수를 확인해 볼 수 있다. 함께 실은 해답용지를 이용하여 사전에 해답 기재 요령을 익혀 실제 시험에서 당황하지 않도록 하길 바란다.

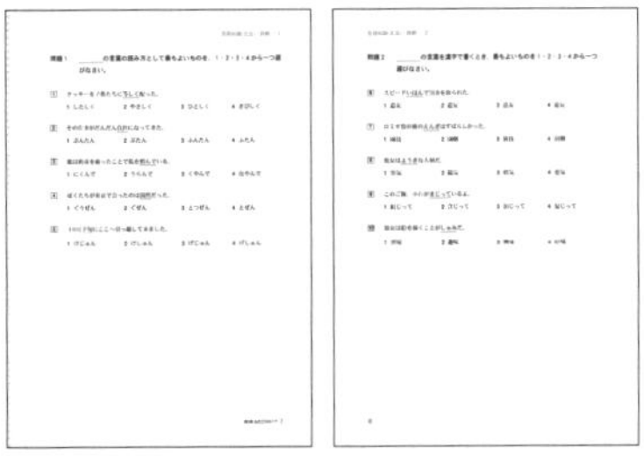

스피드 체크북

2000~2024년까지 문자·어휘 파트에서 출제된 어휘를 각 문제 유형별로 나누고 あいうえお 순으로 정리하였다. 문법에서는 필수문법 160개를 실어 평소 자투리 시간을 이용하여 공부할 수 있으며, 시험 당일 최종 점검용으로도 활용할 수 있다.

목차

2교시 끝내기 청해

1교시 끝내기

언어지식(문자·어휘·문법) / 독해

N2

제 1 장

문자·어휘 기출 공략편

01 問題 1 한자읽기 공략하기
02 問題 2 한자표기 공략하기
03 問題 3 단어형성 공략하기
04 問題 4 문맥규정 공략하기
05 問題 5 유의표현 공략하기
06 問題 6 용법 공략하기

01 問題1 한자읽기 공략하기

1 문제유형 완전분석

한자읽기는 한자로 된 단어의 히라가나 표기를 묻는 형식으로 5문제가 출제되고 있다. 탁음, 장음, 촉음의 유무에 주의해서 학습하도록 하자.

문제 유형 예시

問題 1 ＿＿＿の言葉の読み方として最もよいものを、1・2・3・4から一つ選びなさい。

1 先生に貴重な資料を見せていただいた。

1 きじゅう　2 きちょう　3 きっじゅう　4 きっちょう

2 その話を聞いて、とても怪しいと思った。

1 むなしい　2 くやしい　3 おかしい　4 あやしい

3 佐藤(さとう)さんは容姿も性格もいい。

1 よし　2 ようし　3 ようす　4 よす

2 한자읽기 기출어휘 2024~2016

2024

□ 鮮やか(あざやか) 선명함
□ 衣装(いしょう) 의상
□ 絡まる(からまる) 휘감기다, 얽히다
□ 実践(じっせん) 실천
□ 詳細(しょうさい) 상세
□ 背骨(せぼね) 척추
□ 農薬(のうやく) 농약
□ 分析(ぶんせき) 분석
□ 迷う(まよう) 망설이다
□ 優秀(ゆうしゅう) 우수

2023

□ 握手(あくしゅ) 악수
□ 腕(うで) 팔
□ 運賃(うんちん) 운임
□ 幼い(おさない) 어리다, 유치하다
□ 険しい(けわしい) 험악하다, 험상궂다
□ 削除(さくじょ) 삭제
□ 善良だ(ぜんりょうだ) 선량하다, 어질다
□ 平等(びょうどう) 평등
□ 乱れる(みだれる) 흐트러지다, 흐려지다
□ 模範(もはん) 모범

2022

□ 勇ましい(いさましい) 용감하다
□ 偉い(えらい) 대단하다, 위대하다
□ 記憶(きおく) 기억
□ 警備(けいび) 경비
□ 刺激(しげき) 자극
□ 世間(せけん) 세간, 세상
□ 素材(そざい) 소재
□ 務める(つとめる) 역할을 맡다
□ 途端に(とたんに) 바로 그 순간
□ 外れる(はずれる) 제외되다, 벗어나다

2021

- □ 焦る(あせ) 초조해하다
- □ 著しい(いちじる) 현저하다, 두드러지다
- □ 介護(かいご) 간호
- □ 拡充(かくじゅう) 확충
- □ 傾く(かたむ) 기울다, 치우치다
- □ 賛否(さんぴ) 찬반, 가부
- □ 情景(じょうけい) 정경, 광경
- □ 声援(せいえん) 성원
- □ 乏しい(とぼ) 모자라다, 부족하다
- □ 破片(はへん) 파편

2020

- □ 下降(かこう) 하강, 추락
- □ 険しい(けわ) 험악하다, 험상궂다
- □ 損害(そんがい) 손해
- □ 倒す(たお) 쓰러뜨리다, 무너뜨리다
- □ 比較的(ひかくてき) 비교적

2019

- □ 圧倒的(あっとうてき) 압도적
- □ 映る(うつ) 비치다
- □ 偶然(ぐうぜん) 우연히
- □ 軽傷(けいしょう) 경상
- □ 下旬(げじゅん) 하순
- □ 刺激(しげき) 자극
- □ 憎む(にく) 미워하다, 증오하다
- □ 恥(はじ) 부끄러움, 수치
- □ 等しい(ひと) 동등하다
- □ 負担(ふたん) 부담

2018

- □ 企画(きかく) 기획
- □ 怖い(こわ) 무섭다
- □ 再度(さいど) 재차, 다시
- □ 湿る(しめ) 축축해지다, 습기 차다
- □ 処理(しょり) 처리
- □ 総額(そうがく) 총액
- □ 抽選(ちゅうせん) 추첨
- □ 和やか(なご) 온화함
- □ 離れる(はな) 멀어지다, 떨어지다
- □ 冷蔵庫(れいぞうこ) 냉장고

2017

□ 幼い（おさな） 어리다, 유치하다	□ 抱える（かか） 떠안다, 책임지다	□ 求人（きゅうじん） 구인
□ 絞る（しぼ） 조이다, (쥐어)짜다	□ 柔軟に（じゅうなん） 유연하게	□ 垂直（すいちょく） 수직
□ 強火（つよび） 센 불	□ 握る（にぎ） 쥐다, 잡다	□ 乱れる（みだ） 흐트러지다, 흐려지다
□ 密閉（みっぺい） 밀폐		

2016

□ 怪しい（あや） 수상하다	□ 納める（おさ） 넣다, 납입하다	□ 劣る（おと） 뒤떨어지다
□ 願望（がんぼう） 바람, 소원	□ 競う（きそ） 겨루다, 경쟁하다	□ 貴重（きちょう） 귀중함
□ 治療（ちりょう） 치료	□ 伴う（ともな） 동반하다, 따르다	□ 批評（ひひょう） 비평
□ 容姿（ようし） 용모, 외모		

memo

1 기출어휘 확인문제

한자읽기　　/ 10

問題１　＿＿＿の言葉の読み方として最もよいものを、１・２・３・４から一つ選びなさい。

1　電気スタンドを倒さないように気をつけなさい。

1　くずさない　　2　たおさない　　3　こわさない　　4　つぶさない

2　食糧(しょくりょう)は彼らの間で等しく分配された。

1　やさしく　　2　ひとしく　　3　したしく　　4　きびしく

3　事故にあったが幸い軽傷とのことだ。

1　けしょう　　2　けいしょう　　3　けそう　　4　けいそう

4　年内に商品数をやく２倍の１万点に拡充する計画だ。

1　こうじゅ　　2　かくじゅ　　3　こうじゅう　　4　かくじゅう

5　二人は少し離れて座った。

1　はなれて　　2　わかれて　　3　かくれて　　4　はずれて

6　怖い夢を見ました。

1　つらい　　2　きつい　　3　ゆるい　　4　こわい

7　テレビの画面が乱れた。

1　みだれた　　2　くずれた　　3　つぶれた　　4　よごれた

8　彼の考え方はまだまだ幼い。

1　くどい　　2　ずるい　　3　おさない　　4　しつこい

9　店長から貴重なアドバイスを受けた。

1　きじゅう　　2　きちょう　　3　きっじゅう　　4　きっちょう

10　病院に行ってけがの治療を受けた。

1　じりょ　　2　ちりょ　　3　じりょう　　4　ちりょう

답 1② 2② 3② 4④ 5① 6④ 7① 8③ 9② 10④

2 기출어휘 확인문제

한자읽기 / 10

問題１ ＿＿＿の言葉の読み方として最もよいものを、１・２・３・４から一つ選びなさい。

1 彼は険しい顔つきで椅子に座っていた。

1 くるしい　2 さびしい　3 はげしい　4 けわしい

2 費用は彼が全部負担した。

1 ぶたん　2 ぶんたん　3 ふたん　4 ふんたん

3 東京に引っ越してきた当初は目に映るものすべてが新鮮だった。

1 あたる　2 ひかる　3 てる　4 うつる

4 情報技術が著しい進歩を見せている。

1 かかやかしい　2 かがやかしい　3 いちじるしい　4 いちしるしい

5 兄に刺激されて僕もサーフィンをやり始めた。

1 さてき　2 さげき　3 してき　4 しげき

6 彼の企画が会議で通った。

1 しかく　2 きかく　3 きがく　4 しがく

7 費用の総額は２００万円になった。

1 こうがく　2 そうがく　3 そうかく　4 こうかく

8 野菜を強火で炒めてください。

1 きょうか　2 つよか　3 きょうび　4 つよび

9 空気が入らないように密閉してください。

1 ひっぺい　2 みっぺい　3 みっぱい　4 ひっぱい

10 人を容姿で判断してはいけません。

1 よし　2 ようし　3 よす　4 ようす

답 1④ 2③ 3④ 4③ 5④ 6② 7② 8④ 9② 10②

3 기출어휘 확인문제

한자읽기 / 10

問題 1 ＿＿＿の言葉の読み方として最もよいものを、１・２・３・４から一つ選びなさい。

1 皆様のあたたかいご声援に応えるように努力します。

1 せいえん　2 しえん　3 せいいん　4 しいん

2 いとこが今月下旬うちへ遊びに来る予定だ。

1 けじゅん　2 けしゅん　3 げじゅん　4 げしゅん

3 簡単な質問に答えられなくて恥をかいた。

1 はし　2 はじ　3 はす　4 はず

4 相手チームは選手層の厚さで我々より圧倒的に有利だ。

1 あっとうてき　2 おっとうてき　3 あつどうてき　4 おつどうてき

5 データをコンピューターで処理した。

1 しゅり　2 しょり　3 しゅうり　4 しょうり

6 抽選で順番を決めました。

1 ちゅうせん　2 ちゅうぜん　3 つうせん　4 つうぜん

7 壁の絵が少し傾いている。

1 きずついて　2 かたむいて　3 かわいて　4 ういて

8 そのがけは地面に対してほとんど垂直です。

1 ついじき　2 ついちょく　3 すいじき　4 すいちょく

9 花びんの破片が床に飛び散っていた。

1 ひがた　2 はがた　3 ひへん　4 はへん

10 その本について批評を書きました。

1 ひびょう　2 ひひょう　3 ひべい　4 ひへい

답 1① 2③ 3② 4① 5② 6① 7② 8④ 9④ 10②

3 한자읽기 기출어휘 2015~2010

2015년부터 2010년까지의 기출어휘를 연도별로 정리하였다.

2015

	読み	漢字	뜻
□	かこ	囲む	둘러싸다
□	ぎょうじ	行事	행사
□	きょひ	拒否	거부
□	げんしょう	現象	현상
□	しょうりゃく	省略	생략
□	そんがい	損害	손해
□	とぼ	乏しい	(경험·물자) 부족하다
□	にく	憎い	밉다
□	ふく	含める	포함하다
□	ゆだん	油断	방심, 부주의

2014

	読み	漢字	뜻
□	あっしょう	圧勝	압승
□	いた	傷む	상하다
□	おおはば	大幅	큰 폭
□	きょくたん	極端	극단적임, 아주 지나침
□	くや	悔しい	분하다
□	けいぞく	継続	계속
□	のぞ	除く	제거하다, 제외하다
□	ぼうえき	貿易	무역
□	もど	戻す	(원래 자리·상태) 되돌리다
□	ようち	幼稚	유치함

memo

2013

□ 改(あらた)めて 다시, 재차	□ 拡充(かくじゅう) 확충	□ 隠(かく)す 감추다, 숨기다
□ 勧誘(かんゆう) 권유	□ 姿勢(しせい) 자세	□ 清潔(せいけつ) 청결함
□ 積(つ)む (짐·경력) 쌓다, 싣다	□ 逃亡(とうぼう) 도망	□ 模範(もはん) 모범
□ 世(よ)の中(なか) 세상		

2012

□ 削除(さくじょ) 삭제	□ 撮影(さつえい) 촬영	□ 占(し)める (비율·자리) 차지하다
□ 焦点(しょうてん) 초점	□ 装置(そうち) 장치	□ 抽象的(ちゅうしょうてき) 추상적
□ 破片(はへん) 파편	□ 針(はり) 바늘	□ 返却(へんきゃく) (책·CD) 반환, 반납
□ 略(りゃく)する 생략하다		

memo

2011

□ 祝う(いわ) 축하하다	□ 補う(おぎな) 보충하다	□ 至急(しきゅう) 시급, 급히
□ 地元(じもと) 그 지역, 그 고장, 연고지	□ 率直(そっちょく) 솔직함	□ 調節(ちょうせつ) 조절
□ 豊富(ほうふ) 풍부함	□ 密接(みっせつ) 밀접함	□ 敗れる(やぶ) 지다, 패배하다
□ 要求(ようきゅう) 요구		

2010

□ 辛い(から) 맵다	□ 規模(きぼ) 규모	□ 景色(けしき) 경치
□ 相互(そうご) 상호, 서로	□ 備える(そな) 갖추다, 대비하다	□ 尊重(そんちょう) 존중
□ 治療(ちりょう) 치료	□ 隣(となり) 옆	□ 触れる(ふ) (문화·주제) 접하다
□ 防災(ぼうさい) 방재		

memo

4 기출어휘 확인문제 한자읽기 / 10

問題 1 ＿＿＿の言葉の読み方として最もよいものを、１・２・３・４から一つ選びなさい。

1 祖父は孫に極端に甘い。

1 ごくたん　2 ごくだん　3 きょくたん　4 きょくだん

2 消毒(しょうどく)済(ず)みの清潔なガーゼを傷口に当てる。

1 せいげつ　2 せいけつ　3 せいぎつ　4 せいきつ

3 抽象的な説明はやめてください。

1 つうぞうてき　2 つうしょうてき　3 ちゅうぞうてき　4 ちゅうしょうてき

4 もちろん私は地元チームを応援します。

1 じもと　2 じげん　3 ちもと　4 ちげん

5 花見はわが社の春の恒例(こうれい)行事です。

1 ぎょうごと　2 ぎょうじ　3 こうごと　4 こうじ

6 私たちは建物に冷房(れいぼう)装置を付けた。

1 しょうち　2 しょち　3 そうち　4 そち

7 彼は世の中のことは何も知らなかった。

1 せのなか　2 せのうち　3 よのなか　4 よのうち

8 住民の要求により新しい公園が作られた。

1 ようきゅ　2 よっきゅう　3 ようきゅう　4 よっきゅ

9 このカレーは辛くて食べられない。

1 にがくて　2 からくて　3 しぶくて　4 くさくて

10 抜(ぬ)き出(だ)したカードを元の場所に戻す。

1 こわす　2 なおす　3 もどす　4 かえす

답 1③ 2② 3④ 4① 5② 6③ 7③ 8③ 9② 10③

5 기출어휘 확인문제 한자읽기 / 10

問題１ ＿＿＿の言葉の読み方として最もよいものを、１・２・３・４から一つ選びなさい。

1 私は友達にテニス部への入部を勧誘した。

1 かんゆ　2 かんゆう　3 がんゆ　4 がんゆう

2 借りたDVDの返却期限が過ぎてしまった。

1 へんがく　2 へんかく　3 へんぎゃく　4 へんきゃく

3 日本はその国と密接な関係がある。

1 みつぜつ　2 みっせつ　3 びつぜつ　4 びっせつ

4 ああ、悔しい。もっとうまく出来ると思ったのに。

1 はずかしい　2 かなしい　3 くやしい　4 おそろしい

5 この際、堅苦(かたくる)しいあいさつは省略しましょう。

1 せいりゃく　2 せいやく　3 しょうりゃく　4 しょうやく

6 漫画が本棚の大半を占めている。

1 はめて　2 うめて　3 せめて　4 しめて

7 成人式を祝って地方自治体で会を催す。

1 いのって　2 いわって　3 うらなって　4 ねがって

8 この研究の継続には資金が必要だ。

1 たんそく　2 たんぞく　3 けいそく　4 けいぞく

9 彼女は楽な姿勢で座っていた。

1 じょうせい　2 うんせい　3 きせい　4 しせい

10 時計の針は１２時を指していた。

1 はり　2 くぎ　3 はしら　4 たか

답 1② 2④ 3② 4③ 5③ 6④ 7② 8④ 9④ 10①

問題１ ＿＿＿の言葉の読み方として最もよいものを、１・２・３・４から一つ選びなさい。

1 日本には石油資源(せきゆしげん)が乏しい。

1 とぼしい　2 まずしい　3 あやしい　4 むなしい

2 野菜にはビタミンが豊富に含まれている。

1 ふうぶ　2 ふうふ　3 ほうぶ　4 ほうふ

3 幼稚な議論をくりかえしても無駄だ。

1 ゆうじ　2 ゆうち　3 ようじ　4 ようち

4 帽子を深くかぶり、顔を隠して歩く。

1 かくして　2 もやして　3 ころして　4 ためして

5 彼女は私の隣に座った。

1 うら　2 わき　3 となり　4 おもて

6 晴れている日は、この山頂からすばらしい景色が見える。

1 けしき　2 けいろ　3 けいしき　4 けいいろ

7 至急私の家に来てください。

1 しっきゅう　2 ちっきゅう　3 しきゅう　4 ちきゅう

8 娘の運動会をビデオで撮影した。

1 さつげい　2 さつえい　3 さいげい　4 さいえい

9 彼を憎いと思ったことはない。

1 こわい　2 ずるい　3 ひどい　4 にくい

10 彼は選挙で圧勝した。

1 あっしょう　2 あっじょう　3 あつしょう　4 あつじょう

답 1① 2④ 3④ 4① 5③ 6① 7③ 8② 9④ 10①

問題1 ＿＿＿の言葉の読み方として最もよいものを、１・２・３・４から一つ選びなさい。

1 油断しているすきに財布をすられた。

1 ゆうだん　2 ゆうたん　3 ゆだん　4 ゆたん

2 我がチームは大差で相手に敗れた。

1 たおれた　2 みだれた　3 やぶれた　4 つぶれた

3 大幅に学生の自由を認める。

1 おおはし　2 おおはば　3 だいはし　4 だいはば

4 机の上に本を山のように積んでいる。

1 たたんで　2 むすんで　3 あんで　4 つんで

5 部屋の温度を２５度に調節する。

1 ちょうせい　2 ちょうさい　3 ちょうせつ　4 ちょうさつ

6 あの商店主は店の規模を大きくした。

1 きぼう　2 きぼ　3 きもう　4 きも

7 洪水による損害は２億円に達する。

1 ひかい　2 そんかい　3 ひがい　4 そんがい

8 略さずに正式名称を書いてください。

1 ぞくさず　2 りゃくさず　3 かくさず　4 やくさず

9 農薬は雑草を除くのに便利だ。

1 とどく　2 まねく　3 のぞく　4 くだく

10 まず先生が模範を示してくれた。

1 もうばん　2 もうはん　3 もばん　4 もはん

답 1③ 2③ 3② 4④ 5③ 6② 7④ 8② 9③ 10④

4 한자읽기 기출어휘 2009~2000

2009년부터 2000년까지의 기출어휘를 あいうえお순으로 정리하였다.

あ

□ 与える(あたえる) 주다	□ 温かい(あたたかい) 다정하다	□ 誤り(あやまり) 잘못, 틀림, 실수
□ 改めて(あらためて) 다시, 새삼스레	□ 案外(あんがい) 뜻밖에, 의외로	□ 言い難い(いいがたい) 말하기 어렵다
□ 異常(いじょう) 이상함	□ 移転(いてん) 이전	□ 祈る(いのる) 기도하다
□ 違反(いはん) 위반	□ 医療(いりょう) 의료	□ 印刷(いんさつ) 인쇄
□ 植木(うえき) 정원수, 분재	□ 浮く(うく) 떠오르다, 들뜨다	□ 疑い(うたがい) 의심
□ 宇宙(うちゅう) 우주	□ 運送(うんそう) 운송	□ 偉い(えらい) 훌륭하다, 대단하다
□ 得る(える) 얻다	□ 延期(えんき) 연기, 미룸	□ 応援(おうえん) 응원
□ 応対(おうたい) 응대, 접대	□ 欧米(おうべい) 구미, 유럽과 미국	□ ～億(おく) ~억
□ 置く(おく) 놓다, 두다	□ 怒る(おこる) 화내다	□ 幼い(おさない) 어리다, 미숙하다
□ 踊り(おどり) 춤	□ 主(おも) 주됨	

か

□ 改善(かいぜん) 개선	□ 会談(かいだん) 회담	□ 快適(かいてき) 쾌적함
□ 回復(かいふく) 회복	□ 重ねる(かさねる) 거듭하다, 겹치다	□ 賢い(かしこい) 현명하다, 영리하다
□ 傾く(かたむく) 기울다	□ 仮定(かてい) 가정	□ 可能性(かのうせい) 가능성
□ 貨物(かもつ) 화물	□ 観察(かんさつ) 관찰	□ 乾燥(かんそう) 건조
□ 缶詰(かんづめ) 통조림	□ 完了(かんりょう) 완료	□ 危険(きけん) 위험
□ 機嫌(きげん) 기분, 심기	□ 記事(きじ) 기사	□ 規制(きせい) 규제
□ 決まる(きまる) 결정되다, 정해지다	□ 客(きゃく) 손님	□ 休息(きゅうそく) 휴식
□ 共感(きょうかん) 공감	□ 協力(きょうりょく) 협력	□ 漁業(ぎょぎょう) 어업

□ 記録(きろく) 기록
□ 議論(ぎろん) 의논, 논쟁
□ 空港(くうこう) 공항

□ 靴(くつ) 신발, 구두
□ 雲(くも) 구름
□ 暮(く)らす 살다, 생활하다

□ 芸能(げいのう) 예능, 연예
□ 警備(けいび) 경비
□ 結果(けっか) 결과

□ 険(けわ)しい 험악하다, 험상궂다
□ 原因(げんいん) 원인
□ 厳重(げんじゅう) 엄중함

□ 建設(けんせつ) 건설
□ 講演(こうえん) 강연
□ 郊外(こうがい) 교외

□ 公害(こうがい) 공해
□ 交差点(こうさてん) 교차로
□ 高層(こうそう) 고층

□ 声(こえ) (목)소리
□ 越(こ)える 넘다, 초월하다
□ 氷(こおり) 얼음

□ 故郷(こきょう) 고향
□ 小包(こづつみ) 소포
□ 異(こと)なる 다르다

□ 断(ことわ)る 거절하다
□ 混乱(こんらん) 혼란

さ

□ 裁判(さいばん) 재판
□ 再利用(さいりよう) 재사용
□ 幸(さいわ)い 다행임

□ 作業(さぎょう) 작업
□ 寒(さむ)い 춥다
□ 参考(さんこう) 참고

□ 事件(じけん) 사건
□ 指示(しじ) 지시
□ 地震(じしん) 지진

□ 島(しま) 섬
□ 占(し)める (비율·자리) 차지하다
□ 宿泊(しゅくはく) 숙박

□ 手術(しゅじゅつ) 수술
□ 出版(しゅっぱん) 출판
□ 首脳(しゅのう) 수뇌, 정상

□ 寿命(じゅみょう) 수명
□ 主要(しゅよう) 주요
□ 順調(じゅんちょう) 순조로움

□ ～賞(しょう) ~상
□ 状況(じょうきょう) 상황
□ 正直(しょうじき) 정직함, 솔직함

□ 商品(しょうひん) 상품
□ 情報(じょうほう) 정보
□ 諸国(しょこく) 여러 나라

□ 職場(しょくば) 직장
□ 処理(しょり) 처리
□ 資料(しりょう) 자료

□ 進学率(しんがくりつ) 진학률
□ 心臓(しんぞう) 심장
□ 信用(しんよう) 신용

□ 信頼(しんらい) 신뢰
□ 人類(じんるい) 인류
□ 数年(すうねん) 여러 해, 수년

□ 優(すぐ)れる 뛰어나다, 우수하다
□ 隅(すみ) 구석, 모퉁이
□ 性格(せいかく) 성격

□ 成功(せいこう) 성공
□ 政治(せいじ) 정치
□ 成長(せいちょう) 성장

□ 政党(せいとう) 정당
□ 責任(せきにん) 책임
□ 設備(せつび) 설비

□ 戦争(せんそう) 전쟁
□ 選択(せんたく) 선택
□ 全般(ぜんぱん) 전반, 전체
□ 操作(そうさ) 조작
□ 想像(そうぞう) 상상
□ 備える(そなえる) 갖추다, 대비하다
□ 損得(そんとく) 손익, 손해와 이득

た

□ 退院(たいいん) 퇴원
□ 大臣(だいじん) 대신, 장관
□ 代表(だいひょう) 대표
□ 他人(たにん) 타인
□ 単純(たんじゅん) 단순함
□ 担当者(たんとうしゃ) 담당자
□ 知恵(ちえ) 지혜
□ 地球(ちきゅう) 지구
□ 遅刻(ちこく) 지각
□ 知識(ちしき) 지식
□ 駐車(ちゅうしゃ) 주차
□ ～兆(ちょう) ~조
□ 調査(ちょうさ) 조사
□ 著者(ちょしゃ) 저자
□ 貯蔵(ちょぞう) 저장
□ 通行(つうこう) 통행
□ 次々と(つぎつぎと) 잇달아
□ 机(つくえ) 책상
□ 伝える(つたえる) 전하다
□ 適切(てきせつ) 적절함
□ 鉄橋(てっきょう) 철교
□ 展開(てんかい) 전개
□ 登山(とざん) 등산
□ 途中(とちゅう) 도중
□ 突然(とつぜん) 돌연, 갑자기
□ 届く(とどく) 도착하다, 이르다
□ 努力(どりょく) 노력
□ 泥(どろ) 진흙

な

□ 内容(ないよう) 내용
□ 仲良く(なかよく) 사이좋게
□ 悩む(なやむ) 고민하다
□ 日課(にっか) 일과
□ 盗む(ぬすむ) 훔치다
□ 塗る(ぬる) 바르다, 칠하다
□ 熱演(ねつえん) 열연
□ 年齢(ねんれい) 연령, 나이
□ 残る(のこる) 남다
□ 述べる(のべる) 서술하다, 말하다

は

□ ～倍(ばい) ~배
□ 配布(はいふ) 배포
□ 爆発(ばくはつ) 폭발
□ 発射(はっしゃ) 발사
□ 張り切る(はりきる) 기운이 넘치다
□ 犯罪(はんざい) 범죄
□ 反対(はんたい) 반대
□ 判断(はんだん) 판단
□ 販売(はんばい) 판매

□ 比較的(ひかくてき) 비교적	□ 悲劇(ひげき) 비극	□ 皮膚(ひふ) 피부
□ ～秒(びょう) ~초	□ 評価(ひょうか) 평가	□ 標識(ひょうしき) 표지, 표식
□ 舞台(ぶたい) 무대	□ 部分的(ぶぶんてき) 부분적	□ 平均(へいきん) 평균
□ 減(へ)る 줄다	□ 貿易(ぼうえき) 무역	□ 方針(ほうしん) 방침
□ 法律(ほうりつ) 법률	□ 星(ほし) 별	□ 掘(ほ)る 파다, 캐다

ま

□ 招(まね)く 초대하다, 부르다, 초래하다	□ 認(みと)める 인정하다	□ 未来(みらい) 미래
□ 迎(むか)える 맞이하다	□ 面倒(めんどう) 귀찮음, 번거로움	□ 目的(もくてき) 목적
□ 求(もと)める 구하다, 청하다	□ 物語(ものがたり) 이야기	

や

□ 役目(やくめ) 임무	□ 焼(や)ける (불)타다, 구워지다	□ 家賃(やちん) 집세
□ 雇(やと)う 고용하다	□ 優勝(ゆうしょう) 우승	□ 豊(ゆた)か 풍요로움
□ 良(よ)い 좋다	□ 溶岩(ようがん) 용암	

ら・わ

□ 流行(りゅうこう) 유행	□ 両替(りょうがえ) 환전	□ 両国(りょうこく) 양국
□ 例外(れいがい) 예외	□ 冷凍(れいとう) 냉동	□ 歴史(れきし) 역사
□ 連続(れんぞく) 연속	□ 連絡(れんらく) 연락	□ 笑(わら)う 웃다
□ 割合(わりあい) 비율		

8 기출어휘 확인문제 한자읽기 / 10

問題１　＿＿＿の言葉の読み方として最もよいものを、１・２・３・４から一つ選びなさい。

1 ポストなら駅へ行く途中にありますよ。

1 とんちゅう　2 とちゅう　3 とっちゅう　4 とうちゅう

2 いま、民謡(みんよう)の踊りを習っています。

1 まづり　2 まつり　3 おどり　4 おとり

3 一方通行の標識に気づかず逆行していた。

1 ひょうしき　2 ひょうじき　3 しょうしき　4 しょうじき

4 彼に実力を発揮(はっき)できる機会を与えてやろう。

1 くわえて　2 あたえて　3 とらえて　4 そなえて

5 彼女の話に改めて付け加えることはありません。

1 なぐさめて　2 あきらめて　3 たしかめて　4 あらためて

6 スポンサーの協力を得てプロジェクトを進めた。

1 きょうりょく　2 きょりょく　3 どうりょく　4 どりょく

7 電車が遅れて授業に10分遅刻しました。

1 じごく　2 じこく　3 ちごく　4 ちこく

8 部屋の空気がとても乾燥しています。

1 けんぞう　2 けんそう　3 かんぞう　4 かんそう

9 学業とスポーツを両立させるなんて本当に偉いよ。

1 ありがたい　2 めでたい　3 いい　4 えらい

10 彼女は昨日退院したばかりです。

1 だいいん　2 たいいん　3 だんいん　4 たんいん

답 1② 2③ 3① 4② 5④ 6① 7④ 8④ 9④ 10②

9 기출어휘 확인문제 한자읽기 / 10

問題1 ＿＿＿の言葉の読み方として最もよいものを、1・2・3・4から一つ選びなさい。

1 彼は同僚(どうりょう)のアイデアを盗んで論文を書いたと告白した。

1 はさんで　2 つかんで　3 ぬすんで　4 たたんで

2 私は毎朝植木に水をやります。

1 うえき　2 いえぎ　3 しょくもく　4 しょくぼく

3 本校における大学進学率は高いです。

1 しんがくいつ　2 しんがくりつ　3 しんがくしつ　4 しんがくそつ

4 一秒でも遅刻すると授業が受けられません。

1 いっびょう　2 いっぴょう　3 いちびょう　4 いちぴょう

5 出番(でばん)を待ちながら心臓がどきどきした。

1 しんぞう　2 しんそう　3 じんそう　4 じんぞう

6 彼の長年の努力がようやく報(むく)いられた。

1 きょりょく　2 きょうりょく　3 どりょく　4 どうりょく

7 初めて発表会で舞台に上がったときはすごく緊張(きんちょう)した。

1 まいだい　2 まいたい　3 ぶだい　4 ぶたい

8 多くの警官(けいかん)が大使館(たいしかん)の警備に当たっていた。

1 けんび　2 けいび　3 けんひ　4 けいひ

9 彼は通信(つうしん)会社に技師(ぎし)として雇われています。

1 すくわれて　2 いわわれて　3 やとわれて　4 ねがわれて

10 私はそのパーティーへの招待を丁重(ていちょう)に断った。

1 おこなった　2 うしなった　3 ことなった　4 ことわった

답 1③ 2① 3② 4③ 5① 6③ 7④ 8② 9③ 10④

問題１ ＿＿＿の言葉の読み方として最もよいものを、１・２・３・４から一つ選びなさい。

1 上司(じょうし)からの信頼(しんらい)が回復しないうちは君の昇進(しょうしん)は無理だ。

1 かいほう　2 かいほく　3 かいふう　4 かいふく

2 私が言ったことで彼は機嫌を悪くしてしまった。

1 きげん　2 ぎげん　3 かいげん　4 がいげん

3 休暇(きゅうか)にどこへ行くかの選択は彼女に任せた。

1 せいたく　2 ぜいたく　3 せんたく　4 ぜんたく

4 早朝通勤者(そうちょうつうきんしゃ)が郊外から都心に集まってくる。

1 こうがい　2 ごうがい　3 きょうがい　4 ぎょうがい

5 あの子は特に語学に優れている。

1 あふれて　2 あこがれて　3 すぐれて　4 めぐまれて

6 缶詰は冷暗所(れいあんしょ)に保存(ほぞん)してください。

1 かんつめ　2 かんづめ　3 びんつめ　4 びんづめ

7 いざというときのためにご近所(きんじょ)同士密接(みっせつ)な連絡が必要です。

1 てんかく　2 てんらく　3 れんかく　4 れんらく

8 部屋の隅にたまったほこりを掃除した。

1 うち　2 かど　3 すみ　4 はし

9 商品の陳列法(ちんれつほう)は売り上げに大いに影響(えいきょう)する。

1 しょうひん　2 しょくひん　3 せいひん　4 やくひん

10 川にはごみがたくさん浮いている。

1 ういて　2 ふいて　3 まいて　4 わいて

답 1④ 2① 3③ 4① 5③ 6② 7④ 8③ 9① 10①

11 기출어휘 확인문제 한자읽기 / 10

問題１ ＿＿＿の言葉の読み方として最もよいものを、１・２・３・４から一つ選びなさい。

1 この携帯電話は操作が簡単だ。

1 そうさく　2 ぞうさく　3 そうさ　4 ぞうさ

2 美しい景色を見ていると、寿命が延(の)びるようだ。

1 じゅみょう　2 じゅめい　3 じゅうみょう　4 じゅうめい

3 事故は単純な計算ミスが原因だった。

1 かんたん　2 かんだん　3 たんじゅん　4 だんじゅん

4 彼らは双子(ふたご)だが、性格はずいぶん異なっている。

1 かさなって　2 ことなって　3 つらなって　4 なくなって

5 工場で大きな爆発があったが、幸いけが人は出なかった。

1 ばくはつ　2 ぼくはつ　3 ばくほつ　4 ぼくほつ

6 勤務先(きんむさき)では顧客(こきゃく)の苦情(くじょう)処理を担当している。

1 しゅち　2 しょり　3 そち　4 そり

7 彼のスピーチはその場では適切でなかった。

1 てきせつ　2 てっせつ　3 てききり　4 てっきり

8 どちらのチームが強いかで兄と議論になった。

1 ろんぎ　2 ろんい　3 ぎろん　4 いろん

9 医療の発達(はったつ)により乳幼児(にゅうようじ)の死亡率(しぼうりつ)がぐっと減(へ)った。

1 いりゅう　2 いりょう　3 ちりゅう　4 ちりょう

10 震災(しんさい)以後、燃料(ねんりょう)輸(ゆ)入額(にゅうがく)は約１０兆円増加した。

1 ちゅ　2 ちゅう　3 ちょ　4 ちょう

답 1③ 2① 3③ 4② 5① 6② 7① 8③ 9② 10④

12 기출어휘 확인문제 한자읽기 / 10

問題１ ＿＿＿の言葉の読み方として最もよいものを、１・２・３・４から一つ選びなさい。

1 火事で亡くなった人の身元の調査はあまり進んでいない。

1 ちょうさ　2 こうさ　3 しんさ　4 けんさ

2 弟は自分の間違いをなかなか認めない。

1 みとめない　2 つとめない　3 ふくめない　4 すすめない

3 くつの泥を落としてから入室してください。

1 すな　2 つち　3 どろ　4 とち

4 わが国は諸外国と貿易を行っている。

1 ぼうえき　2 ぼういき　3 もうえき　4 もういき

5 このような状況は私にはきわめて異常に思える。

1 いじょう　2 こしょう　3 ししょう　4 ひじょう

6 彼女はグリーンの靴を履いていたと思います。

1 かさ　2 かばん　3 くつ　4 ふく

7 あの仕事は、たいてい単純な作業の繰り返しだと聞いた。

1 さぎょ　2 さぎょう　3 さくぎょ　4 さくぎょう

8 佐藤さんはネズミの行動を観察した。

1 かんさい　2 かんさつ　3 けんさい　4 けんさつ

9 今日の仕事はこれで完了だ。

1 かんり　2 かんりょう　3 しゅうり　4 しゅうりょう

10 二度と戦争という名の悲劇を繰り返してはいけない。

1 きげき　2 こうげき　3 しょうげき　4 ひげき

답 1① 2① 3③ 4① 5① 6③ 7② 8② 9② 10④

02 問題2 한자표기 공략하기

1 문제유형 완전분석

한자표기는 한자읽기와는 반대로 히라가나로 된 단어의 올바른 한자 표기를 묻는형식으로 5문제가 출제되고 있다.

문제 유형 예시

問題 2 ＿＿＿の言葉を漢字で書くとき、最もよいものを１・２・３・４から一つ選びなさい。

6 友人を家にまねいた。

1 伯いた　　2 招いた　　3 泊いた　　4 召いた

7 この商品は安全性がほしょうされている。

1 補証　　2 保正　　3 保証　　4 補正

8 この企業では、さまざまなもよおしを行っている。

1 携し　　2 催し　　3 推し　　4 権し

2 한자표기 기출어휘 2024~2016

2024

□ 厚(あつ)かましい 뻔뻔하다	□ 敬(うやま)う 공경하다	□ 警備(けいび) 경비
□ 志望(しぼう) 지망	□ 受講(じゅこう) 수강	□ 短編(たんぺん) 단편
□ 散(ち)る 지다, 떨어지다	□ 避難(ひなん) 피난	□ 疲労(ひろう) 피로
□ 柔(やわ)らかい 부드럽다		

2023

□ 抱(かか)える 안다, 떠안다	□ 管理(かんり) 관리	□ 機嫌(きげん) 기분, 심기
□ 研修(けんしゅう) 연수	□ 捨(す)てる 버리다	□ 損失(そんしつ) 손실
□ 絶(た)えず 늘, 끊임없이	□ 投票(とうひょう) 투표	□ 布(ぬの) 천
□ 福祉(ふくし) 복지		

2022

□ 住居(じゅうきょ) 주거	□ 診断(しんだん) 진단	□ 垂直(すいちょく)に 수직으로
□ 備(そな)える 마련하다, 갖추다	□ 典型的(てんけいてき) 전형적	□ 昇(のぼ)る 떠오르다
□ 俳優(はいゆう) 배우	□ 離(はな)れる 떨어지다, 거리가 멀어지다	□ 等(ひと)しい 같다, 동등하다
□ 欲(よく) 욕심		

2021

□ 永久(えいきゅう) 영구, 영원
□ 勧誘(かんゆう) 권유
□ 競(きそ)う 경쟁하다, 겨루다
□ 弱点(じゃくてん) 약점
□ 順調(じゅんちょう) 순조로움
□ 積(つ)もる 쌓이다
□ 返品(へんぴん) 반품
□ 任(まか)せる 맡기다
□ 豊(ゆた)か 풍요로움, 풍부함
□ 乱暴(らんぼう) 난폭함

2020

□ 鮮(あざ)やか 선명함, 또렷함
□ 異色(いしょく) 이색적임
□ 帰省(きせい) 귀성
□ 実践(じっせん) 실천
□ 縮(ちぢ)める 줄이다, 움츠리다

2019

□ 勇(いさ)ましい 용감하다
□ 違反(いはん) 위반
□ 演技(えんぎ) 연기
□ 拡張(かくちょう) 확장
□ 濃(こ)い 짙다, 진하다
□ 趣味(しゅみ) 취미
□ 損(そん) 손해
□ 混(ま)じる 섞이다
□ 見逃(みのが)す 못 보다, 놓치다
□ 陽気(ようき) 명랑함

2018

□ 介護(かいご) 간호, 간병
□ 系統(けいとう) 계통
□ 警備(けいび) 경비
□ 精算(せいさん) 정산
□ 束(たば)ねる 묶다, 통솔하다
□ 省(はぶ)く 줄이다, 생략하다
□ 破片(はへん) 파편
□ 迎(むか)え 맞이, 마중
□ 養(やしな)う 기르다
□ 豊(ゆた)か 풍요로움, 풍부함

2017

- □ 荒い(あら) 거칠다, 거세다
- □ 永久(えいきゅう) 영구, 영원
- □ 好調(こうちょう) 호조, 순조, 좋은 상태임
- □ 凍る(こお) 얼다
- □ 在籍(ざいせき) 재적
- □ 従う(したが) 따르다
- □ 救う(すく) 구하다, 구제하다
- □ 討論(とうろん) 토론
- □ 福祉(ふくし) 복지
- □ 領収書(りょうしゅうしょ) 영수증

2016

- □ 簡潔(かんけつ) 간결함
- □ 硬貨(こうか) 금속화폐, 동전
- □ 焦げる(こ) 타다, 눋다
- □ 快い(こころよ) 유쾌하다, 즐겁다
- □ 参照(さんしょう) 참조
- □ 症状(しょうじょう) 증상, 증세
- □ 製造(せいぞう) 제조
- □ 保証(ほしょう) 보증
- □ 招く(まね) 초대하다, 부르다, 초래하다
- □ 催し(もよお) 모임, 행사

memo

問題２ ＿＿＿の言葉を漢字で書くとき、最もよいものを１・２・３・４から一つ選びなさい。

1 月はあざやかに輝いていた。

1 鮮やか　2 突やか　3 明やか　4 華やか

2 それは契約のこの条項にいはんしている。

1 異友　2 異反　3 違友　4 違反

3 彼女はどんな困難にも立ち向かういさましい女性だった。

1 勢ましい　2 勇ましい　3 戦ましい　4 騒ましい

4 彼はらんぼうな運転をしていて警察に止められた。

1 乱寒　2 乱暴　3 札寒　4 札暴

5 このソースは味がこい。

1 軟い　2 薄い　3 硬い　4 濃い

6 出張後、費用のせいさんをしました。

1 請算　2 製算　3 精算　4 制算

7 時間がないので、細かい説明ははぶきます。

1 略きます　2 除きます　3 省きます　4 抜きます

8 台風が接近しているので波があらい。

1 暴い　2 激い　3 荒い　4 雑い

9 こんな生活がえいきゅうに続くのだろうか。

1 延久　2 永遠　3 永久　4 延遠

10 ８月中旬にきせいしたいと思います。

1 規省　2 規制　3 帰省　4 帰制

답 1① 2④ 3② 4② 5④ 6③ 7③ 8③ 9③ 10③

14 기출어휘 확인문제 한자표기 / 10

問題2 ＿＿＿の言葉を漢字で書くとき、最もよいものを１・２・３・４から一つ選びなさい。

1 コートの丈(たけ)を３センチちぢめてもらった。

1 薄めて　2 納めて　3 貯めて　4 縮めて

2 パーティーではみんなようきに歌って踊った。

1 容気　2 容器　3 陽気　4 陽器

3 見たかった映画をみのがしてしまった。

1 見逃して　2 見失して　3 見延して　4 見欠して

4 父の頭には白いものがまじっていた。

1 組じって　2 合じって　3 混じって　4 加じって

5 開封(かいふう)後はへんぴんできませんよ。

1 返品　2 返物　3 変品　4 変物

6 その国は天然資源がゆたかだ。

1 恵か　2 富か　3 豊か　4 満か

7 私は法学部にざいせきしています。

1 採籍　2 採簿　3 在籍　4 在簿

8 今朝は寒くて、水道管がこおった。

1 凍った　2 結った　3 固った　4 冷った

9 彼女を夕食にまねいた。

1 伯いた　2 招いた　3 泊いた　4 召いた

10 詳しいことは巻末の解説をさんしょうしてください。

1 賛照　2 参照　3 賛考　4 参考

답 1④ 2③ 3① 4③ 5① 6③ 7③ 8① 9② 10②

15 기출어휘 확인문제　한자표기　/ 10

問題 2 ＿＿＿＿の言葉を漢字で書くとき、最もよいものを１・２・３・４から一つ選びなさい。

1 じっせんを通じて技術を学んだ。

1 実施　2 実践　3 実志　4 実浅

2 人々はきそってその新製品を買(か)い求(もと)めた。

1 争って　2 競って　3 戦って　4 討って

3 あの男は決して自分のそんになることはしない。

1 罪　2 害　3 損　4 毒

4 主人公を演じた彼のえんぎはすばらしかった。

1 演劇　2 演技　3 園劇　4 園技

5 山下(やました)さんは事務けいとうの仕事に向いています。

1 系統　2 系等　3 形統　4 形等

6 誰にでもじゃくてんはある。

1 失点　2 欠点　3 短点　4 弱点

7 この国はふくしが充実しています。

1 副仕　2 副祉　3 福仕　4 福祉

8 手術しか彼女をすくう道はありません。

1 治う　2 助う　3 救う　4 療う

9 昨日、町内のもよおしに参加しました。

1 携し　2 催し　3 推し　4 権し

10 彼女のしょうじょうは次第に悪化してきた。

1 障情　2 障状　3 症情　4 症状

답 1② 2② 3③ 4② 5① 6④ 7④ 8③ 9② 10④

3 한자표기 기출어휘 2015~2010

2015년부터 2010년까지의 기출어휘를 연도별로 정리하였다.

2015

□ 鮮(あざ)やか 선명함, 또렷함
□ 争(あらそ)う 다투다
□ 腕(うで) 팔
□ 驚(おどろ)かせる 놀래키다
□ 距離(きょり) 거리
□ 講師(こうし) 강사
□ 混乱(こんらん) 혼란
□ 指摘(してき) 지적
□ 順調(じゅんちょう) 순조로움
□ 恵(めぐ)まれる (좋은 환경) 혜택을 받다, 풍족함을 누리다

2014

□ 援助(えんじょ) 원조, 도움
□ 劣(おと)る 뒤떨어지다
□ 詳(くわ)しい 자세하다
□ 逆(さか)らう 거스르다, 거역하다
□ 湿(しめ)っぽい 축축하다
□ 接続(せつぞく) 접속
□ 批判(ひはん) 비판
□ 拾(ひろ)う 줍다
□ 面倒(めんどう) 귀찮음, 번거로움
□ 破(やぶ)れる (봉투) 찢어지다, 터지다

memo

2013

- □ 傾(かたむ)く 치우치다, 기울다
- □ 寄付(きふ) 기부
- □ 削(けず)る 깎다, 삭감하다
- □ 講義(こうぎ) 강의
- □ 招待(しょうたい) 초대
- □ 真剣(しんけん) 진지함
- □ 責(せ)める 탓하다, 책망하다
- □ 即座(そくざ)に 즉각, 당장
- □ 努(つと)める 노력하다, 힘쓰다
- □ 果(は)たす (역할, 임무) 완수하다

2012

- □ 扱(あつか)う 다루다, 취급하다
- □ 勢(いきお)い 기세, 힘
- □ 至(いた)る (~에) 이르다
- □ 訪(おとず)れる 방문하다, (시기가) 찾아오다
- □ 肩(かた) 어깨
- □ 収穫(しゅうかく) 수확
- □ 積極的(せっきょくてき) 적극적
- □ 組織(そしき) 조직
- □ 抵抗(ていこう) 저항
- □ 導(みちび)く 인도하다

memo

2011

□ 与える(あたえる) 주다	□ 管理(かんり) 관리	□ 誘う(さそう) (같이 하길) 권하다
□ 象徴(しょうちょう) 상징	□ 属する(ぞくする) (단체) 속하다, 소속하다	□ 登録(とうろく) 등록
□ 討論(とうろん) 토론	□ 激しい(はげしい) 격하다, 심하다	□ 福祉(ふくし) 복지
□ 変更(へんこう) 변경		

2010

□ 焦る(あせる) 초조해하다	□ 運賃(うんちん) 운임	□ 開催(かいさい) 개최
□ 暮らす(くらす) 살다, 생활하다	□ 撮影(さつえい) 촬영	□ 出世(しゅっせ) 출세
□ 頼る(たよる) 의지하다	□ 伝統(でんとう) 전통	□ 乱れる(みだれる) 흐트러지다
□ 礼儀(れいぎ) 예의		

memo

問題２ ＿＿＿の言葉を漢字で書くとき、最もよいものを１・２・３・４から一つ選びなさい。

1 ユリの花は純粋（じゅんすい）さを<u>しょうちょう</u>している。

1 像微　2 像徴　3 象微　4 象徴

2 <u>くわしい</u>ことはよく知らないんです。

1 詳しい　2 祥しい　3 細しい　4 税しい

3 大会の<u>かいさい</u>の準備をする。

1 開催　2 開演　3 開講　4 開場

4 ずっと閉（し）めっきりだったので部屋が<u>しめっぽい</u>。

1 湿っぽい　2 泡っぽい　3 汗っぽい　4 汚っぽい

5 大臣が工事現場を<u>おとずれた</u>。

1 伺れた　2 参れた　3 訪れた　4 尋れた

6 <u>しんけん</u>な表情で医者の説明を聞く。

1 真堅　2 真剣　3 真健　4 真検

7 <u>うで</u>に黄色いリボンをつけているのはツアーのお客様です。

1 肩　2 腕　3 胸　4 腹

8 弟が私の結婚式の写真<u>さつえい</u>を担当した。

1 撮映　2 撮影　3 撮営　4 撮栄

9 彼は赤十字（せきじゅうじ）に多額（たがく）を<u>きふ</u>した。

1 奇与　2 奇付　3 寄与　4 寄付

10 音楽会に行こうと友達を<u>さそった</u>。

1 招った　2 勧った　3 請った　4 誘った

답 1④ 2① 3① 4① 5③ 6② 7② 8② 9④ 10④

17 기출어휘 확인문제　한자표기　/ 10

問題２　＿＿＿の言葉を漢字で書くとき、最もよいものを１・２・３・４から一つ選びなさい。

1 開発計画は住民のはげしい反対に会った。

1 険しい　2 暴しい　3 激しい　4 極しい

2 今年は米のしゅうかくが少ない。

1 就穫　2 就護　3 収穫　4 収護

3 彼の受賞はみんなをおどろかせた。

1 驚かせた　2 警かせた　3 啓かせた　4 慶かせた

4 スピーカーをアンプにせつぞくする。

1 接続　2 接属　3 設続　4 設属

5 子供に楽しい思い出をたくさんあたえてあげたい。

1 当えて　2 与えて　3 栄えて　4 束えて

6 彼は大学で英文学(えいぶんがく)をこうぎしている。

1 構義　2 構議　3 講義　4 講議

7 近ごろはしゅっせを望まないサラリーマンもいる。

1 出世　2 出成　3 昇世　4 昇成

8 ポケットに物を入れすぎてやぶれてしまった。

1 敗れて　2 破れて　3 突れて　4 裂れて

9 地震で家が１５度以上かたむいた。

1 到いた　2 至いた　3 傾いた　4 頃いた

10 歩いているうちに列がみだれてきた。

1 荒れて　2 暴れて　3 乱れて　4 破れて

답 1③ 2③ 3① 4① 5② 6③ 7① 8② 9③ 10③

18 기출어휘 확인문제 한자표기 / 10

問題 2 ＿＿＿＿の言葉を漢字で書くとき、最もよいものを１・２・３・４から一つ選びなさい。

1 その言い方にはちょっとていこうがある。

1 抵伉　　2 抵抗　　3 低伉　　4 低抗

2 彼らは平和についてくりかえしとうろんした。

1 討議　　2 討論　　3 計議　　4 計論

3 彼女は親善大使(しんぜんたいし)としての大役(たいやく)をはたした。

1 担たした　　2 務たした　　3 果たした　　4 任たした

4 そんなにあせらなくても大丈夫ですよ。

1 焦らなくても　　2 騒らなくても　　3 競らなくても　　4 暴らなくても

5 道端(みちばた)のゴミをひろってきれいにする。

1 拾って　　2 払って　　3 捉って　　4 拡って

6 部下の失敗をせめず自分が責任(せきにん)を取る。

1 攻めず　　2 志めず　　3 憎めず　　4 責めず

7 友達と同じチームにぞくしている。

1 即して　　2 接して　　3 属して　　4 達して

8 ノーベル賞受賞者(じゅしょうしゃ)をこうしに迎えて講演をしてもらう。

1 講士　　2 講師　　3 教士　　4 教師

9 彼女はとてもれいぎ正しいです。

1 札儀　　2 札義　　3 礼儀　　4 礼義

10 彼は私のしょうたいを快(こころよ)く受けてくれた。

1 担待　　2 担持　　3 招待　　4 招持

답 1② 2② 3③ 4① 5① 6④ 7③ 8② 9③ 10③

問題２　＿＿＿の言葉を漢字で書くとき、最もよいものを１・２・３・４から一つ選びなさい。

1 山頂(さんちょう)にいたる道には多様(たよう)な高山植物(こうざんしょくぶつ)が見られる。

1　総る　　2　満る　　3　及る　　4　至る

2 毎日故郷(こきょう)の母を思いつつくらしている。

1　幕らして　　2　募らして　　3　暮らして　　4　墓らして

3 ３年前と比べて体力はおとっていない。

1　乏って　　2　負って　　3　劣って　　4　衰って

4 学生時代を通じていい友人にめぐまれた。

1　恩まれた　　2　選まれた　　3　択まれた　　4　恵まれた

5 彼には精神的(せいしんてき)にえんじょしてくれる人が誰もいなかった。

1　援助　　2　援組　　3　緩助　　4　緩組

6 生活費(せいかつひ)が足りないので食費(しょくひ)をけずるしかない。

1　縮る　　2　減る　　3　略る　　4　削る

7 私鉄(してつ)のうんちんが来月から値上(ねあ)がりする。

1　運賃　　2　運貸　　3　揮賃　　4　揮貸

8 誰かが私のかたを叩いた。

1　肩　　2　背　　3　底　　4　腰

9 二人のランナーのきょりはどんどん縮まっていた。

1　拒離　　2　拒裡　　3　距離　　4　距裡

10 計画をへんこうすると急に言われても困る。

1　変更　　2　変改　　3　変換　　4　変替

답 1④　2③　3③　4④　5①　6④　7①　8①　9③　10①

4 한자표기 기출어휘 2009~2000

2009년부터 2000년까지의 기출어휘를 あいうえお순으로 정리하였다.

あ

- □ 悪天候(あくてんこう) 악천후
- □ 浅い(あさい) 얕다, 깊지 않다
- □ 辺り(あたり) 주변, 주위
- □ 厚かましい(あつかましい) 뻔뻔하다
- □ 甘い(あまい) 달다, 엄하지 않다
- □ 誤り(あやまり) 잘못, 틀림, 실수
- □ 委員会(いいんかい) 위원회
- □ 勢い(いきおい) 기세, 힘
- □ 泉(いずみ) 샘
- □ 忙しい(いそがしい) 바쁘다
- □ 痛い(いたい) 아프다
- □ 依頼(いらい) 의뢰
- □ 岩(いわ) 바위
- □ 祝い(いわい) 축하(선물)
- □ 伺う(うかがう) 여쭙다
- □ 薄い(うすい) 얇다, 연하다, 싱겁다, 적다
- □ 永久(えいきゅう) 영구, 영원
- □ 絵の具(えのぐ) 그림물감
- □ 追い越し(おいこし) 추월
- □ 横断(おうだん) 횡단
- □ お菓子(おかし) 과자
- □ 補う(おぎなう) 보충하다
- □ ～億(おく) ~억
- □ 遅れる(おくれる) 늦다, 뒤처지다
- □ 贈る(おくる) 선물하다
- □ お互いに(おたがいに) 서로
- □ お湯(おゆ) 더운 물
- □ 泳ぐ(およぐ) 헤엄치다
- □ 温泉(おんせん) 온천

か

- □ 改札口(かいさつぐち) 개찰구
- □ 回復(かいふく) 회복
- □ 拡大(かくだい) 확대
- □ 必ず(かならず) 반드시, 꼭
- □ 壁(かべ) 벽
- □ 革靴(かわぐつ) 가죽 구두
- □ 感覚(かんかく) 감각
- □ 環境(かんきょう) 환경
- □ 関係(かんけい) 관계
- □ 関心(かんしん) 관심
- □ 観測(かんそく) 관측
- □ 岸(きし) 물가, 절벽, 벼랑
- □ 喫茶店(きっさてん) 찻집, 카페
- □ 疑問(ぎもん) 의문
- □ 牛乳(ぎゅうにゅう) 우유
- □ 器用(きよう) 손재주가 있음
- □ 教育(きょういく) 교육
- □ 教師(きょうし) 교사
- □ 競争(きょうそう) 경쟁
- □ 共同(きょうどう) 공동
- □ 恐怖(きょうふ) 공포
- □ 許可(きょか) 허가
- □ 巨大(きょだい) 거대함
- □ 議論(ぎろん) 논의, 토론

□ 金額(きんがく) 금액
□ 禁止(きんし) 금지
□ 区域(くいき) 구역
□ 偶然(ぐうぜん) 우연히
□ 暮(く)れる (날이) 저물다
□ 訓練(くんれん) 훈련
□ 経営(けいえい) 경영
□ 景気(けいき) 경기
□ 形式(けいしき) 형식
□ 景色(けしき) 경치
□ 欠点(けってん) 결점
□ 煙(けむり) 연기
□ 健康(けんこう) 건강
□ 検査(けんさ) 검사
□ 研修(けんしゅう) 연수
□ 県庁(けんちょう) 현청
□ 濃(こ)い 짙다, 진하다
□ 強引(ごういん) 반대를 무릅씀, 억지로 함
□ 郊外(こうがい) 교외
□ 構造(こうぞう) 구조
□ 行動(こうどう) 행동
□ 鉱物(こうぶつ) 광물
□ 国際(こくさい) 국제
□ 腰(こし) 허리
□ 個人的(こじんてき) 개인적
□ 骨折(こっせつ) 골절
□ 異(こと)なる 다르다
□ 困(こま)る 곤란하다, 어려움을 겪다

さ

□ ～際(さい) ～때
□ 最高(さいこう) 최고
□ 才能(さいのう) 재능
□ 財布(さいふ) 지갑
□ 坂(さか) 언덕
□ 捜(さが)す 찾다
□ 咲(さ)く (꽃이) 피다
□ 酒(さけ) 술
□ 叫(さけ)ぶ 외치다, 부르짖다
□ 雑誌(ざっし) 잡지
□ 参加(さんか) 참가
□ 残念(ざんねん) 유감임
□ 散歩(さんぽ) 산책
□ 寺院(じいん) 사원
□ 司会(しかい) 사회
□ 四捨五入(ししゃごにゅう) 반올림
□ 自信(じしん) 자신
□ 沈(しず)む 가라앉다, 지다
□ 湿度(しつど) 습도
□ 失敗(しっぱい) 실패, 실수
□ 指導(しどう) 지도
□ 児童(じどう) 아동
□ 事務所(じむしょ) 사무소
□ 周囲(しゅうい) 주위
□ 就職(しゅうしょく) 취직
□ 宿泊(しゅくはく) 숙박
□ 首相(しゅしょう) 수상
□ 出版社(しゅっぱんしゃ) 출판사
□ 準備(じゅんび) 준비
□ 紹介(しょうかい) 소개
□ 蒸気(じょうき) 수증기
□ 条件(じょうけん) 조건
□ 招待(しょうたい) 초대
□ 承認(しょうにん) 승인
□ 消費(しょうひ) 소비
□ 消防署(しょうぼうしょ) 소방서
□ 将来(しょうらい) 장래
□ 省略(しょうりゃく) 생략
□ 食欲(しょくよく) 식욕

□ 女優(じょゆう) 여배우
□ 深夜(しんや) 심야
□ 水滴(すいてき) 물방울
□ 涼しい(すずしい) 시원하다
□ 鋭い(するどい) 날카롭다, 예리하다
□ 座る(すわる) 앉다
□ 生活(せいかつ) 생활
□ 成績(せいせき) 성적
□ 生徒(せいと) 학생(주로 초·중고생)
□ 製品(せいひん) 제품
□ 成分(せいぶん) 성분
□ 積極的(せっきょくてき) 적극적
□ 節約(せつやく) 절약
□ 背中(せなか) 등
□ 狭い(せまい) 좁다
□ 戦争(せんそう) 전쟁
□ 総人口(そうじんこう) 총인구
□ 装置(そうち) 장치
□ 底(そこ) 바닥, 밑
□ 卒業(そつぎょう) 졸업
□ 尊敬(そんけい) 존경
□ 存在(そんざい) 존재

た

□ 倒す(たおす) 쓰러뜨리다
□ 畳(たたみ) 다다미
□ 谷(たに) 계곡
□ 頼もしい(たのもしい) 믿음직스럽다
□ 卵(たまご) 알, 달걀
□ 団体(だんたい) 단체
□ 駐車場(ちゅうしゃじょう) 주차장
□ 頂点(ちょうてん) 꼭대기, 정상
□ 直接(ちょくせつ) 직접
□ 疲れ(つかれ) 피로
□ 続く(つづく) 계속되다, 이어지다
□ 務める(つとめる) 임무를 맡다, 역할을 다하다
□ 常に(つねに) 항상
□ 到着(とうちゃく) 도착
□ 道路(どうろ) 도로
□ 整う(ととのう) 갖추어지다, 정돈되다
□ 飛ぶ(とぶ) 날다

な

□ 流れる(ながれる) 흐르다
□ 波(なみ) 파도
□ 涙(なみだ) 눈물
□ 慣れる(なれる) 익숙해지다, 습관이 되다
□ 逃げる(にげる) 도망치다
□ 願う(ねがう) 바라다

は

□ 歯(は) 이, 치아
□ ～杯(はい) ~잔
□ 灰色(はいいろ) 잿빛, 회색, 침울함
□ 販売(はんばい) 판매
□ 被害(ひがい) 피해
□ ～匹(ひき) ~마리
□ 必要(ひつよう) 필요함
□ 拾う(ひろう) 줍다
□ 広がる(ひろがる) 넓어지다
□ 表現(ひょうげん) 표현
□ 夫婦(ふうふ) 부부
□ 複雑(ふくざつ) 복잡함

□ 含む(ふく) 포함하다	□ 物価(ぶっか) 물가	□ 降る(ふ) (눈·비) 내리다
□ 変更(へんこう) 변경	□ 編集(へんしゅう) 편집	□ 貿易(ぼうえき) 무역
□ 報告書(ほうこくしょ) 보고서	□ 帽子(ぼうし) 모자	□ 宝石(ほうせき) 보석
□ 方法(ほうほう) 방법	□ 訪問(ほうもん) 방문	□ 法律(ほうりつ) 법률
□ 募集(ぼしゅう) 모집	□ 保存(ほぞん) 보존	□ 骨(ほね) 뼈, 가시

ま

□ 増す(ま) 늘다, 많아지다	□ 祭り(まつ) 축제	□ 窓(まど) 창문
□ 招く(まね) 초대하다, 부르다, 초래하다	□ 守る(まも) 지키다	□ 万年筆(まんねんひつ) 만년필
□ 磨く(みが) 닦다	□ 湖(みずうみ) 호수	□ 皆(みな) 모두
□ 昔(むかし) 옛날	□ 娘(むすめ) 딸	□ 村(むら) 마을
□ 群れ(む) 떼, 무리	□ 明確(めいかく) 명확함	□ 珍しい(めずら) 진귀하다, 드물다
□ 申し込み(もう こ) 신청		

や・ら・わ

□ 辞める(や) 사임하다, 그만두다	□ 柔らか(やわ) 부드러움, 유연함	□ 油断(ゆだん) 방심, 부주의
□ 喜ぶ(よろこ) 기뻐하다, 좋아하다	□ 乱暴(らんぼう) 난폭함	□ 理解(りかい) 이해
□ 輪(わ) 원형, 고리	□ 沸く(わ) 끓다, 뜨거워지다	□ 割引(わりびき) 할인

問題2 ＿＿＿の言葉を漢字で書くとき、最もよいものを1・2・3・4から一つ選びなさい。

1 彼女はピアノコンクールで優秀なせいせきを収めた。
1 成積　2 成績　3 実積　4 実績

2 しょうぼうしょに電話をして問い合わせてください。
1 消妨著　2 消防著　3 消妨署　4 消防署

3 かべに絵をかけてみると、お部屋の雰囲気にぴったりでした。
1 底　2 奥　3 壁　4 床

4 新人社員に業務(ぎょうむ)のけんしゅうを行っている。
1 検習　2 研習　3 検修　4 研修

5 すきやきにはうすく切った牛肉を使います。
1 薄く　2 細く　3 荒く　4 厚く

6 彼女は念願(ねんがん)どおりしゅっぱんしゃに就職(しゅうしょく)した。
1 出坂社　2 出阪社　3 出板社　4 出版社

7 この件については、先生にうかがってみます。
1 伺って　2 詞って　3 訪って　4 倣って

8 かわぐつを買ってもらったのは、大学に入ってからだった。
1 革鞄　2 毛鞄　3 革靴　4 毛靴

9 家を出たとき、あたりは暗くなりかけていた。
1 辺り　2 囲り　3 周り　4 巡り

10 この国のそうじんこうは東京都の新宿区ほどだ。
1 計人口　2 算人口　3 全人口　4 総人口

답 1② 2④ 3③ 4④ 5① 6④ 7① 8③ 9① 10④

21 기출어휘 확인문제 한자표기 / 10

問題２　＿＿＿の言葉を漢字で書くとき、最もよいものを１・２・３・４から一つ選びなさい。

1 子供たちは芝生(しばふ)の上でわになって踊(おど)っていた。

1 円　2 丸　3 輪　4 周

2 近くのコンビニがしんや営業しているので助かる。

1 真夜　2 深夜　3 進夜　4 寝夜

3 長時間パソコンの前にすわっていて疲れた。

1 座って　2 席って　3 並って　4 例って

4 ここでぎゅうにゅうを少しずつ加(くわ)えてください。

1 牛浮　2 牛乳　3 浮牛　4 乳牛

5 鍋(なべ)からじょうきが上がっているところに入れるのは危険だ。

1 乗気　2 蒸気　3 暑気　4 昇気

6 小鳥(ことり)がかごから出てにげてしまった。

1 逃げて　2 退げて　3 追げて　4 迷げて

7 お湯(ゆ)がわいたので紅茶を入れた。

1 熱いた　2 沸いた　3 蒸いた　4 溶いた

8 IT産業ではきょうそうが年々激しくなっている。

1 境走　2 境争　3 競走　4 競争

9 彼女はついに卓球(たっきゅう)選手のちょうてんに立った。

1 超点　2 超天　3 頂点　4 頂天

10 昨日に比べて今日はだいぶすずしい。

1 涼しい　2 凍しい　3 寒しい　4 冷しい

답 1③ 2② 3① 4② 5② 6① 7② 8④ 9③ 10①

問題２ ＿＿＿の言葉を漢字で書くとき、最もよいものを１・２・３・４から一つ選びなさい。

1 電車の待ち時間をつぶすために僕はきっさてんに入った。

1 給茶店　2 供茶店　3 吸茶店　4 喫茶店

2 容疑者(ようぎしゃ)でもないのに、彼は警察でらんぼうな扱いを受けた。

1 乱爆　2 乱暴　3 舌爆　4 舌暴

3 結婚(けっこん)生活ではお互いにそんけいし合うことが大切です。

1 尊敬　2 恵尊　3 敬尊　4 尊恵

4 喜んで「万歳(ばんざい)」とさけびながら両手を上げる。

1 吸びながら　2 呼びながら　3 叫びながら　4 吹びながら

5 犬の鼻は人間の何百倍もするどい。

1 鉱い　2 鈍い　3 鉛い　4 鋭い

6 ここは子供を育てるのにとてもいいかんきょうだ。

1 還境　2 環境　3 還鏡　4 環鏡

7 大学４年生はしゅうしょく活動で忙しい。

1 辞書　2 辞職　3 就書　4 就職

8 部屋の中にはタバコのけむりがもうもうこもっていた。

1 煙　2 燃　3 燥　4 灯

9 フロントでしゅくはく手続きをしてください。

1 宿伯　2 宿泊　3 縮伯　4 縮泊

10 せんそうに勝っても負けても人は不幸になるだけだ。

1 戦双　2 戦争　3 闘双　4 闘争

답 1④ 2② 3① 4③ 5④ 6② 7④ 8① 9② 10②

問題2 ＿＿＿の言葉を漢字で書くとき、最もよいものを１・２・３・４から一つ選びなさい。

1 午後３時まで自由こうどうを取ってよろしいです。

1 行動　2 交動　3 行働　4 交働

2 おじいさんは年のせいでこしが曲がっています。

1 腸　2 腹　3 腰　4 臓

3 高橋(たかはし)さんはみずうみのほとりに別荘(べっそう)を持っています。

1 池　2 湖　3 泉　4 潮

4 冬に窓にすいてきがついてしまう現象(げんしょう)が結露(けつろ)です。

1 水滴　2 水摘　3 水適　4 水敵

5 プレゼントはきんがくじゃなくて気持ちの問題です。

1 金須　2 金頭　3 金額　4 金顔

6 彼は今パイロットになるくんれんを受けている。

1 修練　2 訓練　3 習練　4 順練

7 実現の可能性が高いというのが大方(おおかた)のかんそくだ。

1 勧側　2 勧測　3 観側　4 観測

8 波がきしに寄せるときの変化の様子を調べた。

1 岸　2 崖　3 底　4 辺

9 今、じどう虐待(ぎゃくたい)が大きな社会問題になっている。

1 子童　2 子量　3 児童　4 児量

10 台風による農作物のひがい状況はただ今調査中です。

1 彼害　2 波害　3 破害　4 被害

답 1① 2③ 3② 4① 5③ 6② 7④ 8① 9③ 10④

問題２ ＿＿＿の言葉を漢字で書くとき、最もよいものを１・２・３・４から一つ選びなさい。

1 この家は耐震（たいしん）こうぞうになっています。

1 構成　2 構造　3 講成　4 講造

2 あくてんこうのため、今日の便はすべてキャンセルになった。

1 悪天向　2 悪天荒　3 悪天航　4 悪天候

3 本日は奈良（なら）けんちょうに行ってまいりました。

1 見庁　2 原庁　3 県庁　4 厚庁

4 会員募集を開始したらもうしこみが殺到（さっとう）した。

1 申し込み　2 甲し込み　3 申し混み　4 甲し混み

5 ほんとうにそんなことが可能かどうかぎもんだ。

1 欺問　2 疑問　3 擬問　4 議問

6 このページを倍にかくだいしてコピーしてください。

1 広大　2 各大　3 拡大　4 格大

7 彼女は仙台市（せんだいし）のこうがいに住んでいます。

1 郊外　2 構外　3 効外　4 校外

8 少年はととのった顔立ちをしていたが、服装は貧しかった。

1 済った　2 終った　3 補った　4 整った

9 この寮（りょう）では夜間の外出をきんししている。

1 防止　2 阻止　3 停止　4 禁止

10 さかを下りたところにコンビニがあります。

1 反　2 板　3 阪　4 坂

답 1② 2④ 3③ 4① 5② 6③ 7① 8④ 9④ 10④

03 問題3 단어형성 공략하기

1 문제유형 완전분석

단어형성은 N2에서만 출제되는 유형인데 파생어나 복합어의 지식을 묻는 문제로 공란 메우기 형식으로 되어 있다. N2 수준의 어휘 뿐만 아니라 N3~N5에서도 출제되므로 하위 수준의 어휘까지 공부해 두는 것이 좋다. 2010년부터 2018년 1회 시험까지는 5문제가 출제되었으나 동년 2회 시험부터는 3문제가 출제되고 있다. 앞으로도 문제수는 변경될 수 있다.

문제 유형 예시

問題 3 （　　）に入れるのに最もよいものを、1・2・3・4から一つ選びなさい。

11 男女の結婚（　　）の違いについて調べた。

1 観　　2 識　　3 念　　4 察

12 ここでは（　　）水準の医療が受けられる。

1 頂　　2 上　　3 高　　4 特

13 今日は大学の講義で日本（　　）の経営について学んだ。

1 状　　2 類　　3 式　　4 則

2 단어형성 기출단어 2024~2016

2024

□ 決定権(けっていけん) 결정권	□ 最接近(さいせっきん) 최접근	□ 主原料(しゅげんりょう) 주원료
□ 読書離れ(どくしょばな) 독서에서 멀어짐	□ 名選手(めいせんしゅ) 명선수	□ 私宛て(わたしあ) 내 앞

2023

□ 壁際(かべぎわ) 벽가, 벽 옆	□ 諸手続き(しょてつづ) 여러 절차	□ 抵抗心(ていこうしん) 저항심
□ 日本風(にほんふう) 일본풍	□ 二人連れ(ふたりづ) 동행한 두 사람	□ 無回答(むかいとう) 무응답

2022

□ 異分野(いぶんや) 이분야, 다른 분야	□ 貴団体(きだんたい) 귀 단체	□ 現制度(げんせいど) 현 제도
□ 写真付き(しゃしんづ) 사진 포함	□ 低価格(ていかかく) 낮은 가격	□ 用心深い(ようじんぶか) 신중하다

2021

□ 仮登録(かりとうろく) 임시 등록	□ 現社長(げんしゃちょう) 현 사장	□ 食べ頃(たごろ) 먹기에 적당한 때
□ 同意見(どういけん) 같은 의견	□ 別会場(べつかいじょう) 다른 회장	□ ボール状(じょう) 둥근 형태, 둥근 모양

2020

□ 再提出(さいていしゅつ) 재제출	□ 都会育ち(とかいそだ) 도시에서 자람	□ 一仕事(ひとしごと) 조금 일을 함

2019

- □ 悪影響(あくえいきょう) 악영향
- □ アメリカ流(りゅう) 미국식
- □ 政治色(せいじしょく) 정치색
- □ 前町長(ぜんちょうちょう) 전 마을 대표
- □ 頼(たの)みづらい 부탁하기 곤란하다
- □ 別(わか)れ際(ぎわ) 헤어질 때

2018

- □ 学年別(がくねんべつ) 학년별
- □ 進学率(しんがくりつ) 진학률
- □ スキー場(じょう) 스키장
- □ 送信元(そうしんもと) 송신원, 발신지
- □ 働(はたら)き手(て) 일꾼, 일손
- □ 副大臣(ふくだいじん) 부대신, 부장관
- □ 無計画(むけいかく) 무계획
- □ 来学期(らいがっき) 다음 학기

2017

- □ 会員制(かいいんせい) 회원제
- □ 会社員風(かいしゃいんふう) 회사원 같음, 회사원풍
- □ 家族連(かぞくづ)れ 가족 동반
- □ 住宅街(じゅうたくがい) 주택가
- □ 諸外国(しょがいこく) 여러 외국
- □ 初年度(しょねんど) 초년도, 첫 년도
- □ 前社長(ぜんしゃちょう) 전 사장
- □ 低(てい)カロリー 저칼로리
- □ 不正確(ふせいかく) 부정확함
- □ 真後(まうし)ろ 바로 뒤

memo

2016

□ 異文化(いぶんか) 이문화	□ 管理下(かんりか) 관리하	□ 結婚観(けっこんかん) 결혼관
□ 高水準(こうすいじゅん) 높은 수준	□ 再開発(さいかいはつ) 재개발	□ 主成分(しゅせいぶん) 주성분
□ 日本式(にほんしき) 일본식	□ 年代順(ねんだいじゅん) 연대순	□ 勉強漬け(べんきょうづけ) 공부에 열중임
□ 未使用(みしよう) 미사용		

memo

25 기출어휘 확인문제 단어형성 / 10

問題３（　　）に入れるのに最もよいものを、１・２・３・４から一つ選びなさい。

1 クラスのほとんどが都会（　　）でした。

1 育ち　2 離れ　3 連れ　4 生き

2 さっそく指摘(してき)された箇所(かしょ)を直して（　　）提出した。

1 復　2 改　3 再　4 補

3 頼みごとを頼み（　　）と感じるのは、相手との間に距離(きょり)があるときです。

1 よわい　2 きつい　3 わるい　4 づらい

4 喫煙(きつえん)は健康に（　　）影響を与える。

1 悪　2 重　3 高　4 大

5 アメリカ（　　）の考え方はどうも私にはなじめない。

1 形　2 質　3 性　4 流

6 （　　）学期から日本語を勉強しようと思っています。

1 明　2 近　3 隣　4 来

7 データが古くなっていたり、（　　）正確なデータが多いケースがある。

1 否　2 反　3 非　4 不

8 今の町長は、（　　）町長より18歳も若い。

1 先　2 前　3 昨　4 去

9 ドライフルーツやナッツなどでボール（　　）のヘルシーなお菓子を作ります。

1 状　2 性　3 式　4 感

10 このページは作中(さくちゅう)事件を年代（　　）に並べてみました。

1 順　2 連　3 番　4 序

답 1① 2③ 3④ 4① 5④ 6④ 7④ 8② 9① 10①

26 기출어휘 확인문제 단어형성 / 10

問題３（　　　）に入れるのに最もよいものを、１・２・３・４から一つ選びなさい。

1 午前中に（　　　）仕事を済(す)ませた。

1 半　2 短　3 小　4 一

2 セールイベントはこちらではなく、（　　　）会場で行われています。

1 補　2 違　3 離　4 別

3 その監督(かんとく)は政治（　　　）抜きの映画を作ろうとした。

1 味　2 色　3 香り　4 風

4 彼は別れ（　　　）に何かつぶやいた。

1 刻　2 際　3 間　4 期

5 迷惑(めいわく)メールのほとんどが送信（　　　）を偽装(ぎそう)して送られている。

1 元　2 原　3 根　4 素

6 大臣の下に２人の（　　　）大臣がいるのが一般的だ。

1 補　2 助　3 次　4 副

7 男性は会社員（　　　）で、年齢(ねんれい)４０歳くらい、身長１７５センチくらいだそうです。

1 風　2 類　3 状　4 式

8 休日の遊園地は家族（　　　）でにぎわった。

1 込み　2 付き　3 伴い　4 連れ

9 返品は（　　　）使用で、到着後一週間以内にお願いします。

1 外　2 否　3 前　4 未

10 １０年前に（　　　）社長が就任(しゅうにん)した。

1 現　2 直　3 今　4 近

답 1④ 2④ 3② 4② 5① 6④ 7① 8④ 9④ 10①

3 단어형성 기출어휘 2015~2010

2015년부터 2010년까지의 기출어휘를 연도별로 정리하였다.

2015

□ 悪影響(あくえいきょう) 악영향	□ 応援団(おうえんだん) 응원단	□ 現実離れ(げんじつばなれ) 현실과 동떨어짐
□ 子供連れ(こどもづれ) 아이 동반	□ 招待状(しょうたいじょう) 초대장	□ 成功率(せいこうりつ) 성공률
□ 副社長(ふくしゃちょう) 부사장	□ 真新しい(まあたらしい) 아주 새롭다, 완전히 새것이다	
□ 無責任(むせきにん) 무책임	□ ヨーロッパ風(ふう) 유럽풍, 유럽식	

2014

□ 一日(いちにち)おきに 하루 걸러	□ 期限切れ(きげんぎれ) 기한이 다 됨	□ 危険性(きけんせい) 위험성
□ 高性能(こうせいのう) 고성능	□ 作品集(さくひんしゅう) 작품집	□ 諸問題(しょもんだい) 여러 문제
□ 線路沿い(せんろぞい) 기찻길 옆	□ 電車賃(でんしゃちん) 전철 요금	□ 未経験(みけいけん) 미경험
□ ムード一色(いっしょく) 분위기 일색		

memo

2013

□ 薄暗い(うすぐら) 좀 어둡다, 침침하다	□ 親子連れ(おやこづ) 부모와 자녀 동반	□ 音楽全般(おんがくぜんぱん) 음악 전반
□ 風邪気味(かぜぎみ) 감기 기운	□ 再提出(さいていしゅつ) 재제출	□ 最有力(さいゆうりょく) 가장 유력함
□ 準決勝(じゅんけっしょう) 준결승	□ 食器類(しょっきるい) 식기류	□ 東京駅発(とうきょうえきはつ) 도쿄역발
□ 夏休み明け(なつやすみあ) 여름방학이 끝난 직후		

2012

□ アルファベット順(じゅん) 알파벳순	□ 仮採用(かりさいよう) 임시 채용	□ 国際色(こくさいしょく) 국제색
□ 諸外国(しょがいこく) 여러 외국	□ 低価格(ていかかく) 낮은 가격	□ 投票率(とうひょうりつ) 투표율
□ 日本流(にほんりゅう) 일본류, 일본식	□ 半透明(はんとうめい) 반투명	□ ビジネスマン風(ふう) 비즈니스맨풍
□ 真夜中(まよなか) 한밤중		

memo

2011

- □ 悪条件(あくじょうけん) 악조건
- □ 医学界(いがくかい) 의학계
- □ 一日おきに(いちにち) 하루 걸러
- □ クリーム状(じょう) 크림 상태
- □ 現段階(げんだんかい) 현 단계
- □ 準優勝(じゅんゆうしょう) 준우승
- □ 総売上(そううりあげ) 매상 총액, 총 판매액
- □ 非公式(ひこうしき) 비공식
- □ 文学賞(ぶんがくしょう) 문학상
- □ 来シーズン(らい) 다음 시즌

2010

- □ 旧制度(きゅうせいど) 구 제도
- □ 高収入(こうしゅうにゅう) 고수입
- □ 再放送(さいほうそう) 재방송
- □ 就職率(しゅうしょくりつ) 취업률
- □ 集中力(しゅうちゅうりょく) 집중력
- □ 商店街(しょうてんがい) 상점가
- □ 諸問題(しょもんだい) 여러 문제
- □ 2対1(たい) 2 대 1
- □ 副社長(ふくしゃちょう) 부사장
- □ 予約制(よやくせい) 예약제

memo

27 기출어휘 확인문제 단어형성 / 10

問題３（　　　）に入れるのに最もよいものを、１・２・３・４から一つ選びなさい。

1 ダンス（　　　）経験でも歓迎(かんげい)です。

1 反　　2 非　　3 半　　4 未

2 彼から招待（　　　）をもらったが、それに応じなかった。

1 状　　2 客　　3 巻　　3 席

3 （　　　）段階ではその問題についてコメントできません。

1 直　　2 近　　3 現　　4 当

4 今日の講演のテーマは、教育の（　　　）問題についてです。

1 類　　2 雑　　3 諸　　4 複

5 東京駅（　　　）の直通(ちょくつう)は以前より本数が減っている。

1 地　　2 発　　3 別　　4 界

6 年のせいか集中（　　　）が続かない。

1 気　　2 力　　3 考　　4 能

7 本校卒業生の就職（　　　）は毎年８０%を超えております。

1 役　　2 面　　3 率　　4 路

8 それは（　　　）制度の致命的(ちめいてき)な欠陥(けっかん)だった。

1 古　　2 旧　　3 副　　4 再

9 数学(すうがく)に関するレポートを夏休み（　　　）に提出(ていしゅつ)することになりました。

1 明け　　2 閉め　　3 分け　　4 止め

10 このチーズは期限（　　　）が一番おいしい。

1 切(ぎ)れ　　2 付(つ)き　　3 がち　　4 気味(ぎみ)

답 1④ 2① 3③ 4③ 5② 6② 7③ 8② 9① 10①

問題３（　　　）に入れるのに最もよいものを、１・２・３・４から一つ選びなさい。

1 駅前の商店（　　　）で、買い物して帰ろう。

1 町　2 城　3 帯　4 街

2 開演のベルが鳴り、観客席は（　　　）暗くなった。

1 大(おお)　2 小(こ)　3 黒(くろ)　4 薄(うす)

3 私はほとんどスーパーで食器（　　　）を買っている。

1 料　2 集　3 財　4 類

4 明日の会議には、社長と（　　　）社長も出席する予定だ。

1 助　2 補　3 副　4 準

5 我が社の（　　　）売上は年間10％上昇した。

1 満　2 集　3 合　4 総

6 昨日（　　　）性能のカメラを購入(こうにゅう)した。

1 強　2 高　3 最　4 正

7 ただ今の発言は（　　　）公式な見解です。

1 無　2 不　3 非　4 未

8 その実験結果は医学（　　　）の注目を集めた。

1 城　2 帯　3 区　4 界

9 地元のプロ野球チームが（　　　）決勝に進んだ。

1 準　2 次　3 副　4 後

10 とても気に入ったので作品（　　　）を買いました。

1 巻　2 冊　3 部　4 集

답 1④ 2④ 3④ 4③ 5④ 6② 7③ 8④ 9① 10④

29 기출어휘 확인문제 단어형성 / 10

問題３（　　　）に入れるのに最もよいものを、１・２・３・４から一つ選びなさい。

1 このレストランは子供（　　　）のお客に人気だ。

1 付(づ)き　2 伴(ともな)い　3 添(ぞ)え　4 連(づ)れ

2 音楽（　　　）に興味がありますが、今は特に日本の伝統音楽に興味があります。

1 一般　2 全般　3 一面　4 全面

3 風邪（　　　）で勤めを休んだ。

1 気味　2 気配　3 気分　4 気持ち

4 この病院の外来は予約（　　　）です。

1 席　2 度　3 製　4 制

5 彼女は次期社長の（　　　）有力候補とうわさされている。

1 主　2 多　3 最　4 好

6 ゴミは（　　　）透明のゴミ袋で出してください。

1 無　2 準　3 半　4 未

7 今回の選挙は投票（　　　）が低かった。

1 率　2 倍　3 先　4 部

8 友人が線路（　　　）の家を買い、うるさくてまた引っ越ししてしまった。

1 付(づ)き　2 沿(ぞ)い　3 並(なら)び　4 伴(ともな)い

9 あの人の考えは現実（　　　）している。

1 離れ　2 逃げ　3 落ち　4 抜け

10 （　　　）シーズンから彼は４番バッターを任(まか)される。

1 来　2 先　3 再　4 最

답 1④ 2② 3① 4④ 5③ 6③ 7① 8② 9① 10①

問題３（　　　）に入れるのに最もよいものを、１・２・３・４から一つ選びなさい。

1 私は（　　　）採用になりました。

1 仮　2 無　3 半　4 金

2 冬休みに旅行に行きたいので、（　　　）収入のアルバイトを探している。

1 優　2 良　3 高　4 上

3 新宿(しんじゅく)から甲府(こうふ)まで片道の電車（　　　）はいくらですか。

1 財　2 発　3 類　4 賃

4 駅前にひときわ目立つ（　　　）新しい建物がある。

1 正　2 真　3 本　4 実

5 この植物には一日（　　　）に水をやります。

1 すき　2 あき　3 しき　4 おき

6 単語をアルファベット（　　　）に並(なら)べ替(か)える。

1 弱　2 別　3 率　4 順

7 10月に入り、ハロウィンムード（　　　）ですね。

1 一色　2 一種　3 一例　4 一面

8 古くなった時計を（　　　）価格で販売した。

1 格　2 短　3 安　4 低

9 ボウルにバターと砂糖(さとう)を入れてクリーム（　　　）になるまで混(ま)ぜてください。

1 流　2 似　3 態　4 状

10 寒暖(かんだん)の差が大きいこの地域の暮らしには、ヨーロッパ（　　　）の家は合いません。

1 状　2 風　3 態　4 類

답 1① 2③ 3④ 4② 5④ 6④ 7① 8④ 9④ 10②

04 問題4 문맥규정 공략하기

1 문제유형 완전분석

문맥규정은 주어진 단문의 밑줄 친 부분에 들어갈 알맞은 어휘를 고르는 문제로 한자 표기 여부나 품사에 관계없이 다양한 단어가 출제되고 있다. 특히 부사에서는 「ぶつぶつ」「まごまご」「はきはき」와 같은 의성어와 의태어도 자주 출제된다.

문제 유형 예시

問題 4 （　　）に入れるのに最もよいものを、1・2・3・4から一つ選びなさい。

16 この大学では一般向けの講座を開き、社会に学習の場を（　　）している。

1 選出(せんしゅつ)　2 提供(ていきょう)　3 指示(しじ)　4 寄付(きふ)

17 今年の夏は暑さが厳(きび)しく、仕事から家に帰ると疲れて（　　）してしまう。

1 ぐったり　2 しっかり　3 すっきり　4 ぎっしり

18 学生時代の友人が私の名前を忘れていたので、とても（　　）だった。

1 アウト　2 ダウン　3 ショック　4 エラー

2 문맥규정 기출어휘 2024~2016

2024

□ インパクト 임팩트, 충격, 인상	□ 衰(おとろ)える 쇠약해지다	□ 思(おも)い込(こ)む 굳게 믿다
□ 完了(かんりょう) 완료	□ 口調(くちょう) 말투	□ 省略(しょうりゃく) 생략
□ ずうずうしい 뻔뻔하다	□ そそっかしい 덜렁거리다	□ 多大(ただい)な 커다란, 막대한
□ 通過(つうか) 통과	□ 溶(と)け込(こ)む 녹아들다	□ 歩道(ほどう) 보도
□ もてなす 대접하다	□ 役目(やくめ) 역할	

2023

□ かさかさ 꺼칠꺼칠, 바삭바삭	□ 求人(きゅうじん) 구인	□ 後悔(こうかい) 후회
□ 好調(こうちょう) 호조, 순조	□ 誤解(ごかい) 오해	□ こそこそ 소곤소곤
□ 節約(せつやく) 절약	□ 頼(たの)もしい 믿음직하다	□ 特定(とくてい) 특정
□ 飛(と)びつく 달려들다	□ まねる 흉내 내다	□ 盛(も)り上(あ)がる 고조되다
□ リハーサル 리허설	□ 話題(わだい) 화제	

2022

□ 抱(いだ)く 품다	□ 違反(いはん) 위반	□ 劣(おと)る (능력이) 떨어지다
□ ぎっしり 가득 찬 모양, 잔뜩	□ 苦情(くじょう) 불만, 고충	□ クリア 통과하다, 헤쳐나가다
□ 劇的(げきてき)に 극적으로	□ 交渉(こうしょう) 교섭	□ 締(し)め切(き)る 마감하다
□ 進出(しんしゅつ) 진출	□ 接続(せつぞく) 접속	□ 設備(せつび) 설비
□ ぞろぞろ 졸졸, 줄줄(많은 사람이 잇달아 움직이는 모양)		□ まれだ 드물다

2021

□ 思(おも)いきって 과감히, 큰맘 먹고	□ 開設(かいせつ) 개설	□ 解約(かいやく) 해약
□ 固(かた)める 굳히다	□ 格好(かっこう) 모습, 행색	□ 気軽(きがる)に 선뜻, 가벼운 마음으로
□ ぎりぎり 아슬아슬함, 빠듯함	□ 限界(げんかい) 한계	□ 上昇(じょうしょう) 상승
□ じろじろ 빤히, 유심히	□ タイミング 타이밍	□ 添付(てんぷ) 첨부
□ ニーズ 요구	□ 雇(やと)う 고용하다	

2020

□ 争(あらそ)う 다투다, 경쟁하다	□ いいかげん 건성임, 무책임함	□ 気配(けはい) 기색, 기미
□ 尊重(そんちょう) 존중	□ ターゲット 타겟, 표적, 대상	□ 独特(どくとく) 독특함
□ 評価(ひょうか) 평가		

2019

□ あいまい 애매함	□ あこがれ 동경	□ うなずく 수긍하다, 고개를 끄덕이다
□ 衰(おとろ)える 쇠약해지다, 쇠퇴하다	□ ごちゃごちゃ 어지러이 뒤섞임, 너저분한 모양	
□ 栽培(さいばい) 재배	□ 転勤(てんきん) 전근	□ 不安定(ふあんてい) 불안정함
□ ふさわしい 적합하다, 어울리다	□ プレッシャー 압력	□ 分担(ぶんたん) 분담
□ 本物(ほんもの) 진짜, 실물	□ 面倒(めんどう) 귀찮음, 번거로움	□ 油断(ゆだん) 방심, 부주의

2018

□ アレンジ 어레인지, 변형, 각색	□ 欠(か)かす 빠뜨리다, 빼먹다	□ 地元(じもと) 그 지역, 그 고장, 연고지
□ スペース 공간	□ 続出(ぞくしゅつ) 속출	□ 達(たっ)する 이르다, 도달하다
□ 着々(ちゃくちゃく)と 착착, 척척	□ でたらめに 엉터리로, 아무렇게나	□ 点検(てんけん) 점검
□ 独特(どくとく) 독특함	□ 飛(と)び散(ち)る 흩날리다	□ にっこり 빙긋이
□ 発揮(はっき) 발휘	□ 敏感(びんかん) 민감함	

2017

□ アピール 어필, 호소	□ 打(う)ち消(け)す 부정하다	□ 穏(おだ)やか 온화함
□ 確保(かくほ) 확보	□ ぎりぎり 아슬아슬함, 빠듯함	□ 苦情(くじょう) 불평, 불만
□ 悔(く)やむ 후회하다, 애석하게 여기다	□ 契機(けいき) 계기	□ そそっかしい 경솔하다, 덜렁대다
□ バランス 밸런스, 균형	□ ひそひそ 소곤소곤	□ 豊富(ほうふ)に 풍부하게, 풍족하게
□ 名所(めいしょ) 명소	□ 有利(ゆうり) 유리함	

2016

□ 安易(あんい) 손쉬움, 안이함	□ 活発(かっぱつ) 활발함	□ ぐったり 녹초가 됨, 늘어짐
□ 邪魔(じゃま) 방해, 거추장스러움	□ 収穫(しゅうかく) 수확	□ ショック 쇼크, 충격
□ たのもしい 믿음직하다, 기대할 만하다	□ 提供(ていきょう) 제공	□ なだらか 경사가 완만함
□ のんびり 느긋함, 태평함	□ 引(ひ)き止(と)める 말리다, 붙잡다	□ 普及(ふきゅう) 보급
□ リーダー 리더, 지도자	□ 割(わ)り込(こ)む 끼어들다, 새치기하다	

問題4 （　　　）に入れるのに最もよいものを、1・2・3・4から一つ選びなさい。

1 その映画について審査員の（　　　）が分かれた。
　1 考慮　　2 評価　　3 信頼　　4 測定

2 （　　　）気持ちではこの計画を実行できないよ。
　1 不規則な　　2 手ごろな　　3 大まかな　　4 いいかげんな

3 （　　　）手続きの後、ようやく写真撮影の許可が下りた。
　1 余計な　　2 面倒な　　3 過剰な　　4 無力な

4 駅に着いたときにちょうど快速(かいそく)が来るとは（　　　）がよさすぎる。
　1 タイマー　　2 アクシデント　　3 タイミング　　4 アクション

5 彼女は（　　　）笑いながら玄関に出てきた。
　1 さっぱり　　2 にっこり　　3 ぴかぴか　　4 ほかほか

6 あのホテルは手頃な料金で（　　　）利用できる。
　1 無事(ぶじ)に　　2 気軽(きがる)に　　3 率直(そっちょく)に　　4 器用(きよう)に

7 この資格を持っていると就職に（　　　）です。
　1 失着　　2 優先　　3 強力　　4 有利

8 彼は試験の前にもっと勉強しておけばよかったと（　　　）いる。
　1 断(ことわ)って　　2 疑(うたが)って　　3 悔(く)やんで　　4 諦(あきら)めて

9 このところ物価の（　　　）が顕著(けんちょ)だ。
　1 増加(ぞうか)　　2 上達(じょうたつ)　　3 増大(ぞうだい)　　4 上昇(じょうしょう)

10 なるべく（　　　）したばかりの新鮮な野菜を食べるようにしてください。
　1 収穫　　2 成立　　3 採集　　4 取得

답 1② 2④ 3② 4③ 5② 6② 7④ 8③ 9④ 10①

問題４（　　）に入れるのに最もよいものを、１・２・３・４から一つ選びなさい。

1 ３０代の女性を（　　）にした雑誌がよく売れている。

1 ゴール　2 インパクト　3 アピール　4 ターゲット

2 彼のメールには一枚の写真が（　　）されていた。

1 輸送(ゆそう)　2 付属(ふぞく)　3 郵送(ゆうそう)　4 添付(てんぷ)

3 野菜を無農薬で（　　）する農家が増えている。

1 制作　2 栽培　3 養成　4 製造

4 祖母の視力は急速に（　　）きています。

1 傷(いた)んで　2 散(ち)って　3 枯(か)れて　4 衰(おとろ)えて

5 川沿いの朝市(あさいち)は（　　）の人たちにも観光客にもとても人気がある。

1 地元　2 根元　3 土台　4 立場

6 体が弱くては実力を十分に（　　）することはできない。

1 表現　2 明示　3 公開　4 発揮

7 年末にベートーベンの交響曲(こうきょうきょく)第九番を演奏(えんそう)することは日本（　　）の風習だ。

1 専属(せんぞく)　2 独特(どくとく)　3 限定(げんてい)　4 孤立(こりつ)

8 そんなうわさを真に受けるなんて、彼ちょっと（　　）んだよ。

1 たのもしい　2 そうぞうしい　3 あつかましい　4 そそっかしい

9 人をそんなに（　　）見るのは失礼ですよ。

1 じろじろ　2 たまたま　3 ささと　4 うっかり

10 ちょっと聞きたいことがあったから帰ろうとした友達を（　　）。

1 取り付けた　2 引き止めた　3 持ち寄った　4 受け入れた

답 1④ 2④ 3② 4④ 5① 6④ 7② 8④ 9① 10②

33 기출어휘 확인문제 문맥규정 / 10

問題４（　　　）に入れるのに最もよいものを、１・２・３・４から一つ選びなさい。

1 その選手は体力の（　　　）を理由に現役(げんえき)を引退した。

1 制限(せいげん)　2 限界(げんかい)　3 境界(きょうかい)　4 境目(さかいめ)

2 私の部屋はいろいろな物で（　　　）している。

1 きちんと　2 ぼんやり　3 ごちゃごちゃ　4 きょろきょろ

3 工程(こうてい)が多い作業は、個々の得意分野を活かし、（　　　）して作業に取り組んでいます。

1 分別　2 区別　3 区分　4 分担

4 この机は（　　　）を取り過ぎている。

1 スペース　2 フロア　3 ステージ　4 フロント

5 私は会社を辞める決意を（　　　）。

1 固めた　2 まとめた　3 仕上げた　4 合わせた

6 京都は紅葉の（　　　）で、秋になると大勢の観光客が訪れる。

1 要所　2 名所　3 実地　4 現場

7 列車は混んでいたが、何とか席を二つ（　　　）できた。

1 制作　2 保存　3 作成　4 確保

8 子どもたちはみな猛暑(もうしょ)の中で（　　　）していた。

1 ぐったり　2 しっかり　3 すっきり　4 ぎっしり

9 一人の男が順番を無視してタクシーを待つ列に（　　　）きた。

1 当てはまって　2 付け加えて　3 行き着いて　4 割り込んで

10 いいことばかり言うのではなく、ちゃんとデメリットも教えてくれたので（　　　）。

1 したしかった　2 なつかしかった　3 くわしかった　4 たのもしかった

답 1② 2③ 3④ 4① 5① 6② 7④ 8① 9④ 10④

3 문맥규정 기출어휘 2015~2010

2015년부터 2010년까지의 기출어휘를 연도별로 정리하였다.

2015

□ 輝(かがや)かしい 빛나다, 눈부시다	□ 完了(かんりょう) 완료	□ 時間(じかん)をつぶす 시간을 때우다
□ 柔軟(じゅうなん) 유연함	□ 鋭(するど)い 날카롭다, 예리하다	□ 相違(そうい) 상이함, 다름
□ たっぷり 듬뿍, 많이	□ デザイン 디자인	□ 特色(とくしょく) 특색
□ 濁(にご)る 흐려지다, 탁해지다	□ バランス 밸런스, 균형	□ びっしょり 흠뻑 젖음
□ 面(めん)する 면하다, 마주보다	□ 予測(よそく) 예측	

2014

□ 予(あらかじ)め 사전에, 미리	□ 一気(いっき)に 단숨에	□ うとうと 꾸벅꾸벅 조는 모양
□ 思(おも)い切(き)って 과감히, 큰맘 먹고	□ 差(さ)し支(つか)える 지장이 있다	□ 体格(たいかく) 체격
□ 蓄(たくわ)える 저장하다, 비축하다	□ 訂正(ていせい) 정정	□ 導入(どうにゅう) 도입
□ 腹(はら)を立(た)てる 화를 내다	□ パンク 펑크, 터짐	□ 目指(めざ)す 목표로 하다
□ やかましい 시끄럽다	□ リラックス 릴랙스, 편안함	

memo

2013

- □ あいにく 공교롭게도
- □ 意欲(いよく) 의욕
- □ 解散(かいさん) 해산
- □ 格好(かっこう) 모양, 모습
- □ 見当(けんとう) 예측, 짐작
- □ すっきり 말쑥함, 상쾌함
- □ スムーズに 순조롭게
- □ ぜいたく 사치스러움
- □ 専念(せんねん) 전념
- □ 中継(ちゅうけい) 중계
- □ つまずく 발에 걸려 넘어지다, 실패하다
- □ 辛(つら)い 괴롭다
- □ 比例(ひれい) 비례
- □ 呼(よ)び止(と)める 불러 세우다

2012

- □ いらいら 초조해함, 안절부절못함
- □ 得(え)る 얻다
- □ 改正(かいせい) 개정
- □ 抱(かか)える (문제) 안다, 떠안다
- □ かたよる 치우치다
- □ ぐちを言(い)う 푸념을 하다
- □ ごろごろ 뒹굴뒹굴, 데굴데굴
- □ 辞退(じたい) 사퇴
- □ 成長(せいちょう) 성장
- □ 着々(ちゃくちゃく)と 착착, 척척
- □ 散(ち)らかす 어지르다
- □ 適度(てきど) 적당함, 적절함
- □ 場面(ばめん) 장면
- □ 夢中(むちゅう)になる 푹 빠지다, 열중하다

memo

2011

□ 解消(かいしょう) 해소	□ 改善(かいぜん) 개선	□ 活気(かっき) 활기
□ 機能(きのう) 기능	□ さっぱり 상쾌함	□ 視野(しや) 시야
□ 迫(せま)る 다가오다	□ 詰(つ)まる 막히다	□ 強(つよ)み 강점, 유리한 점
□ 反映(はんえい) 반영	□ ぶらぶら 어슬렁어슬렁, 빈둥빈둥	□ 分析(ぶんせき) 분석
□ ぼんやり 멍하니, 흐릿하게	□ わりと 비교적	

2010

□ 相次(あいつ)ぐ 잇따르다, 연달다	□ 曖昧(あいまい) 애매함	□ 温厚(おんこう) 온화하고 따뜻함
□ シーズン 시즌, 시기, 철	□ 上昇(じょうしょう) 상승	□ 徐々(じょじょ)に 서서히
□ 通(つう)じない 통하지 않다	□ のんびり 느긋하게, 태평하게	□ 発揮(はっき) 발휘
□ 話(はなし)が尽(つ)きない 이야기가 끊기지 않다		□ 評判(ひょうばん) 평판, 유명함
□ 含(ふく)む 포함하다	□ マイペース 자기 나름의 방식	□ 有効(ゆうこう) 유효함

memo

34 기출어휘 확인문제 문맥규정　/ 10

問題４（　　　）に入れるのに最もよいものを、１・２・３・４から一つ選びなさい。

1 私はあの人の（　　　）人柄(ひとがら)にとてもひかれています。

1 適度(てきど)な　2 安易(あんい)な　3 温厚(おんこう)な　4 温暖(おんだん)な

2 君の話し方で何をたくらんでいるのか（　　　）がつく。

1 身分　2 身元　3 見解　4 見当

3 今週は忙しかったから、週末は家で（　　　）テレビを見ていた。

1 のんびり　2 のろのろ　3 ぐるぐる　4 ぐっすり

4 先日、街を歩いていたらたまたまテレビ局のリポーターに（　　　）、インタビューされました。

1 呼び止められて　2 聞き取られて　3 見わけられて　4 問い合わせられて

5 調査団は事故の原因を（　　　）した。

1 分析　2 発明　3 検査　4 視察

6 彼は努力のすえ、（　　　）成功をおさめた。

1 もったいない　2 ものたりない　3 うらやましい　4 かがやかしい

7 この表現は（　　　）でわかりにくい。

1 軟弱(なんじゃく)　2 質素(しっそ)　3 ささやか　4 あいまい

8 後30分あるから、その辺を（　　　）してくるよ。

1 がらがら　2 ばらばら　3 ゆらゆら　4 ぶらぶら

9 昼寝をしたら気分が（　　　）した。

1 たっぷり　2 うっかり　3 すっきり　4 ぎっしり

10 ビールにはアルコール分が５％ほど（　　　）いる。

1 含(ふく)まれて　2 納(おさ)められて　3 割(わ)り込(こ)まれて　4 詰(つ)め込(こ)まれて

답 1③ 2④ 3① 4① 5① 6④ 7④ 8④ 9③ 10①

問題4 (　　　) に入れるのに最もよいものを、1・2・3・4から一つ選びなさい。

1 生徒会が中心となって会は（　　　）進んでいた。

1 ソフトに　2 クリアに　3 シンプルに　4 スムーズに

2 人はつらい経験を通して（　　　）するものだ。

1 成長（せいちょう）　2 更新（こうしん）　3 増加（ぞうか）　4 向上（こうじょう）

3 マラソンではまわりの人にあわせようとしないで、（　　　）で走るといい。

1 アプローチ　2 テクニック　3 マイペース　4 フレッシュ

4 その会社は技術がすぐれているという（　　　）だ。

1 決断（けつだん）　2 納得（なっとく）　3 予測（よそく）　4 評判（ひょうばん）

5 疲れていたので仕事中つい（　　　）した。

1 いらいら　2 うろうろ　3 うとうと　4 ぶらぶら

6 私はいま（　　　）した気分です。

1 アレンジ　2 リラックス　3 イージー　4 シンプル

7 決勝戦（けっしょうせん）に進出（しんしゅつ）して選手たちは（　　　）に満ちている。

1 活気（かっき）　2 活躍（かつやく）　3 活動（かつどう）　4 活発（かっぱつ）

8 経費の問題から（　　　）計画が進まない。

1 おちこんで　2 つっこんで　3 くっついて　4 つまずいて

9 都市部を中心に自転車盗難が（　　　）いる。

1 あいついで　2 みだれて　3 あてはめて　4 みこんで

10 彼女は勤めをやめて勉強に（　　　）した。

1 注目（ちゅうもく）　2 専念（せんねん）　3 統一（とういつ）　4 特定（とくてい）

답 1④ 2① 3③ 4④ 5③ 6② 7① 8④ 9① 10②

36 기출어휘 확인문제 문맥규정 / 10

問題4 (　　　)に入れるのに最もよいものを、1・2・3・4から一つ選びなさい。

1 この切符は、明日まで（　　　）です。

1 有効　2 効用　3 権利　4 利点

2 洗面所(せんめんじょ)のトイレが一つ（　　　）いて使えません。

1 うまって　2 つまって　3 しずんで　4 もぐって

3 年末の完成を（　　　）工事を進める。

1 みおろして　2 ながめて　3 みあげて　4 めざして

4 秋は読書の（　　　）です。

1 コーラス　2 マスター　3 シーズン　4 パートナー

5 彼はちょっとしたことにもすぐ腹を（　　　）。

1 立てる　2 決める　3 切る　4 割る

6 ずっと彼にうそをついているのが（　　　）なってきた。

1 痛(いた)ましく　2 重苦(おもくる)しく　3 つらく　4 にくく

7 ロシア語ができるのが彼女の（　　　）ですね。

1 重み　2 強み　3 高み　4 深み

8 交通渋滞で少しも動けないので車の中で（　　　）している。

1 すらすら　2 ぺらぺら　3 わくわく　4 いらいら

9 彼女とは久しぶりに会ったので、何時間話しても話が（　　　）。

1 尽(つ)きない　2 衰(おとろ)えない　3 限(かぎ)りない　4 枯(か)れない

10 ぼくの部屋は通りに（　　　）いるから、ときどきうるさいんだ。

1 面(めん)して　2 適(てき)して　3 属(ぞく)して　4 対(たい)して

답 1① 2② 3④ 4③ 5① 6③ 7② 8④ 9① 10①

37 기출어휘 확인문제　문맥규정　/ 10

問題４（　　　）に入れるのに最もよいものを、１・２・３・４から一つ選びなさい。

1 あの会社はいろんな問題を（　　　）いる。

1 にぎって　　2 かかえて　　3 かぎって　　4 むかえて

2 途中寄り道をせず、岡山(おかやま)まで（　　　）車を飛ばした。

1 一斉(いっせい)に　　2 一気(いっき)に　　3 改(あらた)めて　　4 思(おも)い切(き)って

3 最終コーナーを曲がったとき、ひざに（　　　）痛みを感じた。

1 するどい　　2 あらい　　3 ほそい　　4 にぶい

4 給与を引き上げただけでは社員の不満は（　　　）しない。

1 停止(ていし)　　2 減量(げんりょう)　　3 削除(さくじょ)　　4 解消(かいしょう)

5 わが校の（　　　）は国際交流に力を入れていることだ。

1 異色　　2 特色　　3 調子　　4 様子

6 彼は収入に（　　　）して出費が多くなった。

1 対応(たいおう)　　2 応答(おうとう)　　3 比例(ひれい)　　4 比較(ひかく)

7 雨に降られて、上着(うわぎ)が（　　　）濡(ぬ)れた。

1 ぐっすり　　2 びっしょり　　3 ぴったり　　4 ぐったり

8 明日ゴルフだというのに（　　　）雨のようですね。

1 あいにく　　2 わざわざ　　3 せっかく　　4 うっかり

9（　　　）言っておくが、これは楽な仕事ではない。

1 一斉(いっせい)に　　2 一気(いっき)に　　3 予(あらかじ)め　　4 思(おも)い切(き)って

10 大雨(おおあめ)で地盤(じばん)が緩(ゆる)み、落石(らくせき)が（　　　）落ちて来た。

1 ごろごろ　　2 ゆらゆら　　3 ぶらぶら　　4 うろうろ

답 1② 2② 3① 4④ 5② 6③ 7② 8① 9③ 10①

4 문맥규정 기출어휘 2009~2000

2009년부터 2000년까지의 기출어휘를 あいうえお순으로 정리하였다.

あ

- □ あくび 하품
- □ あこがれる 동경하다
- □ 足元(あしもと) 발밑
- □ 預(あず)ける 맡기다
- □ 溢(あふ)れる 넘치다
- □ 慌(あわ)ただしい 어수선하다, 바쁘다
- □ 案外(あんがい) 의외로, 예상 외로
- □ いきなり 갑자기
- □ 育児(いくじ) 육아
- □ 維持(いじ) 유지
- □ いじめる 괴롭히다
- □ 偉大(いだい) 위대함
- □ 抱(いだ)く (마음에) 품다
- □ いつのまにか 어느새
- □ 緯度(いど) 위도
- □ いわば 말하자면, 예를 들면
- □ いわゆる 소위, 이른바
- □ 引退(いんたい) 은퇴
- □ うわさ 소문
- □ 営業(えいぎょう) 영업
- □ エネルギー 에너지
- □ エンジン 엔진
- □ おかまいなく 신경 쓰지 마세요
- □ 納(おさ)める 납부하다
- □ お世話(せわ)になる 신세를 지다
- □ 主(おも)に 주로, 대부분

か

- □ 改造(かいぞう) 개조
- □ 覚悟(かくご) 각오
- □ 空(から) 속이 빔
- □ カロリー 칼로리, 열량
- □ 感覚(かんかく) 감각
- □ 効(き)く 효과가 있다
- □ きつい 꽉 끼다
- □ 記入(きにゅう) 기입
- □ キャンパス 캠퍼스, (대학) 교정
- □ 共通(きょうつう) 공통
- □ くどい 장황하다, 되풀이해서 귀찮다
- □ 苦労(くろう) 고생
- □ 詳(くわ)しい 상세하다, 자세하다
- □ 結論(けつろん) 결론
- □ ご遠慮(えんりょ)なく 사양 않고
- □ 克服(こくふく) 극복
- □ ごくろうさま 수고하셨습니다
- □ コミュニケーション 커뮤니케이션, 의사 전달
- □ コンクール 콩쿠르, 경연 대회

さ

□ 逆(さか)らう 거스르다, 거역하다	□ さて 그건 그렇고	□ 覚(さ)める 잠이 깨다, 눈이 뜨이다
□ しかたがない 어쩔 수 없다	□ 直(じき)に 바로, 곧	□ 敷(し)く 깔다
□ 次第(しだい)に 점차	□ しつこい 집요하다, 끈질기다	□ しびれる 마비되다, 저리다
□ 地味(じみ) 수수함, 검소함	□ 締(し)め切(き)り 마감(일)	□ しゃべる 이야기하다, 수다를 떨다
□ 順調(じゅんちょう) 순조로움	□ 慎重(しんちょう) 신중함	□ 隙(すき) 틈, 방심
□ スケジュール 스케줄	□ スタート 스타트, 시작	□ すなわち 즉
□ スムーズ 순조로움, 원활함	□ 接(せっ)する 접하다	□ そういえば 그러고 보니
□ 続々(ぞくぞく)(と) 잇달아, 끊임없이	□ そそっかしい 덜렁대다, 경솔하다	

た

□ 対立(たいりつ) 대립	□ 炊(た)く (밥을) 짓다	□ ただし 다만
□ チーム 팀	□ ちゃんと 제대로, 정확하게	□ 超過(ちょうか) 초과
□ 調節(ちょうせつ) 조절	□ つねに 항상, 늘	□ 手(て)ごろ 적당함
□ 徹夜(てつや) 철야, 밤샘	□ 手間(てま) 수고, 품	□ どうしても 기어코, 꼭
□ とっくに 훨씬 전에, 벌써	□ 努力(どりょく) 노력	□ とんでもない 당치 않다

な

□ なお 여전히, 더욱	□ 懐(なつ)かしい 그립다	□ 納得(なっとく) 납득
□ 倣(なら)う 따르다, 모방하다	□ 苦手(にがて) 서투름, 잘 못함, 어색함	□ ノック 노크

は

□ 配達(はいたつ) 배달	□ 拍手(はくしゅ) 박수	□ 発揮(はっき) 발휘
□ 派手(はで) 화려함	□ 話(はな)しかける 말을 걸다	□ 比較(ひかく) 비교
□ ひも 끈	□ 費用(ひよう) 비용	□ 平和(へいわ) 평화(로움)

□ ほがらか 명랑함　□ ほんの 그저, 단지

ま

□ まあまあ 그런대로　□ 貧(まず)しい 가난하다, 변변찮다　□ 迷(まよ)う 헤매다, 망설이다

□ 見出(みだ)し 제목, 헤드라인　□ 耳(みみ)にする 듣다　□ 面接(めんせつ) 면접

や・ら・わ

□ 雇(やと)う 고용하다　□ 愉快(ゆかい) 유쾌함　□ 容積(ようせき) 용적, 용량

□ 流行(りゅうこう) 유행　□ レベル 레벨, 수준

38 기출어휘 확인문제 문맥규정 / 10

問題4 (　　　)に入れるのに最もよいものを、1・2・3・4から一つ選びなさい。

1 書物(しょもつ)の選択にあたってはもっと(　　　)にしなければなりませんよ。

1 重大(じゅうだい)　2 重要(じゅうよう)　3 貴重(きちょう)　4 慎重(しんちょう)

2 暗いから(　　　)に気をつけてください。

1 足早(あしばや)　2 足元(あしもと)　3 足音(あしおと)　4 足跡(あしあと)

3 その遊覧船(ゆうらんせん)の乗客数(じょうきゃくすう)は定員を50人も(　　　)していた。

1 過剰(かじょう)　2 過失(かしつ)　3 超過(ちょうか)　4 通過(つうか)

4 彼のピアノ演奏はプロの(　　　)に達している。

1 ゴール　2 スタイル　3 パターン　4 レベル

5 (　　　)スマホが欲(ほ)しいのなら、自分で買いなさい。

1 少なくとも　2 必ずしも　3 くれぐれも　4 どうしても

6 その新聞社は、国際政治関係の論文(ろんぶん)の全国(　　　)を開催(かいさい)している。

1 コンクール　2 コンサート　3 コンクリート　4 コンセント

7 A「このノートパソコン、使わせていただいてもよろしいでしょうか。」

B「どうぞ、(　　　)。」

1 おきのどくに　2 ごえんりょなく　3 かしこまりました　4 おじゃましました

8 固く結(むす)んであるから、なかなか靴(くつ)の(　　　)がほどけない。

1 つな　2 なわ　3 いと　4 ひも

9 そろそろお茶の時間だね。(　　　)、昨日買ったクッキーどうした？

1 そういえば　2 それとも　3 なぜなら　4 だって

10 道路の建設をめぐって住民同士が(　　　)している。

1 対立(たいりつ)　2 対面(たいめん)　3 対策(たいさく)　4 対照(たいしょう)

답 1④ 2② 3③ 4④ 5④ 6① 7② 8④ 9① 10①

問題4 (　　　)に入れるのに最もよいものを、1・2・3・4から一つ選びなさい。

1 アインシュタインは科学者として（　　　）な業績を残した。
1 豪華　2 高級　3 上等　4 偉大

2 A「試験の成績、どうだった？」
B「（　　　）できたよ。」
1 まあまあ　2 あんまり　3 ちっとも　4 さっぱり

3 新聞の一面に保険金詐欺事件が大きな（　　　）で出ている。
1 見方　2 見本　3 見かけ　4 見出し

4 熱いコーヒーのおかげで凍えていた指先に（　　　）が戻ってきた。
1 感激　2 感覚　3 感動　4 感情

5 （　　　）のメンバーは10時に競技場に集まることになっている。
1 ゲスト　2 ライバル　3 チーム　4 サービス

6 （　　　）ようですが、6時までには必ず来てくださいね。
1 くどい　2 かゆい　3 えらい　4 ゆるい

7 私は子供の頃からパイロットになる夢を（　　　）きた。
1 くだいて　2 いだいて　3 かかえて　4 むかえて

8 その店はここから（　　　）10分ほど歩いたところにあります。
1 ほんの　2 めっきり　3 とっくに　4 はるかに

9 1時間以上床に座っていたら、足が（　　　）。
1 くずれた　2 つぶれた　3 しびれた　4 やぶれた

10 あすの水泳大会で（　　　）の結果が見られることを楽しみにしています。
1 自慢　2 努力　3 目的　4 覚悟

답 1④ 2① 3④ 4② 5③ 6① 7② 8① 9③ 10②

40 기출어휘 확인문제

문맥규정 / 10

問題４（　　）に入れるのに最もよいものを、１・２・３・４から一つ選びなさい。

1 この問題の解決（かいけつ）はわたしに（　　）もらいたい。
　1 あずけて　2 あずかって　3 うけとって　4 あたえて

2 テレビのおかげで我々は世界各国の出来事に（　　）ことができる。
　1 達（たっ）する　2 関（かん）する　3 接（せっ）する　4 適（てき）する

3 番組終了後、テレビ局には抗議（こうぎ）のメールが（　　）と届（とど）いた。
　1 別々　2 点々　3 着々　4 続々

4 父親は子供にふとんを（　　）あげた。
　1 しいて　2 のばして　3 ひっぱって　4 あつめて

5 耳の聞こえない人たちは手話（しゅわ）によって（　　）を行うことができる。
　1 ファッション　2 ステーション　3 コレクション　4 コミュニケーション

6 地震（じしん）の規模（きぼ）は大きかったが、倒（たお）れた家は（　　）少なかった。
　1 当然　2 少々　3 案外　4 事実

7 ゆうべは救急車のサイレンで目が（　　）。
　1 かれた　2 ほえた　3 ふけた　4 さめた

8 この料理を作るには（　　）も時間もかかります。
　1 手間　2 手段　3 手入れ　4 手続き

9 商品は土曜日の午前中に（　　）してください。
　1 通達（つうたつ）　2 配達（はいたつ）　3 伝達（でんたつ）　4 発達（はったつ）

10 A「館内を巡回（じゅんかい）してきましたよ。異状（いじょう）はありません。」
　B「それは（　　）。」
　1 おきのどくに　2 ごくろうさま　3 おまちどうさま　4 ごえんりょなく

답 1① 2③ 3④ 4① 5④ 6③ 7④ 8① 9② 10②

41 기출어휘 확인문제 문맥규정 / 10

問題４（　　　）に入れるのに最もよいものを、１・２・３・４から一つ選びなさい。

1 僕は少年時代、歌手に（　　　）ものだ。

1 あこがれた　2 あらそった　3 あらわれた　4 あわてた

2 あしたまでに（　　　）を出さなければならない。

1 結局　2 完成　3 完了　4 結論

3 学生は１度に５冊まで貸(か)し出(だ)しができる。（　　　）試験期間中は不可能だ。

1 ただし　2 しかも　3 だって　4 そのうえ

4 あの選手はけがのため、やむなく（　　　）した。

1 移動　2 失業　3 引退　4 完了

5 彼女はようやく実力を（　　　）できる機会を与えられた。

1 発行(はっこう)　2 発揮(はっき)　3 発表(はっぴょう)　4 発射(はっしゃ)

6 その洋服は、あなたにはちょっと（　　　）ですが、上品(じょうひん)ですね。

1 高度(こうど)　2 率直(そっちょく)　3 地味(じみ)　4 妥当(だとう)

7 母の父、（　　　）私の祖父は現在８５歳です。

1 そのうえ　2 すなわち　3 ところが　4 なぜなら

8 引っ越しの準備は（　　　）にいっている。

1 アクセント　2 エチケット　3 スタイル　4 スムーズ

9 A「あ、また電車の中にかばんを忘れてきた。」
B「どうしてそんなに（　　　）の。」

1 ずうずうしい　2 いじわるい　3 さわがしい　4 そそっかしい

10 彼は（　　　）家に生まれたので良い教育が受けられなかった。

1 まずしい　2 こいしい　3 あやしい　4 けわしい

답 1① 2④ 3① 4③ 5② 6③ 7② 8④ 9④ 10①

42 기출어휘 확인문제 문맥규정 / 10

問題４ （　　　）に入れるのに最もよいものを、１・２・３・４から一つ選びなさい。

1 これまでに選択をしなければならない場面で（　　　）しまったことがありませんか。
1 くらべて　2 たずねて　3 えらんで　4 まよって

2 （　　　）になったビンはこの箱に入れてください。
1 から　2 すき　3 なし　4 あき

3 彼の演説は退屈（たいくつ）で多くの人が（　　　）をしていた。
1 くしゃみ　2 しゃっくり　3 せき　4 あくび

4 A「どうぞ、お上がりください。今お茶でも入れますから。」
B「いえ、どうぞ（　　　）。」
1 ごえんりょなく　2 おかまいなく　3 かしこまりました　4 お待たせしました

5 料金（りょうきん）を（　　　）なければガスをとめられる。
1 あずけ　2 かぞえ　3 おさめ　4 すませ

6 休みの日は（　　　）家で過（す）ごします。
1 いまに　2 ざっと　3 たちまち　4 おもに

7 電力などの（　　　）の消費が大幅（おおはば）に減少（げんしょう）した。
1 アルコール　2 ビタミン　3 エネルギー　4 カロリー

8 兄は毎日走っている。私も兄に（　　　）ジョギングを始めた。
1 ならって　2 かわって　3 まざって　4 ならんで

9 この缶（かん）の（　　　）は１リットルです。
1 容積（ようせき）　2 濃度（のうど）　3 水圧（すいあつ）　4 重量（じゅうりょう）

10 あの選手はチームのキャプテンとして今も（　　　）健在（けんざい）だ。
1 さて　2 なお　3 ただし　4 いわば

답 1④ 2① 3④ 4② 5③ 6④ 7③ 8① 9① 10②

05 問題5 유의표현 공략하기

1 문제유형 완전분석

주어진 문장에서 밑줄 친 어휘와 가장 가까운 의미를 지닌 어휘를 고르는 문제로 5문제가 출제된다. 「がっかり≒失望(しつぼう)」「いきなり≒突然(とつぜん)」「もっとも≒一番(いちばん)」「かなり≒そうとう」「やや≒すこし」처럼 비슷한 의미를 가진 어휘끼리 묶어서 학습하는 것이 좋다.

문제 유형 예시

問題5 ＿＿＿の言葉に意味が最も近いものを、1・2・3・4から一つ選びなさい。

23 高橋(たかはし)さんはとても愉快な人だ。

1 面白い　2 おしゃれな　3 親切な　4 かわいい

24 それは確かにやむをえないことだと思う。

1 もったいない　2 なさけない　3 つまらない　4 しかたない

25 少し息抜きしたほうがいいよ。

1 待った　2 急いだ　3 休んだ　4 働いた

2 유의표현 기출어휘 2024~2016

2024

□ いばっている 뽐내다, 으스대다	≒	えらそうに 잘난 척하며
□ おおよそ 대체로, 거의	≒	だいたい 대개, 대체로
□ ガイド 가이드	≒	案内(あんない) 안내
□ 行儀(ぎょうぎ) 예의, 예의범절	≒	マナー 매너, 예의
□ しぐさ 행동, 동작	≒	動作(どうさ) 동작
□ 修正(しゅうせい) 수정	≒	直(なお)す 고치다, 바꾸다
□ 収納(しゅうのう) 수납	≒	しまう 정리하다, 넣다, 치우다
□ 徐々(じょじょ)に 서서히	≒	次第(しだい)に 차례로
□ はげる 벗겨지다, 바래다	≒	取(と)れる 떨어지다
□ 不平(ふへい) 불평	≒	文句(もんく) 불만

2023

□ うつむいて 고개를 숙이고	≒	下(した)を向(む)いて 아래를 향하고, 고개를 숙이고
□ 惜(お)しい 아깝다, 아쉽다	≒	もったいない 아깝다
□ 概要(がいよう) 개요	≒	大体(だいたい)の内容(ないよう) 대강의 내용
□ 各自(かくじ) 각자	≒	一人(ひとり)一人(ひとり) 각자, 한 사람 한 사람
□ 仕上(しあ)げる 일을 끝내다, 완성시키다	≒	完成(かんせい)させる 완성시키다
□ 深刻(しんこく)な 심각한	≒	重大(じゅうだい)な 중대한
□ たちまち 금세, 갑자기	≒	すぐに 곧, 즉시
□ テンポ 템포, 빠르기, 박자, 속도	≒	速(はや)さ 빠르기, 속도

□ 同僚(どうりょう) 동료 ≒ 同(おな)じ会社(かいしゃ)の人(ひと) 같은 회사 사람

□ 油断(ゆだん)していた 방심하고 있었다 ≒ 気(き)をつけていなかった 조심하지 않았다

2022

□ 一転(いってん)した 완전히 바뀌다 ≒ すっかり変(か)わった 완전히 바뀌다

□ お勘定(かんじょう) 계산 ≒ 会計(かいけい) 회계, 계산

□ くだらない 하찮다, 가치 없다 ≒ 価値(かち)がない 가치가 없다

□ 再三(さいさん) 재삼, 여러 번 ≒ 何度(なんど)も 몇 번이나

□ さわがしい 소란스럽다 ≒ うるさい 시끄럽다

□ 衝突(しょうとつ)しそうに 충돌할 것처럼 ≒ ぶつかりそうに 부딪힐 것처럼

□ 書籍(しょせき) 서적 ≒ 本(ほん) 책

□ テクニック 테크닉 ≒ 技術(ぎじゅつ) 기술

□ でたらめ 엉터리임, 되는 대로임 ≒ うそ 거짓말

□ とがっている 뾰족하다, 예민하다 ≒ 細(ほそ)くなっている 좁다, 가늘다, 예민하다

2021

□ 案(あん)の定(じょう) 예상대로, 아니나 다를까 ≒ やっぱり 역시

□ 依然(いぜん) 여전히 ≒ まだ 아직

□ 欠(か)かせない 빼놓을 수 없다 ≒ ないと困(こま)る 없으면 곤란하다

□ くるむ 감싸다, 둘러싸다 ≒ 包(つつ)む 싸다, 포장하다

□ 指図(さしず) 지시, 지휘 ≒ 命令(めいれい) 명령

□ 仕事(しごと)にとりかかる 일에 착수하다 ≒ 仕事(しごと)をはじめる 일을 시작하다

□ 失望(しつぼう)した 실망했다 ≒ がっかりした 낙담했다, 실망했다

□ 人柄(ひとがら) 인품, 성품 ≒ 性格(せいかく) 성격

□ 最寄(もより)の 근처의 ≒ 一番近(いちばんちか)い 가장 가까운

□ レンタルする 대여하다 ≒ 借(か)りる 빌리다

2020

□ いじる 만지다 ≒ 触(さわ)る 만지다, 닿다

□ ガイドして 안내해 ≒ 案内(あんない)して 안내해

□ 終日(しゅうじつ) 종일 ≒ 一日中(いちにちじゅう) 하루 종일

□ 真剣(しんけん)に 진지하게 ≒ まじめに 성실하게

□ まれだ 드물다 ≒ あまりいない 드물다, 별로 없다

2019

□ 一層(いっそう) 한 층 ≒ もっと 더욱, 더

□ 落(お)ち込(こ)んだ 기가 죽었다 ≒ がっかりした 낙담했다, 실망했다

□ かかりつけの 늘 같은 의사에게 진료 받는 ≒ いつも行(い)く 늘 가는

□ 定(さだ)める 정하다, 결정하다 ≒ 決(き)める 정하다

□ 精一杯(せいいっぱい) 힘껏, 있는 힘을 다해 ≒ 一生懸命(いっしょうけんめい) 열심히

□ 同情(どうじょう)した 동정했다 ≒ かわいそうだと思(おも)った 불쌍하다고 생각했다

□ 動揺(どうよう)した 동요했다 ≒ 不安(ふあん)になった 불안해졌다

□ ハードだ 힘들다 ≒ 大変(たいへん)だ 힘들다

□ 引(ひ)き返(かえ)す 되돌아가다 ≒ 戻(もど)る 돌아가다

□ 物騒(ぶっそう)になってきた 위험해졌다, 뒤숭숭해졌다 ≒ 安全(あんぜん)じゃなくなってきた 안전하지 않게 되었다

2018

□ 当(あ)てる 맞추다	≒	ぶつける 부딪치다, 던져서 맞추다
□ あわれな 불쌍한, 가여운	≒	かわいそうな 불쌍한
□ 一転(いってん)した 완전히 바뀌었다	≒	すっかり変(か)わった 완전히 바뀌었다
□ うつむいて 고개를 숙이고	≒	下(した)を向(む)いて 아래를 향하고
□ くどい 장황하다, 지긋지긋하다	≒	しつこい 집요하다, 끈질기다
□ じたばたしても 버둥버둥대도, 발버둥쳐도	≒	あわてても 허둥대도
□ テクニック 테크닉, 기술	≒	技術(ぎじゅつ) 기술
□ 当分(とうぶん) 당분간	≒	しばらく 잠시, 당분간
□ 用心(ようじん)する 조심하다, 주의하다	≒	気(き)をつける 조심하다, 주의하다
□ 利口(りこう)な 영리한	≒	頭(あたま)がいい 머리가 좋은

2017

□ 誤(あやま)り 잘못, 틀림, 실수	≒	間違(まちが)っているところ 잘못된 부분
□ 臆病(おくびょう)だ 겁쟁이다, 겁이 많다	≒	何(なん)でも怖(こわ)がる 무엇이든 무서워하다
□ 過剰(かじょう)である 과잉이다	≒	多(おお)すぎる 너무 많다
□ 勝手(かって)な 제멋대로인	≒	わがままな 제멋대로인
□ 記憶(きおく)している 기억하고 있다	≒	覚(おぼ)えている 기억하고 있다
□ とっくに 훨씬 전에, 벌써	≒	ずっと前(まえ)に 훨씬 전에
□ 不平(ふへい) 불평	≒	文句(もんく) 불평, 불만
□ まれな 드문	≒	ほとんどない 드문, 거의 없는
□ むかつく 화가 치밀다, 울컥하다	≒	怒(おこ)る 화나다
□ ゆずる 넘겨주다, 양보하다	≒	あげる 주다

2016

□ 息抜き(いきぬ)する 잠시 쉬다, 숨을 돌리다	≒	休(やす)む 쉬다
□ じかに 직접	≒	直接(ちょくせつ) 직접
□ 衝突(しょうとつ)する 충돌하다	≒	ぶつかる 부딪히다
□ たびたび 여러 번, 자주	≒	何度(なんど)も 몇 번이나
□ 注目(ちゅうもく)する 주목하다	≒	関心(かんしん)を持(も)つ 관심을 갖다
□ ついている 행운이 따르다	≒	運(うん)がいい 운이 좋다
□ つねに 늘, 항상	≒	いつも 언제나
□ ひきょうな 비겁한	≒	ずるい 치사한, 교활한
□ やむを得(え)ない 어쩔 수 없다, 부득이하다	≒	しかたない 어쩔 수 없다, 하는 수 없다
□ 愉快(ゆかい)な 유쾌한	≒	面白(おもしろ)い 재미있는

memo

43 기출어휘 확인문제 유의표현 / 10

問題 5 ＿＿＿の言葉に意味が最も近いものを、１・２・３・４から一つ選びなさい。

1 彼女は町の名所をガイドしています。

1 案内して　2 宣伝して　3 調査して　4 記録して

2 今の仕事はハードだ。

1 楽しい　2 簡単だ　3 大変だ　4 新しい

3 彼女はその知らせを聞いてとても動揺した。

1 うれしくなった　2 不安になった　3 不満になった　4 面白いと思った

4 この辺も物騒になってきた。

1 きれいじゃなくなってきた　2 うるさくなってきた
3 安全じゃなくなってきた　4 さびしくなってきた

5 高度なテクニックを要する作業だ。

1 技術　2 知識　3 工夫　4 訓練

6 バットの中心にボールを当てた。

1 ぶつけた　2 隠した　3 落とした　4 詰めた

7 私は彼が大変頭のいい生徒だったと記憶している。

1 心配して　2 語って　3 覚えて　4 応援して

8 キャベツの生産が過剰である。

1 早すぎる　2 少なすぎる　3 遅すぎる　4 多すぎる

9 愉快な友人がいる。

1 面白い　2 おしゃれな　3 親切な　4 かわいい

10 彼はたびたびその山に登った。

1 必ず　2 ようやく　3 偶然　4 何度も

답 1① 2③ 3② 4③ 5① 6① 7③ 8④ 9① 10④

44 기출어휘 확인문제 유의표현 / 10

問題５　＿＿＿の言葉に意味が最も近いものを、１・２・３・４から一つ選びなさい。

1 一生懸命やったのに合格できなくて<u>失望した</u>。

1 がっかりした　2 びっくりした　3 かっとした　4 ぞっとした

2 早く<u>引き返した</u>方がいいよ。

1 答えた　2 直した　3 払った　4 戻った

3 レモンを入れると<u>一層</u>紅茶の風味が増します。

1 すぐに　2 少し　3 できるだけ　4 もっと

4 彼は朝９時に<u>仕事にとりかかった</u>。

1 仕事を探した　2 仕事を始めた　3 仕事を教えた　4 仕事を頼んだ

5 チンパンジーは<u>利口な</u>動物だ。

1 かわいい　2 頭がいい　3 元気な　4 かっこいい

6 私は<u>当分</u>は忙しいと思う。

1 少し　2 全部　3 今回　4 しばらく

7 彼の態度に<u>むかついた</u>。

1 怒った　2 驚いた　3 困った　4 怖がった

8 あの子は<u>臆病だ</u>。

1 よく病気をする　2 何でも怖がる　3 何でも忘れる　4 よく泣く

9 あの選手はすばらしい<u>人柄（ひとがら）</u>で有名だ。

1 格好　2 体調　3 気分　4 性格

10 そのことを彼から<u>じかに</u>聞いた。

1 直接　2 あとで　3 すべて　4 確実

답 1① 2④ 3④ 4② 5② 6④ 7① 8② 9④ 10①

45 기출어휘 확인문제

유의표현 / 10

問題 5 ＿＿＿＿の言葉に意味が最も近いものを、1・2・3・4から一つ選びなさい。

1 娘は人形をいじっていた。

1 切って　2 触って　3 洗って　4 乾かして

2 かかりつけの病院で処方(しょほう)されている薬がなくなりかけている。

1 いつも行く　2 専門の　3 近くの　4 休日も開いている

3 精一杯やったので悔(く)いはない。

1 せっかく　2 一生懸命　3 いろいろ　4 何回も

4 案(あん)の定(じょう)ホテルは満員で泊まれなかった。

1 あまり　2 相変わらず　3 やっぱり　4 ぜんぜん

5 私はそのお菓子を紙でくるんだ。

1 縛(しば)った　2 集めた　3 分けた　4 包(つつ)んだ

6 その出来事で形勢は一転した。

1 急に止まった　2 すっかり変わった　3 少し進んだ　4 とうとう許された

7 彼女のような才能は本当にまれだ。

1 複雑だ　2 とても多い　3 あまりいない　4 単純だ

8 その自転車は友人にゆずった。

1 貸した　2 もらった　3 あげた　4 借りた

9 彼女はだれにでもつねに礼儀正しくふるまう。

1 当然　2 いつも　3 特に　4 できるだけ

10 彼はひきょうなやり方で勝った。

1 危ない　2 ずるい　3 厳しい　4 しつこい

답 1② 2① 3② 4③ 5④ 6② 7③ 8③ 9② 10②

3 유의표현 기출어휘 2015~2010

2015년부터 2010년까지의 기출단어를 연도별로 정리하였다.

2015

□ おそらく 아마도	≒	たぶん 아마도
□ かつて 일찍이	≒	以前(いぜん) 이전에
□ 小柄(こがら)だ 몸집이 작다	≒	体(からだ)が小(ち)さい 체격이 작다
□ ささやく 속삭이다	≒	小声(こごえ)で話(はな)す 작은 소리로 이야기하다
□ 収納(しゅうのう)する 수납하다	≒	仕舞(しま)う 정리하다, 치우다
□ 所有(しょゆう)する 소유하다	≒	持(も)つ 가지다
□ テンポ 템포, 빠르기, 박자, 속도	≒	速(はや)さ 빠르기, 속도
□ 妙(みょう)な 묘한	≒	変(へん)な 이상한
□ 無口(むくち)だ 말이 없다	≒	あまり話(はな)さない 그다지 말하지 않는다
□ やや 약간	≒	少(すこ)し 조금

memo

2014

□ 明(あき)らかな 확실한, 명백한	≒	はっきりした 확실한, 분명한
□ お勘定(かんじょう)は済(す)ませました 계산은 마쳤습니다	≒	お金(かね)は払(はら)いました 돈은 지불했습니다
□ 買(か)い占(し)めた (상품, 주식) 매점했다	≒	全部(ぜんぶ)買(か)った 전부 샀다
□ 異(こと)なる 다르다	≒	違(ちが)う 다르다
□ そろえる (사이즈를) 맞추다	≒	同(おな)じにする 같게 하다
□ 騒々(そうぞう)しい 시끄럽다, 떠들썩하다	≒	うるさい 시끄럽다
□ たちまち 금세	≒	すぐに 곧, 바로
□ たまたま 우연히	≒	偶然(ぐうぜん) 우연히
□ 間際(まぎわ) 직전	≒	直前(ちょくぜん) 직전
□ 用心(ようじん) 조심	≒	注意(ちゅうい) 주의

memo

2013

□ あいまいだ 애매하다	≒	はっきりしない 분명하지 않다
□ 依然(いぜん)として 여전히	≒	相変(あいか)わらず 변함없이
□ 思(おも)いがけない 의외의, 뜻밖의	≒	意外(いがい)な 의외의
□ およそ 대략, 약	≒	だいたい 대개, 약
□ 済(す)ます 끝내다, 마치다	≒	終(お)える 끝내다
□ そろう 갖추어지다, 모이다	≒	集(あつ)まる 모이다
□ 必死(ひっし)だった 필사적이었다	≒	一生懸命(いっしょうけんめい)だった 열심이었다
□ プラン 플랜, 계획	≒	計画(けいかく) 계획
□ 自(みずか)ら 스스로	≒	自分(じぶん)で 스스로
□ 山(やま)のふもと 산기슭	≒	山(やま)の下(した)の方(ほう) 산의 아래쪽

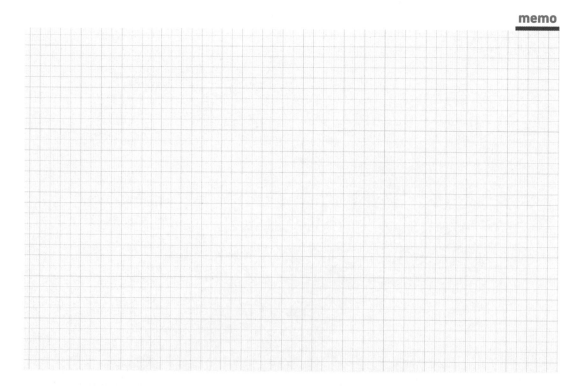

memo

2012

□ あやまった 잘못된	≒	正(ただ)しくない 옳지 않은
□ かさかさしている 꺼칠꺼칠하다, 버석버석하다	≒	乾燥(かんそう)している 건조하다
□ 奇妙(きみょう)な 기묘한	≒	変(へん)な 이상한
□ 仕上(しあ)げて 일을 끝내고	≒	完成(かんせい)させて 완성시키고
□ じっとして 꼼짝 않고, 가만히	≒	動(うご)かないで 움직이지 않고
□ 湿(しめ)っている 젖어 있다	≒	まだ乾(かわ)いていない 아직 마르지 않았다
□ 相当(そうとう) 상당히	≒	かなり 상당히, 꽤
□ 直(ただ)ちに 곧장, 즉시	≒	すぐに 곧, 바로
□ 追加(ついか)する 추가하다	≒	足(た)す 더하다
□ 日中(にっちゅう) 낮, 주간	≒	昼間(ひるま) 낮, 주간

memo

2011

□ いきなり 갑자기	≒	突然(とつぜん) 돌연, 갑자기
□ うつむいて 머리를 숙이고	≒	下(した)を向(む)いて 아래를 향하고
□ 回復(かいふく)する 회복하다	≒	よくなる 좋아지다
□ くたくただ 녹초가 되었다	≒	ひどく疲(つか)れた 몹시 지쳤다
□ 慎重(しんちょう)に 신중히	≒	十分注意(じゅうぶんちゅうい)して 충분히 주의해서
□ 縮(ち)ぢんで (길이, 크기) 줄고, 줄어	≒	小(ちい)さくなって 작아지고, 작아져
□ ブーム 유행	≒	流行(りゅうこう) 유행
□ ほぼ 거의, 대체로	≒	だいたい 대체로
□ 優秀(ゆうしゅう)だった 우수했다	≒	頭(あたま)がよかった 머리가 좋았다
□ わずか 약간, 불과	≒	少(すこ)し 조금

memo

2010

□ あいさつ 인사	≒	会釈(えしゃく) 가벼운 인사
□ 大(おお)げさだ 과장되다	≒	オーバーだ 오버다, 과장되다
□ 見解(けんかい) 견해	≒	考(かんが)え方(かた) 사고방식
□ 雑談(ざつだん) 잡담	≒	おしゃべり 수다
□ たびたび 여러 번, 자주 (しばしば / しきりに)	≒	何度(なんど)も 몇 번이나
□ とりあえず 일단, 우선	≒	一応(いちおう) 일단, 우선
□ ぶかぶかだ 헐렁헐렁하다	≒	とても大(おお)きい 무척 크다
□ 安(やす)く譲(ゆず)る 싸게 넘기다	≒	安(やす)く売(う)る 싸게 팔다
□ レンタルする 대여하다	≒	借(か)りる 빌리다
□ 自分勝手(じぶんかって)な 제멋대로의	≒	わがままな 제멋대로의

memo

問題５ ＿＿＿の言葉に意味が最も近いものを、１・２・３・４から一つ選びなさい。

1 私はたまたま彼の家の前を通った。

1 偶然(ぐうぜん)　2 突然(とつぜん)　3 自然(しぜん)　4 当然(とうぜん)

2 その商社は大豆を買いしめた。

1 ほぼ買った　2 さっそく買った　3 無理に買った　4 全部買った

3 鈴木(すずき)さんは写真で見るより小柄だ。

1 体が小さい　2 体が大きい　3 力が弱い　4 力が強い

4 プランがうまく運んだ。

1 理由　2 情報　3 見本　4 計画

5 とりあえず家族に電話で話しておいた。

1 すぐに　2 さっき　3 一応　4 直接

6 あの人はいつもあいまいな返事をする。

1 丁寧(ていねい)な　2 奇妙(きみょう)な　3 はっきりしない　4 はっきりする

7 彼は会社で相当(そうとう)高い地位にある。

1 かなり　2 たぶん　3 どうせ　4 やはり

8 わずかな意味の相違がある。

1 たくさんの　2 すこしの　3 ゆっくりの　4 とつぜんの

9 納得(なっとく)できない奇妙(きみょう)な提案(ていあん)が突然(とつぜん)出てきた。

1 変な　2 楽な　3 つらい　4 ずるい

10 彼女はその機械を慎重(しんちょう)に扱った。

1 静かに　2 急いで　3 十分注意して　4 絶対忘れずに

답 1① 2④ 3① 4④ 5③ 6③ 7① 8② 9① 10③

問題 5 ＿＿＿の言葉に意味が最も近いものを、1・2・3・4 から一つ選びなさい。

1 彼はおそらく来ないと思います。

1 ぜったい　2 とうぜん　3 たぶん　4 やはり

2 列車の発車間際(まぎわ)になって駅に到着した。

1 直前　2 直後　3 当日　4 後日

3 彼は依然として考えを改めない。

1 これから　2 これまで　3 思ったとおり　4 相変わらず

4 このセーターは洗濯するとちぢんでしまうかもしれない。

1 古くなって　2 小さくなって　3 破れて　4 汚れて

5 それは思いがけないことだった。

1 悲(かな)しい　2 恋(こい)しい　3 不思議(ふしぎ)な　4 意外(いがい)な

6 授業中はじっとしてください。

1 動かないで　2 立たないで　3 話さないで　4 走らないで

7 このズボンは僕にはぶかぶかだ。

1 とても小さい　2 とても大きい　3 すこし小さい　4 すこし大きい

8 この仕事は明日までに仕上(しあ)げてください。

1 養成させて　2 完成させて　3 作成させて　4 構成させて

9 彼は研究者の中でも優秀だった。

1 頭がよかった　2 体が丈夫だった　3 人気があった　4 手際がよかった

10 よく見えるように収納してください。

1 とじて　2 ためて　3 しまって　4 たたんで

답 1③ 2① 3④ 4② 5④ 6① 7② 8② 9① 10③

問題5 ＿＿＿の言葉に意味が最も近いものを、1・2・3・4から一つ選びなさい。

1 友だちがバイクを安くゆずってくれた。

1 安く貸して　2 安く売って　3 安く直して　4 安く預って

2 足元に用心してください。

1 注意　2 注目　3 用意　4 用事

3 前売券はたちまち売り切れとなった。

1 とっくに　2 すぐに　3 すっかり　4 やっと

4 わたしは毎日必死だった。

1 一生懸命(いっしょうけんめい)だった　2 いい加減(かげん)だった　3 危(あぶ)なかった　4 悔(くや)しかった

5 珍しく彼女と見解が一致した。

1 使い方　2 使い物　3 考え方　4 考え物

6 彼女はみずから身を引いたのだ。

1 仲間で　2 自分で　3 すぐに　4 にわかに

7 自動車を所有していると税金がかかります。

1 借りて　2 持って　3 貸して　4 乗って

8 テントがしめっている。

1 もう乾(かわ)いている　2 まだ乾(かわ)いていない
3 もう片(かた)づいている　4 まだ片(かた)づいていない

9 この道は日中でも人通りが少ない。

1 平日　2 休日　3 居間　4 昼間

10 あの子は叱(しか)られて赤い顔をしてうつむいた。

1 右をむいた　2 左をむいた　3 上をむいた　4 下をむいた

답 1② 2① 3② 4① 5③ 6② 7② 8② 9④ 10④

問題５ ＿＿＿の言葉に意味が最も近いものを、１・２・３・４から一つ選びなさい。

1 なんてそうぞうしい子供たちだ。

1 ずうずうしい　2 うらやましい　3 うるさい　4 しつこい

2 午後には天気も回復した。

1 変わりやすかった　2 よくなった
3 あまり変わらなかった　4 悪くなった

3 食事のお勘定は済ませました。

1 お金は払い　2 注文は終え　3 お肉は頼み　4 配達は承(うけたまわ)り

4 山のふもとで犬と暮らしている。

1 山の右のほう　2 山の左のほう　3 山の上のほう　4 山の下のほう

5 彼女はウェディングドレスをレンタルした。

1 かりた　2 かした　3 まかせた　4 あずけた

6 みんなそろったら出発しよう。

1 食べたら　2 起きたら　3 別れたら　4 集まったら

7 冬はいつも手がかさかさしている。

1 湿(しめ)っている　2 塞(ふさ)がっている　3 乾燥(かんそう)している　4 振動(しんどう)している

8 仕事はほぼ片づいた。

1 すべて　2 すぐに　3 だいたい　4 やっと

9 彼は恋人にいきなり冷たくなった。

1 つぎつぎ　2 やっと　3 いちどに　4 とつぜん

10 彼は無口な人だ。

1 口が軽い　2 口がうまい　3 よく話す　4 あまり話さない

답 1③ 2② 3① 4④ 5① 6④ 7③ 8③ 9④ 10④

4 유의표현 기출어휘 2009~2000

2009년부터 2000년까지의 기출어휘를 あいうえお순으로 정리하였다.

□ アイデア 아이디어, 구상	≒	案(あん) 안
□ 頭(あたま)にきている 화가 나 있다	≒	怒(おこ)っている 화내고 있다
□ あぶない 위험하다, 위태롭다	≒	あやうい 위험하다, 위태롭다
□ あらゆる 모든, 온갖	≒	すべての 모든
□ いきなり 갑자기	≒	突然(とつぜん) 돌연, 갑자기
□ 打(う)ち消(け)した 부정했다	≒	正(ただ)しくないと言(い)った 옳지 않다고 말했다
□ オイル 오일, 기름	≒	あぶら 기름
□ おしゃべりな 수다스러운	≒	よく話(はな)す 말을 많이 하는
□ おそらく 아마, 어쩌면	≒	たぶん 아마
□ おわびする 사죄하다, 사과하다	≒	謝(あやま)る 사죄하다, 사과하다
□ がっかりする 낙담하다, 실망하다	≒	失望(しつぼう)する 실망하다
□ 感謝(かんしゃ) 감사	≒	お礼(れい) 감사(의 말씀)
□ 気(き)に入(い)る 마음에 들다	≒	好(す)きになる 좋아하게 되다
□ 奇妙(きみょう)な 기묘한	≒	変(か)わった 별난, 특이한
□ 気(き)をつける 조심하다	≒	注意(ちゅうい)する 주의하다
□ 苦情(くじょう) 불평, 불만	≒	不満(ふまん) 불만
□ 契機(けいき) 계기	≒	きっかけ 계기
□ 貢献(こうけん)できる 공헌할 수 있다	≒	役(やく)に立(た)つ 도움이 되다
□ 娯楽(ごらく) 오락	≒	レジャー 레저, 여가
□ 再三(さいさん) 재삼, 여러 번	≒	何度(なんど)も 몇 번이나

□ サイン 사인, 서명 ≒ 署名(しょめい) 서명

□ 差(さ)し支(つか)え 지장, 장애, 문제 ≒ 問題(もんだい) 문제

□ 差(さ)し支(つか)えない 지장이 없다, 괜찮다 ≒ かまわない 상관없다

□ サンプル 샘플, 견본 ≒ 見本(みほん) 견본

□ 真剣(しんけん)に 진지하게 ≒ まじめに 진지하게

□ すべて 모두 ≒ 全部(ぜんぶ) 전부

□ すまない 미안하다 ≒ もうしわけない 죄송하다

□ せいぜい 기껏해야 ≒ 多(おお)くても 많아봤자

□ 相互(そうご) 상호 ≒ たがい 서로, 상호

□ 相当(そうとう) 상당히 ≒ かなり 꽤, 상당히

□ そっくりだ 꼭 닮다 ≒ 似(に)ている 닮았다

□ 退屈(たいくつ)な 지루한 ≒ つまらない 재미없는

□ たびたび 여러 번, 자주 ≒ しばしば 자주, 종종

□ 単(たん)なる 단순한 ≒ ただの 단순한, 그저

□ チャンス 찬스 ≒ 機会(きかい) 기회

□ 使(つか)い道(みち) 용도, 쓸모 ≒ 用途(ようと) 용도

□ 疲(つか)れる 피곤하다 ≒ くたびれる 지치다

□ テンポ 템포, 빠르기, 박자 ≒ 速(はや)さ 빠르기

□ トレーニング 트레이닝, 훈련, 단련 ≒ 練習(れんしゅう) 연습

□ 年中(ねんじゅう) 연중, 항상 ≒ いつも 늘, 항상

□ 比較的(ひかくてき) 비교적 ≒ 割合(わりあい)に 비교적

□ 方々(ほうぼう) 여기저기, 여러 곳 ≒ あちこち 이곳저곳

□ まもなく 곧, 머지않아 ≒ もうすぐ 이제 곧, 머지않아

□ まれな 드문 ≒ ほとんどない 거의 없는

□ 見事(みごと)だ 훌륭하다 ≒ すばらしい 훌륭하다

□ みっともない 보기 흉하다, 창피하다	≒	はずかしい 부끄럽다, 창피하다
□ もっとも 가장, 무엇보다도	≒	一番(いちばん) 가장, 제일
□ やかましい 시끄럽다	≒	うるさい 시끄럽다
□ 約(やく) 약, 대략	≒	およそ 대략
□ やむをえない 어쩔 수 없다, 부득이하다	≒	しかたがない 어쩔 수 없다, 하는 수 없다
□ やや 약간, 다소	≒	すこし 조금
□ 冷静(れいせい)な 냉정한, 침착한	≒	落(お)ち着(つ)いた 침착한, 차분한
□ わがまま 제멋대로 굶	≒	勝手(かって) 제멋대로 굶

問題５ ＿＿＿＿の言葉に意味が最も近いものを、１・２・３・４から一つ選びなさい。

1 娯楽(ごらく)の楽しみ方を知らない人もいる。

1 ドラマ　2 パーティー　3 デート　4 レジャー

2 彼女に先日のことをおわびした。

1 怒鳴(どな)った　2 謝(あやま)った　3 感謝(かんしゃ)した　4 質問(しつもん)した

3 このフライパンは、余分(よぶん)なオイルを落とし、ヘルシーに焼きあげてくれます。

1 油(あぶら)　2 水(みず)　3 酢(す)　4 氷(こおり)

4 彼は毎週２時間ここでトレーニングしている。

1 翻訳(ほんやく)　2 練習(れんしゅう)　3 世話(せわ)　4 生活(せいかつ)

5 世界平和に貢献(こうけん)できるような人になりたい。

1 すぐ使える　2 認(みと)められる　3 役に立つ　4 有名になる

6 彼女は年中忙しいと言っている。

1 いつも　2 たまに　3 しばしば　4 ときどき

7 中村(なかむら)さんはおしゃべりな人だ。

1 よく飲む　2 よく食べる　3 よく話す　4 よく怒る

8 昨日は徹夜(てつや)をしたので、疲れた。

1 くずれた　2 くたびれた　3 しびれた　4 やぶれた

9 これはサンプルだから、まだ買えない。

1 価格(かかく)　2 材料(ざいりょう)　3 資料(しりょう)　4 見本(みほん)

10 彼が約束の時間に遅(おく)れるのはまれなことです。

1 時々ある　2 よくある　3 ほとんどない　4 まったくない

답 1④ 2② 3① 4② 5③ 6① 7③ 8② 9④ 10③

51 기출어휘 확인문제

유의표현 / 10

問題５ ＿＿＿の言葉に意味が最も近いものを、１・２・３・４から一つ選びなさい。

1 そんなかっこうをしてみっともないと思わない？

1 もったいない　2 はずかしい　3 たまらない　4 おとなしい

2 この機械(きかい)は使い道がない。

1 効果(こうか)　2 用途(ようと)　3 形式(けいしき)　4 種類(しゅるい)

3 彼には再三注意するように言った。

1 いつか　2 いつも　3 何度か　4 何度も

4 やるならやるで、もっと真剣(しんけん)になりなさい。

1 きびしく　2 親しく　3 本当に　4 まじめに

5 曲のテンポは徐々(じょじょ)に速くなった。

1 高さ　2 長さ　3 速さ　4 明るさ

6 甘いものばかり食べる食生活(しょくせいかつ)はとてもあぶない。

1 あやうい　2 けわしい　3 はげしい　4 みにくい

7 差し支えがなければ、ここにご住所を入力してください。

1 仕方　2 変更　3 問題　4 不平

8 いなくなったねこを方々(ほうぼう)探しまわった。

1 あちこち　2 あれこれ　3 うろうろ　4 まごまご

9 その子はいきなり通りへ飛び出した。

1 初めに　2 うっかり　3 いつのまにか　4 突然

10 この責任はすべて私にあります。

1 まるで　2 全部　3 大部分　4 ほとんど

답 1② 2② 3④ 4④ 5③ 6① 7③ 8① 9④ 10②

52 기출어휘 확인문제　유의표현　/ 10

問題5 ＿＿＿の言葉に意味が最も近いものを、1・2・3・4から一つ選びなさい。

1 それは、おもしろい<u>アイデア</u>ですね。

1 図　2 説　3 案　4 型

2 そんなに<u>わがままな</u>ことばかり言っていたら、まわりの人にきらわれるよ。

1 勝手(かって)　2 余計(よけい)　3 駄目(だめ)　4 粗末(そまつ)

3 みんなに迷惑(めいわく)をかけて、本当に<u>すまない</u>と思っています。

1 はずかしい　2 もうしわけない　3 くやしい　4 かなしい

4 彼女は願(ねが)ってもない<u>チャンス</u>に恵まれた。

1 伝言(でんごん)　2 機会(きかい)　3 物語(ものがたり)　4 提案(ていあん)

5 ここで食事をしても<u>さしつかえない</u>。

1 かまわない　2 いけない　3 関係(かんけい)ない　4 しかたがない

6 <u>見事な</u>演奏(えんそう)だった。

1 きびしい　2 ただしい　3 すばらしい　4 めずらしい

7 この二人は何から何まで<u>そっくりだ</u>。

1 違っている　2 変わっている　3 似ている　4 合っている

8 彼は<u>冷静な</u>判断力を持っている。

1 うごかない　2 おちついた　3 しずかな　4 つめたい

9 母は、とても<u>頭にきている</u>ようだ。

1 悔(く)やんでいる　2 驚(おどろ)いている　3 悲(かな)しんでいる　4 怒(おこ)っている

10 休暇は<u>せいぜい</u>1週間しかとれない。

1 せめて　2 だいたい　3 多くても　4 少なくとも

답 1③ 2① 3② 4② 5① 6③ 7③ 8② 9④ 10③

53 기출어휘 확인문제 유의표현 / 10

問題5 ＿＿＿の言葉に意味が最も近いものを、1・2・3・4から一つ選びなさい。

1 彼からの手紙を読んで、がっかりした。

1 安心　2 満足　3 心配　4 失望

2 おそらく彼女の言うとおりだろう。

1 もちろん　2 たとえ　3 たぶん　4 たしかに

3 市役所に行って苦情をうったえた。

1 不満　2 不正　3 不便　4 不運

4 自宅でもっとも落ち着く場所がトイレです。

1 わりに　2 ずっと　3 最近　4 一番

5 説明がやや足りない気がしました。

1 もっと　2 すこし　3 たぶん　4 かえって

6 この内容でよろしければ、サインをいただけますか。

1 注文　2 許可　3 署名　4 承認

7 われわれの感謝の印(しるし)としてこのメダルを贈(おく)ります。

1 あいさつ　2 わかれ　3 いわい　4 おれい

8 彼は、旅行中に起きた奇妙(きみょう)な出来事をもとにして、小説を書いた。

1 かわった　2 すぐれた　3 あきれた　4 おどろいた

9 外からやかましい音が聞こえる。

1 うるさい　2 きれいな　3 よわい　4 へんな

10 新しくできたショッピングモールは相当大きいらしい。

1 本当に　2 かなり　3 絶対に　4 もしかしたら

답 1④ 2③ 3① 4④ 5② 6③ 7④ 8① 9① 10②

54 기출어휘 확인문제 유의표현 / 10

問題 5 ＿＿＿の言葉に意味が最も近いものを、1・2・3・4から一つ選びなさい。

1 この計画の実現には相互(そうご)の理解が大切だ。

1 あいて　2 たがい　3 われわれ　4 みなさん

2 単なる風邪(かぜ)だよ。

1 ばかな　2 むだな　3 うその　4 ただの

3 試験は比較的(ひかくてき)よくできた。

1 非常(ひじょう)に　2 特別(とくべつ)に　3 割合(わりあい)に　4 意外(いがい)に

4 それが契機(けいき)となり、スポーツがさかんになった。

1 きっかけ　2 すくい　3 ささえ　4 つながり

5 彼女はまもなく退院するだろう。

1 たちまち　2 もうすぐ　3 いま　4 いつか

6 新しい家が気(き)に入(い)った。

1 おかしくなった　2 やさしくなった　3 すきになった　4 いやになった

7 今年はたびたび地震(じしん)があった。

1 そろそろ　2 つぎつぎ　3 たまたま　4 しばしば

8 駅まではバスでやく10分です。

1 あと　2 もう　3 およそ　4 たった

9 あらゆる機会を用(もち)いる。

1 すべての　2 大体の　3 難しい　4 新しい

10 刺激(しげき)のない退屈(たいくつ)な暮らしに飽(あ)きた。

1 おもしろい　2 かなしい　3 たのしい　4 つまらない

답 1② 2④ 3③ 4① 5② 6③ 7④ 8③ 9① 10④

06 問題6 용법 공략하기

1 문제유형 완전분석

어휘의 올바른 쓰임새를 묻는 문제로, 「くれぐれも」「思(おも)わず」「どっと」「中断(ちゅうだん)」「ドライブ」 등 부사·명사·외래어 등 다방면의 단어가 출제된다. 어휘의 정확한 의미를 파악하는 것이 핵심이므로 평소 그 단어의 정확한 쓰임을 공부해 두어야 하며, 특히 여러가지 뜻을 가진 부사에 주의해서 학습하길 바란다.

문제 유형 예시

問題 6　次の言葉の使い方として最もよいものを、１・２・３・４から一つ選びなさい。

28　延長

1　悪天候で列車が運転をやめたため、旅行の出発が三日後に延長された。

2　初めの設計では２階建てだったが、３階建ての家に延長することにした。

3　予定の時間内に結論が出ず、会議が１時間延長されることになった。

4　電車の中で居眠りをして、降りる駅を一駅延長してしまった。

29　さびる

1　暑いところに生(なま)ものをずっと置いておいたら、さびて臭(くさ)くなった。

2　昨夜は雨が相当降ったらしく、普段はきれいな川の水がさびて濁(にご)っている。

3　鉢(はち)に植えた植物に水をやるのを忘れていたら、花がさびてしまった。

4　この鉄の棒(ぼう)はずっと家の外に置いてあったので、さびて茶色くなっている。

2 용법 기출어휘 2024~2016

2024

- □ 薄(うす)める 희석하다, 묽게 하다
- □ 鑑賞(かんしょう) 감상
- □ 共有(きょうゆう) 공유
- □ 充実(じゅうじつ) 충실
- □ するどい 날카롭다
- □ 鮮明(せんめい) 선명
- □ 着々(ちゃくちゃく) 착착
- □ 定年(ていねん) 정년
- □ はきはき 시원시원, 또박또박
- □ ふもと 기슭, 산기슭

2023

- □ 偉大(いだい) 위대함
- □ 暮(く)れ 저녁때, 한 해의 마지막
- □ さまたげる 방해하다, 지장을 주다
- □ 残高(ざんだか) 잔고
- □ 上達(じょうたつ) 숙달
- □ 印(しるし) 표, 표시
- □ 早期(そうき) 조기
- □ 続出(ぞくしゅつ) 속출
- □ 廃止(はいし) 폐지
- □ 腫(は)れる 붓다

2022

- □ 荒(あ)れる 거칠어지다, 날뛰다
- □ 打(う)ち合(あわ)せ 협의, 미리 상의함
- □ 温厚(おんこう) 온화하고 다정함
- □ 頑固(がんこ) 완고함
- □ 生(しょう)じる 생기다, 발생하다
- □ 世代(せだい) 세대
- □ 中断(ちゅうだん) 중단
- □ 濁(にご)る 탁해지다, 흐려지다
- □ 普及(ふきゅう) 보급
- □ ベテラン 베테랑, 노련한 사람

2021

- □ 引用(いんよう) 인용
- □ かばう 감싸다, 비호하다
- □ 急激(きゅうげき) 급격함
- □ 傾向(けいこう) 경향
- □ 栽培(さいばい) 재배
- □ さっさと 어서, 서둘러
- □ 妥当(だとう) 타당함, 적절함
- □ 展開(てんかい) 전개
- □ ほっと 안심하는 모양
- □ 漏(も)れる 새다, 빠지다

2020

- □ 引退(いんたい) 은퇴
- □ 打(う)ち明(あ)ける 밝히다, 털어놓다
- □ ぎっしり 가득, 잔뜩, 빽빽이
- □ 欠陥(けっかん) 결함
- □ 初期(しょき) 초기

2019

- □ しみる 배다, 스며들다
- □ 充満(じゅうまん) 충만, 가득함
- □ 初歩(しょほ) 초보
- □ 即座(そくざ)に 즉각, 당장
- □ 素材(そざい) 소재
- □ だらしない 단정하지 않다, 칠칠치 못하다
- □ 尽(つ)きる 다하다, 떨어지다, 끝나다
- □ 特殊(とくしゅ) 특수
- □ 廃止(はいし) 폐지
- □ めくる (책장) 넘기다

2018

- □ 演説(えんぜつ) 연설
- □ 解約(かいやく) 해약, 해지
- □ きっぱり 딱 잘라, 단호히
- □ 多彩(たさい) 다채로움
- □ 日課(にっか) 일과
- □ 鈍(にぶ)い 둔하다, 굼뜨다, 반응이 느리다
- □ 乗(の)り継(つ)ぐ 갈아타다
- □ 保存(ほぞん) 보존, 저장
- □ 最寄(もよ)り 가장 가까움, 근처
- □ 役目(やくめ) 역할

2017

□ 一斉(いっせい)に 일제히, 동시에	□ 覆(おお)う 덮다, 씌우다	□ 限定(げんてい) 한정
□ 節約(せつやく) 절약	□ 頂上(ちょうじょう) 정상	□ 散(ち)らかす 어지르다
□ 分解(ぶんかい) 분해	□ 破(やぶ)れる 찢어지다	□ 略(りゃく)す 줄이다, 생략하다
□ 論争(ろんそう) 논쟁		

2016

□ 引退(いんたい) 은퇴	□ 延長(えんちょう) 연장	□ 大(おお)げさ 과장됨
□ きっかけ 계기	□ さびる 녹슬다	□ 順調(じゅんちょう) 순조로움
□ 生(しょう)じる 발생하다, 생기다	□ 発達(はったつ) 발달	□ 反省(はんせい) 반성
□ 目上(めうえ) 윗사람, 연장자		

memo

55 기출어휘 확인문제 용법 / 5

問題6 次の言葉の使い方として最もよいものを、1・2・3・4から一つ選びなさい。

1 引用

1 この素材(そざい)は長期(ちょうき)の引用に耐(た)えます。

2 授業中は引用だけ書き留めておきなさい。

3 他人の著作(ちょさく)からの無断(むだん)引用は禁物(きんもつ)です。

4 彼はいつも自分の案を引用に部下に実行させます。

2 妥当

1 私は彼のとった処置は妥当だと思っています。

2 ホテルのすぐ近くにテニスコートがあるので妥当です。

3 今日は雲ひとつない天気でちょうど妥当です。

4 絵の趣味がおありなら、うちの部長と妥当なことでしょう。

3 きっぱり

1 きょうは学校の屋上から山がきっぱりと見えた。

2 私の故郷の町はきっぱり変わってしまっていた。

3 そんな不当な要求はきっぱり断るべきだ。

4 姉は日本に行く前にきっぱり日本語を勉強した。

4 だらしない

1 だらしないこと言わないで、自信を持てよ。

2 10代とは思えないほどだらしない歯だと言われた。

3 その日の彼の服装は場にだらしないものではなかった。

4 彼はだらしなくて何日も同じシャツを着ている。

5 かばう

1 彼は自分の立場をかばうために何でもやった。

2 行方(ゆくえ)不明(ふめい)になっていた少年は警察に身柄(みがら)をかばわれた。

3 悪い人ではないと言って、彼女は友人をかばった。

4 近所に交番ができて治安(ちあん)がかばわれていた。

답 1③ 2① 3③ 4④ 5③

56 기출어휘 확인문제 용법 / 5

問題 6 次の言葉の使い方として最もよいものを、1・2・3・4から一つ選びなさい。

1 欠陥(けっかん)

1 この小説には登場人物が多すぎるという欠陥(けっかん)がある。

2 テーブルの表面にはたくさんの欠陥(けっかん)がついていた。

3 その製品は欠陥(けっかん)が見つかったために回収された。

4 就職の面接で自分の欠陥(けっかん)を挙げるように言われた。

2 充満

1 私たちはその問題を充満している。

2 レストランは開店５分後に充満になった。

3 部屋にはガスが充満している。

4 ホテルの食事は充満したものだった。

3 即座に

1 山田さんはアメリカに５年間住んでいた即座に英語が下手だ。

2 そのきれいな服を見て、彼女は即座にそれを買う決心をした。

3 山を登るにつれて即座に道が険しくなった。

4 家族はみな、私に仕事を辞めないよう即座に説得してきた。

4 一斉(いっせい)に

1 公園で小さな子供たちは一斉(いっせい)に仲良く遊んでいた。

2 きのうは家族一斉(いっせい)におおいの結婚式に招待されて行った。

3 卒業の記念写真には、クラスの生徒が一斉(いっせい)に写っている。

4 歌が終わると、観客は一斉(いっせい)に立ち上がって歌手に拍手を送った。

5 大げさ

1 週刊誌は事実を大げさにする傾向がある。

2 その箱は大げさに重くて、私には持ち上げられなかった。

3 そのチームが優勝する可能性は大げさに高い。

4 その温泉はバス停から大げさに６キロ行った所にある。

답 1③ 2③ 3② 4④ 5①

問題６　次の言葉の使い方として最もよいものを、１・２・３・４から一つ選びなさい。

1 ぎっしり

1　弁当箱にサンドイッチがぎっしり詰まっていた。
2　出張に行った父はお土産をぎっしり持って戻って来た。
3　朝の電車は通勤・通学客で身動きできないほどぎっしりしている。
4　このスカートはウエストが少しぎっしりしています。

2 めくる

1　生徒たちは教科書のページをめくった。
2　この封筒に８４円の切手をめくってちょうだい。
3　明かりをつけるなら、そっちのカーテンをめくってくれない？
4　この雑誌は読者対象を女性にめくっている。

3 尽きる

1　あらゆる手段を尽きて山田(やまだ)さんの行方を捜した。
2　３６名が参加した２次回では、カラオケや尽きない話で盛り上がった。
3　その法律はもはや現実に尽きないものになっている。
4　この目的を尽きるためには、我々みんなが協力しないといけない。

4 鈍(にぶ)い

1　この靴は鈍(にぶ)くて足の指がとても痛い。
2　彼は数学が苦手で、計算がとても鈍(にぶ)い。
3　このパソコンは情報を処理する速度が鈍(にぶ)い。
4　そのテレビはリモコンへの反応が鈍(にぶ)い。

5 きっかけ

1　この風習のきっかけは１１世紀にさかのぼる。
2　学問に興味を失ったというきっかけで彼は大学をやめた。
3　この事件をきっかけに私は歴史に興味を持つようになった。
4　雨が降ったきっかけは試合は中止だ。

답 1① 2① 3② 4④ 5③

3 용법 기출어휘 2015~2010

2015년부터 2010년까지의 기출어휘를 연도별로 정리하였다.

2015

- □ 甘(あま)やかす 응석을 받아주다, 오냐오냐하다
- □ いったん 일단
- □ 思(おも)いつく 생각이 떠오르다
- □ 温暖(おんだん) 온난함
- □ 作成(さくせい) 작성
- □ たくましい 늠름하다
- □ 中断(ちゅうだん) 중단
- □ 振(ふ)り向(む)く 뒤돌아보다
- □ 行方(ゆくえ) 행방
- □ 用途(ようと) 용도

2014

- □ 合図(あいず) (눈짓, 몸짓, 소리) 신호
- □ いいわけ 변명
- □ 会見(かいけん) 회견
- □ 頑丈(がんじょう) 튼튼하고 옹골참
- □ こつこつ 꾸준히 노력하는 모양
- □ 支持(しじ) 지지
- □ 畳(たた)む (이불, 옷) 개다
- □ 妥当(だとう) 타당함
- □ 縮(ちぢ)む 줄어들다
- □ 手軽(てがる) 손쉬움, 간단함

memo

2013

- □ 慌(あわ)ただしい 어수선하다, 바쁘다
- □ 生(い)き生(い)き 생생함, 생기있는 모양
- □ かすか 희미함, 어렴풋함
- □ 掲示(けいじ) 게시
- □ 快(こころよ)い 상쾌하다, 유쾌하다
- □ 催促(さいそく) 재촉
- □ 分野(ぶんや) 분야, 활동 범위
- □ へだてる 사이를 떼다, 멀리하다
- □ 補足(ほそく) 보충
- □ ものたりない 어딘가 부족하다

2012

- □ 交代(こうたい) 교대
- □ 合同(ごうどう) 합동
- □ 心強(こころづよ)い 마음 든든하다
- □ さっさと 어서, 서둘러
- □ 問(と)い合(あ)わせる 문의하다
- □ 乏(とぼ)しい 부족하다
- □ 廃止(はいし) 폐지
- □ ふさぐ 틀어 막다, 가리다
- □ 矛盾(むじゅん) 모순
- □ 冷静(れいせい) 냉정함

memo

2011

□ 違反(いはん) 위반	□ 受(う)け入(い)れる 받아들이다	□ かなう 이루어지다
□ 質素(しっそ) 검소함	□ 世間(せけん) 세간, 세상	□ せめて 적어도
□ とっくに 훨씬 전에, 벌써	□ 範囲(はんい) 범위	□ 方針(ほうしん) 방침
□ 利益(りえき) 이익		

2010

□ 外見(がいけん) (사람) 겉모습, 외견	□ きっかけ 계기	□ 取材(しゅざい) 취재
□ 深刻(しんこく) 심각함	□ 続出(ぞくしゅつ) 속출	□ 保(たも)つ (상태) 유지하다
□ 注目(ちゅうもく) 주목	□ 外(はず)す 풀다, 벗다	□ 普及(ふきゅう) 보급
□ ふさわしい 적합하다, 어울리다		

memo

58 기출어휘 확인문제　용법　/ 5

問題 6　次の言葉の使い方として最もよいものを、１・２・３・４から一つ選びなさい。

1 方針

1　これまでどおりの方針を続けるつもりだ。

2　彼女を説得するにはあの人に頼むしか方針はない。

3　募金はとうとう方針の金額に達した。

4　よく考えて方針の選択を誤らないようにしなさい。

2 手軽

1　手軽な分量の酒は健康にいい。

2　舞台に立つにはまだ演技が手軽だ。

3　彼女はいつも手軽に相談に乗ってくれる。

4　インターネットは手軽な情報手段だ。

3 甘やかす

1　昨日の授業を休んだので友達のノートを甘やかしてもらった。

2　会議室でビデオを甘やかしますから、皆さん集まってください。

3　テレビ番組を録画しておくように母から甘やかされた。

4　これは息子を甘やかした親の責任でもある。

4 取材

1　学期末試験の範囲を友だちに取材した。

2　インターネットは、簡単に地図を取材できるので便利だ。

3　デパートに買い物に行く前に、営業時間を取材しておこう。

4　彼らは取材のため、現地へ飛んだ。

5 ものたりない

1　あの女優は若者にものたりなく人気がある。

2　衣類のものたりない汚れにはこの洗剤をお試しください。

3　彼の新作はアクション映画としてはものたりなく感じがする。

4　田舎の生活は変化にものたりないが、それが私の性に合っている。

답　1①　2④　3④　4④　5③

59 기출어휘 확인문제 용법 / 5

問題６　次の言葉の使い方として最もよいものを、１・２・３・４から一つ選びなさい。

1 いいわけ

1 彼はキャッチャーとしてはいいわけにならない。

2 彼は自分の失敗についていろいろいいわけした。

3 彼女は状況によって言葉のいいわけを知っている。

4 たまごは大きさによっていいわけされた。

2 補足(ほそく)

1 資料には概要(がいよう)しか書かれていないので、少し説明を補足(ほそく)します。

2 家庭科の授業で衣服の補足(ほそく)の仕方を習った。

3 祖父は日常生活に多少の補足(ほそく)が必要だ。

4 事故の被害者たちは損害の補足(ほそく)を求めて市を訴(うった)えた。

3 冷静(れいせい)

1 無差別(むさべつ)テロが冷静(れいせい)な問題になっている。

2 高齢者に対する冷静(れいせい)な扱いを望みたい。

3 感情的にならず冷静(れいせい)に話し合おう。

4 科学の冷静(れいせい)な成果を利用すべきだ。

4 範囲(はんい)

1 試験の範囲(はんい)は４０ページから７０ページまでだ。

2 科学と言ってもいろいろな範囲(はんい)がある。

3 郵便局は歩いて行くには少し範囲(はんい)がある。

4 このふたつの畑(はたけ)の範囲(はんい)をもっとはっきり決めましょう。

5 ふさわしい

1 吉田(よしだ)さんの意見はいつもふさわしいです。

2 私にふさわしい仕事を探している。

3 ダム建設をめぐって地元の住民のふさわしい反対にあった。

4 本当にあの人とは性格がふさわしくて付き合えない。

답 1② 2① 3③ 4① 5②

60 기출어휘 확인문제　용법　　/ 5

問題6　次の言葉の使い方として最もよいものを、１・２・３・４から一つ選びなさい。

1　利益(りえき)

1　ローンの利益(りえき)を毎月払っている。
2　売り上げの利益(りえき)は非常に大きかった。
3　日本にいる息子から半年間利益(りえき)がない。
4　この車の利益(りえき)は狭い道にも入っていけることだ。

2　こつこつ

1　春に失職(しっしょく)してから家でこつこつしている。
2　こつこつ勉強してとうとう司法(しほう)試験に合格した。
3　ネオンサインがこつこつ点滅(てんめつ)している。
4　彼は何でもこつこつするから時間がかかってしかたがない。

3　さっさと

1　この音楽を聴(き)くと、さっさとした気分になる。
2　老後(ろうご)にそなえて、さっさと貯蓄(ちょちく)に励(はげ)んでいる。
3　彼女はさっさとした性格だから、そんなことは気にしないだろう。
4　用事を済(す)ませたらさっさと帰れ。

4　かすか

1　船に乗って１時間経つと、遠くに島がかすかに見えてきた。
2　瓶(びん)はかすかに洗って資源(しげん)ごみに出してください。
3　夜のかすかな時間に本を読むのが好きだ。
4　つくえとかべのかすかなすきまに本が落ちた。

5　いきいき

1　山本(やまもと)さんは最近いきいきと仕事をしている。
2　このさしみはいきいきとしている。
3　テレビから事故現場のいきいきとした様子(ようす)がわかる。
4　野菜はゆでるよりいきいきと食べるほうが好きだ。

답 1② 2② 3④ 4① 5①

61 기출어휘 확인문제 용법 / 5

問題６　次の言葉の使い方として最もよいものを、１・２・３・４から一つ選びなさい。

1 用途

1　この機械は個別の用途に合わせて設計されている。
2　岡山(おかやま)までの電車を京都で用途下車することにした。
3　急いでいるので、用途を手短(てみじか)にしてください。
4　この後用途がありますので、早めに失礼いたします。

2 いったん

1　いったん家に帰って着替(きが)えてくるよ。
2　週にいったん母に電話します。
3　いったんだけ言うからよく聞いてください。
4　今までいったん海外へ行ったことがない。

3 催促(さいそく)

1　エキスポは４年ごとに催促(さいそく)される。
2　家賃を払うのをすっかり忘れていたら、催促(さいそく)の電話がかかってきた。
3　国連催促(こくれんさいそく)の平和会議が行われた。
4　このツアーは参加者５名より催促(さいそく)します。

4 矛盾(むじゅん)

1　上司は私の報告書を読んで矛盾(むじゅん)の色を隠(かく)さなかった。
2　矛盾(むじゅん)を予期したが、実際の結果はよかった。
3　さっきから聞いていると君の話は矛盾(むじゅん)だらけだ。
4　授業評価アンケートを矛盾(むじゅん)する大学が増えた。

5 頑丈(がんじょう)

1　頑丈(がんじょう)なまでに自己を主張している。
2　複雑な事情を頑丈(がんじょう)な言葉で説明する。
3　あわてていて頑丈(がんじょう)なことを話すのを忘れた。
4　頑丈(がんじょう)にできた机を長年使っている。

답 1① 2① 3② 4③ 5④

4 용법 기출어휘 2009~2000

2009년부터 2000년까지의 기출어휘를 あいうえお순으로 정리하였다.

□ 明(あ)かり 등불, 불빛	□ 明(あき)らか 분명함	□ 甘(あま)やかす 응석을 받아주다
□ あるいは 혹은, 또는	□ 生(い)き生(い)き 생생한 모양, 활기참	□ いちいち 일일이, 하나하나
□ いったん 일단, 우선	□ 今(いま)に 머지않아	□ 薄(うす)める 묽게 하다, 연하게 하다
□ うたがう 의심하다	□ 感心(かんしん) 감탄함, 감복함	□ がっかり 낙담함, 실망함
□ 気候(きこう) 기후	□ くれぐれも 아무쪼록	□ 催促(さいそく) 재촉
□ 差別(さべつ) 차별	□ 作法(さほう) 예의 범절	□ 実施(じっし) 실시
□ 実(じつ)に 실로	□ 支配(しはい) 지배	□ 正直(しょうじき) 정직함, 솔직함
□ 少(すこ)しも 조금도	□ スピード 속도	□ せっかく 모처럼
□ 節約(せつやく) 절약	□ せめて 적어도	□ それとも 그렇지 않으면
□ 大(たい)した 대단한, 특별한	□ たしか 아마	□ 妥当(だとう) 타당
□ たとえ〜ても 비록 ~해도	□ たまたま 때마침, 우연히	□ 〜だらけ ~투성이
□ 単(たん)なる 단순한	□ 中断(ちゅうだん) 중단	□ 散(ち)らかる 흩어지다, 널브러지다
□ 展開(てんかい) 전개	□ どうせ 어차피	□ どっと 왈칵, 와자글
□ ドライブ 드라이브	□ 乗(の)り越(こ)す 내릴 역을 지나치다	□ 引(ひ)き返(かえ)す 되돌아가다
□ 微妙(びみょう) 미묘함	□ 不安(ふあん) 불안	□ ふもと 산기슭
□ 振(ふ)り向(む)く (뒤)돌아보다	□ 分解(ぶんかい) 분해	□ 向(む)かい 맞은편, 건너편, 정면
□ 夢中(むちゅう) 열중함, 몰두함	□ ユーモア 유머	□ 行方(ゆくえ) 행방
□ 楽(らく) 편안함, 쉬움	□ 礼儀(れいぎ) 예의	□ わずか 약간

問題６　次の言葉の使い方として最もよいものを、１・２・３・４から一つ選びなさい。

1 中断

1 十分な理由もなしに私の申(もう)し出(で)を中断した。

2 今日予定の試合は、台風のため中断になった。

3 山くずれにより道路が数か所にわたって中断された。

4 お客が来たので、仕事を一時中断した。

2 せめて

1 １００点ではなくても、せめて９０点はとりたい。

2 どんなにがんばっても、せめて６０点しかとれないだろう。

3 がんばったので、せめて７０点とれた。

4 前回のテストは、せめて５０点だった。

3 大した

1 きのうここで大した事故が起きた。

2 この市の中央には大した噴水(ふんすい)があります。

3 大した病気じゃないから、じきに治るだろう。

4 後ろから大した声で呼ばれて、びっくりした。

4 節約

1 いつか自分のうちが持てるよう毎月３万円ずつ銀行に節約している。

2 海外旅行のために今小づかいを節約している。

3 今電話中だから、テレビの音を節約してください。

4 「スーパー」というのは、「スーパーマーケット」を節約した言葉だ。

5 せっかく

1 せっかく京都まで来たんだから、もっといろいろ見物(けんぶつ)しよう。

2 彼女にせっかくパンをあげたら、いらないと言われた。

3 せっかく教えてくださって、ありがとうございます。

4 彼はせっかく車を購入(こうにゅう)して、ドライブに出かけた。

답 1④ 2① 3③ 4② 5①

63 기출어휘 확인문제

용법 / 5

問題６　次の言葉の使い方として最もよいものを、１・２・３・４から一つ選びなさい。

1 微妙

1　微妙な時計を見つけたら、交番に届けてください。
2　両者の言い分は微妙な点でくいちがいがある。
3　店の外に微妙な人が立っていたので、こわくなった。
4　微妙な偶然から事件の目撃者となった。

2 明かり

1　どろぼうは明かりとなるものは何も残していない。
2　まぶしい真夏の太陽の明かりが照りつける。
3　空気の入る量により、ガスコンロの明かりの色が違う。
4　毎晩１０時になると部屋の明かりを消して寝る。

3 たまたま

1　ぼくはひまがあると、たまたまゲームをする。
2　たまたま遊びに来てください。
3　あの男はたまたまいたずらをする。
4　きのうはたまたま先生と同じ電車で帰った。

4 振り向く

1　富士山はここから振り向くのが一番きれいだ。
2　後ろから名前を呼ばれて振り向いた。
3　母は一生子どもへの愛を振り向いて生きてきた。
4　橋の下を振り向かずに歩きなさい。

5 いまに

1　最後の試験が終わったら、いまに覚えていたことを全部忘れた。
2　あすでは間に合わないので、いまに掃除してください。
3　もう試合は始まったのだから、いまにやめたいと言っても遅すぎる。
4　心配しなくても、いまに帰って来ますよ。

답 1② 2④ 3④ 4② 5④

問題6　次の言葉の使い方として最もよいものを、1・2・3・4から一つ選びなさい。

1 いちいち

1 いちいちどうもありがとうございました。
2 山田さん、いちいち親切にしてくれてありがとう。
3 課長は私のやることにいちいちけちをつける。
4 ケースの中には、思い出の品(しな)がいちいちならんでいる。

2 それとも

1 箱(はこ)の中身(なかみ)はネクタイ、それともくつしたでしょう。
2 未成年者の場合は父親、それとも母親の許可(きょか)が必要だ。
3 あした連絡します。それともあさってになるかもしれません。
4 コーヒーになさいますか、それとも紅茶になさいますか。

3 たしか

1 彼の話が本当かどうか、たしかをしてください。
2 引(ひ)き受(う)けた仕事は、たしか頑張りたい。
3 彼が沈黙(ちんもく)を守っているたしかの理由は誰も知らない。
4 彼の誕生日はたしか7月14日だと思います。

4 どうせ

1 どうせお金があっても、健康(けんこう)でなければ幸福(こうふく)とはいえない。
2 今から勉強したところでどうせいい成績(せいせき)はとれないに決まっている。
3 結果(けっか)がよくても悪くても、どうせ試験が終わるとうれしい。
4 間に合うかどうかわからないが、どうせ行ってみよう。

5 ドライブ

1 バイクをドライブするには、特別な免許が必要だ。
2 アメリカへ留学する友達を空港でドライブした。
3 天気もいいし、道もいいから、ドライブするにはちょうどいい。
4 大雨が降っていたので、学校まで娘をドライブしてやった。

답 1③ 2④ 3④ 4② 5③

問題６　次の言葉の使い方として最もよいものを、１・２・３・４から一つ選びなさい。

1 行方(ゆくえ)

1　台風(たいふう)は、行方(ゆくえ)を東に変えた。
2　中央図書館への行方(ゆくえ)をご存じですか。
3　その男の子はこの間から家を出たまま行方(ゆくえ)がわからない。
4　今度の旅行、行方(ゆくえ)をどこにしようか迷(まよ)っている。

2 わずか

1　ここまで来れば、駅まではもうわずかだ。
2　みんなと別れてわずかひとりになってほっとした。
3　ご飯をもうわずかください。
4　母の話はわずかすぎて聞こえなかった。

3 あるいは

1　この店は古い、あるいは、有名な店です。
2　この梅(うめ)を梅干(うめぼ)し、あるいは、どうしましょうか。
3　私は夏休みに、日本、あるいは、アメリカに行った。
4　私かあるいは彼がその質問に答えなければならない。

4 くれぐれも

1　夜になると人通(ひとどお)りが絶(た)えてくれぐれもさびしくなる。
2　妹は手紙で家族のことをくれぐれも知らせてきた。
3　皆さまにくれぐれもよろしくお伝えください。
4　もう少しがんばればくれぐれも入れたのに。

5 どっと

1　時間がないのでどっと説明してください。
2　その料理は見た目よりどっとおいしかった。
3　お母さんが戻るまでここでどっとしていてね。
4　家に戻ったら、たまっていた疲れがどっと出た。

답 1③　2①　3④　4③　5④

66 기출어휘 확인문제 용법 / 5

問題６　次の言葉の使い方として最もよいものを、１・２・３・４から一つ選びなさい。

1 夢中

1 妹は新しいアイデアに夢中している。
2 彼女はフランス語の勉強に夢中だ。
3 彼は事業の失敗を夢中に悩んでいる。
4 テレビゲームが子どもたちの間で夢中だ。

2 乗り越す

1 この道では、後の車は前の車を乗り越してはいけないのです。
2 終点で降りて、そこから別のバスに乗り越した。
3 終電(しゅうでん)に乗り越してしまったので、タクシーで帰ってきた。
4 居眠りをしていて３つも駅を乗り越してしまった。

3 実施

1 彼の偉大(いだい)な夢はついに実施した。
2 理想(りそう)と実施を一緒にしてはいけない。
3 理論(りろん)と実施はときどき、合わないことがある。
4 その法律は来年３月から実施される。

4 むかい

1 飛行機はあっという間に海のむかいに消(き)えた。
2 この家は南むかいなので、日がよく当たる。
3 出張で東京へ行ったとき、むかいで友だちに会った。
4 彼女は私のうちのむかいに住んでいる。

5 だらけ

1 弟の部屋は汚いだらけだ。
2 弟は部屋を散(ち)らかしだらけだ。
3 弟の部屋は不潔(ふけつ)だらけだ。
4 弟の部屋は何年も使わないので、ほこりだらけだ。

답 1② 2④ 3④ 4④ 5④

제2장

문자·어휘 예상 공략편

01 예상어휘 공략하기

01 예상어휘 공략하기

1 명사

あ

- □ 愛(あい) 사랑
- □ 愛飲(あいいん) 애음, 즐겨 마심
- □ 愛情(あいじょう) 애정
- □ 愛人(あいじん) 애인, 정부, 불륜 상대
- □ 愛着(あいちゃく) 애착
- □ 相手(あいて) 상대
- □ 赤字(あかじ) 적자
- □ 悪意(あくい) 악의
- □ 握手(あくしゅ) 악수
- □ 悪魔(あくま) 악마
- □ 明(あ)け方(がた) 새벽녘, 동틀녘
- □ 足跡(あしあと) 발자취, 발자국
- □ 汗(あせ) 땀
- □ あだ 적, 원수, 원한
- □ 圧縮(あっしゅく) 압축
- □ 集(あつ)まり 모임, 회합
- □ 圧力(あつりょく) 압력
- □ 宛名(あてな) 받는 사람, 수신인
- □ 跡(あと) 자국, 흔적, 유적
- □ 後先(あとさき) 앞뒤, 전후
- □ 後始末(あとしまつ) 뒤치다꺼리, 뒤처리
- □ 雨戸(あまど) 덧문
- □ 余(あま)り 나머지, 여분
- □ 編(あ)み物(もの) 편물, 뜨개질
- □ あらすじ 대충의 줄거리, 개요
- □ 現(あらわ)れ 현상, 발로
- □ あり 개미
- □ 在(あ)り方(かた) 현실, 본연의 자세
- □ 安定(あんてい) 안정
- □ あんばい 간, 맛, 상태
- □ 安否(あんぴ) 안부, 안위
- □ 胃(い) 위
- □ 委員(いいん) 위원
- □ 医院(いいん) 의원
- □ 意義(いぎ) 의의
- □ 生(い)き物(もの) 생물
- □ 幾分(いくぶん) 일부분, 조금, 약간
- □ 生(い)け花(ばな) 꽃꽂이
- □ 以後(いご) 이후
- □ 移行(いこう) 이행
- □ 遺産(いさん) 유산
- □ 意思(いし) 의사, 의향
- □ 意志(いし) 의지, 의욕
- □ 維持(いじ) 유지
- □ 移住(いじゅう) 이주
- □ 衣食住(いしょくじゅう) 의식주
- □ 板(いた) 판자, 널빤지
- □ いたずら 못된 장난
- □ 位置(いち) 위치
- □ 一助(いちじょ) 일조, 약간의 도움
- □ 一度(いちど) 한 번

☐ 市場(いちば) 시장, 장	☐ 一面(いちめん) 일면	☐ 一覧(いちらん) 일람
☐ 一家(いっか) 일가	☐ 一括(いっかつ) 일괄	☐ 一昨日(いっさくじつ) 그저께
☐ 一昨年(いっさくねん) 재작년	☐ 一瞬(いっしゅん) 일순, 일순간	☐ 一致(いっち) 일치
☐ 一定(いってい) 일정	☐ 一般(いっぱん) 일반	☐ 遺伝(いでん) 유전
☐ 意図(いと) 의도	☐ 井戸(いど) 우물	☐ 移動(いどう) 이동
☐ 異動(いどう) 이동, 인사이동	☐ いとこ 사촌	☐ いとま 틈, 겨를, 휴식
☐ 以内(いない) 이내	☐ 稲(いね) 벼	☐ 居眠(いねむ)り 말뚝잠, 앉아서 졺
☐ 衣服(いふく) 의복, 옷	☐ 意訳(いやく) 의역	☐ 入(い)り口(ぐち) 입구
☐ 入(い)れ替(か)え 갈아 넣음, 교체	☐ 入(い)れ物(もの) 용기, 그릇	☐ 印刷(いんさつ) 인쇄
☐ 飲酒(いんしゅ) 음주	☐ 飲料水(いんりょうすい) 음용수, 마실 물	☐ 引力(いんりょく) 인력
☐ 魚(うお) 물고기	☐ うがい 양치질	☐ 受(う)け入(い)れ 받아들임, 승낙
☐ 受付(うけつけ) 접수	☐ うさぎ 토끼	☐ 内(うち) 안(쪽), 내부, 속
☐ 宇宙(うちゅう) 우주	☐ 写(うつ)し (사진을) 찍음, 베낌	☐ 訴(うった)え 호소, 소송
☐ 打(う)って付(つ)け 알맞음, 안성맞춤	☐ 器(うつわ) 그릇, 용기	☐ 雨天(うてん) 우천, 비오는 날
☐ うのみ 통째로 삼킴, 그대로 받아들임	☐ 生(う)まれ 탄생, 출생	☐ 有無(うむ) 유무
☐ 梅(うめ) 매실	☐ 裏口(うらぐち) 뒷문	☐ 恨(うら)み 원한, 앙심
☐ 売(う)り出(だ)し 매출	☐ 雨量(うりょう) 강우량	☐ 憂(うれ)い 근심, 걱정
☐ 売(う)れ行(ゆ)き 팔림새	☐ 運(うん) 운, 운명	☐ 運河(うんが) 운하
☐ 運勢(うんせい) 운세	☐ 運用(うんよう) 운용	☐ 永遠(えいえん) 영원
☐ 影響(えいきょう) 영향	☐ 栄光(えいこう) 영광	☐ 英字(えいじ) 영자, 영문자
☐ 映写(えいしゃ) 영사	☐ 衛生(えいせい) 위생	☐ 映像(えいぞう) 영상
☐ 英文(えいぶん) 영문	☐ 栄養(えいよう) 영양	☐ 栄養分(えいようぶん) 영양분
☐ 英和(えいわ) 영일, 영어와 일본어	☐ 液(えき) 액, 즙, 액체	☐ えさ 먹이
☐ 枝葉(えだは) 지엽, 사소한 일	☐ 宴会(えんかい) 연회, 잔치	☐ 延期(えんき) 연기, 미룸
☐ 園芸(えんげい) 원예	☐ 演劇(えんげき) 연극	☐ 円周(えんしゅう) 원주, 원둘레

□ 演習(えんしゅう) 연습	□ 円熟(えんじゅく) 원숙	□ 演出(えんしゅつ) 연출
□ 煙突(えんとつ) 굴뚝	□ 遠慮(えんりょ) 사양, 삼감	□ おい 조카
□ 王(おう) 왕	□ 応急(おうきゅう) 응급	□ 王様(おうさま) 임금님
□ 王子(おうじ) 왕자	□ 王女(おうじょ) 공주	□ 往生(おうじょう) 체념, 단념, 난감함
□ 応接(おうせつ) 응접, 접대	□ 応答(おうとう) 응답	□ 大通り(おおどおり) (시내의) 큰길, 대로
□ 大家(おおや) 집주인	□ 丘(おか) 언덕, 작은 산	□ お菓子(おかし) 과자
□ 沖(おき) 먼 바다	□ 奥(おく) (깊숙한) 안쪽	□ 奥様(おくさま) 사모님, 안주인
□ 遅れ(おくれ) 늦음	□ 行い(おこない) 행실, 행동	□ お辞儀(おじぎ) (머리 숙여) 절함, 인사함
□ 汚染(おせん) 오염	□ 夫(おっと) 남편	□ お手伝いさん(おてつだいさん) 가사도우미
□ 落とし物(おとしもの) 분실물	□ 驚き(おどろき) 놀람	□ 鬼(おに) 귀신
□ おのおの 각자, 각각	□ 帯(おび) 띠	□ 覚え(おぼえ) 기억, 경험, 이해
□ お参り(おまいり) 신불을 참배하러 감, 참배	□ 思いつき(おもいつき) 문득 생각이 남, 착상	□ 思い出(おもいで) 추억
□ おやつ (오후에 먹는) 간식	□ 親指(おやゆび) 엄지손가락, 엄지발가락	□ 織物(おりもの) 직물
□ 恩(おん) 은혜	□ 恩恵(おんけい) 은혜	□ 温室(おんしつ) 온실
□ 温帯(おんたい) 온대	□ 温暖化(おんだんか) 온난화	□ 御中(おんちゅう) 귀중, 귀하
□ 温度(おんど) 온도		

か

□ 蚊(か) 모기	□ 貝(かい) 조개, 조가비	□ 害(がい) 해, 손해
□ 会員(かいいん) 회원	□ 開演(かいえん) 개연, 공연을 시작함	□ 開花(かいか) 개화
□ 絵画(かいが) 회화	□ 開会(かいかい) 개회	□ 海外(かいがい) 해외
□ 会館(かいかん) 회관	□ 会計(かいけい) 회계	□ 開講(かいこう) 개강
□ 会合(かいごう) 회합	□ 外交(がいこう) 외교	□ 開始(かいし) 개시
□ 解釈(かいしゃく) 해석	□ 海水浴(かいすいよく) 해수욕	□ 回数(かいすう) 횟수
□ 快晴(かいせい) 쾌청	□ 回送(かいそう) 회송	□ 開通(かいつう) 개통

□ 改定(かいてい) 개정	□ 回転(かいてん) 회전	□ 外電(がいでん) 외신, 외전
□ 街道(かいどう) 가도, 간선도로	□ 街頭(がいとう) 가두, 길거리	□ 街灯(がいとう) 가등, 가로등
□ 外套(がいとう) 외투	□ 該当(がいとう) 해당	□ 外部(がいぶ) 외부
□ 開封(かいふう) 개봉	□ 開放(かいほう) 개방	□ 解放(かいほう) 해방
□ 海洋(かいよう) 해양	□ 改良(かいりょう) 개량	□ 概論(がいろん) 개론
□ 家屋(かおく) 가옥	□ 香(かお)り 향기, 좋은 냄새	□ 画家(がか) 화가
□ 化学(かがく) 화학	□ 係員(かかりいん) 담당자	□ 書留(かきとめ) 등기
□ 書(か)き取(と)り 베껴 씀, 받아쓰기	□ 垣根(かきね) 울타리	□ 書(か)き物(もの) 문서, 글을 씀
□ ～限(かぎ)り ～(인/하는) 한	□ 学(がく) 학문	□ 各位(かくい) 각위, 여러분
□ 学位(がくい) 학위	□ 架空(かくう) 가공	□ 格言(かくげん) 격언
□ 各自(かくじ) 각자	□ 学士(がくし) 학사	□ 学者(がくしゃ) 학자
□ 学術(がくじゅつ) 학술	□ 各人(かくじん) 각자	□ 各説(かくせつ) 각각의 가설
□ 確認(かくにん) 확인	□ 学年(がくねん) 학년	□ 学問(がくもん) 학문
□ 確率(かくりつ) 확률	□ 学力(がくりょく) 학력	□ 学歴(がくれき) 학력
□ 陰(かげ) 그늘	□ 影(かげ) 그림자	□ 掛(か)け算(ざん) 곱셈
□ 過去(かこ) 과거	□ かご 바구니	□ 火口(かこう) 화구, 화산의 분화구
□ 化合(かごう) 화합	□ 火災(かさい) 화재	□ 飾(かざ)り 꾸밈, 장식
□ 貸(か)し 빌려 줌	□ 家事(かじ) 가사, 집안일	□ 過失(かしつ) 과실
□ 果実(かじつ) 과실, 열매	□ 貸間(かしま) 셋방	□ 歌手(かしゅ) 가수
□ 課税(かぜい) 과세	□ 下線(かせん) 밑줄	□ 加速(かそく) 가속
□ 加速度(かそくど) 가속도	□ 型(かた) 본, 거푸집, 틀, 형식	□ 方々(かたがた) 여러분
□ 刀(かたな) 칼, 검	□ かたまり 덩어리, 뭉치	□ 価値(かち) 가치
□ 学科(がっか) 학과	□ 学会(がっかい) 학회	□ 学期(がっき) 학기
□ 楽器(がっき) 악기	□ 学級(がっきゅう) 학급	□ 括弧(かっこ) 괄호
□ 各国(かっこく) 각국	□ 活字(かつじ) 활자	□ 活用(かつよう) 활용

□ 活力(かつりょく) 활력	□ 課程(かてい) (교육) 과정	□ 過程(かてい) 과정, 프로세스
□ 仮名(かな) 가나(일본 문자)	□ 仮名遣(かなづか)い かな 표기법	□ 鐘(かね) 종
□ 加熱(かねつ) 가열	□ 過半数(かはんすう) 과반수	□ かび 곰팡이
□ 株(かぶ) 그루, 포기, 주식	□ かま 솥, 가마	□ 神(かみ) 신
□ 紙(かみ)くず 휴지	□ かみそり 면도칼	□ 雷(かみなり) 천둥, 우레, 벼락
□ 髪(かみ)の毛(け) 머리털, 머리카락	□ 歌謡(かよう) 가요	□ 殻(から) 껍질, 껍데기
□ 柄(がら) 몸집, 품위, 무늬	□ 空(から)っぽ 텅 빔	□ かるた 놀이딱지, 놀이카드
□ 革(かわ) 가죽	□ 為替(かわせ) 외환	□ かわら 기와
□ 缶(かん) 캔, 통조림	□ 勘(かん) 직감, 육감	□ 簡易(かんい) 간이
□ 間隔(かんかく) 간격	□ 換気(かんき) 환기	□ 観客(かんきゃく) 관객
□ 感激(かんげき) 감격	□ 関西(かんさい) 관서	□ 観察(かんさつ) 관찰
□ 元日(がんじつ) 새해 첫날, 1월 1일	□ 患者(かんじゃ) 환자	□ 鑑賞(かんしょう) 감상
□ 感情(かんじょう) 감정	□ 間接(かんせつ) 간접	□ 寒帯(かんたい) 한대
□ 勘違(かんちが)い 착각	□ 缶詰(かんづめ) 통조림	□ 乾電池(かんでんち) 건전지
□ 関東(かんとう) 관동	□ 感動(かんどう) 감동	□ 監督(かんとく) 감독
□ 乾杯(かんぱい) 건배	□ 看板(かんばん) 간판	□ 看病(かんびょう) 간병
□ 冠(かんむり) (머리에 쓰는) 관	□ 関連(かんれん) 관련	□ 緩和(かんわ) 완화
□ 気圧(きあつ) 기압	□ 議員(ぎいん) 의원	□ 器械(きかい)/機械(きかい) 기계
□ 機会(きかい) 기회	□ 議会(ぎかい) 의회	□ 機関(きかん) 기관
□ 機関車(きかんしゃ) 기관차	□ 機関銃(きかんじゅう) 기관총	□ 聞(き)き取(と)り 듣고 이해함
□ 飢饉(ききん) 기근	□ 器具(きぐ) 기구	□ 期限(きげん) 기한
□ 記号(きごう) 기호	□ 生地(きじ) 옷감, 천	□ 記事(きじ) 기사
□ 技師(ぎし) 기사, 기술자	□ 儀式(ぎしき) 의식	□ 期日(きじつ) 기일
□ 記者(きしゃ) 기자	□ 規準(きじゅん) 규준, 규범, 기준	□ 起床(きしょう) 기상
□ 気性(きしょう) 기질, 성질	□ 奇数(きすう) 기수, 홀수	□ 帰宅(きたく) 귀가

□ 基地(きち) 기지	□ 議長(ぎちょう) 의장	□ 貴重品(きちょうひん) 귀중품
□ 喫茶(きっさ) 차를 마심	□ きつね 여우	□ 気迫(きはく) 기백
□ 基盤(きばん) 기반	□ 希望(きぼう) 희망	□ 基本(きほん) 기본
□ 記名(きめい) 기명	□ 義務(ぎむ) 의무	□ 逆(ぎゃく) 역, 반대
□ 客席(きゃくせき) 객석	□ 客間(きゃくま) 응접실, 객실	□ 級(きゅう) 급, 등급, 단계
□ 球(きゅう) 구, 공	□ 休暇(きゅうか) 휴가	□ 休学(きゅうがく) 휴학
□ 休憩(きゅうけい) 휴게, 휴식	□ 休講(きゅうこう) 휴강	□ 休日(きゅうじつ) 휴일
□ 吸収(きゅうしゅう) 흡수	□ 急所(きゅうしょ) 급소, 핵심	□ 救助(きゅうじょ) 구조
□ 給与(きゅうよ) 급여, 급료	□ 休養(きゅうよう) 휴양	□ 教員(きょういん) 교원, 교사
□ 強化(きょうか) 강화	□ 境界(きょうかい) 경계	□ 共学(きょうがく) 공학
□ 教科書(きょうかしょ) 교과서	□ 競技(きょうぎ) 경기	□ 行儀(ぎょうぎ) 예의범절, 행동거지
□ 供給(きょうきゅう) 공급	□ 教材(きょうざい) 교재	□ 教授(きょうじゅ) 교수
□ 恐縮(きょうしゅく) 황송함, 죄송함	□ 強調(きょうちょう) 강조	□ 強風(きょうふう) 강풍
□ 教養(きょうよう) 교양	□ 行列(ぎょうれつ) 행렬	□ 曲線(きょくせん) 곡선
□ 霧(きり) 안개	□ 規律(きりつ) 규율, 질서	□ 気力(きりょく) 기력, 기백
□ きれ 조각, 직물, 옷감	□ 禁煙(きんえん) 금연	□ 金魚(きんぎょ) 금붕어
□ 金庫(きんこ) 금고	□ 均衡(きんこう) 균형	□ 禁止(きんし) 금지
□ 近視(きんし) 근시	□ 金銭(きんせん) 금전	□ 金属(きんぞく) 금속
□ 近代(きんだい) 근대	□ 緊張(きんちょう) 긴장	□ 筋肉(きんにく) 근육
□ 勤務(きんむ) 근무	□ 金融(きんゆう) 금융	□ 句(く) 글귀, 구절
□ くい 말뚝	□ 空間(くうかん) 공간	□ 偶数(ぐうすう) 우수, 짝수
□ 空想(くうそう) 공상	□ 空中(くうちゅう) 공중	□ 区画(くかく) 구획
□ 区間(くかん) 구간	□ くぎ 못	□ 区切り(くぎり) 단락
□ 鎖(くさり) 쇠사슬	□ くし 빗	□ くしゃみ 재채기
□ 苦心(くしん) 고심	□ くず 쓰레기, 찌꺼기	□ 薬指(くすりゆび) 약지

□ くせ 버릇, 습관	□ 管(くだ) 관, 대롱	□ 具体化(ぐたいか) 구체화
□ 下(くだ)り 내려감	□ 唇(くちびる) 입술	□ 口紅(くちべに) 입술 연지, 립스틱
□ 苦痛(くつう) 고통	□ 句読点(くとうてん) 구두점, 마침표와 쉼표	□ 工夫(くふう) 궁리, 연구
□ 区分(くぶん) 구분	□ 区別(くべつ) 구별	□ 組(く)み合(あ)わせ 짜맞춤, 조합, 편성
□ 位(くらい) 지위, 계급	□ 暮(く)らし 살림, 생계, 일상생활	□ 暮(く)れ 저묾, 저물 때
□ 黒字(くろじ) 흑자	□ 訓(くん) 훈, 가르침	□ 軍(ぐん) 군, 군대
□ 群(ぐん) 군, 무리, 떼	□ 軍隊(ぐんたい) 군대	□ 計(けい) 계, 합계
□ 敬意(けいい) 경의	□ 経営(けいえい) 경영	□ 敬具(けいぐ) 경구(편지 끝에 쓰는 말)
□ 稽古(けいこ) (학문·예능 따위를) 배움	□ 敬語(けいご) 경어	□ 傾向(けいこう) 경향
□ 蛍光灯(けいこうとう) 형광등	□ 警告(けいこく) 경고	□ 掲載(けいさい) 게재
□ 経済(けいざい) 경제	□ 警察(けいさつ) 경찰	□ 計算(けいさん) 계산
□ 刑事(けいじ) 형사	□ 毛糸(けいと) 털실	□ 軽度(けいど) 경도
□ 競馬(けいば) 경마	□ 経費(けいひ) 경비	□ 景品(けいひん) 경품
□ 契約(けいやく) 계약	□ 経由(けいゆ) 경유	□ 形容詞(けいようし) 형용사
□ 形容動詞(けいようどうし) 형용동사, な형용사	□ 毛皮(けがわ) 모피	□ 劇(げき) 극
□ 劇場(げきじょう) 극장	□ 激増(げきぞう) 격증, 급증	□ 下車(げしゃ) 하차
□ 化粧(けしょう) 화장	□ 下水(げすい) 하수	□ けた (숫자의) 자릿수
□ げた 나막신	□ 血液(けつえき) 혈액	□ 月給(げっきゅう) 월급
□ 傑作(けっさく) 걸작	□ 決断(けつだん) 결단	□ 決定(けってい) 결정
□ 欠点(けってん) 결점	□ 血統(けっとう) 혈통	□ 月末(げつまつ) 월말
□ 解熱(げねつ) 해열	□ 検閲(けんえつ) 검열	□ 原稿(げんこう) 원고
□ 検索(けんさく) 검색	□ 原産(げんさん) 원산	□ 原始(げんし) 원시
□ 現実(げんじつ) 현실	□ 研修(けんしゅう) 연수	□ 減少(げんしょう) 감소
□ 現状(げんじょう) 현상, 현 상황	□ 検診(けんしん) 검진	□ 謙遜(けんそん) 겸손
□ 建築(けんちく) 건축	□ 建築家(けんちくか) 건축가	□ 限度(げんど) 한도

□ 現場(げんば) 현장	□ 顕微鏡(けんびきょう) 현미경	□ 憲法(けんぽう) 헌법
□ 権利(けんり) 권리	□ 原理(げんり) 원리	□ 減量(げんりょう) 감량
□ 原料(げんりょう) 원료	□ 粉(こ) 가루, 분말	□ 語(ご) 말, 언어, 말씨
□ 碁(ご) 바둑	□ 恋(こい) 사랑, 연애	□ 考案(こうあん) 고안
□ 行為(こうい) 행위	□ 合意(ごうい) 합의	□ 工員(こういん) 공장 직원, 공장 노동자
□ 幸運(こううん) 행운	□ 公演(こうえん) 공연	□ 効果(こうか) 효과
□ 豪華(ごうか) 호화	□ 公開(こうかい) 공개	□ 工学(こうがく) 공학
□ 交換(こうかん) 교환	□ 航空(こうくう) 항공	□ 光景(こうけい) 광경
□ 工芸(こうげい) 공예	□ 攻撃(こうげき) 공격	□ 孝行(こうこう) 효행, 효도
□ 交差(こうさ) 교차	□ 鉱山(こうざん) 광산	□ 口実(こうじつ) 구실
□ 校舎(こうしゃ) 교사, 학교 건물	□ 後者(こうしゃ) 후자	□ 公衆(こうしゅう) 공중
□ 工場(こうじょう)/工場(こうば) 공장	□ 香水(こうすい) 향수	□ 構成(こうせい) 구성
□ 功績(こうせき) 공적	□ 光線(こうせん) 광선	□ 高速(こうそく) 고속
□ 公団(こうだん) 공단	□ 耕地(こうち) 경지, 경작지	□ 交通機関(こうつうきかん) 교통기관
□ 校庭(こうてい) 교정	□ 肯定(こうてい) 긍정	□ 高度(こうど) 고도
□ 強盗(ごうとう) 강도	□ 公認(こうにん) 공인	□ 光熱費(こうねつひ) 광열비
□ 効能(こうのう) 효능	□ 後半(こうはん) 후반	□ 公表(こうひょう) 공표
□ 交付(こうふ) 교부	□ 鉱物(こうぶつ) 광물	□ 候補(こうほ) 후보
□ 項目(こうもく) 항목	□ 公用(こうよう) 공용	□ 紅葉(こうよう)/紅葉(もみじ) 단풍
□ 効用(こうよう) 효용	□ 合理(ごうり) 합리	□ 公立(こうりつ) 공립
□ 交流(こうりゅう) 교류	□ 合流(ごうりゅう) 합류	□ 考慮(こうりょ) 고려
□ 効力(こうりょく) 효력	□ 高齢(こうれい) 고령	□ 誤解(ごかい) 오해
□ 語学(ごがく) 어학	□ 呼吸(こきゅう) 호흡	□ 故郷(こきょう) 고향
□ 国王(こくおう) 국왕	□ 国籍(こくせき) 국적	□ 国定(こくてい) 국정
□ 国土(こくど) 국토	□ 告発(こくはつ) 고발	□ 穀物(こくもつ) 곡물

□ 国立(こくりつ) 국립	□ 小言(こごと) 잔소리	□ 心当(こころあ)たり 짐작, 짐작 가는 곳
□ こじき 거지, 비렁뱅이	□ こしょう 후추	□ 個性(こせい) 개성
□ 国境(こっきょう) 국경	□ 古典(こてん) 고전	□ 琴(こと) 거문고
□ 語頭(ごとう) 어두	□ 言葉遣(ことばづか)い 말씨, 말투	□ ことわざ 속담
□ 粉(こな) 가루, 분말, 밀가루	□ 語尾(ごび) 어미	□ こぶ 혹
□ ごぶさた 격조함, 무소식	□ 小麦(こむぎ) 밀	□ 小屋(こや) 작은 집, 오두막집
□ 小指(こゆび) 새끼손가락, 새끼발가락	□ ご覧(らん) 보심	□ 孤立(こりつ) 고립
□ 紺(こん) 감색, 남색	□ 根気(こんき) 끈기	□ 今後(こんご) 앞으로, 이후
□ 混合(こんごう) 혼합	□ 根性(こんじょう) 근성	□ 献立(こんだて) 식단, 메뉴
□ 今日(こんにち) 금일, 오늘날	□ 婚約(こんやく) 약혼	

さ

□ 差(さ) 차, 차이	□ 際(さい) 때, 기회, 경우	□ 在学(ざいがく) 재학
□ 在庫(ざいこ) 재고	□ 財産(ざいさん) 재산	□ 祭日(さいじつ) 국경일
□ 再生(さいせい) 재생	□ 最善(さいぜん) 최선	□ 最大(さいだい) 최대
□ 最低(さいてい) 최저	□ 採点(さいてん) 채점	□ 災難(さいなん) 재난
□ 再発(さいはつ) 재발	□ 裁縫(さいほう) 재봉, 바느질	□ 材木(ざいもく) 재목, 목재
□ 採用(さいよう) 채용	□ 境(さかい) 경계, 갈림길	□ 酒場(さかば) 술집, 주점
□ 盛(さか)り 한창(때)	□ さきおととい 그끄저께	□ 先先(さきざき) 먼 장래, 도처
□ 索引(さくいん) 색인	□ 作者(さくしゃ) 작자	□ 作製(さくせい) 제작, 만듦
□ 作物(さくもつ) 작물, 농작물	□ さじ 숟가락	□ 座敷(ざしき) 다다미방, 객실
□ 刺身(さしみ) 생선회	□ 札(さつ) 지폐	□ 雑音(ざつおん) 잡음
□ 作家(さっか) 작가	□ 札束(さつたば) 돈다발, 돈뭉치	□ 砂漠(さばく) 사막
□ さび 녹	□ 座布団(ざぶとん) 방석	□ 左右(さゆう) 좌우, 좌지우지
□ 猿(さる) 원숭이	□ 騒(さわ)ぎ 소동, 소란	□ 参観(さんかん) 참관

- ☐ 賛成(さんせい) 찬성
- ☐ 酸性(さんせい) 산성
- ☐ 酸素(さんそ) 산소
- ☐ 山林(さんりん) 산림
- ☐ 詩(し) 시
- ☐ 仕上(しあ)がり 완성, 됨됨이
- ☐ 仕上(しあ)げ 마무리, 완성
- ☐ しあさって 글피
- ☐ 自衛(じえい) 자위
- ☐ 視界(しかい) 시계, 시야
- ☐ 四角(しかく) 사각형, 네모꼴
- ☐ 資格(しかく) 자격
- ☐ 式(しき) 식
- ☐ 四季(しき) 사계, 사계절, 사철
- ☐ 時期(じき) 시기, 때
- ☐ 敷地(しきち) 부지, 대지
- ☐ 支給(しきゅう) 지급
- ☐ 事業(じぎょう) 사업
- ☐ 資源(しげん) 자원
- ☐ 自己(じこ) 자기
- ☐ 事項(じこう) 사항
- ☐ 視察(しさつ) 시찰
- ☐ 自殺(じさつ) 자살
- ☐ 持参(じさん) 지참
- ☐ 事実(じじつ) 사실
- ☐ 磁石(じしゃく) 자석
- ☐ 始終(しじゅう) 시종일관, 자초지종
- ☐ 自習(じしゅう) 자습
- ☐ 支出(ししゅつ) 지출
- ☐ 市場(しじょう) 시장
- ☐ 詩人(しじん) 시인
- ☐ 自身(じしん) 자신, 자기
- ☐ 自信(じしん) 자신
- ☐ 地震(じしん) 지진
- ☐ 事前(じぜん) 사전
- ☐ 自然科学(しぜんかがく) 자연과학
- ☐ 思想(しそう) 사상
- ☐ 時速(じそく) 시속
- ☐ 持続(じぞく) 지속
- ☐ 子孫(しそん) 자손
- ☐ 死体(したい) 사체, 시체
- ☐ 次第(しだい) 순서
- ☐ 事態(じたい) 사태
- ☐ 字体(じたい) 서체
- ☐ 下書(したが)き 초고, 초안
- ☐ 自宅(じたく) 자택
- ☐ 下町(したまち) 번화가
- ☐ 自治(じち) 자치
- ☐ 室(しつ) 방
- ☐ 質(しつ) 질
- ☐ 実感(じっかん) 실감
- ☐ 湿気(しっけ) 습기
- ☐ 実現(じつげん) 실현
- ☐ 実験(じっけん) 실험
- ☐ 実習(じっしゅう) 실습
- ☐ 実地(じっち) 현장, 실제
- ☐ 執筆(しっぴつ) 집필
- ☐ 実物(じつぶつ) 실물
- ☐ しっぽ 꼬리
- ☐ 実務(じつむ) 실무
- ☐ 実例(じつれい) 실례, 실제 사례
- ☐ 失恋(しつれん) 실연
- ☐ 指定(してい) 지정
- ☐ 私鉄(してつ) 사철, 민간 철도
- ☐ 芝居(しばい) 연극, 연기
- ☐ 始発(しはつ) 시발, 처음 떠남, 처음 생김
- ☐ 死亡(しぼう) 사망
- ☐ 芝生(しばふ) 잔디밭
- ☐ 地盤(じばん) 지반
- ☐ 紙幣(しへい) 지폐
- ☐ 資本(しほん) 자본
- ☐ しま 줄무늬
- ☐ しまい 끝, 마지막
- ☐ 姉妹(しまい) 자매
- ☐ 事務(じむ) 사무

□ 使命(しめい) 사명	□ 地面(じめん) 지면	□ 霜(しも) 서리
□ 下(しも) 아래, 밑 하류	□ 社会科学(しゃかいかがく) 사회과학	□ 蛇口(じゃぐち) 수도꼭지
□ 車庫(しゃこ) 차고	□ 車掌(しゃしょう) 차장	□ 写生(しゃせい) 사생
□ 社説(しゃせつ) 사설	□ 借金(しゃっきん) 빚	□ しゃっくり 딸꾹질
□ 車輪(しゃりん) 차륜, 수레 바퀴	□ じゃんけん 가위바위보	□ 週(しゅう) 주, 7일간
□ 州(しゅう) 주(행정구역의 하나)	□ 銃(じゅう) 총	□ 集会(しゅうかい) 집회
□ 習慣(しゅうかん) 습관, 관습	□ 住居(じゅうきょ) 주거	□ 宗教(しゅうきょう) 종교
□ 集金(しゅうきん) 수금	□ 集計(しゅうけい) 집계	□ 集合(しゅうごう) 집합
□ 習字(しゅうじ) 습자, 글자 쓰기를 익힘	□ 修正(しゅうせい) 수정	□ 修繕(しゅうぜん) 수선, 수리
□ 充足(じゅうそく) 충족	□ 重体(じゅうたい) 중태	□ 住宅(じゅうたく) 주택
□ じゅうたん 융단, 양탄자	□ 集中(しゅうちゅう) 집중	□ 終点(しゅうてん) 종점
□ 重点(じゅうてん) 중점	□ 就任(しゅうにん) 취임	□ 周辺(しゅうへん) 주변
□ 住民(じゅうみん) 주민	□ 修了(しゅうりょう) 수료	□ 重量(じゅうりょう) 중량
□ 重力(じゅうりょく) 중력	□ 主演(しゅえん) 주연	□ 主観(しゅかん) 주관
□ 主義(しゅぎ) 주의	□ 熟語(じゅくご) 숙어	□ 祝日(しゅくじつ) 국경일
□ 縮小(しゅくしょう) 축소	□ 主語(しゅご) 주어	□ 手術(しゅじゅつ) 수술
□ 首相(しゅしょう) 수상	□ 主食(しゅしょく) 주식	□ 主人公(しゅじんこう) 주인공
□ 主体(しゅたい) 주체	□ 主題(しゅだい) 주제	□ 主張(しゅちょう) 주장
□ 出演(しゅつえん) 출연	□ 出勤(しゅっきん) 출근	□ 出血(しゅっけつ) 출혈
□ 出現(しゅつげん) 출현	□ 述語(じゅつご) 술어, 서술어	□ 出産(しゅっさん) 출산
□ 出社(しゅっしゃ) 출근	□ 出場(しゅつじょう) 출장, 출전	□ 出生(しゅっしょう) 출생
□ 出題(しゅつだい) 출제	□ 出動(しゅつどう) 출동	□ 出費(しゅっぴ) 출비, 지출
□ 出品(しゅっぴん) 출품	□ 主任(しゅにん) 주임	□ 主婦(しゅふ) 주부
□ 需要(じゅよう) 수요	□ 主力(しゅりょく) 주력	□ 受話器(じゅわき) 수화기
□ 瞬間(しゅんかん) 순간	□ 循環(じゅんかん) 순환	□ 巡査(じゅんさ) 순경

□ 順序(じゅんじょ) 순서
□ 仕様(しよう) 방법, 도리
□ 章(しょう) 장
□ 上演(じょうえん) 상연
□ 将棋(しょうぎ) 장기
□ 賞金(しょうきん) 상금
□ 衝撃(しょうげき) 충격
□ 詳細(しょうさい) 자세한 내용
□ 商社(しょうしゃ) 상사
□ 情勢(じょうせい) 정세
□ 冗談(じょうだん) 농담
□ 商人(しょうにん) 상인
□ 蒸発(じょうはつ) 증발
□ 勝負(しょうぶ) 승부, 승패
□ 正味(しょうみ) 알맹이, 정량, 실제
□ 将来(しょうらい) 장래
□ 助教授(じょきょうじゅ) 조교수
□ 食塩(しょくえん) 식염
□ 植物(しょくぶつ) 식물
□ 食糧(しょくりょう) 식량
□ 初旬(しょじゅん) 초순, 상순
□ 書道(しょどう) 서도, 서예
□ 白髪(しらが) 백발
□ 尻(しり) 엉덩이
□ 印(しるし) 표시, 표지

□ 純情(じゅんじょう) 순정
□ 使用(しよう) 사용
□ 上位(じょうい) 상위
□ 消化(しょうか) 소화
□ 定規(じょうぎ) 자, 기준
□ 上空(じょうくう) 상공, 하늘
□ 条件(じょうけん) 조건
□ 障子(しょうじ) 장지, 미닫이(문)
□ 乗車券(じょうしゃけん) 승차권
□ 状態(じょうたい) 상태
□ 消毒(しょうどく) 소독
□ 勝敗(しょうはい) 승패
□ 消費者(しょうひしゃ) 소비자
□ 小便(しょうべん) 소변
□ 正面(しょうめん) 정면
□ 勝利(しょうり) 승리
□ 職(しょく) 직, 직책
□ 食卓(しょくたく) 식탁
□ 食物(しょくもつ) 식품, 음식물
□ 書斎(しょさい) 서재
□ 書籍(しょせき) 서적
□ 所得(しょとく) 소득
□ 知(し)らせ 알림, 통지
□ 自立(じりつ) 자립
□ 城(しろ) 성

□ 順番(じゅんばん) 순번, 순서, 차례
□ 賞(しょう) 상
□ 上映(じょうえい) 상영
□ 障害(しょうがい) 장해, 장애
□ 上京(じょうきょう) 상경
□ 上下(じょうげ) 상하
□ 正午(しょうご) 정오
□ 常識(じょうしき) 상식
□ 上旬(じょうじゅん) 상순
□ 上達(じょうたつ) 기능이 향상됨, 숙달
□ 使用人(しようにん) 피고용인, 이용자
□ 商売(しょうばい) 장사
□ 賞品(しょうひん) 상품
□ 消防(しょうぼう) 소방
□ 消耗(しょうもう) 소모
□ 初級(しょきゅう) 초급
□ 職員(しょくいん) 직원
□ 職人(しょくにん) 직공, 장인
□ 食料(しょくりょう) 식품, 식대, 식비
□ 助手(じょしゅ) 조수, (대학) 조교
□ 所属(しょぞく) 소속
□ 書物(しょもつ) 서책, 책, 도서
□ 調(しら)べ 조사, 심문
□ 汁(しる) 즙, 물
□ 素人(しろうと) 초심자, 풋내기

- □ しわ 주름, 구김살
- □ 芯(しん) 심, 심지
- □ 人格(じんかく) 인격
- □ 心境(しんきょう) 심경, 마음
- □ 真空(しんくう) 진공
- □ 神経(しんけい) 신경
- □ 信仰(しんこう) 신앙
- □ 進行(しんこう) 진행
- □ 人工(じんこう) 인공
- □ 申告(しんこく) 신고
- □ 人材(じんざい) 인재
- □ 診察(しんさつ) 진찰
- □ 人事(じんじ) 인사
- □ 信者(しんじゃ) 신자
- □ 進出(しんしゅつ) 진출
- □ 心身(しんしん) 심신
- □ 親戚(しんせき) 친척
- □ 新説(しんせつ) 새로운 학설
- □ 人造(じんぞう) 인조
- □ 寝台(しんだい) 침대
- □ 振動(しんどう) 진동
- □ 進入(しんにゅう) 진입
- □ 侵入(しんにゅう) 침입
- □ 審判(しんぱん) 심판
- □ 人物(じんぶつ) 인물
- □ 人文科学(じんぶんかがく) 인문과학
- □ 進歩(しんぽ) 진보
- □ 人命(じんめい) 인명
- □ 親友(しんゆう) 친우, 친한 벗
- □ 心理(しんり) 심리
- □ 森林(しんりん) 삼림, 숲
- □ 親類(しんるい) 친척, 일가
- □ 人類学(じんるいがく) 인류학
- □ 針路(しんろ) 항로, 진로
- □ 神話(しんわ) 신화
- □ 酢(す) 초, 식초
- □ 図(ず) 그림, 도면
- □ 水産(すいさん) 수산
- □ 炊事(すいじ) 취사
- □ 水準(すいじゅん) 수준
- □ 水蒸気(すいじょうき) 수증기
- □ 水素(すいそ) 수소
- □ 推定(すいてい) 추정
- □ 水筒(すいとう) 수통
- □ 随筆(ずいひつ) 수필
- □ 水分(すいぶん) 수분
- □ 水平(すいへい) 수평
- □ 水平線(すいへいせん) 수평선
- □ 睡眠(すいみん) 수면, 잠
- □ 水面(すいめん) 수면
- □ 末(すえ) 끝, 마지막
- □ 末っ子(すえっこ) 막내
- □ 姿(すがた) 모습, 자태, 모양
- □ 図鑑(ずかん) 도감
- □ 杉(すぎ) 삼나무
- □ 好き嫌い(すききらい) 호불호, 좋고 싫음
- □ 好き好き(すきずき) 각자의 기호
- □ 隙間(すきま) (빈) 틈, 겨를, 짬
- □ 図形(ずけい) 도형
- □ 筋(すじ) 줄기, 줄거리, 힘줄
- □ 鈴(すず) 방울
- □ 頭痛(ずつう) 두통
- □ 頭脳(ずのう) 두뇌
- □ 図表(ずひょう) 도표, 그래프
- □ 相撲(すもう) 스모(일본 씨름)
- □ 寸法(すんぽう) 길이, 치수
- □ 生(せい) 생, 삶
- □ 姓(せい) 성, 성씨
- □ 性(せい) 성질, 성격, 성
- □ 正(せい) 올바름, 정도
- □ 税(ぜい) 세, 세금
- □ 正解(せいかい) 정답
- □ 税関(ぜいかん) 세관
- □ 世紀(せいき) 세기
- □ 請求(せいきゅう) 청구

□ 税金(ぜいきん) 세금
□ 生計(せいけい) 생계
□ 製作(せいさく) (물건·상품) 제작
□ 制作(せいさく) (예술작품·방송) 제작
□ 正式(せいしき) 정식
□ 性質(せいしつ) 성질
□ 青春(せいしゅん) 청춘
□ 青少年(せいしょうねん) 청소년
□ 精神(せいしん) 정신
□ 成人(せいじん) 성인, 어른
□ 整数(せいすう) 정수
□ 清掃(せいそう) 청소
□ 生長(せいちょう) 생장, 성장
□ 晴天(せいてん) 맑은 하늘, 맑은 날씨
□ 成年(せいねん) 성년
□ 生年月日(せいねんがっぴ) 생년월일
□ 性能(せいのう) 성능
□ 整備(せいび) 정비
□ 政府(せいふ) 정부
□ 性別(せいべつ) 성별
□ 正方形(せいほうけい) 정방형, 정사각형
□ 姓名(せいめい) 성명, 이름
□ 声明(せいめい) 성명, 의견
□ 制約(せいやく) 제약, 제한
□ 生理(せいり) 생리
□ 成立(せいりつ) 성립
□ 勢力(せいりょく) 세력
□ 西暦(せいれき) 서력, 서기
□ 咳(せき) 기침
□ 石炭(せきたん) 석탄
□ 赤道(せきどう) 적도
□ 石油(せきゆ) 석유
□ 世帯(せたい) 세대, 가구
□ 世代(せだい) 세대
□ 説(せつ) 설, 주장, 의견
□ 接近(せっきん) 접근
□ 設計(せっけい) 설계
□ 絶好(ぜっこう) 절호, 더 없이 좋음
□ 接触(せっしょく) 접촉
□ 設定(せってい) 설정
□ 説得(せっとく) 설득
□ 絶滅(ぜつめつ) 절멸, 멸종, 근절
□ 設立(せつりつ) 설립
□ 瀬戸物(せともの) 도자기
□ せりふ 대사, 틀에 박힌 말
□ 栓(せん) 마개
□ 善(ぜん) 선, 올바르고 착함
□ 全額(ぜんがく) 전액
□ 選挙(せんきょ) 선거
□ 専業(せんぎょう) 전업
□ 前言(ぜんげん) 전언, 앞서 한 말
□ 洗剤(せんざい) 세제
□ 選出(せんしゅつ) 선출
□ 前進(ぜんしん) 전진
□ 扇子(せんす) 쥘부채
□ 専制(せんせい) 전제
□ 先々月(せんせんげつ) 지지난달, 진진달
□ 先々週(せんせんしゅう) 전전주
□ 先祖(せんぞ) 선조
□ 専属(せんぞく) 전속
□ 先端(せんたん) 첨단, 선두
□ 先着(せんちゃく) 선착
□ 先頭(せんとう) 선두
□ 扇風機(せんぷうき) 선풍기
□ 洗面(せんめん) 세면
□ 専用(せんよう) 전용
□ 線路(せんろ) 선로
□ 象(ぞう) 코끼리
□ 騒音(そうおん) 소음
□ 増加(ぞうか) 증가
□ 送金(そうきん) 송금
□ ぞうきん 걸레
□ 増減(ぞうげん) 증감
□ 倉庫(そうこ) 창고
□ 創作(そうさく) 창작

□ 掃除(そうじ) 청소	□ 葬式(そうしき) 장례식	□ 造船(ぞうせん) 조선
□ 想像(そうぞう) 상상	□ 相続(そうぞく) 상속	□ 増大(ぞうだい) 증대
□ 送別(そうべつ) 송별	□ 草履(ぞうり) (일본) 짚신, 샌들	□ 総理大臣(そうりだいじん) 총리대신
□ 送料(そうりょう) 송료, 배송료, 운송료	□ 測定(そくてい) 측정	□ 測量(そくりょう) 측량
□ 底(そこ) 바닥, 밑	□ 素質(そしつ) 소질	□ 祖先(そせん) 선조, 조상
□ 続行(ぞっこう) 속행	□ 袖(そで) 소매	□ そろばん 주판, 계산, 이해타산
□ 存在(そんざい) 존재	□ 損失(そんしつ) 손실	□ 存続(そんぞく) 존속

た

□ 田(た) 논	□ 台(だい) 대, 토대, 기초	□ 退学(たいがく) 퇴학
□ 大学院(だいがくいん) 대학원	□ 大気(たいき) 대기, 공기	□ 大工(だいく) 목수
□ 体系(たいけい) 체계	□ 対決(たいけつ) 대결	□ 体験(たいけん) 체험
□ 太鼓(たいこ) 북	□ 対策(たいさく) 대책	□ 大使(たいし) 대사
□ 体重(たいじゅう) 체중	□ 退出(たいしゅつ) 퇴출	□ 対象(たいしょう) 대상
□ 対照(たいしょう) 대조	□ 大小(だいしょう) 대소, 크고 작음	□ 退場(たいじょう) 퇴장
□ 大豆(だいず) 대두, 콩	□ 体制(たいせい) 체제	□ 体積(たいせき) 체적, 부피
□ 大戦(たいせん) 대전	□ 体操(たいそう) 체조	□ 態度(たいど) 태도
□ 大統領(だいとうりょう) 대통령	□ 対比(たいひ) 대비, 대조	□ 代表(だいひょう) 대표
□ 大部分(だいぶぶん) 대부분, 거의	□ 逮捕(たいほ) 체포	□ 大木(たいぼく) 거목, 큰 나무
□ 代名詞(だいめいし) 대명사	□ 太陽(たいよう) 태양, 해	□ 代理(だいり) 대리
□ 大陸(たいりく) 대륙	□ 対話(たいわ) 대화	□ 田植え(たうえ) 모내기, 이앙
□ 楕円(だえん) 타원	□ 宝(たから) 보물, 보배	□ 滝(たき) 폭포
□ 助け(たすけ) 도움, 구조	□ 戦い(たたかい) 싸움, 전쟁	□ 立場(たちば) 설 곳, 입장, 처지, 관점
□ 脱線(だっせん) 탈선	□ 脱退(だったい) 탈퇴	□ 種(たね) 씨앗, 원인
□ 束(たば) 다발, 묶음, 뭉치	□ 足袋(たび) 일본식 버선	□ 球(たま) 구, 공

- ☐ 玉(たま) 옥, 구슬
- ☐ 弾(たま) 총알, 탄알
- ☐ 試し(ため) 시험, 시도
- ☐ 便り(たよ) 소식, 정보
- ☐ 頼り(たよ) 의지, 연고, 연줄
- ☐ 段(だん) 단, 계단
- ☐ 段階(だんかい) 단계
- ☐ 短期(たんき) 단기
- ☐ 炭鉱(たんこう) 탄광
- ☐ 誕生(たんじょう) 탄생
- ☐ たんす 옷장, 장롱
- ☐ 淡水(たんすい) 담수, 민물
- ☐ 断水(だんすい) 단수
- ☐ 単数(たんすう) 단수
- ☐ 短大(たんだい) 전문대학
- ☐ 団地(だんち) 단지
- ☐ 担当(たんとう) 담당
- ☐ 単独(たんどく) 단독
- ☐ 短編(たんぺん) 단편
- ☐ 田(た)んぼ 논
- ☐ 治安(ちあん) 치안
- ☐ 地域(ちいき) 지역
- ☐ 地下水(ちかすい) 지하수
- ☐ 地区(ちく) 지구
- ☐ 知事(ちじ) 지사
- ☐ 地質(ちしつ) 지질
- ☐ 知人(ちじん) 지인
- ☐ 知性(ちせい) 지성
- ☐ 地帯(ちたい) 지대
- ☐ 地点(ちてん) 지점, 곳
- ☐ 知能(ちのう) 지능
- ☐ 地平線(ちへいせん) 지평선
- ☐ 地名(ちめい) 지명
- ☐ 着陸(ちゃくりく) 착륙
- ☐ 中央(ちゅうおう) 중앙
- ☐ 中古(ちゅうこ) 중고
- ☐ 中旬(ちゅうじゅん) 중순
- ☐ 中心(ちゅうしん) 중심
- ☐ 中世(ちゅうせい) 중세
- ☐ 中途(ちゅうと) 중도
- ☐ 長期(ちょうき) 장기
- ☐ 彫刻(ちょうこく) 조각
- ☐ 調査(ちょうさ) 조사
- ☐ 長女(ちょうじょ) 장녀, 맏딸
- ☐ 調整(ちょうせい) 조정
- ☐ ちょうだい 받음
- ☐ 長短(ちょうたん) 장단, 길고 짧음, 장단점
- ☐ 頂点(ちょうてん) 정상, 꼭대기
- ☐ 長男(ちょうなん) 장남, 맏아들
- ☐ 長方形(ちょうほうけい) 장방형, 직사각형
- ☐ 調味料(ちょうみりょう) 조미료
- ☐ 調理(ちょうり) 조리
- ☐ 貯金(ちょきん) 저금
- ☐ 直後(ちょくご) 직후, 바로 뒤
- ☐ 直線(ちょくせん) 직선
- ☐ 直通(ちょくつう) 직통
- ☐ 直訳(ちょくやく) 직역
- ☐ 直流(ちょくりゅう) 직류
- ☐ 直角(ちょっかく) 직각
- ☐ 直径(ちょっけい) 직경
- ☐ ちり紙(がみ) 휴지, 화장지
- ☐ 通過(つうか) 통과
- ☐ 通貨(つうか) 통화, 유통 화폐
- ☐ 通信(つうしん) 통신
- ☐ 通帳(つうちょう) 통장
- ☐ 通訳(つうやく) 통역
- ☐ 通用(つうよう) 통용
- ☐ 通路(つうろ) 통로
- ☐ 突(つ)き当(あ)たり 막다른 곳
- ☐ 月日(つきひ) 세월, 시간, 월일, 날짜
- ☐ 作(つく)り 만듦, 만듦새, 몸집
- ☐ 続(つづ)き 연결, 계속
- ☐ 勤(つと)め 근무
- ☐ 務(つと)め 할 일, 임무
- ☐ 綱(つな) 밧줄

□ 翼(つばさ) 날개	□ 粒(つぶ) 알, 낟알	□ 罪(つみ) 죄
□ つめ 손톱, 발톱	□ つや 윤기, 광택	□ 梅雨(つゆ)/梅雨(ばいう) 장마
□ 強目(つよめ) 강한 편임	□ 釣(つ)り 낚시	□ 連(つ)れ 동행, 한패
□ 出会(であ)い/出合(であ)い 우연히 만남	□ 提案(ていあん) 제안	□ 定員(ていいん) 정원
□ 低下(ていか) 저하	□ 定価(ていか) 정가	□ 定期券(ていきけん) 정기권
□ 定休日(ていきゅうび) 정기 휴일	□ 停車(ていしゃ) 정차	□ 提出(ていしゅつ) 제출
□ 定食(ていしょく) 정식	□ 定着(ていちゃく) 정착	□ 定年(ていねん) 정년
□ 出入(でい)り 출입, 드나듦	□ 出入(でい)り口(ぐち) 출입구	□ 停留所(ていりゅうじょ) 정류장
□ 手入(てい)れ 고침, 손질함, 보살핌	□ 敵(てき) 적	□ 出来事(できごと) (우발적인) 사건, 사고
□ 適用(てきよう) 적용	□ 手首(てくび) 손목	□ 弟子(でし) 제자
□ 手品(てじな) 요술, 속임수	□ 手帳(てちょう) 수첩	□ 鉄(てつ) 철, 쇠
□ 哲学(てつがく) 철학	□ 徹底(てってい) 철저	□ 鉄道(てつどう) 철도
□ 鉄砲(てっぽう) 총, 총포류	□ 手(て)ぬぐい 수건	□ 手前(てまえ) 바로 앞
□ 転換(てんかん) 전환	□ 伝記(でんき) 전기	□ 電球(でんきゅう) 전구
□ 典型(てんけい) 전형	□ 天候(てんこう) 기후, 날씨	□ 天才(てんさい) 천재
□ 天災(てんさい) 천재, 자연재해	□ 電子(でんし) 전자	□ 点字(てんじ) 점자
□ 天井(てんじょう) 천장	□ 転職(てんしょく) 전직, 이직	□ 点数(てんすう) 점수
□ 伝染(でんせん) 전염	□ 電柱(でんちゅう) 전신주, 전봇대	□ 天然(てんねん) 천연
□ 電波(でんぱ) 전파	□ 電流(でんりゅう) 전류	□ 電力(でんりょく) 전력
□ 党(とう) 당, 무리	□ 塔(とう) 탑	□ 銅(どう) 동, 구리
□ 答案(とうあん) 답안(지)	□ 統一(とういつ) 통일	□ 同格(どうかく) 동격
□ 峠(とうげ) 고개, 고비	□ 統計(とうけい) 통계	□ 登校(とうこう) 등교
□ 同行(どうこう) 동행	□ 動作(どうさ) 동작	□ 東西(とうざい) 동서
□ 当時(とうじ) 당시	□ 動詞(どうし) 동사	□ 同時(どうじ) 동시
□ 当日(とうじつ) 당일	□ 投書(とうしょ) 투서	□ 登場(とうじょう) 등장

□ 当選(とうせん) 당선	□ 逃走(とうそう) 도주	□ 灯台(とうだい) 등대
□ 道徳(どうとく) 도덕	□ 盗難(とうなん) 도난	□ 当番(とうばん) 당번
□ 逃避(とうひ) 도피	□ 投票(とうひょう) 투표	□ 等分(とうぶん) 등분
□ 灯油(とうゆ) 등유	□ 東洋(とうよう) 동양	□ 童謡(どうよう) 동요
□ 同僚(どうりょう) 동료	□ 動力(どうりょく) 동력	□ 童話(どうわ) 동화
□ 都会(とかい) 도회, 도시	□ 毒(どく) 독	□ 独身(どくしん) 독신
□ 独占(どくせん) 독점, 독차지	□ 特長(とくちょう) 특별한 장점	□ 特売(とくばい) 특매, 특별히 싸게 팜
□ 独立(どくりつ) 독립	□ 床の間(とこのま) 도코노마(일본식 방의 바닥 일부를 높게 만들어 장식품을 두는 곳)	
□ 登山(とざん) 등산	□ 年月(としつき) 연월, 세월	□ 図書(としょ) 도서
□ 都心(としん) 도심	□ 土台(どだい) 토대, 기초	□ 戸棚(とだな) 찬장
□ 途端(とたん) 찰나, 바로 그 순간	□ 土地(とち) 토지, 그 지방	□ 虎(とら) 호랑이, 범
□ どんぶり 덮밥		

な

□ 内線(ないせん) 내선	□ 眺め(なが) 전망, 풍경	□ 中指(なかゆび) 중지, 가운뎃손가락
□ 仲良し(なかよ) 사이가 좋음	□ 流れ(なが) 흐름, 물결, 중단	□ 無し(な) 없음
□ なぞ 수수께끼, 불가사의	□ なぞなぞ 수수께끼(놀이)	□ 納得(なっとく) 납득, 이해
□ 鍋(なべ) 냄비	□ 悩み(なや) 괴로움, 고민	□ 縄(なわ) 새끼, 포승줄
□ 難関(なんかん) 난관	□ 南極(なんきょく) 남극	□ 南米(なんべい) 남미
□ 南北(なんぼく) 남북	□ 虹(にじ) 무지개	□ 日常(にちじょう) 일상
□ 日用品(にちようひん) 일상용품, 생필품	□ 日光(にっこう) 일광, 햇볕	□ 入手(にゅうしゅ) 입수
□ 入賞(にゅうしょう) 입상	□ 女房(にょうぼう) 처, 아내	□ 任務(にんむ) 임무
□ 任命(にんめい) 임명	□ 布(ぬの) 직물, 포목	□ 値(ね) 값, 가격, 값어치
□ 値上がり(ねあ) 값이 오름	□ 願い(ねが) 소원, 바람	□ 値下がり(ねさ) 값이 내림
□ ねずみ 쥐	□ 値段(ねだん) 값	□ 熱帯(ねったい) 열대

□ 熱中(ねっちゅう) 열중
□ 値引(ねびき) 값을 깎음, 깎아 줌
□ 寝巻(ねまき) 잠옷
□ 根本(ねもと) 뿌리, 근본
□ 狙い(ねらい) 겨냥, 목적
□ 年間(ねんかん) 연간
□ 年月(ねんげつ) 연월, 세월
□ 年功序列(ねんこうじょれつ) 연공서열
□ 年始(ねんし) 연시, 연초
□ 年末(ねんまつ) 연말
□ 野(の) 들, 들판
□ 脳(のう) 뇌
□ 能(のう) 능력, 효능
□ 農家(のうか) 농가
□ 農業(のうぎょう) 농업
□ 農産物(のうさんぶつ) 농산물
□ 農村(のうそん) 농촌
□ 濃度(のうど) 농도
□ 農民(のうみん) 농민
□ 農薬(のうやく) 농약
□ 能率(のうりつ) 능률
□ 軒(のき) 처마
□ のこぎり 톱
□ 残り(のこり) 남은 것, 나머지
□ 望み(のぞみ) 바람, 소망
□ 上り(のぼり) 오름, 올라감

は

□ 場(ば) 장소, 곳, 자리, 경우
□ 灰(はい) 재
□ 俳句(はいく) 하이쿠(17음의 일본 전통시)
□ 拝啓(はいけい) 배계(편지 첫머리에 쓰는 인사말)
□ 配置(はいち) 배치
□ 売店(ばいてん) 매점
□ 売買(ばいばい) 매매
□ 俳優(はいゆう) 배우
□ 配列(はいれつ) 배열
□ 墓(はか) 무덤
□ 博士(はかせ) 박사
□ はかり 저울
□ 吐き気(はきけ) 구역질
□ 白紙(はくし) 백지
□ 博物館(はくぶつかん) 박물관
□ 歯車(はぐるま) 톱니바퀴
□ はさみ 가위
□ 破産(はさん) 파산
□ 端(はし) 끝, 선단, 가장자리
□ はしご 사다리
□ 初め(はじめ) 처음, 최초
□ 始め(はじめ) (일의) 시작, 기원
□ 柱(はしら) 기둥
□ はす 비스듬함, 경사
□ 旗(はた) 기, 깃발
□ 肌(はだ) 피부, 살갗
□ 裸(はだか) 알몸, 맨몸
□ 肌着(はだぎ) 내의, 속옷
□ 働き(はたらき) 활약, 활동, 작용, 기능
□ 発刊(はっかん) 발간
□ 罰金(ばっきん) 벌금
□ 発言(はつげん) 발언
□ 発車(はっしゃ) 발차
□ 花束(はなたば) 꽃다발
□ 花嫁(はなよめ) 신부, 새색시
□ 羽(はね) 날개, 깃
□ ばね 용수철, 스프링
□ 幅(はば) 폭, 너비
□ 歯磨き(はみがき) 양치(질), 치약
□ 早口(はやくち) 말이 빠름
□ 腹(はら) 배, 복부
□ 原(はら) 들, 벌판

□ 針金(はりがね) 철사
□ 番(ばん) 순서, 차례
□ 半径(はんけい) 반경
□ 半減(はんげん) 반감
□ 判子(はんこ) 도장
□ 反抗(はんこう) 반항
□ 万歳(ばんざい) 만세
□ 判事(はんじ) 판사
□ 万全(ばんぜん) 만전
□ 番地(ばんち) 번지
□ 半島(はんとう) 반도
□ 犯人(はんにん) 범인
□ 反発(はんぱつ) 반발
□ 日当たり(ひあたり) 볕이 듦, 양지
□ 被害(ひがい) 피해
□ 日陰(ひかげ) 응달, 음지
□ 引き算(ひきざん) 뺄셈, 감산
□ 引き分け(ひきわけ) 비김, 무승부
□ 非行(ひこう) 비행
□ ひざ 무릎
□ 日差し/陽射し(ひざし) 햇살, 햇볕
□ ひじ 팔꿈치
□ 非常(ひじょう) 비상, 긴급사태
□ 額(ひたい) 이마
□ 筆記(ひっき) 필기
□ 日付(ひづけ) 일자, 날짜
□ 筆者(ひっしゃ) 필자
□ 必需品(ひつじゅひん) 필수품
□ 必須(ひっす) 필수
□ 筆跡(ひっせき) 필적
□ 否定(ひてい) 부정
□ 一口(ひとくち) 한 입, 한마디 (말)
□ 一言(ひとこと) 일언, 한마디 (말)
□ 人込み(ひとごみ) 붐빔, 북적임
□ 人通り(ひとどおり) 사람의 왕래
□ 瞳(ひとみ) 눈동자, 동공
□ 一休み(ひとやすみ) 잠깐 쉼
□ 独り言(ひとりごと) 혼잣말, 독백
□ 一人一人(ひとりひとり) 한 사람 한 사람, 개개인
□ 非難(ひなん) 비난
□ 避難(ひなん) 피난
□ 日にち(ひにち) 날, 날짜
□ 日の入り(ひのいり) 일몰, 해넘이
□ 日の出(ひので) 일출, 해돋이
□ 響き(ひびき) 울림
□ 百科事典(ひゃっかじてん) 백과사전
□ 美容(びよう) 미용
□ 表(ひょう) 표
□ 表紙(ひょうし) 표지
□ 標準(ひょうじゅん) 표준
□ 表情(ひょうじょう) 표정
□ 病状(びょうじょう) 병세
□ 平等(びょうどう) 평등
□ 病人(びょうにん) 병자, 환자
□ 標本(ひょうほん) 표본
□ 評論(ひょうろん) 평론
□ 疲労(ひろう) 피로
□ 広さ(ひろさ) 넓이
□ 広場(ひろば) 광장
□ 品(ひん) 품격, 품질
□ 瓶(びん) 병
□ 便(びん) 나름, 이동수단
□ 品質(ひんしつ) 품질
□ 便せん(びんせん) 편지지
□ 瓶詰め(びんづめ) 병조림
□ 風習(ふうしゅう) 풍습
□ 風船(ふうせん) 풍선, 기구
□ 封筒(ふうとう) 봉투
□ 不運(ふうん) 불운
□ 笛(ふえ) 피리
□ 不可(ふか) 옳지 않음, 불가능, 불합격
□ 武器(ぶき) 무기
□ 不況(ふきょう) 불황
□ 付近(ふきん) 부근
□ 不均衡(ふきんこう) 불균형

- □ 副詞(ふくし) 부사
- □ 服装(ふくそう) 복장, 옷차림
- □ 不幸(ふこう) 불행
- □ 不在(ふざい) 부재
- □ 部首(ぶしゅ) (한자의) 부수
- □ 不正(ふせい) 부정, 비리
- □ 縁(ふち) 가장자리, 테두리
- □ 物質(ぶっしつ) 물질
- □ 不動(ふどう) 부동, 확고함
- □ 部品(ぶひん) 부품
- □ 踏切(ふみきり) (철도의) 건널목
- □ ふろしき 보자기
- □ 分割(ぶんかつ) 분할
- □ 噴水(ふんすい) 분수
- □ 分配(ぶんぱい) 분배
- □ 文脈(ぶんみゃく) 문맥
- □ 塀(へい) 담
- □ 兵隊(へいたい) 군대, 병사
- □ 別(べつ) 구별, 차이, 다름
- □ 便(べん) 편의, 편리
- □ 法(ほう) 법, 법률
- □ 望遠鏡(ぼうえんきょう) 망원경
- □ 法学(ほうがく) 법학
- □ 坊(ぼう)さん 스님, 중을 친숙하게 부름
- □ 包装(ほうそう) 포장
- □ 複写(ふくしゃ) 복사
- □ 袋(ふくろ) 자루, 주머니
- □ 符号(ふごう) 부호, 표시
- □ 節(ふし) 마디, 절
- □ 負傷(ふしょう) 부상
- □ 付属(ふぞく) 부속
- □ 付着(ふちゃく) 부착
- □ 物理(ぶつり) 물리
- □ 不動産(ふどうさん) 부동산
- □ 父母(ふぼ) 부모
- □ 舞踊(ぶよう) 무용
- □ 雰囲気(ふんいき) 분위기
- □ 文芸(ぶんげい) 문예
- □ 分数(ぶんすう) 분수
- □ 分布(ぶんぷ) 분포
- □ 文明(ぶんめい) 문명
- □ 閉会(へいかい) 폐회
- □ 平野(へいや) 평야
- □ 別館(べっかん) 별관
- □ 変換(へんかん) 변환
- □ 棒(ぼう) 몽둥이, 막대기
- □ 防火(ぼうか) 방화
- □ ほうき 비, 빗자루
- □ 防止(ぼうし) 방지
- □ 放送局(ほうそうきょく) 방송국
- □ 複数(ふくすう) 복수
- □ 不景気(ふけいき) 불경기
- □ 夫妻(ふさい) 부처, 부부
- □ 武士(ぶし) 무사
- □ ふすま 맹장지
- □ 双子(ふたご) 쌍둥이
- □ 不通(ふつう) 불통, 두절
- □ 筆(ふで) 붓
- □ 船便(ふなびん) 선편, 배편
- □ 不満(ふまん) 불만, 불만족
- □ ふるさと 고향
- □ 噴火(ふんか) 분화
- □ 文献(ぶんけん) 문헌
- □ 文体(ぶんたい) 문체
- □ 分別(ぶんべつ) 분별
- □ 分類(ぶんるい) 분류
- □ 平行(へいこう) 평행
- □ へそ 배꼽
- □ 別荘(べっそう) 별장
- □ 変速(へんそく) 변속
- □ 放映(ほうえい) 방영
- □ 方角(ほうがく) 방위, 방향
- □ 法規(ほうき) 법규
- □ 方式(ほうしき) 방식
- □ 法則(ほうそく) 법칙

□ 包帯(ほうたい) 붕대	□ 包丁(ほうちょう) 식칼	□ 方程式(ほうていしき) 방정식
□ 防犯(ぼうはん) 방범	□ 頬(ほお)/頬(ほほ) 볼, 뺨	□ 牧場(ぼくじょう) 목장
□ 牧畜(ぼくちく) 목축	□ 保険(ほけん) 보험	□ 保護(ほご) 보호
□ 歩行(ほこう) 보행	□ ほこり 먼지	□ 誇(ほこ)り 자랑, 긍지
□ 募集(ぼしゅう) 모집	□ 北極(ほっきょく) 북극	□ 坊(ぼっ)ちゃん 도련님, 도령
□ 仏(ほとけ) 부처, 불상	□ 炎(ほのお) 불꽃, 불길	□ 堀(ほり) 수로, 해자
□ ぼろ 넝마, 누더기	□ 盆(ぼん) 쟁반	□ 本格(ほんかく) 본격
□ 本館(ほんかん) 본관	□ 本国(ほんごく) 본국	□ 本質(ほんしつ) 본질
□ 本体(ほんたい) 본체	□ 盆地(ぼんち) 분지	□ 本部(ほんぶ) 본부
□ 本文(ほんぶん) 본문	□ 本来(ほんらい) 본래	

ま

□ 間(ま) 사이, 간격	□ 迷子(まいご) 미아	□ 枚数(まいすう) 매수, 장수
□ 幕(まく) 막, 천막	□ 枕(まくら) 베개	□ 摩擦(まさつ) 마찰
□ 待合室(まちあいしつ) 대합실	□ 街角(まちかど) 길모퉁이, 길목	□ 真(ま)っ先(さき) 맨 앞, 맨 먼저
□ まとまり 합침, 통합, 정리	□ まとめ 정리, 수습	□ 真似(まね) 흉내
□ まぶた 눈꺼풀	□ 円(まる) 원형, 동그라미	□ 回(まわ)り道(みち) 길을 돌아서 감
□ 満員(まんいん) 만원	□ 満席(まんせき) 만석, 만원	□ 満足(まんぞく) 만족
□ 満点(まんてん) 만점	□ 身(み) 몸, 신체	□ 実(み) 열매, 과실
□ 見(み)かけ 외관, 겉보기	□ 三日月(みかづき) 초승달	□ みさき 갑, 곶
□ 水着(みずぎ) 수영복	□ 店屋(みせや) 점포, 가게	□ 味噌(みそ) 된장
□ 蜜(みつ) 꿀	□ 未定(みてい) 미정	□ 実(みの)り 결실, 수확
□ 身分(みぶん) 신분, 지위	□ 未満(みまん) 미만	□ 身元(みもと) 신분, 신원
□ 明後日(みょうごにち) 모레	□ 魅力(みりょく) 매력	□ 民間(みんかん) 민간
□ 民謡(みんよう) 민요	□ 無視(むし) 무시	□ 無地(むじ) 민무늬

- ☐ 虫歯(むしば) 충치
- ☐ 胸(むね) 가슴, 마음
- ☐ 紫(むらさき) 자색, 보랏빛
- ☐ 芽(め) 싹
- ☐ めい 조카딸
- ☐ 名作(めいさく) 명작
- ☐ 明示(めいじ) 명시
- ☐ 迷信(めいしん) 미신
- ☐ 名人(めいじん) 명인, 명수
- ☐ 名物(めいぶつ) 명물
- ☐ めいめい 각자, 제각기, 각각
- ☐ 目覚まし(めざまし) 잠을 깸
- ☐ 飯(めし) 밥, 식사
- ☐ 目下(めした) 아랫사람
- ☐ 目印(めじるし) 표시, 표지
- ☐ めまい 현기증
- ☐ 目安(めやす) 목표, 기준
- ☐ 綿(めん) 면, 무명
- ☐ 免許(めんきょ) 면허
- ☐ 免税(めんぜい) 면세
- ☐ 面積(めんせき) 면적
- ☐ 申し訳(もうしわけ) 변명, 해명
- ☐ 木材(もくざい) 목재, 재목
- ☐ 目次(もくじ) 목차, 차례
- ☐ 餅(もち) 떡
- ☐ 持ち物(もちもの) 소지품, 소유물
- ☐ 元(もと) 처음, 기원
- ☐ 基(もと) 근본, 기초, 토대
- ☐ 物置(ものおき) 헛간, 광
- ☐ 物音(ものおと) (무언가의) 소리
- ☐ 物真似(ものまね) 흉내
- ☐ 模様(もよう) 모양, 무늬
- ☐ 問答(もんどう) 문답, 묻고 답함

や

- ☐ やかん 주전자
- ☐ 夜間(やかん) 야간
- ☐ 訳(やく) 역, 번역
- ☐ 役(やく) 직무, 역할
- ☐ 役者(やくしゃ) 배우, 광대
- ☐ 役作り(やくづくり) 배우가 배역에 대해 연구함
- ☐ 役人(やくにん) 관리, 공무원
- ☐ 薬品(やくひん) 약품
- ☐ 役割(やくわり) 역할, 임무
- ☐ やけど 화상, 뎀
- ☐ 夜行(やこう) 야행
- ☐ 矢印(やじるし) 화살표
- ☐ 薬局(やっきょく) 약국
- ☐ 家主(やぬし) 집주인, 가장
- ☐ 夜分(やぶん) 밤, 밤중
- ☐ 遊園地(ゆうえんち) 유원지
- ☐ 夕刊(ゆうかん) 석간
- ☐ 友好(ゆうこう) 우호
- ☐ 友情(ゆうじょう) 우정
- ☐ 優先(ゆうせん) 우선
- ☐ 夕立(ゆうだち) (여름 오후의) 소나기
- ☐ 夕日(ゆうひ) 석양
- ☐ 郵便局(ゆうびんきょく) 우체국
- ☐ 床(ゆか) 마루
- ☐ 浴衣(ゆかた) 여름철에 입는 무명 홑옷
- ☐ 湯気(ゆげ) 김, 수증기
- ☐ 輸血(ゆけつ) 수혈
- ☐ 輸出(ゆしゅつ) 수출
- ☐ 輸送(ゆそう) 수송
- ☐ ゆとり 여유
- ☐ 輸入(ゆにゅう) 수입
- ☐ 指先(ゆびさき) 손끝, 발끝
- ☐ 夜明け(よあけ) 새벽
- ☐ 用語(ようご) 용어
- ☐ 要旨(ようし) 요지
- ☐ 幼児(ようじ) 유아

- □ 要所(ようしょ) 요소, 요점, 요지
- □ 様子(ようす) 모양, 상황
- □ 養成(ようせい) 양성
- □ 要素(ようそ) 요소
- □ 幼稚園(ようちえん) 유치원
- □ 要点(ようてん) 요점
- □ 洋品店(ようひんてん) 양품점
- □ 養分(ようぶん) 영양분
- □ 羊毛(ようもう) 양모, 양털
- □ 要領(ようりょう) 요령
- □ 予期(よき) 예기, 예상
- □ 浴室(よくしつ) 욕실
- □ 予算(よさん) 예산
- □ 予想(よそう) 예상
- □ 四つ角(よつかど) 네 모퉁이, 교차로
- □ 酔っ払い(よっぱらい) 술주정꾼, 취객
- □ 夜中(よなか) 한밤중
- □ 予備(よび) 예비
- □ 余分(よぶん) 여분
- □ 予報(よほう) 예보
- □ 読み物(よみもの) 읽을거리
- □ 嫁(よめ) 며느리
- □ 余裕(よゆう) 여유
- □ 喜び(よろこび) 기쁨
- □ 弱み(よわみ) 취약점, 약점
- □ 四割引(よんわりびき) 40% 할인

ら

- □ 来場(らいじょう) 그 장소에 옴
- □ 利害(りがい) 이해, 득실, 손익
- □ 陸(りく) 육지, 뭍
- □ 離婚(りこん) 이혼
- □ 利点(りてん) 이점
- □ 裏面(りめん) 이면, 뒷면
- □ 流域(りゅういき) 유역
- □ 流通(りゅうつう) 유통
- □ 両側(りょうがわ) 양측
- □ 漁師(りょうし) 고기잡이, 어부
- □ 領事(りょうじ) 영사
- □ 良心(りょうしん) 양심
- □ 両立(りょうりつ) 양립
- □ 旅客(りょかく) 여객
- □ 旅券(りょけん) 여권
- □ 離陸(りりく) 이륙
- □ 臨時(りんじ) 임시
- □ 類(るい) 종류, 같은 부류
- □ 零点(れいてん) 영점, 빙점
- □ 零度(れいど) 섭씨 0도
- □ 歴史(れきし) 역사
- □ 列島(れっとう) 열도
- □ 恋愛(れんあい) 연애
- □ 連合(れんごう) 연합
- □ 連想(れんそう) 연상
- □ ろうそく 초, 양초
- □ 労働(ろうどう) 노동
- □ 論文(ろんぶん) 논문

わ

- □ 和英(わえい) 일본어와 영어
- □ わき 겨드랑이, 옆
- □ 綿(わた) 목화, 솜
- □ 和服(わふく) 일본 옷
- □ 割り算(わりざん) 나눗셈
- □ 悪口/悪口(わるくち/わるぐち) 욕
- □ 碗(わん) (음식물을 담는) 공기
- □ 湾(わん) 만, 바다가 육지로 굽어 후미진 곳

2 동사

あ

- □ 遭(あ)う (어떤 일을 우연히) 겪다, 당하다
- □ あおぐ 부채질하다, 부치다
- □ 空(あ)ける 비우다, 짬을 내다
- □ あきらめる 포기하다, 단념하다
- □ あきる 싫증나다, 물리다
- □ あきれる 어이없다, 기가 막히다
- □ 味(あじ)わう 맛보다, 경험하다
- □ 預(あず)かる 맡다, (남의 것을) 보관하다
- □ 暖(あたた)まる/温(あたた)まる 따뜻해지다
- □ 暖(あたた)める/温(あたた)める 따뜻하게 하다
- □ 暴(あば)れる 난폭하게 굴다, 날뛰다
- □ あぶる (불에) 쬐어 굽다, 말리다
- □ 余(あま)る 남다
- □ 過(あやま)つ 잘못하다, 실수하다
- □ 改(あらた)める 고치다, 개선하다
- □ 著(あらわ)す 저술하다, 저작하다
- □ 荒(あ)れる (날씨가) 거칠어지다
- □ 嫌(いや)がる 싫어하다
- □ いる 볶다, 지지다
- □ 飢(う)える 굶주리다
- □ 浮(う)かぶ 뜨다, 떠오르다, 나타나다
- □ 浮(う)かべる 떠올리다, 생각해 내다
- □ 承(うけたまわ)る 받다·듣다·맡다의 겸양어
- □ 失(うしな)う 잃다
- □ 撃(う)つ 발사하다, 쏘다
- □ 討(う)つ 공격하다, 정벌하다
- □ 映(うつ)す 비치게 하다, 투영하다
- □ 訴(うった)える 소송하다, 호소하다
- □ 写(うつ)る 비치다, 보이다
- □ うなる 신음하다, 으르렁거리다
- □ 奪(うば)う 빼앗다
- □ 埋(う)まる 메워지다, 막히다
- □ 埋(う)める 묻다, 메우다
- □ 敬(うやま)う 존경하다, 공경하다
- □ 占(うらな)う 점치다
- □ 恨(うら)む 원망하다, 분하게 여기다
- □ 描(えが)く 그리다, 묘사하다
- □ 負(お)う 짊어지다, 맡다
- □ 犯(おか)す 범하다, 어기다
- □ 拝(おが)む 공손히 절하다
- □ 遅(おく)らす 늦추다
- □ 怠(おこた)る 게으름을 피우다, 소홀히 하다
- □ 押(お)さえる 억누르다
- □ 納(おさ)まる 납입되다, 납부되다
- □ 収(おさ)まる 수습되다, 해결되다
- □ 治(おさ)まる 고요해지다, 진정되다
- □ 恐(おそ)れる 두려워하다, 무서워하다
- □ おどかす 으르다, 위협하다
- □ 及(およ)ぶ 이르다, 미치다, 달하다
- □ 及(およ)ぼす 미치게 하다, 끼치다
- □ 下(お)りる 내리다, 내려가다
- □ 織(お)る (옷감 등을) 짜다
- □ 折(お)る 접다, 꺾다, 굽히다
- □ 降(お)ろす 내리다, 내려뜨리다
- □ 卸(おろ)す 도매로 팔다

か

□ 帰(かえ)す 돌려보내다	□ 代(か)える 대신하다	□ 返(かえ)る 되돌아가다, 되돌아오다
□ 替(か)える/換(か)える 바꾸다, 교환하다	□ 欠(か)かす 빠뜨리다, 빼먹다, 거르다	□ かがむ 굽다, 굽히다
□ 輝(かがや)く 빛나다	□ かかわる 관계되다, 상관하다	□ 限(かぎ)る 제한하다, 한정하다
□ かく 긁다, 할퀴다, (땀을) 흘리다	□ かぐ 냄새 맡다	□ 隠(かく)れる 숨다, 숨어있다
□ かじる 갉아먹다, 베어 먹다	□ 科(か)する (형벌·벌금을) 내리다, 과하다	□ 課(か)する 부과하다, 시키다
□ 稼(かせ)ぐ 돈을 벌다	□ 固(かた)まる 굳다, 딱딱해지다	□ 担(かつ)ぐ 메다, 짊어지다
□ 兼(か)ねる 겸하다	□ かぶせる 덮다, 씌우다	□ からかう 조롱하다, 놀리다
□ 刈(か)る 베다, 깎다	□ 枯(か)れる (초목이) 마르다, 시들다	□ かわいがる 귀여워하다
□ 代(か)わる 대신하다, 대리하다	□ 刻(きざ)む 잘게 썰다, 새기다	□ 築(きず)く 쌓다, 구축하다
□ 嫌(きら)う 싫어하다	□ 切(き)れる 떨어지다, 다 되다	□ 腐(くさ)る 썩다, 상하다, 부패하다
□ 崩(くず)す 무너뜨리다, (큰 돈을) 헐다	□ 崩(くず)れる 무너지다, 허물어지다	□ 砕(くだ)く 깨뜨리다, 부수다
□ 砕(くだ)ける 부서지다, 깨지다	□ 下(くだ)る 내려가다, 내려오다	□ 配(くば)る 나누어 주다, 배포하다
□ 汲(く)む 푸다, 퍼 올리다	□ 酌(く)む (술 따위를) 따라서 마시다	□ 狂(くる)う 미치다, 이상해지다
□ 苦(くる)しめる 괴롭히다	□ 加(くわ)える 가하다, 더하다, 보태다	□ 加(くわ)わる 가해지다, 더해지다, 늘다
□ 蹴(け)る 발로 차다, 걷어차다	□ 被(こうむ)る 받다, 입다	□ 超(こ)える (기준을) 넘다, 초과하다
□ 焦(こ)がす 눌리다, 태우다	□ こぐ (노로 배를) 젓다	□ 凍(こご)える 얼다, 추위로 곱다
□ こしらえる 마련하다, 만들다	□ こじらせる 어렵게 하다, 악화시키다	□ こじれる 복잡해지다, 악화되다
□ 越(こ)す 넘다, 건너다, 이사하다	□ 超(こ)す 넘다, 초과하다	□ こする 문지르다, 비비다
□ 好(この)む 좋아하다, 즐기다	□ こらえる 참다, 견디다	□ 転(ころ)がす 굴리다, 쓰러뜨리다
□ 転(ころ)がる 구르다, 넘어지다		

さ

- □ 裂(さ)く 찢다, 쪼개다
- □ 探(さぐ)る 뒤지다, 더듬어 찾다
- □ 避(さ)ける 피하다, 꺼리다
- □ 下(さ)げる 내리다, 숙이다
- □ 支(ささ)える 떠받치다, 지탱하다
- □ 刺(さ)さる 박히다, 찔리다
- □ 指(さ)す 가리키다, 지목하다
- □ 挿(さ)す 꽂다, 끼우다
- □ 刺(さ)す 찌르다
- □ 覚(さ)ます 깨다, 깨우다
- □ 冷(さ)ます 식히다
- □ 妨(さまた)げる 방해하다
- □ 覚(さ)める 깨다, 눈이 뜨이다
- □ 冷(さ)める 식다
- □ 去(さ)る 떠나다, 사라지다, 지나다
- □ 騒(さわ)がす 소란을 피우다, 시끄럽게 하다
- □ 敷(し)く 깔다, 설치하다
- □ 茂(しげ)る 초목이 무성하다
- □ 静(しず)まる 가라앉다, 안정되다
- □ しぼむ 시들다, 오므라들다
- □ 示(しめ)す 보이다, 나타내다, 가리키다
- □ しゃがむ 웅크리다, 쭈그리다
- □ しゃぶる 입에 넣고 빨다
- □ 記(しる)す 적다, 기록하다
- □ 涼(すず)む 바람을 쐬다
- □ 済(す)ませる 마치다, 끝내다
- □ 澄(す)む 맑아지다, 말갛다
- □ ずらす 비켜 놓다
- □ 刷(す)る 인쇄하다, 찍다
- □ ずれる 어긋나다, 벗어나다
- □ 沿(そ)う 따르다
- □ 添(そ)う 꼭 붙어있다, 더해지다
- □ 注(そそ)ぐ 흘러 들어가다, 쏟아지다
- □ そる 깎다, 면도하다
- □ それる 빗나가다, 빗어나다
- □ そろえる 가지런히 하다, 갖추다
- □ 存(ぞん)じる/存(ぞん)ずる 알다·생각하다의 겸양어

た

- □ 倒(たお)れる 쓰러지다, 넘어가다
- □ 耕(たがや)す 경작하다, 일구다
- □ 抱(だ)く 안다, 껴안다
- □ 戦(たたか)う 싸우다, 맞서다
- □ 叩(たた)く 치다, 때리다, 두드리다
- □ 建(た)つ 세워지다, 서다
- □ 発(た)つ 출발하다, 떠나다
- □ だます 속이다
- □ 黙(だま)る 입을 다물다
- □ 試(ため)す 시험하다, 실제로 해보다
- □ ためらう 주저하다, 망설이다
- □ 足(た)る 충분하다, 족하다
- □ 誓(ちか)う 맹세하다, 서약하다
- □ 契(ちぎ)る 굳게 약속하다, 장래를 약속하다
- □ 縮(ちぢ)れる 주름지다, 오그라들다
- □ 散(ち)らかる 흩어지다, 어지러지다
- □ 散(ち)らす 흩뜨리다, 어지르다
- □ 散(ち)る 떨어지다, 꽃잎이 지다
- □ 通(つう)じる 통하다, 정통하다, 내통하다
- □ 捕(つか)まる 붙잡히다
- □ つかむ 쥐다, 붙잡다
- □ 突(つ)く 찌르다
- □ 就(つ)く 자리에 오르다, 취임하다
- □ 注(つ)ぐ 쏟다, 붓다, 따르다
- □ 次(つ)ぐ 뒤를 잇다, 버금가다
- □ 尽(つ)くす 다하다, 애쓰다
- □ 造(つく)る (건물·배) 만들다, 짓다

- □ 勤(つと)める 근무하다, 종사하다
- □ つぶす (시간을) 때우다, 허비하다
- □ つぶれる 찌부러지다, 깨지다
- □ 詰(つ)める 채우다, 막다, 좁히다
- □ 積(つ)もる 쌓이다, 많이 모이다
- □ 強(つよ)まる 강해지다, 세지다
- □ 強(つよ)める 강하게 하다, 세게 하다
- □ つる 매달다
- □ つるす 달아매다, 매달다, 걸다
- □ 適(てき)する 알맞다, 적당하다
- □ 照(て)らす (빛을) 비추다
- □ 照(て)る 빛나다, (날이) 개다
- □ 問(と)う 묻다, 질문하다
- □ 通(とお)す 통과시키다
- □ 溶(と)かす 녹이다, 풀다
- □ 尖(とが)る 뾰족해지다, 예민해지다
- □ 解(と)く (매듭·문제를) 풀다
- □ 溶(と)く 풀다, 개다, 녹이다
- □ どく 물러나다, 비키다
- □ 溶(と)ける 녹다, 풀리다
- □ 解(と)ける 풀리다, 끌러지다
- □ どける 치우다, 물리치다
- □ 閉(と)じる 닫다, 덮다, (눈을) 감다
- □ とどまる 머물다, 움직이지 않다
- □ 隣(とな)る 인접하다, 이웃하다
- □ 飛(と)ばす 날리다, 날게 하다
- □ 泊(と)める 묵게 하다, 숙박시키다
- □ 捕(と)らえる 잡다, 붙잡다, 파악하다
- □ 採(と)る 뽑다, 선택하다
- □ 捕(と)る 잡다, 포획하다

な

- □ 流(なが)す 흘리다, 흐르게 하다
- □ 眺(なが)める 바라보다, 전망하다
- □ 慰(なぐさ)める 위로하다, 달래다
- □ 亡(な)くす 잃다, 여의다
- □ 殴(なぐ)る 세게 때리다, 세게 치다
- □ 成(な)す 만들다, 이루다
- □ なでる 어루만지다, 쓰다듬다
- □ 怠(なま)ける 게으름 피우다
- □ 鳴(な)らす 소리를 내다, 울리다
- □ 生(な)る (열매가) 열리다, 맺히다
- □ 煮(に)える 삶아지다, 익다
- □ におう 냄새가 나다, 향기가 나다
- □ 逃(に)がす 놓아주다, 놓치다
- □ にらむ 쏘아보다, 노려보다
- □ 煮(に)る 삶다, 익히다
- □ 縫(ぬ)う 꿰매다, 바느질하다
- □ 抜(ぬ)く 빼다, 뽑다
- □ 濡(ぬ)らす 적시다
- □ 寝(ね)かす/寝(ね)かせる 눕히다, 재우다
- □ ねじる 비틀다, 쥐어짜다
- □ 熱(ねっ)する 뜨거워지다, 뜨겁게 하다
- □ 狙(ねら)う 겨누다, 노리다
- □ のぞく 엿보다, 들여다보다
- □ 望(のぞ)む 바라다, 소망하다, 기대하다
- □ 伸(の)ばす 펴다, 늘리다
- □ 延(の)ばす 연장시키다, 연기하다
- □ 延(の)びる 길어지다, 연장되다
- □ 上(のぼ)る 오르다, 상경하다
- □ 昇(のぼ)る (높은 지위에) 오르다, 하늘 높이 뜨다

は

- □ 這(は)う 기다
- □ 生(は)える (수염·초목 등) 나다, 자라다
- □ はがす 벗기다, 떼어내다

☐ 掃(は)く 쓸다, 청소하다
☐ 吐(は)く 토하다, 내뱉다
☐ 挟(はさ)まる 틈새에 끼이다
☐ 挟(はさ)む 끼우다, 사이에 두다
☐ 罰(ばっ)する 벌주다, 처벌하다
☐ 離(はな)す 떼다, 거리를 두다
☐ 放(はな)す 놓다, 풀어 놓다
☐ 放(はな)れる 놓이다, 풀리다
☐ 跳(は)ねる 뛰어 오르다, 튀다
☐ はめる 끼우다, 끼다, 채우다
☐ 早(はや)める 서두르다, 앞당기다
☐ 速(はや)める 속도를 높이다
☐ 流行(はや)る 유행하다, 인기가 있다
☐ はらむ 임신하다, 품다, 내포하다
☐ 張(は)る 뻗다, 부풀다, 붙이다, 바르다
☐ ひねる 돌리다, 꼬집다, 비틀다
☐ 響(ひび)く (소리가) 울리다
☐ 広(ひろ)げる 펼치다, 넓히다
☐ 広(ひろ)める 넓히다, 퍼뜨리다
☐ 殖(ふ)える 늘다, 번식하다
☐ 深(ふか)まる 깊어지다
☐ 拭(ふ)く 닦다, 훔치다
☐ 膨(ふく)らます 부풀게 하다, 부풀리다
☐ 膨(ふく)らむ 부풀어 오르다, 불룩해지다
☐ 更(ふ)ける 깊어지다, 이슥해지다
☐ 塞(ふさ)がる 막히다, 차다
☐ ふざける 놓하다, 까불다
☐ 防(ふせ)ぐ 막다, 방지하다
☐ ぶつ 때리다, 치다
☐ 殖(ふ)やす (돈·재산을) 늘리다
☐ 振(ふ)る 흔들다
☐ 震(ふる)える 흔들리다, 떨리다
☐ 凹(へこ)む 움푹 패다, 꺼지다
☐ 減(へ)る 줄다, 닳다, (배가) 고프다
☐ 経(へ)る 지나다, 경유하다
☐ ほうる 집어 던지다, 내팽개치다
☐ ほえる (개·짐승 따위가) 짖다
☐ 干(ほ)す 말리다
☐ 解(ほど)く 풀다, 뜯다, 풀이하다
☐ 彫(ほ)る (칼로) 새기다, 조각하다

ま

☐ 任(まか)せる 맡기다
☐ まく (씨를) 뿌리다, 파종하다
☐ 巻(ま)く 감다, 말다
☐ 混(ま)ざる/交(ま)ざる 섞이다
☐ 混(ま)じる/交(ま)じる 섞이다
☐ 交(まじ)える 섞다, 합치다
☐ 混(ま)ぜる 넣어 섞다, 혼합하다
☐ またぐ 타 넘다, 건너다, 걸치다
☐ 祭(まつ)る 제사 지내다, 모시다
☐ まとまる 하나로 정리되다, 합쳐지다
☐ まとめる 하나로 정리하다, 합치다
☐ 丸(まる)める 둥글게 하다
☐ 回(まわ)す 돌리다, 회전시키다, 두르다
☐ 満(み)たす 채우다, 충족시키다
☐ 満(み)ちる 가득 차다
☐ 診(み)る 보다, 진찰하다
☐ 向(む)ける 향하다, 돌리다
☐ 蒸(む)す 무덥다, 찌다
☐ 結(むす)ぶ 묶다, 잇다, 관계를 맺다
☐ 命(めい)じる/命(めい)ずる 명하다
☐ 恵(めぐ)む 은혜를 베풀다, 인정을 베풀다
☐ 巡(めぐ)る 돌다, 순회하다, 둘러싸다
☐ 儲(もう)かる 벌이가 되다, 덕을 보다
☐ 儲(もう)ける 벌다, 이익을 보다
☐ 燃(も)える (불)타다
☐ 潜(もぐ)る 잠수하다, 숨어들다
☐ もたれる 기대다, 의지하다

□ 用(もち)いる 사용하다, 채용하다	□ もむ 비비다, 문지르다, 주무르다	□ 燃(も)やす 불태우다
□ 漏(も)れる 새다, 누설되다, 빠지다	□ 盛(も)る 쌓아 올리다, 담다	

や・わ

□ 訳(やく)す 번역하다, 해석하다	□ 破(やぶ)く 찢다	□ 破(やぶ)る 찢다, 깨다, (약속을) 어기다
□ ゆでる 데치다, 삶다	□ 許(ゆる)す 허락하다, 용서하다	□ 酔(よ)う 술에 취하다, 멀미하다
□ 汚(よご)す 더럽히다	□ 止(よ)す 중지하다, 그만두다	□ 寄(よ)せる 밀려오다, 들르다, 가까이 하다
□ 因(よ)る 기인하다, 원인이 되다	□ 喜(よろこ)ばせる 기쁘게 하다	□ 弱(よわ)める 약화시키다
□ 渡(わた)す 건네다	□ 割(わ)れる 깨지다	

3 い형용사

□ 青白(あおじろ)い 파르스름하다, 창백하다	□ 粗(あら)い 성글다, 거칠다, 조잡하다	□ 意地悪(いじわる)い 심술궂다, 짓궂다
□ 痛(いた)ましい 애처롭다, 가엾다	□ 惜(お)しい 아깝다, 아쉽다	□ おそろしい 두렵다, 무섭다
□ 大人(おとな)しい 얌전하다, 점잖다	□ 重苦(おもくる)しい 답답하다, 울적하다	□ 重(おも)たい 무겁다, 묵직하다
□ 硬(かた)い 딱딱하다, 단단하다	□ 堅(かた)い 굳건하다, 견고하다, 확고하다	□ かゆい 가렵다
□ 清(きよ)い 맑다, 깨끗하다	□ くだらない 하찮다, 시시하다	□ 煙(けむ)い (연기가) 맵다, 메케하다
□ 恋(こい)しい 그립다	□ 騒(さわ)がしい 시끄럽다, 떠들썩하다	□ 塩辛(しおから)い 짜다
□ 四角(しかく)い 네모지다, 각지다	□ 親(した)しい 친하다, 의좋다	□ ずうずうしい 뻔뻔스럽다
□ すっぱい 시다, 시큼하다	□ 力強(ちからづよ)い 마음 든든하다, 힘차다	□ 茶色(ちゃいろ)い 갈색이다
□ でかい 크다, 방대하다	□ 永(なが)い 아주 오래다, 영원하다	□ 憎(にく)らしい 밉살스럽다, 얄밉다
□ 眠(ねむ)たい 졸리다	□ のろい 느리다, 둔하다	□ ばからしい 어리석다, 어이없다
□ 甚(はなは)だしい 아주 심하다, 대단하다	□ 平(ひら)たい 평평하다, 넓적하다	□ 真(ま)っ白(しろ)い 새하얗다

□ まぶしい 눈부시다	□ みにくい 추하다, 보기 흉하다	□ めでたい 경사스럽다, 기쁘다
□ 面倒臭(めんどうくさ)い 아주 귀찮다, 몹시 성가시다	□ 申(もう)し訳(わけ)ない 변명의 여지가 없다	□ もったいない 아깝다, 과분하다
□ ものすごい 굉장하다, 아주 무섭다	□ 安(やす)っぽい 값싸다, 싸구려 같다	□ 若々(わかわか)しい 어려 보이다, 생기발랄하다

4 な형용사

□ 当(あ)たり前(まえ) 당연함, 보통임	□ あやふや 불확실함, 애매함	□ 新(あら)た 새로움, 생생함
□ ありがち 흔함, 흔히 있음	□ 意外(いがい) 뜻밖임, 의외임	□ 円満(えんまん) 원만함
□ 大柄(おおがら) 몸집이 큼, 모양이 큼	□ おおざっぱ 대략적임, 조잡함	□ おしゃれ 멋을 냄, 멋쟁이임
□ 同(おな)じ 같음, 똑같음	□ 温和(おんわ) (날씨·성격이) 온화함	□ 快適(かいてき) 쾌적함
□ 確実(かくじつ) 확실함, 틀림없음	□ 格別(かくべつ) 각별함, 특별함	□ 過激(かげき) 과격함
□ がらがら 텅텅 비어 있음	□ 簡略(かんりゃく) 간략함	□ 機敏(きびん) 기민함, 민첩함
□ 逆(ぎゃく) 반대임, 거꾸로임	□ 急激(きゅうげき) 급격함	□ 急速(きゅうそく) 아주 빠름
□ 強力(きょうりょく) 강력함	□ 具体的(ぐたいてき) 구체적임	□ けち 인색함, 쩨쩨함
□ 下品(げひん) 품위가 없음	□ 謙虚(けんきょ) 겸허함	□ 懸命(けんめい) 열심임, 필사적임
□ 高級(こうきゅう) 고급스러움	□ 肯定的(こうていてき) 긍정적임	□ 高等(こうとう) 고등함, 수준이 높음
□ 公平(こうへい) 공평함	□ 困難(こんなん) 곤란함	□ 逆(さか)さ/逆様(さかさま) 거꾸로 됨, 반대로 됨
□ ささやか 자그마함, 사소함, 조촐함	□ さわやか 상쾌함, 시원함	□ しきり 빈번함, 계속됨
□ 実用的(じつようてき) 실용적임	□ 純粋(じゅんすい) 순수함	□ 消極的(しょうきょくてき) 소극적임
□ 詳細(しょうさい) 상세함	□ 上等(じょうとう) 고급임, 훌륭함	□ 新鮮(しんせん) 신선함, 새롭고 산뜻함
□ 正確(せいかく) 정확함	□ 正当(せいとう) 정당함	□ 絶対的(ぜったいてき) 절대적임
□ 絶好調(ぜっこうちょう) 아주 좋음, 더 없이 좋음	□ 全国的(ぜんこくてき) 전국적임	□ 鮮明(せんめい) 선명함
□ 粗末(そまつ) 허술함, 변변찮음	□ 対等(たいとう) 대등함, 동등함	□ 平(たい)ら 평평함, 평탄함

□ 多難(たなん) 다난함	□ たま 드묾	□ 多様(たよう) 다양함
□ 単調(たんちょう) 단조로움	□ 知的(ちてき) 지적임	□ 着実(ちゃくじつ) 착실함
□ 強気(つよき) 강경함, 적극적임	□ 的確(てきかく)/適確(てきかく) 적확함, 정확함	□ 凸凹(でこぼこ) 울퉁불퉁함, 불균형함
□ 手(て)ごろ 알맞음, 적당함	□ 同一(どういつ) 동일함, 같음	□ 透明(とうめい) 투명함
□ 特別(とくべつ) 특별함	□ 鈍感(どんかん) 둔감함	□ 斜(なな)め 경사짐, 비스듬함
□ 生意気(なまいき) 건방짐, 주제넘음	□ 滑(なめ)らか 매끄러움, 순조로움	□ 軟弱(なんじゃく) 연약함, 무르고 약함
□ のんき 태평함, 느긋함	□ 莫大(ばくだい) 막대함	□ 皮肉(ひにく) 짓궂음, 얄궂음, 빈정거림
□ 不規則(ふきそく) 불규칙함	□ 不潔(ふけつ) 불결함, 더러움	□ 無事(ぶじ) 무사함, 평온함
□ 不自由(ふじゆう) 자유롭지 못함, 불편함	□ 不要(ふよう) 불필요함	□ 不利(ふり) 불리함
□ 不良(ふりょう) 불량함	□ 平凡(へいぼん) 평범함	□ ぺこぺこ 배가 몹시 고픔
□ 膨大(ぼうだい) 방대함, 막대함	□ ぼろぼろ 너덜너덜함	□ 本気(ほんき) 진심임, 진지함
□ みじめ 비참함, 참혹함	□ 無限(むげん) 무한함	□ 無数(むすう) 무수함
□ 無力(むりょく) 무력함	□ めちゃくちゃ 엉망진창임	□ 厄介(やっかい) 귀찮음, 성가심
□ 勇敢(ゆうかん) 용감함	□ 有能(ゆうのう) 유능함	□ 悠々(ゆうゆう) 느긋함, 아득히 멈
□ 緩(ゆる)やか 완만함, 느슨함, 느긋함	□ 容易(ようい) 용이함, 아주 쉬움	□ 余計(よけい) 많음, 불필요함
□ 弱気(よわき) 무기력함, 나약함	□ 良好(りょうこう) 양호함	

5 접두어

□ 空(あ)き～ 속이 빔, 빈～	空(あ)き缶(かん) 빈 깡통	空(あ)き部屋(べや) 빈 방	
□ 悪(あく)～ 악～	悪循環(あくじゅんかん) 악순환	悪感情(あくかんじょう) 악감정	悪趣味(あくしゅみ) 악취미
□ あくる～ 다음～	あくる朝(あさ) 이튿날 아침	あくる年(とし) 이듬해, 다음 해	あくる日(ひ) 다음날, 이튿날
□ ある～ 어떤～, 어느～	ある人(ひと) 어떤 사람	ある日(ひ) 어느 날	ある所(ところ) 어느 곳

□ 異(い)～ 이~, 다른~	異業種(いぎょうしゅ) 다른 업종	異民族(いみんぞく) 이민족	異国(いこく) 이국, 외국
□ 幾(いく)～ 몇~	幾日(いくにち) 며칠	幾人(いくにん) 몇 명	幾千万(いくせんまん) 몇 천만
□ 一(いち)～ 한~, 한 명의~	一音楽家(いちおんがくか) 한 음악가	一社会人(いちしゃかいじん) 한 사회인	一新聞記者(いちしんぶんきしゃ) 한 신문기자
□ 一(いち)～ 일~, 한~	一時(いちじ) 일시, 한 때	一種(いっしゅ) 일종	一案(いちあん) 일안, 하나의 제안
□ 薄(うす)～ 어쩐지~, 약간~	薄汚(うすぎたな)い 지저분하다	薄(うす)ぼんやり 희미함	薄気味悪(うすきみわる)い 섬뜩하다
□ 大(おお)～ 큰~, 많은~	大急(おおいそ)ぎ 몹시 서두름	大騒(おおさわ)ぎ 큰 소동	大火事(おおかじ) 큰 화재
□ 御(おん)～ 「お」보다 존경·공손의 뜻이 강함		御礼(おんれい) 사례(의 말)	御身(おんみ) 옥체
□ 各(かく)～ 각~	各選手(かくせんしゅ) 각 선수	各家庭(かくかてい) 각 가정	各方面(かくほうめん) 각 방면
□ 仮(かり)～ 가~, 임시~	仮契約(かりけいやく) 가계약	仮処分(かりしょぶん) 가처분	仮製本(かりせいほん) 가제본
□ 逆(ぎゃく)～ 역~	逆回転(ぎゃくかいてん) 역회전	逆効果(ぎゃくこうか) 역효과	逆差別(ぎゃくさべつ) 역차별
□ 旧(きゅう)～ 구~, 옛~	旧体制(きゅうたいせい) 구체제	旧植民地(きゅうしょくみんち) 옛 식민지	旧正月(きゅうしょうがつ) 음력설
□ 急(きゅう)～ 급~	急上昇(きゅうじょうしょう) 급상승	急(きゅう)カーブ 급커브	急(きゅう)ブレーキ 급제동
□ 劇(げき)～ 극~	劇作家(げきさっか) 극작가	劇映画(げきえいが) 극영화	劇台本(げきだいほん) 극 대본
□ 現(げん)～ 현~	現時点(げんじてん) 현 시점	現政府(げんせいふ) 현 정부	現住所(げんじゅうしょ) 현 주소
□ 小(こ)～ 약간~, 다소~	小(こ)ぎれい 말쑥함, 깔끔함	小汚(こぎたな)い 추레하다, 꾀죄죄하다	
□ 高(こう)～ 고~	高学歴(こうがくれき) 고학력	高気圧(こうきあつ) 고기압	高血圧(こうけつあつ) 고혈압
□ 好(こう)～ 호~	好景気(こうけいき) 호경기, 호황	好都合(こうつごう) 형편·상황이 좋음	好条件(こうじょうけん) 좋은 조건
□ 今(こん)～ 금번~, 이번~	今大会(こんたいかい) 이번 대회	今(こん)シーズン 이번 시즌	今季(こんき) 지금 계절, 이번 시즌
□ 再(さい)～ 재~	再発行(さいはっこう) 재발행	再検査(さいけんさ) 재검사	再評価(さいひょうか) 재평가
□ 最(さい)～ 최~, 가장~	最高級(さいこうきゅう) 최고급	最後尾(さいこうび) 최후미, 맨 뒤	最新作(さいしんさく) 최신작
□ 昨(さく)～ 지난~	昨十五日(さくじゅうごにち) 지난 15일	昨(さく)シーズン 지난 시즌	
□ 試(し)～ 시~	試運転(しうんてん) 시운전, 시운행	試着(しちゃく) 시착, 입어봄	試飲(しいん) 시음
□ 主(しゅ)～ 주~	主産地(しゅさんち) 주산지	主目的(しゅもくてき) 주목적	主電源(しゅでんげん) 주 전원
□ 重(じゅう)～ 중~	重労働(じゅうろうどう) 중노동	重工業(じゅうこうぎょう) 중공업	重金属(じゅうきんぞく) 중금속
□ 純(じゅん)～ 순~	純国産(じゅんこくさん) 순 국산	純収入(じゅんしゅうにゅう) 순수입	純文学(じゅんぶんがく) 순수 문학

□ 準〜(じゅん) 준~	準会員(じゅんかいいん) 준회원	準準決勝(じゅんじゅんけっしょう) 준준결승	準公務員(じゅんこうむいん) 준공무원
□ 諸〜(しょ) 제~, 여러~	諸条件(しょじょうけん) 여러 조건	諸事情(しょじじょう) 여러 사정	諸団体(しょだんたい) 여러 단체
□ 初〜(しょ) 초~, 첫~	初対面(しょたいめん) 첫 대면, 첫 만남	初演(しょえん) 초연	初夏(しょか) 초여름
□ 助〜(じょ) 조~	助教授(じょきょうじゅ) 조교수	助監督(じょかんとく) 조감독	助動詞(じょどうし) 조동사
□ 小〜(しょう) 소~	小資金(しょうしきん) 적은 자금	小都市(しょうとし) 소도시	小論文(しょうろんぶん) 소논문
□ 上〜(じょう) 좋은~	上成績(じょうせいせき) 좋은 성적	上きげん(じょう) 매우 좋은 기분	
□ 新〜(しん) 신~	新学期(しんがっき) 신학기	新商品(しんしょうひん) 신상품	新記録(しんきろく) 신기록
□ 素〜(す) 맨~, 그저 ~함	素通り(すどおり) 그대로 지나침	素泊まり(すどまり) 잠만 자는 숙박	素顔(すがお) 맨 얼굴
□ 前〜(ぜん) 전~	前市長(ぜんしちょう) 전 시장	前近代的(ぜんきんだいてき) 전근대적	前年度(ぜんねんど) 전년도
□ 全〜(ぜん) 전~	全国民(ぜんこくみん) 전 국민	全学生(ぜんがくせい) 전체 학생	全八巻(ぜんはっかん) 전 8권
□ 総〜(そう) 총~	総選挙(そうせんきょ) 총선거	総収入(そうしゅうにゅう) 총수입	総決算(そうけっさん) 총결산
□ 多〜(た) 다~	多機能(たきのう) 다기능	多方面(たほうめん) 다방면	多目的(たもくてき) 다목적
□ 対〜(たい) 대~	対米輸出(たいべいゆしゅつ) 대미 수출	対欧州貿易(たいおうしゅうぼうえき) 대유럽 무역	
□ 大〜(だい) 대~	大歓迎(だいかんげい) 대환영	大規模(だいきぼ) 대규모	大成功(だいせいこう) 대성공
□ 短〜(たん) 단~	短期間(たんきかん) 단기간	短距離(たんきょり) 단거리	短時間(たんじかん) 단시간
□ 低〜(てい) 저~	低姿勢(ていしせい) 저자세	低気圧(ていきあつ) 저기압	低成長(ていせいちょう) 저성장
□ 同〜(どう) 동~, 같은~	同時代(どうじだい) 동시대	同形式(どうけいしき) 같은 형식	同問題(どうもんだい) 같은 문제
□ 生〜(なま) 생~	生放送(なまほうそう) 생방송	生ビール(なま) 생맥주	生演奏(なまえんそう) 라이브 연주
□ 反〜(はん) 반~	反社会的(はんしゃかいてき) 반사회적	反政府(はんせいふ) 반정부	反体制(はんたいせい) 반체제
□ 半〜(はん) 반~	半永久的(はんえいきゅうてき) 반영구적	半そで(はん) 반소매, 반팔	半自動(はんじどう) 반자동
□ 非〜(ひ) 비~	非常識(ひじょうしき) 몰상식함	非科学的(ひかがくてき) 비과학적	非公開(ひこうかい) 비공개
□ 一〜(ひと) 한~	一握り(ひとにぎり) 한 줌	一勝負(ひとしょうぶ) 한판 승부	一仕事(ひとしごと) 잠시 일함
□ 不〜(ふ) 불~, 부~	不規則(ふきそく) 불규칙함	不自由(ふじゆう) 불편함	不公平(ふこうへい) 불공평함
□ 無〜(ぶ) 무~, ~하지 않음	無遠慮(ぶえんりょ) 사양하지 아니함	無愛想(ぶあいそう) 상냥치 못함	無作法(ぶさほう) 예의에 어긋남, 버릇없음
□ 副〜(ふく) 부~	副委員長(ふくいいんちょう) 부위원장	副作用(ふくさよう) 부작용	副収入(ふくしゅうにゅう) 부수입

□ 古～(ふる) 헌~	古本屋(ふるほんや) 헌책방	古新聞(ふるしんぶん) 헌 신문	古着(ふるぎ) 헌 옷
□ 別～(べつ) 별~, 다른~	別問題(べつもんだい) 다른 문제	別世界(べっせかい) 별세계	別行動(べつこうどう) 다른 행동
□ 本～(ほん) 본~, 이~	本製品(ほんせいひん) 본 제품	本建築(ほんけんちく) 본 건축	本事件(ほんじけん) 본 사건
□ 真～(ま) 참~, 진~, 바로~	真正面(ましょうめん) 바로 정면	真上(まうえ) 바로 위	真っ赤(まっか) 새빨감
□ 未～(み) 미~	未完成(みかんせい) 미완성	未公開(みこうかい) 미공개	未解決(みかいけつ) 미해결
□ 明～(みょう) 다음~	明年(みょうねん) 내년	明朝(みょうちょう) 내일 아침	明春(みょうしゅん) 내년 봄
□ 元～(もと) 전~	元首相(もとしゅしょう) 전 수상	元大統領(もとだいとうりょう) 전 대통령	元彼(もとかれ) 전 남자친구
□ 要～(よう) 요~, ~이 필요함	要観察(ようかんさつ) 관찰이 필요함	要検討(ようけんとう) 검토가 필요함	要注意(ようちゅうい) 요주의
□ 来～(らい) 다음~	来夏(らいか) 내년 여름	来年度(らいねんど) 내년도	
□ 両～(りょう) 양~, 두~	両手(りょうて) 양손	両陣営(りょうじんえい) 양 진영, 두 진영	両極端(りょうきょくたん) 양극단
□ 和～(わ) 일본(식)의~	和菓子(わがし) 일본식 과자	和食(わしょく) 일식	和服(わふく) 일본 옷
□ 我が～(わ) 우리~	我が校(わがこう) 우리 학교	我が社(わがしゃ) 우리 회사	我が家(わがや) 우리 집

6 접미어

□ ～愛(あい) ~애	人類愛(じんるいあい) 인류애	同性愛(どうせいあい) 동성애	母性愛(ぼせいあい) 모성애
□ ～明け(あ) ~이 끝난 직후	休み明け(やすみあ) 휴가 직후	梅雨明け(つゆあ) 장마가 끝난 직후	
□ ～あたり ~쯤, ~경	来月あたり(らいげつ) 다음 달쯤	去年あたり(きょねん) 작년쯤	
□ ～案(あん) ~안	改革案(かいかくあん) 개혁안	妥協案(だきょうあん) 타협안	予算案(よさんあん) 예산안
□ ～一色(いっしょく) ~일색	反対派一色(はんたいはいっしょく) 반대파 일색	ワールドカップ一色(いっしょく) 월드컵 일색	
□ ～一(いち) ~최고, ~제일	日本一(にほんいち) 일본 제일	世界一(せかいいち) 세계 최고	全国一(ぜんこくいち) 전국 최고
□ ～液(えき) ~액	消化液(しょうかえき) 소화액	水溶液(すいようえき) 수용액	不凍液(ふとうえき) 부동액
□ ～園(えん) ~원	動物園(どうぶつえん) 동물원	植物園(しょくぶつえん) 식물원	幼稚園(ようちえん) 유치원

□ ～おきに ~걸러, ~간격으로	一人(ひとり)おきに 한 사람 걸러	一週間(いっしゅうかん)おきに 일주일 간격으로	
	二(に)メートルおきに 2미터 간격으로		
□ ～価(か) ~가	栄養価(えいようか) 영양가	販売価(はんばいか) 판매가	真価(しんか) 진가
□ ～下(か) ~하	監督下(かんとくか) 감독하	支配下(しはいか) 지배하	管轄下(かんかつか) 관할하
□ ～画(が) ~화	西洋画(せいようが) 서양화	東洋画(とうようが) 동양화	水彩画(すいさいが) 수채화
□ ～界(かい) ~계	映画界(えいがかい) 영화계	芸能界(げいのうかい) 예능계	教育界(きょういくかい) 교육계
□ ～街(がい) ~가	繁華街(はんかがい) 번화가	官庁街(かんちょうがい) 관청가	暗黒街(あんこくがい) 암흑가
□ ～外(がい) ~외, ~밖	問題外(もんだいがい) 문제 밖	領域外(りょういきがい) 영역 외	予定外(よていがい) 예정 밖
□ ～係(がかり) ~계, ~담당	会計係(かいけいがかり) 회계 담당	出納係(すいとうがかり) 출납계	接待係(せったいがかり) 접대 담당
□ ～額(がく) ~액	限度額(げんどがく) 한도액	目標額(もくひょうがく) 목표액	差額(さがく) 차액
□ ～掛(か)け ~하다 맒	やり掛(か)け 하다 맒	読(よ)み掛(か)け 읽다 맒	書(か)き掛(か)け 쓰다 맒
□ ～方(がた) ~님들, ~분들	先生方(せんせいがた) 선생님들	あなた方(がた) 여러분들	
□ ～型(がた) ~형	最新型(さいしんがた) 최신형	努力型(どりょくがた) 노력형	天才型(てんさいがた) 천재형
□ ～刊(かん) ~간(행)	2015年刊(ねんかん) 2015년 간(행)	近刊(きんかん) 근간	
□ ～観(かん) ~관	価値観(かちかん) 가치관	人生観(じんせいかん) 인생관	歴史観(れきしかん) 역사관
□ ～器(き) ~기(도구)	受話器(じゅわき) 수화기	呼吸器(こきゅうき) 호흡기	洗面器(せんめんき) 세면기, 세면대
□ ～機(き) ~기(기계)	写真機(しゃしんき) 사진기	発電機(はつでんき) 발전기	探知機(たんちき) 탐지기
□ ～きっての ~제일의	クラスきっての 반에서 제일 가는		野球界(やきゅうかい)きっての 야구계에서 제일 가는
□ ～気味(ぎみ) ~기미, ~기색	上(あ)がり気味(ぎみ) 오를 기미	焦(あせ)り気味(ぎみ) 조조해하는 기색	
□ ～強(きょう) ~정도	五百円強(ごひゃくえんきょう) 500엔 정도	三(さん)キロ強(きょう) 3킬로그램 정도	
□ ～教(きょう) ~교	キリスト教(きょう) 기독교	仏教(ぶっきょう) 불교	イスラム教(きょう) 이슬람교
□ ～業(ぎょう) ~업	製造業(せいぞうぎょう) 제조업	建築業(けんちくぎょう) 건축업	販売業(はんばいぎょう) 판매업
□ ～切(ぎ)れ 다 ~함	在庫切(ざいこぎ)れ 재고 없음	時間切(じかんぎ)れ 시간이 다 됨	
□ ～際(ぎわ) ~하려고 할 때	散(ち)り際(ぎわ) 지는 때	入(はい)り際(ぎわ) 들어가려고 할 때	
□ ～句(く) ~구	慣用句(かんようく) 관용구	挿入句(そうにゅうく) 삽입구	定型句(ていけいく) 정형구

□ ～口(ぐち) ~구	改札口(かいさつぐち) 개찰구	非常口(ひじょうぐち) 비상구	通用口(つうようぐち) 통용 출입구
□ ～軍(ぐん) ~군	革命軍(かくめいぐん) 혁명군	政府軍(せいふぐん) 정부군	反乱軍(はんらんぐん) 반란군
□ ～家(け) ~가, ~의 집안	将軍家(しょうぐんけ) 장군의 집안	山本家(やまもとけ) 야마모토의 집안	武家(ぶけ) 무가, 무사 집안
□ ～系(けい) ~계	銀河系(ぎんがけい) 은하계	太陽系(たいようけい) 태양계	外資系(がいしけい) 외자계, 외국계
□ ～劇(げき) ~극	時代劇(じだいげき) 시대극	創作劇(そうさくげき) 창작극	人形劇(にんぎょうげき) 인형극
□ ～権(けん) ~권	所有権(しょゆうけん) 소유권	指導権(しどうけん) 지도권	経営権(けいえいけん) 경영권
□ ～庫(こ) ~고, ~창고	貯蔵庫(ちょぞうこ) 저장고	車庫(しゃこ) 차고	冷凍庫(れいとうこ) 냉동고
□ ～後(ご) ~후	放課後(ほうかご) 방과 후	事後(じご) 사후	食後(しょくご) 식후
□ ～工(こう) ~공	機械工(きかいこう) 기계공	修理工(しゅうりこう) 수리공	画工(がこう) 화공, 화가
□ ～港(こう) ~항	貿易港(ぼうえきこう) 무역항	自由港(じゆうこう) 자유항	輸出港(ゆしゅつこう) 수출항
□ ～号(ごう) ~호	第一号(だいいちごう) 제1호	創刊号(そうかんごう) 창간호	一月号(いちがつごう) 1월호
□ ～国(こく) ~국	先進国(せんしんこく) 선진국	共和国(きょうわこく) 공화국	強大国(きょうだいこく) 강대국
□ ～ごと ~째	まるごと 통째로	皮(かわ)ごと 껍질째	車(くるま)ごと 자동차 그대로
□ ～ごと ~마다	5分(ふん)ごとに 5분마다	会(あ)う人(ひと)ごとに 만나는 사람마다	
□ ～小屋(ごや) ~간	物置小屋(ものおきごや) 헛간	山小屋(やまごや) 산막, 산장	馬小屋(うまごや) 마구간
□ ～差(さ) ~차	温度差(おんどさ) 온도 차	時間差(じかんさ) 시간 차	個人差(こじんさ) 개인차
□ ～祭(さい) ~제, ~축제	学園祭(がくえんさい) 학교 축제	映画祭(えいがさい) 영화제	文化祭(ぶんかさい) 문화제
□ ～財(ざい) ~재	消費財(しょうひざい) 소비재	代替財(だいたいざい) 대체재	文化財(ぶんかざい) 문화재
□ ～剤(ざい) ~제, ~약	消毒剤(しょうどくざい) 소독제	睡眠剤(すいみんざい) 수면제	洗浄剤(せんじょうざい) 세정제
□ ～罪(ざい) ~죄	傷害罪(しょうがいざい) 상해죄	詐欺罪(さぎざい) 사기죄	脅迫罪(きょうはくざい) 협박죄
□ ～作(さく) ~작	代表作(だいひょうさく) 대표작	最新作(さいしんさく) 최신작	デビュー作(さく) 데뷔작
□ ～史(し) ~사	世界史(せかいし) 세계사	文学史(ぶんがくし) 문학사	古代史(こだいし) 고대사
□ ～士(し) ~사	飛行士(ひこうし) 비행사	弁護士(べんごし) 변호사	機関士(きかんし) 기관사
□ ～師(し) ~사	看護師(かんごし) 간호사	薬剤師(やくざいし) 약제사	詐欺師(さぎし) 사기꾼
□ ～視(し) ~시	確実視(かくじつし) 확실시	重要視(じゅうようし) 중요시	問題視(もんだいし) 문제시

□ ～誌(し) ～지	会報誌(かいほうし) 회보지	月刊誌(げっかんし) 월간지	週刊誌(しゅうかんし) 주간지
□ ～式(しき) ～식	卒業式(そつぎょうしき) 졸업식	成人式(せいじんしき) 성인식	結婚式(けっこんしき) 결혼식
□ ～式(しき) ～식	最新式(さいしんしき) 최신식	充電式(じゅうでんしき) 충전식	旧式(きゅうしき) 구식
□ ～次第(しだい) ～하는 대로	決(き)まり次第(しだい) 결정되는 대로	到着次第(とうちゃくしだい) 도착하는 대로	
□ ～室(しつ) ～실	研究室(けんきゅうしつ) 연구실	実験室(じっけんしつ) 실험실	面会室(めんかいしつ) 면회실
□ ～弱(じゃく) 약～, ～이 조금 안 됨	十万円弱(じゅうまんえんじゃく) 약 10만 엔	三千名弱(さんぜんめいじゃく) 약 3천 명	
□ ～手(しゅ) ～수 (직업)	運転手(うんてんしゅ) 운전기사	歌手(かしゅ) 가수	外野手(がいやしゅ) 외야수
□ ～酒(しゅ) ～주	日本酒(にほんしゅ) 일본주	果実酒(かじつしゅ) 과실주	洋酒(ようしゅ) 양주
□ ～集(しゅう) ～집	問題集(もんだいしゅう) 문제집	用例集(ようれいしゅう) 용례집	写真集(しゃしんしゅう) 사진집
□ ～術(じゅつ) ～술	航海術(こうかいじゅつ) 항해술	催眠術(さいみんじゅつ) 최면술	占星術(せんせいじゅつ) 점성술
□ ～順(じゅん) ～순	番号順(ばんごうじゅん) 번호순	年度順(ねんどじゅん) 연도순	先着順(せんちゃくじゅん) 선착순
□ ～所(しょ)/所(じょ) ～소	市役所(しやくしょ) 시청	研究所(けんきゅうじょ) 연구소	停留所(ていりゅうじょ) 정류소, 정류장
□ ～賞(しょう) ～상	新人賞(しんじんしょう) 신인상	努力賞(どりょくしょう) 노력상	優秀賞(ゆうしゅうしょう) 우수상
□ ～商(しょう) ～상	雑貨商(ざっかしょう) 잡화상	小売商(こうりしょう) 소매상	貿易商(ぼうえきしょう) 무역상
□ ～省(しょう) ～성	外務省(がいむしょう) 외무성(외교부)	厚生省(こうせいしょう) 후생성(보건복지부)	文部省(もんぶしょう) 문부성(교육부)
□ ～症(しょう) ～증	合併症(がっぺいしょう) 합병증	過敏症(かびんしょう) 과민증	花粉症(かふんしょう) 꽃가루 알레르기
□ ～証(しょう) ～증	学生証(がくせいしょう) 학생증	免許証(めんきょしょう) 면허증	登録証(とうろくしょう) 등록증
□ ～上(じょう) ～상	歴史上(れきしじょう) 역사상	法律上(ほうりつじょう) 법률상	見(み)かけ上(じょう) 외관상
□ ～状(じょう) ～장	案内状(あんないじょう) 안내장	告訴状(こくそじょう) 고소장	催促状(さいそくじょう) 독촉장
□ ～状(じょう) ～형태, ～상태	球状(きゅうじょう) 구형, 둥근 형태	液状(えきじょう) 액상, 액체 상태	
□ ～場(じょう) ～장	競技場(きょうぎじょう) 경기장	運動場(うんどうじょう) 운동장	駐輪場(ちゅうりんじょう) 자전거 주차장
□ ～色(しょく) ～색	保護色(ほごしょく) 보호색	地方色(ちほうしょく) 지방색	郷土色(きょうどしょく) 향토색
□ ～食(しょく) ～식	栄養食(えいようしょく) 영양식	機内食(きないしょく) 기내식	流動食(りゅうどうしょく) 유동식
□ ～職(しょく) ～직	管理職(かんりしょく) 관리직	事務職(じむしょく) 사무직	専門職(せんもんしょく) 전문직
□ ～数(すう) ～수	周波数(しゅうはすう) 주파수	得票数(とくひょうすう) 득표수	学生数(がくせいすう) 학생수

☐ 〜済み(ず) ~이 끝남, ~완료	解決済み(かいけつず) 해결됨	予約済み(よやくず) 예약 완료	消毒済み(しょうどくず) 소독 완료
☐ 〜生(せい) ~생	留学生(りゅうがくせい) 유학생	研究生(けんきゅうせい) 연구생	新入生(しんにゅうせい) 신입생
☐ 〜制(せい) ~제	罰金制(ばっきんせい) 벌금제	共和制(きょうわせい) 공화제	四年制(よねんせい) 4년제
☐ 〜性(せい) ~성	安全性(あんぜんせい) 안전성	一貫性(いっかんせい) 일관성	遺伝性(いでんせい) 유전성
☐ 〜席(せき) ~석	禁煙席(きんえんせき) 금연석	指定席(していせき) 지정석	助手席(じょしゅせき) 조수석
☐ 〜線(せん) ~선	延長線(えんちょうせん) 연장선	国際線(こくさいせん) 국제 노선	電話線(でんわせん) 전화선
☐ 〜船(せん) ~선	貨物船(かもつせん) 화물선	輸送船(ゆそうせん) 수송선	宇宙船(うちゅうせん) 우주선
☐ 〜戦(せん) ~전	延長戦(えんちょうせん) 연장전	決勝戦(けっしょうせん) 결승전	空中戦(くうちゅうせん) 공중전
☐ 〜全体(ぜんたい) ~전체	都内全体(とないぜんたい) 도내 전체	屋根全体(やねぜんたい) 지붕 전체	
☐ 〜全般(ぜんぱん) ~전반	経済全般(けいざいぜんぱん) 경제 전반	計画全般(けいかくぜんぱん) 계획 전반	
☐ 〜沿い(ぞ) ~가, ~기슭	川沿い(かわぞ) 강가	山沿い(やまぞ) 산기슭	海岸沿い(かいがんぞ) 해안가, 바닷가
☐ 〜層(そう) ~층	知識層(ちしきそう) 지식층	読者層(どくしゃそう) 독자층	年齢層(ねんれいそう) 연령층
☐ 〜育ち(そだ) ~에서 자람	温室育ち(おんしつそだ) 온실에서 자람	お嬢様育ち(じょうさまそだ) 외동딸로 자람	東京育ち(とうきょうそだ) 도쿄에서 자람
☐ 〜団(だん) ~단	青年団(せいねんだん) 청년단	調査団(ちょうさだん) 조사단	選手団(せんしゅだん) 선수단
☐ 〜着(ちゃく) ~도착, ~벌	5時着(じちゃく) 5시 도착	一着(いっちゃく) 일등, 한 벌	
☐ 〜調(ちょう) ~조	七五調(しちごちょう) 칠오조	復古調(ふっこちょう) 복고조	絶好調(ぜっこうちょう) 최고 상태, 아주 좋음
☐ 〜庁(ちょう) ~청	検察庁(けんさつちょう) 검찰청	水産庁(すいさんちょう) 수산청	国税庁(こくぜいちょう) 국세청
☐ 〜賃(ちん) ~요금, ~삯	航空賃(こうくうちん) 항공 요금	船賃(ふなちん) 뱃삯	手間賃(てまちん) 품삯
☐ 〜づかい ~씀	無駄(むだ)づかい 헛되이 씀	仮名(かな)づかい かな 사용법	言葉(ことば)づかい 말씨, 말투
☐ 〜付き(つ) ~이 딸림, ~부	景品付き(けいひんつ) 경품이 딸림	条件付き(じょうけんつ)の賛成(さんせい) 조건부 찬성	
☐ 〜漬け(づ) ~에 빠짐, ~에 몰두	英語漬け(えいごづ) 영어 공부에 몰두	薬漬け(くすりづ) 약물에 빠짐	ゴルフ漬け(づ) 골프에 빠짐
☐ 〜づらい ~하기 어렵다	読(よ)みづらい 읽기 어렵다	言(い)いづらい 말하기 어렵다	
☐ 〜手(て) ~하는 사람	書き手(かきて) 쓰는 사람, 필자	語り手(かたりて) 말하는 사람, 화자	聞き手(ききて) 듣는 사람, 청자
☐ 〜点(てん) ~점	問題点(もんだいてん) 문제점	共通点(きょうつうてん) 공통점	妥協点(だきょうてん) 타협점
☐ 〜展(てん) ~전	作品展(さくひんてん) 작품전	写真展(しゃしんてん) 사진전	企画展(きかくてん) 기획전

□ ～度(ど) ～도	危険度(きけんど) 위험도	知名度(ちめいど) 지명도	理解度(りかいど) 이해도
□ ～同士(どうし) ～끼리	近所同士(きんじょどうし) 이웃끼리	隣同士(となりどうし) 이웃끼리	いとこ同士(どうし) 사촌끼리
□ ～内(ない) ～내, ～안	期間内(きかんない) 기간내	時間内(じかんない) 시간내	教室内(きょうしつない) 교실 안
□ ～難(なん) ～난	経営難(けいえいなん) 경영난	資金難(しきんなん) 자금난	生活難(せいかつなん) 생활난
□ ～熱(ねつ) ～열	教育熱(きょういくねつ) 교육열	太陽熱(たいようねつ) 태양열	野球熱(やきゅうねつ) 야구열
□ ～敗(はい) ～패, ～패배	三勝二敗(さんしょうにはい) 3승 2패	連敗(れんぱい) 연패	惜敗(せきはい) 석패
□ ～発(はつ) ～발, ～출발	ロンドン発(はつ) 런던발	９時発(じはつ) 9시 출발	
□ ～離れ(ばなれ) ～를 기피함	活字離れ(かつじばなれ) 활자를 멀리함	理科離れ(りかばなれ) 이과를 기피함	
□ ～犯(はん) ～범	現行犯(げんこうはん) 현행범	殺人犯(さつじんはん) 살인범	知能犯(ちのうはん) 지능범
□ ～版(ばん) ～판	限定版(げんていばん) 한정판	改訂版(かいていばん) 개정판	最新版(さいしんばん) 최신판
□ ～板(ばん) ～판	掲示板(けいじばん) 게시판	広告板(こうこくばん) 광고판	番号板(ばんごうばん) 번호판
□ ～判(ばん) ～판	規格判(きかくばん) 규격판	名刺判(めいしばん) 명함판	Ａ４判(エーヨンばん) A4판
□ ～費(ひ) ～비	研究費(けんきゅうひ) 연구비	生活費(せいかつひ) 생활비	交通費(こうつうひ) 교통비
□ ～評(ひょう) ～평	審査評(しんさひょう) 심사평	人物評(じんぶつひょう) 인물평	好評(こうひょう) 호평
□ ～表(ひょう) ～표	価格表(かかくひょう) 가격표	時刻表(じこくひょう) 시각표	予定表(よていひょう) 예정표
□ ～病(びょう) ～병	皮膚病(ひふびょう) 피부병	成人病(せいじんびょう) 성인병	職業病(しょくぎょうびょう) 직업병
□ ～風(ふう) ～풍	ヨーロッパ風(ふう) 유럽풍	洋風(ようふう) 서양풍	９０年代風(ねんだいふう) 90년대풍
□ ～深い(ぶかい) ～깊다, 아주 ～하다	興味深い(きょうみぶかい) 흥미롭다	注意深い(ちゅういぶかい) 주의 깊다	
□ ～服(ふく) ～복	宇宙服(うちゅうふく) 우주복	作業服(さぎょうふく) 작업복	体操服(たいそうふく) 체육복
□ ～物(ぶつ) ～물	飲食物(いんしょくぶつ) 음식물	刊行物(かんこうぶつ) 간행물	遺失物(いしつぶつ) 유실물
□ ～ぶり ～만임	３年(ねん)ぶり 3년만임	しばらくぶり 오랜만임	
□ ～別(べつ) ～별	能力別(のうりょくべつ) 능력별	地方別(ちほうべつ) 지방별	職業別(しょくぎょうべつ) 직업별
□ ～片(へん) ～조각, ～토막	金属片(きんぞくへん) 금속편	一片(いっぺん) 한 조각	
□ ～歩(ほ) ～보, ～걸음	一歩(いっぽ) 일보, 한 걸음	二歩(にほ) 두 발짝	第一歩(だいいっぽ) 첫걸음
□ ～法(ほう) ～법	国際法(こくさいほう) 국제법	料理法(りょうりほう) 요리법	解決法(かいけつほう) 해결법

□ ～報(ほう) ～보	社内報(しゃないほう) 사내보	注意報(ちゅういほう) 주의보	警報(けいほう) 경보
□ ～末(まつ) ～말	学期末(がっきまつ) 학기말	今月末(こんげつまつ) 이달 말	世紀末(せいきまつ) 세기말
□ ～味(み) ～미, ～성	現実味(げんじつみ) 현실성	人間味(にんげんみ) 인간미	真実味(しんじつみ) 진실성
□ ～面(めん) ～면, ～측면	興行面(こうぎょうめん) 흥행면	金銭面(きんせんめん) 금전적인 면	構成面(こうせいめん) 구성 면
□ ～元(もと) ～원	製造元(せいぞうもと) 제조원	販売元(はんばいもと) 판매원	
□ ～役(やく) ～역, ～역할	相談役(そうだんやく) 상담 역할	相手役(あいてやく) 상대역	司会役(しかいやく) 사회자 역할
□ ～ら ～들	彼(かれ)ら 그들	それら 그것들	我(われ)ら 우리들
□ ～来(らい) ～전부터	10年来(ねんらい) 10년 전부터	年来(ねんらい) 몇 해 전부터	従来(じゅうらい) 지금까지
□ ～裏(り) ～리	成功裏(せいこうり) 성공리	暗々裏(あんあんり) 암암리	秘密裏(ひみつり) 비밀리
□ ～率(りつ) ～율/률	出生率(しゅっせいりつ) 출생률	致命率(ちめいりつ) 치사율	百分率(ひゃくぶんりつ) 백분율, 퍼센트
□ ～流(りゅう) ～류, ～식	自己流(じこりゅう) 자기식	西洋流(せいようりゅう) 서양식	
□ ～量(りょう) ～량	交通量(こうつうりょう) 교통량	食事量(しょくじりょう) 식사량	音量(おんりょう) 음량
□ ～領(りょう) ～령, ～영토	フランス領(りょう) 프랑스령	オランダ領(りょう) 네덜란드령	
□ ～力(りょく) ～력	経済力(けいざいりょく) 경제력	理解力(りかいりょく) 이해력	思考力(しこうりょく) 사고력
□ ～類(るい) ～류	文房具類(ぶんぼうぐるい) 문방구류	シーツ類(るい) 시트류	魚介類(ぎょかいるい) 어패류
□ ～暦(れき) ～력, ～경력, ～이력	受賞暦(じゅしょうれき) 수상 이력	指導暦(しどうれき) 지도 경력	選手暦(せんしゅれき) 선수 경력
□ ～路(ろ) ～로	滑走路(かっそうろ) 활주로	通学路(つうがくろ) 통학로	輸送路(ゆそうろ) 수송로
□ ～録(ろく) ～록, ～기록	会議録(かいぎろく) 회의록	回想録(かいそうろく) 회상록	見聞録(けんぶんろく) 견문록
□ ～論(ろん) ～론	平和論(へいわろん) 평화론	歴史論(れきしろん) 역사론	理想論(りそうろん) 이상론

7 복합동사

□ 相打(あいう)つ 서로 치다, 서로 싸우다	□ 仰向(あおむ)く 위를 보다	□ 当(あ)てはめる 맞추다, 적용시키다
□ 歩(ある)き回(まわ)る 걸어다니다, 돌아다니다	□ 言(い)い換(か)える 바꿔 말하다	□ 言(い)い付(つ)ける 명령하다, 고자질하다
□ 威張(いば)る 뽐내다, 거만하게 굴다	□ 入(い)れ替(か)える 바꿔 넣다	□ 受(う)け付(つ)ける 접수하다, 받아들이다
□ 受(う)け取(と)る 수취하다, 받다	□ 受(う)け持(も)つ 맡다, 담당하다	□ 移(うつ)り住(す)む 옮겨 살다, 이주하다
□ 裏返(うらがえ)す 뒤집다	□ 裏切(うらぎ)る 배반하다, 배신하다	□ 売(う)り出(だ)す 판매하다, 출시하다
□ 上回(うわまわ)る 상회하다, 웃돌다	□ 追(お)い返(かえ)す 돌려보내다, 쫓아내다	□ 追(お)い掛(か)ける 뒤쫓아가다
□ 追(お)い越(こ)す 앞지르다	□ 追(お)い込(こ)む 몰아넣다	□ 追(お)い出(だ)す 내쫓다, 몰아내다
□ 思(おも)い込(こ)む 굳게 결심하다, 믿다	□ 折(お)り返(かえ)す 되돌아가다, 되돌아오다	□ 買(か)い込(こ)む 사들이다
□ 書(か)き換(か)える 고쳐 쓰다	□ 書(か)き込(こ)む 적어넣다, 기입하다	□ 書(か)き取(と)る 받아쓰다, 베껴 쓰다
□ 書(か)き直(なお)す 다시 쓰다, 고쳐 쓰다	□ 考(かんが)え付(つ)く 생각나다	□ 聞(き)き返(かえ)す 되묻다, 다시 듣다
□ 聞(き)き取(と)る 알아듣다	□ 聞(き)き直(なお)す 되묻다, 다시 듣다	□ 聞(き)き流(なが)す 건성으로 듣다
□ 気付(きづ)く 깨닫다, 알아차리다	□ くっつく 들러붙다	□ くっつける 붙이다
□ 組(く)み立(た)てる 조립하다	□ 心得(こころえ)る 알다, 납득하다	□ 言付(ことづ)ける 전언하다, 말을 전하다
□ さかのぼる 거슬러 올라가다	□ 差(さ)し引(ひ)く 빼다, 제하다	□ 下回(したまわ)る 하회하다, 밑돌다
□ 絞(しぼ)り込(こ)む 좁혀나가다	□ 信(しん)じ込(こ)む 믿어 의심치 않다	□ 吸(す)い取(と)る 흡수하다, 빨아들이다
□ 透(す)き通(とお)る 비쳐 보이다, 투명하다	□ すれ違(ちが)う 스쳐 지나가다, 엇갈리다	□ 背負(せお)う 짊어지다, 업다
□ 立(た)ち上(あ)がる 일어서다, 일어나다	□ 立(た)ち去(さ)る 떠나다, 물러나다	□ 立(た)ち止(ど)まる 멈추어 서다
□ 近寄(ちかよ)る 접근하다, 다가가다	□ 使(つか)い切(き)る 다 써버리다	□ 突(つ)き当(あ)たる 부딪치다, 충돌하다
□ 突(つ)っ込(こ)む 깊이 파고들다, 처넣다	□ 釣(つ)り合(あ)う 균형 잡히다, 어울리다	□ 出迎(でむか)える 마중 나가다
□ 問(と)い返(かえ)す 다시 묻다, 반문하다	□ 問(と)いかける 묻다, 질문하다	□ 通(とお)り掛(か)かる 마침 지나가다
□ 通(とお)り過(す)ぎる 지나치다, 통과하다	□ 溶(と)け込(こ)む 녹아 섞이다	□ 怒鳴(どな)る 고함치다, 야단치다
□ 飛(と)び上(あ)がる 날아오르다, 날뛰다	□ 飛(と)び降(お)りる 뛰어내리다	□ 飛(と)び越(こ)える 뛰어넘다, 건너뛰다

□ 飛(と)び込(こ)む 뛰어들다, 투신하다	□ 飛(と)び出(だ)す 뛰어나가다, 튀어나오다	□ 飛(と)び立(た)つ 날아가다, 날아오르다
□ 飛(と)び付(つ)く 달려들다, 덤벼들다	□ 飛(と)び乗(の)る 뛰어 올라타다	□ 飛(と)び回(まわ)る 날아다니다
□ 取(と)り合(あ)う 맞잡다, 쟁탈하다	□ 取(と)り上(あ)げる 집어 들다, 빼앗다	□ 取(と)り扱(あつか)う 취급하다, 처리하다
□ 取(と)り集(あつ)める 한데 모으다	□ 取(と)り入(い)れる 거둬들이다, 받아들이다	□ 取(と)り置(お)く 남겨두다, 보관하다
□ 執(と)り行(おこな)う 지내다, 거행하다	□ 取(と)り返(かえ)す 되찾다, 만회하다	□ 取(と)り替(か)える 바꾸다, 교환하다
□ 取(と)り囲(かこ)む 둘러싸다, 에워싸다	□ 取(と)り交(か)わす 교환하다	□ 取(と)り決(き)める 결정하다, 계약하다
□ 取(と)り切(き)る 모조리 따다, 전부 뜯다	□ 取(と)り組(く)む 맞붙다, 몰두하다	□ 取(と)り消(け)す 취소하다
□ 取(と)り込(こ)む 혼잡하다, 거둬들이다	□ 取(と)り出(だ)す 꺼내다, 골라 내다	□ 取(と)り直(なお)す 다시 하다, 새로이 하다
□ 取(と)り戻(もど)す 되찾다, 회복하다	□ 取(と)り止(や)める 그만두다, 중지하다	□ 取(と)り分(わ)ける 나누다, 갈라놓다
□ 長引(ながび)く 오래 끌다, 질질 끌다	□ 乗(の)り換(か)える 갈아타다, 바꿔 타다	□ 乗(の)り越(こ)える 극복하다
□ 走(はし)り回(まわ)る 뛰어다니다, 동분서주하다	□ 払(はら)い戻(もど)す 남은 돈을 돌려주다	□ 張(は)り切(き)る 팽팽하다, 힘을 내다
□ 引(ひ)き受(う)ける 떠맡다, 인수하다	□ 引(ひ)き込(こ)む 끌어들이다	□ 引(ひ)き出(だ)す 꺼내다, 끄집어내다
□ 引(ひ)き抜(ぬ)く 뽑다, 선발하다	□ 引(ひ)っ掛(か)かる 걸리다, 걸려들다	□ 引(ひ)っ掛(か)ける 걸다
□ 引(ひ)っ繰(く)り返(かえ)す 뒤집다, 뒤엎다	□ 引(ひ)っ繰(く)り返(かえ)る 뒤집히다, 역전되다	□ ぶら下(さ)がる 매달리다, 늘어지다
□ ぶら下(さ)げる 매달다, 늘어뜨리다	□ 振(ふ)る舞(ま)う 행동하다	□ 微笑(ほほえ)む 미소 짓다
□ 真似(まね)る 흉내내다, 모방하다	□ 見上(みあ)げる 올려다보다, 쳐다보다	□ 見当(みあ)たる 발견되다, 눈에 띄다
□ 見合(みあ)わせる 마주 보다, 대조하다	□ 見(み)いだす 찾아내다, 발견하다	□ 見失(みうしな)う (시야에서) 놓치다
□ 見送(みおく)る 배웅하다, 바래다주다	□ 見落(みお)とす 간과하다, 못 보고 놓치다	□ 見下(みお)ろす 내려다보다, 얕보다
□ 見返(みかえ)す 다시 보다, 뒤돌아보다	□ 見(み)かける 눈에 띄다, 가끔 보다	□ 見込(みこ)む 기대하다, 예상하다
□ 見下(みさ)げる 얕보다, 업신여기다	□ 見詰(みつ)める 응시하다, 주시하다	□ 見直(みなお)す 다시 보다, 재검토하다
□ 見慣(みな)れる 눈에 익다, 낯익다	□ 見舞(みま)う 병문안하다	□ 見分(みわ)ける 분별하다, 분간하다
□ 目立(めだ)つ 눈에 띄다, 두드러지다	□ 持(も)ち上(あ)げる 들어 올리다, 쳐들다	□ 基(もと)づく 기인하다, 바탕으로 하다
□ 物語(ものがた)る 말하다, 이야기를 하다	□ 盛(も)り上(あ)がる 불거지다, 고조되다	□ 役立(やくだ)つ 도움이 되다, 쓸모가 있다
□ 役立(やくだ)てる 유용하게 쓰다	□ やっつける 해치우다	□ やり直(なお)す 다시 하다
□ 指差(ゆびさ)す 손가락질하다, 가리키다	□ 横切(よこぎ)る 가로지르다, 횡단하다	□ 寄越(よこ)す 보내오다, 넘겨주다

□ 呼(よ)びかける 부르다, 호소하다	□ 呼(よ)び出(だ)す 호출하다, 불러내다	□ 読(よ)み上(あ)げる 소리 내어 읽다
□ 読(よ)み切(き)る 끝까지 다 읽다	□ 読(よ)み通(とお)す 끝까지 다 읽다	□ 読(よ)み取(と)る 읽고 이해하다

8 부사

□ あくまで 어디까지나, 끝까지	□ いずれ 결국, 어쨌든, 조만간	□ いずれにせよ 어느 쪽이든
□ 今(いま)にも 당장에라도, 조금 있으면	□ 至(いた)るところ 도처에, 가는 곳마다	□ いちいち 일일이, 하나하나
□ 一段(いちだん)と 한층, 더욱, 훨씬	□ いつでも 언제라도	□ ～一方(いっぽう) ~하기만 함, ~하는 한편
□ いつまでも 언제까지나, 영원히	□ いよいよ 마침내, 드디어	□ うっかり 깜빡, 무심코
□ うっすら 어렴풋이, 희미하게	□ うろうろ 우왕좌왕, 허둥지둥	□ うんと 매우, 썩, 많이
□ 得(え)てして 자칫, 자칫하면	□ 大(おお)いに 대단히, 크게, 매우	□ おおむね 대개, 대강, 대체로
□ おおよそ 대강, 대략, 대체로	□ お気(き)の毒(どく)に 불쌍하게도	□ お先(さき)に 먼저
□ 遅(おそ)くとも 늦어도	□ 思(おも)わず 엉겁결에, 나도 모르게	□ 折(お)り返(かえ)し 받은 즉시, 곧바로
□ かえって 도리어, 오히려, 반대로	□ がらがら 와르르, 드르륵	□ 仮(かり)に 만일, 만약, 임시로
□ 仮(かり)にも 적어도, 그래도, 결코	□ 軽々(かるがる) 가뿐히, 거뜬히	□ かんかん 땡땡(소리), 쨍쨍(햇빛)
□ がんがん 시끄럽게 잔소리함, 띵함	□ ぎざぎざ 들쭉날쭉	□ きちんと 깔끔히, 정확히
□ きっと 꼭, 분명, 반드시	□ きょろきょろ 두리번두리번	□ きらきら 반짝반짝
□ ぐっすり 푹(깊이 잠든 모양)	□ ぐるぐる 빙글빙글, 둘둘	□ ぐんぐん 부쩍부쩍, 쑥쑥
□ 現(げん)に 실제로, 지금	□ 極(ごく) 극히, 대단히	□ こっそり 가만히, 살짝, 몰래
□ ころころ 대굴대굴, 오동통	□ さすが 역시, 정말이지	□ さらさら 졸졸, 보슬보슬
□ 更(さら)に 게다가, 더욱더	□ しいんと 아주 조용함, 고요함	□ しかも 게다가, 그 위에
□ 始終(しじゅう) 내내, 늘, 항상	□ 従(したが)って 따라서, 그러므로	□ 直(じき)に 곧바로, 금방
□ しっかり 단단히, 제대로, 야무지게	□ しっとり 촉촉히, 차분히	□ しみじみ 절실히, 곰곰히

- □ 順々(じゅんじゅん)に 차례차례, 차례로
- □ すいすい 척척, 술술, 거침없이
- □ すくすく 쑥쑥, 무럭무럭
- □ すっと 불쑥, 쓱, 후련함, 개운함
- □ 既(すで)に 이미, 벌써
- □ すらすら 술술, 척척, 거침없이
- □ ずらり 죽, 줄줄이
- □ せっせと 열심히, 부지런히
- □ 絶対(ぜったい)(に) 절대로, 반드시, 결코
- □ 是非(ぜひ)とも 꼭, 무슨 일이 있어도
- □ そこで 그래서, 그런데
- □ そっと/そうっと 살짝, 몰래
- □ それからそれと 뒤이어, 잇달아
- □ それでも 그런데도, 그래도
- □ そろそろ 슬슬
- □ 大(たい)した 대단한, 이렇다 할, 특별한
- □ 大層(たいそう) 매우, 아주, 대단히
- □ 大半(たいはん) 태반, 대부분
- □ 大分(だいぶ)/大分(だいぶん) 상당히, 어지간히, 꽤
- □ 絶(た)えず 늘, 끊임없이
- □ ただちに 즉시, 당장, 직접
- □ 断固(だんこ) 단호히, 단연코
- □ 段段(だんだん) 차츰, 점차, 서서히
- □ 単(たん)に 단지, 다만, 그저
- □ 近近(ちかぢか) 머지않아, 일간
- □ ちょいちょい 때때로, 가끔
- □ ちょいと 조금, 약간
- □ つい 그만, 무심코
- □ 次(つ)いで 뒤이어, 잇따라서
- □ ついに 드디어, 마침내, 결국
- □ つくづく 곰곰이, 뚫어지게, 절실히
- □ つるつる(と) 매끈매끈, 반들반들
- □ 転転(てんてん) 전전, 여기저기 옮겨 다님
- □ どうも 도무지, 도저히, 아무래도
- □ どきどき 두근두근, 울렁울렁
- □ 所所(ところどころ) 여기저기
- □ ともかく 하여간, 어쨌든, 여하튼
- □ 何(なに)しろ 어쨌든, 여하튼
- □ 何分(なにぶん) 아무쪼록, 부디
- □ 何(なん)とか 어떻게든, 간신히, 그럭저럭
- □ 何(なん)となく 왠지, 어쩐지
- □ 何(なん)とも 정말, 뭐라고도
- □ 何(なん)の 무슨, 어떤, 아무
- □ 残(のこ)らず 남김 없이, 전부, 모두
- □ のろのろ 느릿느릿, 꾸물꾸물
- □ はきはき 시원시원, 또랑또랑
- □ 果(は)たして 과연, 역시, 대체
- □ ばっさり 싹둑, 싹
- □ ばったり 딱 마주침, 뚝 끊김
- □ ぴったり 꼭 맞음, 딱 맞음
- □ 一通(ひととお)り 대강, 얼추, 대충
- □ ひとまず 우선, 일단
- □ ひとりでに 저절로, 자연히
- □ 広々(ひろびろ) 널찍한 모양
- □ ぶつぶつ 중얼중얼, 투덜투덜
- □ ふと 문득, 갑자기
- □ ぶよぶよ 포동포동
- □ ふわふわ 푹신푹신, 두둥실
- □ ぷんぷん 물씬, 뾰로통
- □ ふんわり(と) 폭신하게, 사뿐히
- □ ぼうっと 흐릿함, 희미함, 멍함
- □ ほかほか 따끈따끈
- □ ぼつぼつ 슬슬, 조금씩
- □ ぼろぼろ 부슬부슬
- □ 誠(まこと)に 참으로, 정말로
- □ まごまご 우물쭈물
- □ まさか 설마, 정말이지
- □ まさに 바로, 틀림없이, 정말로
- □ むしろ 차라리, 오히려
- □ 万一(まんいち)/万(まん)が一(いち) 만일, 만약
- □ めちゃくちゃ 아주, 엄청
- □ めっきり 뚜렷이, 현저히, 부쩍
- □ めったに 거의, 좀처럼
- □ もしかしたら 어쩌면
- □ もしかして 만약에, 어쩌면

□ もしも 만약, 만일의 경우 □ もじもじ 꾸물꾸물, 머뭇머뭇 □ 元元(もともと) 본디부터, 원래

□ もはや 이미, 벌써, 어느새 □ やがて 머지않아, 이윽고 □ やたらに 마구, 몹시, 함부로

□ ゆらゆら 흔들흔들, 하늘하늘 □ 要(よう)するに 요컨대, 결국 □ ようやく 겨우, 간신히, 그제야

□ より一層(いっそう) 한층 더, 보다 더 □ 喜(よろこ)んで 기꺼이, 기쁘게 □ わくわく 울렁울렁, 두근두근

9 외래어

□ アーケード 아케이드, 상점가 □ アート 아트, 예술, 미술 □ アイスクリーム 아이스크림

□ アイテム 아이템, 항목, 품목 □ アイボリー 아이보리, 상아빛 □ アイロン 아이론, 다리미

□ アウト 밖, 실격 □ アクセス 액세스, 접근, 교통편 □ アクセント 악센트, 억양, 강조

□ アクティブ 활동적임, 적극적임 □ アップ 상승, 인상 □ アプローチ 어프로치, 접근

□ アルファベット 알파벳 □ アンテナ 안테나 □ アンバランス 불균형함

□ イージー 간편함, 손쉬움 □ イコール 같음, 등호 □ イベント 이벤트, 행사

□ イメージ 이미지, 인상 □ インストール 설치 □ インタビュー 인터뷰, 면접

□ インパクト 임팩트, 충돌, 충격 □ ウイスキー 위스키 □ ウーマン 여성, 여자

□ ウール 울, 양털, 모직물 □ ウエートレス 웨이트리스, 여자 종업원

□ エアメール 항공 우편 □ エチケット 에티켓, 예의범절 □ エプロン 에이프런, 앞치마

□ エンジニア 엔지니어, 기술자 □ オーケストラ 오케스트라, 관현악(단)

□ オリジナル 원작, 독창적인 □ オルガン 오르간 □ オンライン 온라인

□ カーブ 커브, 곡선, 굽음 □ ガイドブック 가이드 북, 안내서 □ ガム 껌

□ カラー 컬러, 색, 색깔 □ キャプテン 캡틴, 주장 □ ギャング 갱, 강도(단)

□ キャンパス 캠퍼스, 대학 □ キャンプ 캠프, 야영 □ クイズ 퀴즈

□ クラシック 클래식, 고전 □ グラス 유리컵, 안경 □ クラブ 클럽

□ クリア 깨끗함, 통과함
□ クリーニング 세탁, 청소
□ クリスマス 크리스마스
□ グループ 그룹, 집단
□ クレジットカード 신용카드
□ ケア 주의, 조심, 돌봄, 보살핌
□ ゲスト 게스트, 손님
□ コース 코스, 진로, 방향
□ コーチ 코치, 지도자
□ コード 코드, 부호, 암호, 규정
□ コーラス 코러스, 합창(단)
□ ゴール 골, 목표, 목표를 달성함
□ コック 요리사, 조리사
□ コピー 카피, 복사, 사본
□ ゴム 고무
□ コメント 코멘트, 논평, 의견
□ コラム 칼럼
□ コレクション 컬렉션, 수집품
□ コンクリート 콘크리트
□ コンセント 콘센트
□ コントロール 컨트롤, 통제, 조절
□ コンプレックス 콤플렉스
□ サークル 서클, 동아리, 동호회
□ サービス 서비스
□ サイレン 사이렌, 경적
□ サイン 사인, 서명
□ シーツ 시트
□ ジーンズ 진, 청바지
□ ジェット 제트기
□ シグナル 시그널, 신호
□ システム 시스템, 제도, 체계
□ ジャーナリスト 언론인
□ シャッター 셔터
□ ショップ 상점, 가게
□ シリーズ 시리즈
□ シンプル 심플, 검소함, 단순함
□ スカーフ 스카프
□ スタイル 스타일, 모습, 모양, 양식
□ スタッフ 스태프, 담당자, 제작진
□ スタミナ 체력, 끈기
□ スタンド 스탠드, 관람석, 판매대
□ スタンプ 스탬프, 우편물의 소인
□ スチュワーデス 여자 승무원
□ ステージ 스테이지, 무대
□ ステーション 정거장, 역
□ ステップ 스텝, 걸음, 단계
□ ストッキング 스타킹
□ ストップ 정지, 멈춤, 정류소
□ ストライキ 파업
□ スピーカー 스피커
□ スピード 스피드, 속도, 속력
□ スポーツカー 스포츠카
□ スマート 말쑥함, 단정하고 멋짐
□ スライド 슬라이드, 미끄러짐
□ セット 세트, 한 벌, 한 쌍
□ セメント 시멘트
□ センター 센터, 중앙 기관
□ タイマー 타이머, 스톱워치
□ タイム 시각, 시간
□ ダイヤグラム 운행표, 도표
□ ダイヤモンド 다이아몬드
□ ダイヤル 다이얼
□ ダブル 더블, 이중, 2배
□ ダム 댐
□ ダメージ 피해, 손해
□ タワー 타워, 탑
□ チャージ 충전, 요금
□ チョーク 초크, 분필
□ チラシ 광고용 전단지
□ データ 데이터, 자료
□ テーマ 테마, 주제
□ デモ 데모, 시위
□ テント 텐트, 천막
□ トップ 톱, 정상, 선두, 1위
□ トラック 트럭, 화물차

□ ドラマ 드라마
□ トランプ 트럼프, 카드
□ トレーニング 트레이닝, 훈련, 연습
□ ドレス 드레스
□ トン 톤 (무게 단위), 1,000kg
□ トンネル 터널, 굴
□ ナイロン 나일론
□ ナンバー 번호
□ ニーズ 필요, 수요, 요구
□ ノルマ 노르마, 할당량
□ バイオリン 바이올린
□ パイプ 파이프, 관
□ パイロット 파일럿, 비행 조종사
□ バケツ 양동이, 들통
□ パスポート 패스포트, 여권
□ パターン 패턴, 유형
□ パブリック 공공적임, 대중적임
□ ハンサム 핸섬, 미남임
□ パンツ 팬츠, 바지
□ ハンドバッグ 핸드백
□ ハンドル 핸들, 손잡이
□ ピーク 피크, 정상, 정점
□ ピストル 권총
□ ビタミン 비타민
□ ヒット 히트, 큰 성공, (야구) 안타
□ ビニール 비닐
□ ビルディング(=ビル) 빌딩
□ ピン 핀
□ フライパン 프라이팬
□ プライベート 개인적임, 사적임
□ ブラウス 블라우스
□ ブラシ 브러시, 솔
□ プラスチック 플라스틱
□ フリー 프리, 자유로움, 무료
□ ブレーキ 브레이크, 제동(기)
□ フレッシュ 신선함, 참신함
□ プロ 프로, 전문적
□ フロア 플로어, 층, 마룻바닥
□ ブローチ 브로치
□ プログラム 프로그램, 예정표
□ プロジェクト 프로젝트, 계획
□ フロント 프런트, 접수대
□ ペース 페이스, 속도, 보조
□ ベスト 베스트, 최선, 최고
□ ベテラン 베테랑, 노련한 사람
□ ヘリコプター 헬리콥터, 헬기
□ ベルト 벨트, 혁대, 띠
□ ペンキ 페인트
□ ベンチ 벤치, 긴 의자
□ ペンチ 펜치
□ ボーナス 보너스, 상여금
□ マーケット 마켓, 시장, 판로
□ マイク 마이크
□ マイナス 마이너스, 손해
□ マスク 마스크, 가면, 딜
□ マスター 마스터, 숙달함
□ マフラー 머플러, 목도리
□ マラソン 마라톤
□ マンション 맨션, 중·고층 아파트
□ ミーティング 미팅, 모임
□ ミシン 재봉틀
□ ミス 미스, 실패, 실수
□ メンバー 멤버, 구성원
□ モーター 모터, 전동기
□ モダン 모던, 현대적임
□ モデル 모델, 원형, 견본
□ モノレール 모노레일
□ ヨーロッパ 유럽
□ ヨット 요트
□ ライター 라이터
□ ライバル 라이벌, 경쟁 상대
□ ライブ 라이브, 생방송, 실황
□ ライフスタイル 생활 방식
□ ライン 라인, 선, 줄
□ ラウンジ 라운지, 휴게실

□ ラウンド 라운드, 둥긂, 일주, 순환	□ ラケット 라켓	□ ランニング 달리기, 러닝셔츠
□ リアル 현실적임, 사실적임	□ リズム 리듬	□ リットル 리터 (부피 단위)
□ リボン 리본	□ ルーズ 느슨함, 야무지지 않음	□ レインコート 레인코트, 우비
□ レクリエーション 오락, 휴양	□ レンズ 렌즈	□ ロケット 로켓
□ ロッカー 로커, 사물함, 보관함	□ ロビー 로비, 휴게실	□ ワイン 와인, 포도주

10 유의어

□ 相次いで(あいつ) 이어서, 연달아	≒	続々(ぞくぞく) 속속
□ 相棒(あいぼう) 짝, 한패	≒	パートナー 파트너, 상대
□ 明るい(あか) 밝다, 정통하다	≒	詳しい(くわ) 자세하다, 정통하다
□ あきらめ 포기, 단념	≒	絶望(ぜつぼう) 절망
□ 空く(あ) 비다, 짬이 나다	≒	済む(す) 끝나다
□ あくる日(ひ) 다음날, 익일	≒	翌日(よくじつ) 다음날, 익일
□ 当て(あ) 목표, 기대, 가망	≒	見込み(みこ) 전망, 예상, 목표
□ 過ち(あやま) 잘못, 실수	≒	過失(かしつ) 과실
□ 歩み(あゆ) 걸음, 발걸음	≒	歩行(ほこう) 보행
□ 歩む(あゆ) 걷다	≒	歩く(ある) 걷다
□ 予め(あらかじ) 미리	≒	事前に(じぜん) 사전에
□ 争い(あらそ) 다툼	≒	論争(ろんそう) 논쟁
□ 言い訳(い わけ) 변명, 핑계	≒	弁解(べんかい) 변명
□ イージーな 쉬운, 적당한	≒	安易な(あんい) 손쉬운, 안이한, 적당한
□ いわば 이른바	≒	たとえてみれば 예를 들면

□ うまく 잘	≒	順調(じゅんちょう)に 순조롭게
□ 往々(おうおう)にして 왕왕, 이따금	≒	時々(ときどき) 때때로, 가끔
□ 大幅(おおはば)に 대폭적으로	≒	格段(かくだん)に 현격히
□ おおよそ 대략	≒	ほぼ 대략, 거의
□ 押(お)し出(だ)す 내세우다, 부각하다	≒	一段(いちだん)と強(つよ)く打(う)ち出(だ)す 한층 강하게 내세우다
□ 思(おも)い切(き)って 과감히	≒	断然(だんぜん) 단호히
□ 思(おも)わず 무심코	≒	無意識(むいしき)に 무의식적으로
□ 掛(か)かり 비용, 경비	≒	出費(しゅっぴ) 지출
□ 賢(かしこ)い 현명하다, 영리하다	≒	頭(あたま)がいい 머리가 좋다
□ かつては 일찍이, 예전에는	≒	以前(いぜん)は 이전에는
□ ギフト 선물	≒	贈(おく)り物(もの) 선물
□ 均衡(きんこう) 균형	≒	バランス 밸런스, 균형
□ 個個(ここ) 개개, 각각, 각기	≒	おのおの/それぞれ 각각, 각기
□ 心強(こころづよ)い 마음 든든하다	≒	気丈夫(きじょうぶ)だ 마음이 든든하다
□ こつ 요령	≒	要領(ようりょう) 요령
□ 細(こま)かい 잘다, 세세하다	≒	詳(くわ)しい 자세하다
□ コンテナ 컨테이너, 화물용 상자	≒	入(い)れ物(もの) 용기
□ 差異(さい) 차이	≒	違(ちが)い 다름, 차이
□ 事業(じぎょう) 사업	≒	ビジネス 비즈니스, 사업
□ 仕組(しく)み 구조	≒	構造(こうぞう) 구조
□ 支持(しじ) 지지	≒	サポート 서포트, 지지
□ 視線(しせん) 시선	≒	まなざし 눈길, 시선, 눈빛
□ シナリオ 시나리오, 각본	≒	脚本(きゃくほん) 각본
□ ずいぶん 꽤, 상당히	≒	かなり 꽤, 상당히
□ スケッチ 스케치, 사생	≒	写生(しゃせい) 사생

□ すべて 모두, 전부 ≒ 残(のこ)らず 남김없이

□ 例(たと)え 비유, 예 ≒ 比喩(ひゆ) 비유

□ たやすい 쉽다, 용이하다 ≒ やさしい 쉽다

□ ついに 마침내, 드디어, 결국 ≒ 結局(けっきょく) 결국

□ 手(て)を打(う)つ 타결하다, 매듭 짓다 ≒ 契約(けいやく)する 계약하다

□ どうせ 어차피 ≒ 結局(けっきょく)は 결국은

□ トラブル 트러블, 분쟁 ≒ もめごと 분규, 분쟁

□ トラブル 고장 ≒ 故障(こしょう) 고장

□ 悩(なや)ます 괴롭히다 ≒ 苦(くる)しめる 괴롭히다

□ にわかに 즉각, 당장 ≒ すぐに 바로

□ 映(は)える 빛나다, 돋보이다 ≒ 引(ひ)き立(た)つ 돋보이다, 두드러지다

□ パレード 퍼레이드, 행진 ≒ 行列(ぎょうれつ) 행렬

□ 判明(はんめい)する 판명되다 ≒ 確認(かくにん)される 확인되다

□ 非常(ひじょう)に 상당히, 매우 ≒ とても 아주, 굉장히

□ 付着(ふちゃく)する 부착하다 ≒ くっつく 붙다, 달라붙다

□ ふと 문득 ≒ 何(なん)の気(き)なしに 아무 생각 없이

□ へとへと 녹초가 됨 ≒ くたくた 나른함, 흐물흐물해짐

□ ポイント 포인트, 요점 ≒ 要点(ようてん) 요점

□ まもなく 머지않아, 곧 ≒ もうすぐ 곧

□ 目録(もくろく) 목록 ≒ カタログ 카탈로그, 목록

□ 病(やまい) 병, 나쁜 버릇 ≒ 病気(びょうき) 병, 질병, 나쁜 버릇

□ ゆとり 여유 ≒ 余裕(よゆう) 여유

□ 要(よう)するに 요컨대 ≒ つまり 즉, 요컨대, 결국

□ ランキング 랭킹, 순위 ≒ 順位(じゅんい) 순위

□ ランプ 램프, 전등 ≒ 電灯(でんとう) 전등

□ レース 레이스, 경주	≒	競走(きょうそう) 경주
□ レッスン 레슨, 수업, 연습	≒	稽古(けいこ) 배움, 익힘, 연습
□ わずかに 간신히, 겨우	≒	かろうじて/やっと 간신히, 겨우

1 예상어휘 확인문제 한자읽기 / 10

問題 1 ＿＿＿の言葉の読み方として最もよいものを、１・２・３・４から一つ選びなさい。

1 彼と私は中学時代から親しい仲です。

1 きびしい　2 したしい　3 ひとしい　4 やさしい

2 私はきのうから体調を崩しています。

1 たおして　2 こわして　3 つぶして　4 くずして

3 この地域の住民の災害時避難場所は市立公園だ。(災害時: ひさいじ, 避難: ひなん)

1 ちえき　2 じえき　3 ちいき　4 じいき

4 親には子供の隠れた才能を引き出してやる責任がある。

1 はなれた　2 わかれた　3 かくれた　4 はずれた

5 彼女は絵よりも彫刻がうまい。

1 ちょかく　2 ちょこく　3 ちょうかく　4 ちょうこく

6 最近このあたりでは盗難事件が相次いでいる。(相次: あいつ)

1 となん　2 とらん　3 とうなん　4 とうらん

7 このビーチの砂は粗い。

1 あらい　2 ずるい　3 くどい　4 かたい

8 決定する前にこれらの事情を考慮すべきだ。

1 こうりょう　2 こうりょ　3 ごうりょう　4 ごうりょ

9 われわれは考え方を１８０度転換する必要がある。

1 でんがん　2 でんかん　3 てんがん　4 てんかん

10 遭難者の安否がいまだに不明です。(遭難者: そうなんしゃ)

1 あんぴ　2 あんぷ　3 あんび　4 あんぶ

답 1② 2④ 3③ 4③ 5④ 6③ 7① 8② 9④ 10①

2 예상어휘 확인문제 한자읽기 / 10

問題１　＿＿＿の言葉の読み方として最もよいものを、１・２・３・４から一つ選びなさい。

1　私の読書感想文が学校新聞に掲載された。

1　けいさい　　2　けいざい　　3　きょうさい　　4　きょうざい

2　このカーテンは燃えにくい素材(そざい)でできている。

1　はえ　　2　ふえ　　3　たえ　　4　もえ

3　何事も実際に試してみないとわからない。

1　なおして　　2　ためして　　3　しめして　　4　かえして

4　このしょうゆは塩分(えんぶん)の濃度が高い。

1　のうど　　2　のうどう　　3　ろうど　　4　ろうどう

5　この品物があるか、倉庫を見てきてくれない？

1　しょうこう　　2　しょうこ　　3　そうこう　　4　そうこ

6　この値段ではとても高くて手が出ない。

1　ねたん　　2　ねだん　　3　ちたん　　4　ちだん

7　びんをよく振ってからお飲みください。

1　ほって　　2　こすって　　3　ふって　　4　にぎって

8　こたつが恋しい季節になった。

1　むなしい　　2　くやしい　　3　おかしい　　4　こいしい

9　泥棒は警備員(けいびいん)のすきを狙って侵入(しんにゅう)した。

1　ねらって　　2　きそって　　3　うばって　　4　あらそって

10　電車のドアにコートが挟まれた。

1　かこまれた　　2　はさまれた　　3　つかまれた　　4　つつまれた

답 1① 2④ 3② 4① 5④ 6② 7③ 8④ 9① 10②

問題１ ＿＿＿の言葉の読み方として最もよいものを、１・２・３・４から一つ選びなさい。

1 この任務を終えたら私は辞職（じしょく）するつもりです。
1 じんむ　2 じんぶ　3 にんむ　4 にんぶ

2 まだ使える扇風機（せんぷうき）を捨てるのは惜しいよ。
1 けわしい　2 ほしい　3 くるしい　4 おしい

3 私たちは彼のスピーチに非常に感激した。
1 かんげき　2 かんてき　3 しげき　4 してき

4 営業の仕事をしたいなら消極的ではだめだよ。
1 そうきょくてき　2 そうごくてき　3 しょうきょくてき　4 しょうごくてき

5 交通費は全額支給（しきゅう）します。
1 ぜんがく　2 ぜんかく　3 そうがく　4 そうかく

6 あの４本の柱が屋根全体を支えている。
1 おさえて　2 ささえて　3 つかまえて　4 かかえて

7 夏には電力の需要が増える。
1 しゅうよう　2 しゅよう　3 じゅうよう　4 じゅよう

8 詳細はこちらをクリックしてください。
1 しょうさい　2 しょうざい　3 そうさい　4 そうざい

9 万引き（まんび）きの犯人がスーパーの防犯カメラに写っていた。
1 もうはん　2 ぼうはん　3 もはん　4 ぼはん

10 銀行の損失は10億円に上（のぼ）った。
1 ぞんしつ　2 ぞんちつ　3 そんしつ　4 そんちつ

답 1③ 2④ 3① 4③ 5① 6② 7④ 8① 9② 10③

問題1 ＿＿＿の言葉の読み方として最もよいものを、1・2・3・4から一つ選びなさい。

1 さっきまで雨が降っていたのにもう日が照っているよ。

1 あたって 2 うつって 3 ひかって 4 てって

2 この花は日本各地に広く分布している。

1 ぶんぷ 2 ぶんふ 3 ふんぷ 4 ふんふ

3 ほら、車が来るよ。端に寄りなさい。

1 はじ 2 はし 3 はず 4 はす

4 彼女はチームを勝利に導(みちび)いた。

1 しゅうり 2 しゅり 3 しょうり 4 しょり

5 子供の成長を黙って見守ってやることも大切だ。

1 にごって 2 こおって 3 だまって 4 しめって

6 地震で家の壁が崩れた。

1 よごれた 2 つぶれた 3 みだれた 4 くずれた

7 警察は彼の行動を探っていた。

1 さぐって 2 けずって 3 しぼって 4 うかがって

8 筆跡を見れば文字を書いた人の性格がわかる。

1 ひつせき 2 ひっせき 3 ふてあと 4 ふであと

9 水筒(すいとう)に水を詰めてハイキングの用意をした。

1 ためて 2 おさめて 3 つめて 4 もとめて

10 その投手(とうしゅ)の年俸(ねんぽう)は現状維持がやっとだった。

1 げんそう 2 げんしょう 3 げんぞう 4 げんじょう

답 1④ 2① 3② 4③ 5③ 6④ 7① 8② 9③ 10④

5 예상어휘 확인문제 한자읽기 / 10

問題１ ＿＿＿の言葉の読み方として最もよいものを、１・２・３・４から一つ選びなさい。

1 この本が出るのは来月上旬頃です。

1 ぞうじゅん　2 ぞうしゅん　3 じょうじゅん　4 じょうしゅん

2 私たちの飛行機は激しく上下に揺れた。

1 じょうか　2 じょうげ　3 ぞうか　4 ぞうげ

3 ファイルを圧縮して送ってください。

1 おっしゅく　2 おっちく　3 あっしゅく　4 あっちく

4 彼女のように清い心を持った人は珍しい。

1 あらい　2 ほそい　3 わかい　4 きよい

5 推定では事件は９時に起きたと考えられる。

1 すいてい　2 すいじょう　3 つうてい　4 つうじょう

6 水が水蒸気になる時は、熱を奪(うば)うため周りの温度は下がる。

1 すいしょうき　2 すいじょうき　3 すいしょうけ　4 すいじょうけ

7 ゆうべは十分に睡眠をとった。

1 すうみん　2 すいみん　3 つうみん　4 ついみん

8 製品の流通システムを変えた。

1 りゅうつう　2 りゅうとう　3 ゆうつう　4 ゆうとう

9 まず好きな色の紙を２つに折ってください。

1 へって　2 おとって　3 おって　4 もって

10 眠たいから今日はこれで失礼します。

1 ひらたい　2 めでたい　3 おもたい　4 ねむたい

답 1③ 2② 3③ 4④ 5① 6② 7② 8① 9③ 10④

問題2 ＿＿＿の言葉を漢字で書くとき、最もよいものを1・2・3・4から一つ選びなさい。

1 あす学校でひなん訓練があります。

1 避難　2 避乱　3 非難　4 非乱

2 彼は2位以下を大きくはなしてゴールインした。

1 理して　2 距して　3 拒して　4 離して

3 気温が35度をこえるととても耐えられない。

1 増える　2 超える　3 過える　4 数える

4 彼には味方も多いがてきも多い。

1 適　2 逆　3 敵　4 争

5 トマトの葉がちぢれて枯れてしまった。

1 減れて　2 削れて　3 略れて　4 縮れて

6 感染者(かんせんしゃ)は2万人におよんでいる。

1 至んで　2 及んで　3 満んで　4 総んで

7 彼はバラのはなたばを抱えてやって来た。

1 花束　2 花族　3 花属　4 花続

8 ごせいきゅうがありしだい、サンプルをお送りします。

1 誘球　2 誘求　3 請球　4 請求

9 あの国ではユーロがつうかだよ。

1 運貨　2 運賃　3 通貨　4 通賃

10 きたくの途中、思いもかけず高校時代の友人に会った。

1 帰宅　2 帰家　3 帰国　4 帰省

답 1① 2④ 3② 4③ 5④ 6② 7① 8④ 9③ 10①

7 예상어휘 확인문제 한자표기 / 10

問題 2 ＿＿＿の言葉を漢字で書くとき、最もよいものを１・２・３・４から一つ選びなさい。

1 報告書のページのじゅんじょがばらばらになっている。

1 準所　2 準序　3 順所　4 順序

2 彼女の声はそうおんでよく聞こえなかった。

1 怖音　2 焦音　3 騒音　4 驚音

3 彼はおぼれかけている子供をきゅうじょした。

1 救助　2 救財　3 援助　4 援財

4 私は音楽部にしょぞくしています。

1 所続　2 所属　3 序続　4 序属

5 ごかいのないように率直に話します。

1 誤解　2 語解　3 誤悔　4 語悔

6 患者のこきゅうが戻ってきた。

1 呼処　2 呼拠　3 呼吸　4 呼扱

7 とんだハプニングにみんなはらを抱えて笑った。

1 背　2 肩　3 腰　4 腹

8 ひらがなを漢字にへんかんするときはこのキーを押してください。

1 変改　2 変更　3 変替　4 変換

9 このテレビはえいぞうが鮮明だ。

1 映象　2 映像　3 影象　4 影像

10 あの人とはなんとか丸くおさまったよ。

1 薄まった　2 貯まった　3 縮まった　4 収まった

답 1④ 2③ 3① 4② 5① 6③ 7④ 8④ 9② 10④

8 예상어휘 확인문제 한자표기 / 10

問題２　＿＿＿の言葉を漢字で書くとき、最もよいものを１・２・３・４から一つ選びなさい。

1 わがチームは正正堂堂とたたかった。

1 戦った　2 争った　3 競った　4 抗った

2 当院では放射線(ほうしゃせん)ぎしを募集しています。

1 技士　2 技師　3 枝士　4 枝師

3 パックの卵が１つわれている。

1 破れて　2 削れて　3 割れて　4 被れて

4 われわれは国民として教育・勤労(きんろう)・納税(のうぜい)の３つの義務をおっている。

1 悪って　2 負って　3 劣って　4 乏って

5 当日は必ず印鑑(いんかん)をごじさんください。

1 持伺　2 持参　3 待伺　4 待参

6 私はこの商品にはぜったいてきな自信を持っている。

1 積対的　2 積極的　3 絶対的　4 絶極的

7 松は日本国中いたるところにあります。

1 総るところ　2 至るところ　3 及るところ　4 満るところ

8 その芝居(しばい)は午後７時にかいえんします。

1 開催　2 開幕　3 開演　4 開講

9 銀行強盗(ごうとう)はさつたばをかばんに突っ込んだ。

1 礼束　2 礼族　3 札束　4 札族

10 私たちは野原(のはら)でウサギの足跡をみうしなってしまった。

1 見逃って　2 見延って　3 見失って　4 見欠って

답 1① 2② 3③ 4② 5② 6③ 7② 8③ 9③ 10③

問題２ ＿＿＿の言葉を漢字で書くとき、最もよいものを１・２・３・４から一つ選びなさい。

1 ボーナスは10日にしきゅうします。

1 支総　2 支給　3 指総　4 指給

2 きのうからむねが痛いんです。

1 腹　2 胸　3 腰　4 腕

3 庭の花をとって花瓶にさした。

1 採って　2 捨って　3 授って　4 拾って

4 該当（がいとう）する箇所にXのふごうをつけてください。

1 符号　2 符合　3 付号　4 付合

5 外はあれているから外出はやめましょう。

1 勢れて　2 乱れて　3 荒れて　4 暴れて

6 ふくしは、文の中でほかの言葉の意味をくわしく説明する語です。

1 福施　2 福詞　3 副施　4 副詞

7 自分のとくちょうをうまく生（い）かせるような仕事に就（つ）きたい。

1 得長　2 得微　3 特長　4 特微

8 彼は困ったときにとてもたよりになります。

1 任り　2 頼り　3 依り　4 援り

9 まくが上がってオペラが始まった。

1 募　2 幕　3 暮　4 墓

10 事業に失敗してから彼女はよわきになった。

1 弱気　2 陽気　3 強気　4 本気

답 1② 2② 3① 4① 5③ 6④ 7③ 8② 9② 10①

問題2 ＿＿＿の言葉を漢字で書くとき、最もよいものを1・2・3・4から一つ選びなさい。

1 運動会はせいてんに恵まれた。

1 晴天 2 照天 3 鮮天 4 濃天

2 母は人をよろこばせることが生きがいのような人でした。

1 恵ばせる 2 喜ばせる 3 善ばせる 4 幸ばせる

3 すごいあせだね。このタオルでふいたら？

1 汗 2 湿 3 泡 4 汚

4 定期的に暗証(あんしょう)番号を変えるのは今やじょうしきだ。

1 常識 2 常織 3 冗識 4 冗織

5 大陸(たいりく)の3分の1はしんりんに覆(おお)われている。

1 深林 2 森林 3 山林 4 樹林

6 委員長はとうひょうで決めることになっています。

1 討票 2 討漂 3 投票 4 投漂

7 その事実はごく一部の人にしか知られていない。

1 険 2 激 3 極 4 暴

8 酔っ払いが駅のホームであばれていた。

1 暴れて 2 荒れて 3 乱れて 4 破れて

9 こんなに周りがさわがしくては勉強に集中できない。

1 焦がしくては 2 競がしくては 3 暴がしくては 4 騒がしくては

10 この魚はしんせんでとてもおいしいです。

1 親清 2 親鮮 3 新清 4 新鮮

답 1① 2② 3① 4① 5② 6③ 7③ 8① 9④ 10④

問題 3 （　　）に入れるのに最もよいものを、1・2・3・4から一つ選びなさい。

1 結婚披露宴(ひろうえん)の司会（　　）を頼まれた。

1 役　2 作　3 権　4 系

2 我々は海岸（　　）を走った。

1 付(つ)き　2 並(なら)び　3 沿(そ)い　4 従(したが)い

3 その作家は幅広い読者（　　）を持っている。

1 率　2 層　3 力　4 物

4 大雨注意（　　）が発令(はつれい)された。

1 案　2 服　3 界　4 報

5 興奮(こうふん)している人に大声でどなるのは（　　）効果だ。

1 諸　2 逆　3 再　4 最

6 その会社は深刻な経営（　　）におちいっている。

1 難　2 額　3 型　4 差

7 その問題の平和的解決（　　）を見つけた。

1 表　2 面　3 剤　4 法

8 彼らは金銭（　　）でその活動を支援している。

1 機　2 面　3 類　4 味

9 この棚はいろいろと（　　）目的に使える。

1 助　2 副　3 多　4 真

10 候補者(こうほしゃ)は会う人（　　）に握手をしていた。

1 あたり　2 ぶり　3 おき　4 ごと

답 1① 2③ 3② 4④ 5② 6① 7④ 8② 9③ 10④

問題3 (　　　)に入れるのに最もよいものを、1・2・3・4から一つ選びなさい。

1 山田(やまだ)さんは、クラス（　　　）の勉強家だった。
1 漬け　2 育ち　3 連れ　4 きって

2 きみの話は単なる理想（　　　）でしかない。
1 性　2 難　3 論　4 発

3 必ず学校の行事予定（　　　）を確認してください。
1 表　2 術　3 状　4 色

4 このクラブは相互の親睦(しんぼく)をはかることが（　　　）目的です。
1 本　2 主　3 来　4 両

5 リストラのうわさが現実（　　　）を帯びてきた。
1 味　2 色　3 上　4 調

6 歴史（　　　）の人物で尊敬(そんけい)する人はだれですか。
1 流　2 上　3 発　4 風

7 まだ妥協(だきょう)（　　　）が見い出せないままだ。
1 点　2 法　3 報　4 度

8 本年度の我が社の売り上げは11億円から22億円に（　　　）上昇した。
1 全　2 反　3 急　4 要

9 申し訳ありません、全席予約（　　　）です。
1 離れ　2 漬け　3 切れ　4 済み

10 私のおじがこの土地の所有（　　　）を持っている。
1 状　2 庫　3 権　4 片

답 1④ 2③ 3① 4② 5① 6② 7① 8③ 9④ 10③

問題３（　　　）に入れるのに最もよいものを、１・２・３・４から一つ選びなさい。

1 証明書の（　　　）発行はできません。

1 反　　2 非　　3 実　　4 再

2 あの仏像（ぶつぞう）は（　　　）公開だが、研究のために特別に見せてもらった。

1 無　　2 不　　3 全　　4 非

3 妻は東京生まれの東京（　　　）です。

1 始まり　　2 生き　　3 育ち　　4 過ごし

4 会社の課長や部長などの管理（　　　）は、ふつう労働組合には入れない。

1 数　　2 職　　3 制　　4 局

5 いい景色でも、見（　　　）と、いいと思わなくなってしまう。

1 なれる　　2 なおる　　3 まわす　　4 かえる

6 だれでも仕事に真剣に（　　　）くんでいるときは、美しく見えるものだ。

1 ひき　　2 のり　　3 とり　　4 きり

7 あの機関は政府の監督（かんとく）（　　　）に設立された。

1 外　　2 下　　3 界　　4 後

8 あしたなら（　　　）都合です。

1 同　　2 長　　3 好　　4 短

9 新しい潜水艦（せんすいかん）は海で（　　　）運転されている。

1 食　　2 試　　3 前　　4 空

10 この通りは交通（　　　）が多い。

1 裏　　2 量　　3 率　　4 地

답 1④ 2④ 3③ 4② 5① 6③ 7② 8③ 9② 10②

14 예상어휘 확인문제

문맥규정 / 10

問題４（　　　）に入れるのに最もよいものを、１・２・３・４から一つ選びなさい。

1 あんなに勉強したんだから合格は（　　　）だ。

1 確実　　2 正確　　3 的確　　4 明確

2 私は自分の海外での５年間の経験を（　　　）にしてこの本を書いた。

1 土台　　2 立場　　3 根本　　4 地元

3 現在、新しい医療制度への（　　　）が進んでいます。

1 移住　　2 移行　　3 転勤　　4 転職

4 外出の際はお部屋のキーを（　　　）にお預けください。

1 スペース　　2 フロント　　3 フロア　　4 ステージ

5 社長に会いに行ったが、秘書に（　　　）。

1 入れ替えられた　　2 打ち消された　　3 差し引かれた　　4 追い返された

6 外国で暮らしていたとき、部屋が狭くてひどく（　　　）な思いをした。

1 不都合　　2 不公平　　3 不自由　　4 不安定

7 二人連れの男が旅行者から高級カメラを（　　　）逃げた。

1 空けて　　2 欠かして　　3 離して　　4 奪って

8 そんなに（　　　）していないで、どんどん召し上がってください。

1 がまん　　2 にんたい　　3 けんそん　　4 えんりょ

9 私はそのテレビの連続ドラマが好きで（　　　）見ている。

1 奪わず　　2 欠かさず　　3 空けず　　4 離さず

10 スマホは我々の日常生活に（　　　）しました。

1 区別　　2 専用　　3 独特　　4 定着

답 1① 2① 3② 4② 5④ 6③ 7④ 8④ 9② 10④

問題４（　　　）に入れるのに最もよいものを、１・２・３・４から一つ選びなさい。

1 彼女は（　　　）が厚く、欠かさず教会に行きます。

1 信仰　2 尊重　3 発揮　4 提案

2 仕事が（　　　）から、休みの予定が立たない。

1 あやふやだ　2 不規則だ　3 大まかだ　4 いいかげんだ

3 わたしは決してきみに（　　　）を抱いているわけではないよ。

1 不便　2 多難　3 悪意　4 苦情

4 情報技術ではシステムエンジニアの（　　　）が常に求められている。

1 養成　2 製造　3 栽培　4 制作

5 鉄道の（　　　）で多くの通勤客の足が奪(うば)われた。

1 ショック　2 インパクト　3 ストライキ　4 ダメージ

6 あの有名なハリウッド女優は常に流行の（　　　）をいっていた。

1 契機　2 合図　3 始発　4 先端

7 帽子に（　　　）をつけたら、かわいらしくなった。

1 リボン　2 ズボン　3 レンズ　4 モデル

8 プライバシーを求める患者の気持ちに（　　　）医者がいる。

1 あいまいな　2 鈍感な　3 かすかな　4 地味な

9 記憶が（　　　）ものではっきりは言えませんが、彼はその場にいたと思います。

1 いいかげんな　2 大まかな　3 あやふやな　4 不規則な

10 この本の中のヨーロッパとアメリカの（　　　）が非常におもしろかった。

1 態度　2 対比　3 間隔　4 大別

답 1① 2② 3③ 4① 5③ 6④ 7① 8② 9③ 10②

16 예상어휘 확인문제 문맥규정 / 10

問題４（　　　）に入れるのに最もよいものを、１・２・３・４から一つ選びなさい。

1 水谷（みずたに）さんは２時間２４分１８秒のタイムで（　　　）した。

1 ターゲット　　2 ゴール　　3 インパクト　　4 アピール

2 布を切るときは端（はし）が（　　　）ならないように気をつけてください。

1 でたらめに　　2 ぎざぎざに　　3 わがままに　　4 ごちゃごちゃに

3 運転は理屈（りくつ）じゃない。（　　　）で覚えるもんだよ。

1 名所　　2 要所　　3 現場　　4 実地

4 秋の展覧会に出す作品の（　　　）に没頭（ぼっとう）している。

1 制作　　2 作成　　3 保存　　4 交換

5 長い髪を（　　　）切ってしまったのは何か訳でもあるの？

1 ぐっすり　　2 ばっさり　　3 うろうろ　　4 ひそひそ

6 パンは焼きたてで（　　　）したのが好きです。

1 にっこり　　2 きちんと　　3 ほかほか　　4 ぴかぴか

7 その小説のタイトルはまだ（　　　）していないそうだ。

1 実現　　2 完了　　3 達成　　4 決定

8 せっかくの休日を息子の宿題の手伝いで（　　　）しまった。

1 つぶして　　2 けずって　　3 やぶって　　4 こわして

9 私はその本を読んで教育の重要性を（　　　）しました。

1 気配　　2 状態　　3 動作　　4 実感

10 これは計画実現へ向けての最初の（　　　）です。

1 チェンジ　　2 バランス　　3 ストレス　　4 ステップ

답 1② 2② 3④ 4① 5② 6③ 7④ 8① 9④ 10④

17 예상어휘 확인문제 문맥규정 / 10

問題４（　　　）に入れるのに最もよいものを、１・２・３・４から一つ選びなさい。

1 抽象画(ちゅうしょうが)は難しい。いいものと悪いものの（　　　）がつかない。

1 定着　　2 独特　　3 専用　　4 区別

2 日曜日だというのにその公演は（　　　）だった。

1 がらがら　　2 ぎりぎり　　3 ぐっすり　　4 ばったり

3 どうやらライバル会社に（　　　）いる者がここにいるようだ。

1 減って　　2 通じて　　3 達して　　4 沈んで

4 電車のＩＣカードの残額(ざんがく)が少なくなったので、お金を（　　　）しなきゃ。

1 インストール　　2 チャージ　　3 アピール　　4 コントロール

5 私は父の（　　　）を継(つ)ぐつもりです。

1 本物　　2 正式　　3 現状　　4 事業

6 このような事件においては、被害者(ひがいしゃ)の心の（　　　）が大切です。

1 アレンジ　　2 ケア　　3 デザイン　　4 フロア

7 決心するのは容易だが、その気持ちを（　　　）させるのは難しい。

1 安定　　2 続行　　3 定着　　4 持続

8 彼はバスに乗っている間、あたりを（　　　）見回していた。

1 きょろきょろ　　2 ひとりでに　　3 ごちゃごちゃ　　4 きちんと

9 鈴木(すずき)さんの演技には強烈(きょうれつ)な（　　　）がありました。

1 ゴール　　2 インパクト　　3 アピール　　4 ターゲット

10 山本(やまもと)さんの（　　　）な対応のおかげで火事にならずにすんだ。

1 厳密(げんみつ)　　2 機敏(きびん)　　3 濃厚(のうこう)　　4 活発(かっぱつ)

답 1④ 2① 3② 4② 5④ 6② 7④ 8① 9② 10②

問題４（　　　）に入れるのに最もよいものを、１・２・３・４から一つ選びなさい。

1 新入生は（　　　）した面持(おもも)ちで、式の始まるのを待っている。
1 緊張(きんちょう)　2 出張(しゅっちょう)　3 拡張(かくちょう)　4 主張(しゅちょう)

2 A「自分のホームページを作ったけど、全然更新していないんだ。」
B「うん、（　　　）ね。」
1 ありがちだ　2 当たり前だ　3 等しい　4 ふさわしい

3 台風のためにその海浜(かいひん)都市は完全に（　　　）してしまった。
1 独特　2 専属　3 孤立　4 限定

4 そのスキャンダルは彼の名声(めいせい)に大きな（　　　）を与えた。
1 プレッシャー　2 ショック　3 ダメージ　4 コンプレックス

5 そのトラックには（　　　）なエンジンがついている。
1 先着　2 優先　3 有利　4 強力

6 弟に手の傷口(きずぐち)を触られたときは（　　　）ほど痛かった。
1 飛び上がる　2 飛び散る　3 飛び立つ　4 飛び降りる

7 本当はやりたくなかったが、（　　　）その仕事を引き受けることにした。
1 うたがって　2 あきらめて　3 くやんで　4 かがんで

8 ここで（　　　）を捨てたら、今までの努力は水(みず)の泡(あわ)だよ。
1 覚え　2 騒ぎ　3 頼り　4 望み

9 彼女はプレゼントを受け取ると、包み紙をびりびりに（　　　）箱を開けた。
1 争って　2 破って　3 戦って　4 奪って

10 私たちは頂上まで３時間かかるだろうと（　　　）した。
1 予想　2 予感　3 予習　4 予報

답 1① 2① 3③ 4③ 5④ 6① 7② 8④ 9② 10①

19 예상어휘 확인문제　문맥규정　/ 10

問題４（　　　）に入れるのに最もよいものを、１・２・３・４から一つ選びなさい。

1 柔軟剤(じゅうなんざい)を入れて洗濯物を（　　　）仕上げました。

1 ぼんやり　　2 たっぷり　　3 めっきり　　4 ふんわり

2 来週までにすべての書類(しょるい)を（　　　）提出(ていしゅつ)してください。

1 そこなって　　2 たくわえて　　3 たとえて　　4 そろえて

3 ああ、（　　　）。きっとこの洗濯機、まだ使えるよ。

1 ずうずうしい　　2 もったいない　　3 ばからしい　　4 ものすごい

4 駅を出発した列車は、（　　　）速度をくわえていく。

1 ぶらぶら　　2 はらはら　　3 ふらふら　　4 だんだん

5 レポートの提出（　　　）は来週の金曜日までです。

1 限界　　2 限度　　3 期限　　4 制限

6 良質な商品を提供し続けることで会社の（　　　）も上がっていくはずだ。

1 イメージ　　2 トーン　　3 スペース　　4 サイクル

7 人口は都市に集中する（　　　）がある。

1 傾向　　2 動向　　3 方向　　4 意向

8 子どものめんどうを見すぎると、（　　　）その子のためによくない。

1 おかげで　　2 かえって　　3 はたして　　4 もっとも

9 ピッチャーは頑張ったけれど、６回でマウンドを（　　　）。

1 下りた　　2 止んだ　　3 止めた　　4 下げた

10 私が代わりに説明しましょう。彼の言いたいことは（　　　）こうなんです。

1 ついに　　2 かえって　　3 つまり　　4 むしろ

답 1④ 2④ 3② 4④ 5③ 6① 7① 8② 9① 10③

問題4 （　　　）に入れるのに最もよいものを、１・２・３・４から一つ選びなさい。

1 恋人にふられた友達をやさしく（　　　）。

1 なじった　2 なやんだ　3 なぐさめた　4 なまけた

2 教室が（　　　）ようなので、見に行った。

1 ばからしい　2 さわがしい　3 なつかしい　4 おとなしい

3 なかなか私の気持ちに（　　　）と合う表現が浮(う)かばない。

1 さっぱり　2 ぴったり　3 たっぷり　4 はっきり

4 機械は（　　　）が悪いと、故障しやすくなる。

1 手洗い　2 手前　3 手入れ　4 手ぬぐい

5 あしたは朝早く会議があるので、アラームを５時に（　　　）した。

1 ノック　2 メモ　3 プラス　4 セット

6 合格発表を見るとき、胸が（　　　）した。

1 つるつる　2 どきどき　3 にこにこ　4 だぶだぶ

7 駅前の新しいレストランは、料理もおいしいし、店の（　　　）も良い。

1 雰囲気　2 景色　3 感情　4 状態

8 お正月には、おもちを食べる（　　　）がある。

1 学習　2 演習　3 慣用　4 習慣

9 この程度の英語力ではアメリカで（　　　）しない。

1 通訳　2 有用　3 通用　4 活用

10 もう（　　　）お客さんが到着する時刻だから、玄関を開けておいてください。

1 しばらく　2 ついに　3 そろそろ　4 とうとう

답 1③ 2② 3② 4③ 5④ 6② 7① 8④ 9③ 10③

問題5 ＿＿＿の言葉に意味が最も近いものを、１・２・３・４から一つ選びなさい。

1 彼女はそのあくる日もう一度やって来た。

1 翌日　2 本日　3 昨日　4 一昨日

2 雪道を歩くにはこつがいる。

1 用具　2 道具　3 要請　4 要領

3 映画のシナリオを書いている。

1 脚本　2 謄本　3 脚注　4 受注

4 無用なトラブルを起こしたくない。

1 まるごと　2 事件　3 もめごと　4 事業

5 野菜の相場（そうば）が大幅に下がった。

1 どうにか　2 格段に　3 なんとか　4 次第に

6 彼は昨年その事業を始めた。

1 ランニング　2 オンライン　3 ビジネス　4 コメント

7 先生の説明のポイントがつかめなかった。

1 予感　2 要領　3 予測　4 要点

8 田舎暮らしは掛かりが少なくて済む。

1 邪魔　2 風邪　3 出費　4 出張

9 暗いからランプをつけてください。

1 電灯　2 電車　3 暖炉　4 暖房

10 これをギフト用に包装してもらえますか。

1 大人　2 子供　3 買い物　4 贈り物

답 1① 2④ 3① 4③ 5② 6③ 7④ 8③ 9① 10④

問題５ ＿＿＿の言葉に意味が最も近いものを、１・２・３・４から一つ選びなさい。

1 それはきみのあやまちではない。

1 失望　2 絶望　3 過失　4 損失

2 彼はその会にやまいを押して出席した。

1 元気　2 困難　3 病気　4 逆境

3 私はその計画を支持しています。

1 コントロール　2 サポート　3 アドバイス　4 サイン

4 私は時々うちの犬をスケッチします。

1 観覧　2 撮影　3 観測　4 写生

5 高級感を前面に押し出した商品です。

1 わっと泣き出した　2 飛ぶように売れている

3 一段と強く打ち出した　4 あまり目立たない

6 にわかには決められない。

1 くわしくは　2 すぐには　3 だいたいは　4 しばらくは

7 コンテナをひとつ借り切りました。

1 入れ物　2 飲み物　3 考え方　4 乗り方

8 彼はそのレースで３着だった。

1 完走　2 競走　3 走者　4 走力

9 彼は個々のケースについてはコメントを避けた。

1 あちこち　2 それぞれ　3 あれこれ　4 いろいろ

10 彼女はクラスでいちばんかしこい。

1 頭がいい　2 頭がわるい　3 おとなしい　4 やさしい

답 1③ 2③ 3② 4④ 5③ 6② 7① 8② 9② 10①

問題5 ＿＿＿の言葉に意味が最も近いものを、１・２・３・４から一つ選びなさい。

1 日本人でさえ往々にして敬語の使い方を間違える。

1 しょっちゅう　2 ときどき　3 めったに　4 どうしても

2 思い切って彼の提案に反対した。

1 てっきり　2 かえって　3 断然　4 突然

3 詩ではよくバラが愛のたとえになっている。

1 叫び　2 喜び　3 比較　4 比喩

4 きみのアドバイスがもらえて心強いよ。

1 気丈夫だ　2 気配りだ　3 気が変になる　4 気が気でない

5 １日中働き続けてへとへとだ。

1 くたくただ　2 びっくりだ　3 がりがりだ　4 がっかりだ

6 彼と視線が合った。

1 めど　2 ものさし　3 真心　4 まなざし

7 人気の商品をランキング形式で紹介した。

1 順位　2 勝負　3 抽選　4 賞品

8 彼は中国に10年間もいたので、中国の様子にあかるい。

1 くらい　2 くわしい　3 かしこい　4 おさない

9 労働条件はわずかに改善された。

1 だんだん　2 やっと　3 いまだに　4 いっさい

10 貧富(ひんぷ)の差異が激しい。

1 戦い　2 透き間　3 違い　4 間柄

답 1② 2③ 3④ 4① 5① 6④ 7① 8② 9② 10③

24 예상어휘 확인문제

유의표현　　/ 10

問題５　＿＿＿＿の言葉に意味が最も近いものを、１・２・３・４から一つ選びなさい。

1 大地震のニュースが入ったが、まだこまかいことはわからない。

1 ほそい　　2 あかるい　　3 かしこい　　4 くわしい

2 着物姿の彼女はパーティでひときわ映えていた。

1 取り上げて　　2 引き立って　　3 飛び上がって　　4 見下ろして

3 それはあまりにもイージーな考えだ。

1 正常な　　2 安易な　　3 重大な　　4 異常な

4 たしかな当てがない。

1 見込み　　2 味わい　　3 工夫　　4 幸運

5 ふと空を見上げると、綿雲がうかんでいた。

1 すばやく　　2 よく考えて　　3 何の気なしに　　4 しばらくして

6 要するにそれは失敗だった。

1 まるで　　2 つまり　　3 なるほど　　4 やっぱり

7 優勝パレードが行われた。

1 並列　　2 行列　　3 陳列　　4 系列

8 自分のやったことについて言い訳するつもりはない。

1 弁解　　2 翻訳　　3 分解　　4 通訳

9 10分ほど遅れるとあらかじめ彼に言っておいた。

1 未然に　　2 事前に　　3 一気に　　4 一斉に

10 子どもはどうせ親から離れるものだ。

1 年中　　2 もっとも　　3 結局は　　4 ひととおり

답 1④ 2② 3② 4① 5③ 6② 7② 8① 9② 10③

問題5 ＿＿＿の言葉に意味が最も近いものを、1・2・3・4から一つ選びなさい。

1 彼の英語はずいぶん上達した。

1 本当に　2 もちろん　3 だいたい　4 かなり

2 あんなにたくさんあった料理を、彼は一人ですべて食べてしまった。

1 十分に　2 残らず　3 たいして　4 ちっとも

3 もう6時ですから、佐々木(ささき)さんもまもなく来るでしょう。

1 急に　2 いつか　3 もうすぐ　4 いきなり

4 今回の優勝は相棒の活躍(かつやく)のおかげです。

1 パートナー　2 キャプテン　3 スタッフ　4 マネージャー

5 手に汗をにぎる熱戦(ねっせん)に、思わず身をのり出してしまった。

1 思ったとおり　2 十分に　3 わざとらしく　4 無意識に

6 貿易相手国との均衡を保(たも)つ。

1 リズム　2 ステージ　3 ボーナス　4 バランス

7 彼らの間でちょっとした争いが起きた。

1 討論(とうろん)　2 議論(ぎろん)　3 論述(ろんじゅつ)　4 論争(ろんそう)

8 最近、やっと精神的にゆとりが出てきた。

1 余裕　2 上等　3 財産　4 経費

9 ここは、いわば天国みたいな所だよ。

1 やむをえず　2 たとえてみれば　3 言わなくても　4 よく考えてみると

10 1万円で手を打とう。

1 接待(せったい)しよう　2 購入(こうにゅう)しよう　3 契約(けいやく)しよう　4 譲渡(じょうと)しよう

답 1④ 2② 3③ 4① 5④ 6④ 7④ 8① 9② 10③

26 예상어휘 확인문제 용법 / 5

問題 6　次の言葉の使い方として最もよいものを、１・２・３・４から一つ選びなさい。

1 円熟

1　これは社内事情に円熟した者の犯行(はんこう)に違いない。
2　両親にやっと私たちの結婚を円熟してもらった。
3　ご好意はありがたいのですが、体調が悪いので円熟させていただきます。
4　いろいろ経験して彼も人間的に円熟した。

2 会合

1　今晩は各クラブ代表者の会合がある。
2　スポーツ用具を借りる会合には、先生の許可を得てください。
3　仲よしが何年ぶりに集まったので会合が弾(はず)んだ。
4　母校の同窓会には10万を超える会合がいる。

3 承(うけたまわ)る

1　田中(たなか)さんと承(うけたまわ)る方がご面会です。
2　この行き違いは私の不徳の承(うけたまわ)る所で申し訳ありません。
3　部長はあいにく外出しておりますので、私が代わって承(うけたまわ)ります。
4　承(うけたまわ)るまでもなく、彼は当代指揮者(しきしゃ)の中でもトップに立つ人です。

4 ルーズ

1　志願者(しがんしゃ)の人数は定員をはるかにルーズした。
2　父は、私が背が高くてルーズなのを自慢している。
3　給与だけで就職先を決めるなんてルーズな選択だと思う。
4　あの人はお金にルーズだから貸さないほうがいい。

5 かゆい

1　彼は頭の働きはかゆいが、弁当を食べるのは速い。
2　弟は自転車で転んでかゆい傷(きず)を負(お)った。
3　蚊(か)に刺(さ)されたところがまだかゆいんです。
4　隣のうちの猫はかゆいやつで、うちの犬の餌を食べて帰る。

답 1④ 2① 3③ 4④ 5③

27 예상어휘 확인문제 용법 / 5

問題6　次の言葉の使い方として最もよいものを、１・２・３・４から一つ選びなさい。

1 安定

1　私は彼が無事に帰ってきたのを見て安定した。
2　加藤(かとう)さんは安定した仕事を見つけたいと思っていた。
3　スキーとの出会いが彼女のその後の人生を安定した。
4　この言葉は若者の間ですっかり安定した。

2 活用

1　この方法は手っ取り早いが活用がほとんどきかない。
2　私たちはその空間をうまく活用して美術作品を展示した。
3　私は活用のため、その会合に出席できなくなった。
4　田中(たなか)さんはこのチームでは活用の場がなかった。

3 受け取る

1　その漫画家(まんがか)は今、新作に受け取っている。
2　案内状は受け取りましたが、ご招待をお受けするわけにはまいりません。
3　違反を繰(く)り返(かえ)して運転免許を受け取られた。
4　彼の提案(ていあん)を受け取るかどうか考えているところです。

4 着実

1　彼女はゆっくりだが、着実に仕事を進めている。
2　健康には人一倍気をつかっていた彼が入院とは、着実なものだ。
3　彼がその提案(ていあん)に反対しているとは、着実だ。
4　私の家は着実な地盤(じばん)の上にあるので、地震が心配だ。

5 及ぶ

1　湖に及んだそのホテルからはすばらしい風景が楽しめます。
2　私は株には詳しい方だが、兄には足元にも及ばない。
3　初心者ばかりですので、やさしく及んでください。
4　彼女とはこれまで親しく及ぶ機会がなかった。

답 1② 2② 3② 4① 5②

問題6 次の言葉の使い方として最もよいものを、1・2・3・4から一つ選びなさい。

1 永遠

1 子どもたちは学校の永遠で動物園に行った。
2 その少年は事故現場で永遠手当を受けた。
3 この問題についての永遠のない意見をいただきたいと思います。
4 彼女がそのことを知っていたのかどうかは永遠のなぞだ。

2 関連

1 彼の主張は今日の議論のテーマとは何の関連もない。
2 この町ではバスが唯一の公共交通関連である。
3 彼の主な関連は好きな漫画家の漫画本を集めることだ。
4 その地域では3か月の間に関連して大地震に見舞われた。

3 つくづく

1 道路を渡るときにはつくづく車に注意してください。
2 親鳥がつくづくひなにえさを運んでいる。
3 今回の人事異動(いどう)でつくづく会社が嫌になった。
4 あなたの肌は白くてつくづくしていてうらやましい。

4 あきる

1 料理のあまりのおいしさに思わずあきた。
2 アフリカでは何百万という人々があきている。
3 あきた生活をこのまま続けたら体を壊すよ。
4 彼はよくもあきもせず同じ曲ばかり聴いているものだ。

5 得(え)てして

1 自信満満の人は得(え)てしてまわりが見えなくなるものだ。
2 彼にそこまで言われると得(え)てして腹が立った。
3 近道だと思ったのに、得(え)てして遠回りだった。
4 彼が店で万引きをしているのを得(え)てしてこの目で見ました。

답 1④ 2① 3③ 4④ 5①

問題６　次の言葉の使い方として最もよいものを、１・２・３・４から一つ選びなさい。

1 めったに

1　彼女はめったに遅刻をする。
2　彼女はめったにミスをしない。
3　あなたが部屋に入っためったに地震が起きた。
4　めったに雨が降りはじめた。

2 絶対

1　彼は絶対に試験に合格した。
2　あの店のカレーライスは絶対だ。
3　君の案には絶対反対だ。
4　私は数学が絶対です。

3 なんの

1　なんのきれいな花でしょう。
2　なんの学校へ通っていますか。
3　このくつはなんの皮でできていますか。
4　なんの情報が入った様子だ。

4 ようやく

1　１時間も待たせたあと、ようやくあの人は現れた。
2　あの人とのつらい別れの時が、ようやく来てしまった。
3　難しい注文かもしれないが、ようやく１週間で作ってください。
4　遅れるかもしれないが、ようやく頑張って急いでみよう。

5 ぼつぼつ

1　このぼつぼつになった辞書が私の宝だ。
2　彼は私の顔をぼつぼつ見た。
3　彼はぼつぼつしながら私に小さな包(つつ)みを差し出した。
4　こちらでは桜の花がぼつぼつ咲き始めた。

답 1② 2③ 3③ 4① 5④

30 예상어휘 확인문제 용법 / 5

問題6 次の言葉の使い方として最もよいものを、１・２・３・４から一つ選びなさい。

1 どうも

1 息子をどうもよろしくお願いします。
2 どうも今年こそいいことがありますように。
3 どうも気になさらないでください。
4 いくら練習してもどうもうまく歌えない。

2 同じ

1 毎日同じの道を通って学校へ行きます。
2 同じな兄弟でも性格がちがう。
3 私は先生と同じ辞書を持っている。
4 見本と同じに作ってください。

3 特別

1 これの扱いには特別の注意を払わなければならない。
2 夏は子どもの健康に、特別で注意が必要だ。
3 特別といい部屋を借りておきました。
4 私は小説を書いて特別になりたいです。

4 わたす

1 彼はその金を保管してくれと私にわたした。
2 彼女はいま犬にえさをわたしている。
3 彼は一生懸命に研究をわたしている。
4 この荷物をたなにわたしてください。

5 きっと

1 そういう事実はきっとありません。
2 これは前に私が見たのときっと違う。
3 きっとうれしいお知らせが届きますよ。
4 部長はきっと怒ってばかりいる。

답 1④ 2③ 3① 4① 5③

제3장

문법 공략편

01 문제유형 공략하기

1 問題 7 문법형식 판단

| 문제유형 & 경향분석 |

問題 7은 괄호 안에 들어갈 알맞을 표현을 고르는 문제로 12문제가 출제된다. 사역, 수동, 수수, 조건, 경어, 접속사와 조사 등 다양한 표현이 출제되며, 기능어의 경우 접속 방법을 정확하게 익혀두는 것이 좋다.

문제 유형 예시

問題 7　次の文の（　　　）に入れるのに最もよいものを、1・2・3・4から一つ選びなさい。

33 卒業論文がなかなか書けなくて、一時は（　　　）かけたが、何とか今日無事に提出(ていしゅつ)することができた。

1 あきらめ　　2 あきらめて　　3 あきらめる　　4 あきらめた

34 子どものころ、母（　　　）作ったハンバーグが大好きで、よく作ってもらった。

1 の　　2 との　　3 によって　　4 にとって

35 多様な情報があふれる現代社会（　　　）、大切なのは、膨大(ぼうだい)な情報の中から、自分に必要な情報を選ぶ力である。

1 に加えて　　2 において　　3 を基にして　　4 を込めて

2 問題 8 문장 만들기

| 문제유형 & 경향분석 |

問題8은 4개의 빈칸에 들어갈 말을 순서에 맞게 배열하여 문장을 만드는 문제이다. 주로 2번째나 3번째에 들어가는 표현(★표시)을 묻는다. 기능어의 조합뿐 아니라 문장의 구성까지 신경써야 한다. 5문제가 출제된다.

문제 유형 예시

問題 8　次の文の ＿★＿ に入る最もよいものを、1・2・3・4から一つ選びなさい。

（問題例）

あそこで ＿＿ ＿＿ ＿★＿ ＿＿ は山田(やまだ)さんです。

1　テレビ　　2　見ている　　3　を　　4　人

（解答のしかた）

1．正しい文はこうです。

> あそこで ＿＿ ＿＿ ＿★＿ ＿＿ は山田(やまだ)さんです。
> 1　テレビ　3　を　2　見ている　4　人

2．＿★＿ に入る番号を解答用紙にマークします。

（解答用紙）

（例）	①　●　③　④

45　結婚生活を送る ＿＿ ＿＿ ＿★＿ ＿＿、相手への思いやりの気持ちを持つことだと思う。

1　うえで　　2　といえば　　3　大切か　　4　何が

46　就職(しゅうしょく)したときに ＿＿ ＿＿ ＿★＿ ＿＿ とうとう壊(こわ)れたので、買い換えることにした。

1　ずっと　　2　買って以来　　3　かばんが　　4　使っていた

3 問題 9 글의 문법

| 문제유형 & 경향분석 |

問題 9는 제시된 장문 안의 공란에 들어갈 가장 적절한 표현을 고르는 문제로 보통 5문제가 출제되지만, 최근에는 4문제가 출제되기도 했다. 단순히 문법 자체에 국한되지 않고 문장의 흐름을 파악할 수 있는 종합적인 독해력이 요구된다. 문법 기능어뿐만 아니라 접속사, 부사 등 다양한 어휘가 출제된다.

문제 유형 예시

問題 9　次の文章を読んで、文章全体の内容を考えて、 50 から 54 の中に入る最もよいものを、1・2・3・4から一つ選びなさい。

以下は、雑誌のコラムである。

日本発のトイレマーク

公衆(こうしゅう)トイレの入り口に描(か)かれている男女の絵のマーク。そのマークがあれば、文字で「トイレ」と書かれていなくても、そこがトイレであることがわかる。世界のあちこちで使われているこのトイレマークが実は日本で生まれたものだということを 50 。

トイレマークが生まれたのは、1964年の東京オリンピックがきっかけだ。この東京オリンピックは、アルファベットを使わない国での初めての開催であったため、特に問題になったのが、言葉の壁だった。当時、日本国内の案内板は「お手洗い」などと日本語で書かれているものがほとんどだった。 51 、それでは世界90数か国から来日する選手たちに理解してもらえない。かといって、参加国すべての国の言葉で書くわけにもいかない。そこで、案内板作成者たちは、あらゆる国の選手が理解できるよう、絵で表すことを考えた。 52 、トイレマークなのだ。

そのほかにも、食堂、シャワー、公衆(こうしゅう)電話等の施設や設備を表すマークや、水泳、バレーボール等の競技を表すマークも作られた。競技を表すマークは、この東京オリンピックで初めて全面的に導入され、高い評価を受けた。そして、その後のオリンピックでもデ

문제 유형 예시

50

1 ご存じなわけだ　　✓2 ご存じだろうか
3 ご存じのようだ　　4 ご存じだからだろう

51

1 それに　　✓2 しかし　　3 または　　4 それどころか

52

1 作成者が理解したのは　　2 日本で考えられたのが
3 ここに生み出したのは　　✓4 こうして生まれたのが

53

✓1 使用されている　　2 使用した点だ
3 使用していける　　4 使用したいものだ

54

1 結果として表れるかもしれない　　2 結果のはずだった
✓3 結果に違いない　　4 結果でなければならなかった

02 핵심문법 정복하기

1 N2 1순위 문법 107

2010년 시험부터 N2 문법은 기능어 뿐만 아니라 경어, 접속사, 부사, 조사 등에 대한 문제도 폭 넓게 출제되고 있다. 여기서는 시험에 빈번하게 출제되는 표현 문형을 정리하였으며, 앞의 숫자는 학습 편의상 임의로 부여한 것으로 확인 문제 풀이시 이해하기 어려운 부분은 해당 번호의 내용을 참고하길 바란다.

001 ～あげく ～한 끝에

～あげく는 동사 과거형(た형)+た에 접속하며, あれこれ(여러 가지로), さんざん(몹시) 등과 호응하는 경우가 많다. 주로 悩(なや)んだあげく(고심한 끝에), 困(こま)ったあげく(난처한 끝에), 考(かんが)えたあげく(생각한 끝에)와 같은 형태로 사용된다.

유사 문법 ～の末(すえ)に ～한 끝에

기출 あれこれ質問(しつもん)に答(こた)えさせられたあげく 여러 가지 질문에 억지로 대답한 끝에 2011-1회

さんざん悩(なや)んだあげく、思(おも)いきって彼女(かのじょ)に結婚(けっこん)を申(もう)し込(こ)むことにした。
몹시 고심한 끝에 과감히 그녀에게 청혼을 하기로 했다.

002 ～あまり ～한 나머지

～あまり는 형용사와 동사의 명사형+の 또는 동사 과거형(た형)+たな 사전형 등에 접속하며, 주로 心配(しんぱい)のあまり(걱정한 나머지), 悲(かな)しみのあまり(슬픈 나머지), うれしさのあまり(기쁜 나머지), 考(かんが)えすぎたあまり(너무 생각한 나머지)와 같은 형태로 사용된다.

彼女(かのじょ)は一番(いちばん)行(い)きたかった大学(だいがく)に合格(ごうかく)し、うれしさのあまり跳(と)び上(あ)がった。
그녀는 가장 가고 싶었던 대학에 합격하여 기쁜 나머지 껑충 뛰었다.

003 ～一方で(いっぽう) ～하는 한편으로

～一方(いっぽう)では는 동사 사전형에 접속하며, 어떤 사항에 대해 두 가지 면을 대비시켜 나타낼 때 사용된다. 주로 収入(しゅうにゅう)が減(へ)る一方(いっぽう)で(수입이 줄어드는 한편으로), 平均寿命(へいきんじゅみょう)がのびる一方(いっぽう)で(평균 수명이 늘어나는 한편으로), 子供(こども)を厳(きび)しくしかる一方(いっぽう)で(자식을 엄하게 꾸짖는 한편으로)와 같은 형태로 사용된다.

仕事(しごと)をする一方(いっぽう)で、遊(あそ)ぶことも忘(わす)れない、そんな若者(わかもの)が増(ふ)えている。
일을 하는 한편으로 노는 것도 잊지 않는 그런 젊은이가 늘고 있다.

004 ～一方だ(いっぽう) (오로지) ～할 뿐이다, ～하기만 한다

～一方(いっぽう)だ는 동사 사전형에 접속하며, 주로 増(ふ)える一方(いっぽう)だ(늘어나기만 한다), 減(へ)る一方(いっぽう)だ(줄어들 뿐이다), 失業率(しつぎょうりつ)はあがる一方(いっぽう)だ(실업률은 올라가기만 한다)와 같은 형태로 사용된다.

유사 문법 **～ばかりだ** ~하기만 하다

기출 周囲(しゅうい)の期待(きたい)は高(たか)まる一方(いっぽう)だ 주위의 기대는 높아만 진다 2010-1회

警察(けいさつ)の呼(よ)びかけにもかかわらず、オートバイの事故(じこ)は増(ふ)える一方(いっぽう)だ。
경찰의 호소에도 불구하고 오토바이 사고는 늘어나기만 한다.

005 ～うえ(に) ~인 데다가

~うえに는 보통 な형용사와 い형용사에 접속하며, 간혹 명사+の+うえに, 동사 과기형(た형)+た+うえに, 또는 동사 사전형+うえに의 꼴로도 사용된다. 주로 面倒(めんどう)なうえに(귀찮은 데다가), 責任感(せきにんかん)が強(つよ)いうえに(책임감이 강한 데다가), 練習不足(れんしゅうぶそく)のうえに(연습 부족인 데다가), 事業(じぎょう)に失敗(しっぱい)したうえに(사업에 실패한 데다가), よく効(き)くうえに(잘 듣는 데다가)와 같이 쓴다.

유사 문법 **～上(じょう)** ~상

このへんは物価(ぶっか)が高(たか)いうえに交通(こうつう)も不便(ふべん)なので暮(く)らしにくい。
이 근처는 물가가 비싼 데다가 교통도 불편하기 때문에 살기 불편하다.

006 ～うえは ～한 이상에는, ～한 바에는

～うえは는 주로 동사 과거형(た형)+た+うえは의 접속 형태를 띠며, 문어적이고 딱딱한 표현이므로 제한적으로 사용된다. 주로 こうなったうえは(이렇게 된 바에는), 約束したうえは(약속한 이상에는), 秘密を知ったうえは(비밀을 안 이상에는)와 같은 형태로 쓰인다.

유사 문법 **～以上は / ～からには** ～한 이상에는

こうなったうえは、何としても責任をとるつもりです。
이렇게 된 바에는 어떻게든 책임을 질 작정입니다.

007 ～うちに / ～ないうちに

～하는 동안에, ～중에, ～할 때에 / ～하지 않는 사이에, ～하기 전에

～うちに는 うち가 명사의 역할을 하므로 그에 준하는 접속을 한다. 주로 その日のうちに(그날 중으로), 暖かいうちに(따뜻할 때에), 両親が元気なうちに(부모님이 건강할 때에), テレビを見ているうちに(텔레비전을 보고 있는 동안에), 手紙を読んでいるうちに(편지를 읽고 있는 중에)와 같은 형태로 쓰인다.
～ないうちに는 ない형에 접속하며, 주로 雨が降らないうちに(비가 오기 전에), 暗くならないうちに(어두워지기 전에), 忘れないうちに(잊어버리기 전에)와 같은 형태로 사용된다.
한편 若いうちは(젊을 때에는), 体が健康なうちは(몸이 건강할 때에는)와 같이 ～うちは(~할 때에는)의 형태로도 출제된 적이 있다.

기출 CMなどで何度か見ているうちに 광고 방송 등에서 몇 번인가 보는 동안에 2018-2회
何か月もしないうちに 몇 개월도 지나기 전에 2010-2회

この辺りはにぎやかだが、夜になると人通りもなくなるから、明るいうちに帰ろう。
이 부근은 붐비지만 밤이 되면 인적도 뜸해지니 밝을 때에 돌아가자.

冷めないうちに、召し上がってください。
식기 전에 드세요.

008 ～うる・～える / ～えない ～할 수 있다 / ～할 수 없다

긍정 표현으로는 ～うる와 ～える 모두 사용하지만, 부정 표현으로는 ～えない만 사용할 수 있다. 동사 ます형에 접속하며 주로 考えうる(생각할 수 있다), 理解しうる(이해할 수 있다), ありえない(있을 수 없다), 判定しえない(판정할 수 없다)와 같은 형태로 쓰인다.

유사 문법 **やむをえない** 어쩔 수 없다, 하는 수 없다

彼の取った態度は、わたしには十分理解しうるものであった。
그가 취한 태도는 내가 충분히 이해할 수 있는 것이었다.

009 ～おそれがある ～할 우려가 있다

～おそれがある는 おそれ가 명사에 해당되므로 그에 준하는 접속을 하며, 주로 동사 사전형 또는 명사+の에 접속한다. 大事故につながるおそれがある(대형 사고로 이어질 우려가 있다), こわれるおそれがある(부서질 우려가 있다), 倒産のおそれがある(도산의 우려가 있다)와 같은 형태로 많이 쓰인다.

大雨で裏山がくずれるおそれがあるため、近くの公民館に避難した。
폭우로 뒷산이 무너질 우려가 있어 근처에 있는 주민회관으로 피난했다.

010 ～かぎり / ～ないかぎり ～하는 한 / ～하지 않는 한

～かぎり는 동사의 보통형에 접속하며 주로 できるかぎり(가능한 한), 私が知っているかぎり(내가 알고 있는 한), ストライキが続くかぎり(파업이 계속되는 한)와 같은 형태로 사용된다. ～かぎり의 응용 표현인 ～かぎり+の+명사(～하는 한의)와 ～かぎりでは(～하는 바로는)도 출제된 적이 있으며, 주로 持てるかぎりの荷物(들 수 있는 한의 짐), 君がここにいるかぎりでは(네가 여기 있는 한)의 형태로 사용된다.
～ないかぎり는 동사의 부정형에 접속하며 주로 何か対策を立てないかぎり(뭔가 대책을 세우지 않는 한), 夜遅く一人で歩かないかぎり(밤늦게 혼자서 걷지 않는 한)와 같이 쓴다.

私が記憶するかぎり、彼は結婚したことはない。
내가 기억하는 한 그는 결혼한 적이 없다.

あの人が謝らないかぎり、わたしは許しません。
그 사람이 사과하지 않는 한 나는 용서하지 않겠습니다.

011 ～かけの / ～かける ～하다 만 / ～하다 말다, ～할 뻔하다

～かけの와 ～かける는 동사 ます형에 접속한다. 주로 読みかけの本(읽다 만 책), 食べかけのパン(먹다 만 빵), 夕飯を作りかけて(저녁밥을 만들다 말고), 彼は何か言いかけて(그는 뭔가 말하려다 말고), 前の人にぶつかりかけた(앞사람과 부딪칠 뻔했다)와 같은 형태로 자주 사용된다.

椅子に編みかけのセーターが置いてあった。
의자에 뜨다 만 스웨터가 놓여 있었다.

冷蔵庫の中の野菜がくさりかけている。
냉장고 안의 야채가 썩으려고 한다.

012 ～がち 자주 ～함, ～하는 경향이 있음

～がち는 동사 ます형과 명사에 직접 접속하며, 주로 休みがちだ(자주 쉰다), くもりがちの天気(자주 흐린 날씨), 忘れがちになる(자주 잊게 되다)와 같은 형태로 쓰인다.

기출 つい思ってしまいがちだ 그만 생각해 버리는 경우가 많다 2013-2회

病気がちの彼には、こんな激しいスポーツはできない。
잔병치레가 잦은 그는 이런 과격한 운동은 할 수 없다.

一つ悪いことがあると、何につけても悪く考えがちになる。
한 가지 나쁜 일이 있으면 뭐든지 나쁘게 생각하게 된다.

013 ～かと思ったら・～かと思うと ～(하)나 싶더니 (곧)

동사의 과거형에 접속하며, 주로 今勉強を始めたかと思ったら(방금 공부를 시작했나 싶더니), 泣き止んだかと思ったら(울음을 그쳤나 했더니), 出かけたかと思うと(외출했나 싶더니), 空が暗くなったかと思うと(하늘이 어두워졌나 싶더니)와 같은 형태로 사용된다.

ぴかっと光ったかと思ったら、しばらくしてかみなりが鳴った。
번쩍 빛이 나는가 싶더니 잠시 후에 천둥이 쳤다.

014 ～か ～ないかのうちに ～하자마자

～か～ないかのうちに의 ～か는 동사 사전형에 접속하는데, 간혹 동사 과거형+た에 붙는 경우도 있다. ～ないか는 동사 ない형에 접속하며 주로 家に着くか着かないかのうちに(집에 도착하자마자), 先生の講義が終わるか終わらないかのうちに(선생님의 강의가 끝나자마자), そう言ったか言わないかのうちに(그렇게 말하자마자)의 형태로 사용된다.

유사 문법 **～たとたん(に)** ～한 순간(에)

기출 娘は「いってきます」と言い終わるか終わらないかのうちに
딸은 '다녀오겠습니다'라고 말을 끝내자마자 2021-1회

彼は、問題を見るか見ないかのうちに、もう答えを書き始めていた。
그는 문제를 보자마자 벌써 답을 적기 시작했다.

015 ～かのようだ (마치) ～인 듯하다, ～인 것 같다

～かのようだ는 동사 과거형(た형)+た와 현재 진행형(ている형) 등에 접속한다. 주로 まるで夏になったかのようだ(마치 여름이 된 것 같다), 有名人にでもなったかのようだ(유명인이라도 된 것 같다), 生きているかのようだ(마치 살아 있는 것 같다), まるですべてを知っているかのようだ(마치 전부 알고 있는 듯하다)의 형태로 사용된다.

もう３月なのに、今日は真冬にでも戻ったかのようだ。
이제 3월인데 오늘은 마치 한겨울로 돌아간 듯하다.

016 ～から ～にかけて ～부터 ～에 걸쳐

～から～にかけて는 주로 おとといから今日にかけて(그저께부터 오늘에 걸쳐), ２月から３月にかけて(2월부터 3월에 걸쳐), １丁目から３丁目にかけて(1가부터 3가에 걸쳐)와 같은 형태로 사용된다.

유사 문법 **～にわたって** ～에 걸쳐

기출 明日の夕方から夜にかけて 내일 저녁부터 밤에 걸쳐 2017-1회

日本では、8月の下旬から9月の上旬にかけて台風が多い。
일본에서는 8월 하순부터 9월 초순에 걸쳐 태풍이 많다.

発達する低気圧の影響で、土曜日の夕方から日曜日の朝にかけて、激しい雨が降るおそれがあります。 발달하는 저기압의 영향으로 토요일 저녁부터 일요일 아침에 걸쳐 심한 비가 내릴 우려가 있습니다.

017 ～からいって・～からいうと ～으로 보아, ～으로 보건대

～からいって・～からいうと는 명사에 직접 접속하며, 한자 표기 ～から言って・～から言うと로 출제되는 경우도 많다. 같은 표현에 ～から言えば도 있다. 주로 現象から言って(현상으로 보아), うちの経済状況から言って(우리의 경제 상황으로 보건대), 私の立場から言うと(내 입장으로 보아)의 형태로 쓰인다.

유사 문법 ～からすると・～からすれば ～으로 보아

今の状況からいって、このまま計画をすすめるのは無理です。
지금 상황으로 보건대 이 상태로 계획을 추진하는 것은 무리입니다.

私の経験から言うと、留学はした方がいいよ。
내 경험으로 보아 유학은 하는 편이 좋아.

018 ～からして ～부터가

～からして는 명사에 직접 접속하며, 주로 その発想からして(그 발상부터가), 彼の態度からして(그의 태도부터가), この会社は社長からして(이 회사는 사장부터가), あの店のパンはにおいからして(그 가게의 빵은 냄새부터가)의 형태로 사용된다.

기출 彼に伝わっていないことからして 그에게 전해지지 않은 것부터가 2010-1회 N1

私は彼のことが大嫌いだ。彼の話し方や服装からしてがまんならない。
나는 그 사람을 무척 싫어한다. 그 사람의 말투나 복장부터가 참을 수 없다.

019 ～からすると・～からすれば ～으로 보아

～からすると・～からすれば는 명사에 접속하며, 주로 話し方からすると(말투로 보아), さっきの態度からすれば(조금 전의 태도로 보아), 科学の観点からすれば(과학의 관점으로 보아)와 같은 형태로 쓰인다.

유사 문법 **～からいって・～からいうと** ～으로 보아

기출 **実務経験者ということからすると** 실무 경험자라는 것으로 보아 2010-1회

アクセントからすると、どうやらあの人は外国出身らしい。
악센트로 보아 아무래도 그 사람은 외국 출신인 것 같다.

020 ～からといって ～라고 해서

～からといって는 '아무리 그렇더라도 ~해서는 곤란하다, 단지 그렇다고 해서 ~할 것은 없다'라는 뉘앙스를 가진 문장에 주로 사용되며, 키워드를 묻는 문제로 자주 출제된다. 뒤에는 주로 ～(という)わけではない((~라는) 것은 아니다), ～とはかぎらない(~라고는 할 수 없다), ～とはいえない(~라고는 말할 수 없다)와 같은 부분 부정 표현이 온다.

親が頭がいいからといって、子どもも必ず頭がいいとはかぎらない。
부모가 머리가 좋다고 해서 자식도 꼭 머리가 좋다고는 할 수 없다.

しばらく連絡がないからといって、そんなに心配することはないよ。
잠시 연락이 없다고 해서 그렇게 걱정할 필요는 없어.

021 ～からには ～할 바에는, ~한 이상에는

～からには는 주로 동사 사전형과 동사 과거형(た형)+た에 접속하며, 주로 この仕事を引き受けるからには(이 일을 맡을 바에는), やるからには(할 바에는), 約束したからには(약속한 이상에는), 先生に頼まれたからには(선생님께 부탁받은 이상에는)와 같은 형태로 많이 쓰인다.

유사 문법 **～以上は・～うえは** ～한 이상에는

기출 いったん仕事を引き受けたからには 일단 일을 맡은 이상에는 2010-2회

一度やると決めたからには途中でやめるわけにはいかない。
한번 하겠다고 결정한 이상에는 도중에 그만둘 수는 없다.

022 ～気味 ～기운이 있음, ～경향임

～気味는 명사 또는 그에 준하는 동사의 ます형에 접속하며, 주로 風邪気味だから(감기 기운이 있으니까), 疲れ気味だから(조금 피곤한 듯해서), あせり気味(초조해 하는 기색), 遅れ気味(늦는 경향)의 형태로 쓰인다.

以前と比べると観光客が少し減り気味です。
이전에 비해 관광객이 조금 줄어든 듯합니다.

このところ忙しくて少し疲れ気味だから、今日は早く帰ることにした。
요즈음 바빠서 조금 피곤한 듯해서 오늘은 일찍 돌아가기로 했다.

023 ～きり / ～きりだ ～한 이래로 / ～한 채이다, ～했을 뿐이다

～きり/～きりだ는 동사 과거형(た형)+た에 접속하며, 주로 出て行ったきり(나간 이래로), 卒業した翌年に一度会ったきりだ(졸업한 이듬해에 한 번 만났을 뿐이다), 10年前に習ったきりだ(10년 전에 배웠을 뿐이다)와 같은 형태로 쓰인다.

기출 髪は半年前に切ったきり 머리는 6개월 전에 자른 이래로 2013-1회

あの人は出かけたきり戻ってこなかった。
그 사람은 나간 채 돌아오지 않았다.

本田さんとは3年前に一度会ったきりだ。
혼다 씨와는 3년 전에 한 번 만났을 뿐이다.

024 ～くせに ~인 주제에, ~이면서도

～くせに는 くせ가 명사이므로 이에 준하는 접속을 한다. 주로 知(し)らないくせに(알지도 못하는 주제에), きらいなくせに(싫어하는 주제에), まだ子(こ)どものくせに(아직 어린애인 주제에), 日本(にほん)に３年(ねん)もいたくせに(일본에 3년이나 있었으면서도)의 형태로 사용된다.

彼(かれ)はまだ学生(がくせい)のくせに外車(がいしゃ)をのりまわしているそうだ。
그는 아직 학생인 주제에 외제차를 타고 다닌다고 한다.

山田(やまだ)さんは大学(だいがく)で英語(えいご)を専攻(せんこう)したくせに簡単(かんたん)な挨拶(あいさつ)もできない。
야마다 씨는 대학에서 영어를 전공했으면서도 간단한 인사도 못한다.

025 ～げに ~한 듯이

～げに는 형용사의 어간이나 동사의 ます형에 접속하는데 다소 고풍스러운 표현이다. 悲(かな)しげに(슬픈 듯이), さびしげに(쓸쓸한 듯이), なつかしげに(의미가 있는 듯이)와 같이 쓰인다.

近(ちか)くの公園(こうえん)で子(こ)どもたちが楽(たの)しげに遊(あそ)んでいる。
근처 공원에서 아이들이 즐거운 듯이 놀고 있다.

1 문법 확인문제 001 ~ 025 / 22

問題7 次の文の（　　）に入れるのに最もよいものを、１・２・３・４から一つ選びなさい。

1 彼女は悲しみの（　　）、声が出なくなってしまった。002

1 まで　　2 わけ　　3 あまり　　4 ばかり

2 彼女は頭がいい（　　）実行力(じっこうりょく)もあるから、みんなに信頼(しんらい)されている。005

1 ために　　2 うえに　　3 ものの　　4 ほどの

3 両親が元気な（　　）、色んなところへ旅行に行きたいと思っている。007

1 ところに　　2 うちに　　3 なかに　　4 あとに

4 ここ数年、冷夏(れいか)がつづき、野菜の値段が（　　）一方だ。004

1 あがる　　2 あがり　　3 あがった　　4 あがるの

5 ５年前に大病(たいびょう)をしてから、すっかり病気（　　）になった。012

1 がち　　2 ふう　　3 だけ　　4 ぐせ

6 彼女はコーヒーを飲むか（　　）かのうちにあわてて店を出ていった。014

1 飲む　　2 飲まない　　3 飲んでいる　　4 飲んでいない

7 会議では自分の意見を言う（　　）、他人の意見も聞かなければならない。003

1 までか　　2 以上で　　3 ほどか　　4 一方で

8 受験(じゅけん)すると決めた（　　）は、全力(ぜんりょく)をつくすつもりです。006

1 まで　　2 わけ　　3 うえ　　4 ほど

9 さんざん考えた（　　）、彼女は手術することにした。001

1 反面　　2 以上　　3 とたん　　4 あげく

답 1③ 2② 3② 4① 5① 6② 7④ 8③ 9④

10 経験がない（　　　）、失敗するとはかぎらない。020·138

1 からといって　　2 からには　　3 からすると　　4 からして

11 さくらの花がいっせいに咲(さ)いて一度に春が来た（　　　）。015

1 一方だ　　2 かのようだ　　3 かぎりだ　　4 がちだ

12 あいつは、下手な（　　　）、人前で得意(とくい)がって歌う。024

1 くせに　　2 ものだから　　3 だけあって　　4 うえに

問題8 次の文の ＿★＿ に入る最もよいものを、1・2・3・4から一つ選びなさい。

13 試験の＿＿ ＿★＿ ＿＿ ＿＿胃が痛くなった。002

1 心配の　　2 あまり　　3 結果が　　4 どうなるか

14 その＿＿ ＿＿ ＿★＿ ＿＿「その話はよそう」と言われた。014

1 触(ふ)れない　　2 かのうちに　　3 触れるか　　4 話に

15 現時点(げんじてん)で、＿＿ ＿★＿ ＿＿ ＿＿やってみたが、だめだった。008

1 考え　　2 方法で　　3 最善(さいぜん)の　　4 うる

16 現地記者の話すところによると、状況(じょうきょう)は＿＿ ＿＿ ＿★＿ ＿＿だ。004

1 する　　2 一方　　3 のよう　　4 悪化

17 あなたが＿＿ ＿★＿ ＿＿ ＿＿なのに、あなたにやめられたら本当に困りますよ。022·033

1 いて　　2 さえ　　3 不足気味(ぎみ)　　4 人手が

답 10 ①　11 ②　12 ①　13 ④(3412)　14 ①(4312)　15 ④(1432)　16 ②(4123)　17 ②(1243)

問題 9　次の文章を読んで、文章全体の内容を考えて、[18] から [22] の中に入る最もよいものを1・2・3・4から一つ選びなさい。

　子供の生活から「遊び」をもぎ取って(注1)しまったら、それはちょうど羽根をむしり取られた(注2)トンボと同じで、[18]。羽根を取られたトンボは、地面をよたよた(注3)と歩くことはできるかもしれぬが、大空を自由に飛び回ることはできないだろう。

　子供たちは、仲間同士のあせまみれ、どろまみれの遊びの中から、おのずと人間の心の [19]、友情をつちかうのである。また、想像力もここで発達するだろう。何かおもしろいことはないか、こうしてみようああしてみようと、常にくふうしない限り、より楽しい遊びは得られないし、長続きもしない。その間に、取っ組み合い(注4)のけんかもあるかも知れぬが、そのけんかがまた大事なのだ。けんかぐらい、子供の感情の振幅(注5)を [20]。

　もう一つあげよう。子供の遊びには、[21]、自然がいる。自然は土によって代表される。その中には、小さなありんこ(注6)たちが無数に穴をほり、あるいは名も知れぬ芽が、ひょっこり(注7)顔をのぞかせるかも知れない。子供たちは、ものごころ(注8)つきはじめたころから、それら自然の生物たちとの交流の中で、やがて生命の尊さというものを学んでいくのではないか。わたしは、子供のこのような [22] 真の子供らしさではないかと思っているし、これからも大事に育てていきたいと考えている。

（注1）もぎ取る：しっかり付いているものを無理やり取り上げる
（注2）むしり取られる：強引に取られる
（注3）よたよた：今にも倒れそうに、歩き方がしっかりしていない様子
（注4）取っ組み合い：互いに組合ってあらそうこと
（注5）振幅：振幅の意
（注6）ありんこ：ありの子
（注7）ひょっこり：思いがけない時に急に現れるさま
（注8）ものごころ：世の中の物事や人間の感情などについて理解できる心

18

1　子供っぽい　　2　子供むきではない

3　子供ではない　　4　子供だらけだ

19

1　ふれ合いを確かめつつ　　2　ふれ合いを確かめなくては

3　ふれ合いを確かめては　　4　ふれ合いを確かめずに

20

1　豊かにするわけがない　　2　豊かにするものはあるまい

3　豊かにするよりほかない　　4　豊かにすることといえる

21

1　しかしながら　　2　それどころか　　3　それにつけても　　4　当然ながら

22

1　すがたしか　　2　すがたこそ　　3　すがたなら　　4　すがたより

핵심문법 다시보기

～ないかぎり 010 ~하지 않는 한	常(つね)にくふうしない限(かぎ)り 항상 궁리하지 않는 한(06行)
～まみれ ~투성이	あせまみれ、どろまみれ 땀투성이, 흙투성이(04行)
～つつ 044 ~하면서	心(こころ)のふれ合(あ)いを確(たし)かめつつ 마음이 서로 통하는 것을 확인하면서(05行)
～まい 086 ~(하)지 않겠다, ~(하)지 않을 것이다	豊(ゆた)かにするものはあるまい 풍부하게 하는 것은 없을 것이다(09行)
～ながら 044 ~하면서, ~하지만	当然(とうぜん)ながら 당연하지만(10行)
～によって ~에 의해, ~로(써)	土(つち)によって代表(だいひょう)される 땅으로 대표된다(10行)
～こそ 026 ~야말로	このようなすがたこそ 이런 모습이야말로(14行)

답 18 ③　19 ①　20 ②　21 ④　22 ②

問題7 次の文の（　　）に入れるのに最もよいものを、1・2・3・4から一つ選びなさい。

1 この映画は青少年に悪い影響(えいきょう)を与える（　　）。009
1 ものがある　2 ことはない　3 恐れがある　4 限りではない

2 家に着くか着かない（　　）雨が降りだした。014
1 かのように　2 ようにして　3 かのうちに　4 ままにして

3 ゆうべ私が調べた（　　）、工場の機械に問題はなかったのです。010
1 限(かぎ)りでは　2 次第(しだい)では　3 うえでは　4 ようでは

4 雪が降ると、バスは遅れ（　　）。012
1 がちになる　2 かけになる　3 きれなくなる　4 かけなくなる

5 テーブルのうえに（　　）ケーキが置(お)いてあります。011
1 食べぬいた　2 食べかけの　3 食べきった　4 食べはじめの

6 やっと契約(けいやく)がまとまったかと（　　）、まだ小さな条件(じょうけん)でもめている。013
1 思って　2 思ったら　3 思い　4 思ったなら

7 森田(もりた)さんのお父さんは、声（　　）やさしそうですね。018
1 をして　2 からは　3 をもって　4 からして

8 いったん引き受けた（　　）、最後までやり通すべきです。021
1 ためには　2 わけには　3 からには　4 うえには

9 風邪（　　）し、それに着て行く服もないから、パーティーには行かない。022
1 ぎみだ　2 かねる　3 ようだ　4 うる

답 1③ 2③ 3① 4① 5② 6② 7④ 8③ 9①

10 あの人とは卒業式のとき別れた（　　　）。023

1 ことだ　　2 きりだ　　3 ほどだ　　4 ばかりだ

11 きのう、3時から4時に（　　　）停電(ていでん)があった。016

1 おいて　　2 そって　　3 かけて　　4 わたって

12 鈴木(すずき)さんは、おなかがいっぱいな（　　　）まだ食べようとしている。024

1 くせに　　2 せいに　　3 うえに　　4 ものに

問題8　次の文の ＿★＿ に入る最もよいものを、1・2・3・4から一つ選びなさい。

13 妹は、＿＿＿ ＿＿＿ ＿★＿ ＿＿＿、もう要らないと言う。013

1 お菓子が　　2 食べたい　　3 と言った　　4 かと思うと

14 ＿＿＿ ＿＿＿ ＿★＿ ＿＿＿、このあたりは夜とてもあぶないですよ。007

1 帰らない　　2 明るい　　3 と　　4 うちに

15 あのチームの選手は ＿＿＿ ＿★＿ ＿＿＿ ＿＿＿。018

1 から　　2 強そうだ　　3 体格(たいかく)　　4 して

16 ＿＿＿ ＿＿＿ ＿★＿ ＿＿＿ のは、かえって失礼になることもあります。020

1 遠慮(えんりょ)する　　2 物だから　　3 高価(こうか)な　　4 といって

17 庭に咲(さ)いている ＿＿＿ ＿＿＿ ＿★＿ ＿＿＿ すごくいい。005

1 香りも　　2 花は　　3 うえに　　4 きれいな

답 10 ② 11 ③ 12 ① 13 ③(1234) 14 ①(2413) 15 ①(3142) 16 ④(3241) 17 ③(2431)

問題９　次の文章を読んで、文章全体の内容を考えて、[18] から [22] の中に入る最もよいものを１・２・３・４から一つ選びなさい。

わたしたちは、非常に混雑したバスや電車に乗り合わせる場合がある。みなが殺気だっていて、おしつぶされそうな危険を感じることも少なくない。

(中略)

世の中には、人の目につきたくてうずうずしている(注1)人も [18] 。しかし、大部分の人は、大声を出して人に見られるのをはずかしいと思う。あぶないなあと気づいても、声に出して注意を発するまでに至らないことが多いのではなかろうか。

電車の事故や、火事などというような、直接的な問題ばかりではない。考えてみると、世の中には、めいめい(注2)が早めにさわぎたてれば、それで大事に至らずに済むということが少なくないのだ。[19] 、自分の身に直接の影響がないと、たいていのことは、ひとごとに見える。そのため、すぐ目の前にある危険な状態も、つい見過ごしがちである。[20] 、大声でわめく(注3)のは、みにくいと考えて、かたつむりのようにひっこんでしまうことが多い。

[21] 、大声でさわぎたてることがこれほどきらいな人たちも、ひとたび事故がおきたとなると、前とはうって変わった(注4)ように、わめきたてることが多い。いくらどなったところで、そうなってからでは [22] である。だから、よくないことがおきそうな予感がしたら、日ごろは出すぎることのきらいな人でも、ときにはだいたんにさわぎたてて、危険を前もって防ぐ側にまわるように、わたしは勧めたい。

(注１) うずうず：ある行動をしたくて、じっとしていられないさま
(注２) めいめい：ひとりひとり。それぞれ
(注３) わめく：大声で叫ぶ
(注４) うって変わる：がらりと変わる

18

1 いないものだ
2 いないものではない
3 いないわけだ
4 いないわけではない

19

1 そこで　2 ところが　3 さて　4 それとも

20

1 気づいたように
2 気づいたにつけても
3 気づいたとしても
4 気づいたわけがなく

21

1 しかし　2 そのうえ　3 実は　4 それに

22

1 花(はな)より団子(だんご)
2 猫(ねこ)に小判(こばん)
3 あとの祭(まつ)り
4 急(いそ)がばまわれ

핵심문법 다시보기

~がち 012 자주 ~함, ~하는 경향이 있음	つい見過(みす)ごしがちである 그만 지나쳐버리는 경향이 있다(11行)
~わけではない ~하는 것은 아니다	いないわけではない 없는 것은 아니다(04行)
~ずにすむ 115 ~하지 않고 끝나다	大事(おおごと)に至(いた)らずに済(す)む 큰일이 되지 않고 끝나다(08行)
~としても 059 ~라고 해도	気(き)づいたとしても 깨달았다고 해도(11行)
~(た)ところで ~해 봤자	いくらどなったところで 아무리 소리쳐 봤자(15行)
~ように 158 ~하도록	防(ふせ)ぐ側(がわ)にまわるように 방지하는 편에 서도록(17行)

답 18 ④　19 ②　20 ③　21 ①　22 ③

026 ～こそ / ～からこそ ～야말로 / ～이기 때문에

～こそ는 '～야말로'라는 뜻으로, こちらこそ(저야말로), 今でこそ(지금에서야말로)와 같은 형태로 사용된다.

～からこそ는 '～이기 때문에'라는 뜻으로 다양하게 접속하므로 예문을 통해 익혀두기 바란다. 주로 わかっているからこそ(알고 있기 때문에), あなたのことを思っているからこそ(당신을 생각하기 때문에)의 형태로 쓰인다.

기출 今年こそ結婚を申し込もう 올해야말로 청혼을 해야지 2020

今でこそ一流企業と言われる 지금에서야말로 일류기업이라 불리는 2011-1회

一度は経験させたいと願うからこそだ

한 번은 경험하게 하고 싶다고 바라기 때문이다 2010-2회

いつも約束の時間に遅れて迷惑をかけるので、今度こそ、遅刻をしないようにしよう。

항상 약속 시간에 늦어 폐를 끼치기 때문에 이번에야말로 지각을 하지 않도록 하자.

自分の才能を信じ続けてきたからこそ、彼女は成功することができた。

자신의 재능을 계속 믿어왔기 때문에 그녀는 성공할 수 있었다.

027 ～ことか ～던가, ～인지

～ことか는 감탄이나 반문의 뜻을 나타내며 なんと(얼마나), 何度(몇 번), どんなに(얼마나) 등과 호응하는 경우가 많다. 주로 なんと速いことか(얼마나 빠른지), 何度やめようと思ったことか(몇 번 그만두려 했던가), 何度注意したことか(몇 번 주의를 주었던가), どんなにさびしいことか(얼마나 쓸쓸한지)의 형태로 사용된다.

주의 문법 ～ものか ～할까 보냐

기출 どんなに大変なことかわかりました 얼마나 힘든지 알았습니다 2011-1회

日本に来たばかりの時、あなたの親切がどんなにうれしかったことか。

일본에 온 지 얼마 되지 않았을 때, 당신의 친절이 얼마나 기뻤던지.

028 ～ことから / ～ところから ～로 인해, ～때문에 / ～하는 점에서, ～해서

～ことから・～ところから는 근거나 유래 등을 나타낼 때 자주 쓰이며, 다양한 형태로 접속한다. 주로 子供(こども)が少(すく)なくなってきていることから(어린이가 줄고 있기 때문에), 米軍(べいぐん)の基地(きち)が多(おお)いことから(미군 기지가 많아서), 性能(せいのう)もよくなったことから(성능도 좋아졌기 때문에), へびそっくりのところから(뱀과 꼭 닮은 점에서), えびに似(に)ているところから(새우와 닮아서)와 같은 형태로 사용된다.

기출 腰(こし)の曲(ま)がった老人(ろうじん)に似(に)ているところから
허리가 굽은 노인을 닮았다는 점에서 2020

「百(ひゃく)」の字(じ)から「一(いち)」をとると「白(びゃく)」という字になることから
'百'이라는 글자에서 '一'을 빼면 '白'이라는 글자가 되기 때문에 2018-2회

岡田(おかだ)さんはなんでもよく知(し)っていることから、友(とも)だちに「博士(はかせ)」と呼(よ)ばれている。
오카다 씨는 뭐든지 잘 알고 있어서 친구들에게 '박사'라고 불리고 있다.

彼女(かのじょ)は父親(ちちおや)が韓国人(かんこくじん)であるところから、韓国人(かんこくじん)の知(し)り合(あ)いも多(おお)い。
그녀는 아버지가 한국인이어서 한국인 친구도 많다.

029 ～(の)ことだから ～의 일이니까, ～이니까

～ことだから는 화자의 주관적인 이유를 나타낼 때 쓰는 경우가 많으며, 항상 명사+の+ことだから의 형태를 취한다. 주로 時間(じかん)に正確(せいかく)な彼女(かのじょ)のことだから(시간에 정확한 그녀이니까), 有能(ゆうのう)な鈴木君(すずきくん)のことだから(유능한 스즈키 군이니까), 真面目(まじめ)なあの人のことだから(성실한 그 사람이니)의 형태로 많이 쓰인다.

유사 문법 **～ものだから** ～이기 때문에

あの人(ひと)のことだから、どうせ時間(じかん)どおりには来(こ)ないだろう。
그 사람이니까 어차피 시간대로는 오지 않을 것이다.

030 ～ことなく ～하지 않고

～ことなく는 동사 사전형에 접속하며, いつまでも忘れることなく(언제까지나 잊지 않고), 友を見捨てることなく(친구를 버리지 않고), 信念をまげることなく(신념을 굽히지 않고)와 같은 형태로 사용된다.

失敗をおそれることなく挑戦してほしい。
실패를 두려워하지 말고 도전해 주었으면 한다.

031 ～ことに ～하게도

～ことに는 동사에는 과거형(た형)+たことに의 형태로 접속하고, い형용사와 な형용사는 명사에 준하는 접속을 한다. 주로 困ったことに(난처하게도), 驚いたことに(놀랍게도), おもしろいことに(우습게도), 興味深いことに(흥미롭게도), うれしいことに(기쁘게도)와 같은 형태로 많이 사용된다.

유사 문법 **～ことには** ～하게도

기출 不思議なことに 신기하게도 2021-1회

困ったことに、操作ミスでコンピューターが動かなくなってしまった。
난처하게도 조작 실수로 컴퓨터가 작동하지 않게 되어 버렸다.

032 ～最中 한창 ～중

最中가 명사이므로 그에 준하는 접속을 하며, 동사는 진행형(ている형)에 접속한다. 주로 会議の最中に(한창 회의 중에), 電話している最中に(한창 전화하고 있는 중에), 今検討している最中だ(지금 한창 검토하고 있는 중이다)와 같은 형태로 사용된다.

今は食事の最中だから、タバコは遠慮したほうがいいですよ。
지금은 한창 식사 중이니 담배는 삼가는 것이 좋아요.

033 ～さえ・～すら ～조차, ～마저, ～도

～さえ・～すら는 주로 명사에 직접 접속하는데, ～さえ의 경우 ～にさえ/～でさえ로도 쓰인다(단, ～でさえ는 명사에만 접속한다). 주로 あいさつさえ(인사조차), 大学生にさえ(대학생조차), 温厚なあの人でさえ(온화한 그 사람도), 食事すら(식사조차), 名前すら知らない(이름도 모른다), 의 형태로 많이 쓰인다.

기출 質問の内容すら 질문의 내용조차 2021-1회

今の調子では、予選に出ることさえむずかしい。
지금 상태로는 예선에 나가는 것조차 어렵다.

漢字どころか、ひらがなすら読めない。
한자는커녕 히라가나조차 읽지 못한다.

034 ～さえ～ば ～만 ～하면

～さえ～ば는 명사를 비롯하여 동사, 형용사 등에 다양하게 접속한다. 동사에 접속할 때는 「동사의 ます형+さえすれば」 또는 「동사의 て형+さえいれば」의 형태가 된다. い형용사와 な형용사는 각각 「～くさえあれば」, 「～でさえあれば」의 형태로 접속한다. 주로 白でさえあれば(흰색이기만 하면), 天気さえよければ(날씨만 좋으면), 電話番号さえわかれば(전화번호만 알면), 雨がやみさえすれば(비가 그치기만 하면), 薬を飲みさえすれば(약을 먹기만 하면), だまってさえいれば(잠자코 있기만 하면), 新聞に名前さえ出なければ(신문에 이름만 나오지 않으면), 安くさえあれば(싸기만 하면), ひまさえあれば(틈만 있으면), 衣類は丈夫でさえあれば(옷은 튼튼하기만 하면)의 형태로 사용된다.

기출 事前にリストをしっかり確認さえしておけば
사전에 목록을 제대로 확인만 해 두면 2011-2회
水やりを忘れさえしなければ 물 주는 것을 잊지만 않으면 2010-2회

この試合に勝ちさえすれば、オリンピックに出場できる。
이 시합에 이기기만 하면 올림픽에 출전할 수 있다.

面白くさえあればどんな本でもけっこうです。
재밌기만 하면 어떤 책이든 좋습니다.

彼女はひまさえあればファッション雑誌を読んでいる。
그녀는 틈만 나면 패션 잡지를 읽고 있다.

035 ～ざるをえない ～할 수밖에 없다, ～해야만 한다

～ざるをえない는 동사 ない형에 접속하는데, 단 する동사는 せざるをえない(할 수밖에 없다)의 형태가 된다. 주로 漢字を覚えざるをえない(한자를 외워야만 한다), 行くのをあきらめざるをえない(가는 것을 단념할 수밖에 없다), 値下げせざるをえない(가격을 내릴 수밖에 없다)의 형태로 많이 쓰인다.

기출 今回の事件では会社に問題があったと言わざるをえない
이번 사건에서는 회사에 문제가 있었다고 말할 수밖에 없다 2018-2회

２回も同じ間違いをするとは、注意が足りなかったと言わざるをえない。
두 번이나 같은 실수를 하다니, 주의가 부족했다고 말할 수밖에 없다.

ここまでマスコミにたたかれれば、彼も謝罪せざるをえないだろう。
이 정도로 매스컴이 비난하면 그도 사죄할 수밖에 없을 것이다.

036 ～次第で(は) / ～次第だ ～에 따라서(는) / ～나름이다, ～한 것이다

～次第で(は)는 명사에 직접 접속하며, 한자 표기로 출제되는 경향이 많다. 先生のご都合次第では(선생님의 사정에 따라서는), 頼み方次第では(부탁하기에 따라서는), 成績次第では(성적에 따라서는), 検査の結果次第では(검사 결과에 따라서는)와 같은 형태로 사용된다.
～次第だ는 다양한 형태로 접속하며, 주로 あとは本人次第だ(나머지는 본인이 하기 나름이다), 私が代わりに来た次第です(제가 대신 온 것입니다)와 같은 형태로 사용된다.

기출 安い材料でも工夫次第で 저렴한 재료라도 궁리하기에 따라 2019-1회

明日の試合は天気次第では中止になるかも知れない。
내일 시합은 날씨에 따라서는 중지가 될지도 모른다.

先日お伝えした日程に誤りがありましたので、今回改めてご連絡した次第です。
일전에 전해 드린 일정에 착오가 있어 이번에 다시 연락을 드린 것입니다.

037 ～(の)末(に)・～(た)末 ～한 끝에

명사에는 ～の末に로 직접 접속하고, 동사의 경우에는 동사의 과거형(た형)+た末に의 형태가 된다. 주로 苦心の末に(고심 끝에), 長時間の協議の末に(오랜 시간 협의 끝에), きびしいレースを勝ちぬいた末に(힘든 경주를 이겨낸 끝에)와 같이 쓰인다.

유사 문법 ～あげく ～한 끝에

기출 約10年の工事の末 약 10년의 공사 끝에 2019-2회

あれこれ悩んだすえに 여러모로 고민한 끝에 2011-1회

この新しい薬は、何年にもわたる研究の末に作り出されたものだ。

이 신약은 몇 년에 걸친 연구 끝에 만들어진 것이다.

038 ～だけあって・～だけに / ～だけのことはある

(과연) ~인 만큼 / (과연) ~은/는 다르다, ~라 할 만하다

～だけあって・～だけに/～だけのことはある는 명사에 준하는 접속을 한다. 주로 チームのキャプテンだけあって(팀의 주장인 만큼), 日本に住んでいただけあって(일본에 살았던 만큼), 長い間楽しみに待っていただけに(오랫동안 낙으로 기다리고 있었던 만큼), 苦労して作った本だけに(고생해서 만든 책인 만큼), さすがに元アナウンサーだっただけのことはある(과연 아나운서 출신은 다르다), チャンピオンだけのことはある(과연·챔피언이라 할 만하다)와 같은 형태로 많이 쓰인다.

기출 彼の努力をずっと見てきただけに 그의 노력을 쭉 보아 온 만큼 2014-2회

主人が魚屋も経営しているだけあって 남편이 생선 가게도 경영하고 있는 만큼 2010-1회

彼女は日本に留学していただけあって、日本語がよくできる。

그녀는 일본에 유학했던 만큼 일본어를 아주 잘한다.

この家は、さすが金をかけただけに、大地震でも倒れなかった。

이 집은 과연 돈을 들인 만큼 대지진에도 무너지지 않았다.

彼の作業は速くて確実だ。さすがに、ベテランだけのことはある。

그의 작업은 빠르고 확실하다. 과연 베테랑은 다르다.

039 ~たところ ~했더니

~たところ는 동사 과거형(た형)에 접속하며, 会場の問い合わせをしたところ(모임 장소를 문의했더니), 電話帳で調べたところ(전화번호부에서 찾아봤더니), 先生のお宅へうかがったところ(선생님 댁으로 찾아뵈었더니)와 같은 형태로 많이 사용된다.

주의 문법 **~たところで** ~해본들, ~해봤자

기출 病院に行ったところ 병원에 갔더니 2018-1회
遠くを見るようにしたところ 먼 곳을 보도록 했더니 2010-1회

久しぶりに故郷に帰ってみたところ、すっかり変わっていて少し悲しかった。
오랜만에 고향에 돌아가 봤더니 완전히 변해있어서 조금 슬펐다.

040 ~たとたん(に) ~한 순간(에), ~하자마자

~たとたん(に)는 동사 과거형(た형)에 접속하며, 주로 写真を見たとたん(사진을 보자마자), 椅子から立ったとたん(의자에서 일어난 순간), 窓を開けたとたんに(창문을 연 순간에), 家を出たとたんに(집을 나서자마자)와 같은 형태로 사용된다.

유사 문법 **~か~ないかのうちに** ~하자마자

二人は出会ったとたんに恋に落ちたそうです。
두 사람은 만나자마자 사랑에 빠졌다고 합니다.

041 ~ついでに・~をかねて・~がてら ~하는 김에, ~을 겸해서

~ついでに는 동사 과거형(た형)+た에 접속하지만, 문맥에 따라서는 동사 사전형과 진행형, 명사+(の)+ついでに 등 여러 형태로 사용된다. ついでに(하는 김에) 단독으로 부사로 사용되기도 하며, ~ついでで(~하는 김으로)의 형태로도 쓰인다. 주로 駅まで行ったついでに(역까지 간 김에), 夕飯を作るついでに(저녁밥을 만드는 김에), 出張のついでに(출장 가는 김에)와 같은 형태로 쓰인다.

~をかねて는 동사 兼ねる(겸하다)가 문법화된 것으로 명사에 직접 접속한다. 주로 買い物をかねて(쇼핑을 겸해), 観光と市場調査をかねて(관광과 시장 조사를 겸해), ドライブをかねて(드

라이브를 겸해)의 형태로 쓰인다.

～がてら는 주로 명사에 붙어 앞에서 말한 것을 행할 때에 그에 따른 부차적인 행동을 한다는 뜻을 나타낸다. 散歩がてら、買い物に行こう(산책할 겸 쇼핑하러 가자), 広島へ調査旅行がてら(히로시마에 조사여행을 할 겸)의 형태로 쓰인다.

기출 買い物のついでに 쇼핑하는 김에 2018-2회

コンビニでお弁当を買うついでに、ジュースも買った。
편의점에서 도시락을 사는 김에 주스도 샀다.

ついでに本屋であの週刊誌を買ってきて。
가는 김에 서점에서 그 주간지 사다 줘.

車を買ったので、ドライブをかねてふるさとの両親の家に行った。
차를 사서 드라이브를 겸해 고향에 계신 부모님집에 갔다.

犬と散歩がてら郵便局に寄って切手を買った。
개와 산책할 겸 우체국에 들러 우표를 샀다.

042 ～っけ ～던가, ～였더라

～っけ는 명사의 과거형, 동사 과거형(た형)+た에 접속하며, 일상적으로 많이 사용되는 표현이므로 알아두면 좋다. 주로 今日は日曜日だっけ(오늘이 일요일이던가?), あの人、林さんと言ったっけ(그 사람, 하야시 씨라고 했던가?), 先生のお宅はどこだったっけ(선생님 댁이 어디였더라?), いつからだっけ(언제부터였더라?)와 같이 사용된다.

えっ？ 今日が大学入試でしたっけ。
네? 오늘이 대학 입학 시험이었던가요?

043 ～っこない ～할 리 없다

～っこない는 동사 ます형에 접속하며, 주로 私の気持ちはわかりっこない(내 마음은 알 리가 없다), いくら買っても当たりっこない(아무리 사도 당첨될 리 없다), 恋人なんか出来っこない(애인따위 생길 리 없다)와 같은 형태로 쓰인다.

유사 문법 **～わけがない・～はずがない** ～(일/할)리가 없다

山本さんに頼んだってやってくれっこないよ。
야마모토 씨에게 부탁해 봤자 해 줄 리 없어.

044 ～つつ(も)・～ながら(も) / ～つつある

~하면서(도), ~(하)지만 / ~중이다, ~하고 있다

～つつ(も)와 ～ながら(も)에는 두 가지 동작을 동시에 한다는 의미 외에 역접의 의미도 있다. 주로 悪いと知りつつ(나쁜 줄 알면서도), そう考えつつも(그렇게 생각하면서도), ラジオを聞きながら(라디오를 들으면서), 狭いながらも(좁지만), しかしながら(그렇지만)와 같이 쓴다. 또 ～ながら는 '~한 채로 변함없이'의 뜻으로 많이 쓰인다. 昔ながらの風景(옛날 그대로의 풍경), いつもながら(항상)도 함께 알아두자.

～つつある는 동작이 계속해서 이루어지고 있음을 나타낸다. 新球場が建設されつつある(새 구장을 건설하는 중이다), 彼は快方に向かいつつある(그는 차도를 보이고 있다)와 같은 형태로 사용된다.

기출 11時までには寝ようと思いつつ 11시까지는 자려고 생각하면서도 2019-2회

勉強しなければと思いつつ遊んでしまう。
공부해야지 라고 생각하면서도 놀고 만다..

残念ながら彼の言うとおりだ。
유감이지만 그가 말하는 대로다.

地球は毎年少しずつ温かくなりつつある。
지구는 매년 조금씩 따뜻해지고 있다.

045 ～っぽい ~의 경향이 강하다, ~같다, ~한 성질이 있다

～っぽい는 사물의 성질을 나타내는데 주로 바람직하지 않은 일에 사용된다. 여러 형태로 접속하는데, 특히 동사의 경우 ます형에 접속한다는 점을 명심해 두자. 주로 男っぽい(남성적이다), うそっぽい(거짓말 같다), 怒りっぽい(화를 잘 내다), あきっぽい(싫증을 잘 내다)와 같은 형태로 사용된다.

私は飽きっぽい性格なので、何をしてもすぐにやめてしまう。
나는 싫증을 잘 내는 성격이어서 무엇을 하든 금방 그만둬 버린다.

年をとって人の名前を忘れっぽくなった。
나이를 먹어 사람 이름을 잘 잊어버리게 되었다.

046 ～てくれる・～てもらう (남이 나에게) ~해 주다

～てくれる와 ～てもらう는 둘 다 남이 나에게 어떤 행동을 해 준다는 의미를 나타낸다. ～てくれる는 행동을 하는 사람이 주어가 되고 ～てもらう는 그 행동을 받는 '나'가 주어가 된다.

기출 聞かなかったことにしてくれない？ 못 들은 걸로 해 줄래? 2019-2회

おいしいと言ってもらえてよかった 맛있다고 해 줘서 다행이다 2019-2회

息子がひろし君に遊んでもらったそうで
히로시 군이 아들이랑 놀아줬다고 하던데 2019-1회

両親に子供のころから自分がやりたいことを自由にやらせてもらってきた
부모님은 어렸을 때부터 내가 하고 싶은 일을 자유롭게 하게 해 주셨다 2018-2회

よかったら、少しもらってくれない？ 괜찮으면 조금 받아 줄래? 2017-2회

心配して電話をかけてきてくれた友達が 걱정되어 전화를 걸어 준 친구가 2015-2회

次に会うときに持って来てくれればいいよ 다음에 만날 때에 가지고 와 주면 돼 2015-1회

「ようこそお越しくださいました」とあいさつしてくれた
'잘 오셨습니다'하고 인사해 주었다 2012-1회

私たちの目を楽しませてくれます 우리의 눈을 즐겁게 해 줍니다 2010-2회

彼女は熱烈に私の権利を弁護してくれた。
그녀는 열렬하게 나의 권리를 변호해 주었다.

友達にバイト先を紹介してもらった。
친구가 아르바이트 자리를 소개해 주었다.

047 ～てたまらない ~해서 견딜 수 없다, 너무 ~하다

～てたまらない는 형용사의 て형에 접속하며, 주로 恥ずかしくてたまらない(부끄러워서 견딜 수 없다), うれしくてたまらない(너무 기쁘다), 心配でたまらない(너무 걱정스럽다), 好きでたまらない(너무 좋아한다)와 같은 형태로 사용된다.

유사 문법 ～てしょうがない ~해서 어쩔 수 없다 ～てならない ~해서 견딜 수 없다

기출 ピアノを弾くことが好きで好きでたまらない
피아노 치는 것을 정말 정말 좋아한다 2019-1회

痛み止めを飲んだのに、まだ頭が痛くてたまらない。
진통제를 먹었는데도 아직 머리가 아파서 견딜 수 없다.

お母さんは君のことが心配でたまらないんだよ。
어머니는 너를 아주 걱정하고 계셔.

048 ～てならない ～해서 견딜 수 없다, 너무 ～하다

～てならない는 동사와 형용사의 て형에 접속하며, 주로 腹が立ってならない(너무 화가 난다), うれしくてならない(너무 기쁘다), うらやましくてならない(부러워서 견딜 수 없다), 残念でならない(너무 유감스럽다), 心配でならない(너무 걱정스럽다)와 같이 사용된다.

유사 문법 **～てしょうがない** ～해서 어쩔 수가 없다 **～てたまらない** ～해서 견딜 수 없다

試験の結果が気になってならない。
시험 결과가 너무 걱정된다.

友だちに何度も電話をしたがつながらない。何かあったのか心配でならない。
친구에게 몇 번이고 전화를 했지만 연결이 되지 않는다. 무슨 일이 있었는지 걱정이 되어 견딜 수 없다.

049 ～(の)ではない(か)・～(ん)じゃない(か)

～이/가 아닐까 〈확인·추측〉

～(の)ではないか는 동사와 い형용사의 종지형과 な형용사의 어간 및 명사에 접속한다. '～이/가 아닐까?'라는 뜻으로, '당신도 그렇게 생각하지 않습니까?'라고 상대방에게 자신의 추측을 확인하는 경우나 화자의 불확실한 추측을 나타낼 때 사용한다. 종조사적인 역할을 하며 ～(の)ではないですか / ～(の)ではありませんか / ～でございませんか(～이/가 아닐까요?) 등의 정중체와 ～じゃねえか(～아냐?)의 비하체로 활용할 수 있다. 보통 친한 사람과의 일상적인 대화에서는 ～じゃないの？ / ～じゃない？ / ～(ん)じゃないかな의 형태를 사용하는 경우가 많다. 또한 동사의 의지형 ～(よ)うではないか(じゃないか)와 혼동하지 않도록 주의하자.

기출 風が強かったから、外に落ちちゃったんじゃない？
바람이 강했으니까 밖에 떨어진 게 아닐까? 2017-1회
生活に欠かせない道具として定着したといえるのではないか
생활에 빠뜨릴 수 없는 도구로써 정착했다고 할 수 있지 않을까? 2015-1회
今ここにいるわけないじゃない？ 지금 여기에 있을 리가 없잖아? 2012-1회
つい食べ過ぎてしまうという人も多いのではないか
그만 과식을 하고 만다는 사람도 많지 않을까? 2011-1회

A「あいつ、彼女でもできたんじゃないか。」
그 녀석, 여자친구라도 생긴 게 아닐까?
B「そういえば最近ファッションにこだわってるな。」
그러고 보니 요즘 패션에 무척 신경 쓰고 있어.

A「真っ青な顔して、どこか悪いんじゃないの？」
얼굴이 창백한데, 어디 안 좋은 거 아니야?
B「いや、どこも悪くないさ。」
아니, 아픈 데 없어.

050 ～というと・～といえば ~라고 하면

～というと와 ～といえば는 화제로 삼거나 바로 연상되는 것을 말할 때 많이 쓴다. 주로 旅行というと(여행이라고 하면), 温泉というと(온천이라면), 日本の山といえば(일본의 산이라면), 大人といえば(어른이라 하면)와 같은 형태로 쓰인다.

昔は新婚旅行というと、ハワイを思い出す人が多かった。
예전에는 신혼여행이라고 하면 하와이를 떠올리는 사람이 많았다.

日本といえば、私は富士山を連想します。
일본이라 하면 나는 후지산을 연상합니다.

051 ～というものだ ~라는 것이다

～というものだ는 감정적인 판단이나 주장을 말할 때 사용한다. 주로 それはわがままというものだ(그건 제멋대로라는 것이다), それが大人というものだ(그것이 어른이라는 것이다), これでは不公平というものだ(이래서는 불공평하다는 것이다), それは非常識というものだ(그건 몰상식하다는 것이다)와 같이 사용된다.

유사 문법 ～ということだ ~라고 한다

기출 血液型(けつえきがた)が分(わ)かれば大体(だいたい)の性格(せいかく)も分(わ)かるというものです
혈액형을 알면 대략적인 성격도 알수 있다는 것입니다 2010-1회

賃金(ちんぎん)を倍(ばい)にしてほしいなどと言(い)うのは、不法(ふほう)な要求(ようきゅう)というものだ。
임금을 배로 해 달라고 하는 것은 터무니없는 요구라는 것이다.

052 ～というものではない ~라는 것은 아니다

～というものではない는 '반드시 ~라고는 할 수 없다'고 할 때 쓰는 표현으로, 주로 値段(ねだん)が安(やす)ければいいというものではない(값이 싸면 그만이라는 것은 아니다), この病気(びょうき)はすぐによくなるというものではない(이 병은 당장 좋아지는 것은 아니다)와 같은 형태로 많이 쓰인다.

勝負(しょうぶ)は勝(か)てばよいというものではない。どんな勝(か)ち方(かた)をしたのかが重要(じゅうよう)だ。
승부는 이기면 그만이 아니다. 어떤 식으로 이겼는가가 중요하다.

053 ～というより ~라기보다

～というより는 주로 技術者(ぎじゅつしゃ)というより(기술자라기보다), 慎重(しんちょう)というより無能(むのう)に近(ちか)い(신중하다기보다 무능에 가깝다), 母親(ははおや)というより友(とも)だちのようだ(엄마라기보다 친구 같다)와 같은 형태로 쓰인다.

駅(えき)から家(いえ)までバスに乗(の)らず歩(ある)くのは、節約(せつやく)というより健康(けんこう)のためだ。
역에서 집까지 버스를 타지 않고 걷는 것은 절약이라기보다 건강을 위해서이다.

054 ～といっても ～라고 해도

～といっても는 주로 借金(しゃっきん)といっても(빚이라고 해도), ビルといっても(빌딩이라고 해도), 料理(りょうり)の勉強(べんきょう)を始(はじ)めたといっても(요리 공부를 시작했다고 해도)의 형태로 사용된다.

기출 ひとくちにカレーライスといっても 한마디로 카레라이스라고 해도 2010-1회

料理(りょうり)ができるといっても、たまごやきぐらいです。

요리를 할 수 있다고 해도 계란말이 정도입니다.

3 문법 확인문제 1순위 026 ~ 054 / 22

問題7 次の文の（　　）に入れるのに最もよいものを、1・2・3・4から一つ選びなさい。

1 有望(ゆうぼう)な社員だと思う（　　）課長は彼をきびしく教育しているのだ。026

1 からこそ　2 からさえ　3 に応じて　4 に加えて

2 彼女は、明るく責任感が強い（　　）、同級生に好かれている。028

1 ことなく　2 ことだから　3 ことから　4 ことに

3 慎重(しんちょう)な彼女の（　　）、おそらくうまくやるにちがいない。029

1 ものだから　2 ことだから　3 わけだから　4 ところだから

4 彼は生活のために日曜日も休む（　　）働いている。030

1 ものなく　2 ほどなく　3 ことなく　4 わけなく

5 うれしい（　　）、今度の集会は、あちらこちらから多くの参加者があった。031

1 ことに　2 せいで　3 ものから　4 ばかりに

6 いくら資金(しきん)がない（　　）、そこまで経費(けいひ)を削減(さくげん)すべきではないでしょう。054

1 といっても　2 というより　3 といったら　4 といえば

7 今まで何度もタバコを止めようと思った（　　）。027

1 ことだ　2 ことか　3 ものだ　4 ものか

8 かわいがっていた犬に死なれて悲しくて（　　）。048

1 はかなわない　2 ならない　3 かまわない　4 はならない

9 かぜ薬(くすり)を飲んだのに、まだ熱が（　　）。047

1 高さにすぎない　2 高いほかない　3 高いこともない　4 高くてたまらない

답 1① 2③ 3② 4③ 5① 6① 7② 8② 9④

10 夜中(よなか)の２時に電話してくるなんて、それは非常識(ひじょうしき)（　　　）。051

1　ということではない　　　2　というからだ

3　というわけではない　　　4　というものだ

11 A「毎日６時間は勉強しなさい。」

B「そんなこと、（　　　）よ。」043

1　できっこない　2　できるしかない　3　できざるをえない　4　できるほかはない

12 すっかり疲(つか)れてしまい、風呂(ふろ)に入ること（　　　）おっくうだった。033

1　だけ　2　さえ　3　ばかり　4　こそ

問題８　次の文の ＿★＿ に入る最もよいものを、１・２・３・４から一つ選びなさい。

13 １年間がんばって ＿＿ ＿★＿ ＿＿ ＿＿ 、本当に日本語が上手になりましたね。038

1　日本語を　2　あって　3　勉強した　4　だけ

14 ＿＿ ＿＿ ＿★＿ ＿＿ ので、住所は書かなくてもけっこうです。033

1　さえ　2　わかれば　3　電話番号　4　いい

15 絵の展覧会(てんらんかい)には興味(きょうみ)がないが、社長の ＿＿ ＿＿ ＿★＿ ＿＿ 。035

1　をえない　2　命令な　3　ので　4　行かざる

16 A「池田(いけだ)さんは遅いですね。」

B「そうですね。でも、＿＿ ＿＿ ＿★＿ ＿＿ 、必ず来ますよ。」029

1　ことだ　2　あの人の　3　から　4　まじめな

17 何でも ＿＿ ＿＿ ＿★＿ ＿＿ 。「量より質」という言葉からもわかるように、質も重要(じゅうよう)なものだ。052

1　というもの　2　よい　3　ではない　4　多ければ

답 10 ④　11 ①　12 ②　13 ③(1342)　14 ②(3124)　15 ④(2341)　16 ①(4213)　17 ①(4213)

問題９　次の文章を読んで、文章全体の内容を考えて、［18］から［22］の中に入る最もよいものを１・２・３・４から一つ選びなさい。

　最近では、名の知られた大企業が不祥事(注1)に絡んで世間を騒がせたり、刑事事件で当局の捜査を受けることは珍しくなくなった。事件の関係者として著名企業の名が挙がると、新聞やテレビはこぞって(注2)それを報道するため、［18］そのような事件が目立つという面はあるにせよ、著名企業が関係した犯罪はもはやレアケースとは言えない時代となっている。［19］、多くの企業人は、他の企業が捜査対象となっても、「当社に限ってそのようなことがあるはずはない」と、いわば対岸の火事(注3)を眺めるような気持ちで新聞報道等に接していることと思う。その発想は健全であり、また、本来そうでなければならないのであるが、実際には、企業犯罪に巻き込まれる危険は、たいていの企業が等しく負っているのである。［20］、不祥事や企業犯罪に絡んで名前が出る企業の多くは業務を通じて社会に多大の貢献をしているし、犯罪を実行したとされる役職員(注4)も個人的には社会的に高く評価され尊敬を集めている例がむしろ多い。問題は、こういった企業や役職員が、なぜ、業務を遂行する過程で、犯罪として指弾(注5)を受けるような行為に関係してしまったのかということである。もちろん、個々の事案をみればその原因はさまざまであろうが、少なくとも一流と目(注6)されるような企業が関係した［21］、ある共通した特質が見い出せるように思われる。

　いかなる企業にも、［22-a］歴史と伝統のある大企業ほど、組織内で通用してきた慣行というものがある。［22-b］、そのような企業内の慣行は、トップの意思決定のシステムから日常的な業務の処理の方法に至るまで、組織の至るところに存在し深く浸透している。それ自体はもちろん悪いことではない。また、その組織の内部では、そのような慣行に合理性があるからこそ、長年にわたって維持され継承されてきたのであろう。

(経営刑事法研究会編『企業活動と経済犯罪』による)

（注１）不祥事：好ましくない事件や出来事
（注２）こぞって：一人も残らず。全員で
（注３）対岸の火事：自分には関係がなく、なんの苦痛もないこと
（注４）役職員：会社・団体などの幹部職員。管理職
（注５）指弾：非難して排斥すること
（注６）目される：認められる。評価される

18

1 とりわけ　2 つまり　3 そこで　4 もちろん

19

1 そういえば　2 もっとも　3 それどころか　4 すなわち

20

1 単に　2 今に　3 実に　4 現に

21

1 事件についてては　2 事件にしたがっては
3 事件にとっては　4 事件にしては

22

1 a そして / b しかも　2 a そして / b そして
3 a しかも / b そして　4 a しかも / b しかも

핵심문법 다시보기

～からこそ 026 ~이기 때문에	合理性があるからこそ 합리성이 있기 때문에(21行)
～として 058 ~로서	事件の関係者として 사건의 관계자로서(02行) / 犯罪として 범죄로서(13行)
～にせよ 071 ~라 하더라도	目立つという面はあるにせよ 눈에 띈다는 면이 있다 하더라도(04行)
～に限って 065 ~에 한해	当社に限って 당사에 한해(06行)
～なければならない 143 ~해야 한다	本来そうでなければならない 본래 그래야 한다(08行)
～を通じて 102 ~을 통해서	業務を通じて 업무를 통하여(10行)
～に至るまで ~에 이르기까지	業務の処理の方法に至るまで 업무 처리 방법에 이르기까지(19行)

답 18 ① 19 ② 20 ④ 21 ① 22 ③

問題7 次の文の（　　）に入れるのに最もよいものを、1・2・3・4から一つ選びなさい。

1 この困難（こんなん）（　　）、あとは楽になりますよ。034
1 こそ乗り切れば　2 さえ乗り切れば　3 さえ乗り切きると　4 こそ乗り切きると

2 あの人の計画には、どこかおかしいところがあると（　　）。035
1 言わざるをえない　2 言うどころではない
3 言わずにおくしかない　4 言うわけにはいかない

3 授業を（　　）最中に、非常ベルが鳴り出した。032
1 している　2 する　3 した　4 して

4 やり方（　　）、8時間の仕事も6時間で終わる。036
1 上は　2 ほどで　3 ばかりに　4 次第では

5 日本人（　　）正しく書けないのだから、外国人が正しく書けないのはあたりまえでしょう。033
1 なら　2 だから　3 だけか　4 でさえ

6 山口（やまぐち）さんは、見た目で学校の先生（　　）、銀行員のようだ。053
1 だけで　2 にもかかわらず　3 どころか　4 というより

7 夏目漱石（なつめそうせき）（　　）、「こころ」という小説を思い出す人も多いだろう。050
1 というより　2 というと　3 からいえば　4 からいって

8 環境問題は、決して他人にまかせておけばいい（　　）ではない。052
1 というもの　2 というよう　3 というはず　4 というそう

9 西村（にしむら）さんは娘の大学合格がうれしくて（　　）らしい。048
1 きれない　2 ほかない　3 しかない　4 ならない

답 1② 2① 3① 4④ 5④ 6④ 7② 8① 9④

10 コンピューターを使う（　　　）、筆と絵の具の代わりにコンピューターの彩色(さいしき)ソフトを使って彩色をするという作業です。054

1 としたら　2 どころか　3 といっても　4 というもの

11 友だちの家へ（　　　）、あいにく留守だった。039

1 行くところ　2 行ったところ　3 行くばかり　4 行ったばかり

12 大阪に行った（　　　）、大学時代の友人に会ってきた。041

1 ばかりに　2 とおりに　3 ついでに　4 うちに

問題 8　次の文の ＿★＿ に入る最もよいものを、1・2・3・4から一つ選びなさい。

13 政治を身近(みぢか)に ＿＿ ＿★＿ ＿＿ ＿＿、半数以上の人が「感じていない」と答えた。039

1 と聞いた　2 いるか　3 感じて　4 ところ

14 おしょうゆが切れていたのを思い出したので、＿＿ ＿＿ ＿★＿ ＿＿ 買ってきた。041

1 本屋に　2 隣のスーパーで　3 行った　4 ついでに

15 冬寒い日も早起きして練習に ＿＿ ＿＿ ＿★＿ ＿＿、県大会ではみごとに優勝(ゆうしょう)を手にした。038

1 あって　2 ことは　3 だけの　4 はげんだ

16 窓を ＿＿ ＿★＿ ＿＿ ＿＿ 鳥が逃(に)げていってしまった。040

1 かわいがって　2 開けた　3 とたんに　4 いた

17 私は、秋の公募展(こうぼてん)に ＿＿ ＿＿ ＿★＿ ＿＿ 制作(せいさく)にとりかかった。026

1 意気込(いきご)んで　2 今度　3 入選するのだと　4 こそ

답 10 ③　11 ②　12 ③　13 ②(3214)　14 ④(1342)　15 ②(4321)　16 ③(2314)　17 ③(2431)

問題9　次の文章を読んで、文章全体の内容を考えて、[18] から [22] の中に入る最もよいものを1・2・3・4から一つ選びなさい。

好きという言葉はとても曖昧だ。「好き」は、「嫌いじゃない」に始まって、「それがないと死んでしまうかも」にいたるまで、幅広く対応している。好きなことを見つけなさい、と親や教師がアドバイスするかも知れない。[18] 、将来的に人生を支えてくれるような「好きなこと」をみつけるのは簡単ではない。「好きなこと」[19] 、レストランのメニューのようにどこかにズラッと並んでいてその中から選ぶ、というようなものではないからだ。

「好きなこと」は、見つけるというより、「出会う」ものかも知れない。「好きなこと」は、テレビの映像や、本の中の言葉や、誰かの言ったことの中に潜んでいて(注1)、突然その人を魅了するかもしれない。「自分には好きなことは何もない」と、がっかりする必要はない。好きなことがこの世の中に何もない、ということではなく、まだ出会っていないだけなのだ。好きなことを [20] 。探していないと、出会ったときにそれが自分の好きなものだと気づかないからだ。[21] 、飢えた(注2)人が食べ物を探すように、常に目をギラギラさせて、これでもない、あれでもないと、焦って探す必要はない。自分は何が好きなのだろうという気持ちを、心のどこかに忘れずに持っていればそれで充分だ。そして好奇心を失わずにいれば、いつかかならず「好きなこと」に出会うだろう。この世の中には、[22] 学問や仕事や表現の種類があって、それらは、あなたと出会うのを待っている。

(村上龍『13歳のハローワーク』による)

(注1) 潜む：中に隠れて外に現れない
(注2) 飢える：ひどく腹が減る

18

1 さて　2 だが　3 さらに　4 すると

19

1 そのために　2 それならば
3 といっても　4 というのは

20

1 探すのをあきらめなければならない　2 探すのをあきらめるとは限らない
3 探すのをあきらめるかもしれない　4 探すのをあきらめてはいけない

21

1 それに　2 そのうえ　3 ただし　4 だって

22

1 数え切れないほどの　2 数えつけないほどの
3 数えかねないほどの　4 数えかけないほどの

핵심문법 다시보기

～というより 053 ~라기보다	見(み)つけるというより 찾는다기보다(07行)
～に至(いた)るまで ~에 이르기까지	「それがないと死(し)んでしまうかも」にいたるまで '그게 없으면 죽어버릴지도 몰라'에 이르기까지(02行)
～かも知(し)れない ~일지도 모른다	アドバイスするかも知(し)れない 조언할지도 모른다(03行) 「出会(であ)う」ものかも知(し)れない '만나는' 것일지도 모른다(07行)
～てはいけない ~해서는 안 된다	あきらめてはいけない 포기해서는 안 된다(11行)
～きれない 다 ~할 수 없다	数(かぞ)え切(き)れないほど 다 셀 수 없을 만큼(16行)

답 18 ② 19 ④ 20 ④ 21 ③ 22 ①

055 ～とか / とかで ~라고 하던데 / ~라고 하면서

～とか는 전문을 나타내지만 ～そうだ(~라고 한다)나 ～ということだ(~라는 것이다)보다 불확실한 느낌이 들 경우에 쓰인다. 주로 北海道はきのう大雪だったとか(홋카이도는 어제 큰 눈이 내렸다던데), また公共料金が上がるとか(또 공공요금이 오른다던데)와 같이 쓴다. 또 뒤에 조사 で를 붙여 ～とかで라고 하면 '~라고 하면서'라는 뜻이 된다. パーティーに行くとかで(파티에 간다고 하면서), 急用ができたとかで(급한 용무가 생겼다고 하면서)와 같이 쓰인다.

小学生の体力は低下しているとか。
초등학생의 체력은 저하되고 있다던데.

友人がけがをしたとかで、彼は見舞いに行ったよ。
친구가 다쳤다고 하면서 그는 병문안을 갔어.

056 ～どころか / ～どころではない ~하기는 커녕 / ~할 상황이 아니다

～どころか는 활용어의 연체형을 받아 AどころかB의 형태로 A를 완전히 부정하고 그와 정반대이거나 거리가 먼 B를 내세우는 표현이다. 주로 ほめられるどころか(칭찬을 받기는 커녕), 楽しいどころか(즐겁기는 커녕), 病気どころか(병은 커녕)와 같은 형태로 사용된다.

～どころではない는 동사 사전형 또는 명사에 직접 접속한다. 주로 酒を飲むどころではない(술을 마실 상황이 아니다), 忙しくて見物するどころではない(바빠서 구경할 처지가 아니다), 試験勉強どころではない(시험 공부할 상황이 아니다), 今は花見どころではない(지금은 꽃구경을 할 상황이 아니다)와 같은 형태로 사용된다.

기출 大臣は、満足な回答ができなかったどころか、
장관은 만족스러운 답변을 하기는 커녕 2021-1회
喜ばれるどころか、迷惑をかけることもあるので
기뻐해주기는 커녕 민폐를 끼치는 경우도 있기 때문에 2020

私はあの人にいろいろ親切にしたつもりだが、感謝されるどころか、恨まれた。
나는 그 사람에게 여러가지로 친절하게 대했다고 생각하는데 감사를 받기는 커녕 원망 받았다.

あしたは試験があるので、ドライブどころではない。
내일은 시험이 있어서 드라이브할 상황이 아니다.

057

～ところを / ～ところに・～ところへ

～(인/한) 중에 / ～하는 참에

～ところを는 주로 お忙しいところを(바쁘신 중에), 食べているところを(먹고 있는 중에), 危ないところを(위험한 순간에)와 같이 한정된 표현에 많이 쓰인다.
또한 ～ところに・～ところへ는 주로 最終のバスに間に合わなくて困っていたところに(막차를 놓쳐서 난처해 하고 있던 참에), ちょうど顔を洗っていたところへ(마침 세수를 하고 있던 참에)와 같은 형태로 사용된다.

お忙しいところをわざわざおいでいただき、恐縮でございます。
바쁘신 중에 일부러 와 주셔서 감사합니다.

ちょうど出かけようとしていたところへ、田舎の母から宅急便が届いた。
마침 외출하려던 참에 시골에 계신 어머니로부터 택배가 왔다.

058

～として(は) ～로서(는), ～라고 해서

～として는 일반적으로 자격이나 입장, 명목, 부류를 나타낼 때 사용하며, 명사에 직접 접속한다. 주로 自分の問題として(자신의 문제로서), 学生として(학생으로서), 友人として(친구로서), 女性として初めて(여성으로서 처음으로)와 같이 쓰인다.

기출 プロの選手としては 프로선수로서는 2019-1회
山や植物の写真家として 산이나 식물 사진가로서 2018-2회
自分には責任がなくても自分の責任だとして
자신에게는 책임이 없어도 본인 책임이라고 해서 2011-1회 N1
突然の解雇を不当として 갑자스런 해고를 부당하다고 하여 2010-1회 N1

彼女は研究生として、この大学で勉強している。
그녀는 연구생으로서 이 대학에서 공부하고 있다.

059 ～としても ～라고 해도

～としても는 '~라고 (가정)해도'라는 뜻으로 '지금은 아니지만 만일 그렇게 되더라도 관계없다'는 의미로 쓰이며, 동사 사전형과 과거형(た형)에 접속한다. 주로 買えるとしても(살 수 있다고 해도), 行けるとしても(갈 수 있다고 해도), かりに敗れたとしても(설령 졌다고 해도), さまざまな障害に出会ったとしても(여러 장애를 만났다고 해도)와 같은 형태로 사용된다.

기출 行けるとしても、多分途中からになると思う
갈 수 있다고 해도 도중부터가 될 거라고 생각한다 2018-1회
どこかの星に生物がいたとしても 어느 별에 생물이 있다고 해도 2013-1회

楽天的な彼は会社を首になったとしてもあまり心配しないだろう。
낙천적인 그는 회사에서 해고가 되었다고 해도 별로 걱정하지 않을 것이다.

060 ～ないことには ～(하)지 않으면

～ないことには는 동사 ない형에 접속하며, 주로 一度行ってみないことには(한 번 가 보지 않으면), 調査をしないことには(조사를 하지 않으면), 実際会ってみないことには(실제로 만나 보지 않으면)それをはっきりさせないことには(그것을 분명하게 하지 않으면), 의 형태로 많이 사용된다.

噴火がどんな状態なのかは、その現場へ行ってみないことにはわからない。
분화가 어떤 상태인지는 그 현장에 가보지 않으면 알 수 없다.

061 ～ないことはない ～(하)지 않는 것은 아니다

～ないことはない는 동사 ない형에 접속하며, 강조할 때는 ～ないこともない(~지 않는 것도 아니다)의 형태로 쓰인다. 주로 行きたくないことはないんですが(가고 싶지 않은 것은 아닙니다만), 酒は飲まないことはないんですが(술은 마시지 않는 것은 아닙니다만), あなたの苦労がわからないこともない(당신의 고생을 모르는 것도 아니다), ぜひと頼まれれば、行かないこともない(꼭이요 하고 부탁을 받으면 가지 않을 것도 없다)와 같이 쓰인다.

유사 문법 **～なくはない** ～(하)지 않는 것은 아니다

あなたの苦労がわからないことはないです。
당신의 고생을 모르는 것은 아닙니다.

062 ～において・～における ～에서, ～에서의

～において, ～における는 어떤 일이 이루지는 때나 장소나 상황 등을 나타낼 때 사용하는 말로 명사에 직접 접속한다. 주로 式は小ホールにおいて行われる(식은 작은 홀에서 열린다), 当時においては(당시에는), 家庭においても(가정에서도), 会議における発言(회의에서의 발언)과 같이 쓰인다.

기출 世界各国の国会議員選挙における投票率
세계 각국의 국회의원 선거에서의 투표율 2019-1회

98年の冬季オリンピックは長野市において行われた。
98년 동계 올림픽은 나가노 시에서 열렸다.

国際社会におけるわが国の役割について述べなさい。
국제사회에서의 우리나라의 역할에 관해 서술하시오.

063 ～に応じて ～에 맞게, ～에 따라서, ～에 응해

～に応じて는 명사에 직접 접속하며, 주로 みなさんのご希望に応じて(여러분의 희망에 따라), 労働時間に応じて(노동 시간에 따라), それぞれの能力に応じて(각각의 능력에 맞게)와 같은 형태로 쓰인다.

기출 客の予算に応じて 손님의 예산에 맞게 2010-1회

この会社では、能力に応じて給料が支払われます。
이 회사에서는 능력에 따라서 월급이 지급됩니다.

064 ～に(も)かかわらず ～에(도) 관계없이, ～에(도) 불구하고

～に(も)かかわらず는 명사에 직접 접속하고, 동사에는 여러 가지 형태로 접속한다. 많이 쓰는 표현으로는 天候(てんこう)にかかわらず(날씨에 관계없이), 男女(だんじょ)にかかわらず(남녀에 관계없이), 夏休(なつやす)み中(ちゅう)にもかかわらず(여름방학 중인데도 불구하고), 多(おお)くの人(ひと)が不可能(ふかのう)だと思(おも)っているにもかかわらず(많은 사람이 불가능하다고 생각하고 있는데도 불구하고) 등이 있다.

荷物(にもつ)は多少(たしょう)にかかわらずご配達(はいたつ)します。
짐은 많고 적음에 관계없이 배달해 드립니다.

努力(どりょく)したにもかかわらずすべて失敗(しっぱい)してしまった。
노력했는데도 불구하고 모두 실패하고 말았다.

065 ～にかぎって・～にかぎり / ～にかぎらず

～에 한해, ～만 / ～뿐만 아니라

명사에 직접 접속하며 ～に限(かぎ)って, ～に限(かぎ)り, ～に限(かぎ)らず와 같이 한자로도 출제된다. 주로 遅刻(ちこく)してはいけない時(とき)にかぎって(지각하면 안 될 때만), 今回(こんかい)に限(かぎ)り(이번에만), 彼女(かのじょ)に限(かぎ)らずだれでも(그녀뿐만 아니라 누구든지)의 형태로 사용된다.

유사 문법 **～のみならず・～ばかりか・～だけで(は)なく** ～뿐만 아니라

기출 外出(がいしゅつ)するときにかぎって 외출할 때만 2021-1회
わが国(くに)に限(かぎ)らず 우리나라뿐만 아니라 2019-1회

うちの子(こ)にかぎってそんなことをするはずがない。
우리 아이만은 그런 짓을 할 리가 없다.

先着(せんちゃく)のお客様(きゃくさま)100人(にん)にかぎり、景品(けいひん)をさしあげます。
먼저 오신 손님 100분에 한해 경품을 드립니다.

彼(かれ)は野球部(やきゅうぶ)に入(はい)っているが、野球に限(かぎ)らずスポーツなら何(なん)でも得意(とくい)だ。
그는 야구부에 들어 있지만 야구뿐만 아니라 스포츠라면 뭐든지 잘한다.

066 ～にかけては ～에 있어서는, ～에 관한 한

～にかけては는 명사에 직접 접속하며, 주로 魚(さかな)の料理(りょうり)にかけては(생선 요리에 관한 한), 走(はし)ることにかけては(달리기에 있어서는), 暗算(あんざん)の速(はや)さにかけては(암산 속도에 있어서는) 등의 형태로 사용된다.

弟(おとうと)は勉強(べんきょう)はできないが、泳(およ)ぎにかけては誰(だれ)にも負(ま)けない。
남동생은 공부는 못하지만 수영에 있어서는 누구에게도 지지 않는다.

067 ～に決(き)まっている 반드시 ～이다, ～임이 분명하다, ～임이 당연하다

～に決(き)まっている는 동사와 형용사의 종지형, 명사 등에 접속하며, ～に違(ちが)いない, ～に相違(そうい)ない(～임에 틀림없다)와 비슷한 의미이지만 추량의 뜻은 없고 필연적이거나 당연하다는 의미를 강조할 때 사용한다. 주로 成功(せいこう)するに決(き)まっている(분명 성공할 것이다), 夏(なつ)は暑(あつ)いに決(き)まっている(여름은 더운 게 당연하다), うそに決(き)まっている(분명 거짓말이다) 등과 같이 쓰인다.

기출 反対(はんたい)するに決(き)まっている 반대할 게 분명하다 2019-2회

こんなことをしたら父(ちち)に叱(しか)られるに決(き)まっている。
이런 일을 하면 아버지에게 혼날 게 분명하다.

大雨(おおあめ)の日(ひ)に運動会(うんどうかい)なんて、できないに決(き)まっている。
큰비가 오는 날 운동회라니, 못 할게 분명해.

068 ～にくわえ(て) ～에 더하여, ～에다

～にくわえ(て)는 명사에 직접 접속하며, 한자 표기인 ～に加(くわ)え(て)의 형태로는 잘 출제되지 않는다. 人件費(じんけんひ)の高騰(こうとう)にくわえ(인건비의 급등에 더하여), 子(こ)どもの病気(びょうき)にくわえて(아이의 병에 더하여), 風(かぜ)にくわえて(바람에다)와 같이 많이 쓴다.

様々(さまざま)な特殊技術(とくしゅぎじゅつ)にくわえて、コンピューターによる画像処理技術(がぞうしょりぎじゅつ)も導入(どうにゅう)している。
다양한 특수 기술에 더하여 컴퓨터에 의한 화상 처리 기술도 도입하고 있다.

069 ~にしても ~라고 해도

~にしても는 명사에는 직접 접속하고, 동사나 형용사 등에는 여러 가지 형태로 접속한다. 주로 私にしても(나라고 해도), いくら少人数にしても(아무리 적은 인원이라고 해도), 昔ほどではないにしても(옛날만큼은 아니라고 해도)와 같은 형태로 많이 쓰인다.

기출 この計画をこのまま進めるかやめるかいずれにしても
이 계획을 그대로 추진할지 말지 어느 쪽이든 2012-2회

どんなに忙しかったにしても、電話をかけるくらいの時間はあっただろう。
아무리 바빴다고 해도 전화를 걸 정도의 시간은 있었을 것이다.

070 ~にしては ~치고는

~にしては는 명사에는 직접 접속하고 동사의 경우에는 여러 가지 형태로 접속한다. 어떠한 사실에 대해 당연하다고 생각되는 모습이나 자세와 다르다는 것을 나타낸다. 주로 小学生にしては(초등학생치고는), タクシーの運転手にしては(택시 기사치고는), 上田先生にしては(우에다 선생님 치고는), 初めてケーキを作ったにしては(처음 케이크를 만든 것치고는), それにしては(그것치고는)의 형태로 많이 사용된다.

기출 シングルルームにしては 싱글룸치고는 2018-1회
初めてにしてはなかなか上手だった 처음치고는 꽤 잘했다 2016-1회

弟は小学校 4 年生にしては、背が低いほうです。
남동생은 초등학교 4학년치고는 키가 작은 편입니다.

071 ~にしろ~にしろ / ~にせよ ~든 ~든 / ~라 하더라도

~にしろ~にしろ와 ~にせよ는 명사에는 직접 접속하고, 동사나 형용사의 경우에는 여러 가지 형태로 접속하므로 예문을 통해 다양한 접속 방법을 익혀두는 것이 좋다. 주로 英語にしろ日本語にしろ(영어든 일본어든), 与党にしろ野党にしろ(여당이든 야당이든), 引き受けるにしろ引き受けないにしろ(떠맡든 떠맡지 않든), たった三日の旅行にせよ(겨우 사흘의 여행이

라 하더라도), 何(なに)も知(し)らなかったにせよ(아무것도 몰랐다고 하더라도), いずれにしろ・いずれにせよ(어차피, 결국)와 같이 쓰인다.

行(い)くにしろ行かないにしろ、今日(きょう)のうちに返事(へんじ)をしなければならない。
가든 가지 않든 오늘 중으로 답변을 해야 한다.

試験(しけん)の問題(もんだい)が難(むずか)しかったにせよ、もう少(すこ)しいい点(てん)がとりたかった。
시험 문제가 어려웠다 하더라도 좀 더 좋은 점수를 받고 싶었다.

072 ～にそって・～にそい ～에 따라, ～을 따라

～にそって・～にそい는 명사에 직접 접속하고, 한자 표기 ～に沿(そ)って・～に沿(そ)いの 형태로는 잘 출제되지 않는다. 주로 通(とお)りにそって(도로를 따라), 様式(ようしき)にそって(양식에 따라), ご希望(きぼう)にそい(희망에 따라), 会社(かいしゃ)の方針(ほうしん)にそい(회사 방침에 따라)와 같은 형태로 쓰인다.

列車(れっしゃ)はしばらく海岸(かいがん)にそって走(はし)りました。
열차는 잠시 해안을 따라 달렸습니다.

ガイドラインにそい、個人情報(こじんじょうほう)を取(と)り扱(あつか)っています。
지침에 따라 개인정보를 취급하고 있습니다.

073 ～に備(そな)えて ～에 대비하여

～に備(そな)えて는 備(そな)える(대비하다)가 문법화하여 만들어진 것으로 주로 災害(さいがい)に備(そな)えて(재해에 대비하여), 試合(しあい)に備(そな)えて(시합에 대비하여), 冬(ふゆ)に備(そな)えて(겨울에 대비하여), 試験(しけん)に備(そな)えて(시험에 대비하여)와 같은 형태로 쓰인다.

기출 突然雨(とつぜんあめ)が降(ふ)るときに備(そな)えて 갑자기 비가 내릴 때에 대비하여 2019-2회

相手(あいて)のアタックに備(そな)えてブロックの練習(れんしゅう)をしました。
상대방의 공격에 대비하여 블로킹 연습을 했습니다.

074 ～に違(ちが)いない・～に相違(そうい)ない ～임이 틀림없다, ～임이 분명하다

～に違(ちが)いない・～に相違(そうい)ない는 모든 품사에 접속하며 객관적인 근거나 이유보다는 자신의 판단으로 확신한다는 뉘앙스를 나타낸다. ～に違(ちが)いない와 ～に相違(そうい)ない는 거의 같은 뜻이지만 ～に違(ちが)いない 쪽이 확신의 정도가 낮다. 주로 彼(かれ)は現場(げんば)にいなかったに違(ちが)いない(그는 현장에 없었음이 틀림없다), 相当怒(そうとうおこ)っているに違(ちが)いない(상당히 화가 나 있음이 분명하다), 田中(たなか)さんに相違(そうい)ない(다나카 씨임이 틀림없다), あいつが盗(ぬす)んだに相違(そうい)ない(그놈이 훔쳤음에 틀림없다)와 같은 형태로 쓰인다.

기출 持(も)ち主(ぬし)によほど大切(たいせつ)にされていたに相違(そうい)ない
주인이 어지간히 소중히 다뤘음이 틀림없다 2019-2회

あの子(こ)は将来(しょうらい)、大物(おおもの)になるに違(ちが)いない。
그 아이는 장래에 대단한 인물이 될 것이 틀림없다.

服装(ふくそう)はいつもとだいぶ違(ちが)うが、やっぱりあれは石原(いしはら)さんに相違(そうい)ない。
복장은 평소랑 꽤 다르지만 역시 저건 이시하라 씨가 분명하다.

075 ～につけ(て) / ～につけ～につけ
～할 때마다, ～에 따라 / ～든 ～든

～につけ(て)는 주로 용언을 받아 '～할 때마다, ～에 따라'라는 의미를 나타내며 あの写真(しゃしん)を見(み)るにつけ(그 사진을 볼 때마다), この本(ほん)を読(よ)むにつけ(이 책을 읽을 때마다)와 같이 쓰인다. 그리고 それにつけても(그와 관련해서도)와 같이 관용적인 표현으로 쓰이기도 한다.
～につけ～につけ는 대부분 형용사에 접속하는 경우가 많고 주로 寒(さむ)いにつけ暑(あつ)いにつけ(춥든 덥든), 雨(あめ)につけ風(かぜ)につけ(비가 오나 바람이 부나), うれしいにつけ悲(かな)しいにつけ(기쁘든 슬프든)의 형태로 쓰인다.

기출 話(はなし)を聞(き)くにつけ 이야기를 들을 때마다 2011-1회 N1

地震(じしん)のニュースを聞(き)くにつけ、不安(ふあん)な気持(きも)ちになります。
지진 뉴스를 들을 때마다 불안해집니다.

子供(こども)の頃(ころ)からずっといいにつけ悪(わる)いにつけ、何(なに)かというと兄(あに)と比較(ひかく)されてきたのだ。
어릴 적부터 쭉 좋든 싫든 툭하면 형과 비교되어 왔다.

076 ～につれ(て) ～(함)에 따라, ～하면서, ～할수록

～につれ(て)는 명사에는 직접 접속하고 동사의 경우는 사전형에 접속한다. 주로 体の老化につれて(몸의 노화에 따라), 時間がたつにつれて(시간이 지나면서), 北の方へ進むにつれ(북쪽으로 나아갈수록), 世の中が変わるにつれ(세상이 바뀌면서)와 같이 쓰인다.

기출 花が夕方が近づくにつれて 꽃이 저녁 때가 가까워지면서 2014-2회

都市の人口が増えるにつれて、犯罪が増加してきた。
도시의 인구가 늘어남에 따라 범죄가 증가해 왔다.

077 ～にとって ～에게 있어서, ～에게

～にとって는 명사에 직접 접속하고, 주로 わたしにとって(내게 있어서, 나에게), 学生にとって(학생에게), 父にとって(아버지에게), あなたにとって(당신에게 있어서)와 같은 형태로 쓰인다.

留学生にとって住むところをさがすのは大きな問題だ。
유학생에게 있어서 살 곳을 찾는 것은 커다란 문제이다.

078 ～にともなって・～にともない / ～にともなう
～에 따라, ～에 동반해 / ～에 따른, ～에 동반한

～にともなって・～にともない/～にともなう는 명사에 직접 접속한다. 주로 それにともなって(그에 따라), 風にともなって(바람에 동반해), 増加にともなって(증가에 따라), 産業の発達にともなって(산업의 발달에 따라), 人口増加にともなう住宅問題(인구 증가에 따른 주택 문제), 戦争にともなう多大な犠牲(전쟁에 따른 크나큰 희생)와 같이 쓰인다.

高齢化にともない、老人医療の問題も深刻になりつつある。
고령화에 따라 노인 의료 문제도 심각해지고 있다.

火山活動にともなう現象は、次のようなものがあります。
화산활동에 동반한 현상은 다음과 같은 것이 있습니다.

079 ～に反し(て) ～와 반대로, ～와 달리

～に反し(て)는 명사에 직접 접속하며, 주로 予想に反して(예상과 달리), 予報に反して(예보와 반대로), 期待に反する結果(기대와 다른 결과)와 같은 형태로 쓰인다.

専門家の予測に反して、景気の回復が遅れている。
전문가의 예측과 달리 경기 회복이 늦어지고 있다.

080 ～にほかならない ～임에 틀림없다, 바로 ～이다

～にほかならない는 명사에 직접 접속하는데, 경우에 따라 원인이나 이유를 나타내는 ～ているから에도 접속한다. 주로 彼の友情のあらわれにほかならない(바로 그의 우정 표현이다), 日々の努力にほかならない(나날의 노력임에 틀림없다), みんなが関心を持っているからにほかならない(바로 모두가 관심을 갖고 있기 때문이다)의 형태로 사용된다.

わが社がここまで成長できたのも、社員全員の努力があったからにほかならない。
우리 회사가 여기까지 성장할 수 있었던 것도 바로 사원 전원의 노력이 있었기 때문이다.

081 ～ぬきで / ～ぬきには ～없이, ～(하)지 말고 / ～없이는, ～빼고는

～ぬきで / ～ぬきには(는 명사에 직접 접속하며, 주로 冗談ぬきで(농담하지 말고), あいさつぬきで(인사 없이), 感情ぬきで(감정을 빼고), 「コミュニケーション」という言葉ぬきには('커뮤니케이션'이라는 말을 빼고는), 部長ぬきには決められない(부장님 없이는 정할 수 없다)와 같은 형태로 쓰인다.

기출 この人抜きには日本のジャズは語れないほど
이 사람을 빼고는 일본 재즈는 논할 수 없을 정도 2020

冗談ぬきでまじめに考えてください。
농담하지 말고 진지하게 생각해 주세요.

プラスの面もマイナスの面もあるにせよ、現代はもはや観光抜きには語れない時代です。
긍정적인 면도 부정적인 면도 있지만, 현재는 이제 관광을 빼고는 논할 수 없는 시대입니다.

イギリスの文学(ぶんがく)は、シェイクスピアぬきでは語(かた)りえない。
영국 문학은 셰익스피어를 빼고는 말할 수 없다.

082 ~ぬきにして ~(은/는) 생략하고, ~(을/를) 빼고

~ぬきにして는 조사 は/を 뒤에 접속하여 A(は/を)ぬきにしてB의 형태로 쓰인다. A가 없는 상태로 B하다는 의미로, 보통은 있어야 하는 것, 당연히 그래야 하는 것을 하지 않는다는 의미를 나타낸다. 주로 あいさつはぬきにして(인사는 생략하고), 冗談(じょうだん)はぬきにして(농담은 생략하고), 勝敗(しょうはい)はぬきにして(승패는 따지지 않고), 林先生(はやしせんせい)をぬきにして(하야시 선생님을 빼고), 利害得失(りがいとくしつ)をぬきにして(이해득실을 빼고)와 같은 형태로 많이 쓴다.

財政問題(ざいせいもんだい)をぬきにして福祉政策(ふくしせいさく)を考(かんが)えても、あまり意味(いみ)がない。
재정 문제를 빼고 복지 정책을 생각해도 별로 의미가 없다.

勝(か)ち負(ま)けの話(はなし)はぬきにして、お互(たが)いよくやったと思(おも)う。
이기고 지는 것을 떠나 둘 다 정말 잘했다.

問題7 次の文の（　　）に入れるのに最もよいものを、1・2・3・4から一つ選びなさい。

1 お忙しい（　　）おいでくださいまして、ありがとうございます。057
1 ことを　2 ものを　3 ところを　4 あいだを

2 そのころ母は英語の教師（　　）中学校で働いていた。058
1 からいって　2 をのぞいて　3 に限って　4 として

3 A「あしたのパーティーに行きたくないの？」
B「行きたくないこと（　　）ないけど、あまり気が進まないんだ。」061
1 と　2 まで　3 さえ　4 は

4 うちにコンピューターがすでにある（　　）、新しいのが出るとほしくなる。064
1 にそって　2 とすれば　3 をもとにして　4 にもかかわらず

5 去年の夏休みは宿題に追（お）われていて、旅行（　　）。056
1 ことではなかった　2 どころではなかった
3 までもなかった　4 はずではなかった

6 技術に（　　）劣る他社の商品が売れる理由が分からない。062
1 とっても　2 おいても　3 さいしても　4 あたっても

7 かたくるしいあいさつは（　　）さっそく一杯やりましょう。082
1 抜きにして　2 抜きながら　3 抜いても　4 抜きつつ

8 私が留学できたのは、両親のおかげ（　　）。080
1 のかいがない　2 にほかならない
3 ではいられない　4 になくてはならない

답 1 ③ 2④ 3④ 4④ 5② 6② 7① 8②

9 良き（　　）悪しき（　　）、もうその話はどんどん進行しているのだから、なりゆきを見守りましょう。075

1 につけ / につけ　2 でも / でも　3 にあり / にあり　4 とも / とも

10 台風の上陸に（　　）、九州地方に警戒警報が発令されました。078

1 反して　2 わたって　3 ともなって　4 比べて

11 たぶん来るだろうという予想に（　　）、彼は来なかった。079

1 反して　2 限って　3 際して　4 対して

12 一時的に（　　）、両国の戦闘が休戦状態に入ったことは慶賀すべきことだ。071

1 つけ　2 しか　3 だけ　4 せよ

問題８　次の文の ＿★＿ に入る最もよいものを、１・２・３・４から一つ選びなさい。

13 その国に ＿＿ ＿＿ ＿★＿ ＿＿ 、その国の本当の良さも悪さもわからない。060

1 こと　2 住んで　3 みない　4 には

14 あの建築士は、個人 ＿＿ ＿★＿ ＿＿ ＿＿ ある。066

1 住宅の　2 定評が　3 設計に　4 かけては

15 論理の ＿＿ ＿＿ ＿★＿ ＿＿ 詩にならない。072

1 流れ　2 言葉を並べた　3 だけでは　4 にそい

16 歩道橋の昇り降りは、＿＿ ＿＿ ＿★＿ ＿＿ 消耗です。077

1 たいへんな　2 お年寄りに　3 エネルギーの　4 とっては

17 この見舞い金は ＿＿ ＿＿ ＿★＿ ＿＿ 、支払われるものです。065

1 ご自宅が　2 限って　3 全壊した　4 方に

답 9 ①　10 ③　11 ①　12 ④　13 ①(2314)　14 ③(1342)　15 ②(1423)　16 ①(2413)　17 ④(1342)

問題9　次の文章を読んで、文章全体の内容を考えて、 18 から 22 の中に入る最もよいものを1・2・3・4から一つ選びなさい。

最近、地球の環境を守るために、積極的に「リサイクル」をしようという意見をよく 18 。もちろん使ったものをすぐに捨ててしまって、また新たに必要なものを作り出すという使い捨て文化は問題であり、見直しが必要だ。 19 、使い終わったものをもう一度資源として利用するリサイクルは、本当に地球の環境を守るために役立っているのだろうか。

例えばペットボトルのリサイクルについて考えてみよう。確かに、「使い終わったものをゴミとして捨てるのではなく、もう一度資源として使う」という考えは、うまくいけば理想的だ。しかし皆さんは、石油から新しいペットボトルを作るのにかかる石油の量と、使い終わって集めたペットボトルから新たにペットボトルを作るのにかかる石油の量を知っているだろうか。 20 、石油から新しいペットボトルを作るのに必要な石油は約40グラム、一方、このペットボトルをリサイクルしようとすると、それに必要な石油は150グラム以上と言われているのだ。これはつまり、資源をできるだけ使わないようにするためのリサイクルによって、 21 資源が多く使われてしまっている例といえるだろう。もちろん、資源が多く使われるのだから、当然その分、資源として使えなくなったもの、すなわちゴミも増える。このように、リサイクル運動には実は大きな問題があるのだ。本来、資源を節約し、環境汚染を防止するために行われるはずのリサイクルだが、やり方によっては、 22 資源を使い、ゴミを増やす。

(武田邦彦『リサイクル幻想』による)

18

1 手にする　2 口にする　3 耳にする　4 鼻にする

19

1 しかし　2 すなわち　3 さらに　4 そのうえ

20

1 なお　2 いわば　3 ごく　4 実は

21

1 はじめて　2 はたして　3 ようやく　4 かえって

22

1 リサイクルをするにあたって　2 リサイクルをすればするほど
3 リサイクルをするにもかかわらず　4 リサイクルをした以上

핵심문법 다시보기

~として 058 ~로서	資源(しげん)として 자원으로서(04行) / ゴミとして 쓰레기로서(07行)
~について ~에 관해서, ~에 대해서	ペットボトルのリサイクルについて 페트병의 재활용에 대해(06行)
~によって(は) ~에 의해서(는), ~에 따라서(는)	リサイクルによって 재활용에 의해서(13行)
	やり方(かた)によっては 하는 방법에 따라서는(18行)
~ば 132 ~(하)면	リサイクルをすればするほど 재활용을 하면 할수록(18行)
~にあたって ~할 때에, ~을 맞이하여	リサイクルをするにあたって 재활용을 할 때에
~にもかかわらず 064 ~에도 불구하고	リサイクルをするにもかかわらず 재활용을 하는 데도 불구하고

답 18 ③　19 ①　20 ④　21 ④　22 ②

問題7 次の文の（　　）に入れるのに最もよいものを、1・2・3・4から一つ選びなさい。

1 あの人に（　　）、そんなことはしないでしょう。065

1 よって　2 つれて　3 かぎって　4 ともなって

2 歩道（　　）季節のきれいな草花（くさばな）が植（う）えられている。072

1 にそって　2 について　3 によって　4 にわたって

3 店の改装（かいそう）に（　　）工事のため、3日間休業します。078

1 なった　2 して　3 ともなう　4 そった

4 選挙（せんきょ）の結果（けっか）は予測（よそく）に（　　）、野党（やとう）の大敗（たいはい）であった。079

1 際して　2 反して　3 そって　4 したがって

5 客の要望（ようぼう）に（　　）、9時から店を開けることにした。063

1 おうじて　2 つけて　3 じつげんして　4 ひかくして

6 この会社は社長一人の意見で動いていると（　　）。061

1 言えないこともない　2 言えるはずはない
3 言えないはずだ　4 言えることはない

7 私は英語ができる（　　）、まだろくに読むこともできません。056

1 どころか　2 ばかりか　3 ものなら　4 ことなく

8 あれだけ努力した（　　）、結局失敗に終わってしまった。064

1 に際して　2 にしたら　3 にもかかわらず　4 にもとづき

9 短距離（たんきょり）（　　）、県内（けんない）には彼に匹敵（ひってき）する選手は見当たらない。060

1 に対して　2 にかけては　3 によると　4 にとっては

답 1 ③ 2 ① 3 ③ 4 ② 5 ① 6 ① 7 ① 8 ③ 9 ②

10 山本(やまもと)さんはあいさつ（　　　）いきなり用件を切り出した。081

1 ぬいて　2 しずで　3 しても　4 ぬきで

11 経済が発展(はってん)するに（　　　）、社会の矛盾(むじゅん)も拡大してきた。076

1 いたって　2 つれて　3 さいして　4 しても

12 殺人の動機(どうき)は金銭的(きんせんてき)トラブルではなく憎(にく)しみに（　　　）。080

1 かぎらない　2 ほかならない　3 ともなわない　4 かかわらない

問題 8　次の文の ＿★＿ に入る最もよいものを、1・2・3・4から一つ選びなさい。

13 部長に ＿＿ ＿★＿ ＿＿ ＿＿、責任(せきにん)は彼にもある。071

1 あるに　2 命令されて　3 やったことで　4 せよ

14 日本に3年いたそうだが ＿＿ ＿★＿ ＿＿ ＿＿。070

1 しては　2 日本語が　3 下手だ　4 それに

15 頭が痛くて、彼に会いに ＿＿ ＿★＿ ＿＿ ＿＿ でした。056

1 ありません　2 では　3 出かける　4 どころ

16 掃除当番(そうじとうばん)のことで彼女と ＿＿ ＿＿ ＿★＿ ＿＿ 来たのです。057

1 している　2 ところへ　3 先生が　4 言い合いを

17 インスタント食品がこれほど普及(ふきゅう)しているのは、＿＿ ＿＿ ＿★＿ ＿＿。080

1 生活に　2 にほかならない　3 忙しい現代人の　4 合っているから

답 10 ④　11 ②　12 ②　13 ③(2314)　14 ①(4123)　15 ④(3421)　16 ②(4123)　17 ④(3142)

問題９　次の文章を読んで、文章全体の内容を考えて、[18] から [22] の中に入る最もよいものを１・２・３・４から一つ選びなさい。

わたしたちの体の表面をおおっている皮膚は、わたしたちの体を守るのに大切な働きをしています。

さいほうをしていて、うっかりはりをさすと、痛いと感じるでしょう。[18] 、燃えているストーブにふれると、熱いと感じます。氷にふれれば冷たいと感じますし、何かにさわれば、さわったという感じがします。このように、皮膚には、外部からのいろいろな刺激をすばやく [19] 。

外部からの刺激を受け取るのは、皮膚に来ている神経の末端の部分です。この部分は受容器(注1)といって、体じゅうの皮膚の中に、ごく小さい点のように [20] 。受容器は数え切れないほどたくさんあって、いろいろな刺激を分業(注2)で受け取ります。痛さを受け取る点、熱さを受け取る点、冷たさを受け取る点、さわったという感じを受け取る点というふうに、みな受け持ち(注3)が決まっているのです。

受容器が受け取った刺激は、神経を通って脳に伝えられます。[21] 、脳が、痛いとか熱いとか冷たいとかさわったとか判断するのです。これを感覚と呼んでいます。

感覚の中には、わたしたちにとって、いやなものもあります。例えば、けがをしたときの痛い感覚は、だれにとってもいやなものです。こんな感覚はないほうがいいと思う人もいるでしょう。けれども、痛いから、１日も早く治るように手当てもするのです。痛さを感じなかったら、ほったらかしにして、[22] 、傷はどんどんひどくなってしまうでしょう。

（注１）受容器：刺激を受け入れる細胞や器官
（注２）分業：分担けして仕事をすること
（注３）受け持ち：自分の仕事や役目として引き受けること

18

1 しかし　2 なぜなら　3 ただ　4 また

19

1 受け取る代金があります
2 受け取りにくい話があります
3 受け取る働きがあります
4 受け取りにくい品物があります

20

1 散りきっています
2 散らばっています
3 散りのこっています
4 散らかしています

21

1 すると　2 さて　3 さらに　4 ところが

22

1 気が付かないうちに
2 気が付かない先に
3 気が付いたあまり
4 気が付かないだけに

핵심문법 다시보기

～にとって 088 ～에게(도)	わたしたちにとって 우리에게(15行) / だれにとっても 누구에게나(16行)
～きれない 다 ~할 수 없다	数(かぞ)え切(き)れないほど 다 셀 수 없을 만큼(09行)
～ふう ~식	感(かん)じを受(う)け取(と)る点(てん)というふうに 느낌을 받아들이는 점이라는 식으로(11行)
～ように 158 ~하도록	1日(にち)も早(はや)く治(なお)るように 하루라도 빨리 낫도록(17行)
～ないうちに 007 ~하지 않는 사이에	気(き)が付(つ)かないうちに 깨닫지 못하는 사이에(18行)

답 18 ④　19 ③　20 ②　21 ①　22 ①

083 ～のみならず ～뿐만 아니라

～のみならず는 명사에 직접 접속하는데 그외 ～である나 동사 등에도 접속한다. この問題は日本のみならず(이 문제는 일본뿐만 아니라), 担当者のみならず会社全体で(담당자뿐만 아니라 회사 전체로), 体が病弱であるのみならず(몸이 병약할 뿐만 아니라)와 같은 형태로 많이 쓰인다.

유사 문법 ～に限らず・～ばかりか・～だけでなく ～뿐만 아니라

若い人のみならず老人や子どもたちにも人気がある。
젊은이뿐만 아니라 노인과 아이들에게도 인기가 있다.

084 ～のもとで / ～のもとに ～아래서, ~밑에서, ~지도 하에 / ~(명목) 하에

～のもとで는 명사에 직접 접속하며, 누군가의 지배 또는 감독 하에 있음을 나타낸다. 理解ある上司のもとで(이해심 있는 상사 아래에서), 北村先生のもとで(기타무라 선생님의 지도 하에)와 같이 쓴다.

～のもとに 역시 명사에 직접 접속하며, '~라는 명목으로 ~한다'라는 의미를 나타낸다. 山田教授の指導のもとに(야마다 교수의 지도 하에), 「開発」の名のもとに('개발'이라는 명목 하에), 親の保護のもとに(부모의 보호 하에), 教師の監督のもとに(교사의 감독 하에)와 같이 쓴다.

기출 興味があった星や暦について高橋至時のもとで学び始めた
흥미가 있었던 별이나 달력에 대해 다카하시 요시토키 밑에서 배우기 시작했다 2019-2회

私は石原先生のもとで研究しています。
저는 이시하라 선생님 지도 하에 연구하고 있습니다.

人々の代表は、「国民国家」の名のもとに、一つの言語・一つの民族で統一しようとする政府を誕生させた。
사람들의 대표는 '국민국가'라는 명목 하에 하나의 언어 · 하나의 민족으로 통일하고자 하는 정부를 탄생시켰다.

085 ～ばかりに ～하는 바람에, ～하는 탓에

～ばかりに는 동사 과거형(た형)+た에 접속하며, 주로 よけいなことを言ったばかりに(쓸데없는 말을 한 탓에), この仕事を選んだばかりに(이 일을 선택한 바람에), あの魚を食べたばかりに(그 생선을 먹은 탓에)와 같이 쓴다.

기출 僕がミスをしたばかりに 내가 실수를 하는 바람에 2010-1회 N1

古いさしみを食べたばかりにおなかをこわしてしまった。
오래된 생선회를 먹은 탓에 배탈이 나고 말았다.

086 ～はともかく・～は別として ～은/는 차치하고, ～은/는 그렇다 치고

～はともかく와 ～は別として는 명사에 직접 접속하는데 앞에 ～かどうか가 붙기도 한다. ～はともかく는 응용표현으로 ～ならともかく(～하면 몰라도)로 쓰이기도 하며, ～は別としては ～は別にして로 쓰이기도 한다. 주로 試合の結果はともかく(시합 결과는 차치하고), その問題はともかく(그 문제는 그렇다 치고), 急用があるんならともかく(급한 용무가 있다면 몰라도), 正当な理由のある者は別として(정당한 이유가 있는 사람은 그렇다 치고), 良いか悪いかは別として(좋은지 나쁜지는 차지하고), 冗談は別にして(농담은 차치하고)와 같이 쓰인다.

기출 本当に将来なるかどうかは別として
정말로 장래에 될지 안 될지는 차치하고 2019-1회

デートで着るならともかく 데이트할 때 입는다면 몰라도 2013-2회

このレストラン、ちょっと高いんですけど、値段はともかく味はいいですね。
이 레스토랑은 조금 비싸지만 가격은 그렇다 치고 맛은 좋네요.

10年前ならともかく、今はそんな服は着られない。
10년 전이면 몰라도 지금은 그런 옷은 입을 수 없다.

彼は別としてチームの他のメンバーとはうまくいっている。
그는 그렇다 치고 팀의 다른 멤버들과는 잘 지내고 있다.

087 ～まい ～(하)지 않겠다, ～(하)지 않을 것이다

～まい는 부정 의지나 부정 추측을 나타내는 표현으로, 1그룹 동사는 사전형에, 2그룹 동사는 ます형에 접속한다. 단 する동사는 しまい와 するまい 두 가지 형태 모두 사용한다. 주로 雨は降るまい(비는 오지 않을 것이다), 二度と行くまい(두 번 다시 가지 않겠다), そんなことはだれも信じまい(그런 일은 아무도 믿지 않을 것이다), 来学期からは遅刻しまいと決心した(다음 학기부터는 지각하지 않겠다고 결심했다)와 같은 형태로 사용된다.

기출 引き受けるしかあるまい 떠맡을 수밖에 없을 것이다 2011-1회

今日は雨が降るまいと思って、かさを持ってきませんでした。
오늘은 비가 오지 않을 거라 생각해서 우산을 가져오지 않았습니다.

もう、このようなことはしまいと神に誓いました。
이제 이런 짓은 하지 않겠다고 신에게 맹세했습니다.

088 ～むき ～(방)향, ～취향에 맞음, ～에 적합함, ～용

～むき는 명사에 직접 접속하며 어떤 대상이나 방향을 향해 있거나 그에 적합하다는 의미를 나타낸다. 南向きの部屋(남향 방), 子どもむきの本(어린이용 책), 日本人むきの料理(일본인의 취향에 맞는 요리), 初心者むきのスキー場(초보자용 스키장)와 같은 형태로 쓴다.

お年寄り向きのサービスや商品がありますか。
어르신에게 적합한 서비스나 상품이 있습니까?

089 ～むけ ～용(임)

～むけ는 명사에 직접 접속하며 특정 대상을 위해 만들었음을 나타낸다. 한자 표기(～向け)로도 출제된다. 주로 この映画は大人向けなので(이 영화는 성인용이라서), 留学生向けに編集された雑誌(유학생용으로 편집된 잡지), アメリカむけの輸出品(대미 수출품)과 같이 쓰인다.

この会社では、子どもむけのテレビ番組を作っている。
이 회사에서는 어린이용 텔레비전 프로그램을 만들고 있다.

090 ～も～ば～も ～도 ～하고(하거니와) ～도

～も～ば～も는 も 앞에는 명사가 오고, ば 앞에는 가정형이 온다. 주로 歌も歌えば、ダンスも上手だ(노래도 잘 하고 춤도 잘 춘다), 夢もなければ、希望もない(꿈도 없거니와 희망도 없다), いい時もあれば、悪い時もある(좋을 때도 있고 나쁠 때도 있다)와 같은 형태로 사용된다. 비슷한 표현으로 ～も～なら～も(~도 ~지만 ~도)도 익혀 두자. 주로 父も父なら、子も子だ(아버지도 아버지지만 자식도 자식이다)의 형태로 쓰인다.

洗濯の好きな人もいれば、料理が趣味という人もいる。
빨래를 좋아하는 사람도 있고 요리가 취미라는 사람도 있다.

こんな事件を起こすなんて、親も親なら子も子だ。
이런 사건을 일으키다니, 부모도 부모지만 자식도 자식이다.

091 ～もかまわず ～도 개의치 않고

～もかまわず는 명사 또는 동사+の에 접속하며, 주로 人目もかまわず(남의 눈도 개의치 않고), まわりの人の迷惑もかまわず(주위 사람의 민폐도 개의치 않고), 足が痛むのもかまわず(다리가 아픈 것도 개의치 않고), 私がいるのもかまわず(내가 있는 것도 개의치 않고)의 형태로 쓰인다.

彼女は母親がとめるのもかまわず、タクシーに乗って行ってしまった。
그녀는 어머니가 말리는 것도 개의치 않고 택시를 타고 가 버렸다.

092 ～ものがある ～하는 데가 있다, 아주 ～하다, 정말 ～하다

～ものがある는 동사와 형용사의 사전형에 접속하며, 화자가 어떤 사실에서 느낀 것을 감정을 담아 말할 때 사용한다. 주로 彼女の演奏には、人の心を動かすものがある(그녀의 연주에는 사람의 마음을 움직이게 하는 데가 있다), 彼の活躍にはめざましいものがある(그의 활약은 정말 눈부시다)의 형태로 쓰인다. 관용적인 표현으로 見るべきものがある(볼 만한 것이 있다)라고 하는데, 絵の才能には見るべきものがある(그림에는 상당히 재능이 있다)와 같이 쓰인다.

スポーツには、勝負を超えて人々の感動をさそうものがある。
스포츠에는 승부를 넘어 사람들의 감동을 불러일으키는 데가 있다.

093 ～ものか ～할까 보냐, ～하나 봐라

～ものか는 동사 사전형과 な형용사 등에 접속한다. 주로 あんな所へ二度と行くものか(그런 곳에 두 번 다시 갈까 보냐), 信用するものか(신용하나 봐라), 負けてたまるものか(가만히 지고 있을까 보냐)와 같은 형태로 쓰인다.

주의 문법 **～ことか** ～던가, ～인지

기출 もう二度と恋などするものか 이제 두 번 다시 사랑 따위 할까 보냐 2010-1회 N1

3年間、厳しい練習に耐えたんだ。明日の試合、負けてなるものか。
3년 동안 혹독한 연습을 견뎌냈어. 내일 시합, 질까 보냐.

094 ～ものだ / ～ものではない

～하는 법이다, ～해야 한다 / ～하는 게 아니다, ～할 필요는 없다, ～해서는 안 된다

～ものだ / ～ものではない는 일반적으로 동사 사전형에 접속하며, 주로 子どもは早く寝るものだ(어린이는 일찍 자야 한다), 人に会ったらあいさつぐらいするものだ(사람을 만나면 인사 정도는 해야 한다), そんなことをするものではない(그런 짓을 하는 게 아니다), そんなにがっかりするものではない(그렇게 실망할 필요는 없다)와 같이 쓰인다. 응용표현으로 ～たいものだ(～하고 싶다)가 있는데 동사의 ます형에 붙는다. 一度行ってみたいものだ(한 번 가 보고 싶다), 大学生になったら世界一周旅行をしたいものだと思っていた(대학생이 되면 세계 일주 여행을 하고 싶다고 생각했었다)와 같이 쓰인다.

기출 着る服を選ぶ時も、休日の予定を立てる時も、天気は気になるもの
입을 옷을 고를 때에도, 휴일의 계획을 세울 때에도 날씨는 신경이 쓰이는 법 2021-1회

遊んでばかりではだめだ。学生は勉強するものだ。
놀고만 있어서는 안 된다. 학생은 공부를 해야 한다.

夜遅く電話をかけるものではないよ。
밤늦게 전화하는 거 아니야.

095 ～ものだから ～이기 때문에, ～해서

～ものだから는 일반적으로 동사 과거형(た형)+た에 접속하는데, 개인적인 이유를 들어 변명할 때 많이 쓴다. 주로 やっと手に入ったものだから(겨우 구했기 때문에), 急にそんなことを言い出したものだから(갑자기 그런 말을 꺼냈기 때문에), 自分の傘は人に貸してしまったものだから(내 우산은 남에게 빌려줘 버렸기 때문에)와 같은 형태로 쓴다.

주의 문법 ～ことだから ～(일)이니까

急に寒くなったものだから、風邪をひいてしまった。
갑자기 추워져서 감기에 걸리고 말았다.

096 ～ものなら ～할 수 있다면

～ものなら는 동사 가능형에 접속하는데, 실현되기 힘든 일이 실현되기를 바라거나 기대할 때 사용하는 표현으로 뒷부분에는 ～たい(~하고 싶다)가 오는 경우가 많다. 주로 少年時代に戻れるものなら戻ってみたい(소년 시절로 돌아갈 수 있다면 돌아가 보고 싶다), 国に帰れるものなら帰りたい(고국에 돌아갈 수 있다면 돌아가고 싶다), できるものなら、やってみなさい(할 수 있다면 해 봐라)의 형태로 쓰인다.

기출 あのころに戻れるものなら戻りたい
그때로 돌아갈 수 있다면 돌아가고 싶다 2017-1회
行けるものなら行きたい 갈 수 있다면 가고 싶다 2013-2회

一緒に行けるものなら行ってあげたいが、仕事の都合上、そうもいかない。
같이 갈 수 있다면 가 주고 싶지만, 일의 형편상 그렇게 할 수 없나.

097 ～ものの ～하기는 했으나, ～하기는 했지만

～ものの는 주로 동사 과거형(た형)+た에 접속하며, 앞의 내용과 상반되거나 모순되는 일이 뒤에 전개됨을 나타낸다. やってはみたものの(해 보기는 했지만), 行くと答えたものの(간다고 대답하긴 했지만), 就職はしたものの(취직은 했으나), あの映画は一度見たものの(그 영화는 한 번 보기는 했으나)와 같은 형태로 쓴다.

すぐ退院はできたものの、不幸にも後遺症が残り、思うように仕事をすることができなくなった。 금방 퇴원은 할 수 있었지만 불행히도 후유증이 남아 생각대로 일을 할 수 없게 되었다.

098 ～やら～やら ～며 ～며, ～랑 ～랑, ～(하)고 ～(하)고

～やら～やら는 명사에는 직접 접속하고, 동사와 형용사 등에는 여러 형태로 접속하므로 예문을 통해 익혀두는 게 좋다. 주로 本やらノートやらが(책이며 노트 등이), 泣くやらわめくやら(울고불고), さびしいやら悲しいやらで(외로움이나 슬픔 등으로)와 같은 형태로 사용된다.

유사 문법 ～だの～だの ～라든가 ～라든가, ～다느니 ～다느니

ポケットにはハンカチやらガムやらが入っている。
주머니에는 손수건이며 껌 등이 들어 있다.

昨日はお酒を飲みすぎたせいで、頭が痛いやら、吐き気がするやらで大変だった。
어제는 술을 너무 많이 마신 탓에 두통이며 구토로 힘들었다.

099 ～わけにはいかない ～할 수는 없다

～わけにはいかない는 동사 사전형·ない형·진행형(ている형) 등에 접속하며, 사회적·법률적·도덕적·심리적 이유 등으로 하고 싶지만 할 수 없음을 나타낸다. 뒷부분의 ～いかない는 정중한 표현으로 ～いきません 또는 ～まいりません을 쓰기도 한다. 주로 この仕事を終えるまでは帰るわけにはいかない(이 일을 마칠 때까지는 돌아갈 수 없다), 無責任な行動を見逃すわけにはいかない(무책임한 행동을 눈감아 줄 수는 없다), 約束したんだから、行かないわけにはいかない(약속했기 때문에 안 갈 수는 없다)와 같이 쓴다.

기출 そのことを無視して進めるわけにはいかない 그것을 무시하고 추진할 수는 없다 2018-1회
大事な会議があるから休むわけにはいかない 중요한 회의가 있어서 쉴 수는 없다 2013-1회
あと3日待っていただくわけにはいきませんか 앞으로 3일 기다려 주실 수 없습니까? 2011-1회 N1

明日は試験があるから、今日は遊んでいるわけにはいかない。
내일은 시험이 있어서 오늘은 놀고 있을 수는 없다.

100 ～わりに(は) ～에 비해서(는)

～わりに(は)는 명사+の, い형용사, な형용사, 동사 등에 접속하는데, 주로 忙(いそが)しくて大変(たいへん)なわりに(바쁘고 힘든 데 비해), 若者(わかもの)の言葉(ことば)づかいにきびしいわりには(젊은이의 말투에 엄격한 데 비해서는), 高(たか)い割(わり)にはうまいとは言(い)えない(비싼 데 비해서는 맛있다고는 할 수 없다), 年齢(ねんれい)のわりには若(わか)くみえた(나이에 비해서는 젊어 보였다)와 같은 형태로 사용된다.

유사 문법 **～にくらべ(て)** ～에 비해(서)

あの映画(えいが)は、有名(ゆうめい)なスターがたくさん出演(しゅつえん)しているわりにはつまらなかった。
그 영화는 유명한 스타가 많이 출연한 데 비해서는 재미없었다.

101 ～を契機(けいき)として・～を契機(けいき)に ～을 계기로

～を契機(けいき)として・～を契機(けいき)に는 명사에 직접 접속하며, 母(はは)の死(し)を契機(けいき)として(어머니의 죽음을 계기로), 転職(てんしょく)を契機(けいき)として(전직을 계기로), 今回(こんかい)の事件(じけん)を契機(けいき)に(이번 사건을 계기로), 株(かぶ)の暴落(ぼうらく)を契機(けいき)に(주식 폭락을 계기로)의 형태로 쓰인다.

유사 문법 **～をきっかけに** ～을 계기로

彼(かれ)は就職(しゅうしょく)を契機(けいき)として生活(せいかつ)スタイルをガラリと変(か)えた。
그는 취업을 계기로 생활 방식을 확 바꿨다.

中島(なかしま)さんは定年退職(ていねんたいしょく)を契機(けいき)に絵(え)を習(なら)い始(はじ)めた。
나카시마 씨는 정년 퇴직을 계기로 그림을 배우기 시작했다.

102 ～を込(こ)めて ～을 담아, ～을 가지고

～を込(こ)めて는 명사에 직접 접속하며, 주로 愛(あい)を込(こ)めて(사랑을 담아), 感謝(かんしゃ)の気持(きも)ちを込(こ)めて(감사의 마음을 담아), もっと感情(かんじょう)を込(こ)めて(좀 더 감정을 넣어서)와 같이 쓴다.

このケーキは私(わたし)が心(こころ)を込(こ)めて作(つく)ったものです。
이 케이크는 제가 마음을 담아 만든 것입니다.

103 ～を通じて・～を通して ～을 통해서

～を通じて・～を通しては 명사에 직접 접속하며, 어떤 일에 있어서 그 매개나 수단이 되는 사물이나 사람을 나타낼 때 쓴다. 주로 田中さんの父親を通じて(다나카 씨의 부친을 통해서), テレビのニュースを通じて(텔레비전 뉴스를 통해서), 先輩をとおして(선배를 통해서), 共同生活を通して(공동생활을 통해서), この文章を通して(이 문장을 통해서)와 같은 형태로 쓴다.

藤田さんご夫妻とは鈴木さんを通じて知り合いました。
후지타 씨 부부와는 스즈키 씨를 통해서 알게 되었습니다.

その講義を通して、政治にどんどん興味がわいてきた。
그 강의를 통해서 점점 정치에 흥미가 생겼다.

104 ～を～とする / ～を～として ～을 ～로 하다 / ～을 ～로서

～を～とする/～を～としては 주로 山田氏を会長とすることに決定した(야마다 씨를 회장으로 하기로 결정했다), 社会奉仕を目的とする団体(사회 봉사를 목적으로 하는 단체), 鈴木君をリーダーとしてサークルを作った(스즈키 군을 리더로 해 동아리를 만들었다), 若い芸術家を育てることを目的として設立された(젊은 예술가를 육성하는 것을 목적으로 설립되었다)와 같은 형태로 사용된다.

学校はその生徒を退学処分とするという結論を出したようだ。
학교는 그 학생을 퇴학 처분한다는 결론을 낸 듯 하다.

彼は金もうけを目的として生きているような男だ。
그는 돈벌이를 목적으로서 살고 있는 듯한 남자다.

105 ～を問わず ～을 불문하고

～を問わずは 명사에 직접 접속하며, 주로 四季を問わず(사계절을 불문하고), 年齢や性別を問わず(연령과 성별을 불문하고), 国籍のいかんを問わず(국적 여하를 불문하고)와 같은 형태로 쓰인다.

기출 初心者、経験者を問わず 초보자, 경험자를 불문하고 2021-1회

年齢(ねんれい)、経験(けいけん)を問(と)わず、だれでもツアーに参加(さんか)できます。
나이, 경험을 불문하고 누구나 투어에 참가할 수 있습니다.

106 ～をはじめ ～을 비롯하여, ～을 위시하여

～をはじめ는 명사에 직접 접속하며, 주로 ご両親(りょうしん)をはじめ、先生(せんせい)がたも(부모님을 비롯해 선생님들도), ゴミ問題(もんだい)をはじめ、地震対策(じしんたいさく)、交通渋滞(こうつうじゅうたい)など(쓰레기 문제를 비롯하여 지진 대책, 교통 정체 등), お母(かあ)さんをはじめ、皆様(みなさま)によろしく(어머님을 비롯하여 모두에게 안부 전해 주세요), 隊長(たいちょう)をはじめ、全員(ぜんいん)が(대장을 위시하여 전원이)의 형태로 많이 쓰인다.

유사 문법 **～をはじめとする** ～을 비롯한

この大学(だいがく)には中国(ちゅうごく)をはじめ、アジアからの留学生(りゅうがくせい)が多(おお)い。
이 대학에는 중국을 비롯하여 아시아에서 온 유학생이 많다.

107 ～をめぐって ～을 둘러싸고

～をめぐって는 명사에 직접 접속하며, 주로 外国人社員(がいこくじんしゃいん)の労働条件(ろうどうじょうけん)をめぐって(외국인 사원의 노동 조건을 둘러싸고), 大学(だいがく)の移転(いてん)をめぐって(대학 이전을 둘러싸고), 審判(しんぱん)の判定(はんてい)をめぐって(심판의 판정을 둘러싸고), 環境問題(かんきょうもんだい)の解決策(かいけつさく)をめぐって(환경문제의 해결책을 둘러싸고)와 같은 형태로 사용된다.

유사 문법 **～をめぐる** ～을 둘러싼

大気汚染(たいきおせん)の解決策(かいけつさく)をめぐって活発(かっぱつ)な議論(ぎろん)が続(つづ)いている。
대기 오염의 해결책을 둘러싸고 활발한 논의가 계속되고 있다.

問題7 次の文の（　　）に入れるのに最もよいものを、1・2・3・4から一つ選びなさい。

1 たばこの火を消すのを忘れた（　　）、大火事になってしまった。085
1 かぎりに　2 ばかりに　3 ところに　4 とおりに

2 試験の結果（けっか）（　　）、やるだけのことはやったから悔（く）いはない。086
1 のくせに　2 につけても　3 に先立ち　4 はともかく

3 佐藤さんは50歳の（　　）若く見えます。100
1 からには　2 ほどには　3 わりには　4 うえには

4 この雑誌は大学生（　　）編集（へんしゅう）されている。089
1 むいた　2 むきで　3 むけて　4 むけに

5 動物が好きな人も（　　）、きらいな人もいる。090
1 いれば　2 いたら　3 いても　4 いると

6 あの人の潜在能力（せんざいのうりょく）にはすばらしい（　　）。092
1 はずである　2 ものがある　3 ことがある　4 ほどである

7 彼女がどんどん先へ行ってしまった（　　）、私はおくれてしまった。095
1 ものだから　2 ことだから　3 ものでも　4 ことでも

8 不可能だとわかってはいるが、（　　）ものなら子供の頃に戻ってみたい。096
1 戻れる　2 戻る　3 戻りたい　4 戻ろう

9 お酒は体によくないとわかっている（　　）、なかなかやめられない。097
1 ものなので　2 ものの　3 ものなら　4 ものから

답 1② 2④ 3③ 4④ 5① 6② 7① 8① 9②

10 男は人前では泣く（　　　）。094

1 よりほかない　2 ことといえる　3 とされている　4 ものではない

11 料理がまずい上に値段も高い。あんな店なんか、二度と行く（　　　）。093

1 ものか　2 ことか　3 ようだ　4 だろう

12 昨日は大雨が降る（　　　）、大風が吹く（　　　）、たいへんな天気でした。098

1 も/も　2 や/や　3 など/など　4 やら/やら

問題8 次の文の ＿★＿ に入る最もよいものを、1・2・3・4から一つ選びなさい。

13 いきなり ＿＿ ＿＿ ＿★＿ ＿＿ 、赤ちゃんが泣き出した。095

1 から　2 した　3 ものおとが　4 ものだ

14 卒業してからも、＿＿ ＿＿ ＿★＿ ＿＿ と考えております。084

1 もとで　2 研究を　3 続けたい　4 先生の

15 私たちは、読書や ＿＿ ＿★＿ ＿＿ ＿＿ 、自分の教養を高めていくのです。103

1 体験から　2 を通して　3 多くの　4 学んだこと

16 警察は国民の安全を守る ＿＿ ＿＿ ＿★＿ ＿＿ いる。105

1 働いて　2 ために　3 問わず　4 昼夜を

17 読書によって、さまざまな方面の知識が ＿＿ ＿＿ ＿★＿ ＿＿ 。094

1 楽しい　2 広がっていく　3 のは　4 ものだ

답 10 ④　11 ①　12 ④　13 ④(3241)　14 ②(4123)　15 ①(3142)　16 ③(2431)　17 ①(2314)

問題９　次の文章を読んで、文章全体の内容を考えて、［18］から［22］の中に入る最もよいものを１・２・３・４から一つ選びなさい。

日本で教育を受けると、英語の学習は中学校から始まるのが一般的だ。［18］中学生になると同時に辞書を買ったり、あるいはプレゼントされたりしたかもしれない。でもいまどきの教科書だったら、最初のうちは単語の意味ぐらい説明がすでに載っていることもあるから、辞書は必ずしも［19］。しかし、中学を卒業するまでには一度ぐらい英和辞典を［20］ことがあるはずだ。また高校に進学した段階で、新たに辞書を買うこともあるだろう。さらに受験勉強や大学に合格した記念にまた新しい辞書を買ったかもしれない。

反対にある段階で買った、たった一冊の辞書を後生大事(注1)に使っている人もいるかもしれない。ボロボロになるまで一冊の辞書を使うというのは、何やらとても貴く(注2)美しいことと信じられているところがある。

しかし自分の外国語の能力を高めようと思ったら、辞書は［21］べきだ。日本の英和辞典は種類が多いばかりでなく、その水準もたいへん高い。そして中学生向け、高校生向け、大学生・一般向けなど、使う人のレベルにあわせて自分にあった辞書を選ぶことができる。辞書だけは、大は小を兼ねない(注3)。英語の勉強を始めたばかりの中学生が10万語以上もある大英和辞典を使っても、［22］役に立たないのである。

(黒田龍之介『外国語の水曜日』による)

（注１）後生大事：物事を大切にすること
（注２）貴い：崇高で神聖である。また、高貴である
（注３）大は小を兼ねない：ここでは、大きなものは小さいものの代わりとして使うことができないという意味

18

1 だから　　2 ただし　　3 すると　　4 それに

19

1 必要ではないだろうか　　2 必要でないこともない

3 初めのうちだけ必要だ　　4 初めから必要ではない

20

1 口にした　　2 手にした　　3 耳にした　　4 目にした

21

1 できるだけ例が多いのを選ぶ　　2 一冊をボロボロになるまで使う

3 なるべく小さい辞書を買う　　4 中学を卒業するまでに一度ぐらい手にする

22

1 使うものだから　　2 使うことだから

3 使いにくいばかりか　　4 使いかねないので

핵심문법 다시보기

～向け 089 ~용	中学生向け、高校生向け 중학생용, 고등학생용(12行)
～かもしれない ~지도 모른다	プレゼントされたりしたかもしれない 선물받거나 했을지도 모른다(02行)
～べきだ ~해야 한다	なるべく小さい辞書を買うべきだ 되도록 작은 사전을 사야 한다(11行)
～ばかりでなく ~뿐만 아니라	種類が多いばかりでなく 종류가 많을 뿐만 아니라(12行)
～(た)ばかり 막 ~함	英語の勉強を始めたばかりの中学生が 영어 공부를 막 시작한 중학생이(14行)
～もある ~이나 되다	１０万語以上もある 10만 단어 이상이나 되는(15行)
～ばかりか ~뿐만 아니라	使いにくいばかりか 사용하기 어려울 뿐만 아니라(15行)

답 18 ① 19 ④ 20 ② 21 ③ 22 ③

問題7 次の文の（　　）に入れるのに最もよいものを、1・2・3・4から一つ選びなさい。

1 成功するかしないかは（　　）、一生懸命努力してみなさい。086

1 あいにく　2 ともかく　3 あくまで　4 なにしろ

2 今日ではインターネット（　　）多くの取引がなされている。103

1 を通じて　2 をもとに　3 に基づき　4 に応じて

3 あの学生は、勉強する（　　）成績がよくないです。100

1 からには　2 あまり　3 だけあって　4 わりには

4 いじめ相談の電話は昼夜（　　）24時間受け付けています。105

1 を通して　2 にかけて　3 を問わず　4 といわず

5 この大学は実技（　　）、広く一般教養を重視した教育を展開している。083

1 のみならず　2 のみにて　3 までではなく　4 までも

6 スキー（　　）、冬でも楽しめるスポーツはたくさんあります。106

1 をもとに　2 のおかげ　3 をはじめ　4 からして

7 賛否を（　　）、議論が深夜まで行われた。107

1 まわって　2 わたって　3 めぐって　4 かねて

8 私が心（　　）作ったものです。どうぞめしあがってみてください。102

1 を通じて　2 を込めて　3 にかぎって　4 において

9 先生に叱られたときには、二度と（　　）と思いますが、つい朝寝坊をして授業に遅刻してしまいます。087

1 遅れまい　2 遅れかねない　3 遅れよう　4 遅れきれる

답 1② 2① 3④ 4③ 5① 6③ 7③ 8② 9①

10 会の代表を川村氏(かわむらし)と（　　　）ことで、両者は合意(ごうい)に達(たっ)した。103

1 する　　2 なる　　3 とる　　4 える

11 いくら困っても、人の物を盗(ぬす)む（　　　）。099

1 せいだ　　2 ものである

3 ことにはならない　　4 わけにはいかない

12 あの人の言葉を信じた（　　　）ひどい目にあった。085

1 ほどで　　2 かぎりに　　3 だけあって　　4 ばかりに

問題 8　次の文の ＿★＿ に入る最もよいものを、１・２・３・４から一つ選びなさい。

13 答えを教えて ＿＿＿ ＿＿＿ ＿★＿ ＿＿＿ 、実は僕にもよくわからないので困っている。097

1 約束は　　2 あげると　　3 ものの　　4 した

14 あの事件は新聞や ＿＿＿ ＿＿＿ ＿★＿ ＿＿＿ 、一般の関心(かんしん)はうすい。100

1 さかんに　　2 報道される　　3 テレビで　　4 わりに

15 結果が ＿＿＿ ＿★＿ ＿＿＿ ＿＿＿ 、彼はみんなのために一生懸命にやったのです。086

1 として　　2 よかった　　3 かどうか　　4 はともかく

16 親子げんかで警察(けいさつ)が来る ＿＿＿ ＿＿＿ ＿★＿ ＿＿＿ 。090

1 子も子だ　　2 なんて　　3 親も親なら　　4 騒(さわ)ぎになる

17 東京大学 ＿＿＿ ＿★＿ ＿＿＿ ＿＿＿ 、多数の留学生が学んでいる。104·106

1 国立大学　　2 とする　　3 では　　4 をはじめ

답 10 ①　11 ④　12 ④　13 ④(2143)　14 ②(3124)　15 ③(2341)　16 ③(4231)　17 ②(4213)

問題９　次の文章を読んで、文章全体の内容を考えて、【18】から【22】の中に入る最もよいものを１・２・３・４から一つ選びなさい。

わたしたちは、農業、【18】、土を耕して作物を栽培するという仕事を通して、食糧の大部分を手に入れています。わたしたち【19】欠くことのできない、穀物・野菜・果物などの生産を支えているもの、それが「土」なのです。

【20】、土は、いったい何によってできているのでしょうか。常識では、土は岩石が川の流れによってけずられたり、水や空気の作用によってくずされたりしてできた鉱物だと思われています。【21】、実際の土を調べてみると、土は単なる鉱物ではなくて、その中には、動植物の遺体(注1)が変化してできた物質がふくまれ、数多くの生物がすんでいることがわかります。

学者の調査によると、長野県志賀高原(注2)の森林の土にすんでいる動物は、１平方メートル当たり、みみずやむかでなどの大型のものが３６０ぴき、とびむしやだになどの中型のものが２０２万８千びきもいることがわかりました。つまり、人間がひとふみする片足の面積を２００平方センチメートル【22】、その土の下には、およそ４万びきの動物が生活していることになるのです。さらにもっと小型の動物や、顕微鏡を使わなくては見えないバクテリア・かびなどの微生物を加えるとおびただしい(注3)ものになります。微生物は、１グラムの土に１億もふくまれているということですから、土のかたまりは生物のかたまりだといってもよいくらいです。

（注１）遺体：死んだ生き物の体
（注２）高原：海抜の高いところにある平原
（注３）おびただしい：数や量が非常に多い

18

1 あるいは　2 つまり　3 さらに　4 かならず

19

1 人間の生存にとって　2 人間の生存に対して
3 人間の生存について　4 人間の生存によって

20

1 なお　2 したがって　3 ところで　4 むしろ

21

1 それどころか　2 さらに　3 それに　4 しかし

22

1 とともに　2 とすれば　3 としても　4 というより

핵심문법 다시보기

～を通して 103 ～을 통해서	作物を栽培するという仕事を通して 작물을 재배하는 일을 통해서(01行)
～にとって 077 ～에게 있어서, ～에서	人間の生存にとって 인간의 생존에 있어서(02行)
～によって ～에 의해, ～로(써)	何によって 무엇으로(04行) / 川の流れによって 강의 흐름에 의해(05行)
～ことになる 113 ～하는 셈이 된다	4万びきの動物が生活していることになる 4만 마리의 동물이 생활하고 있는 셈이 된다(13行)
～くらいだ ～할 정도이다	生物のかたまりだといってもよいくらいです 생물 덩어리라고 해도 좋을 정도입니다(16行)
～とともに ～와 함께, ～와 더불어	200平方センチメートルとともに 200평방 센티미터와 더불어
～としても 059 ～라고 해도	200平方センチメートルとしても 200평방 센티미터라고 해도
～というより 053 ～라기보다	200平方センチメートルというより 200평방 센티미터라기보다

답 18 ② 19 ① 20 ③ 21 ④ 22 ②

2 N2 2순위 문법 53

그동안 공개된 일본어 능력시험 기능어를 분석하여 저자가 N2 문법에 해당된다고 판단한 문법 기능어를 엄선하여 정리해 두었다. 기능어 앞의 숫자는 학습 편의상 임의로 부여한 고유번호로, 확인 문제 풀이시 이해하기 어려운 부분은 해당 번호의 내용을 참조하길 바란다.

108 ～かいがあって ～한 보람이 있어

～かいがあって는 동사 과거형(た형)+た, 명사+の에 접속하며, 頑張ったかいがあって(열심히 한 보람이 있어), 努力のかいがあって(노력한 보람이 있어), 看護のかいがあって(간호한 보람이 있어)와 같이 활용한다.

二時間待ったかいがあって、雨がやみ、美しい景色を見ることができた。
2시간 기다린 보람이 있어 비가 그치고 아름다운 경치를 볼 수 있었다.

109 ～かというと・～かといえば ～하는가 하면, ～하냐 하면

～かというと・～かといえば는 동사 사전형, 동사 과거형(た형)+た, い형용사 종지형 등에 접속하며, 주로 困ったかというと(곤란했는가 하면), いつ好きになったかといえば(언제 좋아하게 되었는가 하면)와 같이 활용한다. 관용적으로 쓰이는 何かというと・何かといえば(툭하면, 입만 벙긋하면, 기회만 있으면, 늘), どちらかというと・どちらかといえば(어느 쪽인가 하면)도 잘 익혀 두자.

기출 初めから宇宙飛行士になるつもりだったかというと
처음부터 우주비행사가 될 생각이었는가 하면 2011-1회 N1
母親でなくてはならないかというと 어머니가 아니면 안 되는가 하면 2010-1회 N1

文章がうまければ誰でも作家になれるかというと、そんなことはない。
문장에 능하면 누구나 작가가 될 수 있는가 하면 그렇지는 않다.

部長と課長は何かといえば意見が対立する。
부장님과 과장님은 툭하면 의견이 대립한다.

110 ～現在で ～현재, ～시점으로

～現在で는 동사 과거형(た형)+た, 명사에 접속하며, 주로 この国の人口は、昨年の１月現在で(이 나라의 인구는 작년 1월 현재), ２０２１年１０月１５日現在で(2021년 10월 15일 현재), いつ現在で(언제 시점으로)와 같이 활용한다.

登録者は、２０２１年８月現在で１４４名です。
등록자는 2021년 8월 현재 144명입니다.

111 ～こそ～が ～는 ～지만

～こそ～が는 명사+こそ+형용사의 종지형·동사의 사전형 등+が에 접속하며, 주로 ことばづかいこそ悪いが(말투는 거칠지만), デザインこそ古いが(디자인은 구식이지만), 時間こそかかるが(시간은 걸리지만)와 같이 활용한다. ～が 외에도 ～けれども・～ものの 등 주로 역접의 접속사가 오는 문어체적 표현이다.

彼は年こそ若いが非常に有能だ。
그는 나이는 젊지만 상당히 유능하다.

112 ～ことがある / ～ことはない ～하는 경우가 있다 / ～할 필요는 없다
～たことがある / ～たことがない ～한 적이 있다 / ～한 적이 없다

～ことがある는 주로 동사의 사전형과 부정형에 접속한다. 어떠한 일이 가끔 발생한다는 의미를 나타내므로 빈도가 많은 경우에는 쓸 수 없다. 주로 彼はときどき学校を休むことがあります(그는 가끔 학교를 쉴 때가 있습니다), 天気のいい日に子どもと散歩することがあるぐらいで(날씨가 좋은 날에 아이와 산책하는 경우가 있을 정도로)와 같이 쓰인다.
～ことはない는 주로 동사의 사전형에 접속하여 불필요함을 나타낸다. そんなにあわてて結婚することはないよ(그렇게 서둘러 결혼할 필요는 없어), まだ３０分あるから急ぐことはない(아직 30분 있으니까 서두를 필요는 없다)와 같이 쓰인다.
～たことがある/～たことがない는 동사의 과거형에 접속하여 경험의 유무를 나타낸다. 주로 UFOを見たことがありますか(UFO를 본 적이 있습니까?), そんな話聞いたことある？(그런

말 들은 적 있어?), 私はハワイに行ったことがありません(나는 하와이에 간 적이 없습니다), 10歳になるまで海を見たことがなかった(10살이 될 때까지 바다를 본적이 없었다)와 같이 쓰인다.

기출 問題を解いてみるとできないということがよくある
문제를 풀어보면 불가능하다는 경우가 자주 있다 2021-1회
迷惑をかけることもあるので 민폐를 끼치는 경우도 있기 때문에 2020
これまで何かに夢中になったことがあっただろうか
지금까지 뭔가에 열중한 적이 있었던가? 2019-1회

天気予報ははずれることがある。
일기예보는 빗나가는 경우가 있다.

今さら彼にそんな手紙など書くことはないよ。
새삼 그에게 그런 편지 따위 쓸 필요는 없어.

その本なら子どものころ読んだことがあります。
그 책이라면 어렸을 적에 읽은 적이 있습니다.

そんな話は聞いたことがない。
그런 얘기는 들은 적이 없다.

113

～ことになる ~하게 되다, ~하는 셈이 된다
～ことにはならない ~한 것이 되지는 않는다
～ことにする ~하게 되다, ~하기로 하다

～ことになる는 동사와 い형용사의 사전형에 접속하며, 1年で60万円も払うことになる(1년에 60만 엔이나 지불하는 셈이 된다), 1か月あたり5万円も安いことになる(한 달에 5만 엔이나 저렴해지는 셈이 된다), 売値は500円上がることになる(매매가는 500엔 오르는 셈이 된다)와 같이 활용한다. 또한, ～こととなる라고 써서 결과를 강조하기도 한다.

～ことにはならない는 동사의 과거형(た형)+た에 접속하며, 条件をクリアしたことにはならない(조건을 통과한 것이 되지는 않는다), 電話をかけただけでは入会したことにはならない(전화를 건 것만으로는 가입한 것이 되지는 않는다)와 같이 활용한다. 이 표현은 충족 요건을 채우지 못해 실현되지 않았거나 부족하다, 충분하지 않다는 것을 나타낼 때 사용하므로 앞에 ～だけでは(~만으로는)와 같은 말과 호응하는 경우가 많다.

～ことにする는 동사의 종지형(사전형·ない형·사역형 등)에 접속하며, どこへも行かない

で勉強することにしたよ(아무 데도 가지 않고 공부하기로 했어), 甘い物は食べないことにしよう(단 것은 먹지 말아야지)와 같이 쓰인다.

기출 聞かなかったことにしてくれない？ 못 들은 걸로 해 주지 않을래? 2019-2회
東日本の地図作成も命じられることとなる 동일본 지도 작성도 명을 받게 된다 2019-2회
上司としては見なかったことにして 상사로서는 못 본 걸로 하고 2018-2회 N1

家賃は１か月６万円だから、１年で７２万円も支払うことになる。
집세는 한 달에 6만 엔이니까, 1년에 72만 엔이나 지불하는 셈이 된다.

本やインターネットの資料を写しただけではレポートを書いたことにはならない。
책이나 인터넷 자료를 베낀 것만으로는 리포트를 쓴 것이 되지는 않는다.

A 電車とバスとどちらがいいですか。
전철과 버스 중 어느 쪽이 좋아요?

B そうですね。バスはいつもこみますから、今日は電車で行くことにしましょう。
글쎄요, 버스는 늘 붐비니까 오늘은 전철로 가기로 합시다.

114 ～ことは～が ～하기는 ~지만

～ことは～が는 AことはB が의 형태로 앞뒤에 같거나 비슷한 뜻을 가진 명사, 형용사, 동사를 써서 의미를 강조하는 용법이다. 주로 医者であることは医者なのですが(의사이기는 합니다만), 難しいことは難しいが(어렵기는 어렵지만), はったことははったが(붙이기는 붙였지만)와 같이 활용한다.

유사 문법 **～には～が** ~하기는 ~지만

レポートは最後まで書いたことは書いたんですが、まだ足りない部分があります。
리포트는 마지막까지 쓰기는 썼습니다만 아직 부족한 부분이 있습니다.

115 ～ずにすむ・～ないですむ・～なくて(も)すむ

~하지 않고 끝나다, ~하지 않아도 된다

～ずにすむ・～ないですむ・～なくて(も)すむ는 모두 동사의 ない형에 접속하며, 주로 お金を払わずにすむ(돈을 지불하지 않아도 된다), 暑さにやられずにすんだ(더위에 지치지 않고 끝났

다), 行かないですむ(가지 않아도 된다), ぬれないですんだ(젖지 않았다), めんどうな計算はしなくてもすむ(귀찮은 계산은 하지 않아도 된다), 買わなくてすんだ(사지 않아도 되었다)와 같이 쓰인다.

友だちが、余っていたコンサートのチケットを１枚くれたので、私はチケットを買わずにすんだ。
친구가 남은 콘서트 티켓을 한 장 주어서 나는 표를 사지 않아도 되었다.

かさを持って行ったので、とつぜん雨に降られてもぬれないですんだ。
우산을 가지고 갔기 때문에 갑자기 비가 와도 젖지 않았다.

幸い友人が冷蔵庫をくれたので、新しいのを買わなくてすんだ。
다행히 친구가 냉장고를 줘서 새 것을 사지 않아도 되었다.

116 ～そうだ ~할 것 같다 ~해 보인다 〈추측〉 / ~라고 한다 〈전문〉

～そうだ의 용법에는 추측과 전문이 있다. 추측의 ～そうだ는 실제로 그런지는 알 수 없지만 시각적인 정보를 통해 그런 성질 또는 상태일 것 같다는 화자의 느낌을 나타낸다. 추측의 ～そうだ는 동사의 ます형, 형용사의 어간에 접속하는데, 단 よい・ない는 よさそうだ・なさそうだ가 된다. 주로 訳がありそうな顔(까닭이 있어 보이는 얼굴), これでよさそうですね(이걸로 괜찮은 것 같군요), 怒られそうだ(야단 맞을 것 같다)와 같이 쓰인다.

전문의 용법 ～そうだ는 주로 활용어의 종지형에 접속한다. 전문의 의미로는 연용형인 ～そうで(~한다고 해서)와 종지형인 ～そうだ(~라고 한다) 밖에 쓰지 않는다. 주로 息子がたいへんお世話になったそうで(아들이 무척 신세를 졌다고 해서), 夜は静かだそうだ(밤에는 조용하다고 한다), 新しいカーテンを買いたいそうだから(새로운 커튼을 사고 싶다고 하니까)와 같이 쓰인다.

기출 今後、より大きな成果が期待できそうだ
앞으로 보다 큰 성과를 기대할 수있을 것 같다 2021-1회
100年以上生きるものもいるそうだ 100년 이상 사는 것도 있다고 한다 2021-1회
今にも走り出しそうだ 당장에라도 뛰쳐나올 것 같다 2020
イベントを企画する自治体など、増えているそうです
이벤트를 기획하는 자치단체 등이 늘어나고 있다고 합니다 2019-1회
息子がひろし君に遊んでもらったそうで 히로시 군이 아들과 놀아줬다고 해서 2019-1회

この椅子、とても丈夫そうですね。
이 의자, 아주 튼튼해 보이네요.

娘がアメリカに留学していた時はたいへんお世話になったそうで、ありがとうございました。 딸이 미국에 유학하고 있었을 때는 대단히 신세를 졌다고 하던데, 고마웠습니다.

117 ～そうもない・～そうにもない ～할 것 같지도 않다, ～못 할 것 같다

～そうもない・～そうにもない는 동사의 ます형에 접속하며, 時間に間に合いそうもない(시간에 맞출 수 없을 것 같다), とてもできそうにもない(도저히 못 할 것 같다), 達成できそうもない(달성하지 못 할 것 같다)와 같이 활용한다.

기출 何年働いても自分の家は買えそうもない
몇 년 동안 일해도 내 집은 살 수 없을 것 같다 2011-1회 N3

この渋滞では約束の時刻に間に合いそうもない。
이런 정체로는 약속 시간에 맞출 수 없을 것 같다.

118 ～たらいい(ん)じゃないか / ～たらどうか

～하면 되지 않을까?, ～하면 되잖아? / ～하는 게 어떨까?

～たらいい(ん)じゃないか / ～たらどうか는 의견을 제시하거나 조언을 하는 표현으로, 동사의 가정형(たら형)에 접속한다. 주로 もう帰ったらいいじゃないか(그만 돌아가면 되잖아), 仕上げたらいいじゃないか(완성하면 되지 않을까), 彼女に聞いてみたらどうか(그녀에게 물어보는 것이 어떨까?)와 같이 활용한다.

기출 少し気をつけてみたらどうでしょうか 좀 조심하는 것이 어떨까요? 2010-1회

そんなに体の具合が悪いなら、無理をしないで休んだらいいじゃないか。
그렇게 몸상태가 안 좋으면 무리하지 말고 쉬면 되잖아.

まず宿題を片付けてしまったらどうか？ 먼저 숙제를 해치우는 게 어때?

119 ～(の)だろうか ～일까?

～(の)だろうか는 체언, 동사, 형용사 등의 연체형에 붙어서 말하는 사람의 추측이나 그 이유가 되는 것을 나타낸다. 주로 雪は降るだろうか(눈이 올까?), 甘いものを食べすぎたから、

虫歯ができたのだろうか(단 것을 너무 먹어서 충치가 생긴 걸까?)와 같이 사용한다. 정중어는 ~でしょうか(~일까요?)가 된다.

기출 これまで何かに夢中になったことがあっただろうか
지금까지 뭔가에 열중한 적이 있었던가? 2019-1회

私たちが住んでいる地球は、いったいどうやってできたのでしょうか
우리가 살고 있는 지구는 도대체 어떻게 해서 생겨난 것일까요? 2018-2회

ハワイまで飛行機でどれくらい時間がかかるのだろうか
하와이까지 비행기로 시간이 얼마나 걸릴까? 2018-2회

たった4種類に分けられるとは言えないのではないでしょうか
단 4종류로 나뉘어진다고는 말할 수 없는 것이 아닐까요? 2010-1회

ビールを飲んでしまったのは誰だろうか。 맥주를 마셔버린 것은 누구일까?

渡辺選手は来シーズン、ホームラン王になるだろうか。
와타나베 선수는 다음 시즌에 홈런왕이 될 것인가?

120 ~つもり(で) ~한 셈(치고), ~할 생각(으로)

~つもり는 주로 ~つもりで의 꼴로 활용하는데, '어떤 행위를 하는 전제로서, ~한 셈치고'라는 뜻이다. 동사의 사전형, 과거형(た형)이나 い형용사의 종지형 등에 다양하게 접속하므로 예문을 통해 익혀두는 게 좋다. 彼女にいろいろ親切にしたつもりなんですが(그녀에게 여러모로 친절하게 대했다고 생각합니다만), だまされたつもりで飲んでみる(속는 셈치고 마셔 보다), 冗談のつもりで言ったんですが(농담으로 한 말인데요), 自分では正しいつもりでも(본인은 옳다고 생각하더라도) 등의 형태로 많이 쓰인다. 응용표현인 ~つもりでいる(~인 줄 알고 있다)도 많이 쓰이니 알아두는 것이 좋다.

기출 完璧に理解したつもりでも 완벽하게 이해했다고 생각하더라도 2021-1회

旅行したつもりで、お金は貯金することにした。
여행한 셈치고 돈은 저금하기로 했다.

でも、自分じゃまだまだ若いつもりでいるよ。
하지만 자기는 아직도 젊은 줄 알고 있어.

121 ～ていては ～해서는, ～하고 있어서는

～ていては는 동사의 て형에 접속하며, 상대의 나쁜 점을 들어 태도 등을 고치도록 충고할 때 쓰는 표현이다. 주로 毎日甘いものばかり食べていては(매일 단 것만 먹어서는), 間違いを恐れていては(틀릴 것을 겁내서는), そんなにたばこばかり吸っていては(그렇게 담배만 피우고 있어서는)의 형태로 많이 쓴다.

유사 문법 **～ては** ～해서는

間違いを恐れていては、日本語が上手になりません。
틀릴 것을 겁내서는 일본어가 늘지 않습니다.

122 ～ている / ～てある ～하고 있다 / ～해져 있다

～ている는 어떠한 동작이 어루어져서 그 상태가 지속되고 있거나 과거에 한 적이 있는 경우, 또는 평소의 습관이나 사물의 성질 등을 나타낸다. 주로 会議がもう始まっていた(회의가 이미 시작되어 있었다), この辞典はとても役に立っています(이 사전은 무척 도움이 되고 있습니다), 富士山には2年前登っています(후지산에는 2년 전에 오른 적이 있습니다), 朝4時にはたいてい起きています(아침 4시에는 대개 일어나 있습니다)와 같이 쓰인다.

～てある는 누군가가 뭔가를 해 두었다거나 뭔가를 끝내고 준비가 되었음을 나타낸다. 주로 机の上に置いてありますよ(책상 위에 놓여져 있어요), 台所に夕飯の用意がしてあった(부엌에 저녁밥이 준비되어 있었다)와 같이 쓰인다.

기출 レシピに書いてあるとおりに 레시피에 적혀 있는 대로 2020
イベントを企画する自治体なども増えているそうです
이벤트를 기획하는 자치단체 등도 늘어나고 있다고 합니다 2019-1회
本に書いてあるとおりに 책에 적혀 있는 대로 2014-1회
3年前に一度登っているから 3년 전에 한 번 오른 적이 있기 때문에 2012-1회

事故があったのは道が大きく右に曲っているところだった。
사고가 난 것은 길이 크게 오른쪽으로 굽어 있는 곳이었다.

北海道には何回も行っているから次は沖縄に行きたい。
홋카이도에는 몇 번이나 갔으니까 다음에는 오키나와에 가고 싶어.

牛乳は毎日必ず飲んでいます。
우유는 매일 꼭 마시고 있습니다.

娘の部屋を掃除しようとしたら、もうかたづけてあった。
딸 방을 청소하려고 했더니 이미 정리되어 있었다.

123 ～ておく / ～てみる / ～てしまう

～해 두다 / ～해 보다 / ～하고 말다, ～해 버리다

～ておく는 뭔가를 하기 전에 미리 준비하거나 어떤 상태 그대로 유지한다는 뜻을 나타낸다. 주로 ホテルを予約しておかなくてはなりません(호텔을 예약해 두어야 합니다), しばらく窓をあけておきましょう(잠시 창문을 열어 둡시다)와 같이 활용한다.

～てみる는 어떤 것인지를 알기 위해서 시도한다는 뜻을 나타낸다. 주로 何度か書いてみました(몇 번인가 써 봤습니다), この服、着てみて(이 옷 한번 입어 봐), この辞書を使ってみてごらん(이 사전을 사용해 보렴)와 같이 활용한다.

～てしまう는 어떤 일을 전부 마쳤을 때, 또는 원하거나 의도하지 않은 일이 일어났거나 그 일을 끝냈음을 나타내는 표현이다. 주로 子どもたちが飲んでしまいました(아이들이 마셔 버렸습니다), 5対2でまけてしまった(5대2로 지고 말았다)와 같이 활용한다.

기출 問題を解いてみると 문제를 풀어보면 2021-1회
スケジュールを確認してみないと 스케줄을 확인해 보지 않으면 2021-1회
庭の花が枯れてしまわないか 정원의 꽃이 시들어버리지 않을까 하고 2020
分かるようにしておくと 알 수 있게 해 두면 2019-2회
倒れてしまわないようにね 쓰러지지 않도록 해 2019-2회
ついテレビを見続けてしまい 그만 텔레비전을 계속 보고 말아서 2019-2회
捨ててしまおうかと思ったが 버려 버릴까 생각했지만 2019-1회
このような科学の話をしてみるのも 이런 과학 이야기를 해 보는 것도 2018-2회
明日の準備をしておきなさいよ 내일 준비를 해 둬 2018-1회

A「ワインを何本ぐらい買っておきましょうか。」
와인을 몇 병 정도 사둘까요?

B「そうですねえ、3本ぐらい買っておけばいいんじゃないですか。」
글쎄요, 세 병 정도 사 두면 되지 않을까?

新しくできたレストランに行ってみた？ おいしいよ。
새로 생긴 레스토랑에 가 봤어? 맛있어.

家族のように思っていた犬が死んでしまった。
가족처럼 생각하고 있던 개가 죽고 말았다.

124 ～てでも ~해서라도

～てでも는 동사의 て형에 접속하며, 목표를 이루기 위한 강경한 수단을 나타낸다. 따라서 뒤에는 주로 강한 의지나 희망을 나타내는 표현이 온다. 대표적인 예로 どんな手段を使ってでも(어떤 수단을 써서라도), 家を売ってでも(집을 팔아서라도), この試合だけは、這ってでも出たい(이 시합만은 기어서라도 나가고 싶다) 등이 있다.

今日の会合には、どんな手段を使ってでも時間通りに到着しなければならない。
오늘 회합에는 어떤 수단을 써서라도 시간대로 도착해야 한다.

125 ～でない / ～でないと・～でなければ

~이 아니다, ~하지 않다 / ~하지 않으면, ~이/가 아니면

～でない/ ～でないと・～でなければ는 명사, 또는 동사의 명사형, な형용사의 어간에 접속하며,주로 スマートフォンをお持ちでない場合は(스마트폰을 가지고 계시지 않은 경우에는), 英語が相当上手でないと(영어가 상당히 능숙하지 않으면), 心が豊かでなければ(마음이 관대하지 않으면)와 같이 활용한다.

기출 一度社内で検討してからでないと 한번 사내에서 검토한 다음이 아니면 2019-2회
哲学Ⅰの単位を取得してからでないと 철학Ⅰ의 학점을 취득한 다음이 아니면 2013-1회

彼はどこか素直でないところがある。
그는 어딘가 순진하지 않은 데가 있다.

バイトがあって、どうしてもその日でないと来られない。
아르바이트가 있어서 아무래도 그 날이 아니면 올 수 없어.

ご面倒でなければ、ぜひお願いします。
번거롭지 않으시다면 꼭 부탁 드리겠습니다.

126 ～てばかりいる ～하고만 있다 ～てばかりはいられない ～하고만 있을 수는 없다

～てばかりいる는 동사의 て형에 접속하며, 같은 일을 계속 반복하고 있을 때에 사용한다. 응용표현으로 ～てばかりだ로도 쓰인다. 주로 悩んでばかりいると(고민만 하고 있으면), 負けてばかりいる(지고만 있다), ゲームをしてばかりだ(게임만 한다)와 같이 활용한다.

～てばかりはいられない 역시 동사의 て형에 접속하며, 주로 悲しんでばかりはいられません(슬퍼하고만 있을 수는 없습니다), 食べてばかりはいられない(먹고만 있을 수는 없다), 待ってばかりはいられない(기다리고만 있을 수는 없다)와 같이 활용한다.

親が他人をいつもうらんでばかりいると子どもも人をうらむようになるという。
부모가 다른 사람을 늘 원망하기만 하면 자식도 다른 사람을 원망하게 된다고 한다.

就職が決まったからといって、喜んでばかりはいられません。
취직이 정해졌다고 해서 기뻐하고만 있을 수는 없습니다.

127 ～てはじめて ～서야 비로소

～てはじめて는 동사의 て형에 접속하며, 두 가지 일의 시간적 전후관계를 말할 때 앞의 일을 겪고 난 후에 전에는 몰랐던 것을 알게 되었음을 나타낸다. 대표적인 용례로 実際に自分で読んでみてはじめて(실제로 직접 읽어 보고서야 비로소), 先生に教えていただいてはじめて(선생님이 가르쳐 주어서야 비로소), 父が亡くなってはじめて(아버지가 돌아가시고 나서야 비로소), 外国で暮らして初めて(외국에서 살고서야 비로소) 등이 있다.

기출 **自分の国のことを聞かれてはじめて** 자기 나라에 대해 질문을 받고서야 비로소 2013-2회
政治に対する信頼があって初めて 정치에 대한 신뢰가 있어야 비로소 2011-1회

父が亡くなってはじめて、そのありがたさがわかった。
아버지가 돌아가시고 나서야 비로소 그 고마움을 알았다.

128 ～てはならない ～해서는 안 된다

～てはならない는 동사의 て형에 접속하며 바람직하지 않음을 나타낸다. 주로 そんなことがあってはならない(그런 일이 있어서는 안 된다), 油断(ゆだん)をしてはならない(방심을 해서는 안 된다), 核実験(かくじっけん)を決(けっ)して許(ゆる)してはならない(핵실험을 결코 용납해서는 안 된다)와 같이 활용한다.

주의 문법 **～てならない** ～해서 견딜 수 없다, 너무 ～하다

自分(じぶん)の利益(りえき)のために法律(ほうりつ)を変(か)えることがあってはならない。
자신의 이익을 위해서 법률을 바꾸는 일이 있어서는 안 된다.

129 ～ても ～하여도

～ても는 동사의 て형에 접속해 조건을 나타내는데, 이 조건은 뒤 내용에 영향을 끼치지 않는다. ～にしても, ～としても로도 쓰이며, 주로 朝(あさ)になっても(아침이 되어도), 深夜(しんや)になっても(심야가 되어도), この計画(けいかく)に失敗(しっぱい)しても(이 계획에 실패해도)와 같이 활용한다.

유사 문법 **～とも** ～하더라도

기출 完全(かんぜん)に失(うしな)われることはないにしても 완전히 잃어버리는 일은 없다고 해도 2010-1회 N1

日本(にほん)の6月(がつ)は1年(ねん)でいちばん日(ひ)が暮(く)れるのが遅(おそ)くて、7時(じ)になっても暗(くら)くなりません。
일본의 6월은 1년 중 해가 지는 게 가장 늦어서 7시가 되어도 어두워지지 않습니다.

130 ～ても仕方(しかた)がない ～해도 어쩔 수 없다, ～해도 소용없다

～ても仕方(しかた)がない는 동사의 て형에 접속하며, 話(はな)しても仕方(しかた)がない(얘기해도 소용없다), 先生失格(せんせいしっかく)と言(い)われてもしかたがない(선생 자격이 없다는 말을 들어도 어쩔 수 없다), 見(み)つけられなくても仕方(しかた)がない(찾을 수 없어도 어쩔 수 없다)와 같이 활용한다.

専門的(せんもんてき)なことについては、林先生(はやしせんせい)をぬきにして議論(ぎろん)しても仕方(しかた)がない。
전문적인 사항에 대해서는 하야시 선생님을 빼고 논의해도 소용없다.

131 ～てよかった ～해서 다행이다, ～해서 좋았다
～なくてよかった ～하지 않아서 다행이다, ～하지 않길 잘했다

～てよかった / ～なくてよかった는 각각 동사의 て형, 동사의 ない형에 접속하며, 彼の告白が聞けてよかった(그의 고백을 들을 수 있어서 다행이다), 遊びに行かなくてよかった(놀러가지 않길 잘했다)와 같이 활용한다.

기출 おいしいと言ってもらえてよかった 맛있다고 해 줘서 다행이다 2019-2회

私も日本語教育にとても関心があるので、今回の話が聞けてよかった。
나도 일본어 교육에 무척 관심이 있어서 이번 이야기를 들을 수 있어서 좋았다.

あの映画、見に行かなくてよかったよ。ぜんぜんおもしろくなかったんだって。
그 영화, 보러 가지 않길 잘했어. 하나도 재미없었대.

A「こんなにおいしいステーキ、食べたことがありません。」
이렇게 맛있는 스테이크는 먹어 본 적이 없어요.

B「ありがとう。お気に召してよかった。」
고마워. 입맛에 맞아서 다행이다.

132 ～と・～ば / ～たら / ～なら(ば) ～하면 / ～했더니 / ～라면

～と / ～ば / ～たら / ～なら(ば)는 기본적으로 어떤 일을 조건으로 다른 일이 성립한다는 '가정'의 의미를 나타낸다. ～と는 자연법칙이나 습관, 필연적이거나 당연한 결과 등을 나타낼 때 쓴다. 주로 春になると(봄이 되면), 大地震が起こると(대지진이 일어나면), 早くしないと(빨리 하지 않으면), トンネルを抜けると(터널을 빠져 나오자)와 같이 활용한다.

～ば는 가장 대표적인 가정 표현으로 아직 이루어지지 않은 일을 조건으로 가정하여 말할 때 쓴다. 주로 時間があれば(시간이 있으면), 4月になれば(4월이 되면)와 같이 활용한다.

～たら는 회화체의 느낌이 강하며, 가장 폭 넓게 쓰이느는 표현이다. 주로 あした晴れだったら(내일 맑으면), 私があなただったら(내가 당신이라면), 喫茶店に入ったら(레스토랑에 들어갔더니), 薬を飲んだら(약을 먹었더니)와 같이 활용한다.

～なら(ば)는 상대의 말을 받아 그것을 조건으로 권유하거나 조언할 때 사용한다. 또, 주로 명사에 접속하여 어떤 화제에 대해 말할 때 쓴다. 주로 君が行かないのなら(네가 가지 않는다면), 今の会社がいやなら(지금의 회사가 싫다면), もし宝くじが当たったなら(만약 복권이 당첨되었다면), スキーなら(스키라면), 彼なら(그라면)와 같이 활용한다.

기출 スケジュールを確認してみないと 스케줄을 확인해보지 않으면 2021-1회

一度やると決めたら、最後までやり抜くことが大事だと思う
한 번 하겠다고 결정했으면 끝까지 하는 것이 중요하다고 생각한다 2021-1회

嫌なら断ればいいだけでしょう？ 싫으면 거절하면 될 뿐이잖아? 2021-1회

少なくとも３年はやり続けられなかったら 적어도 3년은 계속 할 수 없다면 2021-1회

もちろん田中さんがよければだけど 물론 다나카 씨가 좋다면 말이지만 2020

やる気があれば 할 마음이 있으면 2020

中身がわかるようにしておくと 내용물을 알 수 있도록 해 두면 2019-2회

彼女のことならどんなに小さなことでも
그녀에 관해서라면 아무리 사소한 것이라도 2018-1회

パンフレットなら 팸플릿이라면 2017-2회

そこを右に曲がると郵便局があります。 그곳을 오른쪽으로 돌면 우체국이 있습니다.

雨が降れば行きません。 비가 오면 가지 않겠습니다.

車だったら１０分で行けるが、歩いたら１時間かかる。
차라면 10분이면 갈 수 있지만 걸으면 1시간 걸린다.

喫茶店に入ったらいい音楽が流れていました。 커피숍에 들어갔더니 좋은 음악이 흐르고 있었습니다.

欲しいならそのポスターあげるよ。 갖고 싶으면 그 포스터 줄게.

その話なら、僕にまかせて。 그 이야기라면 내게 맡겨.

133 ～といけない ～하면 안 된다

～といけない는 동사의 사전형에 접속해 바람직하지 않다는 의미를 나타낸다. 뒤에 ～から, ～ので 등과 함께 쓰이면 어떠한 경우에 대비하여 그렇게 되지 않도록 한다는 의미의 문장이 된다. 주로 遅くなるといけない(늦어지면 안 된다), 盗まれるといけない(도둑맞으면 안 된다), 雨に降られるといけないから(비를 맞으면 안 되니까)와 같이 활용한다.

暗くなるといけないので、もう帰りましょう。
어두워지면 안 되니까 이제 돌아갑시다.

134 ～といった ～라고 하는, ～(와/과) 같은

～といった는 주로 명사에 접속하며, 대표적인 예를 들어 설명할 때 사용한다. 주로 タオルや洗剤といった(수건이나 세제와 같은), おはよう、おやすみといった(안녕, 잘 자와 같은), 消費電力の抑制や環境への配慮といった(소비 전력의 억제나 환경에 대한 배려라고 하는)와 같이 쓴다.

기출 みそやしょうゆといった調味料 된장이나 간장과 같은 조미료 2012-2회

この人形は、「こんにちは」「さようなら」といった簡単な言葉を話します。
이 인형은 '안녕하세요' '안녕히 가세요'와 같은 간단한 말을 합니다.

135 ～と思う ～라고 생각하다, ～일/할 것이다
～(よ)うと思う ～하려고 생각하다, ～하려고 하다

～と思う는 思う(생각하다)가 문법화한 것으로 화자의 예상이나 추측, 상상을 나타낸다. ～(よ)うと思う는 동사의 의지형에 접속하여 화자의 결심이나 의지 등을 담아 말할 때 사용한다. 주로 今日は晴れると思う(오늘은 날이 갤 거라고 생각해), きっと来ると思うよ(틀림없이 올 거야), あすの朝出発しようと思っている(내일 아침에 출발하려고 한다), この計画は中止にしようと思う(이 계획은 중지하려고 한다)와 같이 활용한다.

기출 ただ、気分の問題ではないかとも思います
단지 기분 문제가 아닐까 라고도 생각합니다 2019-1회
日本文化の一つとして紹介しようと思う 일본문화의 하나로 소개하려고 한다 2013-2회

この問題、テストに出ると思う？ 이 문제, 시험에 나올 것 같아?

今夜はカレーにしようと思います。 오늘 저녁은 카레를 먹으려고 합니다.

136 ～ところをみると ～하는 것을 보면

～ところをみると는 여러 가지 형태로 접속하므로 예문을 통해 익혀두는 게 좋다. 대표적인 예로 あんなに喜(よろこ)んでいるところをみると(그토록 기뻐하고 있는 것을 보면), あわてたところをみると(당황한 것을 보면), 人(ひと)がたくさん集(あつ)まっているところをみると(사람이 많이 모여 있는 것을 보면) 등이 있다.

彼(かれ)が笑(わら)っているところをみると、合格(ごうかく)したにちがいない。
그가 웃고 있는 것을 보면 합격했음이 틀림없다.

なかなか帰(かえ)ってこないところをみると、弟(おとうと)は残業(ざんぎょう)でもしているのだろう。
좀처럼 집에 들어오지 않는 것을 보면 남동생은 야근이라도 하고 있는 것이겠지.

9 문법 확인문제 2순위 108 ~ 136 / 22

問題７　次の文の（　　　）に入れるのに最もよいものを、１・２・３・４から一つ選びなさい。

1　一日も休まず練習した（　　　）、コンクールで優勝（ゆうしょう）することができた。108

1　かいがあって　2　ほどでなくても　3　ばかりに　4　かぎりでは

2　ゆっくり（　　　）汽車に乗り遅れるから、早く行きなさい。121

1　するには　2　するまで　3　していては　4　していても

3　山田（やまだ）「つぎの登山、富士山（ふじさん）に登るのはどう？」
田中（たなか）「富士山は３年前に一度（　　　）から、ほかの山がいいなあ。」122

1　登ってみる　2　登ってくる　3　登っていく　4　登っている

4　大学４年生ともなれば、夏休みといっても（　　　）。126·054

1　遊ぶわけではない　2　遊んでいるにすぎない
3　遊ばないはずもない　4　遊んでばかりはいられない

5　マンションの管理費（かんりひ）は１か月５千円だから、１年で６万円も（　　　）。113

1　払うことになる　2　払うことにする　3　払いかねない　4　払いかねる

6　和英辞典を買おうと思っていたら、友達が古いのをくれたので（　　　）。115

1　買わずにはいられなかった　2　買わざるをえなかった
3　買わずにすんだ　4　買わずにはすまなかった

7　私は、まだ勉強不足（ぶそく）だから、今試験を（　　　）受からないだろう。129

1　受けると　2　受けても　3　受けて　4　受ければ

8　年齢（ねんれい）は８月１日（　　　）で記入（きにゅう）してください。110

1　今　2　現在　3　時間　4　時期

답 1① 2③ 3④ 4④ 5① 6③ 7② 8②

9 社長は年を取ってはいるが、元気だからなかなか（　　　）。117

1 辞(や)めきれない　2 辞(や)めかねない　3 辞(や)めそうもない　4 辞(や)めねばならない

10 人がたくさん集まっている（　　　）を見ると、何か事故があったらしい。136

1 もの　2 わけ　3 ほど　4 ところ

11 頭が痛いのでこの薬を（　　　）、かえって痛みがひどくなった。132

1 飲むうえで　2 飲んだら　3 飲むところ　4 飲んだだけあって

12 台風や地震（　　　）自然によって起こる災害(さいがい)は避(さ)けられない。134

1 ほどの　2 ばかりの　3 にのぼる　4 といった

問題 8　次の文の ＿★＿ に入る最もよいものを、1・2・3・4から一つ選びなさい。

13 この店の ＿＿ ＿＿ ＿★＿ ＿＿ が、仕事はとても丁寧(ていねい)だ。111

1 こそ　2 かかる　3 印刷(いんさつ)は　4 時間

14 ピアノが嫌いな子に、＿＿ ＿＿ ＿★＿ ＿＿ 。130

1 ない　2 しかたが　3 練習させても　4 無理に

15 雨に＿＿ ＿★＿ ＿＿ ＿＿ 、かさを持って行こう。133

1 いけない　2 降られる　3 と　4 から

16 仕事中に彼らは、くだらない＿＿ ＿★＿ ＿＿ ＿＿ 。126

1 いる　2 ばかり　3 話して　4 ことを

17 彼はその仕事が気に入っているそうだが、自分の時間を犠牲(ぎせい) ＿＿ ＿＿ ＿★＿ ＿＿ 、そこまでは行かないらしい。109·124

1 でも　2 かというと　3 にして　4 打(う)ち込(こ)んでいる

답 9 ③　10 ④　11 ②　12 ④　13 ①(3412)　14 ②(4321)　15 ③(2314)　16 ③(4321)　17 ④(3142)

問題９ 次の文章を読んで、文章全体の内容を考えて、[18] から [22] の中に入る最もよいものを１・２・３・４から一つ選びなさい。

私たちは日本語に慣れ切っている。幼い時から、私たちは日本語を聞き、日本語を話し、日本語を書き、日本語で考えてきた。私たちにとって、日本語は空気のようなもので、日本語が上手とか下手とかいうのさえ [18] 、私たちはみな日本語の達人のつもりでいる。いや、そんなことを更めて [19] 、私たちは日本語に慣れ、日本語というものを意識していない。これは当たり前のことである。

[20] 、その日本語で文章を書くという時は、この日本語への慣れを捨てなければいけない。日本語というものが意識されないのでは駄目である。話したり聞いたりしている間はそれでよいが、文章を書くという段になると、日本語をハッキリ客体として [21] 。自分と日本語との融合関係を脱出して、日本語を自分の外の客体として意識せねば、これを道具として文章を書くことは出来ない。文章を書くというには、日本語を外国語として取り扱わなければいけない。

日本語を自分の外部の客体として掴むというチャンスは、普通は、私たちが外国語を勉強する時に訪れるものである。全く外国語と縁がなかったら、日本語が言語そのものということになり、[22] 自覚される折はないであろう。日本語の自覚が外国語との接触から起るということは、民族についても、個人についても、同様に言い得る。

(清水幾太郎『論文の書き方』による)

18

1 滑稽(こっけい)なほど　　2 滑稽なとき
3 滑稽でないほど　　4 滑稽でないとき

19

1 考えるため　　2 考えないあまり
3 考えるばかり　　4 考えないくらい

20

1 さらに　　2 しかし　　3 すなわち　　4 それどころか

21

1 意識しつつある　　2 意識しがちだ
3 意識しなければいけない　　4 意識してはいない

22

1 日本語が日本語だけに　　2 外国語が日本語として
3 外国語が日本語だけに　　4 日本語が日本語として

핵심문법 다시보기

~つもりでいる 120 ~인 줄 알고 있다	日本語(にほんご)の達人(たつじん)のつもりでいる 일본어의 달인인 줄 알고 있다(03行)
~にとって 077 ~에게 있어서, ~에게	私(わたし)たちにとって 우리에게(02行)
~さえ 033 ~조차	下手(へた)とかいうのさえ 서툴다고 말하는 것조차(03行)
~ほど ~할 정도로	滑稽(こっけい)なほど 우스울 정도로(03行)
~くらい ~할 정도로	考(かんが)えないくらい 생각하지 않을 정도로(04行)
~なければいけない 143 ~해야 한다	慣(な)れを捨(す)てなければいけない 익숙함을 버려야 한다(06行)
~折(おり) ~때, ~경우	自覚(じかく)される折(おり)はない 자각될 때는 없다(14行)
~うる・~える 008 ~할 수 있다	言(い)い得(え)る 말할 수 있다(16行)

답 18 ① 19 ④ 20 ② 21 ③ 22 ④

問題 7　次の文の（　　）に入れるのに最もよいものを、1・2・3・4から一つ選びなさい。

1 どうしても留学したい。家を（　　）ぜったい行きたい。124

1 売りつつ　2 売ってでも　3 売るうちに　4 売ろうとして

2 どうしてこんなに水ばかり飲む（　　）、暑くて汗(あせ)をかきすぎたからです。109

1 かいなか　2 かのように　3 かというと　4 かとみれば

3 一度にたくさん（　　）。すぐ忘れてしまうんだから。130

1 覚えなければならない　2 覚えても仕方がない

3 覚えた方がいい　4 覚えてもいい

4 このくつは、デザイン（　　）、とても歩きやすい。111

1 ほど新しいが　2 より新しくて　3 こそ古いが　4 まで古くて

5 奥歯(おくば)をセラミックにすると（　　）心配なのですが、大丈夫ですか。123·132

1 割れていないことで　2 割れてしまわないか

3 割れていないからと　4 割れてしまわないのを

6 やさしい問題といって、油断(ゆだん)を（　　）ならない。128

1 し　2 しては　3 したら　4 すると

7 忙しい（　　）忙しいが、ひまをみては社会奉仕(ほうし)活動をしている。114

1 つもりは　2 ことは　3 ほどは　4 ものは

8 毎晩温泉(おんせん)旅館で騒(さわ)いで、昼間(ひるま)のバスの中で寝ているのでは、旅行はしても観光した（　　）。113

1 ことにはならない　2 ことにする

3 ことになる　4 ことにほかならない

답 1② 2③ 3② 4③ 5② 6② 7② 8①

9 この仕事は重いカメラや機材を常に携行するのだから、体が（　　　）とても続かないだろう。125

1　丈夫だったら　　2　丈夫でなくても　　3　丈夫でなければ　　4　丈夫なのに

10 体の具合が悪いなら、ゆっくり（　　　）。118

1　休まないほうがいいよ　　2　休まなければいいよ

3　休んだらどうか　　4　休んだじゃないか

11 風邪をひくと（　　　）、もう一枚シャツを着ました。133

1　いけなくても　　2　いけないから　　3　いうところを　　4　いうほどもなく

12 親切で言った（　　　）なのだが、かえって怒らせてしまったようだ。120

1　つもり　　2　はず　　3　まま　　4　よう

問題8　次の文の ＿★＿ に入る最もよいものを、1・2・3・4から一つ選びなさい。

13 薬を ＿＿＿ ＿★＿ ＿＿＿ ＿＿＿ 一向によくならない。129

1　病気は　　2　注射を　　3　飲んでも　　4　しても

14 外国で暮らして ＿＿＿ ＿＿＿ ＿★＿ ＿＿＿ あります。127

1　みて　　2　はじめて　　3　ことも　　4　分かる

15 十分暮らして ＿＿＿ ＿★＿ ＿＿＿ ＿＿＿ 、家族を呼び寄せるわけにはいかない。125·098

1　いけると　　2　うえで　　3　確信した　　4　なければ

16 銀行や ＿＿＿ ＿＿＿ ＿★＿ ＿＿＿ は残業が多い。134

1　金融関係　　2　保険会社　　3　の会社　　4　といった

17 わが社も衛生管理に努めなければ、＿＿＿ ＿＿＿ ＿★＿ ＿＿＿ もいられない。126

1　不祥事を　　2　笑って　　3　他社の　　4　ばかり

답 9 ③　10 ③　11 ②　12 ①　13 ②(3241)　14 ④(1243)　15 ③(1324)　16 ①(2413)　17 ②(3124)

問題９　次の文章を読んで、文章全体の内容を考えて、［ 18 ］から［ 22 ］の中に入る最もよいものを１・２・３・４から一つ選びなさい。

元来、日本人はよく「泣いた」ようである。柳田国男(注1)翁(注2)が、「涕泣史談」という文章で、このことを論じたが、古くは、声に出して哭く(注3)ことも涙を流して泣くことも、きわめて普通であった日本人が、［ 18 ］、だんだん、あまり泣かなくなってきたようにも見える。

平安時代の物語や歌などを見ると、女も男も、［ 19 ］すぐに涙を流す。『源氏物語』五十四帖に、「泣く」ということばは、実に３７０回も出てくるし、「涙」とか「涙ぐむ」とかいう語も２２５回ぐらい用いられている。そのなかには、むろん幼児の泣く場合や、悲しみの涙を流すという場合も多数あるけれども、ありがたさやら嬉しさやら恋しさやらで、大の男(注4)までが簡単に泣き出すのには、少々奇異な［ 20 ］。

「枕も浮くばかり」涙を流すなどという表現と同じような、文学的な修辞かとも疑われるが、どうも、そればかりではなさそうである。［ 21 ］、多少情緒過敏と言えそうな貴族社会を描いたこの種の文学の性格によるところもあろうけれども、その後の、「物語」以外の文学作品でも、こうした傾向は同様にうかがえるところを見ると、こんなふうに人前はばからず率直に感情を表出するという自然なすがたが、やはり、日本人の本来(注5)であるらしい。感情を抑制することをもって「よし」とするようになったのは、むしろ中世以後の傾向であると思われる。それには、いろいろの［ 22 ］。柳田翁の言われるように、「泣く」ということが、ことごとく不幸の表示として忌み嫌(注6)われるようになって、そのむやみな行使(注7)がはばかられるようになったこと、また、「泣く」こと以外の表現法として、ことばに訴えてその感情が表出できると信じられるようになり、事実その面に発達が見られるようになったこと、などと考えられよう。

(阪倉篤義『日本語の語源』による)

(注１)柳田国男：日本の有名な民俗学者
(注２)翁：年輩の男の人に対して尊敬した言い方
(注３)哭く：大声で泣く
(注４)大の男：一人前の男。成人した男

(注5)はばかる：気がねする、遠慮する
(注6)忌み嫌う：嫌って避ける。ひどくいやがる
(注7)むやみな：結果や是非を考えないで、いちずに物事をするさま

18

1　時代になって　　2　時代にとって　　3　時代と共に　　4　時代としたら

19

1　努力の結果として　　2　実力の発揮として
3　感情の抑制として　　4　感動の表明として

20

1　感じるものではない　　2　感じさえ受ける
3　感じなくてすむ　　4　感じさえ受けない

21

1　もちろん　　2　なるほど　　3　しかし　　4　その上

22

1　事情があったのに相違ない　　2　事情があったのに過ぎない
3　事情があったと言えない　　4　事情があったと思えない

핵심문법 다시보기

~ところをみると 136 ~하는 것을 보면	同様にうかがえるところを見ると 똑같이 엿볼 수 있는 것을 보면(14行)
~とともに ~와 함께, ~와 더불어	時代と共に 시대와 함께(03行)
~として 058 ~로서	感動の表明として 감동의 표명으로서(05行)
~やら~やら 098 ~며 ~며	ありがたさやら嬉しさやら恋しさやらで 고마움이며 기쁨이며 사랑스러움 등으로(08行)
~さえ 033 ~조차, ~도	感じさえ受ける 느낌조차 든다(10行)
~に相違ない 074 ~임이 틀림없다	事情があったのに相違ない 사정이 있었음이 틀림없다(18行)

답 18 ③　19 ④　20 ②　21 ①　22 ①

137 ～とは ① ~(이)란 ② ~라고는, ~하다니, ~일/할 줄이야

～とは는 명사에 직접 접속하면 어떠한 정의나 명제 등을 나타낼 때 흔히 쓰는 표현이 된다. ～というのは로 바꿔 쓰면 딱딱한 느낌이 덜해지고 친밀한 인상을 주지만 명제를 정의한다는 감각이 약해지기도 한다. 회화체로는 ～って가 되며, 주로 親切とは(친절이라는 것은)와 같이 활용한다. 뒤에는 ～(の)ことだ·～(という)ことだ(~(이)라는 것이다), ～という意味だ(~(이)라는 의미이다) 등과 함께 쓰이는 경우가 많다.

또, 앞에 오는 내용을 강조하여 놀람이나 감탄을 나타내기도 한다. 동사와 형용사의 보통형, 명사 등에 접속한다. 주로 こんなに寂しいとは(이렇게 쓸쓸하리라고는), あの人が犯人だったとは(저 사람이 범인일 줄이야)와 같이 쓴다.

기출 サラリーマンから農家になるとは 샐러리맨에서 농부가 되다니 2021-1회

「下水」とは、台所などで使った汚れた水のことである。
'하수'라는 것은 부엌 등에서 사용한 더러워진 물을 말한다.

あれ以来あの人にもう二度と会えないとは、想像もできなかった。
그 이후로 그 사람을 두 번 다시 만날 수 없을 거라고는 상상도 하지 못 했다.

138 ～とは限らない ~하다고는 할 수 없다

～とは限らない는 동사의 사전형, い형용사의 종지형, な형용사의 어간, 명사(체언) 등에 접속하며, 勝つとは限らない(이긴다고는 할 수 없다), 同一の結果が得られるとは限らない(동일한 결과를 얻을 수 있다고는 할 수 없다), 音楽のセンスがいいとは限らない(음악적 감각이 좋다고는 할 수 없다)와 같이 활용한다.

実力のあるチームがいつも勝つとは限らない。試合はやってみなければわからないのだ。
실력 있는 팀이 항상 이긴다고는 할 수 없다. 시합은 해보지 않으면 모르는 것이다.

親の頭がいいからといって、子供も必ず頭がいいとは限らない。
부모의 머리가 좋다고 해서 자식도 반드시 머리가 좋다고는 할 수 없다.

139 ～とみえて ～인 듯이, ～했는지

～とみえて는 동사 과거형(た형)+た에 접속하며, 어떤 사실을 근거로 하여 그로부터 추측되는 것을 말하는 표현이다. 주로 雨(あめ)が降(ふ)ったとみえて(비가 내렸는지), 何(なに)かいいことがあったとみえて(뭔가 좋은 일이 있었는지), よほど疲(つか)れていたとみえて(어지간히 피곤했는지), とてもおなかがすいていたとみえて(배가 무척 고팠는지)의 형태로 쓰인다.

雨(あめ)が降(ふ)ったとみえて、道(みち)がぬれています。
비가 내렸는지 길이 젖어 있습니다.

140 ～とも ～하더라도, ～하려 해도

～とも는 동사의 의지형, い형용사의 연용형 등에 접속하며, 주로 何(なに)をしようとも(무엇을 하더라도), 誰(だれ)が来(こ)ようとも(누가 오더라도), つらくとも(괴롭더라도), いくら高(たか)くとも(아무리 비싸도)의 형태로 쓰인다.

유사 문법 ～ても ～해도

一人(ひとり)の時(とき)は誰(だれ)が来(こ)ようとも玄関(げんかん)の戸(と)を開(あ)けてはいけないよ。
혼자일 때는 누가 오더라도 현관문을 열어서는 안 돼.

母(はは)はどんなに辛(つら)くとも、決(けっ)してぐちを言(い)わなかった。
어머니는 아무리 괴로워도 결코 푸념을 하지 않았다.

141 ～中(なか)を / ～中(なか)で(は) ～속을, ～하는 와중에 / ～(한 것) 중에서(는)

～中(なか)を는 동사의 사전형 또는 과거형(た형), 명사+の 등에 접속하며, 어떤 상태나 현상이 진행되는 도중이라는 의미를 나타낸다. 주로 雨(あめ)の中(なか)を(빗속을), 人(ひと)ごみの中(なか)を(인파 속을)의 형태로 쓰인다.
～中(なか)で(は)는 동사 과거형(た형)+た의 형태로 접속한다. 주로 クラスの中(なか)で(학급 중에서), 担当(たんとう)したものの中(なか)では(담당한 것 중에서는)의 형태로 쓰인다.

기출 野菜(やさい)のカレーがいくつかある中(なか)で 야채 카레가 몇 개 있는 것 중에서 2019-2회

あらしの中を突き進んで行った。
폭풍 속을 무릅쓰고 나아갔다.

私の聞いた中では、今までで最高の演奏だった。
내가 들은 것 중에서는 지금까지 최고의 연주였다.

142 ～なくはない・～ないではない

～하지 않는 것은 아니다, ～하지 못할 것은 없다

～なくはない와 ～ないではない는 동사의 ない형 등에 접속하며, 조사 は 대신 も를 써서 ～なくもない, ～ないでもない라고 하기도 한다. 주로 わからなくはない(모르는 것은 아니다), 気がしなくもない(생각이 들지 않는 것도 아니다), ぜひと頼まれれば引き受けないではない(꼭이요 라고 부탁하면 받아들이지 못할 것은 없다), あなたの気持ちはわからないでもないが(당신의 기분을 모르는 것도 아니지만)의 형태로 쓰인다.

기출 まだ少し問題がある気がしないでもないが
아직 조금 문제가 있는 느낌이 들지 않는 것도 아니지만 2011-2회

あの人の性格を考えると、理解できなくはない。
그 사람의 성격을 생각하면 이해할 수 없는 것은 아니다.

同窓会に行きたくないではないが、会費を払うのは嫌だ。
동창회에 가고 싶지 않은 것은 아니지만 회비를 내는 것은 싫다.

143 ～なければならない・～なくてはならない

～하지 않으면 안 된다, ～해야 한다

～なければならない・～なくてはならない는 동사의 ない형에 접속하며, 그렇게 할 의무나 책임이 있다, 그렇게 하는 것이 당연하다는 의미를 나타낸다. 주로 マスターしなければならない(마스터해야 한다), 料金を払わなくてはならない(요금을 지불해야 한다)의 형태로 쓰인다.

유사 문법 ～なくてはだめだ・～ねばならない ～하지 않으면 안 된다, ～해야 한다

教育を普及させるためには、すべての子どもに学ぶ権利が与えられなければならない。
교육을 보급시키기 위해서는 모든 아이에게 배울 권리가 주어져야 한다.

まだ10時だけど、朝5時に起きなくてはならないから、そろそろ寝よう。
아직 10시지만 아침 5시에 일어나야 하니까 슬슬 자야겠다.

144 ～にあたる ～에 해당한다

～にあたる는 명사에 직접 접속하며, 주로 遠い親戚にあたる(먼 친척에 해당한다), 2倍にあたる(2배에 해당한다), 一つ20円にあたる(한 개 20엔에 해당한다)의 형태로 쓰인다.

鈴木さんは野口先生の遠い親戚にあたります。
스즈키 씨는 노구치 선생님의 먼 친척에 해당합니다.

145 ～にかぎる ～하는 것이 제일이다, ～이/가 최고다

～にかぎる는 동사의 경우 사전형에 붙고, 명사에는 직접 접속한다. 한자 표기의 ～に限る도 같이 익혀 두자. 대표적인 형태로 疲れたときは、寝るに限る(피곤할 때는 자는 게 상책이다), やっぱり夏は冷たいビールに限る(역시 여름에는 차가운 맥주가 최고다), 外国語をおぼえるには、その国の友人を作るに限る(외국어를 익히려면 그 나라의 친구를 만드는 것이 제일이다) 등이 있다.

기출 風邪の時はあたたかくして早く寝るに限る
감기에 걸렸을 때는 따뜻하게 하고 일찍 자는 것이 제일이다 2013-2회

怪しいメールは無視するに限ります。
수상한 메일은 무시하는 것이 제일이다.

146 ～にたとえると ～에 비유하면

～にたとえると는 명사에 직접 접속하며, 주로 人にたとえると(사람에 비유하면), 病気にたとえると(질병에 비유하면)의 형태로 쓰인다.

人生の短さを花にたとえると、さくらの花だ。
인생의 짧음을 꽃에 비유하면 벚꽃이다.

147 ～には ～하려면

～には는 동사의 사전형에 접속하여 이루고자 하는 목적을 나타낸다. 대표적인 예로 東京駅に行くには(도쿄역에 가려면), この計画を実現するには(이 계획을 실현하려면), 銀行の口座を開くには(은행 계좌를 개설하려면), これを修理するには(이것을 수리하려면) 등이 있다.

기출 このあたりでアパートを借りるには 이 부근의 아파트를 빌리려면 2010-1회 N3

この計画を実現するには、政府の援助が必要です。
이 계획을 실현하려면 정부의 원조가 필요합니다.

148 ～には～が ～하기는 ～지만

～には～が는 동사의 사전형+には+동사의 사전형/과거형+た+が의 형태로 접속하며, 주로 説明するにはしたが(설명하기는 했지만), 心配な点もあるにはあるが(걱정되는 점도 있긴 하지만), 見に行くには行ったが(보러 가기는 했지만) 등으로 쓰인다.

유사 문법 **～ことは～が** ～하기는 ～지만

あしたのパーティーへ行くには行くが、何時に行けるかちょっとわかりません。
내일 파티에 가기는 하는데, 몇 시에 갈 수 있을지 잘 모르겠습니다.

149 ～に向かって / ～に向け(て) ～을 향해, ～에게 / ～을 향해(서), ～을 목표로

～に向かって/～に向け(て)는 둘 다 명사에 접속하며, 어떤 사물이나 사람, 방향을 향해 있음을 나타낸다. 특히 ～に向け(て)는 추구하고자 하는 목표나 목적지와 그를 위해 어떤 일을 하고 있음을 나타낸다. 명사에 직접 접속하며, 주로 親に向かって(부모에게), 強い風に向かって(강한 바람을 맞으며), アメリカに向けて(미국을 향해), 次のオリンピックに向けて(다음 올림픽을 목표로)의 형태로 쓰인다.

強い風に向かって歩くのはきつい。 강한 바람을 맞으며 걷는 것은 힘들다.

次のオリンピックに向けて準備はすでに着々と進んでいる。
다음 올림픽을 목표로 준비는 이미 척척 진행되고 있다.

150 ～によらず ～에 관계없이

～によらず는 명사 등에 직접 접속하며, 주로 学歴によらず(학력에 관계없이), 数量によらず(수량에 관계없이), 何事によらず(무슨 일이든)의 형태로 쓰인다.

기출 午後４時以前にご注文いただければ数量や合計金額によらず
오후 4시 이전에 주문해주시면 수량이나 합계 금액에 관계없이 2011-2회

わが社は新入社員を学歴によらず採用しています。
우리 회사는 신입 사원을 학력에 관계없이 채용하고 있습니다.

151 ～のも当然だ・～のも最もだ ～하는 것도 당연하다

～のも当然だ・～のも最もだ는 동사의 사전형과 부정형 등에 접속하며, 주로 成果がシビアに問われるのも当然だ(성과를 엄격하게 문제 삼는 것도 당연하다), 非難が起きるのも当然だ(비난이 이는 것도 당연하다), 意気込むのも最もだ(분발하는 것도 당연하다), おどろくのももっともだ(놀라는 것도 당연하다)의 형태로 쓰인다.

３週間も水をやらなかったのだから、花が枯れてしまうのも当然だ。
3주나 물을 주지 않았기 때문에 꽃이 시들어 버리는 것도 당연하다.

親友に裏切られたんだから、彼が落ち込むのももっともだ。
친구에게 배신당했으니, 그가 침울한 것도 당연하다.

152 ～ばよかった ～하면 좋았겠다, ～할 걸 그랬다

～ばよかった는 동사의 가정형에 접속하여 그렇게 하지 못한 아쉬움을 나타낸다. 주로 ジャケットを持ってくればよかった(재킷을 들고 올 걸 그랬다), もっと早く来ればよかった(좀더 빨리 왔으면 좋았겠다)의 형태로 쓰인다.

天気予報を確認すればよかったのに。
일기예보를 확인했으면 좋았을걸.

買う前にちゃんと調べておけばよかった。
사기 전에 잘 알아볼 걸 그랬다.

153 ～ぶりに ～만에

～ぶりに는 명사에 직접 접속하며, 시간의 경과를 나타낸다. 주로 10時間ぶりに(10시간 만에), 三日ぶりに学校へ行った(사흘 만에 학교에 갔다), 今日は久しぶりにゆっくり過ごした(오늘은 오랫만에 여유롭게 지냈다) 등과 같이 쓴다.

台風で電車が不通になっていたが、10時間ぶりに運転を始めたそうだ。
태풍으로 전철이 불통이 됐었는데 10시간 만에 운행을 시작했다고 한다.

154 ～まで ～까지, ～할 때까지

～まで는 동사의 사전형, ここ, これ 등에 접속하며, 주로 もうこれまでだ(이젠 끝장이다), 書類にサインをもらうまで(서류에 사인을 받을 때까지)의 형태로 쓰인다.

もう9時を過ぎているが、この仕事を終えるまでは、帰るわけにはいかない。
벌써 9시를 지나고 있지만 이 일을 마칠 때까지는 돌아갈 수 없다.

ここまで病気がひどくなったら、医者に行かなければだめだよ。
이 지경까지 병이 심해지면 의사에게 가야 해.

155 ～ものと思われる ～라고 여겨지다, ～라고 볼 수 있다 / ～ものとは思えない ～라고는 여겨지지 않는다, ～라고는 볼 수 없다

～ものと思われる / ～ものとは思えない는 동사 思える・思われる(여겨지다, 생각되다)와 그 부정형 思えない・思われない(여겨지지 않는다)가 앞의 ものと(は)와 연결되어 문법화된 것이다. 주로 동사의 보통형에 접속하며, 문어체적인 딱딱한 표현이다. この窓から入ったものと思われます(이 창문으로 들어왔으리라 여겨집니다), そのまま伝えたものとは思えなかった(그대로 전했다고는 여겨지지 않았다) 등과 같이 쓰인다.

今回の調査で事故の原因が明らかになるものと思われる。
이번 조사로 사고 원인이 명백해지리라 여겨진다.

その話は必ずしも実際の体験をそのまま伝えたものとは思えなかった。
그 이야기는 반드시 실제 체험을 그대로 전했다고는 여겨지지 않았다.

156 ～(よ)う / ～(よ)うとする ～해야지, ～하자 / ～하려고 하다

1그룹 동사는 어미를「～う」, 2그룹 동사와 する와 くる의 3그룹 동사는「～よう」로 바꾸어 어떠한 행동을 하겠다는 의지를 나타내거나 남에게 뭔가를 함께 하자고 권유할 때 사용한다. 주로 早く行こう(빨리 가자), 手紙の返事を書こう(편지 답장을 써야지), 新聞を読もうとしたら(신문을 읽으려고 했더니), 玄関を入ろうとしたが(현관으로 들어가려고 했지만), 勉強しようとしているのに(공부하려고 하고 있는데)와 같이 활용한다.

기출 泣くのを我慢しようとすればするほど 울음을 참으려고 하면 할수록 2019-1회
捨ててしまおうかと思ったが 버려 버릴까 하고 생각했지만 2019-1회
一例を挙げよう 한 예를 들어보자 2018-2회
そんなに無理に忘れようとしなくてもいい
그렇게 무리하게 잊으려고 하지 않아도 된다 2018-2회

私が買い物に行こうか。 내가 사러 갈까?

ピッチャーが投げようとした時、ランナーは三塁へ走った。
투수가 던지려고 할 때 주자는 3루로 달렸다.

157 ～ようで(は) ～할 것 같아서, ～해서(는)

～ようで(は)는 동사의 사전형, ない형, 형용사의 연체형에 접속하며, 주로 簡単なようで難しい(간단할 것 같은데 어렵다), この程度の練習で文句を言うようでは(이 정도의 연습에 불평을 해서는), 主張をコロコロ変えるようでは(주장을 계속 바꿔서는)의 형태로 쓰인다. 또한 ～ようでいて의 형태로도 사용되니 함께 알아두는 것이 좋다.

기출 毎日日記を書きつづけることは、簡単なようでいて
매일 일기를 계속해서 쓰는 것은 간단한 것 같지만 2020

彼は冷静なようで、本当はあわてものなんです。
그는 침착할 것 같지만 사실은 덜렁이입니다.

締め切り直前になってテーマを変えるようでは、いい論文は書けないだろう。
마감 직전이 되어 주제를 바꿔서는 좋은 논문은 쓸 수 없을 것이다.

水やりは、簡単なようでいて奥の深い作業なんです。
물주기는 간단한 것 같지만 심오한 작업입니다.

158 ～ように / ～ないように ～하도록 / ～하지 않도록

～ように / ～ないように는 동사에 접속하여 하고자 하는 목적을 나타낸다. 또한 어말에 붙어 기원이나 바람 등을 나타내기도 한다. 주로 みんなに聞(き)こえるように(모두에게 들리도록), 始発列車(しはつれっしゃ)に間(ま)に合(あ)うように(첫 열차에 늦지 않도록), 家族(かぞく)を悲(かな)しませないように(가족을 슬프게 하지 않도록), 新年(しんねん)がよい年(とし)でありますように。(새해가 좋은 해가 되기를.), どうか合格(ごうかく)できますように。(부디 합격할 수 있기를.)와 같이 쓰인다.

기출 倒(たお)れてしまわないようにね 쓰러지지 않도록 해 2019-2회
どうか明日(あした)は雨(あめ)が降(ふ)りませんように 부디 내일은 비가 오지 않기를 2019-1회
疲(つか)れている顔(かお)を見(み)せないように 피곤한 얼굴을 보이지 않도록 2018-1회

彼(かれ)はみんなによく聞(き)こえるように大声(おおごえ)で話(はな)した。
그는 모두에게 잘 들리도록 큰 소리로 말했다.

二度(にど)と同(おな)じ誤(あやま)りをしないように注意(ちゅうい)しなさい。
두 번 다시 같은 잘못을 하지 않도록 조심해라.

素敵(すてき)な出会(であ)いがありますように。
멋진 만남이 있기를.

159 ～ようになる / ～ようにする ～하게 되다 / ～하도록 하다

～ようになる는 이전의 모습이나 상태가 바뀌었음을 나타내고, ～ようにする는 그렇게 되기 위해서 분발하거나 신경을 쓴다는 것을 나타낸다. 주로 新聞(しんぶん)も読(よ)めるようになりました(신문도 읽을 수 있게 되었습니다), オートバイに乗(の)れるようになった(오토바이를 탈 수 있게 되었다), 誰(だれ)でも入(はい)れるようにしました(누구라도 들어올 수 있도록 했습니다), 約束(やくそく)に遅(おく)れないようにしなさい(약속에 늦지 않도록 해라)와 같이 쓰인다.

기출 分(わ)かるようにしておくと 알 수 있게 해 두면 2019-2회
年(とし)をとるにつれて短(みじか)く感(かん)じるようになるのは
나이가 들수록 짧게 느껴지게 되는 것은 2018-2회

早(はや)く退院(たいいん)できるようになりたいです。
빨리 퇴원할 수 있게 되었으면 좋겠습니다.

もう会わないようにしよう。
이젠 만나지 않도록 해야지.

160 ~をのぞいて(は) ~을 제외하고(는), ~을 빼고(는)

~をのぞいて(は)는 동사 除く(제외하다)가 문법화된 것으로 명사에 직접 접속한다. 주로 日曜日をのぞいて(일요일을 제외하고), 宿泊料をのぞいて(숙박료를 제외하고), 一部の地域をのぞいては(일부 지역을 제외하고는)의 형태로 쓰인다. 이 표현은 문장체이며 회화체에서는 주로 ~をのぞけば, ~のほかは 등을 사용한다.

この仕事は楽だし、給料もいいし、通勤時間が長いことをのぞいては**文句ない。**
이 일은 편하고 보수도 좋고, 통근 시간이 긴 것을 빼고는 불만 없다.

問題７ 次の文の（　　）に入れるのに最もよいものを、１・２・３・４から一つ選びなさい。

1 駅へ行く（　　）、この道のほうがずっと近いですよ。147
　1 かは　2 とは　3 のが　4 には

2 天気予報は雨だと言っていたが、降るとは（　　）から洗濯しよう。138
　1 かぎらない　2 かまわない　3 ちがいない　4 やめられない

3 あのレストランの店員は客に（　　）失礼なことを言った。149
　1 あたって　2 のって　3 むかって　4 あって

4 どんなに仕事が（　　）、彼は文句一つ言わずにがんばっている。140
　1 きついなら　2 きついのに　3 きつければ　4 きつくとも

5 親子丼は（　　）実は難しい。157
　1 簡単らしいし　2 簡単なようで
　3 簡単らしいから　4 簡単なようであれば

6 もう５分早く（　　）。見送りできなかったことが残念でならない。152·048
　1 着けばよかった　2 着いたらいいのに
　3 着いたってことだ　4 着くほどじゃない

7 花粉症持ちにとってつらい時期到来です。年々ひどくなっているような気が（　　）。142
　1 することはないです　2 しないでもないです
　3 するよりほかないです　4 しないはずではないです

8 たしかに仕事と学業の両立は、（　　）までは本当に大変なことだと思います。154
　1 慣れる　2 慣れて　3 慣れた　4 慣れよう

답 1④ 2① 3③ 4④ 5② 6① 7② 8①

9 この調子の悪さでは、あまりいい結果は期待できない（　　　）。155

1　ようと思えない　2　ようと思われる　3　ものと思えない　4　ものと思われる

10 ひらがなもカタカナも読めない（　　　）、日本文学の研究をしたいといっても、それは問題外ですよ。157·054

1　そうでは　2　ようでは　3　ものでは　4　ならでは

11 日本語をおぼえるには、日本人の友人を（　　　）に限(かぎ)ります。145·147

1　作り　2　作る　3　作って　4　作った

12 水曜日（　　　）だいたいあいています。160

1　をのぞいては　2　にしては　3　からいって　4　のくせに

問題8　次の文の ＿★＿ に入る最もよいものを、1・2・3・4から一つ選びなさい。

13 選挙(せんきょ)の結果については明日の朝には ＿＿＿ ＿★＿ ＿＿＿ ＿＿＿ 。155

1　がわかる　2　と思われる　3　もの　4　大勢(たいせい)

14 カンニングとは試験(しけん)で ＿＿＿ ＿＿＿ ＿★＿ ＿＿＿ ことだ。137

1　不正行為(ふせいこうい)の　2　人の　3　見る　4　答案(とうあん)を

15 銀行の ＿＿＿ ＿＿＿ ＿★＿ ＿＿＿ すればいいでしょうか。147

1　どう　2　開く　3　口座を　4　には

16 彼は ＿＿＿ ＿＿＿ ＿★＿ ＿＿＿ つづけ、ついに入院してしまった。154

1　まで　2　体を　3　働き　4　こわす

17 あんなひどいことを言われたのだから ＿＿＿ ＿＿＿ ＿★＿ ＿＿＿ 。151

1　のも　2　当然　3　だ　4　怒る

답 9 ④　10 ②　11 ②　12 ①　13 ①(4132)　14 ③(2431)　15 ④(3241)　16 ①(2413)　17 ②(4123)

問題９　次の文章を読んで、文章全体の内容を考えて、[18] から [22] の中に入る最もよいものを１・２・３・４から一つ選びなさい。

いまの日本の教育現場を見てみますと、[18] 「失敗は成功のもと」「失敗は成功の母」という考え方が、ほとんど取り入れられていないことに気づきます。[19] 、重視されているのは、決められた設問への解を最短で出す方法、「こうすればうまくいく」「失敗しない」ことを学ぶ方法ばかりです。

これは受験勉強にかぎりません。実社会でも通用する知識・教養を教える最高学府であるはずの大学での学習もまた同じです。失敗から学ぶ体験実習のように、自分の力で考え、失敗経験を通じて新たな道を模索(注1)する、想像力を培(注2)う演習が行われる機会は、悲しいかな(注3)ほとんどありません。これが、「日本人の欠点」として諸外国から指摘され、また、自らも自覚している「想像力の欠如」にそのまま [20] いるのではないでしょうか。

たしかに以前は、ほかの人の成功事例をマネすることが、成功への近道だった時代がありました。そうした時代には、決められた設問に正確な解を素早く出す学習法が有効だったのは事実です。

[21] 、ほかの人の成功事例をマネすることが、必ずしも自分の成功を約束するものではなくなったのがいまの時代です。昨日までの成功は、今日の成功を意味しません。そのような時代に大切なのは、やはり想像力です。そして想像力とは [22] 、失敗を避けて培えるものではありません。

(畑村洋太郎『失敗学のすすめ』による)

(注１)模索：手探りで探し求めること
(注２)培う：養い育てて成長させる
(注３)悲しいかな：悲しいことだが、残念なことに

18

1　残念なことに　　2　残念なせいで

3　残念なものから　　4　残念なあげくに

19

1　しかし　　2　それどころか　　3　すなわち　　4　あるいは

20

1　結びあげて　　2　結びひいて　　3　結びついて　　4　結びあわせて

21

1　しかし　　2　そのうえ　　3　実は　　4　あるいは

22

1　古くなったものをつくりだす力を意味する一方で

2　古くなったものをつくりだす力を意味している以上

3　新しいものをつくりだす力を意味する一方で

4　新しいものをつくりだす力を意味している以上

핵심문법 다시보기

~とは 137 ~이란	想像力（そうぞうりょく）とは 상상력이란(16行)
~ことに 031 ~하게도	残念（ざんねん）なことに 유감스럽게도(01行)
~どころか ~은커녕	それどころか 그렇기는커녕(03行)
~を通（つう）じて 103 ~을 통하여	失敗経験（しっぱいけいけん）を通（つう）じて 실패 경험을 통해서(07行)
~として 058 ~로서	「日本人（にほんじん）の欠点（けってん）」として '일본인의 결점'으로서(08行)
~以上（いじょう） ~한 이상	新（あたら）しいものをつくりだす力（ちから）を意味（いみ）している以上（いじょう） 새로운 것을 만들어내는 힘을 의미하고 있는 이상(17行)
~一方（いっぽう）で 003 ~하는 한편으로	新（あたら）しいものをつくりだす力（ちから）を意味（いみ）する一方（いっぽう）で 새로운 것을 만들어내는 힘을 의미하는 한편으로

답 18 ①　19 ②　20 ③　21 ①　22 ④

問題7　次の文の（　　　）に入れるのに最もよいものを、１・２・３・４から一つ選びなさい。

1　どろぼう（　　　）人の物を盗むやつのことだ。137

1　とも　2　とて　3　との　4　とは

2　さしみは（　　　）食べられるが、それほどおいしいとは思わない。148

1　食べられるには　2　食べられるはずは
3　食べさせるには　4　食べさせるはずは

3　よほど疲(つか)れていた（　　　）みえて、娘は会社から帰ると、夕飯(ゆうはん)も食べずにそのまま寝てしまった。139

1　と　2　で　3　に　4　の

4　全国大会（　　　）厳(きび)しい練習が続けられた。149

1　として　2　にむけて　3　にそって　4　のように

5　あの会社は給料(きゅうりょう)がよくないから、社員から苦情(くじょう)が（　　　）。151

1　出てもしれている　2　出るにはあたらない
3　出るのももっともだ　4　出ればきりがない

6　彼らは雨が降る中（　　　）５時間もさまよい続けた。141

1　が　2　に　3　を　4　まで

7　妹は風邪で家で休んでいたが、３日（　　　）学校へ行った。153

1　ごろに　2　ぶりに　3　ほどに　4　ぐらいに

8　新しいパソコンをゲームじゃなくて勉強に使うんなら、買うのを（　　　）けど。142

1　考えようにも考えられない　2　考えなくもない
3　考えるどころじゃない　4　考えっこない

답 1④ 2① 3① 4② 5③ 6③ 7② 8②

9 この部屋は暗くて昼間でも電気を（　　　）ことがよくある。143

1 つけないようになっいる　2 つけるわけにはいかない

3 つけるわけではない　4 つけなければならない

10 この本を書いたのは、私のおば（　　　）人です。144

1 からある　2 からなる　3 にたえる　4 にあたる

11 予約の取り消しは、出発予定日の３日前（　　　）無料です。149

1 だけしか　2 でしか　3 までなら　4 となら

12 あの新聞社の経営(けいえい)は病気（　　　）末期(まっき)だ。146

1 にくらべて　2 に応じては　3 にたとえると　4 について言えば

問題８ 次の文の ＿★＿ に入る最もよいものを、１・２・３・４から一つ選びなさい。

13 日本に留学したからといって、彼が ＿＿ ＿＿ ＿★＿ ＿＿。138·020

1 日本が　2 好きだ　3 とは　4 限らない

14 隣の家は、家族が ＿＿ ＿＿ ＿★＿ ＿＿、家の中の電灯(でんとう)は消えて真(ま)っ暗(くら)だ。139

1 外出　2 とみえて　3 全部　4 している

15 彼女の ＿＿ ＿★＿ ＿＿ ＿＿ 思い出してしまう。115

1 忘れようと　2 ことを　3 するほど　4 すれば

16 あの乱暴(らんぼう)な馬が妙(みょう)に喜んでいるところをみると、ずいぶんと素直(すなお)に馬につくしたんでは ＿＿ ＿＿ ＿★＿ ＿＿。142·136

1 ない　2 できなくも　3 予想(よそう)は　4 ないかと

17 連休はどこも大変な人出(ひとで)で、こんなときは ＿＿ ＿★＿ ＿＿ ＿＿。145

1 している　2 にかぎる　3 家で　4 のんびり

답 9 ④　10 ④　11 ③　12 ③　13 ③(1234)　14 ④(3142)　15 ①(2143)　16 ②(4321)　17 ④(3412)

問題 9　次の文章を読んで、文章全体の内容を考えて、[18] から [22] の中に入る最もよいものを１・２・３・４から一つ選びなさい。

　何歳から人は大人と呼ばれるのか、大人 [18] 何か。そういう議論は繰り返し起きるようだ。従来なら「成人すれば大人」と考えればよかったのだから話は簡単だが、最近はその基準があいまいになってきている。精神科の臨床(注1)の現場でも、拒食症(注2)や家庭暴力といった思春期の病理(注3)にもとづく問題を三十代、四十代になってから呈(注4)するケースが目につく。

　一方、十二、三歳でしっかりした意識を持ったタレントや [19] 、「高校を出ればおばさん」と言っている少女もいる。早々に「私なんてこんなもの」と自分に見切り(注5)をつけてしまう、若者の「早じまい感」を問題視する精神科医もいる。

　[20] 、だれが大人でだれが若者なのか。その区別はとてもむずかしい。先にあげた「思春期の病理を抱える大人」には、親や周囲との関係の中で激しい自己否定に陥っているという共通点がある。「私は親に好かれていなかった」「自分なんて [21] 」と、彼らはつぶやく。[22] 、「大人顔負け(注7)のプロ意識を持った子ども」は、自分の才能や使命をしっかり自覚している。「もうおばさんだ」と言う十代も、ある意味、「若くなければ自分には価値がない」と自覚しているのかも知れない。

(香山リカ『若者の法則』による)

(注1)臨床：医者が実際に病人の診察や治療を行うこと
(注2)拒食症：やせようとして、あるいは太ることをおそれて厳しい食事制限をしているうちに、食欲が極度に減退して著しくやせる病気
(注3)病理：病気の原因やその経過に関する理論的な根拠
(注4)呈する：ある状態を表す
(注5)見切りをつける：見込みがないと判断する
(注6)早じまい感：ここでは、気が短いという意味
(注7)大人顔負けの：子どもが大人に超越するような優れた技量や実績を持っている場合に多く用いられる

18

1 が　2 に　3 とは　4 とか

19

1 スポーツ選手もいるばかりに　2 スポーツ選手もいると
3 スポーツ選手もいなければ　4 スポーツ選手もいれば

20

1 じょじょに　2 いっそう　3 しだいに　4 いったい

21

1 生きていた方がいい　2 生きていても仕方ない
3 生きていなければならない　4 生きていてもいい

22

1 一方　2 案外　3 事実　4 当然

핵심문법 다시보기

～とは 137 ～이란	大人(おとな)とは何(なに)か 어른이란 무엇일까(01行)
～といった 134 ～라고 하는, ～와/과 같은	拒食症(きょしょくしょう)や家庭暴力(かていぼうりょく)といった 거식증이나 가정폭력과 같은(04行)
～にもとづく ～에 의거(근거)한	思春期(ししゅんき)の病理(びょうり)にもとづく問題(もんだい) 사춘기의 병리에 근거한 문제(04行)
～も～ば～も 090 ～도 ~하거니와 ～도	スポーツ選手(せんしゅ)もいれば、「高校(こうこう)を出(で)ればおばさん」と言(い)っている少女(しょうじょ)もいる 운동 선수도 있거니와 '고등학교를 나오면 아줌마'라고 말하는 소녀도 있다(06行)
～ても仕方(しかた)(が)ない 130 ～해도 소용없다	生(い)きていても仕方(しかた)ない 살아 있어도 소용없다(12行)
～なければならない 143 ～해야만 한다	生(い)きていなければならない 살아야만 한다

답 18 ③　19 ④　20 ④　21 ②　22 ①

3 경어

경어는 크게 존경어, 겸양어, 정중어 이렇게 세 부류로 나뉜다. 2010년부터 실시된 능력시험에서는 커뮤니케이션 중심의 일본어 표현을 강조하고 있어 경어의 출제율 또한 높아졌다. 꼭 알아두어야 할 경어 표현들을 예문과 함께 정리하였다.

❶ 존경어

あがる 드시다	・ご飯(はん)をあがる 밥을 드시다 ・お酒(さけ)をあがる 술을 드시다
召(め)し上(あ)がる 드시다	・どうぞお好(す)きなだけ召(め)し上(あ)がってください 원하는 만큼 드세요 ・パンはご自由(じゆう)にお召(め)し上(あ)がりください 빵은 자유롭게 드세요
いらっしゃる 계시다, 오시다, 가시다	・先生(せんせい)は今日(きょう)はずっと研究室(けんきゅうしつ)にいらっしゃいます 선생님은 오늘은 쭉 연구실에 계십니다 ・どちらからいらっしゃいましたか 어디에서 오셨습니까? ・明日(あした)はどこかへいらっしゃいますか 내일은 어디 가십니까?
～でいらっしゃる ～이시다, ～하시다	・ご本人様(ほんにんさま)でいらっしゃいますか 본인이신가요? ・お父(とう)さんは元気(げんき)でいらっしゃいますか 아버님은 잘 계신가요?
～くていらっしゃる ～하시다	・先生(せんせい)はお忙(いそが)しくていらっしゃいます 선생님은 바쁘십니다
～ていらっしゃる ～하고 계시다, ～하시다	・先生(せんせい)は歴史(れきし)を研究(けんきゅう)していらっしゃいます 선생님은 역사를 연구하고 계십니다 ・音楽(おんがく)はふだんどんなものを聴(き)いていらっしゃいますか 음악은 평소에 어떤 것을 들으시나요?
おいでになる 오시다, 가시다, 계시다	・どちらからおいでになりましたか 어디에서 오셨습니까? ・明日(あした)はどこかへおいでになりますか 내일은 어디 가십니까? ・先生(せんせい)は今日(きょう)はずっと研究室(けんきゅうしつ)においでになります 선생님은 오늘은 쭉 연구실에 계십니다

~ておいでになる ~하고 계시다	・先生は歴史を研究しておいでになります 선생님은 역사를 연구하고 계십니다 ・村に初めて汽車が走った時のことを鮮明に覚えておいでになり 마을에 처음으로 기차가 달렸을 때의 일을 선명하게 기억하고 계셔서
おいでくださる 와 주시다	・お忙しいところおいでくださってありがとうございました 바쁘신 와중에 와 주셔서 고맙습니다 ・明日おいでくださいますか 내일 와 주시겠습니까?
お越し 오심, 가심	・お越しをお待ちしておりました 오시기를 기다리고 있었습니다 ・電車でお越しのお客様は 전철로 오시는 손님께서는
お越しになる / **お越しください** 오시다, 가시다 / 오세요, 가세요	・いつお越しになりますか 언제 가십니까? / 언제 오십니까? ・山田様、正面玄関までお越しください 야마다 님, 정면 현관으로 와 주세요
お/ご~だ/です ~하시다 / ~하십니다	・社長がお呼びです 사장님이 부르십니다 ・先生は最近どんな問題をご研究ですか 선생님은 최근에 어떤 문제를 연구하십니까?
お/ご~になる ~하시다	・お招きになる 초청하시다 ・ご研究になる 연구하시다
おっしゃる 말씀하시다	・先生はそうおっしゃった 선생님은 그렇게 말씀하셨다 ・先生のおっしゃる通りだと思います 선생님이 말씀하시는 대로라고 생각합니다
くださる 주시다	・先生は私にこの本をくださった 선생님은 나에게 이 책을 주셨다
~てくださる / **~てくださいませんか** ~해 주시다 / ~해 주시겠습니까?	・わざわざ空港まで迎えに来てくださった 일부러 공항까지 와 주셨다 ・指導をしてくださいませんか 지도를 해 주시겠습니까?
~(さ)せてくださる / **~(さ)せてください** ~하게 해 주시다 / ~하게 해 주세요	・先生は私にこの本を使わせてくださった 선생님은 나에게 이 책을 사용하게 해 주셨다 ・私に任せてください 저에게 맡겨 주세요

お/ご～くださる/ お/ご～ください ～해 주시다 / ～해 주십시오	・私の願いをお聞きくだされれば誠にありがたいんですが 제 소원을 들어 주신다면 정말로 감사드리겠습니다만 ・お待ちください 기다려 주십시오
ご存じ 알고 계심	・この近くでいいレストランをご存じですか 이 근처에 좋은 레스토랑을 알고 계십니까? ・あなたがいちばんご存じのはずだ 당신이 가장 잘 알고 있을 것이다
ご覧/ご覧になる 보심 / 보시다	・ご覧のように 보시는 것처럼 ・あの映画、もうご覧になりましたか 그 영화, 이미 보셨습니까?
ご覧くださる/ ご覧ください 봐 주시다 / 봐 주십시오	・ホームページをご覧くださり、ありがとうございます 홈페이지를 봐 주셔서 감사합니다 ・詳細は添付した資料をご覧ください 자세한 사항은 첨부한 자료를 봐 주십시오
なさる 하시다	・先生は授業以外にもいろいろな仕事をなさっている 선생님께서는 수업 이외에도 여러 가지 일을 하고 계신다 ・何になさいますか 무엇으로 하시겠습니까?
～なさる ～하시다	・研究なさる 연구하시다 ・連絡なさる 연락하시다
お/ご～なさる ～하시다	・お招きなさる 초청하시다 ・あの方は若いころずいぶんご苦労なさったそうです 저 분은 젊었을 적에 무척 고생을 하셨다고 합니다 ・課長がご説明なさいます 과장님이 설명해 드릴 것입니다
見える 오시다	・先生が見えた 선생님이 오셨다 ・すぐ見えるそうです 곧 오신답니다 ・Y社の川西部長が見えました Y사의 가와니시 부장님이 오셨습니다
～(ら)れる ～하시다	・山田教授は明日ロンドンに行かれる 야마다 교수님은 내일 런던에 가신다 ・女優になろうと思われたきっかけは何だったんですか 여배우가 되려고 생각하신 계기는 무엇이었습니까? ・回復されますように 회복하시기를

2 겸양어

あがる 가다, 찾다, 방문하다	・あすの午後お届けにあがります 내일 오후에 전해드리러 찾아뵙겠습니다 ・スタッフがお迎えにあがりますので 스태프가 마중을 갈 테니
いたす 하다	・この仕事は私どもがいたします 이 일은 저희들이 하겠습니다 ・いっそうの努力をいたす所存でございます 한층 더 노력할 생각입니다 ・商品ご使用後の返品対応はいたしかねます 상품을 사용하신 후에는 반품하실 수 없습니다
～いたす ～하다	・研究いたします 연구하겠습니다 ・これで失礼いたします 이만 실례하겠습니다
お/ご～いたす ～해 드리다	・お手伝いいたしましょうか 도와 드릴까요? ・ご案内いたします 안내해 드리겠습니다 ・課長がご説明いたす予定です 과장님이 설명해 드릴 예정입니다
いただく 받다, 먹다, 마시다	・私は先生からこの本をいただきました 저는 선생님으로부터 이 책을 받았습니다 ・朝ジョギングをしているおかげで何でもおいしくいただけます 아침에 조깅을 하고 있는 덕분에 뭐든지 맛있게 먹을 수 있습니다
～ていただく ～해 받다, ～가 ～해 주시다	・また来ていただけるとうれしいです 또 와 주시면 기쁠 겁니다 ・話を聞いていただきたい 이야기를 들어 주시면 좋겠다 ・なるべく早く見ていただけると助かるんですが 가급적 빨리 봐 주셨으면 좋겠습니다만
～(さ)せていただく ～하도록 허락받다, ～하도록 해 주시다	・先生の辞書を利用させていただいた 선생님의 사전을 이용하도록 허락받았다 ・明日休ませていただけないでしょうか 내일 쉴 수 없을까요? ・先輩のお話を聞かせていただけないでしょうか 선배님의 얘기를 들려주실 수 없을까요?

お/ご～いただく ～해 주시다	・おほめいただいて恐縮の至りです 칭찬을 받아 황송할 따름입니다 ・本日は忙しい中お越しいただき、ありがとうございます 오늘은 바쁘신 와중에 걸음해 주셔서 감사드립니다 ・どうかご理解いただきたく 부디 이해해주시기를
伺う 듣다, 묻다, 찾다, 방문하다	・お話は伺っております 말씀은 들었습니다 ・ちょっと伺いますが 좀 여쭙겠습니다만 ・明日、こちらから伺います 내일 이쪽에 찾아뵙겠습니다
うけたまわる 삼가 받다, 삼가 듣다, 삼가 맡다	・ありがたいお話をうけたまわりました 감사한 이야기를 들었습니다 ・ご注文をうけたまわる 주문을 받다 ・ご予約、うけたまわっております 예약을 받은 상태입니다
お/ご～する ～하다, ～해 드리다	・あさってまでお借りしても よろしいでしょうか 모레까지 빌려도 될까요? ・ちょっとお見せしましょうか 좀 보여 드릴까요? ・私が荷物をお持ちします 제가 짐을 들어 드릴게요
お/ご～できる ～할 수 있다, ～해 드릴 수 있다	・明日お届けできます 내일 배달해 드릴 수 있습니다 ・私が先生をご案内できますよ 제가 선생님을 안내해 드릴 수 있어요 ・お会いできて光栄です 만나 뵙게 되어 영광입니다
お/ご～願う ～해 주시기를 바란다	・お調べ願いたいのですが 조사를 부탁드리고 싶은데요 ・ご検討願えませんか 검토해 주실 수 없겠습니까? ・直接お話がしたいので事務所までおいでを願えますか 직접 말씀을 드리고 싶으니 사무실로 와 주시겠습니까? ・ご予約前にぜひご覧願います 예약하시기 전에 꼭 봐 주시기 바랍니다
お目にかかる 만나 뵙다	・社長にお目にかかりたいのですが 사장님을 만나 뵙고 싶은데요 ・またお目にかかるのを楽しみにしています 또 만나 뵙기를 기대하고 있겠습니다
お目にかける 보여 드리다	・実物をお目にかけましょう 실물을 보여 드리겠습니다 ・お目にかけたいものがございます 보여 드리고 싶은 것이 있습니다

ご覧(らん)に入(い)れる 보여 드리다	・家宝(かほう)をご覧(らん)に入(い)れましょう 가보를 보여 드리겠습니다 ・ぜひご覧(らん)に入(い)れたいものがあります 꼭 보여 드리고 싶은 것이 있습니다
おる 있다	・明日(あした)は一日家(いちにちいえ)におります 내일은 하루 종일 집에 있을 겁니다 ・父(ちち)は裏(うら)の畑(はたけ)におります 아빠는 뒤쪽 밭에 있습니다
～ておる / ～ておらず ～하고 있다 / ～하고 있지 않아서	・今日(きょう)は特別(とくべつ)お安(やす)くなっております 오늘은 특별히 싸게 판매하고 있습니다 ・あれでは何(なん)の説明(せつめい)にもなっておらず 저래서는 아무런 설명도 되지 않아서
さしあげる 드리다	・ぜひ奥様(おくさま)にその絵(え)をさしあげたいと思(おも)いましてね 꼭 사모님에게 그 그림을 드리고 싶어서 말이죠 ・何(なに)か飲(の)み物(もの)でも差(さ)し上(あ)げましょうか 뭐 마실 거라도 드릴까요?
～てさしあげる ～해 드리다	・お客様(きゃくさま)をご案内(あんない)してさしあげました 손님을 안내해드렸습니다 ・新商品(しんしょうひん)について私がご説明(せつめい)してさしあげます 신상품에 대해 제가 설명해드리겠습니다
存(ぞん)じる 알다, 생각하다	・来月(らいげつ)には完成(かんせい)すると存(ぞん)じます 다음 달에는 완성되리라고 생각합니다 ・そのことならよく存(ぞん)じております 그것이라면 잘 알고 있습니다
存(ぞん)じ上(あ)げる 알다, 생각하다	・お名前(なまえ)はよく存(ぞん)じ上(あ)げています 성함은 잘 알고 있습니다 ・お父様(とうさま)のことは以前(いぜん)からよく存(ぞん)じ上(あ)げております 아버님에 대해서는 이전부터 잘 알고 있습니다
頂戴(ちょうだい)する / **頂戴(ちょうだい)いたす** 받다, 먹다	・先生(せんせい)からおみやげを頂戴(ちょうだい)した 선생님으로부터 선물을 받았다 ・ありがたく頂戴(ちょうだい)します 감사히 받겠습니다, 감사히 먹겠습니다 ・十分頂戴(じゅうぶんちょうだい)いたしました 많이 먹었습니다
拝(はい)～ 배～, 삼가 ～함	・拝見(はいけん) 배견, 삼가 봄 ・拝借(はいしゃく) 배차, 빌림 ・拝顔(はいがん)の栄(えい)に浴(よく)する 뵙는 영광을 받다

拝見する / 拝見いたす 배견하다, 삼가 보다	・お手紙を拝見しました 편지는 잘 받아 보았습니다 ・乗車券を拝見いたします 승차권을 확인하겠습니다 ・小川教授のお書きになった論文を、雑誌で拝見いたしました 오가와 교수님이 쓰신 논문을 잡지에서 보았습니다
拝借する / 拝借いたす 배차하다, 빌리다	・明日まで拝借してもよろしいでしょうか 내일까지 빌려도 될까요? ・お知恵を拝借いたします 지혜를 빌리겠습니다
まいる 가다, 오다	・私がまいります 제가 가겠습니다 ・電車がまいります 전철이 들어옵니다 ・駅へお出迎えに参ります 역에 마중하러 가겠습니다
〜てまいる 〜해지다, 〜하고 오다, 〜하고 가다	・私も次第に分かってまいりました 저도 점차 알게 되었습니다 ・寒くなってまいりましたね 추워졌네요 ・５０年ぶりにふるさとに戻ってまいりました 50년만에 고향에 돌아왔습니다
申す 말하다, 〜(라고) 하다	・私は青木と申します 저는 아오키라고 합니다 ・私は決してうそを申しません 저는 결코 거짓말을 하지 않습니다
申し上げる 말씀드리다, 여쭙다	・私がそのことを社長に申し上げましょう 제가 그 일을 사장님께 말씀드리겠습니다 ・今のところ、これ以上のことは申し上げられません 현재로선 더 이상은 말씀드릴 수 없습니다
お/ご〜申し上げる 〜해 드리다, 〜하다	・お願い申し上げます 부탁드립니다 ・ご案内申し上げます 안내해 드리겠습니다 ・私から一言ごあいさつ申し上げます 제가 한 말씀 인사 올리겠습니다 ・大変ご迷惑をおかけしましたことを深くおわび申し上げます 대단히 폐를 끼친 점 깊이 사과드립니다

3 정중어

~です / ~ます ~입니다 / ~합니다, ~하겠습니다	・私は学生(がくせい)です 나는 학생입니다 ・これは私の本(ほん)です 이것은 제 책입니다 ・私は毎日(まいにち)、学校(がっこう)へ行(い)きます 나는 매일 학교에 갑니다 ・私は毎日(まいにち)、本(ほん)を読(よ)みます 나는 매일 책을 읽습니다
ございます / ございません 있습니다 / 없습니다	・あちらに申込書(もうしこみしょ)がございます 저쪽에 신청서가 있습니다 ・あの時(とき)は申(もう)し訳(わけ)ございませんでした 그때는 죄송했습니다 ・何(なに)かご用(よう)がございましたら、ご遠慮(えんりょ)なくお申(もう)し付(つ)けください 뭔가 용무가 있으시면 사양 말고 말씀해 주세요
~でございます ~입니다	・こちらが会場(かいじょう)でございます 이쪽이 행사 장소입니다 ・終着駅(しゅうちゃくえき)でございます 종착역입니다 ・社長(しゃちょう)の小林(こばやし)でございます 사장인 고바야시입니다
~てございます / ~ございます 등 ~해져 있습니다 / ~되어 있습니다	・花(はな)が飾(かざ)ってございます 꽃이 장식되어 있습니다 ・こちらに整(ととの)えてございます 이쪽에 구비되어 있습니다 ・あちらのお部屋(へや)にすでに準備(じゅんび)してございます 저쪽 방에 이미 준비되어 있습니다 ・いまだに完成(かんせい)せずにございます 아직도 완성되어 있지 않습니다

4 사역, 수동, 수수 표현

❶ 사역

어떠한 동작이나 행위를 지시하거나 허락할 때 사용하는 표현으로 우리말의 '~하게 하다'에 해당한다. 동사의 어미를 (さ)せる로 활용하며, 私は弟に部屋の掃除をさせた(나는 남동생에게 방 청소를 시켰다)와 같이 어떤 동작을 하도록 강제하거나, 友達を泣かせてはいけません(친구를 울려서는 안 됩니다)처럼 감정이나 행동을 유발시킨다는 의미로 사용한다.

기출 **実現させるのは簡単なことではない** 실현시키는 것은 간단한 일이 아니다 2016-2회

部下にもう一度書き直させるより
부하 직원에게 다시 한 번 고쳐 쓰게 하는 것보다 2014-2회

一度は優勝を経験させたい 한 번은 우승을 경험시키고 싶다 2010-2회

❷ 수동

다른 외부 요소에 의하여 어떤 행위나 작용을 받게 되었음을 뜻하는데, 이때 받는 쪽이 문장의 주어가 된다. 동사의 어미를 (ら)れる와 같이 활용하여 '~함을 당하다', '~하게 되다' 등의 의미를 나타낸다. 私は昨日母にしかられた(나는 어제 엄마한테 야단을 맞았다), 学校から帰る時、雨に降られた(학교에서 돌아올 때 비를 맞았다)와 같이 피해를 입었음을 나타내거나 この雑誌は毎月発行されている(이 잡지는 매달 발행되고 있다)처럼 어떤 객관적인 사실을 표현할 때 사용한다.

기출 **喜ばれるどころか** 기뻐해 주기는 커녕 2020

得られるのだそうです 얻어지는 것이라고 합니다 2020

エビは「海老」とも書かれると聞いた エビ(새우)는 '海老'라고도 쓴다고 들었다 2020

本物そっくりに描かれていて 진짜와 똑같이 그려져 있어 2020

3 사역 수동

사역에 수동을 추가하여 자신의 의지가 아니라 상대방에 의해 어떤 행동을 하게 되었음을 나타낸다. 동사의 어미를 (さ)せられる와 같이 활용하는데, ~(a)す 형태의 사역 동사는 ~される로 쓰인다. 子供(こども)のころ、親(おや)に野菜(やさい)を食(た)べさせられました(어렸을 적에 부모님이 억지로 야채를 먹였습니다), 私は野球部(やきゅうぶ)をやめさせられました(나는 억지로 야구부를 그만두게 되었습니다)와 같이 사용된다.

기출 まず電話(でんわ)の応対(おうたい)の練習(れんしゅう)を２週間(しゅうかん)させられるそうだ
먼저 전화 응대 연습을 2주일간 한다고 한다 2018-1회

どんなに恵(めぐ)まれた環境(かんきょう)にいたかと感(かん)じさせられる毎日(まいにち)だった
얼마나 축복 받은 환경에 있었는지 절감하는 매일이었다 2016-1회

その土地(とち)に生(い)きる人(ひと)と食文化(しょくぶんか)とのつながりについて考(かんが)えさせられた
그 땅에 사는 사람과 식문화의 연관에 대해 생각을 하게 되었다 2013-1회

あれこれ質問(しつもん)に答(こた)えさせられたあげく
이런저런 질문에 억지로 대답하게 만든 끝에 2011-1회

しかし最近(さいきん)、この季節(きせつ)に花粉症(かふんしょう)に悩(なや)まされる人(ひと)が
그렇지만 최근 이 계절에 꽃가루 알레르기로 고생하는 사람이 2010-2회

ついこの前(まえ)も出張(しゅっちょう)に行(い)かされたばかりなんですけどねえ
바로 얼마전에도 출장을 다녀왔는데 말이죠 2010-1회

4 수수와 사역 수수

물건을 비롯해 행동이나 동작을 주고 받을 때에도 수수표현을 사용한다. 이때 동작의 내용은 받는 사람에게 이득이 되는 경우가 많다. 또 수수표현은 사역형과 결합하여 쓰이기도 하는데, 누군가에게 어떤 행동을 하도록 허락하거나 또는 반대로 허가를 구할 때, 그리고 자신의 행동을 겸손하게 나타내기 위해 사용한다.

001 ~てやる ~해 주다

~てやる는 동사의 て형에 접속하며 '~해 주다'라는 뜻이다. 仕事(しごと)は見(み)つけてやる(일은 찾아 주겠다), また買(か)ってやるから(또 사 줄 테니)와 같이 사용된다.

기출 ぜひと言(い)っていましたので、どうぞもらってやってください
꼭이라고 했으니까 부디 받아 주세요 2012-1회 N1

002 ～(さ)せてやる ～하게 해 주다

～(さ)せてやる는 동사의 사역형에 ～てやる가 접속한 형태로 '~하게 해 주다'와 같이 어떤 행동을 하도록 시키거나 허락한다는 의미를 나타내며, 어떤 감정을 느끼게 한다는 의미로도 사용된다. いろいろな経験をさせてやる(여러 가지 경험을 시켜 주다), 泣かせてやる(울게 하다)와 같이 사용된다.

기출 おれたちが勝って世間を驚かせてやろうじゃないか
우리가 이겨서 세상을 놀라게 해주자 2014-1회

子どもがしたいと思うことはやらせてやりたいと思っている
아이가 하고 싶어 하는 것은 하게 해 주고 싶다 2011-1회

003 ～てあげる ～해 주다

～てあげる 역시 '~해 주다'라는 의미인데, ～てやる보다 약간 정중한 표현이다. もう遅いから家まで車で送ってあげるよ(이미 늦었으니까 집까지 차로 데려다 줄게), できたら呼んであげるから(다 되면 불러 줄 테니까)와 같이 사용된다.

기출 めんどうくさがらずにきちんと答えてあげましょう
귀찮아하지 말고 제대로 대답해 줍시다 2014-2회

004 ～(さ)せてあげる ～하게 해 주다

～(さ)せてあげる는 동사의 사역형에 ～てあげる가 접속한 형태로 '~하게 해 주다'라는 뜻이며, ～(さ)せてやる보다 약간 정중한 표현이다. 息子に海外留学をさせてあげた(아들에게 해외유학을 시켜 주었다), 子どもにやりたいことをやらせてあげたい(아이에게 하고 싶은 것을 하게 해 주고 싶다)와 같이 사용된다.

005 ～てくれる (다른 사람이 나에게) ～해 주다

～てくれる는 동사의 て형에 접속하여 다른 사람이 나 또는 내가 속한 집단에 어떤 행동을 해 준다는 의미를 나타낸다. 駅へ行く道を教えてくれませんか(역에 가는 길을 가르쳐 줄 수 없

겠습니까?), 気(き)に入(い)ってくれるといいんだけど(마음에 들어해 주면 좋을 텐데)와 같이 사용된다.

기출 聞(き)かなかったことにしてくれない? 못 들은 걸로 해 줄래? 2019-2회
そんなことを言(い)ってくれたことに 그런 말을 해 준 것에 2019-1회
親戚(しんせき)がたくさん送(おく)ってくれたんだけど 친척이 많이 보내주었는데 2017-2회
よかったら、少(すこ)しもらってくれない? 괜찮으면 조금 받아줄래? 2017-2회

006 ~(さ)せてくれる (다른 사람이 나에게) ~하게 해 주다

~(さ)せてくれる는 동사의 사역형에 ~てくれる가 접속한 형태로, 상대방이 나 또는 내가 속한 집단이 어떤 행동을 하도록 해 주거나 감정이나 생각이 들도록 한다는 의미를 나타낸다. 昔(むかし)のことを思(おも)い出(だ)させてくれる(옛날 일을 떠올리게 해 준다), 新(あたら)しい恋(こい)をしようと思(おも)わせてくれた曲(きょく)(새로운 사랑을 하자고 생각하게 해 준 곡)와 같이 사용된다.

기출 私たちの目(め)を楽(たの)しませてくれます 우리의 눈을 즐겁게 해 줍니다 2010-2회

007 ~てもらう ~해 받다, (남이 나에게) ~해 주다

~てもらう는 동사의 て형에 접속하며 '~해 받다, (남이 나에게) ~해 주다'라는 뜻이다. 自転車屋(じてんしゃや)さんにパンクを直(なお)してもらった(자전거 가게에서 구멍을 때웠다), 友(とも)だちに校門(こうもん)のところで待(ま)ってもらっているの(친구가 교문에서 기다리고 있어)와 같이 사용된다.

기출 おいしいと言(い)ってもらえてよかった 맛있다고 해 줘서 다행이다 2019-2회
使(つか)うたびに広告(こうこく)を見(み)てもらえるという
사용할 때마다 광고를 봐 줄 수 있다는 2013-2회
息子(むすこ)がひろしくんに遊(あそ)んでもらったそうで
히로시 군이 아들과 놀아주었다고 해서 2010-2회

008 ～(さ)せてもらう ～하도록 허락받다, ～하게 해 주다

～(さ)せてもらう는 동사의 사역형에 ～てもらう가 접속한 형태로, 실제로 누군가의 허가가 필요한 행위 외에도 자신의 행동을 겸손하게 표현하기 위해 사용한다. サークルをやめさせてもらう(동아리를 그만두다), 二次会(にじかい)に参加(さんか)させてもらう(뒤풀이에 참가하다)와 같이 사용된다.

기출 アルバイトをさせてもらうことになった
아르바이트를 하게 되었다 2021-1회

新人(しんじん)でも大(おお)きな仕事(しごと)を任(まか)せてもらえるので
신인이라도 큰 임무를 맡을 수 있으므로 2020

親(おや)に子供(こども)のころから自分(じぶん)がやりたいことを自由(じゆう)にやらせてもらってきた
부모님은 어렸을 때부터 내가 하고 싶은 일을 자유롭게 하게 해 주셨다 2018-2회

5 지시어, 접속어

❶ 지시어

지시어는 보통 こ/そ/あ/ど로 시작하는 연체사와 지시 대명사를 일컫는다. 실제 시험에서는 지시어의 의미 구별에 대한 문제보다는 전체 문장의 흐름으로 보아 어떤 지시어를 사용해야 하는지를 묻는 문제가 주로 출제된다.

지시어	기출 예
こう 이렇게	・鉄道(てつどう)の魅力(みりょく)をこう語(かた)る 철도의 매력을 이렇게 말한다 2011-1회 ・こう考(かんが)えると 이렇게 생각하면 2010-1회
こうして 이렇게 하여, 이리하여	・こうして、忠敬(ただたか)55歳のとき 이렇게 하여 다다타카 55세일 때 2019-2회 ・こうして見(み)てみると 이렇게 살펴보면 2017-2회 ・こうして生(う)まれたのが、トイレマークなのだ 이렇게 하여 태어난 것이 화장실 마크인 것이다 2016-2회
こんなに 이렇게, 이토록	・ときどき駅(えき)ですれ違(ちが)うだけの彼女(かのじょ)のことがこんなに気(き)になるのか 가끔 역에서 스쳐 지나갈 뿐인 그녀의 일이 이토록 신경 쓰이는 것인지 2017-1회 ・こんなにひどく壊(こわ)れていると 이토록 심하게 부서져 있으면 2010-2회
こういう 이러한, 이런	・こういう表現(ひょうげん)を使(つか)い始(はじ)めたのは 이런 표현을 사용하기 시작한 것은 2016-1회
このような 이와 같은, 이러한	・このような心理現象(しんりげんしょう)を 이와 같은 심리 현상을 2018-2회
このように 이와 같이, 이처럼	・このように、花粉(かふん)に対(たい)して 이와 같이 꽃가루에 대해 2010-2회
それが 그것이, 그게	・それがストレス解消(かいしょう)になっている 그게 스트레스 해소가 되고 있다 2011-1회 ・それが花粉症(かふんしょう)です 그것이 꽃가루 알레르기증입니다 2010-2회 ・それが本当(ほんとう)ならば 그게 정말이라면 2010-1회

そんな 그런	・そんなことを言ってくれたことに 그런 말을 해 준것에 2019-1회 ・そんな、もう一生会えないみたいに言うのはやめてよ 그런, 이젠 평생 만날 수 없는 것처럼 말하지 마 2010-2회
そんなに 그렇게, 그토록	・そんなに無理に忘れようとしなくてもいい 그렇게 무리해서 잊으려고 하지 않아도 된다 2018-2회 ・そんなに大きな翼は 그렇게 커다란 날개는 2017-2회
そういう / そういった 그러한, 그런	・そういう小川さんの楽観的な性格がうらやましいよ 그런 오가와 씨의 낙관적인 성격이 부러워요 2019-1회 ・娘の名前を「優子」にしたのはそういった願いを込めたからだ 딸의 이름을 '유코'로 한 것은 그런 바람을 담았기 때문이다 2015-1회 ・そういったことはもちろんない 그러한 일은 물론 없다 2012-1회
そのような 그와 같은, 그러한	・そのような理由があったのだと知って 그런 이유가 있었다는 것을 알고 2019-1회 ・そのような目的で使われることはない 그런 목적으로 사용되는 경우는 없다 2015-1회
そうした 그러한, 그런	・そうした実感はない 그런 실감은 없다 2017-2회
ある〜 어떤, 어느	・ある調査によると 어느 조사에 의하면 2017-1회 ・ある会社が広告宣伝用に 어떤 회사가 광고선전용으로 2013-2회 ・ある40代の 어느 40대의 2011-1회
どの 어느, 어떤	・どの旗も色が派手で 어느 깃발이나 색이 화려하고 2015-1회
どのような 어떠한, 어떤	・情報をどのような順番で 정보를 어떠한 순서대로 2018-2회 ・どのような人を指しているのだろうか 어떤 사람을 가리키고 있는 것일까 2014-2회
どのように 어떻게	・彼ら鉄道ファンたちはどのように趣味を楽しんでいるのだろうか 그들 철도팬들은 어떠게 취미를 즐기고 있을까? 2011-1회

❷ 접속어

[1] 접속사

접속사란 앞뒤의 문절(文節) 또는 문장을 연결하여 그 관계를 나타내는 단어를 가리킨다. 先生および生徒が校庭に集まる(선생님을 비롯해 학생이 교정에 모이다), 窓を開けた。すると、涼しい風が入ってきた(창문을 열었다. 그러자 시원한 바람이 들어왔다)에서「および」는 문절을,「すると」는 문장을 연결하는 역할을 하고 있다.

순접	**このため** (이 때문에), **だから** (그러니까), **それで** (그래서) **すると** (그랬더니), **そこで** (그래서), **ゆえに** (때문에) **したがって** (따라서), **よって** (따라서)
역접	**その反面** (그 반면에), **が** (하지만), **だが** (하지만) **でも** (하지만), **しかし** (그러나), **しかしながら** (그렇지만) **ところが** (그런데), **だけど** (하지만), **けれども** (하지만) **しかるに** (그런데도), **とはいえ** (그렇다고 (하나), **それなのに** (그런데)
나열·첨가	**また** (또한), **および** (및), **ならびに** (및) **それと同時に** (그것과 동시에), **なお** (또한), **しかも** (더욱이) **それから** (그러고 나서), **そのうえ** (게다가), **そして** (그리고) **それに** (게다가)
대비·선택	**あるいは** (혹은), **または** (또는), **もしくは** (또는) **一方** (한편), **一方で** (한편으로), **それとも** (그렇지 않으면) **どちらかといえば** (어느 (쪽인가 하면)
설명·보충	**つまり** (즉), **すなわち** (즉), **なぜなら(ば)** (왜냐하면) **なぜかというと** (왜냐하면), **ただし** (다만), **もっとも** (그렇기는 하나)
전환	**では** (그럼), **さて** (그건 그렇고), **ところで** (그런데) **ときに** (그런데), **次に** (다음으로)

[2] 부사

부사란 동사와 형용사와 같은 용언을 수식하는 역할을 하는 단어를 말한다. 歌声がとても美しい(노랫소리가 무척 아름답다), ドアをドンドンたたく(문을 똑똑 두드리다), ここはずっと静かだ(여기는 훨씬 조용하다)에서「とても」「ドンドン」「ずっと」는 각각「美しい」「たたく」「静かだ」를 수식하고 있다.

상태	ふと (문득, 갑자기), さっと (휙, 날렵하게), ちかちか (반짝반짝) ドンドン (똑똑)
정도	はなはだ (매우, 심히), 少々 (잠시, 조금), たいそう (매우, 굉장히) とても (대단히, 무척), ずっと (쭉, 훨씬)
호응	どうして～か (어째서 ~했는가?), たぶん～だろう (아마 ~일 것이다), もし～ば (만약 ~하면), 決して～ない (결코 ~하지 않다) まさか～まい (설마 ~하지 않을 것이다), まるで～ようだ (마치 ~인 것 같다) ぜひ～てください (꼭 ~해 주세요)

[3] 기출 접속어

접속어	기출 예
あと 앞으로	・友達(ともだち)と遊(あそ)ぶのもあと数週間(すうしゅうかん)だ 친구들과 노는 것도 앞으로 몇 주뿐이다 2021-1회
あとは 나머지는	・あとは資料(しりょう)を受付(うけつけ)に運(はこ)ぶだけです 나머지는 자료를 안내 데스크에 옮기는 것뿐입니다 2020
あるいは 또는, 혹은	・直接持参(ちょくせつじさん)するか、あるいは郵送(ゆうそう)してください 직접 지참하거나 또는 우편으로 보내 주세요 2014-2회
いずれにしても 어느 쪽이든, 어쨌든	・この計画(けいかく)をこのまま進(すす)めるかやめるか、いずれにしても 이 계획을 이대로 진행할지 말지, 어느 쪽이든 2012-2회
一度(いちど) 한 번	・一度(いちど)食(た)べ出(だ)すと止(と)まらないほど 한 번 먹기 시작하면 그만둘 수 없을 만큼 2018-1회 ・もらった時(とき)に一度(いちど)弾(ひ)いたきりだ 받았을 때 한 번 친 게 전부이다 2017-1회 ・3年前(ねんまえ)に一度(いちど)登(のぼ)っているから 3년 전에 한 번 올랐기 때문에 2012-1회
一方(いっぽう)(で) 한편(으로)	・一方(いっぽう)、性格(せいかく)はどうでしょうか 한편, 성격은 어떨까요? 2019-1회

今にも 이제라도, 당장에라도	• 今にも走り出しそうだ 당장에라도 뛰쳐나올 것 같다 2020 • 形はシンプルながら今にも動き出しそうな生命力に溢れている 형태는 단순하지만 당장에라도 움직일 듯한 생명력이 넘치고 있다 2016-2회
おそらく 아마, 필시, 어쩌면	• おそらくストレスが原因 아마 스트레스가 원인 2019-2회
かえって 도리어, 반대로	• 正しく行わないと、かえってひざや腰を痛めてしまう場合もある 올바르게 하지 않으면 도리어 무릎이나 허리를 다치게 되는 경우도 있다 2015-2회
必ず 반드시, 꼭	• 誰でも必ずお世話になるものがある 누구라도 반드시 신세를 지는 것이 있다 2018-1회 • 安全上、必ずコンセントを抜いて 안전상 반드시 콘센트를 뽑고 2016-2회 • 必ずといっていいほど 반드시라고 말할 정도로 2012-1회 • 必ずこの経験を生かしてほしい 반드시 이 경험을 살려 주었으면 한다 2011-2회
必ずしも 반드시, 꼭 (~인 것은 아니다)	• 必ずしも最初から順調だったわけではない 반드시 처음부터 순조로웠던 것은 아니다 2010-2회
かなり 꽤, 제법, 상당히	• かなり早めに予約しとかなくちゃ 상당히 일찍 예약해두지 않으면 2011-2회
仮に 만약, 설사	• 仮に1日8時間寝て 만약 하루 8시간 자서 2016-2회 • かりに通勤に往復2時間かけるとすると 만일 출퇴근에 왕복 2시간 걸린다고 하면 2012-2회
きっと 꼭, 반드시, 분명	• 私の気持ちは、きっとあたなにはわからないだろうし、 내 기분은 분명 당신은 이해하지 못할 테고 2010-2회
けっこう 제법, 그런대로	• けっこう難しいことだ 제법 어려운 일이다 2020

決して 결코, 절대 (~하지 않다, ~이/가 아니다)	・決して規模は大きくないが 결코 규모는 크지 않지만 2020 ・決して性格や能力の問題ではなく 결코 성격이나 능력의 문제가 아닌 2017-2회 ・決して特別なことをしてきたのではありません 결코 특별한 일을 해 온 것은 아닙니다 2011-2회
結局 결국	・結局寝たのは１時だった 결국 잠이 든 것은 1시였다 2019-2회 ・結局飛行機に間に合わなかった 결국 비행기를 놓치고 말았다 2014-1회 ・結局、上司の意見が優先されて終わった 결국, 상사의 의견이 우선시되어 끝났다 2010-1회
さっき 아까, 조금 전	・さっきご飯を食べたばかりだというのに 아까 밥을 먹은 지 얼마 되지도 않았는데 2010-2회
しかし 그러나, 그렇지만, 하지만	・しかし、人々がより安全で快適に暮らせるように 그러나 사람들이 보다 안전하고 쾌적하게 생활할 수 있도록 2018-1회 ・しかし、それでは世界９０数か国から来日する 하지만 그래서는 세계 90여 개 국에서 방일하는 2016-2회 ・しかし、この世界には何十億人もの人がいるわけですから 그렇지만 이 세계에는 수십억 명이나 되는 사람이 살고 있는 셈이니까 2010-1회
次第に 차차로, 차츰차츰, 점점	・中学生になったころから次第に医学に興味を持ち始め 중학생이 되었을 때부터 차츰 의학에 흥미를 가지기 시작해서 2018-1회
実は 실은, 사실은	・実はその人にとって 실은 그 사람에게 있어서 2018-2회 ・このトイレマークが実は 이 화장실 표시가 실은 2016-2회 ・実は、今花粉症ではない人も 실은 지금 꽃가루 알레르기증이 아닌 사람도 2010-2회
ずいぶん 꽤, 몹시, 아주	・ずいぶん勇気があるもんだね 아주 용기 있구나 2021-1회

ぜひ 아무쪼록, 제발, 꼭	・ぜひご参加ください 꼭 참가해 주십시오 2015-1회 ・ぜひ青木先輩のお話を聞かせていただけないでしょうか 꼭 아오키 선배님의 말씀을 들려주실 수 없을까요? 2014-1회 ・ぜひわたしにやらせていただけないでしょうか 꼭 제가 하게 해 주실 수 없을까요? 2010-1회
そこで 그래서	・そこで政府は、気象データと 그래서 정부는 기상 데이터와 2021-1회 ・そこで、太陽光線の吸収を防ぐ 그래서 태양 광선의 흡수를 막는 2018-1회 ・そこで、照明を目的に合わせて適切に使うことが 그래서 조명을 목적에 맞춰 적절히 사용하는 것이 2014-1회
そのうち 일간, 가까운 시일 안에, 머지 않아, 때가 되면	・たくさん書けばそのうちうまくなるよ 많이 쓰면 머지 않아 솜씨가 좋아질거야 2016-2회
それなりに 그런대로, 나름대로	・行きたかったお寺には行けたし、それなりに楽しめた 가고 싶었던 절에는 갈 수 있었으니, 나름대로 즐길 수 있었다 2014-1회
だいぶ 상당히, 어지간히, 꽤	・木村さん、だいぶ髪が伸びましたね 기무라 씨, 머리가 꽤 길었네요 2013-1회 ・内容自体はだいぶ良くなったと思う 내용 자체는 상당히 좋아졌다고 생각한다 2011-2회
だが 그러나, 그렇지만, 하지만	・だが、今も情報を一瞬ではっきり伝えたい時に 그러나 지금도 정보를 한순간에 분명하게 전달하고 싶을 때에 2015-1회 ・だが、食の多様化に伴う問題も 그렇지만 음식의 다양화에 따른 문제도 2013-1회
だから 그러니까, 그래서, 그러므로	・だから、良い素材を使うことによって 그러므로 좋은 재료를 씀으로써 2014-2회 ・昨日は残業で疲れちゃって。だから、夕食も食べないで寝ちゃったんだ 어제는 야근으로 피곤했어. 그래서 저녁밥도 먹지 않고 자버렸어 2012-1회

確かに 분명, 아마, 틀림없이, 확실히	・確かに「起きてから寝るまでが今日」だと考えれば 확실히 '일어나서 잘 때까지가 오늘'이라고 생각하면 2016-1회 ・確かにそれもあるかもしれませんが 확실히 그것도 있을지도 모르지만 2013-1회
ただし 단, 다만	・ただし、資料代を５００円をいただきます 단, 자료비를 500엔 받습니다 2013-2회 ・ただし、同じことが何度も 단, 같은 일이 몇 번이나 2012-2회
例えば 예를 들면, 예들 들어	・例えば、高速道路や大きな道路の 예를 들면, 고속도로나 큰 도로의 2018-1회 ・たとえば、夜はパスタだけで１２００円ぐらいする店でも 예를 들어 저녁은 파스타만 1200엔 정도하는 가게여도 2012-1회
多分 아마, 필시, 어쩌면	・多分、途中からになると思う 아마 도중부터가 될 것이라 생각한다 2019-1회
だんだん 차차, 점점	・だんだん大きな声で歌えるようになりますよ 점점 큰 목소리로 노래할 수 있게 될 거예요 2014-1회 ・何度も聞いているうちにだんだん好きになってきた 몇 번이고 듣는 도중에 점점 좋아하게 되었다 2011-2회
つい ① (시간적 · 거리적으로) 조금, 바로 ② 무의식 중에, 자신도 모르게, 그만	・１１時までには寝ようと思いつつついテレビを見続けてしまい 11시까지는 자려고 생각하면서도 그만 TV를 계속 보고 말아서 2019-2회 ・つい食べすぎてしまう人も 그만 너무 많이 먹고 마는 사람도 2015-2회 ・ついこの前も出張に行かされたばかりなんですけどねえ 바로 요전에도 억지로 출장을 간지 얼마 안 되었는데요 2010-1회
つまり 즉, 요컨대, 다시 말하면, 결국	・つまり、１０５歳の男性が出した世界記録は 즉, 105세의 남성이 낸 세계기록은 2017-1회 ・つまり、日本では家を建て替えることが多いために 즉, 일본에서는 집을 다시 짓는 일이 많기 때문에 2011-2회 ・つまり、血液型は生まれてから死ぬまで 다시 말하면, 혈액형은 태어나서 죽을 때까지 2010-1회

どうも 아무래도, 도무지, 어딘가, 어쩐지	・どうもパソコンの調子がおかしい 어쩐지 컴퓨터의 상태가 이상하다 2021-1회 ・どうも夕日は見られそうにない 도무지 석양은 볼 수 있을 것 같지 않다 2016-2회 ・表の数字がどうも間違っていたようなんです 표 숫자가 아무래도 틀린 것 같습니다 2011-2회
ところが 그런데, 그러나	・ところが日本に来てみると 그런데 일본에 와 보니까 2013-1회 ・ところが、ある調査によると 그러나 어느 조사에 따르면 2011-2회
とても ① 아무리 해도, 도저히 ② 대단히, 몹시, 매우	・とても弾けそうにない 도저히 연주할 수 있을 것 같지 않다 2015-1회 ・プライベートではとても仲がいい 사적으로는 매우 사이가 좋다 2013-1회 ・とてもプロの試合とは思えない内容だったよ 도저히 프로의 시합이라고는 여겨지지 않는 내용이었어 2010-2회
とはいえ 그렇다 하더라도, 그렇지만	・とはいえ、東京のような大都会で 그렇다 하더라도 도쿄 같은 대도시에서 2014-1회 ・とはいえ、私はポケットティッシュの広告を見て 그렇지만, 나는 휴대용 화장지 광고를 보고 2013-2회
なかなか ① 상당히, 꽤, 어지간히 ② 좀처럼, 쉽사리, 그리 간단히는	・時間をかけてもなかなか上達しない 시간을 들여도 좀처럼 실력이 늘지 않는다 2018-1회 ・なかなか予約が取れなくて 좀처럼 예약을 할 수 없어서 2017-1회 ・初めてにしてはなかなか上手だった 처음치고는 꽤 잘했다 2016-1회
なにも ① 아무것도, 전혀 ② 별로, 일부러, 특히	・なにもそこまで悪く言わなくてもいいだろう 일부러 그렇게까지 나쁘게 말하지 않아도 되잖아 2010-1회
ほとんど 거의, 대부분	・ほとんど雨が降らないので 거의 비가 내리지 않기 때문에 2020 ・エネルギー資源がほとんどないため 에너지 자원이 거의 없는 탓에 2018-2회

本当は 사실은, 정말은	・本当は映画を見に行くつもりだったが 사실은 영화를 보러 갈 생각이었는데 2020
まず ① 우선, 먼저, 첫째로, 최초에 ② 대체로, 아마도, 하여간, 거의	・まずやってみてうまくいかなかったら 우선 해 보고 잘 안된다면 2019-2회 ・まず電話の応対の練習を２週間させられるそうだ 먼저 전화 응대 연습을 2주일간 한다고 한다 2018-1회 ・失敗することはまずないという友人の話を聞いて 실패할 일은 거의 없다는 친구의 말을 듣고 2016-1회
また ① (또)다시, 재차 ② 또한, 게다가	・また、寒い地域では 또한, 추운 지역에서는 2018-1회 ・またしかられる 또 야단맞는다 2011-2회
まもなく 머지않아, 이윽고, 곧	・まもなく開店いたしますので 곧 가게를 열겠으니 2018-1회
むしろ 차라리, 오히려	・午後になっても雨はやまず、むしろ強くなるばかりだった 오후가 되어도 비는 그치지 않고 오히려 강해지기만 할 뿐이었다 2013-1회 ・国内よりむしろ海外で 국내보다 오히려 해외에서 2011-1회
もう ① 벌써, 이미, 이제 ② 곧, 머지않아 ③ 조금 더, 이 위에, 또	・もう秋になるのに 이제 가을인데 2011-2회 ・田中さんの息子さんももう高校生ですか 다나카 씨의 아드님도 곧 고등학생인가요? 2019-1회 ・もう一度考えればいい 한 번 더 생각하면 된다 2019-2회 ・何でそうやってすぐもうだめとか言うの 왜 그렇게 금방 더는 못 하겠다고 하는 거야? 2011-1회
もちろん 물론	・もちろん田中さんがよければだけど 물론 다나카 씨가 좋다면 이지만 2020 ・そういったことはもちろんない 그러한 일은 물론 없다 2012-1회
もっとも 그렇다고는 하지만, 하긴, 단	・もっとも、本人はそれほど気にしていないかもしれないが 하긴, 본인은 그다지 신경쓰고 있지 않을지도 모르지만 2012-1회
要するに 요컨대, 즉	・要するに、経済的、時間的、精神的に余裕がある人が大人なのだろう 요컨대, 경제적, 시간적, 정신적으로 여유가 있는 사람이 어른인 것이다 2012-1회

問題7　次の文の（　　　）に入れるのに最もよいものを、１・２・３・４から一つ選びなさい。

1 このたびの報道で皆様に大変ご心配をおかけしましたことを心より（　　　）。申し訳ございませんでした。」

1　おわび申し上げます　　2　おわびいただきます
3　わびていただきます　　4　わびていらっしゃいます

2 面接官（めんせつかん）「おそれいりますが、この料理屋に向ける資格は（　　　）。」
応募者（おうぼしゃ）「はい、調理師（ちょうりし）の資格をお持ちしています。」

1　お持ちいただけますか　　2　お持ちになりますか
3　お持ちですか　　4　お持ちしますか

3 店員「こちらのキャンピングカーは、中古車ですが、（　　　）新車と変わらないくらいきれいです。」
客　「そうですね。」

1　ご覧のように　　2　ご覧いただくために
3　拝見したとおり　　4　拝見したきり

4 貴社の製品に興味を持ちました。一度お時間をいただき、もう少しお話を（　　　）いただければと思っております。

1　聞いて　　2　聞けて　　3　聞かせて　　4　聞かれて

5 石原先生が私に毎日熱心に指導を（　　　）。そのおかげで志望校（しぼうこう）の東大（とうだい）へ合格できました。本当にお世話になり、ありがとうございました。

1　いらっしゃいました　　2　してくださいました
3　まいりました　　4　していただきました

답 1① 2③ 3① 4③ 5②

6 悩んでいる時は、誰かに話を（　　　）気が楽になったり、少し状況を冷静に見ることができるようになったりします。

1　聞いてあげることは　　2　聞いてもらうだけで
3　聞いてくれることに　　4　聞いてやるだけが

7 私は、娘がやりたいことはなるべく（　　　）と思っています。

1　やらせてやりたい　　2　やらせていただく
3　やらせてもらった　　4　やらせてくれた

8 A「ごめんごめん。この前借りた本、きょう返そうと思っていたのに、持ってくるの忘れちゃった。」
B「ああ、別に急がないから、次に会う時に（　　　）よ。」

1　持ってきてくれるはずだ　　2　持ってきてあげるつもりだ
3　持ってきてくれればいい　　4　持ってきてあげたほうがいい

9 アメリカからの観光客には西洋式のホテルより（　　　）和風旅館の方が人気がある。

1　もっとも　　2　ただし　　3　かりに　　4　むしろ

10 彼女は快活(かいかつ)で愛想(あいそ)がよく、親切でなおかつ思いやりがある。（　　　）立派な人です。

1　しかも　　2　ただし　　3　要するに　　4　それどころか

11 くしゃみは「時速３２０キロメートル」とされていて、なんと新幹線の時速よりも速いのだ。（　　　）、調べてみると驚いてしまうようなことが私たちの身近には多く隠されている。

1　いっぽうで　　2　このように　　3　ちなみに　　4　それどころか

12 小林(こばやし)さんの演奏は（　　　）点から見ても非の打ちどころがありません。

1　このように　　2　あのように　　3　どの　　4　そちらの

답　6② 7① 8③ 9④ 10③ 11② 12③

問題8　次の文の ＿★＿ に入る最もよいものを、１・２・３・４から一つ選びなさい。

13 私はくつを買うとき、デザインよりも ＿＿ ＿＿ ＿★＿ ＿＿ を重視（じゅうし）します。
1 か　2 はきやすい　3 どうか　4 まずそれが

14 日本では、医師法（いしほう）に基（もと）づき、医療行為（いりょうこうい）は医師にしか許されていません。看護師（かんごし）には医師の指示に基づいて ＿＿ ＿＿ ＿★＿ ＿＿ 認められていません。
1 しか　2 まで　3 こと　4 行う

15 私たちはもっと現実の自然との一体感を取り戻さなければならない。自然を人間から切り離して ＿＿ ＿＿ ＿★＿ ＿＿ 迫（せま）ることが大切なのである。
1 むしろ　2 自然を友とし　3 自然の心に　4 眺（なが）めるのではなく

16 A「＿＿ ＿＿ ＿★＿ ＿＿ 会社にいるの？」
B「課長より先に帰るわけにはいかないんだ。」
1 どうして　2 まで　3 遅く　4 そんなに

17 「クリニックに行くことなく、ここまで高精度（こうせいど）に自分の足を把握（はあく）できるサービスは他にないと思います。案内がわかりやすくなっているのは ＿＿ ＿＿ ＿★＿ ＿＿ ね」と山下氏（やましたし）は語る。
1 くれているおかげです　2 失敗を繰（く）り替（か）えしながら
3 会社のスタッフが　4 サービスを研究して

답 13 ①(4213)　14 ②(4321)　15 ②(4123)　16 ③(1432)　17 ④(3241)

問題9　次の文章を読んで、文章全体の内容を考えて、[18] から [22] の中に入る最もよいものを１・２・３・４から一つ選びなさい。

相手への敬意を込めた表現がすべて非効率というわけではない。言葉だけで敬意が伝わる場合がある。[18]、例えば最近定着した言葉で、「○○させていただきます」という言い方がある。「○○させていただきます」が、これだけひんぱんに使われ出し、ほとんど主流になったのはたぶんここ２０年のことだろう。パーティーや授賞式などの司会者は、高度成長の終わりごろまでは、「司会を担当します村上です」と言っていた。[19] いまは必ず「司会を担当させていただきます村上です」と言う。

実は、「させていただきます」という言い方は、単純に相手に敬意を払い(注1)、へりくだって(注2)いるわけではない。「わたしはこの仕事を自分から望んでやるわけではありません。誰かの命令を受けて、あるいは許可をもらってやらせていただくのです。だから [20]」というニュアンスのほうが強い。

なぜそのような表現が定着してしまったのか。

それは、いまだに日本社会では、責任の所在がはっきりしないコミュニケーションのほうが好まれるからだ。

責任は決定権と不可欠(注3)だ。ある組織で、ある特定の人間に責任を持たせる場合、同時に決定権を持たせないと仕事にならないし、組織内のコミュニケーションもとれなくなる。[21] 責任者というのは決定権保持者なのだ。経営の責任を取る人物は、経営の決定権を持つ [22]。あるプロジェクトで失敗の責任を取る人物は、そのプロジェクトを実行する際の決定権を持っていなければならない。

(村上龍『eメールの達人になる』による)

(注１)敬意を払う：相手に対する尊敬の気持ちなどを、話し方や行動などで表現すること
(注２)へりくだる：謙遜する
(注３)不可欠：ぜひ必要なこと。なくてはならないこと

18

1 ただ　　2 なお　　3 だが　　4 さて

19

1 ところが　　2 さて　　3 あるいは　　4 すると

20

1 相手には義務はありません　　2 相手には責任はありません

3 自分には義務はありません　　4 自分には責任はありません

21

1 さらに　　2 つまり　　3 そこで　　4 ただし

22

1 人物であるべきではない　　2 人物でなくてもかまわない

3 人物であるとはかぎらない　　4 人物でなければならない

핵심문법 다시보기

～(さ)せていただく '하다'의 겸양어	司会(しかい)を担当(たんとう)させていただきます 사회를 담당하겠습니다(06行)
～わけではない ~하는 것은 아니다	非効率(ひこうりつ)というわけではない 비효율적인 것은 아니다(01行)
～でなければ 125 ~이 아니면	人物(じんぶつ)でなければならない 인물이 아니면 안 된다(18行)
～べきではない ~해서는 안 된다	人物(じんぶつ)であるべきではない 인물이어서는 안 된다
～なくてもかまわない ~하지 않아도 상관 없다	人物(じんぶつ)でなくてもかまわない 인물이 아니어도 상관 없다
～とはかぎらない 138 ~하다고는 할 수 없다	人物(じんぶつ)であるとはかぎらない 인물이라고는 할 수 없다

답 18 ③　19 ①　20 ④　21 ②　22 ④

問題７ 次の文の（　　　）に入れるのに最もよいものを、１・２・３・４から一つ選びなさい。

1 もしこちらに（　　）ことがありましたら、ぜひお立ち寄りください。
1 まいる　2 お目にかかる　3 ご覧になる　4 おいでになる

2 皆さんは、最近になって木造建築が見直されていることを（　　）。
1 ご存じです　2 ご存じでしょうか
3 ご存じのようです　4 ご存じなのでしょう

3 当商品はクレジットカード決済限定(けっさいげんてい)にてご注文を（　　）。
1 申し上げます　2 差し上げます　3 いたします　4 うけたまわります

4 店員(てんいん)「お客様、なにか（　　）、ご案内いたしますが。」
客(きゃく)　「あ、居間に敷くカーペットを探しているんです。」
1 お探しでしたら　2 探してくださいましたら
3 お探ししましたら　4 探させていただきましたら

5 山本(やまもと)「石原(いしはら)さん、ギターが欲しいって言っていましたよね。私の息子が使っていたギターがあるんです。よければどうですか。」
石原(いしはら)「いいんですか。」
山本(やまもと)「はい。息子に聞いたら、弾いてくれる方がいるなら、ぜひと言っていたので、どうぞもらって（　　）。」
1 やりませんか　2 やってください
3 いただきませんか　4 いただいてください

6 今、世界はコロナウイルスでたくさんの尊(とうと)い命が奪(うば)われ、当たり前のことが当たり前ではなくなり、生きていくことの厳しさを（　　）毎日です。
1 感じてもらう　2 感じてやる　3 感じさせている　4 感じさせられる

답 1④ 2② 3④ 4① 5② 6④

7 私は、人に贈り物をするとき、それを（　　）、きれいな包装紙(ほうそうし)で包むことにしています。

1 けっこう　　2 まず　　3 今にも　　4 一方

8 ２人とも相手の言葉が信用できないらしい。（　　）なっては、２人で協力して何かをするというのは無理である。

1 あの　　2 どちら　　3 こう　　4 そうして

9 学生は１度に５冊まで貸し出し可、（　　）試験期間中は不可。

1 ただし　　2 および　　3 すなわち　　4 あるいは

10 山田(やまだ)「ゆうべ、何か物音がしましたね。」
田中(たなか)「（　　）物音は聞いたが、時刻は覚えていません。」

1 ただ　　2 一方　　3 確かに　　4 それでも

11 日本は南北に長い。（　　）、地方によって気候の差が激しい。

1 だが　　2 したがって　　3 さらに　　4 むしろ

12 お誕生日おめでとう。（　　）毎年一緒にお祝いできることを幸せに思います。いつもありがとう。

1 また　　2 こうして　　3 しかも　　4 ところが

답 7② 8③ 9① 10③ 11② 12②

問題8　次の文の ＿★＿ に入る最もよいものを、１・２・３・４から一つ選びなさい。

13 シンデレラが聞いた時報(じほう)も ＿＿＿ ＿＿＿ ＿★＿ ＿＿＿ あったにちがいない。

1　ものでで　　2　おそらく　　3　王宮内(おうきゅうない)の　　4　置(お)き時計(どけい)の

14 公務員(こうむいん)試験に合格できるか ＿＿＿ ＿＿＿ ＿★＿ ＿＿＿ できるだけのことはするつもりです。

1　どうかは　　2　ように　　3　後悔しない　　4　ともかくとして

15 一定の軌道上(きどうじょう)を走る路面電車は、停留所でしか乗り降りができない。＿＿＿ ＿＿＿ ＿★＿ ＿＿＿ 停留所まで行かなければならない。

1　交通手段で最寄りの　　2　徒歩や他の

3　したがって　　4　利用する人々は

16 ましてとは、特別に著(いちじる)しい例を挙(あ)げて、この場合 ＿＿＿ ＿＿＿ ＿★＿ ＿＿＿ 条件が悪い時には言うまでもないという意で用(もち)いる。

1　それよりも　　2　こう　　3　なのだから　　4　ですら

17 地球上の生き物は人間のために存在しているのではない。そして人類はというと、生物の多様性なしには生きていけない。＿＿＿ ＿＿＿ ＿★＿ ＿＿＿ 私たちの衣食住(いしょくじゅう)すべてが自然から資源(しげん)という形で得られているからだ。

1　生物の多様性あって　　2　地球環境そのものが

3　なぜなら　　4　こそ成り立っているし

답 13 ④(2341)　14 ③(1432)　15 ②(3421)　16 ③(4231)　17 ①(3214)

問題９　次の文章を読んで、文章全体の内容を考えて、［18］から［22］の中に入る最もよいものを１・２・３・４から一つ選びなさい。

人間は自分の抱いているイメージが裏切られるとがっくり[注1]する。そのイメージが鮮やかであればあるほど、拍子抜け[注2]は大きい。そこで人間は、本能的に自分の持っているイメージに合わせて対象を見ようとする。［18］、自分のイメージに合わない物事を、意識的に、あるいは無意識のうちに無視したり、切り捨てたりするのである。

話はとぶが、僕はよく世界各地を遺跡を訪ねて歩く。ところが胸に描いていたイメージと実際の遺跡とは、たいてい、食い違っている。［19］僕の遺跡への旅は、ほとんどが落胆と失意の旅である。せっかくやってきたのに、イメージとまるで違っているのは、なんともやるせない[注3]ものである。［20］僕は思い直して、実際は実際なのだと自分にいいきかせる。そうすると、それは［21］、またおのずから別のイメージを生み出してくれるのである。

僕は遺跡の写真を何枚も撮って帰り、それをカメラ好きの友人に見せた。［22］彼は一見して、

「こりゃだめだな、使いものにならんよ。」と、さも[注4]けいべつ[注5]したように言った。

森本哲郎「イメージからの発想」・『「私」のいる文章』による

(注１)がっくり：落胆して元気をなくした様子
(注２)拍子抜け：張り合いがなくなること
(注３)やるせない：せつなくてどうしようもない
(注４)さも：そのとおりにも、いかにも、まるで
(注５)けいべつ：劣ったものなどと見なしてばかにすること

18

1 ところで　2 つまり　3 なぜなら　4 もちろん

19

1 だから　2 いったい　3 ただし　4 とうとう

20

1 それに　2 それどころか　3 または　4 けれども

21

1 それは　2 それに　3 それで　4 そうと

22

1 つまり　2 すると　3 しかも　4 一方で

핵심문법 다시보기

～ば～ほど ～하면 ～할수록	そのイメージが鮮(あざ)やかであればあるほど 그 이미지가 선명하면 할수록(01行)
～(よ)うとする 156 ～하려고 하다	対象(たいしょう)を見(み)ようとする 대상을 보려고 한다(03行)
～うちに 007 ～하는 동안에, ～중에	あるいは無意識(むいしき)のうちに 또는 무의식 중에(04行)
～てくれる ～해 주다	別(べつ)のイメージを生(う)み出(だ)してくれるので 다른 이미지를 만들어 주기 때문에(10行)

답 18 ② 19 ① 20 ④ 21 ③ 22 ②

제4장

독해 공략편

01 독해요령 알아두기

1 문제유형별 독해 포인트

일본어능력시험 N2 독해는 내용 이해(단문·중문), 종합 이해, 주장 이해(장문), 정보 검색 총 5가지 문제 유형이 출제된다.

❶ 내용 이해(단문)

주로 일상생활, 업무, 학습 등 다양한 주제를 포함한 200자 정도의 지문을 읽고 내용을 이해했는지를 묻는 문제이다. 총 5개의 지문에 각각 1문제씩 출제된다.

❷ 내용 이해(중문)

비교적 쉬운 내용의 신문 평론, 설명문, 수필 등 500자 정도의 지문을 읽고 인과관계나 개요, 이유, 필자의 생각 등을 이해할 수 있는지를 묻는 문제이다. 한 개의 지문에 각각 3문제씩 출제된다.

❸ 종합 이해

신문 칼럼이나 기사 등 하나의 화제에 대한 두 가지 이상의 글을 읽고 공통점이나 차이점을 비교하거나, 복수의 지문 내용을 종합하여 이해하는 능력을 요구한다. 비교적 평이한 내용이므로 글 자체는 그다지 어렵지 않지만 각각의 주장을 파악하여 비교하는 것에 주의해야한다.

❹ 주장 이해(장문)

논리 전개가 비교적 명쾌한 평론 등 900자 정도의 장문의 글을 읽고 필자가 전달하려는 주장이나 의견을 얼마나 이해했는지를 묻는다. 글의 주제와 키워드, 논리 전개 방식 등을 파악하는 것이 중요하다. 독해 문제 중에서 난이도가 가장 높은 문제이다.

❺ 정보 검색

광고 팸플릿, 정보지, 전단지, 비즈니스 문서 등의 정보를 다룬 700자 정도의 지문에서 자신에게 필요한 정보를 찾아낼 수 있는지를 묻는 문제이다.

2 질문유형별 독해 포인트

일본어능력시험 N2 독해에서 출제되는 5가지 문제유형에는 주로 필자의 생각이나 주장을 묻는 문제, 밑줄 친 부분의 의미를 찾는 문제, 전체 지문의 내용이나 문맥을 파악하는 문제 등이 등장한다.

❶ 필자 관련 문제

필자의 생각이나 주장을 묻는 문제로 주로 내용 이해(단문·중문), 종합 이해, 주장 이해 등에서 출제된다. 단락이 하나일 경우에는 첫 문장과 마지막 문장, 단락이 2개 이상일 경우에는 마지막 단락을 주의해서 읽는다. 필자가 가장 말하고자 하는 요점을 나타내는 키워드를 찾는다.

❷ 의미 파악 문제

밑줄 친 부분에 대한 의미를 찾는 문제로 주로 내용 이해(단문·중문), 주장 이해 등에서 출제된다. 밑줄 친 부분의 말의 의미를 확실히 이해한 다음, 앞뒤 문맥을 잘 살펴본다.

❸ 내용 파악 문제

지문의 전체적인 내용을 파악하는 문제로 내용 이해(단문·중문), 종합 이해, 정보 검색 등에서 출제된다. 문제유형별로 문제를 푸는 요령이 조금씩 다른데, 내용 이해의 경우는 먼저 선택지를 읽고 난 후 본문의 내용과 비교하면서 선택지를 지워가며 문제를 푼다. 종합 이해의 경우 공통적으로 언급되는 내용이나 한쪽에서 언급되는 내용을 먼저 파악하는 것이 중요하다. 그리고 정보 검색의 경우에는 질문 다음에 지문이 나오므로 먼저 질문을 읽고 난 다음 질문에서 요구하는 정보를 텍스트에서 파악해야 한다.

02 문제유형 공략하기

1 問題10 내용 이해-단문

| 문제유형 및 경향분석|

問題10은 내용 이해(단문) 문제로 일상생활, 업무 등 여러 가지 화제를 포함한 수필이나 설명문, 지시문 등의 200자 정도의 지문을 읽고 내용을 이해했는지를 묻는 문제이다. 문제 수는 N2 전체 독해 21문제 중 5문제가 출제된다. 총 5개의 지문이 나오고 각각 1문제씩 출제된다.
주로 글의 주제를 묻는 문제나 저자의 주장이나 생각을 묻는 문제, 밑줄 친 부분의 의미를 찾는 문제, 문맥을 파악하는 문제 등의 형태로 출제된다. 전체 독해 문제 중에서 지문이 짧은 편이기 때문에 저자의 주장이나 의견, 전체 지문의 요점을 나타내는 키워드나 문장을 빨리 파악하는 것이 문제를 푸는 포인트이다.

문제 유형 예시

問題10　次の(1)から(5)の文章を読んで、後の問いに対する答えとして最もよいものを、1・2・3・4から一つ選びなさい。

(1)

「ルール」はなぜあるのでしょうか？

スポーツを理解するために最初に確認(かくにん)しておきますが、〝スポーツは人間が楽しむためのもの〟です。これが出発点です。決して「世の中に無ければならないモノ」でもなければ、生きるためにどうしても「必要なモノ」でもありませんが、楽しむためのモノであり、その〝スポーツで楽しむ〟ために「ルール」があるのです。

そして、ルールのもとで勝敗を競いますが、このことが楽しくないのであれば、スポーツをする価値はありません。

（高峰修『スポーツ教養入門』岩波書店による）

55　筆者の考えに合うのはどれか。

1　ルールのないスポーツにも価値がある。
2　ルールはスポーツで楽しむためのものだ。
3　スポーツはルールを理解してから始めるべきだ。
4　スポーツを通して、ルールの重要さが理解できる。

例題10 次の文章を読んで、後の問いに対する答えとして最もよいものを、1・2・3・4から一つ選びなさい。

料理は見た目も大切です。料理をお皿などに入れるときに気をつけたいことは、料理を盛(も)る(注1)高さと余白(よはく)(注2)と料理の色の３つです。高さがあるように盛るとおいしそうに見えますし、そこにいろいろな色があれば脳がよく働くことも知られています。また、広い余白は高級なイメージ、狭い余白は親しみを感じさせます。料理を上品に見せたいときは３０％以上の余白を残したほうがいいです。ですから大きな入れ物を使ったほうが簡単に上手に盛りつけられる可能性が高いと思います。

（注１）盛(も)る：この文では料理を山の形に入れる
（注２）余白(よはく)：白い部分。この文では料理が入っていない部分

1　本文の内容と合っているのはどれか。

1　料理で一番大切なことは見た目だ。
2　小さな皿を使うと上手に料理を盛れない。
3　余白によって料理のイメージが変わる。
4　料理の見せ方でまずい料理もおいしくなる。

해석 및 해설

해석

요리는 외관도 중요합니다. 요리를 접시 등에 담을 때 신경써야 할 것은 요리를 담는(주1) 높이와 여백(주2)과 요리의 색 3가지입니다. 높이가 있도록 담으면 맛있게 보이며, 거기에 여러 가지 색이 있으면 뇌가 잘 작용하는 것도 알려져 있습니다. 또 넓은 여백은 고급스런 이미지, 좁은 여백은 친밀감을 느끼게 합니다. 요리를 고급스럽게 보이고 싶을 때는 30% 이상의 여백을 남기는 편이 좋습니다. 따라서 큰 그릇을 사용하는 편이 간단히 잘 담을 수 있는 가능성이 높다고 생각합니다.

(주1) 盛(も)る : 이 글에서는 요리를 산의 형태로 담는다
(주2) 余白(よはく) : 하얀 부분. 이 글에서는 요리가 담겨 있지 않은 부분

1 본문의 내용과 일치하는 것은 어느 것인가?

1 요리에서 가장 중요한 것은 외관이다.
2 작은 접시를 사용하면 요리를 잘 담을 수 없다.
3 여백에 의해 요리의 이미지가 바뀐다.
4 요리를 보여주는 방식으로 맛없는 요리도 맛있어진다.

해설

이 문제는 글의 전체 내용을 파악하는 문제이다. 먼저 선택지를 확인한 후에 지문을 읽어가면서 틀린 것을 지워가는 것이 문제 푸는 요령이다. 선택지 1번은 본문에는 '외관도 중요하다'라고 되어 있는데 이것은 '맛뿐만 아니라'라는 표현이 생략되어 있는 것이라고 보아야 한다. 따라서 외관이 가장 중요하다는 의미가 아니기 때문에 정답이 아니다. 2번은, 본문에 '큰 그릇을 사용하는 편이 간단히 잘 담을 수 있는 가능성이 높다'라고 얘기하고 있다. 이것이 작은 접시로는 잘 되지 않는다는 의미로 연결되는 것은 아니기 때문에 틀리다. 3번은, 본문에 여백에 의한 이미지의 예가 기술되어 있기 때문에 정답이다. 4번은 이에 대한 기술이 없으므로 정답이 아니다. 또한 상식적으로 보기 좋게 담는다고 맛없는 요리가 맛있어지지는 않기 때문이다.

問題10 次の(1)から(5)の文章を読んで、後の問いに対する答えとして最もよいものを、1・2・3・4から一つ選びなさい。

(1)

14階のビルが予想通り森のようになった。1995年に建てた時に南側面の緑化(りょっか)を、多くのビルとは違い草花(くさばな)の代わりに76種類の木に決めた。その木が成長しただけでなく長年の間に鳥や風が運んだ種により200種類にも増え、その木から落ちた葉が腐葉土(ふようど)(注)となり、木を育て、雨だけで木々が育つほどになったそうだ。確かに南から見るとビルは森に囲まれている。ビルの外側に造られた階段を上れば屋上まで15分ほどの登山気分も楽しめるとか。

(注) 腐葉土(ふようど)：落ち葉などが小さな生物によって長時間かけて分解されて土のように変わった物

1 著者はなぜ登山気分も楽しめると言っているか。

1 屋上までビルを見ながら登れるから
2 自然に囲まれた場所が登れるから
3 ビルの中を木を見ながら登れるから
4 屋上から自然一杯の遠くの景色が見えるから

(2)

大川さんは毎月月末に10万円ずつ、7月と12月にはボーナスからも30万円ずつ貯金してきた。12月31日に貯金が総額1,000万円になった。貯金は家の購入時の頭金(注)にするつもりだ。子供の教育費の100万円を除いた全額が頭金にできる。頭金は普通20%必要だ。来年4月に子供が小学校に入学するので家を探している。

(注) 頭金：何かを買う時に最初に払うお金

2 大川さんは3月15日に最高でいくらの家が契約できるか。

1 4,500万円
2 4,600万円
3 5,000万円
4 5,100万円

(3)

アルコール成分が入っていないノンアルコールビールはビールに似ている味でおいしい。それに酒税(しゅぜい)(注1)もかからないからジュースと同じくらい安く買える。だから宗教上の理由などでお酒が飲めない人や、車を運転する人、妊娠(にんしん)(注2)中の女の人などお酒を飲んではいけない人に飲まれている。また酒が飲みたくない若い人たちにも人気があって、ビールの売り上げが減少しているのにこちらは売り上げが急増している。

（注1）酒税(しゅぜい)：お酒にかかる税金
（注2）妊娠(にんしん)：おなかに子供がいる状態

3　ノンアルコールビールの説明はどれか。

1　ビールと同じ味がするので飲む人が増加した。
2　ジュースより安いので人気がある。
3　飲酒が禁止されている人にも飲まれている。
4　ビールより売り上げ高が多い。

(4)

北病院の面会時間は午後１時から８時までです。小学生以下の方の面会はできません。面会する場合は総合案内所でお名前をご記入の上、番号札(ばんごうふだ)をもらってよく見えるところにつけてください。病室では他の入院されている方の迷惑にならないように話し声に気をつけてください。病室では面会の方は飲んだり食べたりできません。お酒とたばこは病院内はすべて禁止です。携帯電話は医療機器(いりょうきき)に悪い影響を与える恐れがありますので、病室では電源(でんげん)を切ってください。休憩室(きゅうけいしつ)でのみご使用できます。休憩室はすべての階にございます。

4　病院でできることは何か。

1　病人に果物を食べさせること
2　５歳の子どもを連れて行くこと
3　ろうかで携帯電話を使うこと
4　休憩室でたばこを吸うこと

(5)

地球の温暖化を防ぐために私たち個人でもできることがある。しかしやろうと決心して始めても段々面倒くさくなって止めてしまいがちだ。毎日自分がどのぐらい二酸化炭素(にさんかたんそ)を減らせたか数字で見ることができればやる気が出るだろう。1日で減らせる主な二酸化炭素の量は以下の通りだ。レジ袋をもらわない42g、テレビをつけたままにしない45g、シャワーを出しっぱなしにしない86g、ゴミ出しルールを守って分別する119g、暖房を20度以下にする129g、自動車を使わず電車、自転車、徒歩で移動する400gなどだ。逆に言うと、レジ袋をもらったら排出量(はいしゅつりょう)は42gかかるということになる。

5 著者は二酸化炭素の排出量について何と言っているか。

1 個人で頑張っている人は毎日数字を見ている。
2 自動車を使わないことが一番効果がある。
3 ここに書かれている全てを実行したら温暖化は防げる。
4 計算すると排出量がおさえられる。

2 問題11 내용 이해-중문

| 문제유형 분석 및 대책 |

問題11은 내용 이해(중문) 문제로 500자 정도의 비교적 평이한 내용의 평론, 해설, 수필 등의 지문을 읽고, 문장의 개요나 저자의 생각, 인과관계나 이유 등을 이해했는지를 묻는 문제이다. 문제 수는 전체 독해 21문제 중 9문제가 출제된다. 총 3~4개의 지문이 나오고, 각 지문 당 2~3문제가 출제된다.
주로 문장의 개요나 저자의 생각, 인과관계나 이유 등을 묻는 문제가 출제되기 때문에, 각 단락이 말하고자 하는 내용이 무엇인지를 파악하는 것이 중요하다. 문장의 주제나 저자의 생각은 주로 마지막 단락에서 정리가 되므로 주의 깊게 파악한다. 인과관계나 이유를 묻는 문제의 경우는 문장의 앞뒤 문맥을 잘 살펴서 문제를 풀어야 한다.

문제 유형 예시

問題11　次の(1)から(3)の文章を読んで、後の問いに対する答えとして最もよいものを、1・2・3・4から一つ選びなさい。

(1)

日本ではよく、「若者はもっと個性を発揮(はっき)すべきだ」とか、「個性を磨(みが)くべきだ」などと言われます。けれど私は、そういう言葉にはあまり意味がないと思っています。

また、日本では「個性」という言葉が主に人の外観に関して使われることにも、私は違和感(注1)を持っています。たとえば、「個性的なファッション、個性的なヘアスタイル」は、「人がアッと驚くような奇抜(きばつ)(注2)なスタイル」であることが多いでしょう。

(中略)

60　日本人が使う「個性」という言葉について、筆者はどのように述べているか。

1　本来の意味とは違う使い方がされている。

2　意味がないと思っている人が多い。

3　主に若者に対して使われている。

4　人によって使い方がさまざまだ。

실전 감각 익히기 | 내용 이해 - 중문

例題11 次の文章を読んで、後の問いに対する答えとして最もよいものを、1・2・3・4から一つ選びなさい。

自分が何かしてもらったとき「○○さんに〜していただく」という敬語を使う。しかしこれを「○○さんが〜していただく」と間違えて使う人が多い。「が」を使うなら「○○さんが〜してくださる」と動詞を変えなければならない。外国人は授業で習うし日本語能力試験にも必ず出題される。外国人の方が正しく使っているようだ。敬語は学校でも習っているが、全然身に付いていない。有名な司会者を始め、政治や経済の重要な地位にいる人までが間違える。だから毎日のようにこの間違った敬語をテレビで耳にする一般の人々はこれが正しいと思うようになってしまう。先日ある人が友だちにセーターを作ってもらったことを説明する際に、「友だちが作ってもらった」と言っているのを聞いた。もうここまで来ているのかと驚いた。

言葉は変化するものだ。「全然」が否定形と一緒に使われなくなって久しい。「ら抜き言葉」も「さ入れ言葉」も仕方がない部分もある。しかし日本語で助詞は一番重要だ。日本語が主語や言わなくても分かる言葉を省略して使うことができるのは助詞があるからだ。もし助詞が正しく使えないなら、もう省略した言い方はできなくなる。何とかしなければならない時期に来ているのではないだろうか。

1 著者がもうここまで来ているのかと驚いたと言ったのはなぜか。

1 「〜してもらう」まで間違える人が出てきたから
2 「〜していただく」が使えない人がいたから
3 外国人のほうが正しく使えるから
4 有名な司会者や重要な地位にいる人まで間違えているから

2 著者はこの間違いについてどう考えているか。

1 言葉は変化する物だからこのままでいい。

2 「ら抜き言葉」と同じ程度の間違いだ。

3 根本(こんぽん)で間違えているので問題だ。

4 外国人は正しく使えるのに日本人が間違えるのは問題だ。

3 本文の内容と合っているのはどれか。

1 日本語も英語のように主語を言わなければならなくなる。

2 ほとんどの学校で敬語が教えられていない。

3 外国人が間違えないのは試験に出るからだ。

4 助詞と動詞の組み合わせはとても重要だ。

해석 및 해설

해석

자신이 누군가에게 어떤 행동을 해 받았을 때「○○さんに～していただく(~씨에게 ~해 받다, ~씨가 ~해 주다)」라는 경어를 쓴다. 그러나 이것을「○○さんが～していただく(~씨가 ~해 받다)」라고 잘못 사용하는 사람이 많다. 「が」를 쓴다면「○○さんが～してくださる(~씨가 ~해 주시다)」라고 동사를 바꿔야 한다. 외국인은 수업에서 배우고 일본어능력시험에도 반드시 출제된다. 외국인 쪽이 바르게 사용하고 있는 듯하다. 경어는 학교에서도 배우고 있지만, 전혀 몸에 배어 있지 않다. 유명한 사회자를 비롯하여 정치나 경제의 중요한 지위에 있는 사람까지 틀린다. 그래서 매일같이 이런 잘못된 경어를 텔레비전에서 듣는 일반 사람들은 이것이 바르다고 생각하고 만다. 일전에 어떤 사람이 친구가 자기에게 스웨터를 만들어 준 것을 설명할 때「友だちが作ってもらった(친구가 만들어 받았다)」라고 하는 것을 들었다. 이미 여기까지 온 건가 하고 놀랐다.

말은 변화하는 것이다.「全然」이 부정형과 함께 쓰여지지 않게 된 것도 오래되었다.「ら抜き言葉(ら탈락어)」도「さ入れ言葉(さ삽입어)」도 어쩔 수 없는 부분도 있다. 그러나 일본어에서 조사는 가장 중요하다. 일본어가 주어나 말하지 않아도 아는 말을 생략해서 사용할 수 있는 것은 조사가 있기 때문이다. 만약 조사를 바르게 쓸 수 없다면 이제 생략한 말투는 할 수 없게 된다. 어떻게든 해야만 하는 시기에 와 있는 것은 아닐까.

1 저자가 이미 여기까지 온 건가 하고 놀랐다고 말한 것은 어째서인가?

1 「～してもらう」까지 틀리는 사람이 나왔기 때문에
2 「～していただく」를 쓰지 못하는 사람이 있기 때문에
3 외국인 쪽이 바르게 쓸 수 있기 때문에
4 유명한 사회자나 중요 위치에 있는 사람까지 틀리고 있기 때문에

2 저자는 이 오류에 대해서 어떻게 생각하고 있는가?

1 말은 변화하는 것이므로 이대로 괜찮다.
2 「ら탈락어」와 같은 정도의 오류이다.
3 근본적으로 틀리고 있기 때문에 문제이다.
4 외국인은 바르게 쓸 수 있는데 일본인이 틀리는 것은 문제이다.

3 본문의 내용과 맞는 것은 어느 것인가?

1 일본어도 영어와 같이 주어를 말할 수밖에 없게 된다.
2 대부분의 학교에서 경어를 가르치지 않고 있다.
3 외국인이 틀리지 않는 것은 시험에 나오기 때문이다.
4 조사와 동사의 조합은 아주 중요하다.

해설

〈질문 1〉은 저자가 밑줄 친 '이미 여기까지 온 건가 하고 놀랐다'에서 '여기까지'가 무엇을 가리키는지 아는 것이 중요하다. 바로 앞에 나오는 '일전에 어떤 사람이 친구가 자기에게 스웨터를 만들어 순 것을 설명할 때「**友だちが作ってもらった**(친구가 만들어 받았다)」라고 하는 것을 들었다'를 가리킨다. 따라서 이것과 관련 있는 선택지 1번 '「**～してもらう**」까지 틀리는 사람이 나왔기 때문에'가 정답이 된다.

〈질문 2〉에서 말한 이 오류는「**○○さんが～していただく**」「**○○さんが～してもらう**」와 같이 조사와 동사를 잘못 사용하는 것을 말한다. 저자는 두 번째 단락에서 말이 변화하는 것은 인정하면서도 일본어에서 가장 중요한 것은 조사이며, 조사가 잘못 사용되고 있는 것에 대해서는 뭔가 대책이 필요하다고 말하고 있다. 따라서 이것과 관련이 있는 선택지 3번 '근본적으로 틀리고 있기 때문에 문제이다'가 정답이 된다.

〈질문 3〉은 본문의 전반적인 내용에 대한 질문으로 저자는 경어를 예로 들어 조사와 동사를 잘못 사용하고 있는 것에 대해서 걱정하고 있다. 따라서 선택지 4번 '조사와 동사의 조합은 아주 중요하다'가 정답이 된다.

실전 연습하기 | 내용 이해 - 중문 | / 12

問題11　次の(1)から(4)の文章を読んで、後の問いに対する答えとして最もよいものを、1・2・3・4から一つ選びなさい。

(1)

誰もが若々しく美しくありたいと願うから薬局の棚は様々な化粧品で溢れている。特に基礎化粧品は肌の美しさを保つための物なので、最も重要視されている。化粧品会社は美白用、しわ(注1)防止用として様々な成分を入れて各社違いを前面に出し競い合っているが、画期的と言えるほど効果がある物はまだない。

しかし若々しい肌を簡単に手に入れられる可能性が出てきた。しわやしみ(注2)で悩んでいる人には嬉しい情報である。携帯型３Ｄスキンプリンターが生体材料を使って皮膚の上に一枚皮膚を重ねることで手に入れられるのである。まずその人の肌を撮影してしわやしみがどこにあるかを探す。そしてその人の肌に合わせて作った色の生体材料のファンデーションを肌全体に塗っていく。全てが自動化されていて、ただプリンターを肌の上で滑らすだけである。しわやしみが多い人ほど仕上がりの違いが実感できるので大喜びする。もうメーキャップアーティストのテクニックは必要ない。

この発明は化粧品会社には手ごわい(注3)競争相手になるだろう。しかし装置で肌そのものがきれいになるわけではなく、化粧するのと同じである。また価格によっては普通の人には手が届かないだろう。だから今ある化粧品が消えることはない。今後もそれぞれ得意な分野での活況(注4)が続くことだろう。

（注１）しわ：ここでは顔の皮が伸びたりしてできる線のようなもの
（注２）しみ：ここでは顔にできた茶色い部分
（注３）手ごわい：とても強いので簡単には勝てない
（注４）活況：力強い状態。特に景気がよい状態

1 どのような製品が生まれたか。

1 肌のしわやしみがなくなる製品

2 好きなファンデーションが作れる製品

3 個人用ファンデーションを作って塗ってくれる製品

4 しわやしみのある場所を探してきれいにする製品

2 この製品の最大の欠点は何か。

1 高くて買えないこと

2 肌そのものが変わらないこと

3 まず撮影しなければならないこと

4 肌が汚い人ほどきれいになれること

3 作者は新製品が化粧品業界に与える影響は何だと言っているか。

1 この新製品に圧倒(あっとう)されてしまうだろう。

2 競合しない分野でしか生き残れないだろう。

3 強力な競争相手になるが、生き残っていけるだろう。

4 根本的な問題が解決できないので影響は少ないだろう。

(2)

調理ロボットは人手不足や人件費の節約のために開発された。だから人手不足の日本のレストランで使われるのは自然なことだ。しかし十分な人手があるにもかかわらず取り入れている国も多い。前述の理由だけでなく調理ロボットに高度の技術を取り入れたことでそのような国にも受け入れられたようだ。例えば誰もが簡単に巻き寿司を作ることはできない。海外では巻き寿司が人気だが寿司職人を雇うのは難しい。しかし巻き寿司が作れるロボットなら材料を入れさえすればあっという間にきれいな寿司ができる。ロボットの値段は性能によっていろいろあるから、自分たちに合わせて手に入れることができる。

また物珍しさで人目を引くために調理ロボットを買う店もある。ロボットがたこ焼きを作っているのを見たりするのはお客にとって楽しいことだからだ。店でなく食品工場で活躍する調理機械は主に大量生産するためにお菓子を始め多くの加工食品を作るのに使われている。様々な機械があるが、今一番注目を集めているのは串刺し(注)ができる調理機械かもしれない。焼き鳥を始め様々な食品を串刺しにできる。簡単なようでも形が様々な材料を串で刺すのには高度な技術が必要だが、この機械はとうもろこしの粒さえ刺すことができるそうだ。

これからも様々な調理ロボットが生まれてますます進化していくことだろう。

(注) 串刺し：細長い棒状の串という物に何かを刺すこと。ここでは食品を刺す

4　そのような国とはどのような国か。

1　労働者は不足だが、ロボット並みの技術を持つ人が結構いる。
2　労働者は十分いるし、ロボット並みの技術を持つ人も結構いる。
3　労働者は不足だし、ロボット並みの技術を持つ人もあまりいない。
4　労働者は十分いるが、ロボット並みの技術を持つ人はあまりいない。

5　調理ロボットを買う理由でないのはどれか。

1　働く人が足りないから
2　人より技術が高いから
3　客に見せて人を集めたいから
4　多くの食品を大量に作りたいから

6　作者は調理ロボットについてどう考えているか。

1　必要に応じて調理ロボットを使うのがよい。
2　人間より調理ロボットを使うほうが得である。
3　簡単な動作も調理ロボットにやらせたほうが良い。
4　人間ができないことは調理ロボットにさせたほうがよい。

(3)

広く海外では日本茶は「グリーンティ」つまり緑のお茶と呼ばれている。「茶色」はお茶の色という意味だが、実際は土のような色である。なぜ茶色が現在のお茶の色と違ってしまったのか。お茶は中国から伝わって来た物で、当時のお茶は釜で炒(注1)って揉んで日に干して作ったので色は茶色だった。今の緑色のお茶は煎茶(注2)といって江戸時代（1603年～1867年）に製法が完成した。紅茶は発酵(注3)させたお茶で、ウーロン茶は半分発酵させる、煎茶は全く発酵させないで作る。同じお茶の葉を使っても全く違う味や色のお茶ができる。

お茶は昔は貴重だったので、薬として使われていた。お茶の木がたくさん植えられるようになると一般の人もお茶を飲むようになった。多くの人は煎茶を飲んでいる。お茶を「茶道」という芸術に完成させたのは「千利休(注4)」である。なぜ本場の中国で芸術とならなかったのか不思議に思ったが、中国人はおいしく飲むことを第一に考えていたからだという話を聞いて①<u>それはそうだ</u>と思った。これに対して日本の茶道は花や書(注5)を飾った静かで落ち着いた雰囲気がある茶室で、お茶を飲んだり道具や入れ方を見て楽しむ。茶道で使われるお茶は煎茶ではなく、葉を全部粉にした抹茶だからかなり苦い。私は初めて抹茶を飲んでおいしいと言う人にめったに会ったことがない。

お茶は体に良いから健康のために飲むことも多い。海外の人にも砂糖やミルクなど入れないで飲むお茶の人気が出てきたそうだ。また抹茶味は日本の味として多くの外国人に人気だそうだ。抹茶が入っている②<u>チョコレートを箱買い</u>している外国人が大勢いるのである。

（注１）炒る：火にかけて、水気がなくなるまで煮つめる
（注２）煎茶：日本で飲まれている一般的なお茶。緑色をしている
（注３）発酵：チーズ・ヨーグルト・ワイン・酒・みそなどを造る方法
（注４）千利休：16世紀の人で現在の茶道の基礎を作った
（注５）書：ここでは筆という道具で書いた文字

7　作者はなぜ①<u>それはそうだ</u>と思ったのか。

1　中国人がお茶の入れ方が分かるのは当然だから
2　中国人が煎茶を飲まないのは当然だから
3　中国人がおいしさを重視するのは当然だから
4　中国人がお茶の道具や入れ方を重視するのは当然だから

8　②<u>チョコレートを箱買い</u>するとはどのような意味か。

1　買ったチョコレートを箱に入れて包んでもらうこと
2　箱の中にあるチョコレートを自分で出して買うこと
3　紙に包んであるのではなく箱に入っているチョコレートを買うこと
4　チョコレートがたくさん入っている箱をそのまま買うこと

9　なぜ茶色が一般的なお茶の色と違っているのか。

1　昔のお茶は茶色だったが、今は緑色のお茶が多いから
2　昔は緑色がなかったから
3　最初にお茶を見た人が間違えたから
4　土の色とお茶の色が同じだったから

(4)

２００９年から日本で一般の市民が裁判に参加するようになった。しかし呼び出されても約３人に１人が辞退しているそうだ。辞退できるのは本人や家族の病気やケガ、葬式や出産、重要な仕事などの事情がある場合だ。また呼び出された人のうちの６人しか裁判員になれないので呼び出す人数が多すぎるという不満の声が挙がっている。

日当は裁判員を選ぶ日は８千円以内、裁判員を務めた日は１万円以内だそうだ。額が多いとか少ないとか言われているが、いくら高額でも嫌だという人もいる。裁判員が参加する裁判は泥棒(注1)などという軽い刑ではなく殺人など重大な事件だから、死刑を言い渡(注2)さなければならないこともあって、裁判員になりたくないという人もいる。裁判官と裁判員で話し合って多数決(注3)で判決を出すから、裁判員も責任が大きい。多数決では必ず裁判官１人以上が賛成する必要がある。裁判官３人と裁判員６人では普通の多数決にすると裁判員だけで決められるからである。

一般人の参加によって家族間の事件は同情して刑が軽くなり、一方性犯罪は重くなる傾向になった。よくも悪くも普通の人の考え方に近づいているようである。また市民の裁判に対する関心が高まっている。これが今回一番よかったことなのではないだろうか。

（注１）泥棒：人の物を奪うことや奪う人
（注２）言い渡す：裁判所の下す判決・決定・命令の内容を口頭で当事者に告げる
（注３）多数決：会議などで大勢の人が賛成した意見を全体の意見と決めること

10 裁判員に呼び出された場合にどんな不満があるか。

1 裁判員になりたいのになれない。
2 辞退することがなかなかできない。
3 裁判員が６人では少なすぎる。
4 候補者(こうほしゃ)を多く呼び出しすぎる。

11 <u>裁判員が参加する裁判</u>に対する説明として合っていのるのどれか。

1 ９人の単純多数決で刑が決められる。
2 裁判官と裁判員はすべて平等である。
3 必ず１人以上の裁判官の賛成がなければならない。
4 すべての裁判に取り入れられている。

12 著者は裁判員制度が始まって何が一番よかったと言っているか。

1 人々が裁判に興味を持つようになったこと
2 普通の人の意見と全く違った刑にならなくなったこと
3 家族の間で起きた事件の刑が軽くなっていること
4 一般の人の意見が取り入れられるようになったこと

3 問題12 종합 이해

| 문제유형 분석 및 대책 |

問題12는 종합 이해 문제로 비교적 평이한 내용의 합계 600자 정도의 2개 이상의 지문을 읽고 정보를 비교·통합하면서 이해했는지를 묻는 문제이다. 2010년부터 새롭게 출제되는 유형으로, 2~4개 정도의 짧은 글이 모인 지문이 나오고, 문제 수는 N2 전체 독해 21문제 중 2문제가 출제된다.
주로 같은 화제에 대해서 다른 입장에서 쓰여진 신문 기사나 칼럼, 그리고 상담 등의 지문을 가지고 내용을 비교·통합하면서 내용을 이해했는지를 묻는 문제이므로, 각 지문의 공통적인 내용이 무엇인지, 다른 내용은 무엇인지를 파악하면서 문제를 풀어야 한다.

문제 유형 예시

問題12　次のAとBの文章を読んで、後の問いに対する答えとして最もよいものを、1・2・3・4から一つ選びなさい。

A

公立の図書館では、利用者へのサービス向上のために、人気の高い本を複数冊置くことが増えている。本が複数冊あれば、同時に多くの利用者に貸し出せて、予約待ちの期間も短くできる。

このような図書館の姿勢に対して、予算は限られているのだから買える本の種類が少なくなってしまうのではないかと心配する声もある。しかし、借りたい本がなかなか借りられない図書館では利用者は満足しないだろう。公立の図書館は、多くの人々に読書のきっかけを与え、本を読む楽しさや喜びを感じてもらうようにする役割を持っている。図書館に同じ本を複数冊置くことは、その役割を果たすための一つの方法だといえる。

69　公立図書館が人気のある本を複数冊置くことについて、AとBはどのように述べているか。

1　AもBも、利用者の希望を重視しすぎていると述べている。
2　AもBも、利用者へのサービス向上につながると述べている。
3　Aは予算が足りなくなると述べ、Bは図書館の存在意義が失われると述べている。
4　Aは利用者の満足度が高くなると述べ、Bは予算の使い方として適切でないと述べている。

실전 감각 익히기 | 종합 이해

例題12 次のAとBの文章を読んで、後の問いに対する答えとして最もよいものを、1・2・3・4から一つ選びなさい。

A

宝くじは貧乏(びんぼう)な人が自分から払う「貧乏税(びんぼうぜい)」だという説があります。宝くじを毎月3万円も買っているなんてどうかしていますよ。勿論(もちろん)それが生活費の一部だったら直ぐに止めるべきです。3万円少なくなったために食事が貧(まず)しくなるなど生活のレベルが下がっていることでしょう。また、たとえそれが全額あなたのお小遣(こづか)いで自由に使えるお金だとしてももったいないです。3万円あればおいしい食事をすることも、旅行することもできます。それに使わないで貯めていたら1年で36万円、10年で360万円、20年で720万円にもなるんですよ。これにはわずかですが利息(りそく)(注1)もつきます。あるいはそれを投資(とうし)したらもっと増えて帰ってくるかもしれません。宝くじが当たるかどうかは運ですが、めったに当たりません。投資は知識があればお金を増やしていけます。勿論投資に失敗したらただの紙切(かみき)れ(注2)になってしまうこともありますが、自分で投資しないで専門家の投資会社に任せることもできます。今すぐ止めることをお勧めします。

B

自分のお小遣いで買っているなら、宝くじを買ってもいいと思います。もし当たったら直ぐに会社を辞めて遊んで暮らしたいようです。そう考えて宝くじを買う人が大勢います。人間には夢が必要ですから、それもいいと思います。宝くじが当たる確率は飛行機事故にあう確率だと言われています。でも買わなければ絶対に当たらないのですから、やはり買った方がいいでしょう。しかし起こりそうにもない夢に毎月3万円は多すぎるのではないでしょうか。せめて趣味程度の5千円ほどにして残りは生活を豊かにするために使いましょう。おいしい物を食べたり、欲しい物を買ったり、家族にプレゼントするのもいいでしょう。気持ちが豊かになって人間関係がもっと良くなるかもしれません。貧しい国々の子ども達のために寄付することだってできます。お金を溝(どぶ)(注3)に捨てるようなことはしないで有効に使ったらどうでしょうか。

（注１）利息（りそく）：銀行にお金を預けるともらえるお金
（注２）紙切れ（かみきれ）：小さく切った紙。ここでは何の価値もなくなった物
（注３）溝（どぶ）：雨や汚い水を流すための地面を細長く掘（ほ）ったもの

1 ＡとＢの両者が取り上げていることは何か。

1 宝くじがほとんど当たらないということ
2 なんのために宝くじを買うかということ
3 いくら買うのが妥当かということ
4 宝くじが夢を与えるものだということ

2 ＡとＢの宝くじを買うことに対する意見はどれか。

1 Ａはあまっているお金なら問題はない、Ｂは少しのお金なら問題ない。
2 Ａは１枚も買わない方がいい、Ｂは金額によっては買ってもよい。
3 Ａはお金の使い道はほかにある、Ｂは無駄なことをしている。
4 ＡもＢも買わない方が良いが、Ｂは生活を豊かにするためには買ってもいい。

해석 및 해설

해석

A

복권은 가난한 사람이 스스로 지불하는 '빈곤세'라는 말이 있습니다. 복권을 매달 3만 엔이나 사고 있다니 문제가 있습니다. 말할 것도 없이 그것이 생활비의 일부라면 바로 그만두어야 합니다. 3만 엔이 모자라서 식사가 빈약해지는 등 생활 수준이 떨어져 있겠죠. 또 비록 그것이 전액 당신의 용돈에서 자유롭게 쓸 수 있는 돈이라고 해도 아깝습니다. 3만 엔이 있으면 맛있는 식사를 할 수도, 여행을 할 수도 있습니다. 게다가 쓰지 않고 저축하면 1년이면 36만 엔, 10년이면 360만 엔, 20년이면 720만 엔이나 되지요. 여기에 약간이지만 이자(주1)도 붙습니다. 또는 그것을 투자하면 더욱 늘어나서 돌아올지도 모릅니다. 복권이 맞을지 어떨지는 운이지만 좀처럼 맞지 않습니다. 투자는 지식이 있으면 돈을 늘려갈 수 있습니다. 물론 투자에 실패하면 그냥 종잇조각(주2)이 되어버리는 경우도 있지만, 직접 투자하지 않고 전문 투자회사에 맡길 수도 있습니다. 지금 바로 그만두기를 권합니다.

B

자기 용돈으로 사고 있다면 복권을 사도 괜찮다고 생각합니다. 만약 당첨되면 바로 회사를 그만두고 놀면서 지내고 싶겠죠. 그렇게 생각해서 복권을 사는 사람이 많습니다. 사람에게는 꿈이 필요하기 때문에 그것도 좋다고 생각합니다. 복권이 당첨될 확률은 비행기 사고를 당할 확률이라고들 합니다. 하지만 사지 않으면 절대로 당첨되지 않으니 역시 사는 편이 좋겠지요. 그러나 일어날 법하지도 않은 꿈에 매달 3만 엔은 너무 많지 않을까요? 적어도 취미 삼아 5천 엔 정도로 하고 나머지는 생활을 풍요롭게 하기 위해 씁시다. 맛있는 것을 먹거나 갖고 싶은 것을 사거나, 가족에게 선물하는 것도 좋겠지요. 마음이 풍요로워져 인간관계가 더욱 좋아질지도 모릅니다. 가난한 나라의 아이들을 위해서 기부하는 것도 가능합니다. 돈을 하수구(주3)에 버리는 것 같은 일은 하지 말고 효과적으로 사용하면 어떨까요.

(주1) 利息(りそく) : 은행에 돈을 맡기고 받을 수 있는 돈
(주2) 紙切れ(かみきれ) : 작게 자른 종이. 여기서는 아무런 가치도 없어진 것
(주3) 溝(どぶ) : 비나 오수를 흘려보내기 위해 지면을 가늘고 길게 판 것

1 A와 B 양자가 언급하고 있는 것은 무엇인가?

1 복권이 거의 당첨되지 않는다는 것
2 무엇을 위해서 복권을 사는가 하는 것
3 얼마나 사는 것이 타당한가 하는 것
4 복권이 꿈을 주는 것이라는 것

2 A와 B의 복권을 사는 것에 대한 의견은 어느 것인가?

1 A는 남는 돈이라면 문제는 없다, B는 적은 돈이라면 문제없다.
2 A는 한 장도 사지 않는게 좋다, B는 금액에 따라서는 사도 좋다.
3 A는 돈의 용도는 따로 있다, B는 헛되이 쓰고 있다.
4 A도 B도 사지 않는 편이 좋지만, B는 생활을 풍요롭게 하기 위해서는 사도 좋다.

해설

〈질문 1〉는 A와 B가 공통으로 언급한 내용을 묻고 있다. 선택지 1번, A는 복권은 '운이지만 좀처럼 맞지 않는다', B는 '당첨될 확률은 비행기 사고를 당할 확률'이라고 양쪽 다 웬만해서는 당첨되지 않는다고 말하고 있으므로 정답이다. 선택지 2번은 B는 복권에 당첨되면 회사를 그만두고 놀면서 지내는 꿈을 꾸며 복권을 구입하는 사람이 많으며 사람에게는 꿈이 필요하다고 복권을 사는 목적에 대해 언급하고 있으나, A에는 아무런 언급이 없다. 3번은 B는 '5천 엔'이라는 구체적인 제안을 하고 있으나 A는 단 1장도 사지 말고 당장 그만둘 것을 권하고 있다. 4번은 B는 꿈이 필요하므로 사는 것도 좋다고 얘기하고 있으나, A에는 꿈에 대한 언급이 없다. 따라서 2~4번은 A나 B 어느 한쪽에만 해당하는 내용이므로 정답이 되지 않는다.

〈질문 2〉는 A와 B의 주된 의견에 대해 묻고 있다. A는 용돈이라고 해도 아깝다며 여윳돈이 있더라도 복권을 사지 않는게 좋다고 얘기하고 있고, B는 '5천 엔 정도라면 상관없다'라고 이야기하고 있으므로 선택지 2번이 정답이다. 선택지 1번은 A의 의견과 다르기 때문에 정답이 아니다. B는 복권을 사는 것은 쓸데없는 꿈이 아니라고 말하고 있는데 선택지 3번의 내용과 다르기 때문에 정답이 되지 않는다. 선택지 4번은 A도 B도 사지 않는 편이 좋다는 의견이지만, B는 금액이 적다면 괜찮다고 했으므로 역시 오답이다.

실전 연습하기　종합 이해　/ 6

問題12 次のAとBの文章を読んで、後の問に対する答えとして最もよいものを、1・2・3・4から一つ選びなさい。

(1)

A

ダムの役目は主に①治水(注1)、②利水(注2)、③水力発電です。近年の異常気象による大雨が各地に洪水を起こしていますが、ダムがあれば事前に放水しておけるので、雨が降った時にダムに水が溜められて、下流の洪水を防ぐことができるでしょう。またダムは絶えず水を調節しながら流すことができるので、下流の生活に必要な水や農業、工業に使う水を供給することもできます。それに発電もできます。水力発電は火力発電などと違って自然エネルギーですから地球に優しいです。確かにダムを造るためには莫大な費用もかかります。またダムの底に沈む場所に住んでいる住民は故郷を失って移住しなければなりません。大変な犠牲の上に造ることになりますが、多くの人の生活を守るためにダムを造る必要があると思います。

B

全てのダムが不必要だとは思いませんが、今後、ダムを造るかどうかはよく考えるべきだと思います。建設には小さいダムでも何百億、大きいと一兆円近くかかることもあります。また上流から流れてくる土や砂がたまって年々ダムの底が上がってくるので、それを取り除く費用もかかります。これらの費用には税金や水道料金が使われます。農業や工業、また水道事業のために水の安定供給は必要ですが、人口が減っていることや産業の変化により、水の需要は減ってきていて下流の地域の費用の負担が重荷になっています。また、治水の点でもダムに頼り過ぎて下流のため(注3)池、堤防(注4)の整備が遅れた地域もあります。雨はダムの上流だけに降るわけではありませんし、水が増えすぎるとダムが壊れる心配もあります。また、ダムは多くの犠牲の上に造られ、出来上がった後も生態系を乱(注5)すなどの悪影響もあります。

(注1) 治水：川などを工事して物を運んだり、土地に水を引いたり、洪水を防いだりすること
(注2) 利水：川などから水を引いて利用すること

(注3) ため池：主に農業に利用するために水を貯めておく人工の池
(注4) 堤防：川や海の水を防ぐために土、コンクリートなどで高く造った場所
(注5) 乱す：まとまりをなくしてばらばらにする

1　AとBのどちらの文章にも触れられている点は何か。

1　水の供給の必要性
2　ダムを建設するメリット
3　ダムを維持するための費用
4　ダムが洪水を防ぐのに有効なこと

2　AとBの筆者はダム建設についてどう考えているか。

1　Aは生活を守るためにダムを造ったほうがよい、Bは今あるダムだけにしておいたほうがよい。
2　Aはいろいろ利点があるのでダム建設は必要だ、Bは今あるダムで十分なので作る必要はない。
3　Aは治水・利水・電力の確保のためにダムを造らなければならない、Bはダムを造ると下流の堤防などを造る治水工事ができなくなってしまう。
4　Aは問題もあるが治水・利水・発電に役立つので造ったほうがよい、Bはデメリットがあるので必要性を検討したほうがよい。

(2)

A

エレクトロニックスポーツいわゆるｅ－スポーツはスポーツとは言い難いです。日本語でスポーツを辞書で調べると様々ですが、どれもが「身体運動」つまり体を使用すると述べられています。そうであればｅ－スポーツは日本語でいうスポーツではありません。欧州スポーツ憲章(けんしょう)(注1)でも「身体運動を伴う」と謳(うた)(注2)われています。日本には元々スポーツは健康のためにするものだと見なす歴史がありますから、スポーツとして認める人も少ないです。また、もしｅ－スポーツが認められてしまうと、今でもゲーム中毒になって、時には死ぬことさえあるほど夢中になってしまう人が増加するおそれがあります。長時間ｅ－スポーツをしてよいことがあるでしょうか。頭脳や集中力を競うスポーツだと言われても健康を害することをスポーツだと言うことはできません。

B

日本には世界的に有名なゲーム会社がたくさんあるしゲーム人口も多いのに、世界でｅ－スポーツと呼ばれて人気があるエレクトロニックスポーツをスポーツではないと考える人が多いのは不思議です。体を動かさないものはスポーツではないと考える人が多いのです。英語のsportには娯楽という意味もあるそうですから、スポーツが必ずしも体を使わなければならないものだとも言えないですし、ｅ－スポーツも長時間集中して競技をするので体力が必要ですし、脳も体の一部ですから体を使っていると言えます。既に２０２２年アジア競技(きょうぎ)大会では公式の競技として認められています。主に体を動かすスポーツをフィジカルスポーツ、頭を使うスポーツをマインドスポーツとすればよいのではないでしょうか。日本が世界から遅れないためにもスポーツとして認めたほうがよいと思います。

(注１) 憲章(けんしょう)：重要で根本的なことを定めた取り決め
(注２) 謳(うた)う：強く述べる

3　ＡとＢが共に認めていることは何か。

1　スポーツというのは体を使うものであること
2　日本ではｅ－スポーツを認める人が少ないこと
3　スポーツの意味が日本と海外とでは違うこと
4　海外ではｅ－スポーツが受け入れられていること

4　ＡとＢのｅ－スポーツに対する意見はどれか。

1　Ａは体を丈夫にするのがスポーツである、Ｂは体力は関係ない。
2　Ａは健康に悪いからスポーツではない、Ｂは世界では人気があるのでスポーツである。
3　Ａは頭を使う競技はスポーツではない、Ｂはスポーツだと認めない人が多いのは不思議だ。
4　Ａは体を使わないものはスポーツではない、Ｂはスポーツをもっと広い意味で考えてスポーツとして認めたほうがよい。

(3)

A

家を買うならやっぱり庭がある一戸建(いっこだ)て(注1)のほうがいいです。しかし、都心(としん)にはもうそんな土地は売っていませんし、あったとしても高くて手が出ません。ですから片道２時間を超えなければ会社から遠くてもかまいません。郊外は空気が良いし、小さな庭でも自分の好きな花や野菜を植えることもできるし、何より子どもを自然の中で育てたいからです。また自分で間取(まど)り(注2)も色も自由に設計できることがいいです。それにマンションによってはペットを飼うことが禁止されていますから、犬がいる我が家は困ってしまいます。小さい子どもがいるので子どもが走ったりしてうるさかったり、夜遅く帰ってお風呂に入りたい時でも隣や上や下の人に気をつかわなければならないマンション暮らしはとてもストレスが溜(た)まります。一戸建てなら将来の建て替えも自由ですし、管理費(かんりひ)や駐車場代(ちゅうしゃじょうだい)などの負担もないし、マンションが老朽化(ろうきゅうか)(注3)した場合に煩(わずら)わしい思いをすることもありません。

B

現在夫婦共に働いていますから、なるべく会社に近いところに住みたいです。ですからマンションに住むより仕方がありません。何と言っても良い点は最近のマンションは防犯(ぼうはん)カメラがあるし関係がない人は入れないなど、空(あ)き巣(す)(注4)や放火(ほうか)などの心配が無く安全面でしっかりしていることです。ですから子供に留守番させていても安心です。それに気密性(きみつせい)(注5)や断熱性(だんねつせい)(注6)がよいですから、光熱費(こうねつひ)(注7)が少なくて済みます。冬でも日当たりがよければ日中は暖房を使わなくても大丈夫です。お客様用のゲストルームや台所つきのホールを備えてあるマンションも多いです。維持管理もお金さえ払っておけば計画的にやってくれますから、自分で考えなくてもいいから楽です。それに同じ条件なら一戸建(いっこだ)てより安いです。新築(しんちく)(注8)マンションは子供が幼稚園や小学校へ入るのを機会に買うことが多いので、子育てするのにもとてもよいです。

（注１）一戸建て：マンションのようにたくさんの住居が集まっている建物ではなく土地の上に１軒ずつ建っている建物
（注２）間取り：部屋の配置。どの部屋をどこに置くか
（注３）老朽化：古くなって役に立たなくなること
（注４）空き巣：人がいない家に入って物を盗むこと
（注５）気密性：閉めてあるので空気の流れがないこと。空気が動かないこと
（注６）断熱性：熱を伝えないこと
（注７）光熱費：電気代およびガス・灯油などの燃料費の総称
（注８）新築：新しく建てられた建物

5　ＡとＢの両者が共に述べているのはどれか。

1　自分が選んだ住宅に不満は全くないということについて
2　住宅そのもの以外にも良い点があるということについて
3　物件を選ぶのに通勤時間が一番重要だということについて
4　子育てでは周りの自然環境が重要だということについて

6　ＡとＢの両者が共に取り上げていることはどれか。

1　近隣トラブル
2　建て替え
3　安全問題
4　通勤時間

4 問題13 주장 이해-장문

| 문제유형 분석 및 대책 |

問題13은 주장 이해(장문) 문제로, 900자 정도의 사설이나 평론 등의 논리적인 지문을 읽고 지문 전체가 전하려고 하는 주장이나 의견 등이 무엇인지를 묻는 문제이다. 문제 수는 N2의 전체 독해 21문제 중 3문제로 많지 않지만 난이도가 높은 문제이다. 1개의 지문이 나오고 3문제가 출제된다.
저자가 글을 쓴 의도나 주장을 묻는 문제이기 때문에 문장 전체의 의미를 파악하는 것이 중요하다. 또한 키워드를 찾거나 어떻게 논리가 전개되는지를 파악해서 저자가 강조하는 바가 무엇인지 요지를 파악한다.

문제 유형 예시

問題13　次の文章を読んで、後の問いに対する答えとして最もよいものを、1・2・3・4から一つ選びなさい。

以下は、あるデザイナーの書いた文章である。

私のアイディアのもとは、自分の生きてきた道の中にすべて詰まっているのだ、というふうに思っています。いままで生きてきた中で、感動したことを現代に持ち帰ってくる。過去の中で感動したことをコピーして、それをデザインしているのです。アイディアはいつも人から、時代からもらう。自分で考え出すことは少ないのです。

私は、感動したときのシーンはよく覚えています。色も匂(にお)いも形も光も季節も、そのときの景色も、そのときその場に誰(だれ)がいたかも、何を食べたかも、思い出の中に鮮明に刻み込まれています。感動すると、それくらい記憶装置が自動的に働いて、すべてを映し込んでいるのです。

（中略）

71　感動したことを現代に持ち帰ってくるとは、どのようなことか。

1　感動したシーンを人に語る。

2　感動した記憶をデザインに生かす。

3　過去に流行したデザインをコピーする。

4　人が感動したことからデザインのヒントをもらう。

실전 감각 익히기　주장 이해 - 장문

例題13　次の文章を読んで、後の問いに対する答えとして最もよいものを、1・2・3・4から一つ選びなさい。

「奇跡のリンゴ」は無農薬の上に無肥料で作られている。「奇跡」というのは普通では起こらないという意味だ。無農薬の米や野菜が売られているが、作るには大変な努力が必要だそうで、完全な無農薬の作物を作ることはほとんど不可能だそうだ。ましてリンゴは決して無農薬では作れないと言われていた。ところが、それに挑戦(注1)した１人の農民がいた。木村秋則さんと言う。彼は本を読み、応用し、結果を書き留めた(注2)。書いた資料が箱いっぱいになるほど研究熱心だった。虫を殺すためにも毎年様々な工夫をした。酢をまいたこともあった。しかしその全てが無駄であった。いくらやってもリンゴが実らなかったのだ。リンゴが収穫できないので無収入になり、出稼ぎ(注3)に出たこともあった。家族の生活はどん底(注4)だった。周りからは馬鹿だとか迷惑だとか言われ、親類(注5)からもあきらめろと言われた。そんな中、家族だけが苦しい生活を続けながらも彼を支えてくれた。しかしいくら工夫してもリンゴはできなかった。もう限界だった。その時、土作りの重要性に気づいた。森の土が自分の畑の土と全然違って柔らかいことに気づいたのだ。森の土を調べて同じような土を作ろうと、雑草も生えたまま、自然のままにした。すると土の中には微生物が住むようになって、そして翌年とうとうリンゴが実をつけたのだ。

彼のリンゴは味が濃いそうだ。リンゴは切ると直ぐに色が変わる。しかし彼のリンゴの色はそのまま変わらないそうだ。さらに腐らないとさえ言われている。だから当然その人気は高く販売されるやいなや、わずか10分ほどで売り切れてしまうそうだ。買いたくても買えるとは限らない。もし幸運にも抽選に当たれば買うことができる。１個300円だそうだ。ほかのリンゴに比べて決して高くない。もっと高くても買う人は大勢いると思うのだが、彼は決してリンゴを高く売ろうとはしないそうだ。こんなところも彼の魅力の一つなのかもしれない。今ではリンゴ作りの他に農業指導や講演会、本の出版などで忙しく過ごしているそうだ。

私たちは彼が経験した信じられないほどの貧乏生活や、数え切れないほどの工夫や努力、挑戦し続ける強い気持ち、そして最後に訪れた成功などに心を引かれずにはいられない。そしてそれを他の人に知らせたくなる。私も彼の話を書いているからにはその１人であることを認めざるを得ない。

(注１) まして：さらに。もっと
(注２) 書き留める(かきとめる)：忘れないために書いて残しておく
(注３) 出稼ぎ(でかせぎ)：ある期間、住んでいる場所を離れて仕事をすること
(注４) どん底(ぞこ)：一番下の底。最悪、最低の状態
(注５) 親類(しんるい)：生まれや結婚などによって関係ができた人で家族以外の人

1 「奇跡(きせき)のリンゴ」とはどんなリンゴか。

1 今、一番人気があるリンゴ
2 腐るのに時間がかかるリンゴ
3 他のリンゴよりおいしいリンゴ
4 農薬や肥料を使っていないリンゴ

2 「奇跡のリンゴ」の誕生について述べているのはどれか。

1 微生物が住めるような柔らかい土を作ることが大事だった。
2 畑の土を調べた結果、土作りの大切さが分かった。
3 畑の土の中に微生物が住むようになるまでに10年かかった。
4 微生物が住めるような土を作るのには大変長い時間がかかった。

3 「奇跡のリンゴ」の話を聞いた後の著者の気持ちはどれか。

1 奇跡のリンゴの話は信じられない話だ。

2 奇跡のリンゴの話を広めたい。

3 奇跡のリンゴが買えるのは奇跡だ。

4 奇跡のリンゴを食べてみたい。

해석 및 해설

해석

'기적의 사과'는 무농약인데다가 무비료로 만들어지고 있다. '기적'이란 보통은 일어나지 않는다는 의미이다. 무농약 쌀이나 채소가 판매되고 있지만 재배하려면 엄청난 노력이 필요하다고 하며, 완전한 무농약 작물을 만드는 것은 거의 불가능하다고 한다. 하물며(주1) 사과는 결코 무농약으로는 만들 수 없다고들 했다. 그런데 거기에 도전한 한 농민이 있었다. 기무라 아키노리 씨라고 한다. 그는 책을 읽고 응용해서 결과를 기록했다(주2). 기록한 자료가 상자에 가득 찰 만큼 연구에 열심이었다. 벌레를 죽이기 위해서도 매년 여러 가지 연구를 했다. 식초를 뿌린 적도 있었다. 그러나 그 모든 것이 허사였다. 아무리 해도 사과가 열리지 않았던 것이다. 사과를 수확할 수 없으니 수입이 없어서 외지로 돈을 벌러(주3) 나간 적도 있었다. 가족의 생활은 최악의 상태(주4)였다. 주변에서는 바보라든가 폐를 끼친다는 말을 들었고, 친척들(주5)로부터도 그만두라는 말을 들었다. 그런 상황 속에서 가족만이 힘든 생활을 계속하면서도 그를 지지해 주었다. 그러나 아무리 연구해도 사과는 열리지 않았다. 이제 한계였다. 그때 흙 만들기의 중요성을 깨달았다. 숲의 흙이 자신의 밭에 있는 흙과 전혀 다르게 부드럽다는 것을 깨달은 것이다. 숲의 흙을 조사하여 똑같은 흙을 만들려고 잡초도 자란 채로 자연 그대로 두었다. 그러자 흙 속에는 미생물이 살게 되었고, 그리고 이듬해에 드디어 사과가 열매를 맺었다.

그의 사과는 맛이 진하다고 한다. 사과는 자르면 바로 색이 변한다. 그러나 그의 사과는 색이 변하지 않고 그대로라고 한다. 게다가 썩지조차 않는다고도 한다. 때문에 당연히 그 인기가 높아서 판매되자마자 불과 10분만에 품절이 된다고 한다. 사고 싶어도 살 수 있다고는 장담할 수 없다. 만약 운 좋게 추첨에 당첨이 되면 살 수 있다. 한 개에 300엔이라고 한다. 다른 사과에 비해 결코 비싸지 않다. 좀 더 비싸도 살 사람은 많이 있다고 생각하지만 그는 결코 사과를 비싸게 팔려고 하지 않는다고 한다. 이런 점도 그의 매력의 하나일지도 모르겠다. 지금은 사과 재배 외에 농업 지도나 강연회, 책의 출판 등으로 바쁘게 지내고 있다고 한다.

우리는 그가 경험한 믿을 수 없을 정도의 가난한 생활이나 셀 수 없을 만큼의 연구와 노력, 계속 도전하는 강한 마음, 그리고 마지막에 찾아온 성공 등에 마음을 빼기지 않을 수 없다. 그리고 그것을 다른 사람에게 알리고 싶어진다. 나도 그의 이야기를 쓰고 있으니 그 중 한 사람인 것을 인정하지 않을 수 없다.

(주1) まして : 하물며, 더욱이
(주2) 書(か)き留(と)める : 잊지 않기 위해 적어서 남겨 두다
(주3) 出稼(でかせ)ぎ : 어느 기간 동안 살고 있는 곳을 벗어나 일을 하는 것
(주4) どん底(ぞこ) : 가장 낮은 바닥, 최악의 상태
(주5) 親類(しんるい) : 혈연이나 혼인 등으로 인해 관계를 맺은 가족 이외의 사람

1 '기적의 사과'란 어떤 사과인가?

1 지금 가장 인기 있는 사과
2 썩는 데 시간이 걸리는 사과
3 다른 사과보다 맛있는 사과
4 농약이나 비료를 사용하지 않은 사과

2 '기적의 사과'의 탄생에 대해 서술하고 있는 것은 어느 것인가?

1 미생물이 살 수 있는 부드러운 흙을 만드는 게 중요했다.
2 밭의 흙을 조사한 결과 흙 만들기의 중요성을 알았다.
3 밭의 흙 속에 미생물이 살게 되기까지 10년이 걸렸다.
4 미생물이 살 수 있는 흙을 만드는 데에는 굉장히 오랜 시간이 걸렸다.

3 '기적의 사과'에 대한 이야기를 들은 후의 저자의 마음은 어느 것인가?

1 기적의 사과 이야기는 믿을 수 없는 이야기이다.
2 기적의 사과 이야기를 퍼트리고 싶다.
3 기적의 사과를 살 수 있는 것은 기적이다.
4 기적의 사과를 먹어 보고 싶다.

해설

〈질문 1〉은 '기적의 사과'가 어떤 사과인지를 묻고 있다. 기적의 사과에 대해서는 지문의 맨 앞에 '기적의 사과는 무농약인데다가 무비료로 만들어지고 있다'고 설명이 나온다. 따라서 정답은 선택지 4번 '농약이나 비료를 사용하지 않은 사과'가 된다.

〈질문 2〉는 기적의 사과가 어떻게 탄생되었는지를 묻고 있다. 저자는 첫 번째 단락에서 기무라 아키노리 씨가 기적의 사과를 어떻게 탄생시키게 되었는지에 대해 설명하고 있다. 기무라 씨는 아무리 연구해도 사과가 열리지 않았는데, 숲에 있는 흙과 자신의 밭의 흙이 다르다는 것을 깨닫고 숲의 흙과 같이 부드러운 흙을 만들기 위해 노력하였다. 그러자 흙 속에 미생물이 살게 되어 그 이듬해 사과가 열렸다고 했다. 따라서 정답은 선택지 1번 '미생물이 살 수 있는 부드러운 흙을 만드는 게 중요했다'가 된다.

〈질문 3〉은 저자가 기적의 사과에 대한 이야기를 들은 후 어떤 마음을 갖게 되었는지를 묻고 있다. 저자는 마지막 단락에서 '우리는 그가 경험한 믿을 수 없을 정도의 가난한 생활이나 셀 수 없을 만큼의 연구와 노력, 계속 도전하는 강한 마음, 그리고 마지막에 찾아온 성공 등에 마음을 뺏기지 않을 수 없'고, '그것을 다른 사람에 알리고 싶어진다'고 했다. 또, 자신 역시 그 중 한 사람이라고 했으므로 정답은 선택지 2번 '기적의 사과 이야기를 퍼트리고 싶다'가 된다.

실전 연습하기 | 주장 이해 - 장문 | / 9

問題13 次の文章を読んで、後の問いに対する答えとして最もよいものを、1・2・3・4から一つ選びなさい。

(1)

食事の時一番よく働いているのは味覚(みかく)でも嗅覚(きゅうかく)(注1)でもなく実は視覚だそうだ。視覚の情報が87%を占めているとか。だから、料理をどんな皿にどのように盛り付けるか、お弁当に何をどのように入れるか見た目を考えることがとても大切だ。和食は特に器や料理の入れ方を大事にする。料理を引(ひ)き立(た)てる(注2)つま(注3)もよく使われる。刺身を盛る時に大根を千(せん)切(ぎ)り(注4)にした上に置いたり、大葉(おおば)(注5)などの緑の葉や海藻(かいそう)(注6)を添えたりする。時には安いプラスチックで作られている食べられない大葉が添えられていたりするのはそのためだろう。形ばかりでなく色も最重要視されている。緑の野菜ばかりのサラダの中に赤いトマトを入れるとおいしそうに見えるし、トマトがない時は代わりに黄色いレモンを入れたりオレンジ色のにんじんを薄く切って散らしたりするのもそのためだろう。

色を使った調査で卵を割った物を見せたら卵の黄身(きみ)の色が濃い方、つまり黄色が濃い方、オレンジに近い方をおいしそうだと感じた人が多かった。食べ物は温かみを感じさせる赤やオレンジ色のほうがおいしそうに見えるらしい。青系(あおけい)の色は食欲を減らすらしい。しかし、同じ食べ物でも魚やアイスなどは冷たさ、さわやかさ、新鮮さなどが求められるので寒色系(かんしょくけい)(注7)の色が好まれる。あるチョコレート会社はミント味のチョコレートを売り出すに当たり、ミント味の部分を実物に近い黄緑色(きみどりいろ)に決めた。ところが同じ製品をミントのさわやかな香りのイメージを表す水色に変えたらなんと売り上げが以前の2倍になったそうだ。だから温かい食べ物には暖色系(だんしょくけい)(注8)の色を、冷たい食べ物には寒色系の色を使うのが常識だ。

しかし、それに反して秋の真っ赤な紅葉をデザインした缶ビールが発売されて瞬(また)く間(ま)に人気商品になった。その後は次々と同じような缶ビールが売り出されるようになって、今では缶ビールの色に対するタブー(注9)がなくなった。冷たい銀色が多かった缶ビールに金色のほうが高級感があるとしてよく使われるようになったし、冷やすと紫色が現れたり、桜が白からピンクに変わったりする遊び心がいっぱいの缶も生まれて大人気である。これはもうデザインの勝ちである。いつも成功するとは限らないが冒険者、万歳である。

（注１）嗅覚（きゅうかく）：匂いを感じる感覚
（注２）引き立（ひた）てる：ここでは良く見えるようにすること
（注３）つま：刺身などの料理に添えられている物
（注４）千切（せんぎ）り：野菜などを細かく切ること
（注５）大葉（おおば）：しそと呼ばれる緑色の葉
（注６）海藻（かいそう）：海に生えている草のような物。のり、昆布（こんぶ）など
（注７）寒色（かんしょく）：氷や水のように冷たい感じを与える色。青色など
（注８）暖色（だんしょく）：火のように暖かい感じを与える色。赤、オレンジなど
（注９）タブー：しても言ってもいけないこと

1 プラスチックの大葉を使うのはなぜか。

1 刺身のつまは食べない物だから
2 緑色のつまが刺身には合うから
3 本物よりプラスチックのほうがよいから
4 偽物（にせもの）でもあったほうが刺身が良く見えるから

2 作者はなぜこれはもうデザインの勝ちであると言っているのか。

1 色のイメージに反する缶が出たから
2 常識外れの様々な缶が受け入れられているから
3 赤い色の缶ビールばかり売れるようになったから
4 色のイメージというものがないことがわかったから

3 作者はデザインする時の態度はどれがよいと言っているか。

1 いつも遊び心を持ってデザインしよう。
2 失敗を恐れずに新しいことに挑戦してみよう。
3 色のイメージの変更などは自信がある時だけにしよう。
4 常識外の色使いで成功する可能性が高いから試してみよう。

(2)

日本は少子化ですからお墓を守る子孫がいなくなって無縁仏(注1)になる人が増えています。先祖代々の墓があっても引き継ぐ人がいないのです。①<u>それを避けるために墓じまい(注2)をする人もいますが</u>、寺に墓がある場合は高いお金が請求されることもあります。ですから最近は新しい墓を買う時は寺ではなく共同墓地の墓にする人が多いです。普通の墓を買うのを止めて樹木葬(注3)や合同葬を希望する人も増えています。樹木葬は普通の墓と比べるとそれほど費用はかかりませんが、同じ場所に一人あるいは二人が埋められるのが一般的ですから近くの場所は選べますが、大勢一緒に入ることはできません。合同葬は多くの人と一緒で塔の形の墓が多いです。同じ合同葬でも友人同士で一緒に入るために一つの普通の墓を買っている人達もいます。こちらは見知らぬ人と一緒ではなく友達同士だから寂しくないとか、ずっと一緒がいいとかと言われています。自然に帰りたい人は山や海に散骨(注4)しますが、山の散骨は近隣の人から苦情が出ることもありますし、海では後からお参りする場所がなくて困ったという話も聞きます。ちょっと夢があるのは宇宙葬です。宇宙葬もいくつかありますが、人工衛星プランは約２４０年間宇宙を飛び回るというもので本当に星になるというわけです。遺灰(注5)の一部をカプセルに入れて月に運ぶプランは約１２０万円でいつも月を見てお参りできます。流れ星プランは地球を数日から数年回った後、流れ星となって消えていきます。こちらは３０万円ぐらいから内容によって１００万円ぐらいまであります。２０万円ぐらいでできるバルーン葬というのもあります。大きな風船に入れて飛ばしますが、成層圏(注6)に着くと割れてしまうので実際には宇宙までは行けません。骨でダイヤモンドを作って身に付ける人もいます。値段は業者によって違いますが、０．２０カラットの場合は４０万円ぐらいだそうです。良いアイディアですが、やはり残りの骨をどうするかを決めなければなりません。また現代らしい傾向と言えますが、②<u>ペットと一緒に入れる納骨堂(注7)や樹木葬を望む人も増えて</u>います。また墓を見てくれる人がいないからと言って心配しすぎることはありません。普通の墓で後継ぎがいなくなった場合は最後は管理している寺や霊園(注8)などの合同墓に納められますから大丈夫です。ただ、元気なうちに墓をどうするかを家族と相談しておいたほうがいいことは当然です。

（注１）無縁仏(むえんぼとけ)：世話をしてくれる人がいない死者
（注２）墓じまい：現在ある墓を取って土地に戻すこと
（注３）樹木葬(じゅもくそう)：遺骨(いこつ)を木や花の周りに埋める方式
（注４）散骨(さんこつ)：死んだ人の焼いた骨を細かくして山や海にまくこと
（注５）遺灰(いはい)：死んだ人を焼いた後に残る灰になった骨
（注６）成層圏(せいそうけん)：地球から約１２～５０ｋｍの範囲
（注７）納骨堂(のうこつどう)：死んだ人の骨を入れて置く場所
（注８）霊園(れいえん)：お墓がある公園のような場所。お寺とは関係ないところ

4　①それを避けるためにのそれは何を指しているか。

1　寺に墓があること
2　無縁仏になること
3　子孫がいないこと
4　先祖代々の墓がないこと

5　なぜ②ペットと一緒に入れる納骨堂(のうこつどう)や樹木葬を望む人も増えているのか。

1　家族と一緒の墓は嫌だから
2　家族に迷惑を掛けたくないから
3　小さい墓で済むから
4　ペットを家族のように考えているから

6　作者の考えはどれか。

1　宇宙葬なら問題が残らない。
2　今後ペットのお墓は増えていく。
3　無縁仏にならないようにする必要がある。
4　様々な方法があるのでみんなで考えたほうがよい。

(3)

多くの町や村が過疎化(注1)しています。しかし実はかなりの若者が地方に住みたがっているのですが、仕事がないために仕方なく都会で働いているのだそうです。そんな中、人口が増加している地域もあります。地方には都会にはない豊かな自然や生活があるからです。その村の取り組み(注2)を皆さんの参考にしていただきたくご紹介いたします。

長野県の人口4000人の村では1992年から村道や農道の1500カ所の補修を村民がしています。資材は村が支給しますが、道を直すのは村民で無給です。最初は反対されましたが、実際にやってみたら思ったより簡単にでき、業者に比べて3分の1の費用ですんだので続けているそうです。そのあまったお金で1997年には最初の公営住宅を建てました。①そのどちらも国の補助金には頼らなかったのです。というより補助金は規則があって使えなかったそうです。②ここにも国の補助金制度に問題があることが分かります。家賃は結婚の予定がある人や小さな子供がいる家族には民間の半額ぐらいにし、医療費も高校卒業まで無料にしました。すると若者が都会からも次々移住して来るようになりました。

もう一つの例は人口2400人ほどの島根県の小さな島にある町の話です。財政(注3)が苦しくなった時に町で働いていた人達が給料を減らして作ったお金で「CAS」という海産物の味を落とさないで冷凍できる装置を買いました。これにより品物が全国に売れるようになりました。今では様々な新製品も生まれました。これを可能にしたのが日本全国からＩターンやＵターンしてきた若者達でした。Ｉターンとは何の関係もない地域に移り住むことです。Ｕターンは一度その地域を出て行った人がまた戻ってくることです。町が1年間様々な仕事をしながら商品開発をする研修生制度を作ったのでＩターンしやすかったと言えます。給料は安いのですが、この町に夢を求めてやってくる若者は大勢いました。この研修生のアイディアから生まれたヒット商品もあります。町がアイディアを実現するための支援もしているからです。

前者も後者も国の助けに頼らずに何をするにも自分たちで知恵を出し、自分たちでやっています。自立しているのです。特に後者の素晴らしい点はそこに産業を作り出していることです。仕事がなければ結局人はそこに住めなくなってしまうからです。他の地域で同じことをしても成功しないでしょう。抱えている問題が違うからです。しかしこの２つの例を元に自分たちで考え、自分たちの村や町に合ったことを実行したらよいと思います。

（注１）過疎化（かそか）：人口が減って、人がいない状態
（注２）取り組み（とりくみ）：ここでは問題などを解決するための試み（こころみ）
（注３）財政（ざいせい）：ここでは町の経済

7　①そのどちらもと言っているが、どちらは何を示しているか。

1　村道や農道の補修費と公営住宅の建設費用
2　資材を買った費用と村民に払ったお金
3　村のための費用と村民のための費用
4　村の人に払ったお金と建設業者に払った費用

8　②ここにも国の補助金制度に問題があることが分かりますと言っているが、ここはどのことか。

1　補助金を拒否した村
2　補助金の使い方
3　補助金の金額
4　補助金の規則

9　作者は地域を活性化するのに何が大切だと言っているか。

1　費用がかからない方法が一番よい。
2　地域のことはボランティアがするのがよい。
3　成功した地域のやり方を真似するのがよい。
4　自分たちで考え実行するのがよい。

5 問題14 정보 검색

| 문제유형 분석 및 대책 |

問題14는 정보 검색 문제로, 정보 소재 즉 광고, 팸플릿, 정보지, 전단지, 비즈니스 문서 등의 정보를 주는 700자 정도의 지문을 읽고 그 속에서 필요한 정보를 찾아낼 수 있는지를 묻는 문제이다. 2010년부터 새롭게 출제되는 유형으로 문제 수는 N2 전체 독해 21문제 중 2문제이고 지문의 수는 1개이다. 이 문제는 지문을 처음부터 끝까지 꼼꼼히 읽고 이해하는 것이 아니라 읽는 목적에 따라 필요한 부분만을 찾아서 읽으면 되기 때문에, 다른 문제와 달리 질문이 지문보다 먼저 나온다. 따라서 먼저 질문과 선택지를 읽고 필요한 정보가 무엇인지 파악하는 것이 무엇보다 중요하다.

문제 유형 예시

問題14　右のページは、あるホテルのホームページに載(の)っている案内である。下の問いに対する答えとして最もよいものを、１・２・３・４から一つ選びなさい。

74 ユンさんは、来週ミハマホテルのビュッフェに行きたいと考えている。金曜か土曜の12時から17時の間で、２時間いられるものがいい。ユンさんの希望に合うビュッフェはどれか。

1　「ベルン」のランチビュッフェ

2　「ベルン」のデザートビュッフェ

3　「ベルン」の夕食ビュッフェ

4　「みよし」のランチビュッフェ

75 エンリケさんは、今度の土曜日に妻と一緒(いっしょ)にレストラン「ベルン」の夕食ビュッフェに行き、「窓際特別テーブル」を利用したい。エンリケさんは63歳、妻は66歳である。エンリケさんたちの料金はどのようになるか。

1　エンリケさん6,000円、妻6,000円のみ

2　エンリケさん6,000円、妻6,000円、テーブル料金1,000円

3　エンリケさん6,000円、妻5,500円、テーブル料金1,000円

4　エンリケさん5,500円、妻5,000円、テーブル料金1,000円

ミハマホテル

ビュッフェのご案内

レストラン「ベルン」および「みよし」では、以下のビュッフェをご用意しております。お好みの料理を食べ放題でお楽しみください。

ベルン（洋食）

◆ランチ　11:30〜14:00　（制限時間90分）

料金	（平日）	おとな 3,300円	シニア 3,000円	こども 1,700円
	（土日・祝日）	おとな 4,000円	シニア 3,700円	こども 2,000円

◆デザート　15:00〜17:00　（制限時間60分）

料金	（平日）	おとな 2,500円	シニア 2,200円	こども 1,500円
	（土日・祝日）	おとな 3,000円	シニア 2,700円	こども 1,800円

◆夕食　18:00〜21:00　（制限時間 2 時間）

料金	（平日）	おとな 5,500円	シニア 5,000円	こども 2,000円
	（土日・祝日）	おとな 6,000円	シニア 5,500円	こども 2,500円

“窓際特別テーブル”のご案内

レストラン「ベルン」では、海が見渡せる窓際の特別席をご用意しております。最高の眺めとともにビュッフェをお楽しみください。ビュッフェ料金に、1テーブル（2〜4名様）1,000円の追加料金でご利用いただけます。

みよし（和食）

◆ランチ　11:00〜16:00　（制限時間 2 時間）

土日・祝日のみ

料金　おとな 4,500円　シニア 4,200円　こども 2,200円

※ビュッフェ料金の区分について（ベルン・みよし共通）

おとな…中学生から64歳までのお客様

シニア…65歳以上のお客様

こども…4 歳から小学生までのお子様（3 歳以下のお子様は無料です。）

ご予約・お問い合わせ

ベルン 031-277-1116（直通）／ みよし 031-277-1119（直通）

실전 감각 익히기 정보검색

例題14 次のページはホテルの宿泊案内書である。下の問いに対する答えとして最もよいものを、1・2・3・4から一つ選びなさい。

1 山下(やました)さんが5月2日10：30に使えるのはどれか。

1 大浴場
2 ノース温泉
3 レストラン桜
4 707号室金庫

2 施設の利用方法で間違っているのはどれか。

1 朝食をレストラン桜で食べる。
2 冷蔵庫でビールを冷やすことができる。
3 浴衣とスリッパでレストランに行くことができる。
4 大浴場では部屋のタオルを使わなければならない。

ノースホテルご宿泊のご案内

ヤマト旅行社

山下様

チェックイン	５月１日（ご一泊、２名様、夕食・朝食付き）
チェックアウト	５月２日 10：00まで（各自でお願いいたします。）
フロント	１階（内線番号５番）
お部屋	７階707号室（添乗員(てんじょういん)(注1)は701号室、電話は0701番）
ご利用案内	鍵はお部屋に用意してあります。 ドアは手で鍵をかけてください。 貴重品はフロントにお預けになるか客室の金庫をご利用ください。 宅配便はフロントでお申し込みください。 タオル・浴衣(ゆかた)・歯ブラシ・ドライヤーなどが備わっております。 冷蔵庫は空(から)になっております。 ホテルの隣(となり)のノース遊園地とノース温泉を２日間使えます。
売店	３階 ８：00～22：00
朝市(あさいち)(注2)	７：00～10：00、１階ロビーの横にて
館内移動	浴衣・スリッパ可
大浴場	１階 ５：00～７：30、11：00～24：00（備え付けタオルあり）
ノース遊園地	10：00～18：00
ノース温泉	10：00～23：00
お食事のご案内	夕食は３階レストラン桜にて、ビュッフェスタイル、18：00～22：00 朝食は３階同上にて、ビュッフェスタイル、７：00～８：30 喫茶室チェリーは１階、10：00～18：00

（注１）添乗員(てんじょういん)：団体旅行についていって旅行がスムーズに運ぶようにする人

（注２）朝市(あさいち)：店が集まって朝だけ開く

해석 및 해설

해석

노스 호텔 숙박 안내

야마토 여행사

야마시타 님

체크인	5월 1일(1박, 2인, 석식·조식 포함)
체크아웃	5월 2일 10시까지(각자 부탁 드립니다.)
프런트	1층(내선번호 5번)
객실	7층 707호(가이드(주1)는 701호, 전화는 0701번)
이용안내	열쇠는 방에 준비되어 있습니다. 문은 손으로 열쇠를 채워 주시기 바랍니다. 귀중품은 프런트에 맡기거나 객실의 금고를 이용해 주시기 바랍니다. 택배는 프런트에서 신청해 주세요. 수건·유카타·칫솔·드라이어 등이 구비되어 있습니다. 냉장고는 비어 있습니다. 호텔 옆의 노스 유원지와 노스 온천을 이틀간 사용할 수 있습니다.
매점	3층 8:00~22:00
아침 시장(주2)	7:00~10:00, 1층 로비 옆에서
관내 이동	유카타·슬리퍼 차림 가능
대욕탕	1층, 5:00~7:30, 11:00~24:00(수건 비치되어 있음)
노스 유원지	10:00~18:00
노스 온천	10:00~23:00
식사 안내	석식은 3층 레스토랑 사쿠라에서 뷔페 스타일 18:00~22:00 조식은 3층 같은 곳에서 뷔페 스타일 7:00~8:30 카페 체리는 1층 10:00~18:00

(주1) 添乗員(てんじょういん): 단체여행에 따라가서 여행이 원활하게 진행되도록 하는 사람

(주2) 朝市(あさいち): 가게가 모여 아침에만 영업함

1 야마시타 씨가 5월 2일 10:30에 사용할 수 있는 것은 어느 것인가?

1 대욕탕
2 노스 온천
3 레스토랑 사쿠라
4 707호실 금고

2 시설의 이용 방법으로 잘못된 것은 어느 것인가?

1 조식을 레스토랑 사쿠라에서 먹는다.
2 냉장고로 맥주를 차게 할 수 있다.
3 유카타와 슬리퍼 차림으로 레스토랑에 갈 수 있다.
4 대욕탕에서는 객실의 수건을 사용해야 한다.

해설

〈질문 1〉은 '5월 2일 오전 10시 30분에 이용할 수 있는 것은 무엇인지'에 대해 묻고 있다. 선택지 1번의 '대욕탕'은 오전 10시 30분에는 닫혀 있기 때문에 정답이 아니다. 2번 '노스 온천'은 오전 10시부터 오후 11시까지 이용할 수 있으므로 정답이 된다. 3번 '레스토랑 사쿠라'의 아침 영업 시간은 오전 8시 30분까지이므로 정답이 되지 않는다. 4번 '707호실의 금고'는 10시에 체크아웃을 한 이후에는 객실에 들어갈 수 없으므로 역시 맞지 않는다.

〈질문 2〉는 '시설의 이용 방법으로 잘못된 것은 무엇인지'를 묻는 문제이다. 안내문을 보면 아침 식사는 '3층 같은 곳에서'라고 되어 있는데 같은 곳이란 저녁 식사를 하는 곳과 같은 곳이라는 뜻이므로, 선택지 1번 '아침 식사를 레스토랑 사쿠라에서 한다'는 맞는 내용이다. 또 '냉장고가 비어 있다'고 했으므로 냉장고를 사용할 수 있음을 알 수 있다. 따라서 2번도 맞는 내용이다. 유카타나 슬리퍼 차림으로 관내 이동이 가능하다고 언급되어 있기 때문에 3번 역시 맞는 내용이다. 대욕탕에 대한 안내에 '수건 비치되어 있음'이라고 되어 있으므로 객실의 수건을 사용하지 않아도 된다. 따라서 안내문의 내용과 맞지 않는 것은 4번으로 정답이다.

問題14 次のページは夏休みのキャンプ場の情報である。下の問いに対する答えとして最もよいものを、1・2・3・4から一つ選びなさい。

1 金子(かねこ)さんの家族は夫と、息子(中学１年生)、娘(小学５年生)の四人で、１泊２日で水遊びができるキャンプ場に行くつもりだ。宿泊代を含む予算は一人８，０００円で、お金がかからないキャンプ場に行きたい。どこが一番いいか。

1 A
2 B
3 C
4 D

2 大学生の川村(かわむら)さんと山下(やました)さんはキャンプ場の中でシャワーができて宿泊料が安いところに行きたい。どこへ行ったらいいか。

1 A
2 B
3 C
4 D

	基本料金	施設	そこでできる活動
A	テント - ５人用 ５，０００円 - ３人用 ３，０００円	トイレ 共同炊事場 バーベキュー場	＊ プールの入場料は５００円です。(小学生以下無料) ＊ 大人も楽しめるアスレチックがあります。 (中学生以上７００円。小学生以下４００円) ＊ 徒歩２分距離に温泉があります。 (入浴料金：中学生以上８００円・以下５００円)
B	テント - ３人用 ４，０００円 - ５人用 ７，０００円	トイレ 共同炊事場 バーベキュー場	＊ 川で泳げます。 ＊ そばの山で気球に乗れます。 (大人は７，０００円。 小学生以下は２，０００円引き)
C	テント及びマット １人泊 ３，０００円	トイレ コインシャワー 共同炊事場 バーベキュー場	＊ 川のほとりのキャンプ場で山登りもできます。 ＊ 隣接の牧場には牛、馬、うさぎなどがいます。 (中学生以上１，６００円、 小学生以下は１，０００円、 ３歳以下は無料。キャンプ場利用者は半額)
D	テント １０，０００円	トイレ コインシャワー 共同炊事場 バーベキュー場	＊ 近くの湖でボートやカヌーに乗れます。 ＊ ボートは二人乗り１時間で１，０００円で、 カヌーは小学生以上、一人２，０００円で指導して もらえます。(要予約)

問題14　次のページは保険の説明である。下の問いに対する答えとして最もよいものを、1・2・3・4から一つ選びなさい。

3　5年前に全ての保障に入った現在50歳の男性大木正男さんの保険料はいくらか。

1　3,240円

2　3,530円

3　3,640円

4　4,400円

4　川村花子さんは58歳の女性で全ての保障に入った。保険の内容が正しいのはどれか。

1　手術を受けたらかかった費用が払われる。

2　85歳になっても先進医療が受けられる。

3　85歳で障害者になっても保障が受けられる。

4　先進医療特約をいつでも止めることができる。

終身医療保険

加入できる方：満15歳 ～ 満80歳の健康な方

保証期間・掛け金払い込み期間：終身（一生涯保障）

※加入年齢による先進医療特約あり保険料(円)

年齢	男性	女性	年齢	男性	女性	年齢	男性	女性
45	3,130	2,840	55	4,250	3,740	65	5,780	5,110
46	3,220	2,920	56	4,390	3,860	66	5,950	5,280
47	3,320	2,990	57	4,530	3,980	67	6,130	5,450
48	3,420	3,070	58	4,680	4,100	68	6,310	5,630
49	3,530	3,160	59	4,830	4,230	69	6,510	5,820
50	3,640	3,240	60	4,980	4,370	70	6,710	6,020
51	3,750	3,340	61	5,130	4,500	71	6,920	6,220
52	3,870	3,430	62	5,290	4,650	72	7,140	6,440
53	4,000	3,530	63	5,450	4,800	73	7,380	6,670
54	4,120	3,630	64	5,610	4,950	省略 ～		

・先進医療特約無しでご加入の場合、上記掛け金から100円を引いた金額

・60歳以下の方で死亡・重度の障害保険をご希望の方は上記掛け金に200円を追加してください。
71歳到達時でこの保障は終わります。

・個人賠償プラスは日本国内において法律上の損害賠償を負う時、最高3億円までお支払いいたします。

・個人賠償を追加したい方は上記掛け金に200円を追加してください。

・先進医療の特約は10年ごとに見直しできます。(自動更新で一生涯保障。解約も可能)

※保障

先進医療特約(実額保障)	最高1,000万円（通算1,000万円）
入院(5日目より)	日額5,000円（通算1,000日まで）
通院(5日目から最高90日分)	日額2,000円
手術	5万円
放射線治療(60日に1回限度)	5万円

問題14 次のページは、「南市（みなみし）」の地域商品券についての説明である。下の問いに対する答えとして最もよいものを、１・２・３・４から一つ選びなさい。

5 地域商品券の使い方で正しいのはどれか。

1 ４月１０日に協力店で地域商品券でビールを買う。
2 協力店で地域商品券で４００円の商品を買って１００円のおつりをもらう。
3 地域商品券１枚と２００円で７００円の品物を買う。
4 ３月３１日に協力店の本屋で地域商品券を使って図書券を買う。

6 地域商品券に対する説明と合っていないのはどれか。

1 ２冊買うと２千円分得をする。
2 家族二人で行って６万６千円分買うことができる。
3 とても人気があるので買える数量に制限がある。
4 協力店でいつでも買うことができる。

南市地域商品券の発売のお知らせ

南市では地域の商店の協力のもと、総額１億１千万円の地域商品券を売り出します。１万円で５００円券２２枚(１１,０００円分)１冊を買うことができます。

★ 南市地域商品券の購入に関するご注意

1. 購入できる数量

毎回希望者多数のためお１人様３冊までとさせていただきます。

2. 発売日

１月１７日(日曜日)午前９時より販売開始いたします。販売数量１万冊と少ないので売り切れましたら終了させていただきますのでお早めにお出でください。

3. 発売場所

南市役所など１５カ所。詳しくは裏面の地図をご覧ください。

★ 南市地域商品券のご利用に関するご注意

1. 商品券の使用期限

３月３１日まで。期日を過ぎた場合は使えません。

2. 商品券が利用できる店

協力商店のみ。協力商店名は裏面をご覧ください。

3. 商品券がご利用できない場合

商品を買うときだけ使用できる。切手・印紙(いんし)(注)・商品券など現金に換えるものは買えません。

4. 商品券ご使用の際はおつりはもらえませんのでご注意ください。

(注) 印紙(いんし)：収入印紙(しゅうにゅういんし)のこと。主に国に税金や手数料を払うための切手のような形をしている物

2교시 끝내기

청해

N2

제5장

청해 공략편

01 청해요령 알아두기
02 문제유형 공략하기

01 청해요령 알아두기

1 문제유형별 청해 포인트

N2 청해는 과제 이해, 포인트 이해, 개요 이해, 즉시 응답, 종합 이해 총 5가지 유형의 문제가 출제되고 있다. 시험의 내용은 폭넓은 장면에서 사용되는 일본어를 이해할 수 있는지를 묻고 있기 때문에 회화나 뉴스, 강의를 듣고 이야기의 흐름이나 내용, 등장인물의 관계나 내용의 논리 구성 등을 상세하게 이해하고 요지를 파악할 수 있어야 한다.

❶ 과제 이해

어떤 장면에서 구체적인 과제 해결에 필요한 정보를 듣고 다음에 무엇을 하는 것이 적절한 지를 묻는 문제이다. 지시나 조언을 듣고 그것을 받아들인 다음에 해야 할 행동으로 어울리는 것을 고른다.

❷ 포인트 이해

청자가 화자의 발화(發話)에서 자신이 알고 싶은 것과 흥미가 있는 것 위주로 포인트를 좁혀서 들을 수 있는지를 묻는 문제이다. 따라서 문제의 텍스트를 듣기 전에 상황 설명과 질문을 들려 주고 문제 용지에 인쇄되어 있는 선택지를 읽을 시간을 준다. 질문은 주로 화자의 심정이나 사건의 이유 등을 이해할 수 있는지를 묻는다.

❸ 개요 이해

텍스트 전체에서 화자의 의도나 주장 등을 이해할 수 있는지를 묻는 문제이다. 일부의 이해를 묻는 문제와 비교해서 전체 내용을 이해했는지를 묻는 문제이므로 고도의 능력을 요구한다.

❹ 즉시 응답

상대방의 발화에 어떤 응답을 하는 것이 어울리는지 즉시 판단할 수 있는지를 묻는다.

❺ 종합 이해

3명 이상의 대화나 두 종류의 음성 텍스트 등 보다 복잡하고 정보량이 많은 텍스트에 대해서 내용을 이해했는지를 묻는 문제이다. 이 문제를 풀기 위해서는 복수의 정보를 통합할 수 있는 고도의 능력이 요구된다.

2 한국인이 틀리기 쉬운 음

각 나라말의 음가(音価 : 낱자가 가지고 있는 소리)가 서로 다르듯 우리말과 일본어의 음가 또한 다르다. 그런데 우리말의 음가로 일본어의 음가를 파악하려고 하다 보니 청해에서 오류가 생긴다. 일본어 청취 시 우리나라 사람들이 잘못 알아듣기 쉬운 음(音)에 대한 개념을 정리해 보고, 우리말과의 비교를 통해 청해 능력을 향상시킬 수 있는 방법에 대해 살펴보자.

❶ 청음(清音(せいおん))과 탁음(濁音(だくおん))

일본어는 청음과 탁음의 대립으로 구별되는데 성대의 울림 없이 내는 소리(무성음)를 청음이라 하고, 성대를 울려서 내는 소리(유성음)를 탁음이라고 한다. 그러나 우리말에서는 콧소리(鼻音 : ㄴ, ㅁ, ㅇ) 외에는 유성음이 첫소리에 오지 않기 때문에 청음과 탁음을 구별하기 어렵다. 예를 들어 「げた[geta]나막신」의 첫소리인 유성음 [g]를 무성음 [k]로 잘못 알아듣거나 무성음 [t]를 유성음 [d]로 잘못 듣는 경우가 많다.

듣기연습 듣기 1-01

❶ タンゴ(単語 : 단어) ダンゴ(団子 : 경단)

❷ テンシ(天使 : 천사) デンシ(電子 : 전자)

❸ 天気(てんき)が悪(わる)いので電気(でんき)をつけた。날이 흐려서 불을 켰다.

❹ 井戸(いど)に糸(いと)を落(お)とした。우물에 실을 떨어뜨렸다.

❺ 会館(かいかん)の外観(がいかん)はすばらしい。회관의 외관은 멋있다.

❷ 장음(長音)과 단음(短音)

장음이란 연속되는 두 개의 모음을 따로 발음하지 않고 길게 늘여서 발음하는 것으로, 뒤에 오는 모음도 1박(1拍)의 길이를 갖는다. 장음과 단음의 차이를 비교해 보면 다음과 같다.

단음(1拍)	クツ(靴 신발)	セキ(席 자리)	ホシ(星 별)
장음(2拍)	クツウ(苦痛 고통)	セイキ(世紀 세기)	ホウシ(奉仕 봉사)

우리나라 사람들이 장음 구별에 서툰 이유는 다음과 같다.

① 일본어에서는 장음을 독립된 길이를 가진 단위로 인식하나, 우리말에서 장음은 의미의 구별을 도와줄 뿐 독립된 길이를 갖지 않기 때문이다.

② 우리말에서는 첫음절에서만 장음 현상이 나타나는 것을 원칙으로 하기 때문에 2음절 이하에 나타나는 장음의 구별이 어렵다.

③ 우리말은 표기법상에서도 장음을 따로 표기하지 않아 장·단음의 구별이 어렵다. 예를 들어「とうきょう」를 '도쿄'로,「おおさか」를 '오사카'로 표기한다.

듣기연습

듣기 1-02

❶ ツチ(土 : 흙)　　ツーチ(通知 : 통보)

❷ カド(角 : 모퉁이)　　カード(card : 카드)

❸ ヨイ(良い : 좋다)　　ヨーイ(用意 : 준비)

❹ あの映画(えいが)にはいい絵(え)が出(で)てくる。그 영화에는 좋은 그림이 나온다.

❺ 彼女(かのじょ)に対(たい)する好意(こうい)が恋(こい)に変(か)わった。그녀에 대한 호의가 사랑으로 변했다.

장음은 아니지만 모음과 모음 사이에서 음성기관이 이완되어 장음처럼 들리는 말도 있다.

- □ [a / a]　真新(まあたら)しい [maatarashii] 아주 새롭다
- □ [i / i]　自意識(じいしき) [dʒiishiki] 자의식
- □ [u / u]　食(く)う [kuu] 먹다
- □ [e / e]　影絵(かげえ) [kagee] 그림자 놀이
- □ [o / o]　保温(ほおん) [hoon] 보온

❸ 촉음(促音)

일명「つまる音」이라고도 하는 촉음에는 다음과 같은 특징이 있다.

① 작은「っ」또는「ッ」로 표기된다.

② 「カ행, サ행, タ행, パ행」앞에만 온다.

③ 뒤에 오는 음(カ행·サ행·タ행·パ행)에 따라 [k·s·t·p]로 발음된다.

④ 1박의 길이로 발음된다.

⑤ 첫소리에 오지 않는다.

★ 촉음의 유무에 따라 뜻이 달라지는 예

□ 知っているの? 알고 있니?	しているの? 하고 있니?
□ 行ってください。가 주십시오.	いてください。있어 주십시오.
□ 切ってください。잘라 주십시오.	来てください。와 주십시오.

촉음의 발음이「カ행, サ행, タ행, パ행」의 발음에 동화되어 우리말의 된소리(ㄲ, ㅆ, ㅉ, ㅃ)와 비슷하게 인식되나 우리말에서는 된소리를 한 음절로 인정하지 않기 때문에 촉음이 있는 것을 없는 것으로, 또는 촉음이 없는 것을 있는 것으로 잘못 듣는 경우가 많으므로 주의해야 한다.

촉음을 구분할 때에는 다음 사항을 알아두자.

① 탁음 앞에서는 촉음 현상이 일어나지 않으므로 청음과 탁음의 구별을 정확하게 한다.

② 5단동사는 활용할 때「~た, ~て, ~たり」앞에서 촉음 현상을 일으키므로 활용하는 동사의 종류를 확인한다.

③ 2자 이상의 한자어에서 첫 번째 한자의 마지막 음이「く, ち, つ」이고, 뒤에「カ행, サ행, タ행, パ행」의 음이 이어지면「く, ち, つ」는 촉음으로 바뀐다.

□ 学校 학교 : がく+こう → がっこう

□ 一回 한 번 : いち+かい → いっかい

□ 圧迫 압박 : あつ+ぱく → あっぱく

듣기연습 듣기 1-03

❶ サッカク(錯覚 : 착각)

❷ ゼッタイ(絶対 : 절대)

❸ ケッテイ(決定 : 결정)

❹ 喫茶店に行く前に薬局で薬を買った。카페에 가기 전에 약국에서 약을 샀다.

❺ この雑貨店にはいろんな骨董品がそろっている。
이 잡화점에는 여러 가지 골동품이 구비되어 있다.

❹ 요음(拗音)

일본어의 요음(拗音)은 우리말의 이중모음 'ㅑ, ㅠ, ㅛ'와 비슷하여 구분이 어렵지 않을 것이라 생각할 수도 있지만 청해 시험에서 결정적인 실수는 이 요음에서 나온다.

★ 요음을 직음(直音)으로 잘못 듣는 예

□ **がいしゅつ(外出)する回数が少ない** 외출하는 횟수가 적다 → **がいしつ**

□ **じゃま(邪魔)でやっかいな仕事** 거추장스럽고 귀찮은 일 → **ざま**

이것은 '요음의 직음화' 현상 즉,「しゅ, じゅ」가「し, じ」에 가깝게 발음되어 생기는 문제인데, 흔히 말하는 사람이 원인을 제공하는 경우가 많다. 이런 현상은 장음보다「しゅ, じゅ」와 같이 단음일 때 많이 발생한다.

★ 직음을 요음으로 잘못 듣는 예

□ **みち(道)を歩きながら** 길을 걸으며 → **みちょう歩きながら**

□ **ごじぶん(御自分)でき(来)て** 몸소 와서 → **ごじゅうぶんで来て**

이것은 듣는 사람이 연속되는 모음을 다음과 같이 이중모음으로 잘못 듣기 때문에 발생한다.

[イ + ア] → [ヤ]

[イ + ウ] → [ユ]

[イ + オ] → [ヨ]

따라서 요음 듣기의 어려움을 극복하려면 다음과 같은 점에 주의하면 된다.

① 「し, じ」라고 들려도「しゅ, じゅ」가 아닌지 의심해 본다(대개 한자어가 많다).

② 「ｉ+あ」는「や」로,「ｉ+う」는「ゆ」로,「ｉ+お(を)」는「よ」로 들리므로 조심한다.

③ 대화 중에서「～を」가 나오리라 짐작되는 곳에「ョ」또는「ョー」가 들리는 경우「ｉ+を」가 아닌지 의심해 본다.

듣기연습 듣기 1-04

❶ ショースー (少数 : 소수) ソースー (総数 : 총수)

❷ キャク (客 : 손님) キヤク (規約 : 규약)

❸ チューシン (中心 : 중심) ツーシン (通信 : 통신)

❹ あの法科の評価はどうか。 그 법학과의 평가는 어떤가?

❺ 연속되는 모음

조사「を」앞에 장음「オ」가 올 때는 [o]음이 세 박자에 걸쳐 이어지게 되어 미처 다 듣지 못하는 경우가 있다.

듣기연습 듣기 1-05

❶ ごうとうをたいほする。강도를 체포하다.

❷ 休(やす)みの日(ひ)にテレビを見(み)ながらぶどうを食(た)べた。

휴일에 텔레비전을 보면서 포도를 먹었다.

❸ アフリカでぞうを捕(つか)まえた人(ひと)の話(はなし)を聞(き)いた。

아프리카에서 코끼리를 잡은 사람의 이야기를 들었다.

❻ 악센트

일본어에는 악센트의 차이로 그 뜻을 구분하는 단어들이 많아 악센트 또한 청해의 중요한 단서가 된다. 악센트는 일반적으로 '높낮이의 차이'로 구분되는 것과 '강약의 차이'로 구분되는 것이 있는데, 일본어는 '높낮이의 차이'로 구분되는 '고저(高低)악센트'에 해당한다. 소리가 떨어지는 낙차를 기준으로 두고형(頭高型), 중고형(中高型), 미고형(尾高型), 평판형(平板型)으로 구분된다.

다음 동음이의어들의 악센트 차이를 살펴보자.

듣기연습 듣기 1-06

❶ ア｢キ(空き : 텅 빔)　　ア｣キ(秋 : 가을)

❷ カ｢ウ(買う : 사다)　　カ｣ウ(飼う : 기르다)

❸ あ｣め(雨)の日にあ｢め(飴)をか｢う(買う)。비 오는 날에 사탕을 산다.

❹ 資料をこう｢かい(公開)してこ｣うかい(後悔)した。자료를 공개하고 후회했다.

❼ 기타

이외에 혼동을 일으키기 쉬운 발음을 정리해 보면 다음과 같다.

シ와 ヒ

일본어를 듣다 보면 「シ」와 「ヒ」를 혼동하는 경우가 있다. 이는 「シ」를 발음할 때의 혀의 위치가 「ヒ」를 발음할 때의 혀 위치와 가까워져 비슷하게 발음되기 때문이다.

□ 鉄道(てつどう)をしく 철도를 깔다 → 鉄道(てつどう)をひく
□ 法律(ほうりつ)をしく 법률을 시행하다 → 法律(ほうりつ)をひく

듣기연습 ♫ 듣기 1-07

❶ シカク(資格 : 자격, 視覚 : 시각) ヒカク(比較 : 비교)

❷ シテー(指定 : 지정) ヒテー(否定 : 부정))

❸ シル(知る : 알다) ヒル(昼 : 낮)

❹ しんこう(信仰)のある人(ひと)はひんこう(品行)方正(ほうせい)だ。
신앙이 있는 사람은 품행이 바르다.

❺ しんし(紳士)はひんし(瀕死)の状態(じょうたい)だった。 신사는 빈사 상태였다.

ラ와 ダ, ロ와 ド

듣기연습 ♫ 듣기 1-08

❶ ランボー(乱暴 : 난폭) ダンボー(暖房 : 난방)

❷ ヒロイ(広い : 넓다) ヒドイ(酷い : 심하다)

❸ テレビのためだんらんの時間(じかん)がだんだん少(すく)なくなった。
텔레비전 때문에 단란한 시간이 점점 적어졌다.

❹ はら(原)さんのはだ(肌)は大変(たいへん)きれいだ。 하라 씨 피부는 매우 곱다.

ス와 ツ

「ス」와「ツ」를 구분하기 어려운 이유는 우선「ス[su]」와「ツ[tsu]」에서 [su] 발음이 같고, [t]음을 낼 때 혀끝으로 잇몸 부분을 치게 되는데 이것이 가벼우면「ス」가 되어 버린다. 또 우리말에는「ツ」라는 음이 없기 때문이다. 따라서 의미를 모르는 경우「ツ」로 들리기도 하고「ス」로 들리기도 하는 것이다.

★「ス」를「ツ」로 잘못 듣는 예

□ **くものす(巣)やほこりだらけだ** 거미집과 먼지투성이다 → **くものつやほこりだらけだ**

□ **あたまをすりよせて** 머리를 맞대고 → **あたまをつりよせて**

★「ツ」를「ス」로 잘못 듣는 예

□ **かじやのやつが** 대장장이 녀석이 → **かじやのやすが**

□ **先生からばつ(罰)を受(う)けた** 선생님께 벌을 받았다 → **先生からばすを受(う)けた**

듣기연습 듣기 1-09

❶ スーガク(数学 : 수학) ツーガク(通学 : 통학)

❷ スキ(好き : 좋아함) ツキ(月 : 달)

❸ スミ(隅 : 구석) ツミ(罪 : 죄)

❹ この山を越(こ)すにはこつがある。이 산을 넘는 데는 요령이 있다.

❺ バスの中(なか)のすりはつかまってバツ(罰)を受(う)けた。
버스 안의 소매치기범은 붙잡혀서 벌을 받았다.

축약형

① 「～では」 → 「～じゃ」

♫ 듣기 1-10

＊ それでは → それじゃ

それじゃなくてあっちのを持(も)ってきてください。 그것 말고 저기 있는 걸 갖다 주세요.

＊ 騒(さわ)いでは → 騒(さわ)いじゃ

廊下(ろうか)でそんなに騒(さわ)いじゃいけません。 복도에서 그렇게 떠들면 안 됩니다.

② 「～ている」 → 「～てる」

♫ 듣기 1-11

＊ 勉強(べんきょう)している → 勉強(べんきょう)してる

夜中(よなか)に勉強(べんきょう)してる受験生(じゅけんせい)。 밤중에 공부하고 있는 수험생

＊ 持(も)っていない → 持(も)ってない

携帯電話(けいたいでんわ)を持(も)ってないので公衆電話(こうしゅうでんわ)を使(つか)う。 휴대 전화를 갖고 있지 않아서 공중전화를 쓴다.

③ 「～ておく」 → 「～とく」

♫ 듣기 1-12

＊ 書(か)いておく→ 書(か)いとく

メモ用紙(ようし)に書(か)いといたのを読(よ)んだ。 메모지에 적어 놓은 것을 읽었다.

＊ はさんでおく → はさんどく

本(ほん)にはさんどいた紙(かみ)がなくなった。 책에 끼워 놓은 종이가 없어졌다.

④ 「～てしまう」 → 「～ちゃう」「～ちまう」

♫ 듣기 1-13

＊ 捨(す)ててしまう → 捨(す)てちゃう

古(ふる)くなった食(た)べ物(もの)は捨(す)てちゃうほうがいいよ。 오래된 음식은 버리는 게 나아요.

＊ かんでしまう → かんじゃう

この犬(いぬ)は知(し)らない人(ひと)が近(ちか)づくとかんじゃうのよ。 이 개는 모르는 사람이 가까이 오면 물어요.

⑤ 「～らない」, 「～れない」 → 「～んない」

듣기 1-14

＊わからない → わかんない

意味(いみ)がわかんないから、ボーッとしてた。 뜻을 몰라서 멍하니 있었다.

＊いられない → いらんない

こんなきたない場所(ばしょ)にいらんないよ。 이렇게 지저분한 곳에 있을 수 없어.

02 문제유형 공략하기

1 問題 1 **과제 이해**

| 문제유형 분석 및 대책 |

問題 1 은 과제 이해 문제로 결론이 있는 대화를 듣고 문제 해결에 필요한 구체적인 정보를 찾아서 다음에 어떻게 행동할 것인지를 묻는 문제이다. 문제지에 선택지가 제시되고 5문제가 출제된다.
문제의 흐름은 먼저 상황을 설명하는 문장과 질문이 나온다. 그리고 대화로 구성된 텍스트가 나오고, "여자는/남자는 이제부터 무엇을 합니까?"와 같은 형태의 질문이 한 번 더 나온다.
질문이 텍스트 보다 먼저 제시되므로 대화를 듣기 전에 문제를 해결할 대상이 누구인지, 그리고 질문의 내용이 무엇을 하라는 것인지에 주의해서 듣는다.

문제 유형 예시

問題 1

問題 1 では、まず質問を聞いてください。それから話を聞いて、問題用紙の 1 から 4 の中から、最もよいものを一つ選んでください。

例

1　先生にメールで聞く
2　友達にメールで聞く
3　研究室の前のけいじを見る
4　りょうの前のけいじを見る

실전 감각 익히기 | 과제 이해

듣기2-1-01~02

例題 問題1では、まず質問を聞いてください。それから話を聞いて、問題用紙の1から4の中から、最も よいものを一つ選んでください。

例

1 プログラムを持ってくる
2 いんさつじょに電話する
3 めいぼを持ってくる
4 センターに電話する

해석 및 해설

스크립트 & 해석

(M : 男性, 男の子　F : 女性, 女の子)

女の人と男の人が話しています。男の人はまず何をしなければなりませんか。

F: 受付や駐輪場の整理をしてくれるボランティアはもう集まりましたか。

M: 受付は大丈夫ですが、駐輪場の方がまだ二人足りません。

F: もう一度センターにお願いしてみて。日にちがないから心配ね。

M: じゃ、去年参加してくれた人の名簿を元に直接頼んでみましょうか。

F: そうねえ。そちらは私がするのですぐに名簿をお願いします。

M: はい、分かりました。

F: ところで音楽会のプログラムの方は、いつできあがるのかしら。

M: あさっての予定ですが、印刷所に確認しておきます。

F: できあがり次第直ぐに見たいので持ってきてください。

M: はい、かしこまりました。

여자와 남자가 이야기하고 있습니다. 남자는 우선 무엇을 해야 합니까?

여 : 접수나 자전거 주차장 정리를 해줄 자원봉사자는 벌써 모였습니까?

남 : 접수는 괜찮습니다만, 자전거 주차장 쪽이 아직 두 명 부족합니다.

여 : 다시 한 번 센터에 부탁해봐요. 며칠 남지 않아 걱정이네요.

남 : 그럼 작년에 참가해준 사람의 명부를 기초로 직접 부탁해볼까요?

여 : 그렇군요. 그쪽은 내가 할 테니 바로 명부를 부탁해요.

남 : 네, 알겠습니다.

여 : 그런데 음악회 안내책자 쪽은 언제 완성되죠?

남 : 모레 예정입니다만, 인쇄소에 확인해두겠습니다.

여 : 완성되는 대로 바로 보고 싶으니 가지고 와 주세요.

남 : 네, 알겠습니다.

男の人はまず何をしなければなりませんか。

1 プログラムを持ってくる
2 いんさつじょに電話する
3 めいぼを持ってくる
4 センターに電話する

남자는 우선 무엇을 해야 합니까?

1 안내책자를 가지고 온다
2 인쇄소에 전화한다
3 명부를 가지고 온다
4 센터에 전화한다

해설

남자가 우선 무엇을 해야 할지를 묻는 문제이다. 여자가 남자에게 '바로 명부를 부탁해요'라고 했으므로 3번 '명부를 가지고 온다'가 정답이다. 1번 안내책자는 모레에 완성될 예정이고, 2번 인쇄소에 전화를 하는 것은 명부를 가져 온 다음이다. 4번 센터에 전화를 하는 대신 명부를 보고 직접 전화하기로 했으므로 정답이 아니다.

정답 ❸

실전 연습하기 | 과제 이해 | 듣기 2-1-03~08 | / 5

問題 1

問題１では、まず質問を聞いてください。それから話を聞いて、問題用紙の１から４の中から、最もよいものを一つ選んでください。

1番

1　会議室を予約する
2　みんなに連絡する
3　キャンプ場を探す
4　インターネットで調べる

2番

1　荷物を運ぶ
2　買い物に行く
3　小学校に行く
4　母親の家に行く

3番（ばん）

1　ラジオ体操（たいそう）をする
2　散歩（さんぽ）に行（い）く
3　音楽（おんがく）を聞（き）く
4　一緒（いっしょ）にいる

4番（ばん）

1　救急車（きゅうきゅうしゃ）を呼（よ）ぶ
2　西病院（にしびょういん）へ行（い）く
3　東病院（ひがしびょういん）へ行（い）く
4　夜間病院（やかんびょういん）へ行（い）く

5番(ばん)

1 おばあさん　おじさん　父(ちち)　妹(いもうと)

2 おじいさん　おばあさん　おじさん　父(ちち)　妹(いもうと)

3 おばあさん　おじさん　父(ちち)　母(はは)　妹(いもうと)

4 おばあさん　父(ちち)　兄(あに)　妹(いもうと)

2 問題 2 포인트 이해

| 문제유형 분석 및 대책 |

問題 2 는 포인트 이해로 결론이 있는 대화를 듣고 사전에 제시되는 질문에 입각해서 포인트를 파악할 수 있는지를 묻는 문제이다. 문제지에 선택지가 제시되고 5~6문제가 출제된다.
문제의 흐름은 먼저 상황을 설명하는 문장과 질문이 나온다. 그리고 선택지를 읽도록 20초 정도의 시간을 준 후 텍스트가 나오고 질문이 한 번 더 나온다.
텍스트가 나오기 전 먼저 질문을 듣고 선택지를 보면서 정답을 예측하기보다 질문에서 요구하는 것이 무엇인지에 집중해서 주의를 기울이는 것이 효과적이다.

문제 유형 예시

問題(もんだい) 2

問題(もんだい) 2 では、まず質問(しつもん)を聞(き)いてください。そのあと、問題用紙(もんだいようし)のせんたくしを読(よ)んでください。読(よ)む時間(じかん)があります。それから話(はなし)を聞(き)いて、問題用紙(もんだいようし)の 1 から 4 の中(なか)から、最(もっと)もよいものを一(ひと)つ選(えら)んでください。

例(れい)

1 友達(ともだち)とけんかしたから

2 かみがたが気(き)に入(い)らないから

3 試験(しけん)があるから

4 頭(あたま)が痛(いた)いから

실전 감각 익히기　포인트 이해　듣기 2-2-01~02

例題　問題２では、まず質問を聞いてください。そのあと、問題用紙のせんたくしを読んでください。読む時間があります。それから話を聞いて、問題用紙の１から４の中から、最もよいものを一つ選んでください。

例

1　もけい作りが趣味だったから
2　部品が本についていたから
3　船のもけいが好きだったから
4　もけいが買えなかったから

해석 및 해설

스크립트 & 해석

(M：男性, 男の子　F：女性, 女の子)

女の人と男の人が船の模型を見ながら話しています。男の人はどうして船の模型を作りましたか。

F:　この船の模型、よくできているわね。作るのに時間がかかったでしょう？

M:　うん、3年かな。

F:　えっ、3年も？ それはかかりすぎでしょ。

M:　毎月送られてくる雑誌の付録で作ったから。毎月部品が少ししか付いてこないんだよ。

F:　そうなの？ 雑誌に船の部品が付いてくるなんて知らなかったわ。

M:　流行っているんだよ。少しずつ作るのも楽しみだよ。

F:　セットになっている物を買えば直ぐにできたのに。

M:　わざわざ買ってまで作りたかったわけじゃないよ。たまたま始めただけで。

F:　模型作りが趣味だと思っていたわ。

M:　趣味になりそうだよ。

여자와 남자가 배 모형을 보면서 이야기하고 있습니다. 남자는 왜 배 모형을 만들었습니까?

여 : 이 배 모형, 잘 만들었다. 만드는 데 시간 걸렸지?

남 : 응, 3년 정도.

여 : 뭐? 3년이나? 너무 많이 걸린 거 아냐?

남 : 매달 배송되는 잡지 부록으로 만들었으니까. 매달 부품이 조금밖에 딸려서 오지 않거든.

여 : 그래? 잡지에 배의 부품이 딸려서 오다니 몰랐어.

남 : 유행이거든. 조금씩 만드는 것도 재미있어.

여 : 세트로 되어 있는 것을 사면 금방 할 수 있었을 텐데.

남 : 일부러 사면서까지 만들고 싶었던 건 아니야. 우연히 시작했을 뿐이라서.

여 : 모형 만들기가 취미라고 생각하고 있었어.

남 : 취미가 될 것 같아.

男の人はどうして船の模型を作りましたか。

1 もけい作りが趣味だったから
2 部品が本についていたから
3 船のもけいが好きだったから
4 もけいが買えなかったから

남자는 왜 배 모형을 만들었습니까?

1 모형 만들기가 취미였기 때문에
2 부품이 책에 딸려 있었기 때문에
3 배 모형을 좋아했기 때문에
4 모형을 살 수 없었기 때문에

해설

남자가 어째서 배 모형을 만들었는지를 묻는 문제이다. 대화 마지막에 남자가 '취미가 될 것 같다'라고 말한 것으로 보아 아직 취미라고 보기는 어렵기 때문에 선택지 1번은 정답이 아니다. 3번과 4번에 대한 언급은 없었기 때문에 역시 적절하지 않다. 남자가 배 모형을 만들기 시작한 이유는 '우연히 시작했을 뿐'이며, '매달 배송되는 잡지 부록으로 만들었다'고 얘기하고 있으므로 정답은 2번이 된다.

정답 ❷

실전 연습하기 | 포인트 이해 | 듣기 2-2-03~08 / 5

問題2

問題2では、まず質問を聞いてください。そのあと、問題用紙のせんたくしを読んでください。読む時間があります。それから話を聞いて、問題用紙の1から4の中から、最もよいものを一つ選んでください。

1番

1 初めて会ったから
2 服の模様が怖いから
3 しゅうじんふくを着ているから
4 女の人の方が好きだから

2番

1 ひさいちの寄付になるから
2 笑顔を見るのがうれしいから
3 ボランティアが作っているから
4 この運動を応援したいから

3番(ばん)

1 自転車(じてんしゃ)で転(ころ)んだから

2 車(くるま)にぶつかったから

3 お酒(さけ)を飲(の)み過(す)ぎたから

4 車(くるま)で事故(じこ)を起(お)こしたから

4番(ばん)

1 道(みち)を教(おし)える

2 酔(よ)っぱらいの世話(せわ)をする

3 どろぼうをつかまえる

4 お金(かね)を貸(か)す

5番(ばん)

1 今日(きょう)

2 明日(あした)の３時(じ)

3 あさっての10時(じ)

4 あさっての３時(じ)

3 問題 3 개요 이해

| 문제유형 분석 및 대책 |

問題 3은 개요 이해 문제로 결론이 있는 대화를 듣고 화자의 의도나 주장 등을 이해할 수 있는지를 묻는 문제이다. 문제지에는 선택지가 제시되지 않으므로 음성을 듣고 정답을 골라야 하며 5문제가 출제된다.
문제의 흐름은 먼저 상황을 설명하는 문장이 나오고 바로 텍스트가 나온다. 그리고 질문과 선택지가 음성으로 제시된다. 텍스트가 끝난 다음에 다시 한 번 질문이 나오는 과제 이해나 포인트 이해와 달리, 질문이 텍스트 다음에 한 번만 나오며, 선택지도 음성으로만 제시되기 때문에 난이도가 상당히 높은 문제라고 할 수 있다.
화자의 의도나 주장을 파악하는 문제이므로 텍스트의 내용 전체을 요약할 수 있어야 하고, 단어 하나하나의 의미보다도 전체적인 의미를 파악할 수 있어야 한다. 화자의 의도나 주장은 대부분 텍스트의 마지막에 나오는 경우가 많으므로 후반부의 내용과 관련이 있는 선택지에 주의한다.

문제 유형 예시

問題 3

問題 3では、問題用紙に何もいんさつされていません。この問題は、全体としてどんな内容かを聞く問題です。話の前に質問はありません。まず話を聞いてください。それから、質問とせんたくしを聞いて、1から4の中から、最もよいものを一つ選んでください。

－ メモ －

실전 감각 익히기 | 개요 이해

듣기 2-3-01~02

例題　問題３では、問題用紙に何もいんさつされていません。この問題は、全体としてどんな内容かを聞く問題です。話の前に質問はありません。まず話を聞いてください。それから、質問とせんたくしを聞いて、１から４の中から、最もよいものを一つ選んでください。

－メモ－

해석 및 해설

스크립트 & 해석

(M : 男性, 男の子　F : 女性, 女の子)

男の人が町の電器屋の新しいビジネスについて話しています。

M: 大型電器店に押されて次々つぶれていった町の個人電器店がやっと元気を取り戻してきました。個人商店が団結して商品を安く仕入れることができるようになったからです。今までほとんどの個人電器店は決まった会社の製品だけを売っていました。今ではグループを作って商品はグループ全体でいろいろな会社から仕入れます。ですから様々な会社の商品を安い値段で売ることができるようになりました。個人商店は元々客とのつながりが強いですから、価格も安いとなったら客が戻ってくるのは当然のことです。この新しいやり方を考え実行した一電器屋の経営者のアイディアに感心するばかりです。

남자가 마을 전자제품점의 새 비즈니스에 대해 이야기하고 있습니다.

남 : 대형 전자제품점에 밀려 잇달아 쓰러져 가던 마을의 개인 전자제품점이 겨우 기운을 차리게 되었습니다. 개인 상점이 단결하여 상품을 싸게 매입할 수 있게 되었기 때문입니다. 지금까지 대부분의 개인 전자제품점은 정해진 회사의 제품만을 팔고 있었습니다. 지금은 그룹을 만들어서 상품은 그룹 전체로 여러 회사로부터 매입합니다. 때문에 다양한 회사의 상품을 싼 가격에 팔 수 있게 되었습니다. 개인 상점은 본래 손님과의 유대가 강해서, 가격도 싸지면 손님이 돌아오는 것은 당연한 일입니다. 이 새로운 방식을 생각해 실행한 한 전자제품점 경영자의 아이디어에 감탄할 뿐입니다.

新しいビジネスが成功した一番の理由は何ですか。

1 個人商店がたくさん集まったから
2 安く仕入れることができるようになったから
3 色々な会社の製品を売るようになったから
4 お客さんとのつながりを強めたから

새로운 비즈니스가 성공한 가장 큰 이유는 무엇입니까?

1 개인 상점이 많이 모였기 때문에
2 싸게 매입할 수 있게 되었기 때문에
3 여러 회사의 제품을 팔게 되었기 때문에
4 손님과의 유대를 강화했기 때문에

해설

남자는 새로운 비즈니스가 성공한 이유로 개인 상점이 단결하여 상품을 싸게 매입할 수 있었기 때문이라고 이야기하고 있다. 개인 상점이 모여 협력한 것, 여러 회사의 제품을 팔게 된 것 모두 상품을 싸게 매입할 수 있었기 때문에 가능한 일이므로 정답은 선택지 2번이 된다.

정답 ❷

問題3

問題3では、問題用紙に何もいんさつされていません。この問題は、全体としてどんな内容かを聞く問題です。話の前に質問はありません。まず話を聞いてください。それから、質問とせんたくしを聞いて、1から4の中から、最もよいものを一つ選んでください。

ーメモー

4 問題 4 즉시 응답

| 문제유형 분석 및 대책 |

問題 4 는 상대방의 말을 듣고 적절한 응답을 찾는 문제로 11~12문제가 출제된다. 문제의 흐름은 질문 등의 짧은 문장이 나오고 그 문장에 대한 응답으로 3개의 음성이 제시된다. A와 B의 응답 형식으로 내용은 부모와 자식, 부부, 직장 상사와 부하, 친구 등의 사이에서 주고받는 대화이고, 5개의 청해 문제 유형 가운데 문제 수가 가장 많다. 짧은 문장을 듣고 바로 대답을 찾는 문제이기 때문에 정답을 생각할 수 있는 시간이 많지 않다. 따라서 정답이 애매한 경우에는 직감으로 정답을 선택해서 다음 문제에 집중할 수 있도록 한다. 그렇지 않으면 다음 문제까지 놓칠 가능성이 많기 때문에 주의해야 한다.

문제 유형 예시

もんだい
問題 4

問題 4 では、問題用紙に何もいんさつされていません。まず文を聞いてください。それから、それに対する返事を聞いて、1 から 3 の中から、最もよいものを一つ選んでください。

— メモ —

실전 감각 익히기 | 즉시 응답

듣기 2-4-01~03

例題 問題４では、問題用紙に何もいんさつされていません。まず文を聞いてください。それから、それに対する返事を聞いて、１から３の中から、最もよいものを一つ選んでください。

ーメモー

해석 및 해설

스크립트 & 해석

(M : 男性, 男の子　F : 女性, 女の子)

例 1 M: この件、課長抜きで相談できないかな。 F: 1 課長はあちらにいらっしゃいますよ。 2 課長をお呼びしましょうか。 3 課長にもいていただきたいです。	**예1** 남: 이 건, 과장님을 빼고 상담할 수 없을까? 여: 1 과장님은 저쪽에 계세요. 2 과장님을 불러드릴까요? 3 과장님도 있어주셨으면 해요.
例 2 F: 今日の試験、難しかったわね。 M: 1 そんなに１００点取れた人がいるの？ 2 誰も１００点取れっこないよ。 3 誰に１００点もらえるのかなあ。	**예2** 여 : 오늘 시험 어려웠지? 남 : 1 그렇게 100점 맞은 사람이 있어? 2 아무도 100점 맞을 리가 없어. 3 누구에게 100점 받을 수 있을까.

해설

〈예1〉은 남자는 과장님 없이 이야기를 하고 싶다고 했는데 이에 대해 1번 '과장님은 저쪽에 계세요'와 2번 '과장님을 불러드릴까요?'는 엉뚱한 대답이다. 3번은 여자가 남자의 말에 '과장님도 있어주셨으면 해요'라고 확실히 거부의 의사를 밝히고 있다. 회화의 흐름으로 가장 적당한 것은 3번이다.

〈예2〉는 여자가 오늘 시험이 어려웠다고 남자에게 동의를 구하며 말하고 있는 상황이므로 100점을 맞는 사람이 적을 것이라고 예상하고 있다. 1번은 '100점을 맞은 사람이 그렇게나 많으냐'라는 의미로 물어보고 있기 때문에 여자의 말에 대한 대답으로 적절하지 않다. 2번은 '누구도 100점 맞지 않을 거다'라고 말하고 있으므로 여자의 생각과 일치한다. 3번은 조사가 が가 아닌 に가 쓰여 '누구에게 100점 맞을 수 있을까'라는 뜻이 되어 어색하다. 따라서 정답은 2번이 된다.

예1-정답 ❸　예2-정답 ❷

問題4

問題4では、問題用紙に何もいんさつされていません。まず文を聞いてください。それから、それに対する返事を聞いて、1から3の中から、最もよいものを一つ選んでください。

―メモ―

5 問題 5 종합 이해

| 문제유형 분석 및 대책 |

問題 5는 종합 이해 문제로 다소 긴 텍스트를 듣고 복수의 정보를 비교, 종합하면서 내용을 이해하는 문제이다. 1, 2번은 문제지에 선택지가 없고, 3번은 하나의 텍스트에 2개의 질문에 답하는 형식이며 선택지가 제시된다.
문제의 흐름은 먼저 상황을 설명하는 문장이 나온다. 그리고 다소 긴 텍스트가 나오고 이어서 질문이 제시된다. 선택지가 없는 문제는 음성으로 4개의 선택지가 나오고, 선택지가 있는 문제는 따로 음성이 제시되지 않는다.
텍스트의 내용이 추상적인 주제를 다루지는 않지만 문장이 다소 길기 때문에 메모를 하면서 들어야 한다. 2명 이상의 이야기를 듣고 정보를 비교하거나 통합해야 하기 때문에 다소 까다로운 문제라고 할 수 있다.

문제 유형 예시

問題 5

問題 5では、長めの話を聞きます。この問題には練習はありません。

問題用紙にメモをとってもかまいません。

3番

まず話を聞いてください。それから、二つの質問を聞いて、それぞれ問題用紙の 1 から 4 の中から、最もよいものを一つ選んでください。

質問 1

1 北中通り

2 大川通り

3 上田通り

4 山下通り

例題　問題５では長めの話を聞きます。この問題には練習はありません。問題用紙にメモをとってもかまいません。

例

まず話を聞いてください。それから、二つの質問を聞いて、それぞれ問題用紙の１から４の中から、最もよいものを一つ選んでください。

質問１

1　宿泊施設
2　体験教室
3　宿泊施設と農業体験
4　体験教室と道の駅

質問２

1　宿泊施設
2　体験教室
3　宿泊施設と農業体験
4　体験教室と道の駅

해석 및 해설

스크립트 & 해석

(M：男性, 男の子　F：女性, 女の子)

男の人が話しています。

M1: 私は谷川村という小さな村の村長です。私の村は年々人口が減って６５歳以上の高齢者が人口の５０％を超える、いわゆる限界集落でした。何もない村の古民家を改造して宿泊施設を造り、都会の人に田舎暮らしを楽しんでもらっています。また地元の農家に泊まれるような民宿システムも作りました。農業体験は特に子供達に人気があって、田植えや、稲刈りなど希望者が多くて断るほどです。仕事が段々増えて働く人が足りなくなるほどになりましたから、都会から若者が帰って来るようになって、子供も増えてきました。隣の村はうちの村に来る通り道に道の駅を造って農産物を売り始めました。こちらも順調だそうです。隣にカフェを増設したところ、景色がよいのでそちらで休む人も増えました。また、カフェで出す地元の特産の和菓子やケーキを作る人も必要になって、近所の村もすっかり活気づいてきました。今、廃校を紙を作ってみる体験教室にしようと考えています。皆さんの村も自然が豊かだと思います。それを活用して村興しをしてみませんか。

F: 今日、この会に参加してよかったです。私の村には古い空き家が残っているんです。それを活用して何か始めようと思います。

M2: いいですね。古民家ホテルは人気がありますから。僕の村には何もありませんから。

F: 大丈夫ですよ。大山さんのところは和紙の産地じゃありませんか。

M2: 職人さんが協力してくれるかなあ。

F: 協力がなくても、材料はたくさんあるんですから、空き家でやってみたらどうですか。

M2: 紙づくりが駄目でも、竹細工やわらじづくりならできる人がいますから、やってみます。

남자가 이야기하고 있습니다.

남1 : 저는 다니가와마을이라는 작은 마을의 촌장입니다. 우리 마을은 해마다 인구가 줄어들어 65세 이상의 고령자가 인구의 50%를 넘는 이른바 한계취락(극단적인 과소(過疎) 상태로, 공동체로 존재하기가 어려운 취락)이었습니다. 아무것도 없는 마을의 옛 민가를 개조해 숙박시설을 만들어 도시 사람들이 시골 생활을 즐기게 하고 있습니다. 또한 지역 농가에 묵을 수 있는 민박 시스템도 만들었습니다. 농업 체험은 특히 아이들에게 인기가 있어서 모내기나 벼 베기 등 희망자가 많아서 거절할 정도입니다. 일이 점점 늘어나서 일하는 사람이 부족해질 정도가 되었기 때문에 도시에서 젊은이가 돌아오게 되고 아이도 늘어났습니다. 옆 마을은 우리 마을로 오는 길에 도로 휴게소를 만들어 농산물을 팔기 시작했습니다. 이쪽도 순조롭다고 합니다. 옆에 카페를 증설했더니 경치가 좋아서 그곳에서 쉬는 사람도 늘었습니다. 또한 카페에서 내는 지역 특산 화과자나 케이크를 만드는 사람도 필요해져서 이웃 마을도 아주 활기를 띠기 시작했습니다. 지금 폐교를 종이를 만들어보는 체험 교실로 하려고 생각하고 있습니다. 여러분의 마을도 자연이 풍요로울 것입니다. 그것을 활용하여 마을을 부흥시켜 보지 않겠습니까?

여 : 오늘 이 모임에 참석해서 좋았어요. 우리 마을에는 오래된 빈집이 남아 있어요. 그것을 활용해서 뭔가 시작하려고 해요.

남2 : 좋네요. 오래된 민가 호텔은 인기가 있으니까요. 우리 마을에는 아무것도 없어서요.

여 : 괜찮아요. 오야마 씨가 사는 곳은 일본 종이의 산지 아니에요?

남2 : 장인들이 협력해줄지.

여 : 협력이 없어도 재료는 많이 있으니까 빈집에서 해보는 건 어때요?

남2 : 종이 만들기는 못해도 대나무 세공이나 짚신 만들기라면 할 수 있는 사람이 있으니까 해보겠습니다.

F： 隣の村同士ですから、お互いに協力し合っていきましょう。成功したら一緒に道の駅を造って農産物を売るのもいいですね。

M2:カフェもいいですよ。何だか希望が見えてきました。

F： 頑張りましょう。

여： 이웃 마을끼리니까 서로 협력해 나가요. 성공하면 함께 도로 휴게소를 만들어 농산물을 파는 것도 좋겠네요.

남2 : 카페도 좋아요. 왠지 희망이 보이기 시작했습니다.

여： 열심히 합시다.

質問1 女の人は何をするつもりですか。

1 宿泊施設
2 体験教室
3 宿泊施設と農業体験
4 体験教室と道の駅

質問2 男の人は何をするつもりですすか。

1 宿泊施設
2 体験教室
3 宿泊施設と農業体験
4 体験教室と道の駅

질문1 여자는 우선 무엇을 할 생각입니까?

1 숙박시설
2 체험교실
3 숙박시설과 농업체험
4 체험교실과 도로 휴게소

질문2 남자는 우선 무엇을 할 생각입니까?

1 숙박시설
2 체험교실
3 숙박시설과 농업체험
4 체험교실과 도로 휴게소

해설

〈질문1〉 여자가 살고 있는 마을은 오래된 빈집을 이용할 수 있다고 했기 때문에 선택지 1번이 정답이다. 체험교실과 농업체험에 대해서는 언급하지 않았고, 도로 휴게소는 미래의 일이므로 선택지 2, 3, 4번은 정답이 아니다.
〈질문2〉 남자가 살고 있는 마을은 전통 종이의 산지인데, 종이 장인들의 도움 없이도 대나무 세공이나 짚신 만들기를 해 보겠다고 했으므로 선택지 2번이 정답이다. 숙박시설과 농업체험에 대해서는 언급하지 않았고, 도로 휴게소는 미래의 일이므로 선택지 1, 3, 4번은 정답이 아니다.

질문1-정답 ❶ 질문2-정답 ❷

問題5

問題 5 では長めの話を聞きます。この問題には練習はありません。問題用紙にメモをとってもかまいません。

1番、2番

問題用紙に何もいんさつされていません。まず話を聞いてください。それから、質問とせんたくしを聞いて、１から４の中から、最もよいものを一つ選んでください。

ーメモー

3番

まず話を聞いてください。それから、二つの質問を聞いて、それぞれ問題用紙の１から４の中から、最もよいものを一つ選んでください。

質問１

1　種類
2　時間
3　時間と種類
4　時間と時間帯

質問２

1　種類
2　時間
3　時間と種類
4　時間と時間帯

1교시

제1장 문자·어휘 기출공략편

문제1 한자읽기

제 1 ____의 단어의 읽기로 가장 알맞은 것을 1·2·3·4에서 하나 고르시오.

제1회 기출어휘 확인문제 **한자읽기** ▶p.18

전기 스탠드를 **쓰러뜨리지** 않도록 조심하세요.
식량은 그들 사이에서 **똑같이** 분배되었다.
사고를 당했지만 다행히 **경상**이라고 한다.
올해 안으로 상품수를 2배인 약 1만점으로 **확충**할 계획이다.
두 사람은 조금 **떨어져서** 앉았다.
무서운 꿈을 꾸었습니다.
TV 화면이 **흔들렸다**.
그의 사고방식은 아직도 **어리다**.
점장님에게 **귀중**한 조언을 받았다.
병원에 가서 다친 곳의 **치료**를 받았다.

2회 기출어휘 확인문제 **한자읽기** ▶p.19

그는 **험악한** 얼굴로 의자에 앉아 있었다.
비용은 그가 전부 **부담**했다.
도쿄로 이사 온 당초에는 눈에 **비치는** 모든 것이 신선했다.
정보기술이 **현저한** 진보를 보이고 있다.
형에게 **자극**을 받아 나도 서핑을 하기 시작했다.
그의 **기획**이 회의에서 통과되었다.
비용의 **총액**은 200만 엔이 되었다.
채소를 **센 불**에 볶아주세요.
공기가 들어가지 않도록 **밀폐**해 주십시오.
사람을 **외모**로 판단해서는 안됩니다.

제3회 기출어휘 확인문제 **한자읽기** ▶p.20

1 여러분의 따뜻한 **성원**에 응답할 수 있도록 노력하겠습니다.
2 사촌이 이달 **하순** 우리 집에 놀러 올 예정이다.
3 간단한 질문에 대답하지 못해 **창피**를 당했다.
4 상대팀은 선수층이 두꺼워 우리보다 **압도적**으로 유리하다.
5 데이터를 컴퓨터로 **처리**했다.
6 **추첨**으로 순서를 정했습니다.
7 벽의 그림이 조금 **기울어져** 있다.
8 그 절벽은 지면에 거의 **수직**입니다.
9 꽃병의 **파편**이 마루에 튀어있다.
10 그 책에 대해 **비평**을 썼습니다.

제4회 기출어휘 확인문제 **한자읽기** ▶p.24

1 할아버지는 손자에게 **지나치게** 약하다.
2 소독한 **청결**한 거즈를 상처에 대다.
3 **추상적**인 설명은 그만 두세요.
4 물론 저는 **지역**팀을 응원합니다.
5 꽃구경은 우리 회사의 봄 **연례**행사입니다.
6 우리는 건물에 냉방**장치**를 달았다.
7 그는 **세상**일은 아무것도 몰랐다.
8 주민들의 **요구**에 의해 새로운 공원이 조성되었다.
9 이 카레는 **매워서** 먹을 수 없다.
10 빠진 카드를 제자리에 **돌려** 놓다.

제5회 기출어휘 확인문제 **한자읽기** ▶p.25

1 나는 친구에게 테니스부 가입을 **권유**했다.
2 빌린 DVD의 **반납**기한이 지나버렸다.
3 일본은 그 나라와 **밀접**한 관계가 있다.
4 아아, **아쉽다**. 좀 더 잘 할 수 있었는데.
5 이런 때에 딱딱한 인사는 **생략**하죠.
6 만화가 책장의 대부분을 **차지하고** 있다.
7 성인식을 **축하하며** 자치단체에서 모임을 열다.
8 이 연구를 **계속하는** 데에는 자금이 필요하다.
9 그녀는 편한 **자세**로 앉아 있었다.
10 시계의 **바늘**은 12시를 가리키고 있었다.

최신 개정판
2024년 7월·12월 기출문제 분석 및 반영

JLPT
일본어능력시험

한권으로 끝내기

이치우, 北嶋千鶴子 공저

QR코드를 스캔하면 청해 MP3 파일 및 관련자료를 다운로드 하실 수 있습니다

N2

해석 및 해설집

다락원

JLPT
일본어능력시험

한권으로 끝내기

이치우, 北嶋千鶴子 공저

해석 및 해설집

N

다락원

제6회 기출어휘 확인문제 한자읽기

▶ p.26

1 일본에는 석유자원이 **부족하다**.
2 채소에는 비타민이 **풍부**하게 함유되어 있다.
3 **유치**한 의논을 반복해도 소용없다.
4 모자를 깊숙이 쓰고 얼굴을 **감추고** 걷다.
5 그녀는 내 **옆**에 앉았다.
6 맑은 날에는 여기 산 정상에서 멋진 **경치**가 보인다.
7 **시급히** 우리 집으로 와 주세요.
8 딸의 운동회를 비디오로 **촬영**했다.
9 그를 **밉다**고 생각한 적은 없다.
10 그는 선거에서 **압승**했다.

제7회 기출어휘 확인문제 한자읽기

▶ p.27

1 **방심**한 틈에 지갑을 도둑 맞았다.
2 우리 팀은 큰 차이로 상대에게 **패배했다**.
3 **폭넓게** 학생의 자유를 인정하다.
4 책상 위에 책을 산처럼 **쌓아** 두다.
5 방의 온도를 25도로 **조절**하다.
6 저 상점 주인은 가게의 **규모**를 넓혔다.
7 홍수로 인한 **손해**는 2억 엔에 달한다.
8 **생략하지 말고** 정식 명칭을 적어 주세요.
9 농약은 잡초를 **제거하는**데 편리하다.
10 먼저 선생님이 **모범**을 보여 주셨다.

제8회 기출어휘 확인문제 한자읽기

▶ p.32

1 우체통이라면 역으로 가는 **도중**에 있어요.
2 지금 민요 **춤**을 배우고 있습니다.
3 일방통행 **표지**를 알아차리지 못하고 역행하고 있었다.
4 그에게 실력을 발휘할 수 있는 기회를 **주자**.
5 그녀의 이야기에 **새삼스레** 덧붙일 것은 없습니다.
6 스폰서의 **협력**을 얻어 프로젝트를 진행했다.
7 전철이 늦어져 수업에 10분 **지각**했습니다.
8 방의 공기가 너무 **건조**합니다.
9 학업과 운동을 양립시키다니 정말로 **대단해**.
10 그녀는 어제 막 **퇴원**했습니다.

제9회 기출어휘 확인문제 한자읽기

▶ p.33

1 그는 동료의 아이디어를 **훔쳐서** 논문을 썼다고 고백했다.
2 나는 매일 아침 **나무**에 물을 줍니다.
3 본교의 대학**진학률**은 높습니다.
4 1**초**라도 지각하면 수업을 받을 수 없습니다.
5 나갈 차례를 기다리면서 **심장**이 두근두근거렸다.
6 그의 오랜 **노력**이 겨우 보상받았다.
7 처음 발표회에서 **무대**에 올랐을 때에는 굉장히 긴장했다.
8 많은 경찰관이 대사관 **경비**를 맡고 있었다.
9 그는 통신회사에 기사로 **고용되어** 있습니다.
10 나는 그 파티의 초대를 정중히 **거절했다**.

제10회 기출어휘 확인문제 한자읽기

▶ p.34

1 상사로부터 신뢰가 **회복**되기 전에는 자네의 승진은 무리야.
2 내가 말한 것으로 그는 **심기**가 불편해졌다.
3 휴가로 어디에 가느냐의 **선택**은 그녀에게 맡겼다.
4 이른 아침 통근자가 **교외**에서 도심으로 모여든다.
5 그 아이는 특히 어학에 **뛰어나다**.
6 **통조림**은 서늘하고 빛이 들지 않는 곳에 보관해 주세요.
7 유사시를 위해 이웃끼리 밀접한 **연락**이 필요합니다.
8 방**구석**에 쌓인 먼지를 청소했다.
9 **상품**의 진열 방법은 매출에 크게 영향을 준다.
10 강에는 쓰레기가 많이 **떠** 있다.

제11회 기출어휘 확인문제 한자읽기

▶ p.35

1 이 휴대전화는 **조작**이 간단하다.
2 아름다운 이 경치를 보고 있자니 **수명**이 늘어나는 것 같다.
3 사고는 **단순**한 계산 실수가 원인이었다.
4 그들은 쌍둥이지만 성격은 상당히 **다르다**.
5 공장에서 큰 **폭발**이 있었지만 다행히 부상자는 나오지 않았다.
6 근무처에서는 고객의 불만 **처리**를 담당하고 있다.
7 그의 연설은 그 자리에서는 **적절**하지 않았다.
8 어느 쪽 팀이 강한가로 형과 **논쟁**을 벌였다.
9 **의료**의 발달로 영유아 사망률이 확 줄었다.
10 지진 재해 이후 연료수입액은 약 10**조** 엔 증가했다.

제12회 기출어휘 확인문제 한자읽기

▶ p.36

1 화재로 사망한 사람의 신원 **조사**는 그다지 진행되지 않았다.
2 남동생은 자신의 실수를 좀처럼 **인정하지 않는다**.
3 신발의 **흙**을 턴 후에 입실해 주세요.
4 우리나라는 여러 나라와 **무역**을 하고 있다.
5 이런 상황은 나에게는 더없이 **이상하게** 여겨진다.
6 그녀는 녹색 **신발**을 신고 있었다고 생각합니다.
7 그 일은 대부분 단순 **작업**의 반복이라고 들었다.
8 사토 씨는 쥐의 행동을 **관찰**했다.
9 오늘 업무는 이것으로 **완료**이다.
10 두 번 다시 전쟁이라는 이름의 **비극**을 반복해서는 안 된다.

문제2 한자표기

문제 2 ＿＿의 단어를 한자로 쓸 때 가장 알맞은 것을 1·2·3·4에서 하나 고르시오.

제13회 기출어휘 확인문제 한자표기 ▶p.41

1 달은 **선명하**게 빛나고 있었다.
2 그것은 계약의 이 조항에 **위반**되고 있다.
3 그녀는 어떤 어려움에도 맞서는 **용감한** 여성이었다.
4 그는 **난폭한** 운전을 하다가 경찰에게 제지당했다.
5 이 소스는 맛이 **진하다**.
6 출장 후 비용을 **정산**했습니다.
7 시간이 없으니 자세한 설명은 **생략하겠습니다**.
8 태풍이 접근하고 있어 파도가 **거세다**.
9 이런 생활이 **영원**히 계속될까?
10 8월 하순에 **귀성**하려고 합니다.

제14회 기출어휘 확인문제 한자표기 ▶p.42

1 코트 길이를 3cm **줄였다**.
2 파티에서는 모두 **명랑하**게 노래하며 춤추었다.
3 보고 싶었던 영화를 **놓치고** 말았다.
4 아버지의 머리에는 흰머리가 **섞여** 있었다.
5 개봉 후에는 **반품** 불가합니다.
6 그 나라는 천연자원이 **풍부하다**.
7 저는 법학부에 **재학**하고 있습니다.
8 오늘 아침은 추워서 수도관이 **얼었다**.
9 그녀를 저녁식사에 **초대했다**.
10 자세한 것은 권말의 해설을 **참조**하십시오.

제15회 기출어휘 확인문제 한자표기 ▶p.43

1 **실천**을 통해 기술을 배웠다.
2 사람들은 **경쟁하며** 신제품을 사들였다.
3 그 남자는 결코 자기에게 **손해** 되는 일은 하지 않는다.
4 주인공을 연기한 그의 **연기**는 훌륭했다.
5 야마시타 씨는 사무 **계통**의 일에 적합합니다.
6 누구에게나 **약점**은 있다.
7 이 나라는 **복지**가 잘 되어 있습니다.
8 수술 외에 그녀를 **구할** 길은 없습니다.
9 어제 동네 **행사**에 참가했습니다.
10 그녀의 **증상**은 점점 악화되었다.

제16회 기출어휘 확인문제 한자표기 ▶p.47

1 백합꽃은 순수함을 **상징**한다.
2 **자세한** 것은 잘 모릅니다.
3 대회의 **개최** 준비를 하다.
4 계속 닫힌 상태였기 때문에 방이 **축축하다**.
5 장관이 공사 현장을 **방문했다**.
6 **진지한** 표정으로 의사의 설명을 듣다.
7 **팔**에 노란색 리본을 달고 있는 것은 투어 손님입니다.
8 남동생이 내 결혼식 사진 **촬영**을 담당했다.
9 그는 적십자에 거액을 **기부**했다.
10 음악회에 가자고 친구를 **꼬셨다**.

제17회 기출어휘 확인문제 한자표기 ▶p.48

1 개발 계획은 주민의 **극심한** 반대에 부딪혔다.
2 올해는 쌀 **수확**이 적다.
3 그의 수상은 모두를 **놀라게 했다**.
4 스피커를 앰프에 **접속**시키다.
5 아이에게 좋은 추억을 많이 **주고** 싶다.
6 그는 대학에서 영문학을 **강의**하고 있다.
7 요즘에는 **출세**를 바라지 않는 샐러리맨도 있다.
8 주머니에 물건을 너무 많이 넣어서 **찢어지고** 말았다.
9 지진으로 집이 15도 이상 **기울었다**.
10 걷고 있는 중에 줄이 **흐트러졌다**.

제18회 기출어휘 확인문제 한자표기 ▶p.49

1 그 말투에는 약간 **거부감**이 든다.
2 그들은 평화에 대해 반복해서 **토론**했다.
3 그녀는 친선대사로서의 큰 임무를 **완수하였다**.
4 그렇게 **조급해하지 않아도** 괜찮아요.
5 길가의 쓰레기를 **주워** 깨끗이 하다.
6 부하의 실수를 **나무라지 않고** 자신이 책임을 지다.
7 친구와 같은 팀에 **속해** 있다.
8 노벨상 수상자를 **강사**로 맞아 강연을 듣다.
9 그녀는 아주 **예의** 바릅니다.
10 그는 나의 **초대**를 흔쾌히 수락해 주었다.

제19회 기출어휘 확인문제 한자표기 ▶p.50

1 산 정상에 **이르는** 길에는 다양한 고산 식물을 볼 수 있다.
2 매일 고향에 계신 어머니를 생각하며 **생활하고** 있다.
3 3년 전과 비교해 체력은 **떨어지지** 않았다.
4 학창시절 동안 좋은 친구들이 **주변에 많이 있었다**.
5 그에게는 정신적으로 **도움**을 줄 사람이 아무도 없었다.
6 생활비가 모자라서 식비를 **깎을** 수 밖에 없다.
7 민간 철도의 **운임**이 다음 달부터 인상된다.
8 누군가가 나의 **어깨**를 쳤다.
9 두 주자의 **거리**는 점점 좁혀지고 있었다.

10 계획을 **변경**한다고 갑자기 얘기해도 곤란하다.

제20회 기출어휘 확인문제 **한자표기**

▶ p.55

1 그녀는 피아노 콩쿠르에서 우수한 **성적**을 거두었다.
2 **소방서**에 전화해서 문의해 주세요.
3 **벽**에 그림을 걸어보니 방에 분위기에 딱 맞았습니다.
4 신입사원에게 업무 **연수**를 실시하고 있다.
5 스키야키에는 **얇게** 썬 소고기를 사용합니다.
6 그녀는 염원하던 대로 **출판사**에 취직했다.
7 이 건에 대해서는 선생님께 **여쭤** 보겠습니다.
8 **가죽 구두**를 사준 것은 대학에 들어가고 난 후였다.
9 집을 나왔을 때 **주변**은 어두워지고 있었다.
10 이 나라의 **총 인구**는 도쿄도의 신주쿠구 정도이다.

제21회 기출어휘 확인문제 **한자표기**

▶ p.56

1 아이들은 잔디 위에서 **원**을 이루며 춤추고 있었다.
2 근처 편의점이 **심야**영업을 하고 있어서 도움이 된다.
3 장시간 컴퓨터 앞에 **앉아** 있어서 지쳤다.
4 여기서 **우유**를 조금씩 첨가해 주세요.
5 냄비에서 **증기**가 올라오고 있을 때 넣는 것은 위험하다.
6 작은 새가 새장에서 나와 **도망쳐** 버렸다.
7 물이 **끓어**서 홍차를 내었다.
8 IT산업에서는 **경쟁**이 매년 심해지고 있다.
9 그녀는 결국 탁구선수의 **정점**에 섰다.
10 어제에 비해 오늘은 꽤 **시원하다**.

제22회 기출어휘 확인문제 **한자표기**

▶ p.57

1 전철 기다리는 시간을 때우기 위해 나는 **찻집**에 들어갔다.
2 용의자도 아닌데 그는 경찰에게 **난폭**한 취급을 받았다.
3 결혼생활에서는 서로 **존경**하는 것이 중요합니다.
4 기뻐서 '만세'하고 **외치며** 양손을 들다.
5 개의 코는 사람의 몇 백배나 **예민하다**.
6 이곳은 아이를 키우는데 아주 좋은 **환경**이다.
7 대학교 4학년생은 **취직** 활동으로 바쁘다.
8 방안에는 담배 **연기**가 자욱했다.
9 프런트에서 **숙박** 수속을 해 주세요.
10 **전쟁**에 이기든 지든 사람은 불행해질 뿐이다.

제23회 기출어휘 확인문제 **한자표기**

▶ p.58

1 오후 3시까지 자유**행동**을 해도 됩니다.
2 할아버지는 나이 탓에 **허리**가 굽어 있습니다.
3 다카하시 씨는 **호수** 근처에 별장을 가지고 있습니다.
4 겨울철 창문에 **물방울**이 맺히는 현상이 결로입니다.
5 선물은 **금액**이 아니라 마음의 문제입니다.
6 그는 지금 파일럿이 되는 **훈련**을 받고 있다.
7 실현 가능성이 높다는 것이 대략적인 **관측**이다.
8 파도가 **해안가**에 밀려올 때의 변화 모습을 조사했다.
9 현재 **아동**학대가 커다란 사회 문제가 되고 있다.
10 태풍에 의한 농작물의 **피해** 상황은 지금 현재 조사 중입니다.

제24회 기출어휘 확인문제 **한자표기**

▶ p.59

1 이 집은 내진**구조**로 되어 있습니다.
2 **악천후**로 인해 오늘 비행편은 모두 취소되었다.
3 오늘은 나라 **현청**에 다녀왔습니다.
4 회원 모집을 개시했더니 **신청**이 쇄도했다.
5 정말로 그런 일이 가능한지 어떤지 **의문**이다.
6 이 페이지를 두 배로 **확대**해서 복사해 주세요.
7 그녀는 센다이시의 **교외**에 살고 있습니다.
8 소년은 **단정한** 용모를 하고 있었지만 복장은 허름했다.
9 이 기숙사에서는 야간 외출을 **금지**하고 있다.
10 **언덕**을 내려온 곳에 편의점이 있습니다.

문제3 **단어형성**

문제 3 (　　)에 들어갈 가장 알맞은 것을 1·2·3·4에서 하나 고르시오.

제25회 기출어휘 확인문제 **단어형성**

▶ p.64

1 반의 대부분이 **도시에서 자랐**습니다.
2 바로 지적받은 부분을 고쳐서 **다시 제출**했다.
3 부탁을 **청하기 어렵다**고 느끼는 것은 상대와의 사이에 거리가 있을 때입니다.
4 흡연은 건강에 **악영향**을 끼친다.
5 **미국식** 사고방식은 아무래도 나에게는 익숙해지지 않는다.
6 **다음 학기**부터 일본어를 공부하려고 생각하고 있습니다.
7 자료가 오래되거나 **부정확**한 자료가 많은 경우가 있다.
8 지금 촌장은 **전 촌장**보다 18살이나 젊다.
9 말인 과일이나 견과류 등으로 **동그란 모양**의 건강한 과자를 만듭니다.
10 이 페이지는 작중 사건을 **연대순**으로 나열해 보았습니다.

제26회 기출어휘 확인문제 **단어형성**

▶ p.65

1 오전 중에 **한 가지 일**을 끝냈다.
2 세일 이벤트는이쪽이 아니라 **다른 회장**에서 진행되고 있습니다.
3 그 감독은 **정치색**을 뺀 영화를 만들고자 했다.
4 그는 **헤어질 때** 뭔가 중얼거렸다.
5 스팸 메일의 대부분이 **발신지**를 위장해서 발송되고 있다.

6 장관 밑에 두 명의 **부장관(차관)**이 있는 것이 일반적이다.
7 남성은 **회사원풍**에 나이는 마흔쯤, 키 175센티 정도라고 합니다.
8 휴일의 놀이공원은 **가족동반**으로 북적였다.
9 반품은 **미사용**에 도착 후 일주일 이내로 부탁 드립니다.
10 10년 전에 **현 사장**이 취임했다.

제27회 기출어휘 확인문제 단어형성 ▶p.69

1 댄스 **미경험**이어도 환영입니다.
2 그에게 **초대장**을 받았지만 거기에 응하지 않았다.
3 **현 단계**에서는 그 문제에 대해서 말할 수 없습니다.
4 오늘 강연의 주제는 교육의 **여러 문제**에 대해서입니다.
5 **도쿄역발** 직통은 이전보다 편수가 줄어들었다.
6 나이 탓인지 **집중력**이 유지되지 않는다.
7 본교 졸업생의 **취업률**은 매년 80%를 넘고 있습니다.
8 그것은 **구 제도**의 치명적인 결함이었다.
9 수학에 관한 레포트를 **여름방학 직후에** 제출하게 되었습니다.
10 이 치즈는 **유통기한이 다 되었을 때**가 가장 맛있다.

제28회 기출어휘 확인문제 단어형성 ▶p.70

1 역 앞의 **상점가**에서 쇼핑하고 가자.
2 공연 시작 벨이 울리고, 관객석은 **살짝 어두워**졌다.
3 나는 대부분 슈퍼마켓에서 **식기류**를 산다.
4 내일 회의에는 사장님과 **부사장님**도 참석할 예정이다.
5 우리 회사의 **매상 총액**은 연간 10% 상승했다.
6 어제 **고성능** 카메라를 구입했다.
7 조금 전의 발언은 **비공식적인** 견해입니다.
8 그 실험 결과는 **의학계**의 주목을 모았다.
9 우리 지역의 프로야구팀이 **준결승**에 진출했다.
10 매우 맘에 들어서 **작품집**을 샀습니다.

제29회 기출어휘 확인문제 단어형성 ▶p.71

1 이 레스토랑은 **어린이를 동반한** 손님에게 인기다.
2 **음악 전반**에 관심이 있는데 지금은 특히 일본의 전통 음악에 관심이 있습니다.
3 **감기 기운**이 있어서 일을 쉬었다.
4 이 병원의 외래는 **예약제**입니다.
5 그녀는 차기 사장의 **가장 유력한** 후보로 소문이 나 있다.
6 쓰레기는 **반투명** 쓰레기 봉투로 내놓아 주세요.
7 이번 선거는 **투표율**이 낮았다.
8 친구가 **선로 근처**에 있는 집을 사고 시끄러워서 다시 이사해 버렸다.
9 그 사람의 생각은 **현실과 동떨어져** 있다.
10 **다음 시즌**부터 그는 4번 타자를 맡는다.

제30회 기출어휘 확인문제 단어형성 ▶p.72

1 저는 **가채용**이 되었습니다.
2 겨울방학에 여행을 가고 싶어서 **고수입**의 아르바이트를 찾고 있다.
3 신주쿠에서 고후까지 편도 **전철 요금**은 얼마입니까?
4 역 앞에 유독 눈에 띄는 **아주 새** 건물이 있다.
5 이 식물에게는 **하루 걸러** 물을 줍니다.
6 단어를 **알파벳순**으로 정렬하다.
7 10월에 들어서니 핼러윈 **분위기 일색**이네요.
8 낡은 시계를 **낮은 가격**으로 판매했다.
9 그릇에 버터와 설탕을 넣고 **크림 상태**가 될 때까지 섞어 주세요.
10 추위와 더위의 차가 큰 이 지역 생활에 **유럽풍** 가옥은 적합하지 않습니다.

문제4 문맥규정

문제 4 (　　)에 들어갈 가장 알맞은 것을 1·2·3·4에서 하나 고르시오.

제31회 기출어휘 확인문제 문맥규정 ▶p.77

1 그 영화에 대해 심사위원의 **평가**가 갈렸다.
2 **건성인** 마음가짐으로는 이 계획을 실행할 수 없어.
3 **번거로운** 절차 후, 간신히 사진 촬영 허가가 내려졌다.
4 역에 도착했을 때 마침 쾌속 열차가 오다니 **타이밍**이 아주 좋다.
5 그녀는 **빙긋** 웃으며 현관으로 나왔다.
6 그 호텔은 요금이 적당해서 **가벼운 마음으로** 이용할 수 있다.
7 이 자격증을 가지고 있으면 취업에 **유리**합니다.
8 그는 시험 전에 더 공부해둘 걸 하고 **후회하고** 있다.
9 최근 물가 **상승**이 현저하다.
10 되도록 갓 **수확**한 신선한 채소를 먹도록 하세요.

제32회 기출어휘 확인문제 문맥규정 ▶p.78

1 30대 여성을 **겨냥**한 잡지가 잘 팔리고 있다.
2 그의 메일에는 한 장의 사진이 **첨부**되어 있었다.
3 채소를 무농약으로 **재배**하는 농가가 늘고 있다.
4 할머니의 시력은 급속도로 **나빠**졌습니다.
5 강변의 아침 시장은 **지역** 주민들과 관광객 모두에게 매우 인기가 있다.
6 몸이 약해서는 실력을 충분히 **발휘**할 수 없다.
7 연말에 베토벤 교향곡 제9번을 연주하는 것은 일본의 **독특**한 풍습이다.
8 그런 소문을 곧이듣다니, 그 사람 좀 **경솔하다**.
9 사람을 그렇게 **빤히** 쳐다보는 건 실례예요.
10 좀 물어볼게 있어서 돌아가려는 친구를 **붙들었다**.

제33회 기출어휘 확인문제 **문맥규정**

▶p.79

1 그 선수는 체력의 **한계**를 이유로 현역을 은퇴했다.
2 내 방은 여러 가지 물건으로 **너저분**하다.
3 공정이 많은 작업은 각각 특기 분야를 살려 **분담**해 작업에 임하고 있습니다.
4 이 책상은 **공간**을 지나치게 차지하고 있다.
5 나는 회사를 그만둘 결심을 **굳혔다.**
6 교토는 단풍의 **명소**로 가을이 되면 많은 관광객이 방문한다.
7 열차는 붐볐지만 간신히 자리를 두 개 **확보**할 수 있었다.
8 아이들은 모두 폭염 속에서 **축 늘어져** 있었다.
9 한 남자가 순서를 무시하고 택시를 기다리는 줄에 **끼어들었다.**
10 좋은 말만 하는 것이 아니라 제대로 단점도 가르쳐주어서 **믿음이 갔다.**

제34회 기출어휘 확인문제 **문맥규정**

▶p.83

1 나는 그 사람의 **온화**한 인품에 매우 마음이 끌립니다.
2 네 말투에서 무엇을 계획하고 있는지 **짐작**이 간다.
3 이번 주는 바빴기 때문에 주말은 집에서 **한가로이** 텔레비전을 보았다.
4 일전에 길을 걷고 있는데 우연히 방송국 리포터가 **불러 세워서** 인터뷰 했습니다.
5 조사단은 사고의 원인을 **분석**했다.
6 그는 노력한 끝에 **빛나는** 성공을 거두었다.
7 이 표현은 **애매**해서 이해하기 어렵다.
8 앞으로 30분 있으니까 주변을 **어슬렁어슬렁** 거리다 올게.
9 낮잠을 잤더니 기분이 **상쾌해졌다.**
10 맥주에는 알코올 성분이 5%정도 **포함되어** 있다.

제35회 기출어휘 확인문제 **문맥규정**

▶p.84

1 학생회가 중심이 되어 모임은 **원활히** 진행되었다.
2 사람은 힘든 경험을 통해 **성장**하는 법이다.
3 마라톤에서는 주위 사람과 맞추려고 하지 말고 **자기 페이스**로 달리면 된다.
4 그 회사는 기술이 뛰어나다는 **평판**이다.
5 피곤했기 때문에 일하던 중 그만 **꾸벅꾸벅** 졸았다.
6 나는 지금 **편안한** 기분입니다.
7 결승전에 진출해 선수들은 **활기**로 가득 차있다.
8 경비 문제에 **막혀서** 계획이 진척되지 않는다.
9 도시부를 중심으로 자전거 도난이 **잇따르고** 있다.
10 그녀는 일을 그만두고 공부에 **전념**했다.

제36회 기출어휘 확인문제 **문맥규정**

▶p.85

1 이 표는 내일까지 **유효**합니다.
2 화장실의 변기가 하나 **막혀서** 사용할 수 없습니다.
3 연말 완성을 **목표로** 공사를 진행하다.
4 가을은 독서의 **계절**입니다.
5 그는 대수롭지 않은 일에도 바로 **화를 낸다.**
6 계속 그에게 거짓말을 하고 있는 것이 **괴로워**졌다.
7 러시아어를 할 수 있는 것이 그녀의 **강점**이죠.
8 교통체증으로 전혀 움직일 수 없어서 차 안에서 **안절부절못**하고 있다.
9 그녀와는 오랜만에 만나서 몇 시간 이야기해도 이야기가 **끊이지 않는다.**
10 내 방은 길가에 **면해** 있기 때문에 때때로 시끄럽다.

제37회 기출어휘 확인문제 **문맥규정**

▶p.86

1 그 회사는 여러 문제를 **떠안고** 있다.
2 도중에 들리지 않고 오카야마까지 **단숨**에 차로 달렸다.
3 마지막 모퉁이를 돌았을 때 무릎에 **날카로운** 통증을 느꼈다.
4 급여를 인상한 것만으로는 사원의 불만은 **해소**되지 않는다.
5 우리 학교의 **특색**은 국제교류에 힘을 쏟고 있다는 것이다.
6 그는 수입에 **비례**해 지출이 많아졌다.
7 비를 맞아서 겉옷이 **흠뻑** 젖었다.
8 내일 골프 치러 가는데 **공교롭게** 비가 온다고 하네요.
9 **미리** 말해 두지만 이것은 편한 일이 아니다.
10 큰비로 지반이 약해져 낙석이 **데굴데굴** 떨어졌다.

제38회 기출어휘 확인문제 **문맥규정**

▶p.90

1 책을 선택할 때에는 더욱 **신중**하게 해야 합니다.
2 어두우니 **발밑**을 조심하세요.
3 그 유람선의 승객수는 정원을 50명이나 **초과**했다.
4 그의 피아노 연주는 프로 **수준**에 달한다.
5 **기어코** 스마트폰이 갖고 싶거든 스스로 사렴.
6 그 신문사는 국제 정치 관계 논문의 전국 **경연회**를 개최하고 있다.
7 A 이 노트북 사용해도 될까요?
B 네, **마음껏 쓰세요.**
8 단단히 묶여 있어서 좀처럼 신발 **끈**을 풀 수 없다.
9 슬슬 차 마실 시간이네. **그러고 보니** 어제 산 쿠키 어떻게 했어?
10 도로 건설을 둘러싸고 주민들끼리 **대립**하고 있다.

제39회 기출어휘 확인문제 **문맥규정**

▶p.91

1 아인슈타인은 과학자로서 **위대한** 업적을 남겼다.
2 A 시험 성적 어땠어?
B **그럭저럭**이야.
3 신문 1면에 보험금 사기 사건이 커다란 **제목**으로 나와 있다.
4 뜨거운 커피 덕분에 얼어 있던 손끝에 **감각**이 돌아왔다.
5 팀원들은 10시에 경기장에 모이기로 되어 있다.

6 **지겹게 되풀이하는** 것 같습니다만, 6시까지는 반드시 와 주세요.
7 나는 어렸을 때부터 파일럿이 되는 꿈을 **품어** 왔다.
8 그 가게는 여기에서 **고작** 10분 정도 걸어가면 있습니다.
9 1시간 이상 마루에 앉아 있었더니 다리가 **저렸다.**
10 내일 수영대회에서 **노력**의 결과를 볼 수 있길 기대하고 있습니다.

제40회 기출어휘 확인문제 문맥규정 ▶p.92

1 이 문제의 해결은 내게 **맡겨 주길** 바란다.
2 텔레비전 덕분에 우리는 세계 각국의 일을 **접할** 수 있다.
3 방송 종료 후, TV 방송국에는 항의 메일이 **속속** 도착했다.
4 아버지는 아이에게 이불을 **펴** 주었다.
5 귀가 들리지 않는 사람들은 수어로 **커뮤니케이션**을 할 수 있다.
6 지진의 규모는 컸지만 무너진 집은 **의외로** 적었다.
7 어젯밤에는 구급차의 사이렌에 잠이 **깼다.**
8 이 요리를 만드는 데에는 **수고**도 시간도 듭니다.
9 상품은 토요일 오전 중에 **배달**해 주세요.
10 A 관내를 순찰하고 왔습니다. 이상은 없습니다.
B **수고하셨습니다.**

제41회 기출어휘 확인문제 문맥규정 ▶p.93

1 나는 소년 시절에 가수를 **동경하곤 했다.**
2 내일까지 **결론**을 내야만 한다.
3 학생은 한 번에 5권까지 대출이 가능하다. **단**, 시험기간 중에는 불가능하다.
4 그 선수는 부상 때문에 어쩔 수 없이 **은퇴**했다.
5 그녀는 드디어 실력을 **발휘**할 수 있는 기회를 부여받았다.
6 그 옷은 당신에게는 조금 **수수하지만** 고급스럽네요.
7 어머니의 아버지, **즉** 나의 외할아버지는 현재 85세입니다.
8 이사 준비는 **순조롭게** 되고 있다.
9 A 아, 또 전철 안에 가방을 두고 왔어.
B 어쩜 그렇게 **덜렁거리니.**
10 그는 **가난한** 집에서 태어나 좋은 교육을 받을 수 없었다.

제42회 기출어휘 확인문제 문맥규정 ▶p.94

1 지금까지 선택을 해야만 하는 상황에서 **머뭇거리고** 만 적이 없습니까?
2 빈 **캔**은 이 상자에 넣어 주세요.
3 그의 연설은 지루해서 많은 사람이 **하품**을 했다.
4 A 어서 들어오세요. 지금 차라도 내올게요.
B 아뇨, **신경 쓰지 마세요.**
5 요금을 **납부**하지 않으면 가스가 끊긴다.
6 쉬는 날은 **주로** 집에서 보냅니다.
7 전력 등의 **에너지** 소비가 대폭 감소했다.
8 오빠는/형은 매일 달린다. 나도 오빠를/형을 **따라서** 조깅을 시작했다.
9 이 캔의 **용량**은 1리터입니다.
10 그 선수는 팀의 주장으로 지금도 **여전히** 건재하다.

문제5 유의표현

문제 5 ____의 단어와 의미가 가장 가까운 것을 1·2·3·4에서 하나 고르시오.

제43회 기출어휘 확인문제 유의표현 ▶p.101

1 그녀는 동네의 명소를 **안내하고** 있습니다.
2 지금 하고 있는 일은 **힘들다.**
3 그녀는 그 소식을 듣고 매우 **동요했다.**
4 이 주변도 **뒤숭숭해졌다.**
5 고도의 **기술**을 요하는 작업이다.
6 배트 중심에 공을 **맞혔다.**
7 나는 그가 매우 머리가 좋은 학생이었다고 **기억하고** 있다.
8 양배추가 생산 **과잉이다.**
9 **유쾌한** 친구가 있다.
10 그는 **종종** 그 산에 올랐다.

제44회 기출어휘 확인문제 유의표현 ▶p.102

1 열심히 했는데 합격하지 못해서 **실망했다.**
2 빨리 **되돌아가는** 게 좋아.
3 레몬을 넣으면 **한층 더** 홍차의 맛이 좋아집니다.
4 그는 아침 9시에 **일을 시작했다.**
5 침팬지는 **영리한** 동물이다.
6 나는 **당분간은** 바쁠 것 같다.
7 그의 태도에 **화가 치밀었다.**
8 그 아이는 **겁이 많다.**
9 그 선수는 훌륭한 **성격**으로 유명하다.
10 그 일을 그에게서 **직접** 들었다.

제45회 기출어휘 확인문제 유의표현 ▶p.103

1 딸은 인형을 **만지작거리고** 있었다.
2 **늘 진료 받는** 병원에서 처방받는 약이 떨어져 가고 있다.
3 **최선을 다** 했으니 후회는 없다.
4 **예상대로** 호텔은 만원이라 숙박할 수 없었다.
5 나는 그 과자를 포장지로 **쌌다.**
6 그 사건으로 형세는 **완전히 바뀌었다.**
7 그녀와 같은 재능은 아주 **드물다.**
8 그 자전거는 친구에게 **넘겨주었다.**
9 그녀는 누구에게나 **항상** 예의 바르게 행동한다.
10 그는 **비겁한** 방법으로 이겼다.

제46회 기출어휘 확인문제 유의표현

▶p.110

1 나는 **우연히** 그의 집 근처를 지나갔다.
2 그 상사는 콩을 **매점했다.**
3 스즈키 씨는 사진으로 보는 것보다 **몸집이 작다.**
4 **계획**이 잘 진행되었다.
5 **우선** 가족에게 전화로 말해 두었다.
6 그 사람은 항상 **애매한** 대답을 한다.
7 그는 회사에서 **상당히** 높은 지위에 있다.
8 **작은** 의미의 차이가 있다.
9 납득할 수 없는 **기묘한** 제안이 돌연 나왔다.
10 그녀는 그 기계를 **신중히** 다루었다.

제47회 기출어휘 확인문제 유의표현

▶p.111

1 그는 **아마도** 오지 않을 거라고 생각합니다.
2 열차가 발차하기 **직전**이 돼서 역에 도착했다.
3 그는 **여전히** 생각을 바꾸지 않는다.
4 이 스웨터는 세탁하면 **줄어들**지도 모른다.
5 그것은 **뜻밖의** 일이었다.
6 수업 중에는 **가만히** 있으세요.
7 이 바지는 나에게는 **헐렁헐렁하다.**
8 이 일은 내일까지 **끝내** 주세요.
9 그는 연구자 중에서도 **우수했다.**
10 잘 보이게 **수납해** 주세요.

제48회 기출어휘 확인문제 유의표현

▶p.112

1 친구가 오토바이를 싸게 **넘겨주었다.**
2 발 밑을 **주의해** 주세요.
3 예매권은 **금세** 다 팔렸다.
4 나는 매일 **필사적이었다.**
5 드물게 그녀와 **견해**가 일치했다.
6 그녀는 **스스로** 물러났던 것이다.
7 자동차를 **소유하고** 있으면 세금이 붙습니다.
8 텐트가 **축축하다.**
9 이 길은 **대낮**에도 사람의 왕래가 적다.
10 그 아이는 야단맞아서 벌건 얼굴을 하고 **고개를 숙였다.**

제49회 기출어휘 확인문제 유의표현

▶p.113

1 정말 **떠들썩한** 아이들이다.
2 오후에는 날씨도 **좋아졌다.**
3 밥 값은 **계산했습니다.**
4 **산기슭**에서 개와 살고 있다.
5 그녀는 웨딩드레스를 **빌렸다.**
6 모두 **모였으면** 출발하자.
7 겨울은 항상 손이 **꺼칠꺼칠하다.**
8 일은 **거의** 해결되었다.
9 그는 연인에게 **갑자기** 차가워졌다.
10 그는 **과묵한** 사람이다.

제50회 기출어휘 확인문제 유의표현

▶p.117

1 **오락**을 즐기는 법을 모르는 사람도 있다.
2 그녀에게 지난번 일을 **사과했다.**
3 이 프라이팬은 여분의 **기름**을 빼서 건강하게 구워줍니다.
4 그는 매주 2시간 여기서 **트레이닝**하고 있다.
5 세계 평화에 **공헌할 수 있는** 사람이 되고 싶다.
6 그녀는 **항상** 바쁘다고 말한다.
7 나카무라 씨는 **수다스러운** 사람이다.
8 어제는 밤을 새서 **피곤하다.**
9 이것은 **샘플**이라서 아직 구매할 수 없다.
10 그가 약속시간에 늦는 것은 **드문** 일입니다.

제51회 기출어휘 확인문제 유의표현

▶p.118

1 그런 모습을 하고 **꼴불견**이라고 생각하지 않아?
2 이 기계는 **쓸모**가 없다.
3 그에게는 **몇 번이나** 주의하라고 말했다.
4 이왕 할 거라면 좀 더 **진지해**지세요.
5 곡의 **속도**는 서서히 빨라졌다.
6 단 것만 먹는 식생활은 아주 **위험하다.**
7 **문제**가 없으시면 여기에 주소를 입력해 주세요.
8 사라진 고양이를 **사방으로** 찾아다녔다.
9 그 아이는 **갑자기** 도로로 뛰어나왔다.
10 이 책임은 **모두** 저에게 있습니다.

제52회 기출어휘 확인문제 유의표현

▶p.119

1 그거 재미있는 **아이디어**네요.
2 그렇게 **제멋대로**인 말만 한다면 주위 사람에게 미움을 살거야.
3 모두에게 폐를 끼쳐서 정말로 **죄송하다**고 생각하고 있습니다.
4 그녀는 바라지도 않은 **기회**를 얻었다.
5 여기에서 식사를 해도 **상관없다.**
6 **훌륭한** 연주였다.
7 이 두 사람은 하나에서 열까지 모두 꼭 **닮았다.**
8 그는 **냉정한** 판단력을 갖고 있다.
9 엄마는 매우 **화가 난** 모양이다.
10 휴가는 **기껏해야** 1주밖에 받을 수 없다.

제53회 기출어휘 확인문제 유의표현

▶p.120

1 그에게서 온 편지를 읽고 **실망**했다.

2 **아마도** 그녀가 말하는 대로일 것이다.
3 시청에 가서 **불만**을 호소했다.
4 집에서 **가장** 안정되는 곳이 화장실입니다.
5 설명이 **약간** 부족한 느낌이 들었습니다.
6 이 내용으로 괜찮으시다면 **사인**을 해주시겠습니까?
7 우리의 **감사** 표시로서 이 메달을 드립니다.
8 그는 여행 중에 일어난 **기묘한** 사건을 바탕으로 해서 소설을 썼다.
9 밖에서 **시끄러운** 소리가 들린다.
10 새로 생긴 쇼핑몰은 **상당히** 크다고 한다.

제54회 기출어휘 확인문제 유의표현 ▶ p.121

1 이 계획의 실현에는 **상호** 이해가 중요하다.
2 **단순한** 감기야.
3 시험은 **비교적** 잘 보았다.
4 그것이 **계기**가 되어 스포츠가 흥하게 되었다.
5 그녀는 곧 퇴원할 것이다.
6 새로운 집이 **마음에 들었다**.
7 올해는 **자주** 지진이 있었다.
8 역까지는 버스로 **약** 10분입니다.
9 모든 기회를 이용하다.
10 자극 없는 **지루한** 삶에 싫증났다.

문제6 용법

문제 6 다음 단어의 용법으로 가장 알맞은 것을 1·2·3·4에서 하나 고르시오.

제55회 기출어휘 확인문제 용법 ▶ p.126

1 **引用**
3 타인의 저작물에서 무단 **인용**은 금물입니다.
2 **妥当**
1 나는 그가 취한 대처는 **타당**하다고 생각합니다.
3 **きっぱり**
3 그런 부당한 요구는 **딱 잘라** 거절해야 한다.
4 **だらしない**
4 그는 **단정하지 못해서** 며칠이나 같은 셔츠를 입고 있다.
5 **かばう**
3 나쁜 사람은 아니라고 하며 그녀는 친구를 **감쌌다**.

제56회 기출어휘 확인문제 용법 ▶ p.127

1 **欠陥**
3 그 제품은 **결함**이 발견되었기 때문에 회수되었다.
2 **充満**
3 방에는 가스가 **가득 차** 있다.
3 **即座に**
2 그 예쁜 옷을 보고 그녀는 **당장** 그것을 사기로 결심했다.
4 **一斉に**
4 노래가 끝나자 관객들은 **일제히** 일어나 가수에게 박수를 보냈다.
5 **大げさ**
1 주간지는 사실을 **과장하는** 경향이 있다.

제57회 기출어휘 확인문제 용법 ▶ p.128

1 **ぎっしり**
1 도시락통에 샌드위치가 **가득** 들어 있었다.
2 **めくる**
1 학생들은 교과서의 페이지를 **넘겼다**.
3 **尽きる**
2 36명이 참석한 2차에서는 노래방과 **끝없는** 이야기로 분위기가 고조되었다.
4 **鈍い**
4 그 텔레비전은 리모콘에 대한 반응이 **느리다**.
5 **きっかけ**
3 이 사건을 **계기로** 나는 역사에 흥미를 갖게 되었다.

제58회 기출어휘 확인문제 용법 ▶ p.132

1 **方針**
1 지금까지의 **방침**을 그대로 이어갈 작정이다.
2 **手軽**
4 인터넷은 **간편한** 정보수단이다.
3 **甘やかす**
4 이것은 아들을 **오냐오냐한** 부모의 책임이기도 하다.
4 **取材**
4 그들은 **취재** 때문에 현지로 급히 달려갔다.
5 **ものたりない**
3 그의 신작은 액션 영화로서는 **부족한** 느낌이 든다.

제59회 기출어휘 확인문제 용법 ▶ p.133

1 **いいわけ**
2 그는 자신의 실패에 대해서 여러 가지 **변명**을 했다.
2 **補足**
1 자료에는 개요밖에 쓰여있지 않기 때문에 조금 설명을 **보충**하겠습니다.
3 **冷静**
3 감정적이 되지 말고 **냉정**하게 이야기 하자.
4 **範囲**
1 시험의 **범위**는 40페이지부터 70페이지까지이다.
5 **ふさわしい**
2 나에게 **어울리는** 일을 찾고 있다.

第60회 기출어휘 확인문제 용법 ▶p.134

1 利益
2 매상의 **이익**은 매우 컸다.

2 こつこつ
2 **꾸준히** 공부해서 마침내 사법시험에 합격했다.

3 さっさと
4 볼일 다 봤으면 **어서** 돌아가라.

4 かすか
1 배에 탄지 1시간이 지나자 멀리 섬이 **희미하게** 보였다.

5 いきいき
1 야마모토 씨는 요즘 **활기차게** 일을 하고 있다.

第61회 기출어휘 확인문제 용법 ▶p.135

1 用途
1 이 기계는 개별 **용도**에 맞추어 설계되었다.

2 いったん
1 **일단** 집에 가서 옷을 갈아입고 올게.

3 催促
2 집세 내는 것을 완전히 잊고 있었더니 **재촉** 전화가 걸려 왔다.

4 矛盾
3 아까부터 듣고 있자니 너의 말은 **모순**투성이야.

5 頑丈
4 **튼튼**하게 만든 책상을 오랫동안 사용하고 있다.

第62회 기출어휘 확인문제 용법 ▶p.137

1 中断
4 손님이 와서 일을 잠시 **중단**했다.

2 せめて
1 100점은 아니더라도 **적어도** 90점은 맞고 싶다.

3 大した
3 **대단한** 병이 아니니까 금방 낫겠지.

4 節約
2 해외여행을 위해서 지금 용돈을 **절약**하고 있다.

5 せっかく
1 **모처럼** 교토까지 왔으니 좀 더 여러 가지 구경하자.

第63회 기출어휘 확인문제 용법 ▶p.138

1 微妙
2 양자의 주장은 **미묘**한 점에서 엇갈린다.

2 明かり
4 매일 밤 10시가 되면 방의 **불**을 끄고 잔다.

3 たまたま
4 어제는 **우연히** 선생님과 같은 전철로 돌아갔다.

4 振り向く
2 뒤에서 이름을 불러 **돌아보았다**.

5 いまに
4 걱정하지 않아도 **금방** 돌아올 겁니다.

第64회 기출어휘 확인문제 용법 ▶p.139

1 いちいち
3 과장님은 내가 하는 일에 **일일이** 트집을 잡는다.

2 それとも
4 커피로 하시겠습니까, **아니면** 홍차로 하시겠습니까?

3 たしか
4 그의 생일은 **아마도** 7월 14일이라고 생각합니다.

4 どうせ
2 지금부터 공부한들 **어차피** 좋은 성적은 못 받을 게 뻔하다.

5 ドライブ
3 날씨도 좋고 길도 좋고, **드라이브** 하기에는 딱 좋다.

第65회 기출어휘 확인문제 용법 ▶p.140

1 行方
3 그 남자아이는 얼마 전 집을 나간 채 **행방**을 모른다.

2 わずか
1 여기까지 오면 역까지는 이제 **얼마 남지 않았다**.

3 あるいは
4 나나 **혹은** 그가 그 질문에 대답해야만 한다.

4 くれぐれも
3 모두에게 **아무쪼록** 안부 전해 주십시오.

5 どっと
4 집에 돌아가자 쌓여 있던 피로가 **왈칵** 쏟아졌다.

第66회 기출어휘 확인문제 용법 ▶p.141

1 夢中
2 그녀는 프랑스어 공부에 **몰두하고** 있다.

2 乗り越す
4 앉아서 졸다가 역을 3개나 **지나쳐** 버렸다.

3 実施
4 그 법률은 내년 3월부터 **실시**된다.

4 むかい
4 그녀는 우리 집 **맞은편**에 살고 있다.

5 だらけ
4 남동생의 방은 몇 년이나 쓰지 않아서 먼지**투성이다**.

제2장

문자·어휘 예상어휘

문제1 한자읽기

문제 1 ＿＿의 단어의 읽기로 가장 알맞은 것을 1·2·3·4에서 하나 고르시오.

제1회 예상어휘 확인문제 **한자읽기** ▶p.196

1 그와 나는 중학교 때부터 **친한** 사이입니다.
2 나는 어제부터 컨디션이 **나빠졌**습니다.
3 이 **지역** 주민의 재해 시 피난 장소는 시립공원이다.
4 부모에게는 자녀의 **숨겨진** 재능을 이끌어내 줄 책임이 있다.
5 그녀는 그림보다도 **조각**을 잘한다.
6 최근 이 부근에서는 **도난** 사건이 잇따르고 있다.
7 이 해변의 모래는 **거칠다**.
8 결정하기 전에 이러한 사정을 **고려**해야 한다.
9 우리는 사고방식을 180도 **전환**할 필요가 있다.
10 조난자의 **안부**가 아직도 불투명합니다.

제2회 예상어휘 확인문제 **한자읽기** ▶p.197

1 나의 독서감상문이 학교신문에 **게재**되었다.
2 이 커튼은 잘 **타지** 않는 소재로 되어 있다.
3 무엇이든 실제로 **시도해** 보지 않으면 모른다.
4 이 간장은 염분의 **농도**가 높다.
5 이 물건이 있는지 **창고**를 보고 와주지 않을래?
6 이 **가격**으로는 너무 비싸서 엄두가 나지 않는다.
7 병을 잘 **흔든** 후에 드세요.
8 고타츠가 **그리운** 계절이 되었다.
9 도둑은 경비원의 틈을 **노려** 침입했다.
10 전철 문에 코트가 **끼었다**.

제3회 예상어휘 확인문제 **한자읽기** ▶p.198

1 이 **임무**를 마치면 저는 사직할 생각입니다.
2 아직 쓸 수 있는 선풍기를 버리는 것은 **아까워**.
3 우리는 그의 연설에 매우 **감격**했다.
4 영업 일을 하고 싶다면 **소극적**이어서는 안 돼.
5 교통비는 **전액** 지급합니다.
6 저 네 개의 기둥이 지붕 전체를 **지탱하고** 있다.
7 여름에는 전력 **수요**가 증가한다.
8 **자세한** 것은 여기를 클릭해 주세요.
9 절도를 한 범인이 슈퍼마켓의 **방범** 카메라에 찍혀 있었다.
10 은행의 **손실**은 10억 엔에 달했다.

제4회 예상어휘 확인문제 **한자읽기** ▶p.199

1 조금 전까지 비가 내렸는데 벌써 해가 **비치고** 있어.
2 이 꽃은 일본 각지에 널리 **분포**되어 있다.
3 저 봐, 차가 와. **가장자리**로 비켜.
4 그녀는 팀을 **승리**로 이끌었다.
5 아이의 성장을 **가만히** 지켜봐 주는 것도 중요하다.
6 지진으로 집의 벽이 **무너졌다**.
7 경찰은 그의 행동을 **살피고** 있었다.
8 **필적**을 보면 글자를 쓴 사람의 성격을 알 수 있다.
9 물통에 물을 **채우고** 하이킹 준비를 했다.
10 그 투수의 연봉은 **현상** 유지가 고작이었다.

제5회 예상어휘 확인문제 **한자읽기** ▶p.200

1 이 책이 나오는 것은 다음 달 **초순**경입니다.
2 우리 비행기는 심하게 **상하**로 흔들렸다.
3 파일을 **압축**해서 보내 주세요.
4 그녀처럼 **맑은** 마음을 가진 사람은 드물다.
5 **추정**으로는 사건은 9시에 일어난 것으로 생각된다.
6 물이 **수증기**가 될 때는 열을 빼앗기 때문에 주위 온도는 내려간다.
7 어젯밤은 충분히 **수면**을 취했다.
8 제품의 **유통** 시스템을 바꾸었다.
9 먼저 좋아하는 색상의 종이를 반으로 **접으세요**.
10 **졸려서** 오늘은 이만 실례하겠습니다.

문제2 한자표기

문제 2 ＿＿의 단어를 한자로 쓸 때 가장 알맞은 것을 1·2·3·4에서 하나 고르시오.

제6회 예상어휘 확인문제 **한자표기** ▶p.201

1 내일 학교에서 **피난** 훈련이 있습니다.
2 그는 2위 이하와 크게 **거리를 벌려** 골인했다.
3 기온이 35도를 **넘으면** 도저히 견딜 수 없다 .
4 그에게는 아군도 많지만 **적**도 많다.
5 토마토 잎이 **주글주글해져서** 말라버렸다.
6 감염자는 2만 명에 **이르고** 있다.
7 그는 장미 **꽃다발**을 안고 찾아 왔다.
8 **청구**되는 대로 샘플을 보내드리겠습니다.

9 그 나라에서는 유로가 **통화**야.

10 **귀가** 도중 뜻밖에도 고교 시절 친구를 만났다.

제7회 예상어휘 확인문제 **한자표기** ▶ p.202

1 보고서의 페이지 **순서**가 제각각이다.

2 그녀의 목소리는 **소음** 때문에 잘 들리지 않았다.

3 그는 물에 빠진 아이를 **구조**했다.

4 저는 음악부에 **소속**되어 있습니다.

5 **오해**가 없도록 솔직하게 이야기 하겠습니다.

6 환자의 **호흡**이 돌아왔다.

7 엉뚱한 해프닝에 모두 **배**를 잡고 웃었다.

8 히라가나를 한자로 **변환**할 때는 이 키를 눌러 주세요.

9 이 텔레비전은 **영상**이 선명하다.

10 그 사람과는 그럭저럭 원만하게 **해결되었어**.

제8회 예상어휘 확인문제 **한자표기** ▶ p.203

1 우리 팀은 정정당당히 **싸웠다**.

2 본원에서는 방사선 **기사**를 모집하고 있습니다.

3 팩의 달걀이 한 개 **깨져** 있다.

4 우리는 국민으로서 교육·근로·납세의 3가지 의무를 **지고** 있다.

5 당일에는 반드시 인감을 **지참**해 주십시오.

6 나는 이 상품에는 **절대적**인 자신감을 가지고 있다.

7 소나무는 일본 전국 **도처**에 있습니다.

8 그 연극은 오후 7시에 **시작**합니다.

9 은행 강도는 **돈뭉치**를 가방에 쑤셔 넣었다.

10 우리는 들판에서 토끼의 발자국을 **놓치고** 말았다.

제9회 예상어휘 확인문제 **한자표기** ▶ p.204

1 보너스는 10일에 **지급**하겠습니다.

2 어제부터 **가슴**이 아픕니다.

3 정원의 꽃을 **따서** 꽃병에 꽂았다.

4 해당하는 곳에 X **표시**를 달아 주세요.

5 밖은 (날씨가) **사나우니** 외출은 그만둡시다.

6 **부사**는 글 안에서 다른 말의 의미를 자세히 설명하는 말입니다.

7 나의 **장점**을 잘 살릴 수 있는 일에 종사하고 싶다.

8 그는 곤란할 때에 매우 **의지**가 됩니다.

9 **막**이 올라가고 오페라가 시작되었다.

10 사업에 실패한 후 그녀는 **무기력**해졌다.

제10회 예상어휘 확인문제 **한자표기** ▶ p.205

1 운동회 날은 **날씨가 아주 맑았다**.

2 어머니는 남을 **기쁘게 하는** 것이 삶의 보람과 같은 사람이었습니다.

3 **땀**이 굉장하네. 이 수건으로 닦지 그래?

4 정기적으로 비밀번호를 바꾸는 것은 이제는 **상식**이다.

5 대륙의 3분의 1은 **삼림**으로 덮여 있다.

6 위원장은 **투표**로 결정하게 되어 있습니다.

7 그 사실은 **극히** 일부 사람에게만 알려져 있다.

8 취객이 역의 승강장에서 **난폭하게 굴고** 있었다.

9 이렇게 주위가 **시끄러워서는** 공부에 집중할 수 없다.

10 이 생선은 **신선**해서 매우 맛있습니다.

문제3 **단어형성**

문제 3 (　　)에 들어갈 가장 알맞은 것을 1·2·3·4에서 하나 고르시오.

제11회 예상어휘 확인문제 **단어형성** ▶ p.206

1 결혼 피로연의 **사회자 역할**을 부탁받았다.

2 우리는 **해안가**를 달렸다.

3 그 작가는 폭넓은 **독자층**을 가지고 있다.

4 호우**주의보**가 발령되었다.

5 흥분한 사람에게 큰소리로 호통치는 것은 **역효과**다.

6 그 회사는 심각한 **경영난**에 빠져 있다.

7 그 문제의 평화적 **해결법**을 찾아냈다.

8 그들은 **금전적인 면**에서 그 활동을 지원하고 있다.

9 이 선반은 여러모로 **다목적**으로 사용할 수 있다.

10 후보자는 **만나는 사람마다** 악수를 하고 있었다.

제12회 예상어휘 확인문제 **단어형성** ▶ p.207

1 야마다 씨는 **반에서 제일** 공부를 열심히 했다.

2 너의 이야기는 단순한 **이상론**에 지나지 않는다.

3 반드시 학교의 행사 **예정표**를 확인해 주세요.

4 이 동아리는 상호 친목을 도모하는 것이 **주목적**입니다.

5 정리해고의 소문이 **현실미**를 띠기 시작했다.

6 **역사상** 인물 중 존경하는 사람은 누구입니까?

7 아직 **타협점**을 찾아내지 못한 그대로다.

8 금년도 우리 회사의 매출은 11억 엔에서 22억 엔으로 **급상승**했다.

9 죄송합니다, 전석 **예약 완료**입니다.

10 우리 삼촌이 이 땅의 **소유권**을 가지고 있다.

제13회 예상어휘 확인문제 **단어형성** ▶ p.208

1 증명서의 **재발행**은 불가능합니다.

2 그 불상은 **비공개**이지만 연구를 위해 특별히 보여 주셨다.

3 아내는 도쿄에서 태어나 **도쿄에서 자랐**습니다.

4 회사의 과장이나 부장 등의 **관리직**은 보통 노동조합에는 들어갈 수 없다.

5 좋은 경치라도 **눈에 익으**면 좋다고 생각하지 않게 되어버린다.
6 누구라도 일에 진지하게 **몰두하고** 있을 때는 아름답게 보이는 법이다.
7 그 기관은 정부의 **감독하**에 설립되었다.
8 내일이라면 **딱 좋습니다.**
9 새 잠수함은 바다에서 **시운전**되고 있다.
10 이 길은 **교통량**이 많다.

문제4 문맥규정

문제 4 (　　)에 들어갈 가장 알맞은 것을 1·2·3·4에서 하나 고르시오.

제14회 예상어휘 확인문제 문맥규정 ▶p.209

1 그렇게 공부했으니까 합격은 **확실**하다.
2 나는 나의 해외에서의 5년간의 경험을 **토대**로 이 책을 썼다.
3 현재 새로운 의료제도로의 **이행**이 진행되고 있습니다.
4 외출 시에는 객실 키를 **프런트**에 맡겨주세요.
5 사장님을 만나러 갔지만 비서에게 **쫓겨났다.**
6 외국에서 살았을 때 방이 좁아서 몹시 **불편**했다.
7 남자 두 명이 여행객에게서 고급 카메라를 강제로 **빼앗아** 도망쳤다.
8 그렇게 **사양**하지 마시고 많이 드세요.
9 나는 그 텔레비전 연속극을 좋아해서 **빠뜨리지 않고** 보고 있다.
10 스마트폰은 우리의 일상생활에 **정착**했습니다.

제15회 예상어휘 확인문제 문맥규정 ▶p.210

1 그녀는 **신앙**이 두터워서 빠지지 않고 교회에 갑니다.
2 일이 **불규칙**해서 휴가 일정을 세우기 어렵다.
3 나는 결코 너에게 **악의**를 품고 있는 것은 아니야.
4 정보기술에서는 시스템 엔지니어의 **양성**이 항상 요구되고 있다.
5 철도 **파업**으로 많은 통근객의 발이 묶였다.
6 그 유명한 할리우드 여배우는 항상 유행의 **첨단**을 가고 있었다.
7 모자에 **리본**을 다니 귀여워졌다.
8 프라이버시를 요구하는 환자의 마음에 **둔감한** 의사가 있다.
9 기억이 **애매해서** 확실히는 말할 수 없지만 그는 그 자리에 있었다고 생각합니다.
10 이 책 속의 유럽과 미국의 **대비**가 매우 재미있었다.

제16회 예상어휘 확인문제 문맥규정 ▶p.211

1 미즈타니 씨는 2시간 24분 18초의 시간으로 **골인**했다.
2 천을 자를 때는 가장자리가 **들쭉날쭉**하지 않도록 주의하세요.
3 운전은 이론이 아니야. **실제**로 익히는 거지.
4 가을 전람회에 낼 작품 **제작**에 몰두하고 있다.
5 긴 머리를 **싹둑** 잘라 버린 것은 뭔가 이유라도 있는 거야?
6 빵은 갓 구워 **따끈따끈**한 것을 좋아합니다.
7 그 소설의 제목은 아직 **결정**되지 않았다고 한다.
8 모처럼의 휴일을 아들 숙제를 돕는데 **보내고** 말았다.
9 저는 그 책을 읽고 교육의 중요성을 **실감**했습니다.
10 이것은 계획 실현을 향한 첫**걸음**입니다.

제17회 예상어휘 확인문제 문맥규정 ▶p.212

1 추상화는 어렵다. 좋은 것과 나쁜 것의 **구별**이 가지 않는다.
2 일요일인데도 그 공연은 **텅 비어** 있었다.
3 아무래도 경쟁사에 **내통하고** 있는 자가 여기에 있는 것 같다.
4 전철 교통카드의 잔액이 얼마 없으니 돈을 **충천**해야겠다.
5 나는 아버지의 **사업**을 이을 생각입니다.
6 이러한 사건에서는 피해자의 마음을 **보살피는 것**이 중요합니다.
7 결심하기는 쉽지만 그 마음을 **지속**시키는 것은 어렵다.
8 그는 버스에 타고 있는 동안 주위를 **두리번두리번** 둘러보고 있었다.
9 스즈키 씨의 연기에는 강렬한 **임팩트**가 있었습니다.
10 야마모토 씨의 **기민**한 대응 덕분에 화재가 나지 않고 끝났다.

제18회 예상어휘 확인문제 문맥규정 ▶p.213

1 신입생은 **긴장**한 얼굴로 식이 시작되기를 기다리고 있다.
2 A 내 홈페이지를 만들었는데, 갱신을 전혀 안 하고 있어.
B 응, **흔히 있는 일**이지.
3 태풍 때문에 그 해변 도시는 완전히 **고립**되고 말았다.
4 그 스캔들은 그의 명성에 큰 **타격**을 주었다.
5 그 트럭에는 **강력**한 엔진이 달려 있다.
6 동생이 손의 상처를 만졌을 때는 **펄쩍 뛸** 정도로 아팠다.
7 사실은 하고 싶지 않았지만 **포기하고** 그 일을 맡기로 했다.
8 여기서 **희망**을 버리면 지금까지의 노력은 물거품이야.
9 그녀는 선물을 받자 포장지를 짝짝 **찢어** 상자를 열었다.
10 우리는 정상까지 3시간 걸릴 거라고 **예상**했다.

제19회 예상어휘 확인문제 문맥규정 ▶p.214

1 유연제를 넣어 빨래를 **부드럽게** 마무리했습니다.
2 다음 주까지 모든 서류를 **갖춰서** 제출해 주세요.
3 아, **아까워라**. 분명 이 세탁기 아직 쓸만할 거야.
4 역을 출발한 열차는 **점점** 속도를 더해간다.
5 리포트 제출 **기한**은 다음 주 금요일까지입니다.
6 양질의 상품을 계속 제공함으로써 회사의 **이미지**도 올라갈 것이다.
7 인구는 도시에 집중하는 **경향**이 있다.
8 아이를 지나치게 보살펴주면 **오히려** 그 아이에게 좋지 않다.
9 투수는 최선을 다 했지만 6회에 마운드를 **내려갔다.**
10 제가 대신 설명하겠습니다. 그가 하고 싶은 말은 **즉** 이렇습니다.

제20회 예상어휘 확인문제 문맥규정 ▶p.215

1 애인에게 차인 친구를 다정하게 **위로했다**.
2 교실이 **시끄러운** 것 같아서 보러 갔다.
3 좀처럼 내 기분에 **딱** 맞는 표현이 떠오르지 않는다.
4 기계는 **손질**이 잘 되지 않으면 고장 나기 쉬워진다.
5 내일은 아침 일찍 회의가 있기 때문에 알람을 5시에 **맞췄다**.
6 합격 발표를 볼 때 가슴이 **두근두근**했다.
7 역 앞의 새로운 레스토랑은 음식도 맛있고 가게 **분위기**도 좋다.
8 설날에는 떡을 먹는 **풍습**이 있다.
9 이 정도의 영어 실력으로는 미국에서 **통용**되지 않는다.
10 이제 **슬슬** 손님이 도착할 시간이니 현관을 열어 놓으세요.

문제5 유의표현

문제 5 ＿＿의 단어와 의미가 가장 가까운 것을 1·2·3·4에서 하나 고르시오.

제21회 예상어휘 확인문제 유의표현 ▶p.216

1 그녀는 그 **다음 날** 다시 한번 찾아왔다.
2 눈길을 걷는 데에는 **요령**이 필요하다.
3 영화의 **시나리오**를 쓰고 있다.
4 쓸데없는 **말썽**을 일으키고 싶지 않다.
5 채소의 시세가 **큰 폭**으로 떨어졌다.
6 그는 지난해 그 **사업**을 시작했다.
7 선생님 설명의 **요점**을 파악할 수 없었다.
8 시골 생활은 **비용**이 적게 든다.
9 어두우니까 **램프**를 켜 주세요.
10 이걸 **선물**용으로 포장해 주실 수 있습니까?

제22회 예상어휘 확인문제 유의표현 ▶p.217

1 그것은 네 **잘못**이 아니다.
2 그는 그 모임에 **병**을 무릅쓰고 참석했다.
3 나는 그 계획을 **지지**합니다.
4 나는 가끔 우리집 개를 **스케치**합니다.
5 고급스러움을 전면에 **내세운** 상품입니다.
6 **당장에는** 결정할 수 없다.
7 **컨테이너**를 하나 전세 냈습니다.
8 그는 그 **경주**에서 3등이었다.
9 그는 **각각**의 경우에 대해서는 논평을 피했다.
10 그녀는 반에서 가장 **영리하다**.

제23회 예상어휘 확인문제 유의표현 ▶p.218

1 일본인조차 **이따금** 경어 사용법을 틀린다.
2 **과감히** 그의 제안에 반대했다.
3 시에서는 자주 장미가 사랑의 **비유**가 된다.
4 너의 충고를 받을 수 있어서 **든든해**.
5 하루 종일 계속 일을 해서 **녹초가 됐다**.
6 그와 **시선**이 마주쳤다.
7 인기 상품을 **순위** 형식으로 소개했다.
8 그는 중국에 10년이나 있었기 때문에 중국 상황에 **밝다**.
9 노동조건은 **간신히** 개선되었다.
10 빈부의 **차이**가 심하다.

제24회 예상어휘 확인문제 유의표현 ▶p.219

1 대지진의 뉴스가 들어왔지만 아직 **자세한** 것은 모른다.
2 기모노 차림의 그녀는 파티에서 유달리 **돋보였다**.
3 그것은 너무나도 **안이한** 생각이다.
4 확실한 **전망**이 없다.
5 **문득** 하늘을 올려다보니 뭉게구름이 떠 있었다.
6 **요컨대** 그것은 실패였다.
7 우승 **행진**이 펼쳐졌다.
8 내가 한 일에 대해 **변명**할 생각은 없다.
9 10분 정도 늦는다고 **미리** 그에게 말해 두었다.
10 아이는 **어차피** 부모에게서 떠나는 법이다.

제25회 예상어휘 확인문제 유의표현 ▶p.220

1 그의 영어는 **상당히** 향상되었다.
2 그렇게 많던 음식을 그는 혼자서 **모두** 먹어 버렸다.
3 벌써 6시니까 사사키 씨도 **곧** 올 겁니다.
4 이번 우승은 **파트너**의 활약 덕분입니다.
5 손에 땀을 쥐는 열전에 **나도 모르게** 몸을 앞으로 내밀었다.
6 무역 상대국과의 **균형**을 유지하다.
7 그들 사이에 약간의 **다툼**이 일어났다.
8 요즘 겨우 마음의 **여유**가 생겼다.
9 여기는 **말하자면** 천국 같은 곳이야.
10 1만 엔으로 **매듭 짓자**.

문제6 용법

문제 6 다음 단어의 용법으로 가장 알맞은 것을 1·2·3·4에서 하나 고르시오.

제26회 예상어휘 확인문제 용법 ▶p.221

1 **円熟**
4 이것저것 경험해서 그 사람도 인간적으로 **원숙**해졌다.
2 **会合**
1 오늘 밤에는 각 클럽 대표자의 **회합**이 있다.

3 承る
3 부장님은 공교롭게도 외출 중이라 제가 대신 **받겠습니다**.

4 ルーズ
4 저 사람은 셈이 **분명하지 않으니** 빌려주지 않는 것이 좋다.

5 かゆい
3 모기에게 물린 데가 아직 **가려워요**.

제27회 예상어휘 확인문제 용법

▶ p.222

1 安定
2 가토 씨는 **안정**된 일을 찾고 싶다고 생각하고 있었다.

2 活用
2 우리는 그 공간을 잘 **활용**해서 미술 작품을 전시했다.

3 受け取る
2 안내장은 **받았습니다**만, 초대에 응하기는 어렵습니다.

4 着実
1 그녀는 느리지만 **착실히** 일을 진행하고 있다.

5 及ぶ
2 나는 주식을 잘 아는 편이지만 오빠/형에게는 **어림도 없다**.

제28회 예상어휘 확인문제 용법

▶ p.223

1 永遠
4 그녀가 그 일을 알고 있었는지 아닌지는 **영원**한 수수께끼이다.

2 関連
1 그의 주장은 오늘 논의의 주제와는 아무 **관련**도 없다.

3 つくづく
3 이번 인사이동으로 **정말로** 회사가 싫어졌다.

4 あきる
4 그는 정말 용케 **싫증도 내지 않고** 같은 곡만 듣고 있다.

5 得てして
1 자신만만한 사람은 **자칫하면** 주위가 보이지 않게 되는 법이다.

제29회 예상어휘 확인문제 용법

▶ p.224

1 めったに
2 그녀는 **좀처럼** 실수를 하지 않는다.

2 絶対
3 네 생각에는 **절대** 반대다.

3 なんの
3 이 구두는 **무슨** 가죽으로 되어 있습니까?

4 ようやく
1 1시간이나 기다리게 한 후 **간신히** 그 사람은 나타났다.

5 ぼつぼつ
4 여기는 벚꽃이 **조금씩** 피기 시작했다.

제30회 예상어휘 확인문제 용법

▶ p.225

1 どうも
4 아무리 연습해도 **도무지** 잘 부를 수가 없다.

2 同じ
3 나는 선생님과 **같은** 사전을 가지고 있다.

3 特別
1 이것을 취급하는 데에는 **특별**한 주위를 기울여야 한다.

4 わたす
1 그는 그 돈을 보관해 달라고 나에게 **건네주었다**.

5 きっと
3 **분명** 기쁜 소식이 도착할 거예요.

제3장 문법 공략편

제1회 문법 확인문제 1순위 001~025 ▶p.242

문제 7 다음 문장의 ( )에 들어갈 가장 알맞은 것을 1·2·3·4에서 하나 고르시오.

1 그녀는 슬픈 **나머지** 목소리가 나오지 않게 되었다.
2 그녀는 머리가 좋은 **데다가** 실행력도 있어서 모두에게 신뢰받고 있다.
3 부모님이 건강하실 **동안에** 여러 군데로 여행을 가고 싶다고 생각하고 있다.
4 요 몇 년, 냉하가 이어져 채소값이 **오르**기만 한다.
5 5년 전 큰 병을 앓은 이래 무척 **자주** 병이 아프**게 되었다.**
6 그녀는 커피를 **마시자마자** 서둘러 가게를 나갔다.
7 회의에서는 자신의 의견을 말하는 **한편으로**, 다른 사람의 의견도 들어야 한다.
8 시험을 보겠다고 결정한 **이상**에는 전력을 다할 작정입니다.
9 몹시 생각**한 끝에** 그녀는 수술하기로 했다.
10 경험이 없다**고 해서** 실패한다고는 할 수 없다.
11 벚꽃이 일제히 피어 단번에 봄이 온 **것 같다.**
12 저 녀석은 서툰 **주제에** 다른 사람 앞에서 우쭐거리며 노래한다.

문제 8 다음 문장의 __★__에 들어갈 가장 알맞은 것을 1·2·3·4에서 하나 고르시오.

13 시험 **결과가 어떻게 될까 너무 걱정한 나머지** 위가 아파왔다.
14 그 **이야기를 언급하자마자** '그 이야기는 관두자'라는 말을 들었다.
15 현시점에서 **생각할 수 있는 최선의 방법으로** 해 보았지만 허사였다.
16 현지 기자가 말하는 것에 따르면 상황은 **악화되기만 하는 모양**이다.
17 당신이 **있어도 일손이 부족한 듯**한데, 당신이 그만두면 정말 곤란해요.

문제 9 다음 문장을 읽고, 문장 전체의 내용을 생각해서 [18] 부터 [22] 에 들어갈 가장 알맞은 것을 1·2·3·4에서 하나 고르시오.

아이의 생활에서 '놀이'를 떼어내면(주1) 그것은 마치 날개를 뽑힌(주2) 잠자리와 같아서 아이가 아니다. 날개를 뜯긴 잠자리는 지면을 비틀비틀(주3) 걷는 것은 가능할지도 모르지만 넓은 하늘을 자유롭게 날아다닐 수는 없을 것이다.

아이들은 친구들끼리 땀투성이, 흙투성이가 되는 놀이 안에서, 저절로 사람의 마음이 서로 **통하는** 것을 **확인하면서** 우정을 가꿔간다. 또한 상상력도 여기서 발달할 것이다. 뭔가 재미있는 것은 없을지, 이렇게 해보자 저렇게 해보자 하며 항상 궁리하지 않는 한 보다 즐거운 놀이는 얻을 수 없으며 오래 지속되지도 않는다. 그 동안에 서로 엉겨붙어(주4) 싸울지도 모르지만, 그 싸움이 또한 중요하다. 싸움만큼 아이들 감정의 진폭(주5)을 **풍부하게 하는 것은 없을 것이다.**

또 하나를 들어보자. 아이의 놀이에는 **당연하지만** 자연이 필요하다. 자연은 땅으로 대표된다. 그 속에는 작은 개미(주6)들이 무수히 땅을 파고, 혹은 이름도 모르는 싹이 불쑥(주7) 얼굴을 내밀지도 모른다. 아이들은 철(주8)이 들기 시작할 때부터 그들 자연의 생물들과 교류하면서, 이윽고 생명의 존엄함이라는 것을 배워가는 것이 아닐까. 나는 아이의 이런 **모습이야말로** 진정한 아이다움이 아닐까 생각하며, 앞으로도 소중하게 키워나가고 싶다고 생각하고 있다.

(주1) もぎ取(と)る: 단단히 붙어있는 곳을 억지로 떼어냄
(주2) むしり取(と)られる: 억지로 뽑음
(주3) よたよた: 당장이라고 쓰러질 듯이 걷는 모습이 힘이 없음
(주4) 取(と)っ組(く)み合(あ)い: 서로 맞붙어 싸움
(주5) 振幅(ふりはば): 진폭이라는 의미
(주6) ありんこ: 새끼 개미
(주7) ひょっこり: 예상하지 못한 때에 갑자기 나타남
(주8) ものごころ: 세상의 일이나 사람의 감정 등에 대해 이해할 수 있는 마음

제2회 문법 확인문제 1순위 001~025 ▶p.246

문제 7 다음 문장의 ( )에 들어갈 가장 알맞은 것을 1·2·3·4에서 하나 고르시오.

1 이 영화는 청소년에게 나쁜 영향을 줄 **우려가 있다.**
2 집에 **도착하자마자** 비가 내리기 시작했다.
3 어젯밤 제가 조사한 **바로는** 공장의 기계에 문제는 없었습니다.
4 눈이 내리면 버스는 **자주** 늦어지**게 된다.**
5 테이블 위에 **먹다 만** 케이크가 놓여 있습니다.
6 겨우 계약이 성사되나 **했더니**, 아직도 사소한 조건으로 옥신각신하고 있다.
7 모리타 씨의 아버지는 목소리**부터가** 상냥한 듯 하네요.
8 일단 맡은 **이상에는** 마지막까지 해내야 합니다.
9 감기 **기운도 있**고, 게다가 입고 갈 옷도 없어서 파티에는 가지 않겠다.
10 그 사람과는 졸업식 때 헤어진 게 **끝이다.**
11 어제 3시부터 4시에 **걸쳐** 정전이었다.

12 스즈키 씨는 배가 부른**데도** 계속 먹으려고 한다.

문제 8 다음 문장의 __★__에 들어갈 가장 알맞은 것을 1·2·3·4에서 하나 고르시오.

13 여동생은 **과자가 먹고 싶다고 말하는가 싶으면** 이제 필요없다고 한다.

14 **밝을 동안에 돌아가지 않으면** 이 주변은 밤에 아주 위험해요.

15 저 팀의 선수는 **체격부터가 강해 보인다.**

16 **고가의 물건이라고 해서 사양하는** 것은 도리어 실례가 될 때도 있습니다.

17 정원에 피어 있는 **꽃은 예쁜 데다가 향기도** 무척 좋다.

문제 9 다음 문장을 읽고, 문장 전체의 내용을 생각해서 18 부터 22 에 들어갈 가장 알맞은 것을 1·2·3·4에서 하나 고르시오.

우리는 아주 혼잡한 버스나 전철을 타게 되는 경우가 있다. 모두가 살기를 띄고 있어 짓눌릴 듯한 위험을 느낄 때도 적지 않다.

(중략)

세상에는 남의 눈에 띄고 싶어 좀이 쑤시는(주1) 사람도 없는 것은 아니다. 그러나, 대부분의 사람들은 큰소리를 내어 다른 사람이 쳐다보는 것을 부끄럽다고 생각한다. 위험하다고 깨달아도 소리내어 주의를 주기까지에 이르는 경우는 많지 않을 것이다.

전철 사고나 화재 등과 같은 직접적인 문제만은 아니다. 생각해 보면 세상에는 각자(주2) 조금 일찍 크게 소리치면 그것으로 큰일이 되지 않고 끝나는 일이 적지 않은 것이다. 하지만 자신의 신변에 직접적인 영향이 없으면 대부분의 일은 남의 일처럼 보인다. 그렇기 때문에 바로 눈 앞에 있는 위험한 상태도 그만 지나쳐버리는 경향이 있다. 깨달았다고 해도 큰 소리를 치는(주3) 것은 보기 흉하다고 생각하여 달팽이처럼 움츠러드는 일이 많다.

그러나 크게 소리치는 것을 이처럼 싫어하는 사람들도 한 번 사고가 일어나게 되면 전과는 완전히 달라진 듯(주4) 소리쳐대는 일이 많다. 아무리 소리쳐봤자 그렇게 되고 나서는 '소 잃고 외양간 고치기'이다. 따라서 좋지 않은 일이 일어날 것 같은 예감이 들면 평소에는 주제넘은 짓을 싫어하는 사람이라도 때로는 대담하게 소리쳐서 위험을 미리 방지하는 편에 서도록 나는 권하고 싶다.

(주1) うずうず: 어떤 행동이 하고 싶어 가만히 있디 못하는 모습
(주2) めいめい: 한 명 한 명, 각각
(주3) わめく: 큰 소리로 소리치다
(주4) うって変わる: 완전히 달라지다

제3회 문법 확인문제 1순위 026~054 ▶ p.264

문제 7 다음 문장의 ( )에 들어갈 가장 알맞은 것을 1·2·3·4에서 하나 고르시오.

1 유망한 사원이라고 생각하**기 때문에** 과장님은 그를 엄하게 교육하는 것이다.

2 그녀는 밝고 책임감이 강하기 **때문에** 동급생에게 인기가 있다.

3 신중한 그녀의 **일이니까** 필시 잘 할 것임에 틀림없다.

4 그는 생활을 위해서 일요일에도 쉬**지 않고** 일하고 있다.

5 기쁘**게도** 이번 집회는 여기저기서 많은 참가자가 있었다.

6 아무리 자금이 없다**고 해도** 거기까지 경비를 삭감해야 하는 건 아니잖아요.

7 지금까지 몇 번이나 담배를 끊어야지 생각했**던가**.

8 예뻐했던 개가 죽어서 **너무** 슬프**다**.

9 감기약을 먹었는데 아직도 열이 **높아서 견딜 수 없다**.

10 한밤중인 2시에 전화를 걸다니 그건 몰상식**이라는 것이다**.

11 A 매일 6시간은 공부해라.
B 그런 건 **가능할 리 없어요**.

12 완전히 지쳐 버려서 목욕을 하는 것**조차** 귀찮았다.

문제 8 다음 문장의 __★__에 들어갈 가장 알맞은 것을 1·2·3·4에서 하나 고르시오.

13 1년간 열심히 **일본어를 공부한 만큼**, 정말로 일본어가 능숙해졌네요.

14 **전화번호만 알면 되**니까 주소는 쓰지 않아도 됩니다. (3124)

15 그림 전람회에는 흥미가 없지만 사장님의 **명령이라 갈 수 밖에 없다**.

16 A 이케다 씨가 늦네요.
B 그렇네요. 하지만 **성실한 그 사람이니까** 반드시 올 거예요.

17 뭐든지 **많으면 좋은 것은 아니다**. '양보다 질'이라는 말에서도 알 수 있듯이 질도 중요한 것이다.

문제 9 다음 문장을 읽고, 문장 전체의 내용을 생각해서 18 부터 22 에 들어갈 가장 알맞은 것을 1·2·3·4에서 하나 고르시오.

최근에는 이름이 알려진 대기업이 불미스러운 일(주1)에 얽혀 세간을 소란하게 하거나, 형사 사건으로 당국의 수사를 받는 일은 드물지 않게 되었다. 사건 관계자로서 저명한 기업의 이름이 거론되면 신문이나 TV는 빠짐없이(주2) 그것을 보도하기 때문에 특히 그러한 사건이 눈에 띈다는 면이 있다고 하더라도, 저명한 기업이 관계된 범죄는 이미 드문 경우라고는 할 수 없는 시대가 되었다. 무엇보다도 많은 기업인들은 다른 기업이 수사 대상이 되어도 '당사에 한해 그런 일이 있을 리는 없다'는 이른바 강 건너의 불(주3)을 바라보는 기분으로 신문 보도 등을 접하고 있다고 생각한다. 그 발상은 건전하며 또한 본래 그래야 하지만, 실제로는 기업 범죄에 휘말리는 위험은 대부분의 기업이 동일하게 지고 있는 것이다. 현재 불미스러운 일이나 기업 범죄에 얽혀 이름이 나오는 기업의 대부분은 업무를 통해 사회에 많은 공헌을 하고 있으며 범죄를 저질렀다고 생각되는 임원(주4)도 개인적으로는 사회적으로 높이 평가되어 존경을 받고 있는 예가 오히려 많다. 문제는 이러한 기업이나 임원이 왜 업무를 수행하는 과정에서 범죄로 지탄(주5)을 받게 되는 행위에 관계하게 되었는가 하는 점이다. 물론

개개의 사안을 보면 그 원인은 다양하겠지만, 적어도 일류라고 평가되는(주6) 기업이 관련된 사건에 관해서는 어느 공통된 특질을 발견할 수 있다.

어떠한 기업이든, 게다가 역사와 전통이 있는 대기업일수록 조직내에서 통용되어온 관행이라는 것이 있다. 그리고 그러한 기업내의 관행은 상부의 의사결정 시스템에서 일상적인 업무처리 방법에 이르기까지, 조직의 모든 곳에 존재하며 깊이 침투되어 있다. 그것 자체는 물론 나쁜 것은 아니다. 또 그 조직 내부에는 그러한 관행에 합리성이 있기 때문에 오랜 세월에 걸쳐 유지되고 계승되어 왔을 것이다.

(경영형사법 연구회편 『기업활동과 경제범죄』 중에서)

(주1) 不祥事(ふしょうじ): 바람직하지 않은 일이나 사건
(주2) こぞって: 하나도 빠짐없이, 모두
(주3) 対岸(たいがん)の火事(かじ): 자신과는 아무런 관계가 없고 아무 고통도 없음. 강 건너 불구경
(주4) 役職員(やくしょくいん): 회사나 단체 등의 간부 직원, 관리직
(주5) 指弾(しだん): 비난하여 배척힘
(주6) 目(もく)される: 인정받다, 평가받다

제4회 문법 확인문제 1순위 026~054 ▶ p.268

문제 7 다음 문장의 ( )에 들어갈 가장 알맞은 것을 1·2·3·4에서 하나 고르시오.

1 이 어려움**만 이겨내면** 앞으로는 편해질 거예요.
2 저 사람의 계획은 어딘가 이상한 데가 있다고 **말할 수 밖에 없다.**
3 한창 수업을 **하고 있는** 중에 비상벨이 울리기 시작했다.
4 하는 방식**에 따라서는** 8시간의 업무도 6시간에 끝난다.
5 일본인**조차** 맞게 쓰지 못 하니까 외국인이 맞게 쓸 수 없는 것은 당연하잖아요.
6 야마구치 씨는 겉으로 보기에 학교 선생님**이라기보다** 은행원 같다.
7 나츠메 소세키**라고 하면** '마음'이라는 소설을 떠올리는 사람도 많을 것이다.
8 환경문제는 결코 타인에게 맡겨 두면 되**는 것**이 아니다.
9 니시무라 씨는 딸의 대학 합격이 **너무** 기쁜 듯하다.
10 컴퓨터를 사용한다**고 해도** 붓과 그림물감 대신에 컴퓨터의 채색 소프트를 사용하여 채색을 하는 작업입니다.
11 친구 집에 **갔더니** 공교롭게도 부재중이었다.
12 오사카에 간 **김에** 대학시절 친구를 만나고 왔다.

문제 8 다음 문장의 ___★___에 들어갈 가장 알맞은 것을 1·2·3·4에서 하나 고르시오.

13 정치를 가깝게 **느끼고 있는가 물었더니** 절반 이상의 사람이 '느끼고 있지 않다'고 대답했다.
14 간장이 다 떨어진 것이 생각나서 **서점에 간 김에 이웃 슈퍼마켓에서** 사왔다.
15 추운 겨울날 아침에도 일찍 일어나 연습에 **힘쓴 보람이 있어** 현 대회에서는 훌륭하게 우승을 손에 쥐었다.
16 창문을 **열자마자 귀여워했던** 새가 도망가 버렸다.
17 나는 가을에 있는 공모전에 **이번에야말로 입선하겠다고 단단히 마음을 먹고** 제작에 착수했다.

문제 9 다음 문장을 읽고, 문장 전체의 내용을 생각해서 [18] 부터 [22] 에 들어갈 가장 알맞은 것을 1·2·3·4에서 하나 고르시오.

좋아한다는 말은 너무 애매하다. '좋아함'은 '싫지 않다'로 시작해서 '그게 없으면 죽어버릴지도 몰라'에 이르기까지 폭넓게 대응하고 있다. 좋아하는 것을 찾아라 하고 부모나 교사가 충고할지도 모른다. 하지만 앞으로 인생을 지탱해줄 '좋아하는 것'을 발견하는 것은 쉽지 않다. '좋아하는 것'이란 레스토랑의 메뉴처럼 어딘가에 죽 늘어서 있어서 그 중에서 고르는 그런 것이 아니기 때문이다.

'좋아하는 것'은 찾는다기 보다 '만나는' 것일지도 모른다. '좋아하는 것'은 텔레비전의 영상이나 책 속의 말, 누군가가 한 말 속에 숨어(주1) 있다가, 갑자기 그 사람을 매료시킬지도 모른다. '나는 좋아하는 게 하나도 없어'라고 실망할 필요는 없다. 좋아하는 것이 이 세상에 하나도 없는 것이 아니라, 아직 만나지 못했을 뿐이다. 좋아하는 것을 찾는 것을 포기해서는 안 된다. 찾지 않으면 만났을 때에 그것이 자신이 좋아하는 것이라고 깨닫지 못하기 때문이다. 다만, 굶주린(주2) 사람이 음식을 찾듯, 항상 눈을 번뜩이며 이것도 아니야, 저것도 아니야 하고 초조해하며 찾을 필요는 없다. 나는 무엇을 좋아할까 하는 생각을 마음 어딘가에 잊지 않고 가지고 있으면 그것으로 충분하다. 그리고 호기심을 잃지 않고 있으면 언젠가 반드시 '좋아하는 것'을 만날 것이다. 이 세상에는 다 셀 수 없을 만큼의 학문이나 직업, 표현의 종류가 있고, 그것들은 당신과 만나기를 기다리고 있다.

(무라카미 류 『13세의 hellowork』 중에서)

(주1) 潜(ひそ)む: 속에 숨어 있어 겉으로 나타나지 않다
(주2) 飢(う)える: 무척 배가 고픔

제5회 문법 확인문제 1순위 055~082 ▶ p.284

문제 7 다음 문장의 ( )에 들어갈 가장 알맞은 것을 1·2·3·4에서 하나 고르시오.

1 바쁘신 **중에** 와 주셔서 감사합니다.
2 그 즈음 어머니는 영어 교사**로서** 중학교에서 근무하고 있었다.
3 A 내일 파티에 가고 싶지 않아?
B 가고 싶지 않은 것**은** 아니지만, 그다지 내키지가 않네.
4 집에 이미 컴퓨터가 있는**데도 불구하고** 새로운 것이 나오면 갖고 싶어진다.
5 작년 여름방학은 숙제에 쫓겨서 여행 갈 **상황이 아니었다.**
6 기술에 **있어서도** 뒤떨어지는 타사의 상품이 팔리는 이유를 모르겠다.장시간의 협의 **끝에** 겨우 결론이 나왔다.
7 딱딱한 인사는 **생략하고** 바로 한 잔 합시다.
8 내가 유학할 수 있었던 것은 **바로** 부모님 덕분**이다.**
9 좋**든** 나쁘**든** 이미 그 이야기는 착착 진행되고 있으니 추이를 지켜봅시다.
10 태풍의 상륙에 **동반해** 규슈지방에 경계경보가 발령되었습니다.
11 아마 올 거라는 예상과 **달리** 그는 오지 않았다.

12 일시적이라고 **해도** 양국의 전투가 휴전상태에 들어간 것은 축하해야 할 일이다.

문제 8 다음 문장의 ＿★＿에 들어갈 가장 알맞은 것을 1・2・3・4에서 하나 고르시오.

13 그 나라에 **살아보지 않으면** 그 나라의 진정한 좋고 나쁨도 알 수 없다.

14 저 건축사는 개인 **주택 설계에 있어서는 정평이** 나 있다. (1342)

15 논리의 **흐름에 따라 단어를 나열한 것만으로는** 시가 되지 않는다.

16 육교를 오르내리는 것은 **노인에게는 대단한 에너지** 소모입니다.

17 이 위문금은 **자택이 완전히 파손된 분에 한해** 지급되는 것입니다.

문제 9 다음 문장을 읽고, 문장 전체의 내용을 생각해서 18 부터 22 에 들어갈 가장 알맞은 것을 1・2・3・4에서 하나 고르시오.

최근 지구의 환경을 지키기 위해서 적극적으로 '재활용'을 하자는 의견을 자주 듣는다. 물론 사용한 것을 바로 버려 버리고 다시 새로 필요한 것을 만들어내는 일회용 문화는 문제이며 재검토가 필요하다. 그러나, 다 쓴 것을 다시 한 번 자원으로 이용하는 재활용은 정말로 지구의 환경을 지키기 위해 도움이 되고 있는 걸까.

예를 들면 페트병의 재활용에 대해 생각해보자. 확실히 '다 쓴 것을 쓰레기로서 버리는 것이 아니라 다시 한 번 자원으로 쓴다'는 생각은 잘만 되면 이상적이다. 그러나 여러분은 석유에서 새 페트병으로 만드는 데 드는 석유의 양과 다 쓰고 모은 페트병으로 새 페트병을 만드는 데 드는 석유의 양을 알고 있는가. 사실 석유로 새 페트병을 만드는 데 필요한 석유는 약 40그램, 한편 이 페트병을 재활용한다고 하면, 거기에 필요한 석유는 150그램 이상이라고 한다. 이것은 즉 자원을 가능한 한 사용하지 않도록 하기 위한 재활용에 의해 **오히려** 자원이 많이 사용되어 버리는 예라고 할 수 있을 것이다. 물론 자원이 많이 사용되기 때문에 당연히 그만큼 자원으로서 사용할 수 없게 된 것, 즉 쓰레기도 늘어난다. 이렇게 재활용 운동에는 사실 큰 문제가 있는 것이다. 원래 자원을 절약하고 환경오염을 방지하기 위해 행해져야 할 재활용이지만, 하는 방법에 따라서는 **재활용을 하면 할수록** 자원을 쓰고 쓰레기를 늘린다.

(다케다 쿠니히코 『재활용 환상』 중에서)

제6회 문법 확인문제 1순위 055~082

▶p.288

문제 7 다음 문장의 (　　)에 들어갈 가장 알맞은 것을 1・2・3・4에서 하나 고르시오.

1 저 사람**만은** 그런 짓은 하지 않을 것입니다.

2 보도**를 따라** 제철의 예쁜 화초가 심어져 있다.

3 가게 새단장에 **따른** 공사로 인해 3일간 휴업합니다.

4 선거 결과는 예측과 **달리** 야당의 대패였다.

5 손님의 바람에 **응해** 9시부터 가게를 열기로 했다.

6 이 회사는 사장 한 명의 의견으로 움직이고 있다고 **말 못할 것도 없다.**

7 나는 영어를 잘하기는 **커녕** 아직 잘 읽지도 못 합니다.

8 그렇게나 노력했는**데도 불구하고** 결국 실패로 끝나고 말았다.

9 단거리**에 관한 한**, 현내에는 그에게 필적할 선수는 눈에 띄지 않는다.

10 야마모토 씨는 인사**없이** 갑자기 용건을 꺼냈다.

11 경제가 발전함에 **따라** 사회의 모순도 확대되어 왔다.

12 살인 동기는 금전적인 문제가 아니라 **바로** 증오**이다.**

문제 8 다음 문장의 ＿★＿에 들어갈 가장 알맞은 것을 1・2・3・4에서 하나 고르시오.

13 부장님이 **명령해서 한 일이라 하더라도** 책임은 그에게도 있다.

14 일본에 3년 있었다고 하는데 **그런 것치고는 일본어가 서툴다.**

15 머리가 아파서 그를 만나러 **나갈 상황이 아니**었습니다.

16 청소 당번에 관한 일로 그녀와 **말다툼을 하고 있는 중에 선생님이** 왔습니다.

17 인스턴트 식품이 이만큼 보급된 것은 **바로 바쁜 현대인의 생활에 맞기 때문이다.**

문제 9 다음 문장을 읽고, 문장 전체의 내용을 생각해서 18 부터 22 에 들어갈 가장 알맞은 것을 1・2・3・4에서 하나 고르시오.

우리 몸의 표면을 덮고 있는 피부는 우리 몸을 지키는 데 중요한 기능을 하고 있습니다.

바느질을 하다가 깜빡 바늘을 찌르면 아프다고 느낄 것입니다. **또한** 달아오른 난로에 닿으면 뜨겁다고 느낍니다. 얼음에 닿으면 차갑다고 느끼며, 뭔가에 닿으면 닿았다는 느낌이 듭니다. 이렇게 피부에는 외부에서 온 여러 자극을 재빨리 **받아들이는 기능이 있습니다.**

외부에서 온 자극을 받아들이는 것은 피부에 있는 신경의 말단 부분입니다. 이 부분은 수용기(주1)라 하며 몸 전체의 피부 안에 극히 작은 점처럼 **퍼져 있습니다.** 수용기는 다 셀 수 없을 만큼 많은데, 여러 자극을 분업(주2)해서 받아들입니다. 아픔을 받아들이는 점, 뜨거움을 받아들이는 점, 차가움을 받아들이는 점, 닿았다는 느낌을 받아들이는 점, 이런 식으로 모두 담당(주3)이 정해져 있습니다.

수용기가 받아들인 자극은 신경을 통해 뇌에 전달됩니다. **그러면** 뇌가 아프다거나 뜨겁다거나 차갑다거나 닿았다는의 판단을 하는 것입니다. 이것을 감각이라고 부릅니다.

감각 중에는 우리에게 싫은 것도 있습니다. 예를 들어 다쳤을 때의 아픈 감각은 누구에게나 싫은 것입니다. 이런 감각은 없는 편이 낫다고 생각하는 사람도 있겠지요. 하지만 아프니까 하루라도 빨리 낫도록 치료도 하는 것입니다. 아픔을 느끼지 않으면 내버려 두게 되어 **깨닫지 못하는 사이에** 상처는 점점 심해지고 말겠죠.

(주1) 受容器(じゅようき): 자극을 받아들이는 세포나 기관
(주2) 分業(ぶんぎょう): 분담해서 일을 하는 것
(주3) 受け持ち(うけもち): 자신의 일이나 임무로 받아들이는 것

제7회 문법 확인문제 1순위 083~107 ▶ p.302

문제 7 다음 문장의 ( )에 들어갈 가장 알맞은 것을 1·2·3·4에서 하나 고르시오.

1 담뱃불 끄는 것을 잊는 **바람에** 큰 화재가 되고 말았다.
2 시험 결과**는 차치하고** 할 만큼은 했으니 후회는 없다.
3 사토 씨는 50세인 **것에 비해서는** 젊어 보입니다.
4 이 잡지는 대학생**용으로** 편집되어 있다.
5 동물을 좋아하는 사람도 **있거니와** 싫어하는 사람도 있다.
6 저 사람의 잠재능력에는 굉장한 **데가 있다**.
7 그녀가 쭉쭉 앞으로 가버렸기 **때문에** 나는 뒤쳐지고 말았다.
8 불가능하다는 것은 알지만, **돌아갈 수** 있다면 소년시절로 돌아가 보고 싶다.
9 술은 몸에 좋지 않다고 알고 있**지만** 좀처럼 끊을 수 없다.
10 남자는 남 앞에서는 우는 **게 아니다**.
11 음식이 맛없는 데다가 값도 비싸다. 그런 가게 따위, 두 번 다시 갈**까보냐**.
12 어제는 큰비가 내리**고** 강풍이 부**는** 굉장한 날씨였습니다.

문제 8 다음 문장의 ＿★＿에 들어갈 가장 알맞은 것을 1·2·3·4에서 하나 고르시오.

13 갑자기 **큰 소리가 나서** 아기가 울음을 터뜨렸다.
14 졸업해서도 **선생님 밑에서 연구를 계속하고 싶다**고 생각하고 있습니다.
15 우리들은 독서나 **많은 체험에서 배운 것을 통해** 자신의 교양을 높여 갑니다.
16 경찰은 국민의 안전을 지키기 **위해서 밤낮을 불문하고 일하고** 있다.
17 독서에 의해 다양한 방면의 지식이 **확대되어 가는 것은 즐거운 일이다**.

문제 9 다음 문장을 읽고, 문장 전체의 내용을 생각해서 [18] 부터 [22] 에 들어갈 가장 알맞은 것을 1·2·3·4에서 하나 고르시오.

일본에서 교육을 받으면 영어 학습은 중학교부터 시작되는 것이 일반적이다. **따라서** 중학생이 되자마자 사전을 사거나 혹은 선물받거나 했을지도 모른다. 하지만 요즘의 교과서라면 처음 얼마 동안은 단어의 의미 정도는 이미 설명이 실려 있는 것도 있어서, 사전은 반드시 **처음부터 필요하지는 않다**. 그러나 중학교를 졸업할 때까지는 한 번 정도 영일사전을 손에 쥘 일이 있을 것이다. 또한 고등학교에 진학한 단계에서 새로 사전을 사는 일도 있을 것이다. 게다가 수험 공부나 대학에 합격한 기념으로 다시 새로운 사전을 샀을지도 모른다.

반대로 어느 단계에서 샀던 사전 하나를 아주 소중하게(주1) 쓰고 있는 사람도 있을지도 모른다. 너덜너덜해질 때까지 하나의 사전을 쓴다는 것은 뭔가 아주 고귀하고(주2) 아름다운 일이라고 믿어지는 데가 있다.

그러나 자신의 외국어 능력을 높이려고 생각하면 사전은 되도록 작은 사전을 사야 한다. 일본의 영일사전은 종류가 많을 뿐만 아니라 그 수준도 대단히 높다. 그리고 중학생용, 고등학생용, 대학생·일반인용 등, 쓰는 사람의 수준에 맞춰 자신에게 맞는 사전을 선택할 수 있다. 사전 만큼은 큰 것이 작은 것의 일까지 할 수 없다(주3). 영어공부를 막 시작한 중학생이 10만 단어 이상이나 되는 대(大)영일 사전을 써도 쓰기 어려울 뿐 아니라 도움이 되지 않는다.

(주1) 後生大事(ごしょうだいじ): 물건을 아주 소중히 하는 것
(주2) 貴(とうと)い: 숭고하며 선성함, 또는 고귀함
(주3) 大(だい)は小(しょう)を兼(か)ねない: 자신의 일이나 임무로 받아들이는 것

제8회 문법 확인문제 1순위 083~107 ▶ p.306

문제 7 다음 문장의 ( )에 들어갈 가장 알맞은 것을 1·2·3·4에서 하나 고르시오.

1 성공할지 못할지는 **차치하고** 열심히 노력해 보세요.
2 요즘에는 인터넷**을 통해** 많은 거래가 이루어지고 있다.
3 저 학생은 공부하는 **것에 비해서는** 성적이 좋지 않습니다.
4 집단 괴롭힘 상담 전화는 주야**를 불문하고** 24시간 응대하고 있습니다.
5 이 대학은 실기**뿐만 아니라** 널리 일반교양을 중시한 교육을 전개하고 있다.
6 스키**를 비롯해** 겨울에도 즐길 수 있는 스포츠는 많습니다.
7 찬반을 **둘러싸고** 논의가 심야까지 이루어졌다.
8 제가 마음을 **담아** 만든 것입니다. 아무쪼록 드셔 보세요.
9 선생님에게 야단 맞았을 때에는 두 번 다시 **늦지 않겠다**고 생각하지만, 그만 늦잠을 자서 수업에 지각하고 맙니다.
10 모임 대표를 가와무라 씨로 **하는** 것으로 양자는 합의에 이르렀다.
11 아무리 힘들어도 남의 물건을 훔칠 **수는 없다**.
12 저 사람의 말을 믿은 **탓에** 험한 꼴을 당했다.

문제 8 다음 문장의 ＿★＿에 들어갈 가장 알맞은 것을 1·2·3·4에서 하나 고르시오.

13 정답을 가르쳐 **주겠다고 약속은 했지만**, 사실은 나도 잘 몰라서 난처하다.
14 저 사건은 신문이나 **텔레비전에서 빈번하게 보도된 것에 비해** 일반인들의 관심은 적다.
15 결과가 **좋았는지 어땠는지는 차치하고** 그는 모두를 위해서 열심히 했습니다.
16 부모 자식 간 싸움으로 경찰이 오는 **소동이 되다니 부모도 부모이지만 자식도 자식이다**.
17 도쿄대학을 **비롯한 국립대학에서는** 다수의 유학생이 공부하고 있다.

문법 공략편

문제 9 다음 문장을 읽고, 문장 전체의 내용을 생각해서 18 부터 22 에 들어갈 가장 알맞은 것을 1·2·3·4에서 하나 고르시오.

우리는 농업, 즉 땅을 일구어 작물을 재배하는 일을 통해 식량의 대부분을 얻고 있습니다. 우리 인간의 생존에서 빠뜨릴 수 없는 곡물·채소·과일 등의 생산을 지탱하고 있는 것, 그것이 '흙'입니다.

그런데, 흙은 도대체 무엇으로 되어 있는 것일까요? 상식적으로는 흙은 암석이 강의 흐름에 의해 깎이거나, 물이나 공기의 작용에 의해 무너져서 생긴 광물이라고 여겨지고 있습니다. 그러나 실제 흙을 조사해 보면 땅은 단순한 광물이 아니라, 그 속에는 동식물의 유해(주1)가 변화해서 생긴 물질이 포함되어 수많은 생물이 살고 있는 것을 알 수 있습니다.

학자의 조사에 따르면 나가노현 시가고원(주2)에 있는 숲의 흙에 살고 있는 동물은 1평방미터당 지렁이나 지네 등의 대형 벌레가 360마리, 날벌레나 진드기 등의 중형 벌레가 202만 8천 마리나 있는 것을 알았습니다. 즉 사람이 한 번 밟는 한쪽 발 면적을 200평방 센티미터라고 한다면, 그 땅 아래에는 대략 4만 마리의 동물이 생활하고 있는 셈이 됩니다. 게다가 좀 더 소형의 동물이나 현미경을 사용하지 않으면 보이지 않는 박테리아·곰팡이 등의 미생물을 더하면 엄청나게(주3) 많아집니다. 미생물은 1그램의 흙에 1억 마리나 포함되어 있다고 하니, 흙덩어리는 생물 덩어리라고 해도 좋을 정도입니다.

(주1) 遺体(いたい): 죽은 생물의 몸
(주2) 高原(こうげん): 해발 고도가 높은 곳에 있는 평원
(주3) おびただしい: 수량이 아주 많다

제9회 문법 확인문제 2순위 108~136 ▶p.326

문제 7 다음 문장의 ( )에 들어갈 가장 알맞은 것을 1·2·3·4에서 하나 고르시오.

1 하루도 쉬지 않고 연습한 **보람이 있어서** 콩쿠르에서 우승할 수 있었다.

2 느긋**하게 있어서는** 기차를 놓치니까 얼른 가.

3 **야마다** 다음 등산, 후지산에 오르는 건 어때?
다나카 후지산은 3년 전에 한번 **올랐으니까** 다른 산이 좋겠어.

4 대학 4학년이 되 면 여름방학이라고 해도 **놀고만 있을 수도 없다.**

5 아파트 관리비는 한 달에 5천 엔이니까 1년이면 6만 엔이나 **지불하는 셈이 된다.**

6 일영사전을 사려고 생각하고 있었는데 친구가 쓰던 것을 줘서 **사지 않아도 되었다.**

7 나는 아직 공부가 부족해서 지금 시험을 **봐도** 합격하지 못할 것이다.

8 연령은 8월 1일 **현재**로 기입해 주세요.

9 사장님은 나이는 드셨지만 건강해서 좀처럼 **그만 둘 것 같지도 않다.**

10 사람이 많이 모여 있는 **것**을 보니 뭔가 사건이 있었던 것 같다.

11 머리가 아파서 이 약을 **먹었더니** 오히려 통증이 심해졌다.

12 태풍이나 지진**같은** 자연에 의해 일어나는 재해는 피할 수 없다.

문제 8 다음 문장의 ___★___에 들어갈 가장 알맞은 것을 1·2·3·4에서 하나 고르시오.

13 이 가게의 **인쇄는 시간은 걸리**지만 일은 아주 세심하다.

14 피아노를 싫어하는 아이에게 **무리하게 연습을 시켜도 소용없다.**

15 비를 **맞으면 안 되니까** 우산을 가지고 가자.

16 업무 중에 그들은 쓸데없는 **이야기만 하고 있다.**

17 그는 그 일이 마음에 든다고 하지만 자기 시간을 희생**해서라도 전념하는가 하면** 그 정도까지는 아니라고 한다.

문제 9 다음 문장을 읽고, 문장 전체의 내용을 생각해서 18 부터 22 에 들어갈 가장 알맞은 것을 1·2·3·4에서 하나 고르시오.

우리는 일본어에 완전히 익숙해져 있다. 어렸을 때부터 우리는 일본어를 듣고, 일본어를 말하며, 일본어를 쓰고, 일본어로 생각해왔다. 우리에게 일본어는 공기와 같은 것이어서 일본어를 잘한다든가 서툴다고 말하는 것조차 우스울 정도로, 우리는 모두 일본어의 달인인 줄 알고 있다. 아니 그런 것을 새삼스럽게 생각하지 않을 정도로, 우리들은 일본어에 숙달되어 일본어라는 것을 의식하지 않는다. 이것은 당연한 일이다.

그러나 그 일본어로 문장을 쓴다고 할 때는 이 일본어에 대한 익숙함을 버려야만 한다. 일본어라는 것이 의식되지 않고서는 불가능하다. 말하거나 듣는 동안에는 그래도 괜찮지만, 문장을 쓰는 단계가 되면 일본어를 분명히 객체로서 의식해야만 한다. 자신과 일본어의 융합관계를 탈출하여 일본어를 자신의 외부 객체로 의식하지 않으면 이것을 도구로 하여 문장을 쓸 수 없다. 문장을 쓰려면 일본어를 외국어로서 취급해야 한다.

일본어를 자신 외부의 객체로서 파악하는 기회는 보통 우리가 외국어를 공부할 때 찾아오는 것이다. 외국어와 전혀 인연이 없다면 일본어가 언어 그 자체인 것이 되며, 일본어가 일본어로서 자각될 때는 없을 것이다. 일본어의 자각이 외국어와의 접촉에서 일어난다는 것은 민족에 대해서도, 개인에 대해서도 동일하게 말할 수 있다.

(시미즈 이쿠타로 『논문 쓰는 법』 중에서)

제10회 문법 확인문제 2순위 108~136 ▶p.330

문제 7 다음 문장의 ( )에 들어갈 가장 알맞은 것을 1·2·3·4에서 하나 고르시오.

1 어떻게 해서든 유학하고 싶다. 집을 **팔아서라도** 가고 싶다.

2 왜 이렇게 물만 마시**는가 하면** 더워서 땀을 너무 흘렸기 때문입니다.

3 한 번에 많이 **외워도 소용없다.** 바로 잊어버리니까.

4 이 구두는 디자인은 **구식이지만** 아주 걷기 편하다.

5 어금니를 세라믹으로 하면 **깨지지 않을까** 걱정인데 괜찮나요?

6 쉬운 문제라고 해서 방심을 **해서는** 안 된다.

7 바쁘**기는** 하지만 짬을 내어 사회 봉사 활동을 하고 있다.

8 매일 온천여관에서 떠들고, 낮에 버스 안에서 자고 있어서는 여행은 했을지라도 관광한 **것은 되지 않는다**.

9 이 일은 무거운 카메라나 기재를 항상 가지고 다녀야 해서 몸이 **튼튼하지 않으면** 아무래도 계속하지 못할 것이다.

10 컨디션이 안 좋으면 푹 **쉬는 게 어때**?

11 감기에 걸리면 **안 되니까** 셔츠를 한 장 더 입었습니다.

12 호의로 말한 **것**이었는데 오히려 화 나게 한 것 같다.

문제 8 다음 문장의 ＿★＿에 들어갈 가장 알맞은 것을 1·2·3·4에서 하나 고르시오.

13 약을 **먹어도 주사를 맞아도 병은** 조금도 나아지지 않는다.

14 외국에서 지내고 **나서야 비로소 알게 되는 것도** 있습니다.

15 충분히 지낼 **수 있다고 확신한 후가 아니면** 가족을 불러들일 수 없다.

16 은행이나 **보험회사 같은 금융관계 회사**는 잔업이 많다.

17 우리 회사도 위생관리에 힘쓰지 않으면 **타사의 불상사를 웃고만** 있을 수도 없다.

문제 9 다음 문장을 읽고, 문장 전체의 내용을 생각해서 [18] 부터 [22] 에 들어갈 가장 알맞은 것을 1·2·3·4에서 하나 고르시오.

원래 일본인은 잘 '울었던' 것 같다. 야나기다 쿠니오(주1) 옹(주2)이 '체읍(눈물을 흘리며 슬피 욺)사담'이라는 문장에서 이것을 논했는데, 옛날에는 소리내어 큰소리로 우는(주3) 것도 눈물을 흘리며 우는 것도 극히 흔했던 일본인이, **시대와 함께** 점점 그다지 울지 않게 된 듯 보인다.

헤이안 시대의 모노가타리나 노래 등을 보면 여자나 남자나 **감동의 표명으로** 금세 눈물을 흘린다. 『겐지이야기』 54첩에 '울다'라는 단어는 실로 370회나 나오며 '눈물'이라든가 '눈물이 어리다'라는 말도 225회정도 사용되고 있다. 그 중에는 물론 어린 아이가 우는 경우나 슬픔의 눈물을 흘리는 경우도 다수 있지만, 고마움이며 기쁨이며 사랑스러움으로 성인 남자(주4)마저 쉽게 울음을 터뜨리는 것에는 조금 기이한 느낌마저 든다.

'베개도 떠오를 정도로' 눈물을 흘리는 등의 표현과 비슷한 문학적인 수사인가 하고 의심도 되지만 아무래도 그것만은 아닌 듯하다. 물론 다소 정서과민이라고 할 수 있을 듯한 귀족사회를 그린 이런 종류의 문학의 성격에 의한 부분도 있겠지만, 그 후의 모노가타리 이외의 문학작품에서도 이러한 경향은 마찬가지로 엿볼 수 있는 것을 보면 이런 식으로 남앞에서 거리낌없이(주5) 솔직하게 감정을 표출한다는 자연스러운 모습이 역시 일본인의 본래 모습인 것 같다. 감정을 억제하는 것을 '좋다'고 하게 된 것은 오히려 중세 이후의 경향이라고 생각된다. 거기에는 여러 가지 **사정이 있었음에 틀림없다**. 야나기다 옹이 말하듯이 '울다'라는 말이 죄다 불행의 표시로서 극히 꺼려져(주6) 그 지나친(주7) 사용을 삼가하게 된 점, 또 '우는' 것 이외의 표현법으로서 말에 호소하여 그 감정을 표출할 수 있다고 믿어지게 되어, 실제로 그 방면으로 발달이 보여지게 된 점 등으로 생각할 수 있겠다.

(사카쿠라 아츠요시 『일본어의 어원』 중에서)

(주1) 柳田国男: 일본의 유명한 민속학자
(주2) 翁: 연배가 있는 남자에 대해 존경의 의미를 담아 붙이는 말
(주3) 哭く: 큰 소리로 울다
(주4) 大の男: 성인 남성
(주5) はばかる: 어렵게 여기며 삼감
(주6) 忌み嫌う: 싫어하여 멀리함, 아주 싫어함
(주7) むやみな: 일의 결과나 옳고 그름을 생각하지 않고 무턱대고 하는 모양

제11회 문법 확인문제 2순위 137~160 ▶p.344

문제 7 다음 문장의 (　)에 들어갈 가장 알맞은 것을 1·2·3·4에서 하나 고르시오.

1 역에 가**려면** 이 길이 훨씬 가까워요.

2 일기예보는 비가 온다고 했지만 온다고는 **할 수 없으**니 빨래해야지.

3 저 레스토랑의 점원은 손님**에게** 실례의 말을 했다.

4 아무리 일이 **고되어도** 그는 불평 한마디 하지 않고 열심히 한다.

5 닭고기 달걀 덮밥은 **간단해 보이지만** 사실은 어렵다.

6 정말이지 5분 일찍 **도착할 걸 그랬다**. 배웅을 못한 것이 너무 유감스럽다.

7 꽃가루 알레르기 환자들에게 괴로운 시기가 찾아왔습니다. 해마다 심해지는 것 같은 생각이 **들지 않는 것도 아닙니다**.

8 확실히 일과 학업의 양립은 **익숙해지기**까지는 정말로 힘든 일이라고 생각합니다.

9 이렇게 나쁜 상태로는 그다지 좋은 결과는 기대할 수 없다**고 여겨진다**.

10 히라가나도 가타카나도 읽지 못**해서는** 일본문학 연구를 하고 싶다고 해도 그것은 논할 가치도 없는 문제예요.

11 일본어를 익히려면 일본인 친구를 **만드는** 게 제일입니다.

12 수요일을 **빼고는** 대체로 비어 있습니다.

문제 8 다음 문장의 ＿★＿에 들어갈 가장 알맞은 것을 1·2·3·4에서 하나 고르시오.

13 선거 결과에 대해서 내일 아침에는 **대세를 알 수 있으리라 여겨진다**.

14 컨닝이란 시험에서 **남의 답안을 보는 부정행위를** 말한다.

15 은행 **계좌를 개설하려면 어떻게** 하면 될까요?

16 그는 **몸을 망칠 때까지** 일을 계속 해서 결국 입원하고 말았다.

17 그런 심한 말을 들었으니 **화내는 것도 당연하다**.

문제 9　다음 문장을 읽고, 문장 전체의 내용을 생각해서 [18] 부터 [22] 에 들어갈 가장 알맞은 것을 1·2·3·4에서 하나 고르시오.

지금의 일본의 교육현장을 보면 **유감스럽게도** '실패는 성공의 근원', '실패는 성공의 어머니' 라는 사고방식이 거의 받아들여지지 않는다는 것을 깨닫습니다. **그렇기는 커녕**, 중시되고 있는 것은 정해진 질문에 대한 답을 최단시간에 내는 방법, '이렇게 하면 잘 된다' '실패하지 않는다'는 것을 배우는 방법뿐입니다.

이것은 수험공부에 한정되지 않습니다. 실제 사회에서도 통용되는 지식·교양을 가르치는 최고학부라는 대학에서의 학습도 또한 마찬가지입니다. 실패로부터 배우는 체험실습과 같이 자신의 힘으로 생각하고 실패 경험을 통해 새로운 길을 모색(주1)하는, 상상력을 기르는(주2) 연습이 행해질 기회는 슬프게도(주3) 거의 없습니다. 이것이 '일본인의 결점'으로서 여러 외국에서 지적을 받고, 또한 스스로도 자각하고 있는 '상상력의 결여'에 그대로 **결부되어** 있는 것이 아닐까요?

확실히 이전에는 다른 사람의 성공사례를 모방하는 것이 성공으로 가는 지름길이었던 시대가 있었습니다. 그런 시대에는 정해진 질문에 정확한 답을 재빨리 내놓는 학습법이 효과 있었던 것은 사실입니다.

그러나, 다른 사람의 성공사례를 모방하는 것이 반드시 자신의 성공을 약속하는 것이 아니게 된 것이 지금의 시대입니다. 어제까지의 성공은 오늘의 성공을 의미하지 않습니다. 그런 시대에 중요한 것은 역시 상상력입니다. 그리고 상상력이란 **새로운 것을 만들어 내는 능력을 의미하고 있는 이상**, 실패를 피해서 기를 수 있는 것이 아닙니다.

(하타무라 요타로 『실패학의 권장』 중에서)

(주1) 模索: 실마리를 더듬어 찾음
(주2) 培う: 가꾸어 길러 성장시키다
(주3) 悲しいかな: 슬프게도, 안타깝게도

제12회　문법 확인문제 2순위 137~160

▶p.348

문제 7　다음 문장의 (　　)에 들어갈 가장 알맞은 것을 1·2·3·4에서 하나 고르시오.

1　도둑**이란** 남의 물건을 훔치는 자를 말한다.

2　회는 **먹을 수 있기는** 하지만 그다지 맛있다고는 생각하지 않는다.

3　무척 피곤했**는지**, 딸은 회사에서 돌아오자 저녁도 먹지 않고 그대로 자버렸다.

4　전국대회**를 목표로** 혹독한 연습이 계속되었다.

5　저 회사는 급여가 좋지 않으니 사원들에게서 불만이 **나오는 것도 당연하다.**

6　그들은 비가 내리는 속**을** 5시간이나 계속 헤맸다.

7　여동생은 감기로 집에서 쉬고 있었는데 3일 **만에** 학교에 갔다.

8　새 컴퓨터를 게임이 아니라 공부에 쓸 거라면 사는 것을 **고려 못할 것도 없**지만.

9　이 방은 어두워서 낮에도 불을 **켜야 할** 때가 자주 있다.

10　이 책을 쓴 것은 나의 이모/고모/숙모**에 해당하는** 사람입니다.

11　예약 취소는 출발 예정일 3일 전**까지라면** 무료입니다.

12　저 신문사의 경영은 질병**에 비유하면** 말기이다.

문제 8　다음 문장의 ＿★＿에 들어갈 가장 알맞은 것을 1·2·3·4에서 하나 고르시오.

13　일본에 유학했다고 해서 그가 **일본을 좋아한다고는 할 수 없다.**

14　옆집은 가족이 **전부 외출했는지** 집안 불이 꺼져서 캄캄하다.

15　그녀를 **잊으려고 하면 할수록** 생각이 나고 만다.

16　저 난폭한 말이 묘하게 기뻐하고 있는 것을 보니, 상당히 진심으로 말을 대해 준 것이 **아닌가 예상이 안 가는 것도 아니다.**

17　연휴는 어디나 인파가 대단해서 이럴 때는 **집에서 한가로이 있는 게 제일이다.**

문제 9　다음 문장을 읽고, 문장 전체의 내용을 생각해서 [18] 부터 [22] 에 들어갈 가장 알맞은 것을 1·2·3·4에서 하나 고르시오.

몇 살부터 사람은 어른이라고 불리는 것일까, 어른**이란** 무엇일까. 그러한 논의는 되풀이되어 일어나는 듯하다. 예전에는 '성인이 되면 어른'이라고 생각하면 되었으니 이야기는 간단하지만, 요즘에는 그 기준이 애매해지고 있다. 정신과의 임상(주1) 현장에서도 거식증(주2)이나 가정폭력이라는 사춘기의 병리(주3)에 근거한 문제를 30대, 40대가 되고 나서 나타나는(주4) 경우가 눈에 띈다.

한편, 12, 13살에 똑부러진 의식을 가진 탤런트나 **운동 선수도 있거니와**, '고등학교를 나오면 아줌마'라고 말하는 소녀도 있다. 일찌감치 '나같은 건 이 정도지 뭐'하고 스스로 포기해버리는(주5) 젊은이의 "조기포기감(주6)"을 문제시하는 정신과의도 있다.

도대체 누가 어른이고 누가 젊은이인가. 그 구별은 아주 어렵다. 앞서 거론한 '사춘기의 병리를 안고 있는 어른'에게는 부모나 주위와의 관계 속에서 격렬한 자기부정에 빠져있다는 공통점이 있다. '나는 부모에게 사랑을 받지 못했다', '나 같은 건 **살아 있어도 아무 소용이 없다**'라고 그들은 중얼거린다. **한편**, '어른을 압도하는(주7) 프로의식을 가진 아이'는 자신의 재능이나 사명을 확실히 자각하고 있다. '이제 아줌마야'하고 말하는 10대도, 어느 의미로는 '젊지 않으면 나에게는 가치가 없다'고 자각하고 있을지도 모르겠다.

(가야마 리카 『젊은이의 법칙』 중에서)

(주1) 臨床: 의사가 실제로 환자를 진찰하거나 진료하는 것
(주2) 拒食症: 살을 빼기 위해, 혹은 살이 찌는 것을 두려워해 엄격한 식사 제한을 하는 과정에서 식욕이 극도로 감퇴하여 심각하게 살이 빠지는 질환
(주3) 病理: 병의 원인이나 그 경과에 관한 이론적인 근거
(주4) 呈する: 어떤 증상을 보이다
(주5) 見切りをつける: 가망이 없다고 판단하다
(주6) 早じまい感: 여기서는 참을성이 없다는 의미
(주7) 大人顔負けの: 아이가 어른을 뛰어넘을 정도로 뛰어난 기량이나 실력을 가지고 있는 경우에 많이 쓰임

제13회 경어·사역·수동·수수·지시어·접속어 확인문제 ▶ p.375

문제 7 다음 문장의 ( )에 들어갈 가장 알맞은 것을 1·2·3·4에서 하나 고르시오.

1 이번 보도로 여러분께 대단히 걱정을 끼쳐드린 것을 진심으로 **사과 드립니다.** 죄송합니다.

2 **면접관** 실례지만, 이 음식점에 적합한 자격을 **가지고 계십니까?**
응모자 네, 조리사 자격을 가지고 있습니다.

3 **점원** 이쪽에 있는 캠핑카는 중고차이지만 **보시는 바와 같이** 새 차와 다름없을 만큼 깨끗합니다.
손님 그렇네요.

4 귀사의 제품에 흥미를 가지고 있습니다. 한번 시간을 내어 좀 더 이야기를 **들려** 주셨으면 합니다.

5 이시하라 선생님이 저에게 매일 열심히 지도를 **해주셨습니다.** 그 덕분에 지망학교인 도쿄대학에 합격할 수 있었습니다. 정말 신세 많이 졌고, 감사했습니다.

6 고민하고 있을 때는 누군가가 이야기를 **들어주는 것만으로** 마음이 편해지거나 조금 상황을 냉정하게 볼 수 있게 되거나 합니다.

7 저는 딸이 하고 싶은 일은 되도록 **하게 해 주고 싶다**고 생각하고 있습니다.

8 A 미안 미안. 저번에 빌린 책 오늘 돌려주려고 했는데 가져오는 걸 깜빡 했어.
B 아~, 딱히 급하지 않으니까 다음에 만날 때 **가져다 주면 돼.**

9 미국에서 온 관광객에게는 서양식 호텔보다 **오히려** 일본식 여관이 더 인기가 있다.

10 그녀는 쾌활하고 붙임성이 좋으며, 친절하고 또한 배려심이 있다. **요컨대** 멋진 사람입니다.

11 재채기는 '시속 320km' 정도로, 놀랍게도 신칸센의 시속보다도 빠르다. **이렇게** 조사해 보면 놀랄 만한 일이 우리들 주변에는 많이 숨겨져 있다.

12 고바야시 씨의 연주는 **어느** 점에서 봐도 흠잡을 데가 없습니다.

문제 8 다음 문장의 __★__에 들어갈 가장 알맞은 것을 1·2·3·4에서 하나 고르시오.

13 저는 신발을 살 때 디자인보다도 **먼저 그것이 신기 편한가 어떤가**를 중시합니다.

14 일본에서는 의사법에 의거하여 의료행위는 의사에게만 허락되어 있습니다. 간호사는 의사의 지시에 근거하여 **실시하는 것까지만** 인정됩니다.

15 우리는 좀 더 현실의 자연과의 일체감을 되찾아야 한다. 자연을 인간에게서 떼어내어 **바라보는 것이 아니라, 오히려 자연을 벗 삼아 자연의 마음에** 다가가는 것이 중요하다.

16 A **왜 그렇게 늦게까지** 회사에 있어?
B 과장님보다 먼저 갈 수는 없거든.

17 "클리닉에 가지 않고 이렇게까지 고도로 정밀하게 자신의 다리를 파악할 수 있는 서비스는 달리 없다고 생각합니다. 안내가 알기 쉽게 되어 있는 것은 **회사의 스태프가 실패를 거듭하며 서비스를 연구해 주고 있는 덕분이에요**"라고 야마다 씨는 말한다.

문제 9 다음 문장을 읽고, 문장 전체의 내용을 생각해서 [18] 부터 [22] 에 들어갈 가장 알맞은 것을 1·2·3·4에서 하나 고르시오.

상대에 대한 경의를 담은 표현이 모두 비효율적이라는 것은 아니다. 말만으로 경의가 전달되는 경우가 있다. 하지만 예를 들어 요즘 정착한 말중에「○○させていただきます(~하겠습니다)」라는 표현이 있다.「○○させていただきます」가 이만큼 빈번하게 사용되기 시작해서 거의 주류가 된 것은 아마 요 20년 정도일 것이다. 파티나 시상식 등의 사회자는 고도성장의 말기쯤까지는 '사회를 담당하는(担当します) 무라카미입니다'라고 말했었다. 그런데 지금은 반드시 '사회를 담당하는 (担当させていただきます) 무라카미입니다'라고 말한다.

사실「させていただきます」라는 표현은 단순히 상대에게 경의를 표해(주1) 겸양하는(주2) 것은 아니다. '나는 이 일을 스스로 원해서 하는 것이 아닙니다. 누군가의 명령을 받아 혹은 허락을 받아서 하는 것입니다. 그래서 나에게는 책임이 없습니다'라는 뉘앙스가 강하다.

왜 그런 표현이 정착해버린 걸까?

그것은 현재까지도 일본사회가 책임의 소재가 분명하지 않은 커뮤니케이션을 선호하기 때문이다.

책임은 결정권과 불가결(주3)하다. 어느 조직에서 어느 특정인물에게 책임을 가지게 하는 경우, 동시에 결정권을 갖게 하지 않으면 일은 되지 않으며, 조직내의 커뮤니케이션도 할 수 없게 된다. 즉 책임자란 결정권의 보유자이다. 경영의 책임을 진 인물은 경영의 결정권을 가진 인물이어야 한다. 어느 프로젝트에서 실패의 책임을 지는 인물은 그 프로젝트를 실행할 때의 결정권을 가지고 있어야 한다.

(무라카미 류『이메일의 달인이 되다』중에서)

(주1) 敬意(けいい)を払(はら)う: 상대에 대한 존경의 마음 등을 말투나 행동 등으로 표현하다
(주2) へりくだる: 겸손하다
(주3) 不可欠(ふかけつ): 반드시 필요함, 없어서는 안 됨

제14회 경어·사역·수동·수수·지시어·접속어 확인문제 ▶ p.380

문제 7 다음 문장의 ( )에 들어갈 가장 알맞은 것을 1·2·3·4에서 하나 고르시오.

1 만약 여기에 **오실** 일이 있으면 꼭 들러 주세요.

2 여러분은 최근 들어 목조 건축이 재조명되고 있는 것을 **알고 계신가요?**

3 해당 상품은 신용카드 결제 한정으로 주문을 **받습니다.**

4 **점원** 손님, 뭔가 **찾고 계시다면** 안내해 드릴게요.
손님 아, 거실에 깔 카펫을 찾고 있어요.

5 **야마모토** 이시하라 씨, 기타가 갖고 싶다고 했죠? 제 아들이 쓰던 기타가 있어요. 괜찮으시면 어때요?
이시하라 그래도 돼요?
야마모토 네. 아들에게 물었더니, 연주해 줄 분이 있다면 꼭이라고 했으니 부디 **받아 주세요.**

6 현재 세계는 코로나 바이러스로 많은 고귀한 생명을 빼앗기고

당연한 것이 당연하지 않게 되어 살아가는 것의 어려움을 **느끼는** 나날입니다.

7 나는 다른 사람에게 선물을 할 때 그것을 **우선** 예쁜 포장지로 싸도록 하고 있습니다.

8 두 사람 모두 상대의 말을 신용할 수 없는 것 같다. **이렇게** 되어서는 둘이 협력해서 무언가를 한다는 것은 무리다.

9 학생은 한 번에 5권까지 대출 가능, **단** 시험 기간 중에는 불가.

10 A 어젯밤 무슨 소리가 났었죠?

B **분명히** 소리는 들었는데, 시간은 기억나지 않아요.

11 일본은 남북으로 길다. **따라서** 지방에 따라 기후 차가 심하다.

12 생일 축하해요. **이렇게** 매년 함께 축하할 수 있는 것을 행복하게 생각합니다. 항상 고마워요.

문제 8 다음 문장의 ＿★＿에 들어갈 가장 알맞은 것을 1・2・3・4에서 하나 고르시오.

13 신데렐라가 들은 시보도 **아마 왕궁 내에 있는 탁상시계의 것**이었음에 틀림없다.

14 공무원 시험에 합격할지 **어떨지는 차치하고 후회하지 않도록** 할 수 있는 만큼은 할 생각이다.

15 일정한 궤도 위를 달리는 노면전차는 정류장에서만 승・하차가 가능하다. **따라서 이용하는 사람들은 도보나 다른 교통수단으로 가장 가까운** 정류장까지 가야 한다.

16 まして란, 특별히 두드러진 예를 들어서 이 경우**에서조차 이러하니 그보다도** 조건이 나쁜 경우에는 말할 것도 없다는 의미로 쓰인다.

17 지구상의 생물은 인간을 위해 존재하고 있는 것이 아니다. 그리고 인류란 생물의 다양성 없이는 살아갈 수 없다. **왜냐하면 지구 환경 그 자체가 생물의 다양성이 있어야 비로서 성립되며,** 우리의 의식주 모두가 자연으로부터 자원이라는 형태로 얻어지고 있기 때문이다.

문제 9 다음 문장을 읽고, 문장 전체의 내용을 생각해서 [18] 부터 [22] 에 들어갈 가장 알맞은 것을 1・2・3・4에서 하나 고르시오.

인간은 자신이 품고 있는 이미지가 예상과 어긋나면 실망(주1)한다. 그 이미지가 선명하면 할수록 크게 맥이 빠진다(주2). 그래서 인간은 본능적으로 자신이 갖고 있는 이미지에 맞춰 대상을 보려고 한다. 즉, 자신의 이미지에 맞지 않는 사물을 의식적으로 혹은 무의식 중에 무시하거나 잘라 버리는 것이다.

이야기가 건너뛰지만, 나는 자주 세계 각지의 유적지를 찾아다닌다. 그러나 가슴에 그리고 있던 이미지와 실제 유적은 대개 엇갈린다. **그래서** 나의 유적으로의 여행은, 대부분이 낙담과 실의의 여행이다. 모처럼 찾아왔는데 이미지와 전혀 다른 것은 참으로 안타깝다(주3). **하지만** 나는 고쳐 생각해, 실제는 실제라고 자신에게 말한다. 그러면 그것은 **그것으로**, 또 저절로 다른 이미지를 만들어 주는 것이다.

나는 유적 사진을 몇 장이나 찍어서 돌아와 그것을 카메라를 좋아하는 친구에게 보여주었다. **그러자** 그는 언뜻 보더니, "이건 안 되겠네. 쓸만하지 않은걸." 하고 자못(주4) 경멸(주5) 하듯이 말했다.

모리모토 데츠로 「이미지로부터의 발상」・「「내」가 있는 문장」 중에서

(주1) がっくり: 낙담해 활기를 잃은 모양
(주2) 拍子抜け(ひょうしぬけ): 긴장감이 사라짐, 의욕이 사라짐
(주3) やるせない: 안타까워서 어떻게 할 수 없다
(주4) さも: 아주, 정말이지, 마치
(주5) けいべつ: 뒤떨어진다고 여겨 무시하는 것

제4장 독해 공략편

문제 10	1 ②	2 ②	3 ③	4 ①	5 ②							
문제 11	1 ③	2 ②	3 ③	4 ④	5 ②	6 ①	7 ③	8 ④	9 ①	10 ④	11 ③	12 ①
문제 12	1 ①	2 ④	3 ②	4 ④	5 ②	6 ④						
문제 13	1 ④	2 ②	3 ②	4 ②	5 ④	6 ④	7 ①	8 ④	9 ④			
문제 14	1 ①	2 ③	3 ②	4 ②	5 ③	6 ④						

01 문제10 내용 이해 - 단문

문제 10 다음 (1)에서 (5)의 문장을 읽고 다음 질문에 대한 답으로 가장 적절한 것을 1·2·3·4에서 하나 고르시오.

단문(1)

해석

14층 건물이 예상대로 숲처럼 되었다. 1995년에 지었을 때 남쪽 측면의 녹화를 대부분의 건물과는 달리 화초 대신 76종의 나무로 정했다. 그 나무가 자랐을 뿐만 아니라 오랜 세월 동안 새나 바람이 실어 나른 씨앗으로 인해 200종으로나 늘어났고, 그 나무에서 떨어진 잎이 부엽토(주)가 되어 나무를 키우고 비만으로도 나무들이 자랄 정도가 되었다고 한다. 확실히 남쪽에서 보면 건물은 숲에 둘러싸여 있다. 건물 바깥쪽에 만들어진 계단을 올라가면 옥상까지 15분 정도의 등산 기분도 즐길 수 있다던가.

(主) 腐葉土(ふようど) : 낙엽 등이 작은 생물에 의해 오랜 시간 분해되어 흙으로 변한 것

단어 **予想**(よそう) 예상 | **南側面**(みなみがわめん) 남쪽 측면 | **緑化**(りょっか) 녹화 | **草花**(くさばな) 화초 | **増**(ふ)**える** 늘어나다 | **腐葉土**(ふようど) 부엽토 | **囲**(かこ)**む** 둘러싸다 | **屋上**(おくじょう) 옥상

1 **저자는 어째서 등산 기분도 즐길 수 있다고 말하고 있는가?**

1 옥상까지 건물을 보면서 오를 수 있으니까
2 자연에 둘러싸인 장소를 오를 수 있으니까
3 건물 안을 나무를 보면서 오를 수 있으니까
4 옥상에서 자연으로 가득찬 먼 곳의 경치가 보이니까

해설 건물을 둘러싸고 있는 숲을 보면서 계단을 오르는 것이 등산을 하는 것 같은 기분이 들기 때문에 정답은 선택지 2번이다. 건물을 보면서 올라가는 것이 등산 기분은 아니므로 선택지 1번은 오답이다. 또 계단은 건물 바깥쪽에 만들어졌다고 했으므로 3번 역시 오답이다. 옥상에서 보는 경치가 중요한 것이 아니라 올라가면서 보이는 것이 중요하므로 4번 역시 정답이 아니다.

단문(2)

해석

오카와 씨는 매달 월말에 10만 엔씩, 7월과 12월에는 보너스에서도 30만 엔씩 저금해 왔다. 12월 31일에 저금이 총액 1,000만 엔이 되었다. 저금은 집을 구입할 때 계약금(주)으로 할 생각이다. 아이 교육비인 100만 엔을 제외한 전액을 계약금으로 할 수 있다. 계약금은 보통 20%가 필요하다. 내년 4월에 아이가 초등학교에 입학하기 때문에 집을 구하고 있다.

(主) 頭金(あたまきん) : 무언가를 살 때 처음에 지불하는 돈

단어 **月末**(げつまつ) 월말 | **貯金**(ちょきん) 저금, 저축 | **総額**(そうがく) 총액 | **購入時**(こうにゅうじ) 구입 시, 구입할 때 | **頭金**(あたまきん) 계약금 | **教育費**(きょういくひ) 교육비 | **除**(のぞ)**く** 제외하다, 빼다 | **全額**(ぜんがく) 전액 | **契約**(けいやく) 계약

2 오카와 씨는 3월 15일에 최고 얼마의 집을 계약할 수 있는가?

1 4,500만 엔
2 **4,600만 엔**
3 5,000만 엔
4 5,100만 엔

해설 현재 가지고 있는 돈 1000만 엔에서 교육비 100만 엔을 제외하면 900만 엔이 남는다. 매달 말에 저축을 한다고 했으므로 집을 계약하는 시점인 3월 15일에 계약금으로 쓸 수 있는 돈은 900만 엔에 2달 치 저축액 20만 엔을 더한 920만 엔이다. 계약금은 집 가격의 20%라고 했으므로 오카와 씨가 살 수 있는 집의 최대 가격은 920만 엔÷0.2=4,600만 엔으로 선택지 2번이 정답이다.

단문(3)

해석

알코올 성분이 들어 있지 않은 논 알코올 맥주는 맥주와 비슷한 맛으로 맛있다. 게다가 주류세(주1)도 붙지 않아서 주스와 비슷한 정도로 싸게 살 수 있다. 따라서 종교상의 이유 등으로 술을 마실 수 없는 사람이나 차를 운전하는 사람, 임신(주2) 중인 여성 등 술을 마시면 안 되는 사람이 마시고 있다. 또한 술을 마시고 싶지 않은 젊은이들에게도 인기가 있어서, 맥주 매상이 감소하고 있는데도 이쪽은 매상이 급증하고 있다.

(주1) 酒税(しゅぜい) : 술에 붙는 세금
(주2) 妊娠(にんしん) : 배속에 아이가 있는 상태

단어 **アルコール** 알코올 | **成分**(せいぶん) 성분 | **ノンアルコール** 논 알코올, 알코올이 없는 | **酒税**(しゅぜい) 주세, 술에 부과되는 세금 | **宗教**(しゅうきょう) 종교 | **～上**(じょう) ～상 | **運転**(うんてん) 운전 | **妊娠**(にんしん) 임신 | **～中**(ちゅう) ～중 | **売**(う)**り上**(あ)**げ** 매상 | **減少**(げんしょう) 감소 | **急増**(きゅうぞう) 급증 | **増加**(ぞうか) 증가 | **飲酒**(いんしゅ) 음주 | **禁止**(きんし) 금지

3 논 알코올 맥주의 설명은 어느 것인가?

1 맥주와 똑같은 맛이 나기 때문에 마시는 사람이 증가했다.
2 주스보다 싸기 때문에 인기가 있다.
3 **음주가 금지되어 있는 사람도 마시고 있다.**
4 맥주보다 판매액이 높다.

해설 선택지 1번은, 본문에 '맥주와 비슷한 맛'이라고 되어 있는데 일반 맥주와 맛이 똑같은 것은 아니기 때문에 정답이 아니다. 2번은 본문에 '주스와 비슷한 정도로 싸다'라고 되어 있는데 주스보다 싼 것은 아니기 때문에 정답이 아니다. 3번은 본문에 '마시면 안 되는 사람 등이 마시고 있다'고 기술되어 있으므로 정답이다. 4번은 본문에 논알코올 맥주의 '매상이 급증'했다고 나와 있는데 맥주보다 많다는 기술은 없기 때문에 틀린 내용이다.

단문(4)

해석

기타(北)병원의 면회 시간은 오후 1시부터 8시까지입니다. 초등학생 이하인 분은 면회할 수 없습니다. 면회할 경우에는 종합 안내소에서 이름을 기입한 후 번호표를 받아서 잘 보이는 곳에 달아 주세요. 병실에서는 입원하신 다른 분에게 폐가 되지 않도록 말소리에 주의해 주세요. 병실에서는 면회하시는 분은 먹거나 마시거나 할 수 없습니다. 술, 담배는 병원 내에서는 모두 금지입니다. 휴대전화는 의료기기에 나쁜 영향을 줄 우려가 있기 때문에 병실에서는 전원을 꺼 주세요. 휴게실에서만 사용하실 수 있습니다. 휴게실은 모든 층에 있습니다.

단어 **面会**(めんかい) 면회 | **総合案内所**(そうごうあんないじょ) 종합 안내소 | **記入**(きにゅう) 기입 | **～の上**(うえ) ～한 후 | **番号札**(ばんごうふだ) 번호표 | **入院**(にゅういん) 입원 | **迷惑**(めいわく) 폐, 민폐 | **話**(はな)**し声**(ごえ) 말소리 | **病室**(びょうしつ) 병실 | **禁止**(きんし) 금지 | **医療機器**(いりょうきき) 의료기기 | **影響**(えいきょう)**を与**(あた)**える** 영향을 주다 | **恐**(おそ)**れ** 우려 | **電源**(でんげん)**を切**(き)**る** 전원을 끄다 | **休憩室**(きゅうけいしつ) 휴게실 | **～のみ** ～만 | **階**(かい) 층 | **病人**(びょうにん) 병자, 환자 | **連**(つ)**れる** 동반하다, 거느리다 | **ろうか** 복도

4 병원에서 할 수 있는 것은 무엇인가?

1 **환자에게 과일을 먹이는 것**
2 5살짜리 아이를 데리고 가는 것
3 복도에서 휴대전화를 사용하는 것
4 휴게실에서 담배를 피우는 것

해설 선택지 1번은 병원에 면회 온 사람은 음료를 마시거나 음식을 먹을 수 없다고 했고, 환자에 대해서는 언급하지 않았기 때문에 환자는 과일을 먹을 수 있으므로 정답이 된다. 선택지 2번은 초등학생 이하는 면회할 수 없다고 했으므로 틀리다. 그리고 선택지 3번은 휴대전화는 휴게실에서만 사용할 수 있고, 선택지 4번은 술과 담배는 병원 내에서 전부 금지라고 했으므로 역시 오답이다.

단문(5)

해석 지구 온난화를 방지하기 위해 우리 개인으로도 할 수 있는 일이 있다. 그러나 하려고 결심하고 시작해도 점점 귀찮아져서 그만두기 십상이다. 매일 자신이 얼마나 이산화탄소를 줄일 수 있었는지 숫자로 볼 수 있다면 의욕이 날 것이다. 하루에 줄일 수 있는 주요 이산화탄소의 양은 다음과 같다. 쇼핑 봉투를 받지 않는다 42g, 텔레비전을 켠 채로 두지 않는다 45g, 샤워기의 물을 계속 틀어 두지 않는다 86g, 쓰레기 내놓는 규칙을 지켜서 분리수거한다 119g, 난방을 20도 이하로 한다 129g, 자동차를 쓰지 않고 전철, 자전거, 도보로 이동한다 400g 등이다. 반대로 말하면 쇼핑 봉투를 받으면 배출량은 42g 든다는 말이 된다.

단어 **地球**(ちきゅう) 지구 | **温暖化**(おんだんか) 온난화 | **防**(ふせ)**ぐ** 막다, 방지하다 | **個人**(こじん) 개인 | **段々**(だんだん) 점점 | **面倒**(めんどう)**くさい** 몹시 귀찮다 | **~がち** ~하기 쉬움, 자주 ~함 | **二酸化炭素**(にさんかたんそ) 이산화탄소 | **減**(へ)**らす** 줄이다 | **数字**(すうじ) 숫자 | **やる気**(き) 의욕 | **主**(おも)**だ** 주되다, 주요하다 | **レジ袋**(ぶくろ) 비닐봉지, 쇼핑백 | **シャワー** 샤워기 | **~っぱなし** ~한 채로임 | **ゴミ出**(だ)**し** 쓰레기 배출 | **ルール** 규칙 | **分別**(ぶんべつ) 분별, 분류 | **暖房**(だんぼう) 난방 | **徒歩**(とほ) 도보 | **移動**(いどう) 이동 | **逆**(ぎゃく)**に** 반대로 | **排出量**(はいしゅつりょう) 배출량 | **計算**(けいさん) 계산 | **かかる** 들다, 걸리다 | **おさえる** 억제하다, 막다

5 **저자는 이산화탄소의 배출량에 대해서 뭐라고 말하고 있는가?**

1 개인적으로 열심히 하고 있는 사람은 매일 숫자를 보고 있다.
2 **자동차를 쓰지 않는 것이 가장 효과가 있다.**
3 여기에 쓰여 있는 모든 것을 실행하면 온난화는 방지할 수 있다.
4 계산하면 배출량을 억제할 수 있다.

해설 선택지 1번은 지문에서 매일 자신이 얼마나 이산화탄소를 줄일 수 있는지 숫자로 볼 수 있다면 의욕이 날 것이라고 했지 개인적으로 열심히 하고 있는 사람이 매일 숫자를 보고 있다고는 하지 않았으므로 오답이다. 자동차를 사용하지 않고 전철이나 자전거, 도보로 이동해서 줄일 수 있는 이산화탄소의 양이 400g으로 가장 높으므로 선택지 2번이 정답이 된다. 3번은 이산화탄소의 배출은 개인만 하는 것이 아니라 기업이 해야 할 역할도 존재하기 때문에 정답이 되지 않는다. 선택지 4번은 배출량을 계산하는 것보다 중요한 것을 줄이도록 실행하는 것이므로 틀린 내용이다.

02 문제11 내용 이해 - 중문

문제 11 다음 (1)에서 (4)의 문장을 읽고 다음 질문에 대한 답으로 가장 적절한 것을 1·2·3·4에서 하나 고르시오.

중문(1)

해석 누구나 젊고 아름답게 있고 싶어 하기 때문에 약국 선반은 다양한 화장품으로 넘쳐난다. 특히 기초 화장품은 아름다운 피부를 유지하기 위한 것이므로 가장 중요시되고 있다. 화장품 회사는 미백용, 주름(주1) 방지용이라고 하여 다양한 성분을 넣어 각 회사의 차이를 전면에 내세워 경쟁하고 있지만, 획기적이라고 할 수 있을 만큼 효과가 있는 것은 아직 없다.

그런데 젊고 생기있는 피부를 쉽게 손에 넣을 수 있는 가능성이 나왔다. 주름이나 기미(주2)로 고민하는 사람에게는 기쁜 정보이다. 휴대형 3D 스킨 프린터가 생체 재료를 사용해 피부 위에 한 겹 피부를 쌓음으로써 손에 넣을 수 있는 것이다. 먼저 그 사람의 피부를 촬영하여 주름이나 기미가 어디에 있는지 찾는다. 그리고 그 사람의 피부에 맞게 만든 색깔의 생체 재료의 파운데이션을 피부 전체에 바른다. 모든 것이 자동화되어 있어 그저 프린터를 피부 위에서 미끄러지게만 하면 된다. 주름이나 기미가 많은 사람일수록 결과물의 차이를 실감할 수 있어서 매우 기뻐한다. 이제 메이크업 아티스트의 기술은 필요 없다.

이 발명은 화장품 회사에는 벅찬(주3) 경쟁상대가 될 것이다. 그러나 장치로 피부 그 자체가 깨끗해지는 것이 아니라 화장하는 것과 마찬가지다. 또 가격에 따라서는 보통 사람의 손이 미치지 않을 것이다. 그래서 지금 있는 화장품이 사라지는 일은 없다. 앞으로도 제각기 자신 있는 분야에서의 성황(주4)이 계속될 것이다.

(주1) しわ : 여기서는 얼굴 피부가 늘어나거나 해서 생기는 선 같은 것
(주2) しみ : 여기서는 얼굴에 생긴 갈색 부분
(주3) 手(て)ごわい : 무척 강해서 간단히 이길 수 없음
(주4) 活況(かっきょう) : 활기가 넘치는 상태. 특히 경기가 좋은 상태

단어 **若々(わかわか)しい** 아주 젊다, 생기발랄하다 | **薬局**(やっきょく) 약국 | **棚**(たな) 선반 | **化粧品**(けしょうひん) 화장품 | **溢**(あふ)**れる** 넘치다 | **基礎**(きそ) 기초 | **保**(たも)**つ** 유지하다, 지키다 | **重要視**(じゅうようし) 중요시| **美白用**(びはくよう) 미백용 | **しわ** 주름 | **防止用**(ぼうしよう) 방지용 | **成分**(せいぶん) 성분 | **違**(ちが)**い** 차이, 다름 | **前面**(ぜんめん) 전면 | **競**(きそ)**い合**(あ)**う** 서로 지지 않으려고 경쟁하다 | **画期的**(かっきてき) 획기적 | **可能性**(かのうせい) 가능성 | **しみ** 기미 | **携帯型**(けいたいがた) 휴대형 | **生体材料**(せいたいざいりょう) 생체재료 | **皮膚**(ひふ) 피부 | **重**(かさ)**ねる** 포개다, 겹치다 | **撮影**(さつえい) 촬영 | **ファンデーション** 파운데이션 | **自動化**(じどうか) 자동화 | **滑**(すべ)**らす** 미끄러지게 하다 | **仕上**(しあ)**がり** 완성, 결과 | **実感**(じっかん) 실감 | **大喜**(おおよろこ)**び** 아주 기뻐함 | **メーキャップ** 메이크업, 화장 | **手**(て)**ごわい** 힘겹다, 벅차다 | **競争**(きょうそう) 경쟁 | **装置**(そうち) 장치 | **価格**(かかく) 가격 | **手**(て)**が届**(とど)**かない** 손이 미치지 않다 | **分野**(ぶんや) 분야 | **活況**(かっきょう) 성황, 호경기 | **製品**(せいひん) 제품 | **欠点**(けっかん) 결함 | **圧倒**(あっとう) 압도 | **根本的**(こんぽんてき) 근본적 | **解決**(かいけつ) 해결

1 어떠한 제품이 생겨났는가?
1 피부의 주름이나 기미가 없어지는 제품
2 좋아하는 파운데이션을 만들 수 있는 제품
3 개인용 파운데이션을 만들어 발라주는 제품
4 주름이나 기미가 있는 곳을 찾아 깨끗하게 하는 제품

2 이 제품의 가장 큰 결점은 무엇인가?
1 비싸서 살 수 없는 것
2 피부 그 자체가 변하지 않는 것
3 우선 촬영해야 하는 것
4 피부가 지저분한 사람일수록 깨끗해질 수 있는 것

3 저자는 신제품이 화장품 업계에 끼칠 영향은 무엇이라고 말하고 있는가?
1 이 신제품에 압도당해 버릴 것이다.
2 경합하지 않는 분야에서만 살아남을 수 있을 것이다.
3 강력한 경쟁상대가 되지만 살아남을 수 있을 것이다.
4 근본적인 문제를 해결할 수 없기 때문에 영향은 적을 것이다.

해설 **〈질문 1〉** 지문은 개인의 피부 특성을 파악해서 특별한 파운데이션을 만들어 발라주는 기계에 대해 설명하고 있다. 따라서 정답은 선택지 3번이다. 주름이나 기미를 완전히 없애주는 것은 아니기 때문에 선택지 1번은 오답이다. 좋아하는 파운데이션이 아니라 피부의 결점을 보완해주는 파운데이션을 만드는 것이므로 2번 역시 정답이 아니다. 주름이나 기미가 있는 곳만이 아니라 피부 전체에 파운데이션을 발라주는 것이므로 4번 역시 정답이 아니다.

〈질문 2〉 본문에서 설명하는 기계는 값이 비싸지만 살 수 없다고는 말하지 않았으므로 1번은 오답이다. 촬영을 하는 것이 번거로울 수는 있지만 최대의 결점이라고 말하기는 어려우므로 3번 역시 정답이 아니다. 선택지 4번의 내용은 결점이라고 할 수 없으므로 오답이다. 본문의 기계가 피부를 좋아보이게 만들어 줄 수는 있지만 피부 자체가 좋아지는 것은 아니므로 결정적인 한계라고 말할 수 있다. 따라서 정답은 선택지 2번이다.

〈질문 3〉 마지막 줄에서 '제각기 자신 있는 분야에서의 성황이 계속될 것이다'고 말하고 있기 때문에 화장품 업계가 압도당하지는 않을 것이므로 선택지 1번은 정답이 아니다. '벅찬 경쟁상대가 될 것'이라고 했지만 '지금 있는 화장품이 사라지는 일은 없다'고 했으므로 선택지 3번이 정답이고, 선택지 2번은 오답이다. '벅찬 경쟁상대가 될 것이다'고 말하고 있으므로 화장품 업계에 미치는 영향이 클 것이기 때문에 4번 역시 정답이 아니다.

중문(2)

해석

요리 로봇은 일손 부족이나 인건비 절약을 위해 개발되었다. 따라서 일손이 부족한 일본의 레스토랑에서 쓰이는 것은 자연스러운 일이다. 그러나 충분한 인력이 있음에도 불구하고 도입하고 있는 나라도 많다. 앞서 말한 이유 뿐만 아니라 요리 로봇에 고도의 기술을 도입함으로써 그러한 나라에서도 받아들여진 것 같다. 예를 들어 누구나 쉽게 말이 초밥을 만들 수는 없다. 해외에서는 말이 초밥이 인기지만 초밥 장인을 고용하는 것은 어렵다. 하지만 말이 초밥을 만들 수 있는 로봇이라면 재료를 넣기만 하면 순식간에 예쁜 초밥이 만들어진다. 로봇의 가격은 성능에 따라 다양하게 있기 때문에 자신들에게 맞게 구입할 수 있다.

또 진기함으로 이목을 끌기 위해 요리 로봇을 사는 가게도 있다. 로봇이 다코야키를 만드는 것을 보거나 하는 것은 손님에게 즐거운 일이기 때문이다. 가게가 아닌 식품공장에서 활약하는 요리 기계는 주로 대량생산을 하기 위해 과자를 비롯한 많은 가공식품을 만드는 데 사용되고 있다. 여러 기계가 있지만 지금 가장 주목을 받고 있는 것은 꼬치를 꿸(주) 수 있는 요리 기계일지도 모른다. 닭꼬치를 비롯한 다양한 식품을 꼬치로 만들 수 있다. 간단한 것 같아도 모양이 다양한 재료를 꼬챙이로 꿰려면 고도의 기술이 필요한데, 이 기계는 옥수수 알갱이도 꿸 수 있다고 한다.

앞으로도 다양한 요리 로봇이 생겨나 더욱더 진화해 나갈 것이다.

(주) 串刺(くしざ)し : 길쭉한 막대 모양의 꼬치라는 것에 뭔가를 꽂는 것. 여기서는 식품을 꽂는다

단어 **調理**(ちょうり) 조리, 요리 | **人手**(ひとで) 일손, 노동력 | **不足**(ふそく) 부족 | **人件費**(じんけんひ) 인건비 | **節約**(せつやく) 절약 | **前述**(ぜんじゅつ) 전술, 앞에서 말함 | **取**(と)**り入**(い)**れる** 받아들이다, 도입하다 | **巻**(ま)**き寿司**(ずし) 말이 초밥 | **職人**(しょくにん) 장인, 전문가 | **あっという間**(ま)**に** 순식간에 | **値段**(ねだん) 값, 가격 | **性能**(せいのう) 성능 | **物珍**(ものめずら)**しさ** 진기함 | **人目**(ひとめ)**を引**(ひ)**く** 이목을 끌다 | **串刺**(くしざ)**し** 꼬치 꿰기 | **焼**(や)**き鳥**(とり) 닭꼬치 | **串**(くし) 꼬치, 꼬챙이 | **刺**(さ)**す** 찌르다, 꽂다 | **進化**(しんか) 진화

4 그러한 나라란 어떤 나라인가?

1 노동자는 부족하지만 로봇 수준의 기술을 가진 사람이 꽤 있다.
2 노동자는 충분히 있고 로봇 수준의 기술을 가진 사람도 꽤 있다.
3 노동자는 부족하고 로봇 수준의 기술을 가진 사람도 별로 없다.
4 노동자는 충분히 있지만 로봇 수준의 기술을 가진 사람은 별로 없다.

5 요리 로봇을 사는 이유가 아닌 것은 어느 것인가?

1 일할 사람이 부족하니까
2 사람보다 기술이 뛰어나니까
3 손님에게 보여주고 사람을 모으고 싶으니까
4 많은 식품을 대량으로 만들고 싶으니까

6 저자는 요리 로봇에 대해 어떻게 생각하고 있는가?

1 필요에 따라서 요리 로봇을 사용하는 것이 좋다.
2 사람보다 요리 로봇을 사용하는 편이 더 이득이다.
3 간단한 동작도 요리 로봇에게 시키는 것이 좋다.
4 사람이 할 수 없는 일은 요리 로봇에게 시키는 것이 좋다.

해설

〈질문 4〉 밑줄 친 문장 바로 앞에 '충분한 인력이 있음에도 불구하고 도입하고 있다'라고 했으므로 선택지 1번과 3번의 노동자가 부족하다는 것은 오답이다. 또 '로봇에 고도의 기술을 도입'했다고 나와 있는데, 기술자가 많이 있다면 로봇은 필요가 없으므로 2번 역시 오답이다. 따라서 노동자는 충분히 있지만 로봇 수준의 기술자는 별로 없다는 4번이 정답이 된다.

〈질문 5〉 요리 로봇은 일손 부족과 인건비 절약을 위해 개발된 것으로 숙련된 요리사를 고용하기 어려운 경우에 그 대신 로봇을 사용한다고 나와 있다. 따라서 로봇이 사람보다 기술이 더 뛰어나다고는 할 수 없으므로 정답은 선택지 2번이다. 선택지 1번은 요리 로봇이 개발된 이유이며, 선택지 3번은 두 번째 문단에서 '이목을 끌기 위해 요리 로봇을 사는 가게도 있다'고 했고, 4번은 식품공장에서는 대량생산을 위해 사용되고 있다고 했으므로 모두 오답이다.

〈질문 6〉 첫 번째 문단 마지막 문장에서 '로봇의 가격은 성능에 따라 다양하게 있기 때문에 자신들에게 맞게 구입할 수 있다'고 했으므로 선택지 1번이 정답이다. 무조건 로봇을 사용하는 것이 더 이득이고 로봇에게 모든 일을 다 맡기는 것이 좋다고는 나와 있지 않으므로 선택지 2번과 3번은 정답이 아니다. 사람이 할 수 없는 일에 대한 언급은 없으므로 4번 역시 오답이다.

중문(3)

해석

널리 해외에서는 일본차는 '녹차' 즉 녹색의 차로 불리고 있다. '차색(갈색)'은 차의 색이라는 의미이지만 실제로는 흙과 같은 색이다. 왜 차색이 현재의 차의 색과 달라져 버린 것일까? 차는 중국에서 전해져 온 것으로 당시의 차는 솥에서 볶아서(주1) 비비고 볕에 말려서 만들었기 때문에 색은 갈색이었다. 지금의 녹색 차는 전차(주2)라고 해서 에도시대(1603년~1867년)에 제조법이 완성되었다. 홍차는 발효(주3)시킨 차이고, 우롱차는 반쯤 발효시키고, 전차는 전혀 발효시키지 않고 만든다. 같은 찻잎을 사용해도 전혀 다른 맛이나 색의 차가 생긴다.

차는 옛날에는 귀했기 때문에 약으로 사용되었다. 차나무가 많이 심어지게 되자 일반 사람들도 차를 마시게 되었다. 많은 사람들은 전차를 마시고 있다. 차를 '다도'라는 예술로 완성시킨 것은 '센노리큐'(주4)이다. 왜 본고장인 중국에서 예술이 되지 않았는지 의문스럽게 생각했지만 중국인은 맛있게 마시는 것을 가장 중요하게 생각하고 있었기 때문이라는 이야기를 듣고 ①그건 그렇다고 생각했다. 이에 비해 일본의 다도는 꽃이나 서예(주5)를 장식한 조용하고 차분한 분위기가 있는 다실에서 차를 마시거나 차도구와 끓이는 법을 보며 즐긴다. 다도에서 사용되는 차는 전차가 아니라 잎을 전부 가루로 만든 말차라서 상당히 쓰다. 나는 처음 말차를 마시고 맛있다고 하는 사람을 좀처럼 만난 적이 없다.

차는 몸에 좋아서 건강을 위해서 마시는 경우도 많다. 해외에서도 설탕이나 우유 등을 넣지 않고 마시는 차가 인기 있어졌다고 한다. 또 말차맛은 일본의 맛으로서 많은 외국인에게 인기라고 한다. 말차가 들어 있는 ②초콜릿을 상자째로 사는 외국인이 많다.

(주1) 炒(い)る : 불에 올려 물기가 없어질 때까지 볶다
(주2) 煎茶(せんちゃ) : 일본에서 음용되고 있는 일반적인 차. 녹색을 띠고 있다
(주3) 発酵(はっこう) : 치즈·요구르트·와인·술·된장 등을 제조하는 방법
(주4) 千利休(せんのりきゅう) : 16세기 사람으로 현재 다도의 기초를 만들었다
(주5) 書(しょ) : 여기서는 붓이라는 도구로 쓴 글씨

단어 **緑**(みどり) 녹, 녹색 | **茶色**(ちゃいろ) 갈색 | **実際**(じっさい) 실제 | **釜**(かま) 솥, 가마 | **炒**(い)**る** 볶다 | **揉**(も)**む** 비비다 | **干**(ほ)**す** 말리다 | **煎茶**(せんちゃ) 전차, 녹색을 띤 일반적인 잎차 | **製法**(せいほう) 제조법 | **紅茶**(こうちゃ) 홍차 | **発酵**(はっこう) 발효 | **半分**(はんぶん) 절반 | **貴重**(きちょう)**だ** 귀하다, 귀중하다 | **植**(う)**える** 심다 | **茶道**(さどう) 다도 | **本場**(ほんば) 본고장 | **第一**(だいいち)**に** 제일로 | **書**(しょ) 서예 | **飾**(かざ)**る** 장식하다 | **雰囲気**(ふんいき) 분위기 | **茶室**(ちゃしつ) 다실 | **道具**(どうぐ) 도구 | **入**(い)**れ方**(かた) (차 등을) 끓이는 법 | **粉**(こな) 가루, 분말 | **抹茶**(まっちゃ) 말차, 가루 녹차 | **苦**(にが)**い** 쓰다 | **めったに** 그다지, 좀처럼 | **砂糖**(さとう) 설탕 | **箱買**(はこが)**いする** 상자째로 사다 | **大勢**(おおぜい) 사람이 많음 | **興味**(きょうみ)**がない** 흥미가 없다, 관심이 없다 | **重視**(じゅうし) 중시 | **包**(つつ)**む** 포장하다

7 저자는 왜 ①그건 그렇다라고 생각했는가?
1 중국인이 차 끓이는 법을 아는 것은 당연하니까
2 중국인이 전차를 마시지 않는 것은 당연하니까
3 중국인이 맛을 중시하는 것은 당연하니까
4 중국인이 차도구나 끓이는 법을 중시하는 것은 당연하니까

8 ②초콜릿을 상자째로 산다란 어떤 의미인가?
1 구입한 초콜릿을 상자에 넣어 포장해주는 것
2 상자 안에 있는 초콜릿을 자기가 꺼내어 사는 것
3 종이에 싸여 있는 것이 아니라 상자에 들어 있는 초콜릿을 사는 것
4 초콜릿이 많이 들어 있는 상자를 그대로 사는 것

9 왜 차색이 일반적으로 마시는 차의 색과 다른 것인가?
1 옛날 차는 갈색이었지만 지금은 녹색의 차가 많기 때문에
2 옛날에는 녹색이 없었기 때문에
3 처음에 차를 본 사람이 착각했기 때문에
4 흙의 색과 차의 색이 같았기 때문에

해설 **〈질문 7〉** 선택지 1번과 2번에 대해서는 본문에 기술되어 있지 않기 때문에 정답이 아니다. 본문에 '맛있게 마시는 것을 가장 중요하게 생각하고 있었기 때문이다'라고 되어 있으므로 선택지 3번이 정답이다. 4번은 차의 도구나 차를 내리는 방법을 보고 즐기는 것은 일본인들이라고 나와있기 때문에 틀린 내용이다.

〈질문 8〉 '상자째 산다'는 것에 대한 설명은 본문에 나와 있지 않지만 '말차맛은 일본의 맛으로써 많은 외국인들에게 인기'라고 되어 있으므로 많이 산다는 의미임을 알 수 있다. 선택지 1번은 단지 포장해 준다는 의미로 많이 구매한다는 의미는 아니다. 2번은 자신이 상자에서 꺼내 구입한다는 의미이며, 3번은 말 그대로 상자에 담긴 것을 구매한다는 의미로 많이 산다는 의미는 아니기 때문에 이 또한 정답이 아니다. 따라서 '초콜릿이 많이 들어있는 상자를 그대로 구매한다'라고 되어 있는 4번이 정답이 된다.

〈질문 9〉 본문에 '차는 중국으로부터 전해진 것으로 ~ 색은 갈색이었다'라고 되어 있다. 옛날에는 차가 갈색이었다는 내용이므로 선택지 1번이 정답이다. 2번과 3번에 대한 언급은 본문에 나와 있지 않고, 4번은 현재의 녹차의 색과 갈색(차색)이 다른 이유가 아니므로 정답이 아니다.

중문(4)

해석

2009년부터 일본에서 일반 시민이 재판에 참가하게 되었다. 그러나 호출을 받아도 약 3명 중 1명이 사퇴하고 있다고 한다. 사퇴할 수 있는 것은 본인이나 가족의 병이나 부상, 장례식이나 출산, 중요한 업무 등의 사정이 있는 경우이다. 또 호출 받은 사람 중 6명만이 재판원이 될 수 있기 때문에 호출하는 인원수가 너무 많다는 불만의 목소리가 나오고 있다.

일당은 재판원을 선택하는 날은 8천 엔 이내, 재판원을 맡은 날은 1만 엔 이내라고 한다. 액수가 많다 적다 말들 하지만, 아무리 고액이라도 싫다는 사람도 있다. 재판원이 참가하는 재판은 절도(주1)와 같은 가벼운 형이 아니라 살인 등 중대한 사건이기 때문에 사형을 선고(주2)해야만 하는 경우도 있어 재판원이 되고 싶지 않다는 사람도 있다. 재판관과 재판원이 서로 이야기해서 다수결(주3)로 판결을 내기 때문에 재판원도 책임이 크다. 다수결에서는 반드시 재판관 1명 이상이 찬성할 필요가 있다. 재판관 3명과 재판원 6명으로는 보통의 다수결로 하면 재판원만으로 결정되기 때문이다.

일반인의 참가로 인해 가족 간의 사건은 동정해서 형이 가벼워지고, 한편 성범죄는 무거워지는 경향이 되었다. 좋든 나쁘든 보통 사람의 사고방식에 다가선 듯하다. 또 시민들의 재판에 대한 관심이 높아지고 있다. 이것이 이번에 가장 다행스런 점이 아닐까.

(주1) 泥棒(どろぼう) : 다른 사람의 물건을 뺏는 일이나 그런 사람
(주2) 言(い)い渡(わた)す : 재판소에서 내려지는 판결·결정·명령을 구두로 당사자에게 알림
(주3) 多数決(たすうけつ) : 회의 등에서 많은 사람이 찬성한 의견을 전체의 의견으로 결정하는 것

단어 **一般**(いっぱん) 일반 | **裁判**(さいばん) 재판 | **参加**(さんか) 참가 | **呼**(よ)**び出**(だ)**す** 호출하다, 불러내다 | **辞退**(じたい) 사퇴 | **本人**(ほんにん) 본인 | **ケガ** 부상 | **葬式**(そうしき) 장례식 | **出産**(しゅっさん) 출산 | **事情**(じじょう) 사정 | **人数**(にんずう) 인원수 | **不満**(ふまん) 불만 | **日当**(にっとう) 일당 | **務**(つと)**める** 역할을 맡다 | **額**(がく) 액수 | **高額**(こうがく) 고액 | **刑**(けい) 형, 형벌 | **殺人**(さつじん) 살인 | **死刑**(しけい) 사형 | **言**(い)**い渡**(わた)**す** 선고하다 | **多数決**(たすうけつ) 다수결 | **判決**(はんけつ)**を出**(だ)**す** 판결을 내리다 | **賛成**(さんせい) 찬성 | **同情**(どうじょう) 동정 | **性犯罪**(せいはんざい) 성범죄 | **よくも悪**(わる)**くも** 좋든 나쁘든 | **候補者**(こうほしゃ) 후보자 | **単純**(たんじゅん) 단순 | **平等**(びょうどう)**だ** 평등하다

10 재판원으로 호출받은 경우에 어떤 불만이 있는가?
1 재판원이 되고 싶은데 될 수 없다.
2 사퇴하는 것이 좀처럼 불가능하다.
3 재판원이 6명이어서는 너무 적다.
4 후보자를 너무 많이 호출한다.

11 재판원이 참가하는 재판에 대한 설명으로 맞는 것은 어느 것인가?
1 9명의 단순 다수결로 형이 결정된다.
2 재판관과 재판원은 모두 평등하다.
3 반드시 1명 이상의 재판관의 찬성이 있어야 한다.
4 모든 재판에 도입되고 있다.

12 저자는 재판원 제도가 시작되어 무엇이 가장 다행이라고 말하고 있는가?
1 사람들이 재판에 흥미를 가지게 된 점
2 보통 사람의 의견과 전혀 다른 형이 되지 않게 된 점
3 가족간에 일어난 사건의 형이 가벼워진 점
4 일반인의 의견이 받아들여지게 된 점

해설 **〈질문 10〉** 첫 번째 단락을 보면 호출받은 사람 중에 6명만이 재판원이 될 수 있기 때문에 호출 받은 사람 수가 너무 많다는 불만의 목소리가 있다고 했으므로 정답은 선택지 4번 '후보자를 너무 많이 호출한다'가 된다.

〈질문 11〉 밑줄 친 부분의 의미를 파악하는 문제의 경우 앞뒤 문맥을 잘 파악해야 한다. '재판원이 참가하는 재판'에 대해서는 두 번째 문단에 '절도와 같은 가벼운 형이 아니라 살인 등 중대한 사건이기 때문에 ~ 재판원만으로 결정되기 때문이다'에 잘 설명되어 있다. 따라서 선택지 3번 '반드시 1명 이상의 재판관의 찬성이 있어야 한다'가 정답이 된다.

〈질문 12〉 저자는 마지막 단락에서 일반인이 재판에 참여하게 된 것에 대해서 '시민들의 재판에 대한 관심이 높아지고 있'는 것이 가장 다행이라고 말하고 있다. 따라서 이것과 관련 있는 선택지 1번 '사람들이 재판에 흥미를 가지게 된 점'이 정답이 된다.

03 문제12 종합이해

문제 12 다음 A와 B의 문장을 읽고 다음 질문에 대한 답으로 가장 적절한 것을 1·2·3·4에서 하나 고르시오.

통합 이해(1)

해석

A

댐의 역할은 주로 ①치수(주1), ②이수(주2), ③수력발전입니다. 최근 이상기후에 의한 폭우가 각지에 홍수를 일으키고 있습니다만, 댐이 있으면 사전에 방수해 둘 수 있으므로 비가 내렸을 때 댐에 물이 고여 하류의 홍수를 방지할 수 있을 것입니다. 또 댐은 끊임없이 물을 조절하면서 흘려보낼 수 있기 때문에 하류 생활에 필요한 물이나 농업, 공업에 사용할 물을 공급할 수도 있습니다. 게다가 발전도 가능합니다. 수력 발전은 화력 발전 등과 달리 자연 에너지이기 때문에 지구 친화적입니다. 확실히 댐을 만들기 위해서는 막대한 비용도 듭니다. 또 댐 밑바닥에 가라앉게 될 곳에 살고 있는 주민은 고향을 잃고 이주해야 합니다. 큰 희생 위에 만들어지지만 많은 사람들의 생활을 지키기 위해서 댐을 만들 필요가 있다고 생각합니다.

B

모든 댐이 불필요하다고는 생각하지 않지만 향후 댐을 만들 것인지 어떤지는 잘 생각해야 한다고 생각합니다. 건설하려면 작은 댐이라도 수백억, 크면 일조 엔 가까이 들기도 합니다. 또 상류에서 흘러 내려오는 흙이나 모래가 쌓여 해마다 댐의 바닥이 올라오기 때문에 그것을 제거하는 비용도 듭니다. 이들 비용에는 세금이나 수도요금이 쓰입니다. 농업이나 공업, 또 수도사업을 위해 물의 안정적인 공급은 필요하지만 인구가 줄고 있는 것이나 산업의 변화로 인해 물의 수요는 줄어들고 있어 하류 지역의 비용 부담이 무거운 짐이 되고 있습니다. 또한 치수 측면에서도 댐에 지나치게 의존하여 하류의 저수지(주3), 제방(주4) 정비가 지연된 지역도 있습니다. 비는 댐의 상류에만 내리는 것이 아니며, 물이 과도하게 불어나면 댐이 붕괴될 우려도 있습니다. 또 댐은 많은 희생 위에 만들어져 완성된 후에도 생태계를 어지럽히는(주5) 등의 악영향도 있습니다.

(주1) 治水(ちすい) : 강이나 하천 등을 공사하여 물건을 나르거나 땅에 물을 끌어들이거나 홍수를 막는 등의 일
(주2) 利水(りすい) : 강이나 하천 등에서 물을 끌어 이용하는 일
(주3) ため池(いけ) : 주로 농업에 이용하기 위해 물을 저장해 두는 인공 못
(주4) 堤防(ていぼう) : 강이나 바다의 물을 막기 위해 흙, 콘크리트 등을 높게 쌓아놓은 곳
(주5) 乱(みだ)す : 질서를 잃고 뿔뿔이 흩어지게 하다

단어 **ダム** 댐 | **役目**(やくめ) 역할, 직무 | **治水**(ちすい) 치수 | **利水**(りすい) 이수 | **水力発電**(すいりょくはつでん) 수력발전 | **異常気象**(いじょうきしょう) 이상기후 | **放水**(ほうすい) 방수 | **溜**(た)**める** 모으다, 막아 담아두다 | **下流**(かりゅう) 하류 | **供給**(きょうきゅう) 공급 | **~に優**(やさ)**しい** ~에 친화적이다, ~에 이롭다 | **莫大**(ばくだい)**な** 막대한 | **費用**(ひよう) 비용 | **沈**(しず)**む** 가라앉다 | **移住**(いじゅう) 이주 | **犠牲**(ぎせい) 희생 | **取**(と)**り除**(のぞ)**く** 없애다, 제거하다 | **税金**(ぜいきん) 세금 | **水道料金**(すいどうりょうきん) 수도요금 | **安定**(あんてい) 안정 | **需要**(じゅよう) 수요 | **重荷**(おもに) 무거운 짐 | **ため池**(いけ) 저수지 | **堤防**(ていぼう) 제방 | **整備**(せいび) 정비 | **生態系**(せいたいけい) 생태계 | **乱**(みだ)**す** 어지럽히다 | **悪影響**(あくえいきょう) 악영향

1 A와 B의 두 글에 모두 언급되어 있는 점은 무엇인가?

1 물 공급의 필요성
2 댐을 건설하는 장점
3 댐을 유지하기 위한 비용
4 댐이 홍수를 막는 데 효과적인 것

2 A와 B의 필자는 댐 건설에 대해 어떻게 생각하고 있는가?

1 A는 생활을 지키기 위해 댐을 만드는 것이 좋다, B는 지금 있는 댐만으로 하는 것이 좋다.
2 A는 여러 가지 이점이 있으므로 댐 건설은 필요하다, B는 지금 있는 댐으로 충분하므로 만들 필요는 없다.
3 A는 치수·이수·전력의 확보를 위해서 댐을 꼭 만들어야 한다, B는 댐을 만들면 하류의 제방 등을 만드는 치수 공사를 할 수 없게 된다.
4 **A는 문제도 있지만 치수·이수·발전에 도움이 되므로 만드는 것이 좋다, B는 단점이 있으므로 필요성을 검토하는 것이 좋다.**

해설 〈질문 1〉 A에서 '끊임없이 물을 조절하면서 흐를 수 있기 때문에 하류 생활에 필요한 물이나 농업, 공업에 사용할 물을 공급할 수도 있

다', B에서 '농업이나 공업, 또 수도사업을 위해 물의 안정적인 공급은 필요'하다고 나와 있기 때문에 선택지 1번이 정답이다. 선택지 2번은 A에 '많은 사람들의 생활을 지키기 위해서 댐을 만들 필요가 있다'라고 쓰여 있지만 B에는 언급이 없기 때문에 정답이 아니다. 3번은 B에 '상류에서 흘러 내려오는 흙이나 모래가 쌓여 해마다 댐의 바닥이 올라오기 때문에 그것을 제거하는 비용도 듭니다'라고 유지비에 대해서 나와 있지만 A에는 없으므로 역시 오답이다. 4번은 A에 '사전에 방수해 둘 수 있으므로 비가 내렸을 때 댐에 물이 고여 하류의 홍수를 방지할 수 있다'고 나와 있지만 B의 7번째 줄에서 9번째 줄에 걸쳐 '치수 측면에서도 댐에 지나치게 의존하여 ~ 물이 과도하게 불어나면 댐이 붕괴될 우려도 있습니다'라고 무조건 댐이 홍수를 막을 수 있는 것은 아니라고 나와 있으므로 정답이 아니다.

〈질문 2〉 A는 비용도 많이 들고 해결해야 할 문제가 있기는 하지만 댐을 만드는 데에 찬성하고 있다. 반면에 B는 첫 문장에서 '향후 댐을 만들 것인지 잘 생각해야 한다'고 말하고 있다. 따라서 정답은 선택지 4번이다. 1번과 2번은 B가 지금의 댐만으로 충분하다고 말하고 있지 않기 때문에 오답이다. 3번은 A는 꼭 만들어야 한다고까지는 말하고 있지 않으며, B는 치수 공사가 늦어진 지역도 있다고만 말하고 있기 때문에 역시 오답이다.

통합 이해(2)

해석

A

일렉트로닉 스포츠, 이른바 e스포츠는 스포츠라고 부르기 어렵습니다. 일본어로 스포츠를 사전에서 찾아보면 여러 가지입니다만, 모두 '신체 운동' 즉 몸을 쓰는 것이라 기술되어 있습니다. 그렇다면 e스포츠는 일본어에서 말하는 스포츠가 아닙니다. 유럽 스포츠 헌장(주1)에서도 '신체 운동을 수반한다'라고 강조(주2)되어 있습니다. 일본에는 원래 스포츠는 건강을 위해 하는 것이라고 간주하는 역사가 있기 때문에 스포츠로 인정하는 사람도 적습니다. 또 만약 e스포츠가 허용되어 버리면 지금도 게임 중독에 빠져 때로는 죽을 수도 있을 정도로 빠져드는 사람이 증가할 우려가 있습니다. 장시간 e스포츠를 해서 좋을 게 있을까요? 두뇌와 집중력을 겨루는 운동이라고 해도 건강을 해치는 것을 스포츠라고 할 수는 없습니다.

B

일본에는 세계적으로 유명한 게임회사가 많이 있으며 게임인구도 많은데 세계에서 e스포츠라고 불리며 인기가 있는 일렉트로닉 스포츠를 스포츠가 아니라고 생각하는 사람이 많은 것은 이상합니다. 몸을 움직이지 않는 것은 스포츠가 아니라고 생각하는 사람이 많은 것입니다. 영어 sport에는 오락이라는 의미도 있다고 하니 스포츠가 반드시 몸을 써야 하는 것이라고도 할 수 없으며, e스포츠도 장시간 집중해서 경기를 하기 때문에 체력이 필요하고 뇌도 몸의 일부이기 때문에 몸을 쓰고 있다고 할 수 있습니다. 이미 2022년 아시안 게임에서는 공식 경기로 인정받고 있습니다. 주로 몸을 움직이는 스포츠를 피지컬 스포츠, 머리를 사용하는 스포츠를 마인드 스포츠라고 하면 좋지 않을까요. 일본이 세계에서 뒤쳐지지 않기 위해서라도 스포츠로서 인정하는 편이 좋다고 생각합니다.

(주1) 憲章(けんしょう) : 중요하고 근본적인 것에 대해 정해놓은 약속
(주2) 謳う(うた) : 강하게 주장하다

단어 **エレクトロニックスポーツ** 일렉트로닉 스포츠 | **欧州**(おうしゅう) 유럽 | **憲章**(けんしょう) 헌장 | **伴**(ともな)**う** 동반하다, 수반하다 | **謳**(うた)**う** 강조해서 말하다, 주장하다 | **元々**(もともと) 본래, 원래 | **見**(み)**なす** 간주하다, 보다 | **中毒**(ちゅうどく) 중독 | **時**(とき)**には** 때로는, 가끔 | **夢中**(むちゅう)**になる** 열중하다, 몰두하다 | **長時間**(ちょうじかん) 장시간 | **頭脳**(ずのう) 두뇌 | **集中力**(しゅうちゅうりょく) 집중력 | **害**(がい)**する** 해치다, 상하게 하다 | **娯楽**(ごらく) 오락 | **競技**(きょうぎ) 경기 | **アジア競技大会**(きょうぎたいかい) 아시안 게임 | **フィジカル** 피지컬, 신체적 | **マインド** 마인드, 정신적 |

3 **A와 B가 모두 인정하고 있는 것은 무엇인가?**
1 스포츠란 몸을 쓰는 것이란 점
2 일본에서는 e스포츠를 인정하는 사람이 적은 점
3 스포츠의 의미가 일본과 해외에서 다른 점
4 해외에서는 e스포츠가 받아들여지고 있는 점

4 **A와 B의 e스포츠에 대한 의견은 어느 것인가?**
1 A는 몸을 튼튼하게 하는 것이 스포츠이다, B는 체력은 관계없다.
2 A는 건강에 나쁘기 때문에 스포츠가 아니다, B는 세계에서는 인기가 있기 때문에 스포츠이다.
3 A는 머리를 쓰는 경기는 스포츠가 아니다, B는 스포츠라고 인정하지 않는 사람이 많은 것은 이상하다.
4 A는 몸을 쓰지 않는 것은 스포츠가 아니다, B는 스포츠를 좀더 넓은 의미에서 생각하여 스포츠로서 인정하는 것이 좋다.

해설 **〈질문 3〉** B는 '영어 sport에는 오락이라는 의미도 있다고 하니 스포츠가 반드시 몸을 써야 하는 것이라고도 할 수 없으며'라고 말하고 있으므로 선택지 1번은 오답이다. 일본어 사전에 나와 있는 스포츠의 정의와 유럽 스포츠 헌장의 내용이 같으므로 선택지 3번 역시 정답이 아니다. B에 '세계에서 뒤쳐지지 않기 위해서'라고 나와 있는데 해외에서는 e스포츠가 받아들여지고 있다고 추측할 수 있다. 그러나 A에는 그러한 언급이 없으므로 4번도 정답이 아니다. A에서 '스포츠로 인정하는 사람도 적다', B에서 '스포츠가 아니라고 생각하는 사람이 많다'고 나와 있으므로 선택지 2번이 정답이다.

〈질문 4〉 B는 e스포츠도 체력이 필요하다고 말하고 있으므로 선택지 1번은 정답이 아니다. B는 단지 세계에서 인기가 있기 때문이 아니라 e스포츠도 체력이 필요하고 두뇌도 신체 일부이기 때문에 스포츠라고 말하고 있기 때문에 선택지 2번도 정답이 아니다. A는 두뇌를 사용한다고 해도 e스포츠가 건강을 해치기 때문에 스포츠로 인정할 수 없다고 말하고 있기 때문에 3번은 오답이다. A는 일본어 사전에서도, 유럽 헌장에서도 스포츠는 몸을 쓰는 것이라고 말하고 있고, B는 '영어 sport에는 오락이라는 의미도 있'고 e스포츠를 마인드 스포츠로서 인정하면 된다고 말하고 있으므로 선택지 4번이 정답이다.

통합 이해(3)

해석

A

집을 산다면 역시 정원이 있는 단독주택(주1) 쪽이 좋습니다. 그러나 도심에는 이제 그런 토지는 팔지 않고, 있다고 해도 비싸서 엄두가 나지 않습니다. 그래서 편도 2시간을 넘지 않는다면 회사에서 멀더라도 상관없습니다. 교외는 공기도 좋고, 작은 마당이라도 자신이 좋아하는 꽃이나 채소들을 심을 수 있고, 무엇보다도 아이를 자연 속에서 키우고 싶기 때문입니다. 또 방 배치(주2)도 색깔도 자유롭게 설계할 수 있어 좋습니다. 또 아파트에 따라서는 반려동물을 키우는 것이 금지되어 있기 때문에 개가 있는 우리집은 곤란해집니다. 어린 아이가 있어서 아이가 뛰면 시끄럽고, 밤 늦게 돌아와 목욕을 하고 싶을 때에도 옆집이나 윗집, 아랫집 사람을 신경 써야만 하는 아파트 생활은 너무나 스트레스가 쌓입니다. 단독주택이라면 앞으로 재건축도 자유롭고 관리비나 주차장비 등의 부담도 없으며, 아파트가 노후화(주3)된 경우에 번거로운일도 없습니다.

B

현재 부부 둘 다 일하고 있어서 되도록 회사에서 가까운 곳에 살고 싶습니다. 그래서 아파트에 사는 것 외에 방법이 없습니다. 무엇보다도 좋은 점은 최근 아파트는 방범 카메라가 있어 관계없는 사람은 들어갈 수 없는 등, 빈집털이(주4)나 방화 등에 대한 걱정이 없어 안전면에서 확실한 점입니다. 때문에 아이를 집에 혼자 두어도 안심입니다. 거기다 기밀성(주5)이나 단열성(주6)이 좋아 광열비(주7)가 적게 듭니다. 겨울에도 햇볕이 좋으면 낮 동안에는 난방을 쓰지 않아도 괜찮습니다. 손님용 게스트룸이나 부엌이 딸린 홀이 있는 아파트도 많습니다. 유지 관리도 돈만 지불하면 계획적으로 해 주기 때문에 내가 생각하지 않아도 되므로 편합니다. 또 같은 조건이라면 단독주택보다 쌉니다. 신축(주8) 아파트는 아이가 유치원이나 초등학교에 입학하는 것을 계기로 사는 경우가 많기 때문에 아이 키우기에도 매우 좋습니다.

(주1) 一戸建(いっこだ)て : 아파트처럼 많은 집이 모여있는 건물이 아니라 토지에 하나씩 세워진 건물
(주2) 間取(まど)り : 방 배치. 어느 방을 어디에 둘 것인가
(주3) 老朽化(ろうきゅうか) : 오래되어 도움이 되지 못하는 것
(주4) 空(あ)き巣(す) : 사람이 없는 집에 들어가 물건을 훔치는 일
(주5) 気密性(きみつせい) : 닫혀 있어 공기의 흐름이 없는 것. 공기가 움직이지 않는 것
(주6) 断熱性(だんねつせい) : 열을 전달하지 않는 것
(주7) 光熱費(こうねつひ) : 전기 요금 및 가스·등유 등의 연료비의 총칭
(주8) 新築(しんちく) : 새로 지어진 건물

단어 **庭**(にわ) 마당, 정원 | **一戸建**(いっこだ)**て** 단독주택 | **都心**(としん) 도심 | **片道**(かたみち) 편도 | **超**(こ)**える** 넘다, 초과하다 | **郊外**(こうがい) 교외 | **植**(う)**える** 심다 | **間取**(まど)**り** 방 배치 | **設計**(せっけい) 설계 | **ペットを飼**(か)**う** 반려동물을 기르다 | **気**(き)**をつかう** 신경 쓰다 | **ストレスが溜**(た)**まる** 스트레스가 쌓이다 | **将来**(しょうらい) 장래, 미래 | **建**(た)**て替**(か)**え** 재건축 | **管理費**(かんりひ) 관리비 | **駐車場代**(ちゅうしゃじょうだい) 주차장비 | **負担**(ふたん) 부담 | **老朽化**(ろうきゅうか) 노후화 | **煩**(わずら)**わしい** 번거롭다 | **防犯**(ぼうはん) 방범 | **空**(あ)**き巣**(す) 빈집털이, 도둑 | **放火**(ほうか) 방화 | **留守番**(るすばん) 빈집을 지킴 | **気密性**(きみつせい) 기밀성 | **断熱性**(だんねつせい) 단열성 | **光熱費**(こうねつひ) 광열비 | **～ないで済**(す)**む** ～하지 않아도 되다 | **日当**(ひあ)**たり** 햇볕 | **日中**(にっちゅう) 낮 | **暖房**(だんぼう) 난방 | **維持管理**(いじかんり) 유지 관리 | **計画的**(けいかくてき) 계획적 | **条件**(じょうけん) 조건 | **新築**(しんちく) 신축 | **幼稚園**(ようちえん) 유치원 | **～を機会**(きかい)**に** ～을 계기로 | **物件**(ぶっけん) 물건(부동산), 집 | **通勤時間**(つうきんじかん) 통근 시간 | **子育**(こそだ)**て** 양육 | **環境**(かんきょう) 환경 | **近隣**(きんりん) 이웃, 주변

5 **A와 B 양자가 모두 서술하고 있는 것은 어느 것인가?**

1 자신이 고른 주택에 불만은 전혀 없다는 점에 대해서

2 주택 그 자체 외에도 좋은 점이 있다는 점에 대해서

3 집을 고르는 데 통근 시간이 가장 중요하다는 점에 대해서

4 아이를 기르는 데에는 주변의 자연 환경이 중요하다는 점에 대해서

6 **A와 B 양자가 모두 언급하고 있는 것은 어느 것인가?**

1 이웃 문제

2 재건축

3 안전 문제

4 통근시간

해설 **〈질문 5〉** 선택지 1번은 A만 아파트 생활의 부정적인 면을 언급하면서 단독주택 쪽이 좋다고 말하고 있으므로 정답이 아니다. 통근시간이 가장 중요하다고 언급한 것은 B이고, 자연 속에서 아이를 키우고 싶다고 언급한 것은 A이다. 집 그 자체 외에도 주변 환경이나 유지관리비 등이 좋다는 점을 A와 B 모두 언급하고 있으므로 맞는 내용이다. 따라서 선택지 2번이 정답이 된다.

〈질문 6〉 이웃 문제와 재건축은 A만 언급하고 있고, 안전 문제는 B만 언급하고 있다. 통근시간에 대해 A는 '편도 2시간을 넘지 않는다면 멀더라도 상관없다'라고 했고, B는 현재 맞벌이를 하고 있어서 회사에서 가까운 곳이 좋다고 했으므로 맞는 내용이다. 따라서 선택지 4번이 정답이 된다.

04 문제13 주장이해 - 장문

문제 13 다음 문장을 읽고 다음 질문에 대한 답으로 가장 적절한 것을 1·2·3·4에서 하나 고르시오.

주장 이해(1)

해석

식사할 때 가장 많이 기능하고 있는 것은 미각도 후각(주1)도 아닌 실은 시각이라고 한다. 시각 정보가 87%를 차지하고 있다던가. 그래서 음식을 어떤 접시에 어떻게 담을지, 도시락에 무엇을 어떻게 넣을지 외형을 생각하는 것이 매우 중요하다. 일식은 특히 그릇이나 음식을 담는 방법을 중시한다. 음식을 돋보이게 하는(주2) 곁들임 채소(주3)도 자주 사용된다. 회를 담을 때 무를 채 썰은(주4) 것 위에 놓거나, 차조기 잎(주5) 같은 녹색 잎이나 해초(주6)를 곁들이기도 한다. 때로는 값싼 플라스틱으로 만들어져 있는 먹을 수 없는 큰 잎이 곁들여져 있기도 하는 것은 그 때문일 것이다. 모양뿐만 아니라 색도 아주 중요시된다. 녹색 채소만 있는 샐러드 속에 빨간 토마토를 넣으면 맛있어 보이며, 토마토가 없을 때는 대신 노란 레몬을 넣거나 주황색 당근을 얇게 썰어 흩뿌리거나 하는 것도 그 때문일 것이다.

색을 사용한 조사에서 계란을 깨뜨린 것을 보여 주었더니 계란의 노른자 색이 진한 쪽, 즉 노란색이 진한 쪽, 오렌지에 가까운 쪽이 맛있을 것 같다고 느낀 사람이 많았다. 음식은 따뜻함을 느끼게 하는 빨강이나 오렌지색 쪽이 맛있어 보이는 것 같다. 파란색 계열의 색은 식욕을 줄인다고 한다. 그러나 같은 음식이라도 생선이나 아이스크림 등은 차가움, 상쾌함, 신선함 등이 요구되기 때문에 차가운 계열의 색(주7)을 선호한다. 어느 초콜릿 회사는 민트맛 초콜릿을 내놓으면서 민트맛 부분을 실물에 가까운 황록색으로 정했다. 그러나 똑같은 제품을 민트의 상쾌한 향의 이미지를 나타내는 연한 청색으로 바꾸니 놀랍게도 매출이 예전의 두 배가 되었다고 한다. 그래서 따뜻한 음식에는 따뜻한 계열의 색(주8)을, 차가운 음식에는 차가운 계열의 색을 사용하는 것이 상식이다.

그런데 그와 반대로 가을철 새빨간 단풍을 디자인한 캔맥주가 발매되어 순식간에 인기 상품이 되었다. 그 이후에는 계속해서 비슷한 캔맥주가 판매되어 이제는 캔맥주의 색에 대한 금기(주9)가 없어졌다. 차가운 은색이 많았던 캔맥주에 금색이 더 고급스러움이 있다고 하여 많이 사용되게 되었으며, 차갑게 하면 보라색이 나타나거나 벚꽃이 흰색에서 분홍색으로 변하는 장난기가 가득한 캔도 생겨나 큰 인기이다. 이것은 그야말로 디자인의 승리이다. 항상 성공한다고는 할 수 없지만 모험가, 만세다.

(주1) 嗅覚(きゅうかく) : 냄새를 느끼는 감각
(주2) 引(ひ)き立(た)てる : 여기서는 눈에 잘 보이게 하는 것
(주3) つま : 생선회 등의 요리에 곁들여져 있는 것
(주4) 千切(せんぎ)り : 채소 등을 가늘게 써는 것
(주5) 大葉(おおば) : 차조기라고 불리는 녹색 잎
(주6) 海藻(かいそう) : 바다에서 자라는 풀과 같은 것. 김, 다시마 등
(주7) 寒色(かんしょく) : 얼음이나 물과 같이 차가운 느낌을 주는 색. 파란색 등
(주8) 暖色(だんしょく) : 불과 같이 따뜻한 느낌을 주는 색. 빨강, 주황 등
(주9) タブー : 행동해서도 이야기해서도 안 되는 일

독해 공략편

단어 **味覚**(みかく) 미각 | **嗅覚**(きゅうかく) 후각 | **視覚**(しかく) 시각 | **盛**(も)**り付**(つ)**ける** 보기 좋게 담다 | **見**(み)**た目**(め) 외형, 외관 | **引**(ひ)**き立**(た)**てる** 돋보이게 하다 | **つま** 곁들임 채소 | **刺身**(さしみ) 생선회 | **大根**(だいこん) 무 | **千切**(せんぎ)**り** 채 썬은 것 | **大葉**(おおば) 생선회에 곁들이는 잎 | **海藻**(かいそう) 해초 | **添**(そ)**える** 곁들이다 | **プラスチック** 플라스틱 | **最**(さい)**〜** 가장〜 | **重要視**(じゅうようし) 중요시 | **黄身**(きみ) 노른자 | **温**(あたた)**かみ** 따뜻함 | **青系**(あおけい) 파란색 계열 | **食欲**(しょくよく) 식욕 | **さわやかさ** 산뜻함, 상쾌함 | **新鮮**(しんせん)**さ** 신선함 | **寒色系**(かんしょくけい) 차가운 계열 색 | **売**(う)**り出**(だ)**す** 발매하다 | **当**(あ)**たる** 즈음하다, 때를 맞다 | **実物**(じつぶつ) 실물 | **黄緑色**(きみどりいろ) 황록색 | **ところが** 그런데 | **製品**(せいひん) 제품 | **香**(かお)**り** 향기, 좋은 냄새 | **水色**(みずいろ) 연한 청색 | **売**(う)**り上**(あ)**げ** 매상, 판매고 | **暖色系**(だんしょくけい) 따뜻한 계열 색 | **常識**(じょうしき) 상식 | **瞬**(また)**く間**(ま)**に** 순식간에, 눈 깜짝할 사이에 | **タブー** 금기 | **銀色**(ぎんいろ) 은색, 은빛 | **高級感**(こうきゅうかん) 고급스러움 | **紫色**(むらさきいろ) 자주색, 보라색 | **遊**(あそ)**び心**(ごころ) 장난기 | **もう** 그야말로, 정말 | **冒険者**(ぼうけんしゃ) 모험가 | **万歳**(ばんざい) 만세 | **昆布**(こんぶ) 다시마 | **偽物**(にせもの) 가짜, 위조품 | **〜外**(はず)**れ** 〜에서 벗어남, 〜와 어긋남 | **恐**(おそ)**れる** 두려워하다 | **挑戦**(ちょうせん) 도전 | **色使**(いろづか)**い** 색 사용, 배색

1 플라스틱의 큰 잎을 사용하는 것은 어째서인가?

1 생선회의 곁들임 채소는 먹지 않는 것이니까
2 녹색의 곁들임 채소가 회에는 어울리니까
3 진짜보다 플라스틱이 더 좋으니까
4 가짜라도 있는 편이 회가 좋게 보이니까

2 저자는 왜 이것은 그야말로 디자인의 승리이다라고 말하고 있는가?

1 색 이미지와 반대되는 캔이 나왔기 때문에
2 상식 밖의 다양한 캔이 받아들여지고 있기 때문에
3 빨간색 캔맥주만 팔리게 되었기 때문에
4 색의 이미지라는 것이 없음을 알았기 때문에

3 저자는 디자인할 때의 태도는 어떤 것이 좋다고 말하고 있는가?

1 항상 장난기를 가지고 디자인하자.
2 실패를 두려워하지 말고 새로운 것에 도전해 보자.
3 색의 이미지 변경 등은 자신이 있을 때만 하자.
4 상식 밖의 색 사용으로 성공할 가능성이 높으니 시도해 보자.

해설 〈질문 1〉 첫 번째 문단에서 일식은 외형을 중시하여 곁들임 채소를 많이 사용한다고 되어 있다. 같은 이유에서 비록 플라스틱이라도 없는 것보다 있는 것이 보기가 좋기 때문에 모형을 사용하기도 한다고 했으므로 정답은 선택지 중 4번이다. 곁들임 채소를 먹지 않는다고는 나와 있지 않고, 진짜 채소는 먹어도 문제가 되지 않으므로 선택지 1번은 정답이 아니다. 색에 대한 언급은 이 다음에 나오기 때문에 2번 역시 오답이다. 3번은 값싼 플라스틱이 진짜 채소보다 더 가치가 있다고 할 수 없으므로 역시 정답이 아니다.

〈질문 2〉 맥주캔은 차가운 색이 일반적이었는데, 정반대되는 이미지의 붉은색과 금색 등을 사용한 캔맥주가 출시되어 인기상품이 되었다고 했으므로 정답은 선택지 중 2번이다. 단순히 기존의 색 이미지와 다른 캔이 나타난 것만으로는 승리라고 할 수 없으므로 1번은 정답이 아니다. 빨간색 뿐만 아니라 금색을 사용한 캔도 있고, 온도에 따라 색이 변하는 캔 등이 있다고 했으므로 3번은 틀린 내용이다. 색뿐만 아니라 새로운 디자인 요소로 인기상품이 된 것이지 색이 가지고 있는 이미지가 무의미하다는 언급은 나와 있지 않으므로 4번 역시 오답이다.

〈질문 3〉 마지막 문장에서 '모험가, 만세'라고 했으므로 상식에 신경쓰지 말고 새로운 도전을 해야 한다고 해석할 수 있다. 따라서 정답은 2번이다. 결과적으로 장난기 있는 디자인이 생겨났지만 장난기를 목적으로 하자고는 나와 있지 않으므로 1번은 정답이 아니다. 색의 이미지를 바꾼다는 언급은 없고 그것이 가능하다고도 말하고 있지 않으므로 3번은 오답이다. 역시 마지막 문장에서 '항상 성공한다고는 할 수 없다'고 했으므로 4번도 오답이다.

주장 이해(2)

해석

일본은 저출생이기 때문에 무덤을 지킬 자손이 없어져 무연고자(주1)가 되는 사람이 늘고 있습니다. 조상 대대로 무덤이 있어도 물려받을 사람이 없는 것입니다. ①그것을 피하기 위해서 묘지를 철거(주2)하는 사람도 있지만, 절에 묘가 있는 경우는 비싼 돈이 청구되는 경우도 있습니다. 그래서 요즘은 새 무덤을 살 때는 절이 아닌 공동묘지의 묘로 하는 사람이 많습니다. 일반적인 묘를 사는 것을 그만두고 수목장(주3)이나 합동장을 희망하는 사람도 늘고 있습니다. 수목장은 일반 묘에 비하면 그다지 비용은 들지 않지만 같은 장소에 한 명 혹은 두 명이 묻히는 것이 일반적이기 때문에 가까운 곳은 선택할 수 있지만 여럿이 함께 들어가는 것은 불가능합니다. 합동장은 많은 사람과 함께 묻히는 것으로 탑 형태의 묘가 많습니다. 같은 합동장이라도 친구끼리 함께 들어가기 위해 하나의 일반 묘를 구입하는 사람들도 있습니다. 이쪽은 낯선 사람과 함께가 아니라 친구 끼리이기 때문에 외롭지 않다든가 계속 함께라 좋다고 합니다. 자연으로 돌아가고 싶은 사람은 산이나 바다에 유골을 뿌리(주4)지만 산에 뿌리는 것은 인근 사람들로부터 불만이 나오는 경우도 있고, 바다에서는 나중에 참배할 장소가 없어서 곤란하다는 이야기도 듣습니다. 조금 꿈이 있다면 우주장입니다. 우주장도 몇 가지 있습니다만 인공위성 상품은 약 240년간 우주를 날아다니는 것으로 정말로 별이 된다고 합니다. 유해(주5)의 일부를 캡슐에 넣어 달에 운반하는 상품은 약 120만 엔으로 항상 달을 보고 참배할 수 있습니다. 별똥별 상품은 지구를 며칠에서 몇 년 돈 후, 별똥별이 되어 사라집니다. 이것은 약 30만 엔 정도부터 내용에 따라 100만 엔 정도까지 있습니다. 20만 엔 정도에서 할 수 있는 풍선장이라는 것도 있습니다. 큰 풍선에 넣어 날리는데 성층권(주6)에 도착하면 터져 버리기 때문에 실제로는 우주까지는 갈 수 없습니다. 뼈로 다이아몬드를 만들어 몸에 지니는 사람도 있습니다. 가격은 업자에 따라 다르지만 0.20 캐럿일 경우는 40만 엔 정도라고 합니다. 좋은 아이디어지만 역시 나머지 뼈들을 어떻게 할 것인지를 결정해야 합니다. 또한 현대적인 경향이라고 할 수 있는데 ②반려동물과 함께 들어갈 수 있는 납골당(주7)이나 수목장을 원하는 사람도 늘고 있습니다. 또 묘를 돌봐줄 사람이 없다는 이유로 지나치게 걱정할 필요는 없습니다. 일반 묘 중에서 대를 이을 사람이 없어진 경우에는 끝에는 관리하고 있는 절이나 공원묘지(주8) 등의 합동 묘지에 갈 수 있기 때문에 괜찮습니다. 다만, 건강할 때 묘를 어떻게 할 것인가를 가족과 상담해 두는 것이 좋은 것은 당연합니다.

(주1) 無縁仏(むえんぼとけ) : 돌봐줄 사람이 없는 사자
(주2) 墓(はか)じまい : 현재 있는 무덤을 파내어 토지로 되돌리는 것
(주3) 樹木葬(じゅもくそう) : 유골을 나무나 꽃 주위에 묻는 방식
(주4) 散骨(さんこつ) : 죽은 이의 화장한 뼛가루를 산이나 바다에 뿌리는 것
(주5) 遺灰(いはい) : 죽은 이의 뼈를 화장한 후에 남는 재가 된 뼈
(주6) 成層圏(せいそうけん) : 지구로부터 약 12~50km의 범위
(주7) 納骨堂(のうこつどう) : 죽은 이의 유골을 넣어 보관하는 장소
(주8) 霊園(れいえん) : 무덤이 있는 공원과 같은 곳. 절과는 관계가 없는 곳

단어 **少子化**(しょうしか) 저출생 | **墓**(はか) 무덤, 묘 | **子孫**(しそん) 자손, 후손 | **無縁仏**(むえんぼとけ) 무연고자 | **先祖**(せんぞ) 선조, 조상 | **代々**(だいだい) 대대 | **引**(ひ)**き継**(つ)**ぐ** 물려받다, 계승하다 | **墓**(はか)**じまい** 무덤을 철거함 | **請求**(せいきゅう) 청구, 요구 | **共同墓地**(きょうどうぼち) 공동묘지 | **樹木葬**(じゅもくそう) 수목장 | **合同葬**(ごうどうそう) 합동장 | **費用**(ひよう) 비용 | **埋**(うず)**める** 묻다, 매장하다 | **塔**(とう) 탑 | **散骨**(さんこつ) 유골을 산이나 강에 뿌림 | **近隣**(きんりん) 인근, 근처 | **苦情**(くじょう) 불평, 불만 | **お参**(まい)**り** 참배 | **宇宙葬**(うちゅうそう) 우주장 | **人工衛星**(じんこうえいせい) 인공위성 | **宇宙**(うちゅう) 우주 | **遺灰**(いはい) 유해 | **カプセル** 캡슐 | **流**(なが)**れ星**(ぼし) 별똥별, 유성 | **バルーン** 벌룬, 풍선 | **風船**(ふうせん) 풍선 | **成層圏**(せいそうけん) 성층권 | **業者**(ぎょうしゃ) 업자 | **カラット** 캐럿 | **傾向**(けいこう) 경향 | **納骨堂**(のうこつどう) 납골당 | **後継**(あとつ)**ぎ** 대를 이음, 후계자 | **管理**(かんり) 관리 | **霊園**(れいえん) 공원묘지 | **納**(おさ)**める** 넣다, 넣어두다 | **遺骨**(いこつ) 유골

4 ①그것을 피하기 위해서의 그것은 무엇을 가리키고 있는가?

1 절에 묘가 있는 것
2 무연고자가 되는 것
3 자손이 없는 것
4 조상 대대로 묘가 없는 것

5 왜 ②반려동물과 함께 들어갈 수 있는 납골당이나 수목장을 바라는 사람도 늘고 있는가?

1 가족과 함께인 묘는 싫으니까
2 가족에게 폐를 끼치고 싶지 않으니까
3 작은 묘면 되니까
4 반려동물을 가족처럼 생각하고 있으니까

6 **저자의 생각은 어느 것인가?**

1 우주장이라면 문제가 남지 않는다.

2 향후 반려동물의 묘는 늘어날 것이다.

3 무연고자가 되지 않도록 할 필요가 있다.

4 다양한 방법이 있으므로 모두 함께 생각하는 것이 좋다.

해설 **〈질문 4〉** 첫 번째 문장에서 무덤을 지킬 자손이 없어 무연고자가 되는 경우가 늘고 있다고 했으므로 정답은 선택지 2번이다.

〈질문 5〉 핵가족화에 이어 1인 가구가 증가하면서 반려동물을 가족과 같이 생각하며 함께 사는 경우가 많으므로 정답은 선택지 중 4번이다. 가족과 함께 묻히는 것이 싫다는 언급은 없으므로 1번은 정답이 아니다. 가족에게 폐를 끼친다는 것에 대한 언급 역시 글을 통틀어 나와있지 않으며, 반려동물과 함께 안치되는 묘가 더 작다고는 할 수 없기 때문에 2번과 3번 역시 정답이 아니다.

〈질문 6〉 여러가지 장례 형태에 대해 설명하면서 마지막 문장에서 '건강할 때 묘를 어떻게 할 것인가를 가족과 상담해 두는 것이 좋다'고 했으므로 정답은 선택지 중 4번이다. 1번의 우주장은 화장한 재의 일부만 사용하기 때문에 남은 뼈나 재의 처리 문제가 있어 정답이 아니다. 반려동물만 있는 묘에 대한 내용은 나와 있지 않으므로 2번 역시 오답이다. 무연고자가 되더라도 절이나 합동묘지 등에 갈 수 있어 괜찮다고 했으므로 3번 역시 정답이 아니다.

주장 이해(3)

해석

많은 마을들이 과소화(주1)되고 있습니다. 그러나 사실 상당수의 젊은이가 지방에 살고 싶어하지만 일자리가 없어서 어쩔 수 없이 도시에서 일하고 있다고 합니다. 그런 가운데 인구가 증가하고 있는 지역도 있습니다. 지방에는 도시에는 없는 풍부한 자연과 생활이 있기 때문입니다. 그 마을의 대처법(주2)을 여러분이 참고하시도록 소개하겠습니다.

나가노현의 인구 4000명인 마을에서는 1992년부터 마을의 길이나 농로 1500개소의 보수를 마을 사람이 하고 있습니다. 자재는 마을이 지급하지만 길을 보수하는 것은 마을 사람이며 무급입니다. 처음에는 반대가 있었지만 실제로 해보니 생각한 것보다 쉽게 할 수 있고, 업자에 비해 3분의 1의 비용으로 해결되었기 때문에 계속하고 있다고 합니다. 그 남은 돈으로 1997년에는 처음으로 공영주택을 건설했습니다. ①그 어느 쪽도 나라의 보조금에는 의지하지 않았습니다. 그렇다기 보다 보조금은 규칙이 있어서 쓸 수 없었다고 합니다. ②여기에서도 나라의 보조금 제도에 문제가 있다는 것을 알 수 있습니다. 집세는 결혼 예정이 있는 사람이나 어린 아이가 있는 가족에게는 민간의 반값 정도로 하고, 의료비도 고등학교 졸업까지 무료로 했습니다. 그러자 젊은이가 도시에서도 속속 이주해오게 되었습니다.

또 하나의 예는 인구 2400명 정도의 시마네현의 작은 섬에 있는 마을의 이야기입니다. 재정(주3)이 힘들어졌을 때에 마을에서 일하고 있던 사람들이 급여를 줄여서 만든 돈으로 'CAS'라는 해산물의 맛을 떨어뜨리지 않고 냉동 가능한 장치를 구매했습니다. 이것에 의해 상품이 전국으로 팔리게 되었습니다. 지금은 다양한 신제품도 생겨났습니다. 이것을 가능하게 한 것이 일본 전국에서 I턴이나 U턴해온 젊은이들이었습니다. I턴이란 아무 관계도 없는 지역으로 이주하는 것입니다. U턴은 한 번 그 지역을 나간 사람이 다시 돌아오는 것입니다. 마을이 1년간 다양한 일을 하면서 상품 개발을 하는 연수생 제도를 만들었기 때문에 I턴하기 쉬웠다고 할 수 있습니다. 급여는 낮지만 이 마을에 꿈을 찾아 오는 젊은이는 많이 있었습니다. 이 연수생의 아이디어에서 생겨난 히트상품도 있습니다. 마을이 아이디어를 실현하기 위한 지원도 하고 있기 때문입니다.

전자 후자 모두 나라의 보조에 의지하지 않고 무엇을 하든지 스스로 지혜를 짜내어 스스로 하고 있습니다. 자립해 있는 것입니다. 특히 후자의 훌륭한 점은 그곳에 산업을 만들어내고 있는 것입니다. 일자리가 없으면 결국 사람은 그곳에 살 수 없게 되어버리기 때문입니다. 다른 지역에서 같은 것을 해도 성공하지 않겠지요. 안고 있는 문제가 다르기 때문입니다. 그러나 이 두 가지 예를 기초로 스스로 생각해 자신들의 마을에 맞는 것을 실행한다면 좋을 거라고 생각합니다.

(주1) 過疎化(かそか) : 인구가 줄어 사는 사람이 없는 상태

(주2) 取(と)り組(く)み : 여기서는 문제 등을 해결하기 위한 시도

(주3) 財政(ざいせい) : 여기서는 마을의 경제

단어 **過疎化**(かそか) 과소화 | **若者**(わかもの) 젊은이 | **地方**(ちほう) 지방 | **~たがる** ~하고 싶어 하다 | **都会**(とかい) 도시 | **人口**(じんこう) 인구 | **増加**(ぞうか) 증가 | **地域**(ちいき) 지역 | **豊**(ゆた)**かだ** 풍부하다, 풍요롭다 | **取**(と)**り組**(く)**み** 대처 | **参考**(さんこう)**にする** 참고하다 | **村道**(そんどう) 마을 길 | **農道**(のうどう) 농로 | **補修**(ほしゅう) 보수 | **村民**(そんみん) 마을 사람 | **資材**(しざい) 자재 | **支給**(しきゅう) 지급 | **無給**(むきゅう) 무급 | **業者**(ぎょうしゃ) 업자 | **費用**(ひよう) 비용 | **すむ** 해결되다 | **公営**(こうえい) 공영 | **住宅**(じゅうたく) 주택 | **補助金**(ほじょきん) 보조금 | **頼**(たよ)**る** 의지하다 | **規則**(きそく) 규칙 | **制度**(せいど) 제도 | **家賃**(やちん) 집세 | **民間**(みんかん) 민간 | **半額**(はんがく) 반값 | **医療費**(いりょうひ) 의료비 | **移住**(いじゅう) 이주 | **財政**(ざいせい)

재정 | **給料**(きゅうりょう) 급료, 급여 | **減**(へ)**らす** 줄이다 | **海産物**(かいさんぶつ) 해산물 | **落**(お)**とす** 떨어뜨리다 | **冷凍**(れいとう) 냉동 | **装置**(そうち) 장치 | **品物**(しなもの) 상품 | **新製品**(しんせいひん) 신제품 | **移**(うつ)**り住**(す)**む** 이주하다 | **研修生**(けんしゅうせい) 연수생 | **実現**(じつげん) 실현 | **支援**(しえん) 지원 | **前者**(ぜんしゃ) 전자 | **後者**(こうしゃ) 후자 | **助**(たす)**け** 도움, 보조 | **知恵**(ちえ) 지혜 | **自立**(じりつ) 자립 | **産業**(さんぎょう) 산업 | **抱**(かか)**える** 안다, 끌어안다 | **元**(もと)**に** 기초로, 바탕으로 | **実行**(じっこう) 실행 | **補修費**(ほしゅうひ) 보수비, 보수 비용 | **拒否**(きょひ) 거부, 거절 | **金額**(きんがく) 금액 | **活性化**(かっせいか) 활성화 | **ボランティア** 자원봉사자 | **真似**(まね) 모방, 따라함

7 ①그 어느 쪽도 라고 하는데 어느 쪽은 무엇을 가리키고 있는가?

1 마을의 길이나 농로의 보수비와 공영주택의 건설비용
2 자재를 산 비용과 마을사람에게 지불한 돈
3 마을을 위한 비용과 마을사람을 위한 비용
4 마을사람에게 지불한 돈과 건설업자에게 지불한 비용

8 ②여기에서도 나라의 보조금제도에 문제가 있다는 것을 알 수 있습니다 라고 하는데 여기란 무엇을 말하는가?

1 보조금을 거부한 마을
2 보조금의 사용 방법
3 보조금의 금액
4 **보조금의 규칙**

9 작자는 지역을 활성화하는데 무엇이 중요하다고 말하고 있는가?

1 비용이 들지 않는 방법이 가장 좋다.
2 지역에 관한 일은 자원봉사자가 하는 것이 좋다.
3 성공한 지역의 방식을 모방하는 것이 좋다.
4 **스스로 생각해 실행하는 것이 좋다.**

해설 **〈질문 7〉** 본문에 나온 나가노 현의 마을에서 보조금에 의지하지 않고 실시한 사업은 두 가지의 도로 정비와 공영주택 건설이므로 선택지 1번이 정답이다. 마을 주민들은 보수를 받지 않고 일했기 때문에 선택지 2번의 내용은 맞지 않다. 또 보조금은 구체적인 명목 하에 지급되는 것으로 선택지 3번과 같이 막연한 목적으로는 지급되지 않으므로 정답이 되지 않는다. 마지막으로 선택지 4번, 건설업자에게 맡기지 않고 마을 사람들이 무보수로 일을 했기 때문에 이 역시 정답이 되지 않는다.

〈질문 8〉 본문에 '보조금은 규칙이 있어 사용할 수 없었다라는 내용을 보면 선택지 4번이 정답이 된다. 보조금을 받지 않았기 때문에 보조금의 사용 방법이나 금액에 문제가 있었다고 말할 수 없으므로 2번과 3번도 정답이 되지 않는다. 보조금을 거부한 사례에 대해서는 언급이 없으므로 선택지 1번 역시 오답이다.

〈질문 9〉 본문에 '비용이 들지 않는 방법이 가장 좋다'는 내용은 나와 있지 않기 때문에 선택지 1번은 정답이 되지 않는다. 역시 자원 봉사에 대한 언급이 없었기 때문에 2번도 맞지 않다. 마지막 문단에서 '다른 지역에서 똑같은 일을 해도 성공하지 않는다'고 얘기하고 있으므로 3번도 정답이 되지 않는다. 선택지 4번 '스스로 생각해 실행하는 것이 좋다'는 것은 본문의 마지막 문장 '스스로 생각해 자신들의 마을에 맞는 것을 실행하면 좋을 것'이라는내용과 일치하므로 정답이 된다.

04 문제14 정보검색

문제 14 다음 페이지는 여름휴가철 캠핑장의 정보이다. 아래 질문에 대한 답으로 가장 적절한 것을 1·2·3·4에서 하나 고르시오.

정보 검색(1)

해석

	기본요금	시설	거기서 할 수 있는 활동
A	텐트 – 5인용 5,000엔 – 3인용 3,000엔	화장실 공동취사장 바비큐장	* 수영장 입장료는 500엔입니다.(초등학생 이하 무료) * 성인도 즐길 수 있는 체육활동이 있습니다. (중학생 이상 700엔, 초등학생 이하 400엔) * 도보 2분 거리에 온천이 있습니다. (입욕 요금:중학생 이상 800엔, 이하 500엔)
B	텐트 – 3인용 4,000엔 – 5인용 7,000엔	화장실 공동취사장 바비큐장	* 강에서 수영할 수 있습니다. * 옆 산에서 기구를 탈 수 있습니다. (어른은 7,000엔, 초등학생 이하는 2,000엔 할인)
C	텐트 및 매트 1인당 1박 3,000엔	화장실 코인샤워실 공동취사장 바비큐장	* 강가 야영장에서 등산도 가능합니다. * 인접 목장에는 소, 말, 토끼 등이 있습니다. (중학생 이상 1,600엔, 초등학생 이하 1,000엔, 3세 이하 무료. 캠핑장 이용자는 반값)
D	텐트 10,000엔	화장실 코인샤워실 공동취사장 바비큐장	* 근처 호수에서 보트와 카누를 탈 수 있습니다. * 보트는 2인승 1시간 1000엔, 카누는 초등학생 이상 1인당 2,000엔으로 지도를 받을 수 있습니다. (예약 필요)

단어 **キャンプ場**(じょう) 캠프장 | **宿泊代**(しゅくはくだい) 숙박비, 숙박료 | **予算**(よさん) 예산 | **基本料金**(きほんりょうきん) 기본요금 | **施設**(しせつ) 시설 | **テント** 텐트, 천막 | **炊事場**(すいじじょう) 취사장 | **バーベキュー** 바베큐 | **プール** 풀, 수영장 | **入場料**(にゅうじょうりょう) 입장료 | **アスレチック** 체육 활동 | **距離**(きょり) 거리 | **入浴**(にゅうよく) 입욕, 목욕 | **気球**(ききゅう) 기구 | **マット** 매트 | **隣接**(りんせつ) 인접 | **牧場**(ぼくじょう) 목장 | **半額**(はんがく) 반값 | **湖**(みずうみ) 호수 | **カヌー** 카누 | **指導**(しどう) 지도

1 **가네코 씨의 가족은 남편과 아들(중학교 1학년), 딸(초등학교 5학년)의 4명으로 1박 2일로 물놀이를 할 수 있는 캠핑장에 갈 생각이다. 숙박비를 포함한 예산은 1인당 8천 엔으로 돈이 들지 않는 캠핑장에 가고 싶다. 어디가 가장 좋은가?**

1 A
2 B
3 C
4 D

2 **대학생인 가와무라 씨와 야마시타 씨는 캠핑장 중에서 샤워를 할 수 있고 숙박비가 싼 곳에 가고 싶다. 어디에 가면 좋은가?**

1 A
2 B
3 C
4 D

해설 **〈질문 1〉** 가네코 씨 가족의 총 예산은 8,000엔×4명=32,000엔이다. A는 5인용 텐트 5,000엔, 수영장 500엔×3명=1,500엔, 체육시설 700엔×3인+400엔=2,500엔, 온천 800엔×3명+500엔=2,900엔으로, 합계 11,900엔이 든다. B는 5인용 텐트비 7,000엔, 기구비 (7,000엔×3명)+5,000엔=26,000엔을 더하면 33,000엔이므로 예산을 초과한다. C는 숙박비가 3,000엔×4명=12,000엔, 목장은 ((1,600엔×3명)+1,000엔)÷2=2,900엔으로 합계 14,900엔이다. D는 숙박비 10,000엔, 보트비 1,000엔×2대=2,000엔, 카누는 2,000엔×4명=8,000엔으로 합계 20,000엔이 필요하다. 예산을 초과하는 B를 제외하고 A, C, D 중에서 A가 제일 저렴하므로 선택지 1번이 정답이다.

〈질문 2〉 샤워 시설이 있는 캠핑장은 C와 D이다. C는 숙박비가 1인당 1박에 3,000엔이므로 두 사람이면 6,000엔이고 D는10,000엔이다. 따라서 정답은 선택지 3번 C이다.

정보 검색(2)

다음 페이지는 보험 설명이다. 아래 질문에 대한 답으로 가장 좋은 것을 1·2·3·4 중에서 하나 고르시오.

해석

종신 의료 보험

가입 가능한 분: 만 15세~만 80세의 건강한 분

보증 기간·부금 납입 기간 : 종신(평생 보장)

※ 가입연령에 따른 선진 의료 특약 포함 보험료 (엔)

연령	남성	여성	연령	남성	여성	연령	남성	여성
45	3,130	2,840	55	4,250	3,740	65	5,780	5,110
46	3,220	2,920	56	4,390	3,860	66	5,950	5,280
47	3,320	2,990	57	4,530	3,980	67	6,130	5,450
48	3,420	3,070	58	4,680	4,100	68	6,310	5,630
49	3,530	3,160	59	4,830	4,230	69	6,510	5,820
50	3,640	3,240	60	4,980	4,370	70	6,710	6,020
51	3,750	3,340	61	5,130	4,500	71	6,920	6,220
52	3,870	3,430	62	5,290	4,650	72	7,140	6,440
53	4,000	3,530	63	5,450	4,800	73	7,380	6,670
54	4,120	3,630	64	5,610	4,950	생략 ~		

- 선진 의료 특약 없이 가입하는 경우 상기 부금에서 100엔을 뺀 금액
- 60세 이하인 분 중에서 사망·중증 장애 보험을 희망하시는 분은 상기 부금에 200엔을 추가해 주십시오. 71세 도달시에 이 보장은 끝납니다.
- 개인 배상 플러스는 일본 국내에서 법률상의 손해배상을 질 때 최고 3억 엔까지 지급해 드립니다.
- 개인배상을 추가하고 싶은 분은 상기 부금에 200엔을 추가해 주십시오.
- 선진 의료 특약은 10년마다 재검토할 수 있습니다. (자동 갱신으로 평생 보장. 해약도 가능)

※보장

선진의료특약 (실액 보장)	최고 1,000만엔 (통산 1,000만엔)
입원 (5일째부터)	일액 5,000엔 (통산 1,000일까지)
통원 (5일째부터 최고 90일분)	일액 2,000엔
수술	5만 엔
방사선 치료 (60일에 1회 한도)	5만 엔

단어 **保険**(ほけん) 보험 | **保障**(ほしょう) 보장 | **先進**(せんしん) 선진 | **医療**(いりょう) 의료 | **障害者**(しょうがいしゃ) 장애인, 장애자 | **特約**(とくやく) 특약 | **終身**(しゅうしん) 종신 | **加入**(かにゅう) 가입 | **保証**(ほしょう) 보증 | **掛**(か)**け金**(きん) 부금 | **払**(はら)**い込**(こ)**み** 납입 | **一生涯**(いっしょうがい) 일생, 한평생 | **年齢**(ねんれい) 연령 | **無**(な)**し** 없음 | **上記**(じょうき) 상기 | **金額**(きんがく) 금액 | **死亡**(しぼう) 사망 | **重度**(じゅうど) 중증 | **障害**(しょうがい) 장애 | **到達**(とうたつ) 도달 | **賠償**(ばいしょう) 배상 | **法律**(ほうりつ) 법률 | **負**(お)**う** 짊어지다, 떠맡다 | **見直**(みなお)**し** 재검토 | **更新**(こうしん) 갱신 | **解約**(かいやく) 해약 | **実額**(じつがく) 실액, 실제 금액 | **通院**(つういん) 통원 | **放射線治療**(ほうしゃせんちりょう) 방사선 치료 | **通算**(つうさん) 통산 | **日額**(ひがく) 일액

3 **5년 전에 모든 보장에 가입한 현재 50세의 남성 오키 마사오 씨의 보험료는 얼마인가?**

1 3,240엔
2 3,530엔
3 3,640엔
4 4,400엔

4 **가와무라 하나코 씨는 58세의 여성으로 모든 보장에 들었다. 보험의 내용이 바른 것은 어느 것인가?**

1 수술을 받으면 들어간 비용이 지불된다.
2 85세가 되어도 선진 의료를 받을 수 있다.
3 85세에 장애인이 되어도 보장을 받을 수 있다.
4 선진 의료 특약을 언제든지 그만둘 수 있다.

해설 **〈질문 3〉** 오키 마사오 씨는 남성으로 현재 50세이지만 보험에 가입했을 때는 45세이므로 선진 의료 특약이 포함된 보험료 3,130엔에 사망·중증 장애 보험료 200엔, 개인 배상 보험료 200엔을 추가해 3,530엔의 보험료를 내야 한다. 따라서 정답은 선택지 중 2번이다.

〈질문 4〉 선택지 1번 수술은 5만 엔만 보장되므로 틀린 내용이다. 종신의료보험은 평생 보장이므로 85세가 되어도 선진의료 특약을 받을 수 있다. 따라서 정답은 2번이다. 사망·중증 장애 보장은 71세에 끝나므로 85세에는 보장을 받을 수 없기 때문에 정답이 아니다. 4번 선진 의료 특약은 10년마다 변경이 가능하므로 4번 역시 오답이다.

정보 검색(3)

다음 페이지는 미나미시의 지역 상품권에 대한 설명이다. 아래 질문에 대한 대답으로 가장 적당한 것을 1·2·3·4에서 하나 고르시오.

해석

미나미시 지역 상품권의 발매에 관한 공고

미나미시에서는 지역 상점의 협력 아래 총액 1억 1천만 엔의 지역 상품권을 판매합니다. 1만 엔으로 500엔권 22장(11,000엔분) 1권을 살 수 있습니다.

★미나미시 지역 상품권 구입에 관한 주의

1. 구입 가능한 수량
매회 다수의 희망자로 인해 1인당 3권까지로 하겠습니다.

2. 발매일
1월 17일(일요일) 오전 9시부터 판매 개시합니다. 판매 수량이 1만 권으로 적기 때문에 매진되면 종료하오니 일찌감치 방문해 주세요.

3. 발매 장소
미나미시청 등 15개 곳. 자세한 사항은 뒷면의 지도를 봐 주세요.

★미나미시 지역 상품권 이용에 관한 주의

1. 상품권의 사용 기한
3월 31일까지. 기일이 지난 경우에는 사용할 수 없습니다.

2. 상품권을 이용할 수 있는 가게
협력 상점 한정. 협력 상점명은 뒷면을 보세요.

3. 상품권을 이용할 수 없는 경우
상품을 구입할 때에만 사용 가능. 우표·인지(주)·상품권 등 현금으로 바꿀 수 있는 것은 구입할 수 없습니다.

4. 상품권을 사용하실 때는 잔돈은 받으실 수 없으니 주의하세요.

(주) 印紙(いんし) : 수입인지. 주로 나라에 세금이나 수수료를 납부하기 위한 우표 형태의 물건

단어 **商品券**(しょうひんけん) 상품권 | **協力**(きょうりょく) 협력 | **制限**(せいげん) 제한 | **総額**(そうがく) 총액 | **売**(う)**り出**(だ)**す** 발매하다 | **購入**(こうにゅう) 구입 | **開始**(かいし) 개시 | **早**(はや)**めに** 일찌감치, 서둘러 | **市役所**(しやくしょ) 시청 | **裏面**(りめん) 뒷면 | **期日**(きじつ) 기일 | **印紙**(いんし) 인지 | **おつり** 거스름돈, 잔돈 | **図書券**(としょけん) 도서상품권

5 지역 상품권 사용법으로 올바른 것은 어느 것인가?

1 4월 10일에 협력점에서 지역 상품권으로 맥주를 산다.
2 협력점에서 지역 상품권으로 400엔의 상품을 사서 100엔의 잔돈을 받는다.
3 지역 상품권 1장과 200엔으로 700엔의 상품을 산다.
4 3월 31일에 협력점의 서점에서 지역 상품권을 사용해서 도서상품권을 산다.

6 지역 상품권에 대한 설명과 맞지 않는 것은 어느 것인가?

1 2권을 사면 2천 엔분의 이익을 본다.
2 가족 2명이 가서 6만 6천 엔분을 살 수 있다.
3 무척 인기가 있어서 살 수 있는 수량에 제한이 있다.
4 협력점에서 언제라도 살 수 있다.

해설 **〈질문 5〉** 선택지 1번은 상품권의 사용기한은 3월 31일까지인데 그 이후인 4월 10일에 맥주를 산다고 했으므로 틀리다. 선택지 2번은 상품권을 사용할 때는 잔돈을 받을 수 없다는 것에 어긋난다. 선택지 4번은 지역 상품권으로는 우표나 상품권과 같이 현금화할 수 있는 것은 살 수 없다고 했으므로 틀리다. 선택지 3번은 '지역 상품권 1장과 200엔으로 700엔의 상품을 산다'고 했는데, 상품권이 500엔이므로 정답이 된다.

〈질문 6〉 선택지 1번은 '2권을 사면 2천 엔 분의 이익을 본다'고 했는데, 지문에서 1만 엔으로 1만 천 엔분을 살 수 있다고 했으므로 맞는 설명이다. 선택지 2번은, 1명이 3권까지 구입할 수 있다고 했으므로 2명이면 6권에 총 6만 6천 엔분이 된다. 따라서 맞는 설명이다. 선택지 3번은 구매하고자 하는 사람이 많고 판매 수량이 적어 매진되면 종료하니 조금 일찍 방문해 달라고 했으므로 맞는 설명이다. 선택지 4번은 '협력점에서 언제든지 살 수 있다'고 했는데, 지역 상품권은 발매일과 발매 장소가 정해져 있으므로 내용과 맞지 않다. 따라서 4번이 정답이 된다.

2교시

제5장 청해 공략편

문제 1　1 ①　2 ④　3 ②　4 ③　5 ①

문제 2　1 ②　2 ④　3 ①　4 ④　5 ③

문제 3　1 ③　2 ④　3 ④　4 ④　5 ③

문제 4　1 ①　2 ③　3 ①　4 ②　5 ③　6 ②　7 ③　8 ③　9 ①　10 ②　11 ①　12 ③　13 ②　14 ③　15 ①

문제 5　1 ③　2 ③　3-1 ③　3-2 ④

問題 1

問題1では、まず質問を聞いてください。それから話を聞いて、問題用紙の1から4の中から、最もよいものを一つ選んでください。

1番

女の人と男の人が話しています。男の人はまず何をしますか。

F：最近、どこのキャンプ場も混んでいて楽しめなくなった気がする。

M：そうだね。今流行っているように僕たちもみんなで山を買って自分達だけのキャンプを楽しむのがいいんじゃない。

F：みんな賛成すると思う。会社の寮から2時間ぐらいのところを買いたいね。

M：土曜日に集まれる人だけでも集まって相談しよう。小会議室を予約しようか。

F：うん。じゃ、みんなには私が連絡するね。ねえ、広いところを買ってキャンプ場を造るのはどう？

M：他の人にも貸すってことだね。趣味と実益を兼ねていいかもしれない。

F：いいところを探さなきゃ。

M：田村が詳しいから田村に調べてもらおう。

F：いいね。お金どのぐらいかかるかな。

문제 1

문제 1에서는 먼저 질문을 들어 주세요. 그리고 이야기를 듣고 문제용지의 1에서 4 중에서 가장 적당한 것을 하나 고르세요.

1번

여자와 남자가 이야기하고 있습니다. 남자는 먼저 무엇을 합니까?

여: 요즘 어느 캠핑장이나 붐벼서 즐길 수 없게 된 것 같아.

남: 맞아. 지금 유행하고 있는 것처럼 우리도 다 같이 산을 사서 우리만의 캠핑을 즐기는 게 좋지 않아?

여: 모두 찬성할 것 같아. 회사 기숙사에서 2시간 정도 걸리는 곳을 사고 싶어.

남: 토요일에 모일 수 있는 사람만이라도 모여서 의논하자. 소회의실을 예약할까?

여: 응. 그럼 모두에게는 내가 연락할게. 있잖아, 넓은 곳을 사서 캠핑장을 만드는 건 어때?

남: 다른 사람한테도 빌려준다는 말이지? 취미와 실익을 겸해서 좋을지도 모르겠다.

여: 좋은 곳을 찾아야지.

남: 다무라가 잘 아니까 다무라에게 알아봐달라고 하자.

여: 좋아. 돈은 얼마나 들까?

남: 산은 그렇게 비싸지 않겠지만 정비하는데 꽤 들지도 몰라. 모이기 전까지 인터넷으로 조사해 놓을게.

여: 남에게 빌려주는 것은 차치하고 우선 우리만이라도 즐기자.

남: 그래.

M: 山はそんなにしないけど、整備するのに結構かかるかもしれない。集まるまでにインターネットで調べておくよ。

F：人に貸すのは後にして、まず私達だけでも楽しみましょう。

M: そうだね。

男の人はまず何をしますか。

1 会議室を予約する
2 みんなに連絡する
3 キャンプ場を探す
4 インターネットで調べる

2番

女の人と男の人が話しています。女の人はこの後まず何をしますか。

F：夜中に大きな台風が来るそうよ。大川、また溢れるんじゃないかしら。明るいうちに大川小学校に避難した方がいいんじゃない？

M: まだ大丈夫だよ。それより、食料は十分ある？

F：食料は大丈夫だけど懐中電灯の電池が切れているわ。

M: 必要な物を買って来るよ。ついでに川も見てくる。

F：危ないから川は止めて。それより、母も欲しい物があるかも知れないから寄って行って。その間に私は大切な物を２階に運んでおくから。

M: 重い物もあるだろう？ 僕がそっちをした方がいいんじゃない？

F：それもそうね。買い物に行ってくるわ。

女の人はこの後まず何をしますか。

1 荷物を運ぶ
2 買い物に行く
3 小学校に行く
4 母親の家に行く

3番

女の人と男の人が話しています。二人はこれからおばあさんと何をしますか。

F：このごろおばあちゃん、惚けてきたんじゃない？

M: そうだね。計算とかパズルとか頭使うことさせようよ。

F：計算やパズルなんかやりたがらないよ。それに頭に一番いいのは運動だって。だから何か運動をさせようよ。ラジオ体操なんかどう？

남자는 먼저 무엇을 합니까?

1 회의실을 예약한다
2 모두에게 연락한다
3 캠핑장을 찾는다
4 인터넷으로 조사한다

해설

'소회의실을 예약할까?' 라는 남자의 제안에 여자가 '응'이라고 답했으므로 선택지 1번이 정답이다. 선택지 2는 여자가 할 일이고, 3번은 다무라에게 부탁할 내용, 4번은 모이기 전까지 남자가해야 하는 일이므로 오답이다.

2번

여자와 남자가 이야기하고 있습니다. 여자는 이 다음에 우선 무엇을 합니까?

여: 밤중에 큰 태풍이 온대. 오카와 또 넘치지 않을까? 밝을 때 오카와 초등학교로 대피하는 편이 좋지 않을까?

남: 아직 괜찮아. 그것보다 먹을 건 충분해?

여: 먹을 건 괜찮지만 손전등의 건전지가 떨어졌어.

남: 필요한 것을 사올게. 그 김에 강도 보고 올게.

여: 위험하니까 강은 그만둬. 그것보다 어머니도 갖고 필요한 게 있을지 모르니까 들렀다 가. 그동안에 나는 중요한 물건을 2층으로 옮겨 놓을 테니까.

남: 무거운 물건도 있지? 내가 그쪽을 하는 게 낫지 않아?

여: 그것도 그렇네. 장 보러 갔다 올게.

여자는 이 다음에 우선 무엇을 합니까?

1 짐을 나른다
2 장 보러 간다
3 초등학교에 간다
4 어머니 집에 간다

해설

짐은 남자가 나르기로 했으므로 선택지 1번은 정답이 아니다. 아직 초등학교로 대피할 정도는 아니기 때문에 3번 역시 오답이다. 여자는 마지막 말에서 장을 보러 가겠다고 했는데 그전에 어머니가 원하는 물건이 있을지도 모르니 들렀다 가는 것이 좋겠다고 말했으므로 선택지 4번이 정답이다.

3번

여자와 남자가 이야기하고 있습니다. 두 사람은 이제부터 할머니와 무엇을 합니까?

여: 요즘 들어 할머니 둔해지신 것 같지 않아?

남: 맞아. 계산이나 퍼즐 같은 머리 쓰는 걸 하시게 하자.

여: 계산이나 퍼즐 같은 건 하고 싶어하지 않으셔. 게다가 머리에 가장 좋은 것은 운동이래. 그러니까 뭔가 운동을 하시게 하자. 라디오 체조 같은 건 어때?

남: 무리야. 하지만 산책이라면 우리가 권하면 함께 가실지도 몰라.

M: 無理だよ。でも散歩なら僕たちが誘えば一緒に行くかも。

F：そうね。音楽もいいんだけど…。おばちゃんは聞かないね。

M: そうだね。ねえ、今日は天気がいいから。

F：そうね。まず実行。

二人はこれからおばあさんと何をしますか。

1 ラジオ体操をする
2 散歩に行く
3 音楽を聞く
4 一緒にいる

4番

女の人と男の人が話しています。二人はこれからどうしますか。

F：ねえ、太郎の具合が悪いのよ。

M: 熱は？

F：熱はないんだけど、顔色が悪くて食べた物をもどしているわ。

M: 今晩、何か悪い物でも食べたのかな。

F：ううん、そんなことないと思うけど。もう西病院はやっていないし、救急車呼んだ方がいいかしら？

M: 救急車だとどこの病院に運ばれるかわからないよ。

F：じゃ、車で東病院に運んだらどうかしら？

M: それより市の夜間病院はどう？ 近いし必ず医者がいるから。

F：でも、ときどき専門じゃない先生がいる時があるわよ。

M: じゃ、止めよう。車出してくるから太郎を連れてきて。

二人はこれからどうしますか。

1 救急車を呼ぶ
2 西病院へ行く
3 東病院へ行く
4 夜間病院へ行く

5番

女の人と男の人が家族について話しています。男の人が一緒に住んでいるのは誰ですか。

M: 秋子さん、ご家族は？

여: 그렇구나. 음악도 좋은데…. 할머니는 안 들으시지?
남: 그러게. 있잖아, 오늘은 날씨가 좋으니까.
여: 그래. 우선 실행.

두 사람은 이제부터 할머니와 무엇을 합니까?

1 라디오 체조를 한다
2 산책하러 간다
3 음악을 듣는다
4 함께 있는다

해설

남자가 산책이라면 할머니도 함께 가실지도 모른다고 했고, 대화 말미에 날씨가 좋으니 우선 실행하자고 했으므로 정답은 밖에서 할 수 있는 2번 '산책을 한다'이다. 선택지 1번 라디오 체조는 무리라고 했으므로 오답이다. 3번 음악은 할머니가 듣지 않는다고 했고, 4번 같이 있는 것은 대화 중에 언급되지 않았으므로 역시 오답이다.

4번

여자와 남자가 이야기하고 있습니다. 두 사람은 앞으로 어떻게 합니까?

여: 여보, 다로가 상태가 안 좋아.
남: 열은?
여: 열은 없는데 얼굴색이 나쁘고 먹은 것을 토하고 있어.
남: 오늘 저녁에 뭔가 안 좋은 거라도 먹었나?
여: 아니, 그런 건 없는 것 같은데. 이미 니시병원은 진료가 끝났고 구급차를 부르는 게 좋으려나?
남: 구급차라면 어느 병원으로 실려갈지 몰라.
여: 그럼, 차로 히가시병원으로 옮기면 어떨까?
남: 그것보다 시의 야간병원은 어때? 가깝고 반드시 의사가 있으니까.
여: 하지만 가끔 전문이 아닌 선생님이 있을 때가 있어.
남: 그럼 그만두자. 차를 가져올 테니까 다로를 데리고 와.

두 사람은 앞으로 어떻게 합니까?

1 구급차를 부른다
2 니시병원에 간다
3 히가시병원에 간다
4 야간병원에 간다

해설

여자가 차로 히가시병원으로 가는 것이 어떻겠냐고 물었고 남자가 거기보다 야간병원이 어떠냐고 다시 물었다. 야간병원에는 가끔 전문이 아닌 의사가 있다는 여자의 말에 남자는 그럼 그만두자고 했으므로 선택지 3번 '히가시병원에 간다'가 정답이 된다.

5번

여자와 남자가 가족에 대해서 이야기하고 있습니다. 남자가 함께 살고 있는 것은 누구입니까?

남: 아키코 씨 가족은요?
여: 부모님과 할아버지, 그리고 언니가 2명 있어요. 임 씨는요?

F：両親と、祖父とそれから姉が二人います。イムさんは？

M：僕は母は亡くなったんです。それで祖母が僕たちを育ててくれたんです。だから祖母に孝行したいんです。

F：そうですか。ご兄弟は？

M：兄と妹がいます。兄は結婚してアメリカに住んでいます。

F：妹さんは独身ですか。

M：ええ。一緒に暮らしています。

F：うちは姉たちが結婚して家を出たので四人暮らしです。

M：うちにはもう一人います。

F：お祖父さんですか。

M：いいえ、祖父はもう亡くなったんです。独身の父の弟です。

男の人が一緒に住んでいるのは誰ですか。

1 おばあさん　おじさん　父　妹

2 おじいさん　おばあさん　おじさん　父　妹

3 おばあさん　おじさん　父　母　妹

4 おばあさん　父　兄　妹

남: 저는 어머니는 돌아가셨어요. 그래서 할머니가 우리를 길러 주셨어요. 그래서 할머니에게 효도하고 싶어요.

여: 그래요? 형제는요?

남: 형과 여동생이 있어요. 형은 결혼해서 미국에 살고 있어요.

여: 여동생은 독신인가요?

남: 예. 함께 살고 있어요.

여: 우리 집은 언니들이 결혼해서 출가했기 때문에 4명이 함께 살아요.

남: 우리 집에는 또 1명 있어요.

여: 할아버지인가요?

남: 아니요, 할아버지는 이미 돌아가셨어요. 독신인 아버지의 남동생입니다.

남자가 함께 살고 있는 것은 누구입니까?

1 할머니 삼촌 아버지 여동생

2 할아버지 할머니 삼촌 아버지 여동생

3 할머니 삼촌 아버지 어머니 여동생

4 할머니 아버지 형 여동생

해설

남자는 어머니가 돌아가셔서 할머니가 길러 주셨다고 했으므로 어머니가 들어가 있는 선택지 3번은 오답이다. 또 형은 결혼해서 미국에 있다고 했고, 할아버지는 돌아가셨다고 했으므로 선택지 4번과 2번도 오답이다. 미혼인 여동생과 삼촌과 함께 살고 있다고 했으므로 정답은 선택지 1번 할머니 삼촌 아버지 여동생이다.

問題 2

問題2では、まず質問を聞いてください。そのあと、問題用紙のせんたくしを読んでください。読む時間があります。それから話を聞いて、問題用紙の1から4の中から、最もよいものを一つ選んでください。

1番

女の人と男の人が話しています。犬が男の人に馴れないのはなぜですか。

M：あれ、この犬、松田さんの方ばかり行くね。僕の方には全然来ない。僕、犬には好かれる方なんだけど変だなあ。この犬、女好きってことないだろうし。

F：当たり前でしょう。この犬、嫌がっているわよ。木村君が着てきた服が悪いのよ。

M：服が？ まさか横縞のシャツが囚人服みたいで嫌ってことないよね。犬にそんなことわかるわけないし。

F：そのまさかなのよ。犬は横縞に警戒心を持つんだって。

M：え～え。初めて聞いた。どうして？

F：自然界には横縞ってほとんどないからなんだって。

M：へえ、松田さんって物知りなんだね。

문제 2

문제 2에서는 먼저 질문을 들어 주세요. 그 후 문제용지의 선택지를 읽어 주세요. 읽을 시간이 있습니다. 그리고 이야기를 듣고 문제용지 1에서 4 중에서 가장 적당한 것을 하나 고르세요

1번

여자와 남자가 이야기하고 있습니다. 개가 남자를 따르지 않는 것은 어째서 입니까?

남: 어? 이 개, 마츠다 씨 쪽에만 가네. 나한테는 전혀 안 와. 나 개가 좋아하는 편인데 이상하네. 이 개 여자를 좋아하는 건 아닐 테고.

여: 당연하지. 이 개, 싫어하고 있어. 기무라 군이 입고 온 옷이 잘못됐어.

남: 옷이? 설마 가로 줄무늬 셔츠가 죄수복 같아서 싫은 건 아니겠지? 개가 그런 걸 알 리가 없고.

여: 그 설마야. 개는 가로 줄무늬에 경계심을 갖는대.

남: 뭐? 처음 들어봐. 어째서?

여: 자연계에는 가로 줄무늬가 거의 없기 때문이래.

남: 우아, 마츠다 씨는 박식하구나.

犬が男の人に馴れないのはなぜですか。

1 初めて会ったから
2 服の模様が怖いから
3 しゅうじんふくを着ているから
4 女の人の方が好きだから

2番

女の人と男の人が話しています。女の人はどうして「笑顔カレンダー」が買いたいのですか。

F：来年のカレンダー、「笑顔カレンダー」にしましょうよ。
M: 笑顔カレンダーって？
F：３６５人の「最近一番笑顔になった時」の写真が載っているのよ。みんなが「子供が生まれた時」とか「プレゼントをもらった時」とか書いた紙を持って笑っているのよ。
M: 毎日誰かの笑顔を見るのもいいと思うけど、笑顔の写真は他にもいいのがあるでしょう。
F：それはそうだけど、「笑顔カレンダー」は特別なのよ。２０１１年の大地震の被災地に売り上げの一部を寄付しているし。
M: 売り上げを寄付できるカレンダーは他にもあるでしょ。
F：そうだけど、でも、このカレンダーを応援したいのよ。被災した人に何とか笑顔になってもらいたいとボランティアで始めたんだって。毎年作っているから今は少しは有名になったらしいけど、これからも彼らにずっと続けてもらいたいと思って。
M: じゃ、いいよ。

女の人はどうして「笑顔カレンダー」が買いたいのですか。

1 ひさいちの寄付になるから
2 笑顔を見るのがうれしいから
3 ボランティアが作っているから
4 この運動を応援したいから

개가 남자를 따르지 않는 것은 왜입니까?

1 처음 만나서
2 옷 무늬가 무서워서
3 죄수복을 입고 있어서
4 여자를 더 좋아해서

해설

여자는 남자가 입은 가로 줄무늬는 자연에 잘 없기 때문에 개가 무서워한다고 했으므로 정답은 선택지 2번이다. 여자 역시 개를 처음 만났지만 잘 다가가기 때문에 1번은 정답이 아니다. 또 남자는 가로 줄무늬 옷을 입고 있지만 죄수복은 아니기 때문에 3번 역시 오답이고, 개가 여자를 더 좋아하는 것 역시 아니기 때문에 4번도 정답이 아니다.

2번

여자와 남자가 이야기하고 있습니다. 여자는 왜 '미소 달력'을 사고 싶습니까?

여: 내년 달력, '미소 달력'으로 하자.
남: 미소 달력이라고?
여: 365명의 '최근에 가장 웃는 얼굴이 되었을 때'의 사진이 실려 있어. 모두가 '아이가 태어났을 때'라거나 '선물을 받았을 때'라고 쓴 종이를 들고 웃고 있어.
남: 매일 누군가의 웃는 얼굴을 보는 것도 좋다고 생각하지만 웃는 모습의 사진은 그 밖에도 좋은 게 있잖아?
여: 그건 그렇지만 '미소 달력'은 특별해. 2011년의 대지진 피해 지역에 매출의 일부를 기부하고 있고.
남: 매출을 기부할 수 있는 달력은 그 밖에도 있잖아?
여: 그렇지만, 그래도 이 달력을 응원하고 싶어. 피해를 입은 사람이 어떻게든 웃는 얼굴을 해 주었으면 해서 자원봉사로 시작했대. 매년 만들고 있어서 지금은 조금은 유명해진 것 같지만 앞으로도 그들이 계속해 주었으면 해서.
남: 그럼 좋아.

여자는 왜 '미소 달력'을 사고 싶습니까?

1 피해 지역의 기부가 되니까
2 웃는 얼굴을 보는 게 기쁘니까
3 자원봉사자가 만들고 있으니까
4 이 운동을 응원하고 싶으니까

해설

여자는 '미소 달력'은 지진 피해 지역에 매출 일부를 기부하고 있으며, 웃는 얼굴을 보는 것이 좋기도 하지만 앞으로도 이 운동을 계속 해주기를 바라서 구매하고 싶어한다는 것을 알 수 있다. 따라서 정답은 선택지 4번이다. 선택지 3번은 자원봉사로 시작한 일이지만 현재 자원봉사자가 만들고 있는지는 위의 대화로는 알 수 없기 때문에 정답이 되지 않는다.

3番

女の人と男の人が話しています。大山さんはなぜ入院していますか。

F：大山さんが入院したそうよ。

M：やっぱり。お酒を飲み過ぎているからいつかは体を壊すと思っていたよ。

F：違うよ。事故に遭ったのよ。

M：車をぶつけたんだろう？ 運転が下手だから。

F：いいえ、自転車に乗っていて足を折ったのよ。

M：えっ、自転車？ 何で？

F：車にぶつかりそうになって転んだんだって。

M：そう。それで手術するの？

F：ええ、一ヶ月は入院するそうよ。

大山さんはなぜ入院していますか。

1 自転車で転んだから
2 車にぶつかったから
3 お酒を飲み過ぎたから
4 車で事故を起こしたから

3번

여자와 남자가 이야기하고 있습니다. 오야마 씨는 왜 입원해 있습니까?

여: 오야마 씨가 입원했대.

남: 역시. 술을 너무 많이 마셔서 언젠가는 몸을 망칠 거라 생각했어.

여: 아니야. 사고를 당했어.

남: 차를 박았지? 운전이 서투르니까.

여: 아니, 자전거를 타다가 다리를 삐었대.

남: 뭐, 자전거? 왜?

여: 차에 부딪칠 뻔해서 굴렀대.

남: 그래? 그래서 수술해?

여: 응, 한 달은 입원한대.

오야마 씨는 왜 입원해 있습니까?

1 자전거에서 굴러서
2 차에 부딪쳐서
3 술을 너무 많이 마셔서
4 차로 사고를 내서

해설

여자는 오야마 씨가 자전거를 타다가 차에 부딪칠 뻔해서 구르는 바람에 다리를 다쳤다고 말하고 있으므로 정답은 선택지 1번 '자전거에서 굴러서'가 된다.

4番

日本人の男の人と外国人の女の人が話しています。交番の警察官の仕事でないのは何ですか。

M：ここは賑やかでしょう。

F：あのう、あそこに立っている人は何をしているんですか。

M：ああ、あの人は警察官ですよ。きっとあの男の人に道を教えているんですよ。

F：ああ、上に「こうばん」って書いてありますね。これが有名な交番なんですね。

M：そうです。日本は交番があるから安全なんだという説もあります。

F：交番ってどこにでもあるんですか。

M：ええ、たくさんあります。駅のそばには必ずありますし。

F：次々入って行く人はみんな道を聞いているんですか。

M：大体はそうですね。中には財布を落としたり盗まれたりした人もいるかもしれないですが。

F：警察官がそんな簡単な仕事をしているんですか。

M：それだけではありませんよ。もし事件が起きたら直ぐに駆けつけなければならないんですから。

F：殺人でも？

M：ええ、事件なら何でも。酔っぱらいや迷子の世話をすることもありますし、大変だと思いますよ。

4번

일본인 남자와 외국인 여자가 이야기하고 있습니다. 파출소 경찰관의 업무가 아닌 것은 무엇입니까?

남: 여기는 번잡하죠?

여: 저기, 저기에 서 있는 사람은 무엇을 하고 있나요?

남: 아, 저 사람은 경찰관이에요. 아마 저 남자에게 길을 가르쳐 주고 있을 겁니다.

여: 아, 위에 '파출소'라고 써 있네요. 이곳이 그 유명한 파출소군요.

남: 그렇습니다. 일본은 파출소가 있어서 안전하다는 말도 있어요.

여: 파출소는 어디든 있나요?

남: 네, 많이 있습니다. 역 주변에는 반드시 있어요.

여: 계속해서 들어가는 사람은 모두 길을 묻고 있는 건가요?

남: 보통은 그렇지요. 그 중에는 지갑을 잃어 버렸거나 도둑맞았거나 한 사람도 있을지도 모르지만요.

여: 경찰관이 그런 간단한 일을 하나요?

남: 그것만은 아니에요. 만약 사건이 일어나면 바로 달려가야 하니까요.

여: 살인도요?

남: 네, 사건이라면 뭐든지요. 취객이나 미아를 돌보는 일도 있고, 힘들 거라고 생각해요.

交番の警察官の仕事でないのは何ですか。

1 道を教える
2 酔っぱらいの世話をする
3 どろぼうをつかまえる
4 お金を貸す

파출소 경찰관의 업무가 아닌 것은 무엇입니까?

1 길을 가르쳐 준다
2 취객을 돌본다
3 도둑을 잡는다
4 돈을 빌려 준다

해설

남자는 경찰관은 사람들에게 길을 가르쳐 주고, 취객이나 미아를 돌보며 사건이 일어나면 바로 달려간다고 했다. 따라서 이와 관계 없는 것은 선택지 4번 '돈을 빌려 준다'이다.

5番

女の人と男の人がスケジュールを決めています。男の人はいつ社長に会いますか。

M: 北株式会社の南と申しますが、社長にお目にかかりたいのですが…。明日の午前中はいかがでしょうか。
F: 明日は午後出社でそのまま会議でございます。
M: 会議は何時ごろ終わりますか。
F: いつも２時間ぐらいかかります。またその後直ぐに工場へ出かけてしまいます。あさってなら１０時と３時が空いておりますが…。
M: そうですか。明日はもういっぱいってことですね。
F: ええ。
M: それでは朝ということで。
F: はい、かしこまりました。

男の人はいつ社長に会いますか。

1 今日
2 明日の３時
3 あさっての１０時
4 あさっての３時

5번

여자와 남자가 스케줄을 정하고 있습니다. 남자는 언제 사장님을 만납니까?

남: 기타(北) 주식회사의 미나미라고 합니다만, 사장님을 만나뵙고 싶습니다. 내일 오전 중은 어떠신가요?
여: 내일은 오후에 출근하시고 그대로 회의입니다.
남: 회의는 언제쯤 끝납니까?
여: 언제나 2시간 정도 걸립니다. 또 그 후 바로 공장에 나가십니다. 모레라면 10시와 3시가 비어 있습니다만…….
남: 그렇습니까? 내일은 이미 꽉 차 있다는 말씀이군요.
여: 네.
남: 그럼 아침에 하는 것으로.
여: 예, 알겠습니다.

남자는 언제 사장님을 만납니까?

1 오늘
2 내일 3시
3 모레 10시
4 모레 3시

해설

남자는 내일 오전 중에 사장님을 만날 수 있는지 물었지만 여자는 내일은 바쁘기 때문에 안 된다고 하고 모레라면 10시와 3시에 시간이 비어 있어서 괜찮다고 한다. 마지막에 남자가 아침으로 해 달라고 했으므로 정답은 선택지 3번 '모레 10시'이다.

問題３

問題３では、問題用紙に何もいんさつされていません。この問題は、全体としてどんな内容かを聞く問題です。話の前に質問はありません。まず話を聞いてください。それから、質問とせんたくしを聞いて、１から４の中から、最もよいものを一つ選んでください。

문제 3

문제 3에서는 문제용지에 아무것도 인쇄되어 있지 않습니다. 이 문제는 전체적으로 어떤 내용인지를 묻는 문제입니다. 이야기 전에 질문은 없습니다. 먼저 이야기를 들어 주세요. 그리고 질문과 선택지를 듣고 1에서 4 중에서 가장 적당한 것을 하나 고르세요.

1番

野球のコーチがバッティングセンターで話しています。

M: 今日のバッティングの練習は特別だよ。これからチカチカサングラスという動体視力がよくなる眼鏡を配るよ。みんな知っていると思うけど、動体視力というのは動いている物を見る視力で、これがよくなると飛んでくるボールがよく見える。だからヒットやホームランが打てるようになるよ。楽しみだろう。僕がいいと言うまでこれをかけてボールを打って。目がちかちかして飛んでくるボールがよく見えないかもしれないけど、心配しないで止めないで打って。空振りばかりするだろうけど大丈夫。眼鏡を外したら目がよくなっているから。ボールがよく見えて打てるようになるよ。ちゃんと科学的根拠があるんだから心配ないよ。

コーチが選手たちに心配しなくていいと言っていることは何ですか。

1 特別な眼鏡をかけること
2 動体視力がよくならないこと
3 空振りすること
4 目が痛くなること

2番

女の人と男の人が話しています。

F : わあ、綺麗。ゼリーにバラの花びらが入っているね。
M: いいだろう。食べられるバラなんてめったにないよ。
F : 菊の花なら食用があるけど。
M: これ、バラの花を無農薬で作るのが難しくて結構時間がかかったらしいよ。
F : 何でも新しい物の開発には時間がかかるんだね。青いバラなんか10年以上かかったし。
M: ああ、不可能を可能にしたって話だね。そういう話は多いね。無農薬の「奇跡のりんご」とか。
F : うん。ＬＥＤの青色も開発までに30年近くかかったらしい。諦めない開発者はみんな偉いと思う。私はとても頑張り続けられない。
M: 僕もだよ。「継続は力なり」って言うけど、本当だね。

二人は何に感心していますか。

1 バラでゼリーを作ったこと
2 食用の花があること

1번

야구 코치가 배팅 센터에서 이야기하고 있습니다.

남: 오늘 배팅 연습은 특별해. 이제부터 반짝반짝 선글라스라는 동체 시력이 좋아지는 안경을 나눠 줄 거야. 다들 알고 있겠지만 동체 시력이라는 것은 움직이는 사물을 보는 시력인데, 이게 좋아지면 날아오는 공이 잘 보여. 그러니까 안타나 홈런을 칠 수 있게 돼. 기대돼지? 내가 됐다고 할 때까지 이걸 쓰고 공을 쳐. 눈 앞이 반짝반짝해서 날아오는 공이 잘 보이지 않을지도 모르지만 걱정하지 말고 멈추지 말고 쳐. 헛스윙만 하겠지만 괜찮아. 안경을 벗으면 눈이 좋아져 있을 테니까. 공이 잘 보여서 칠 수 있게 될 거야. 제대로 된 과학적인 근거가 있으니 걱정할 거 없어.

코치가 선수들에게 걱정하지 않아도 된다고 말하고 있는 것은 무엇입니까?

1 특별한 안경을 쓰는 것
2 동체 시력이 좋아지지 않는 것
3 헛스윙하는 것
4 눈이 아파지는 것

해설

특별한 안경을 쓰는 것 자체는 걱정할 일이 아니고 그 후 일어나는 일이 걱정거리이기 때문에 선택지 1번은 정답이 아니다. 반짝반짝 선글라스를 쓰면 동체 시력이 좋아진다고 했으므로 2번 역시 오답이다. 보통은 계속 헛스윙을 하면 신경이 쓰이게 되기 때문에 정답은 선택지 3번이다. 눈 앞이 반짝반짝해서 날아오는 공이 잘 보이지 않을 거라고 했지 눈이 아파진다고는 하지 않았으므로 4번 역시 오답이다.

2번

여자와 남자가 이야기하고 있습니다.

여: 우와, 예쁘다. 젤리에 장미 꽃잎이 들어 있어.
남: 괜찮지? 먹을 수 있는 장미는 좀처럼 없어.
여: 국화꽃이라면 식용이 있는데.
남: 이거, 장미꽃을 무농약으로 만들기가 어려워서 꽤 시간이 걸렸대.
여: 뭐든지 새로운 것을 개발하려면 시간이 걸리는구나. 파란 장미 같은 건 10년 이상 걸렸고.
남: 아, 불가능을 가능하게 했다는 얘기 말이지. 그런 얘기는 많잖아. 무농약의 '기적의 사과'라든가.
여: 응. LED의 청색도 개발까지 30년 가까이 걸렸다고 해. 포기하지 않는 개발자는 모두 훌륭하다고 생각해. 나는 도저히 계속 노력할 수 없을 거야.
남: 나도 그래. '지속은 힘이다'라고 하는데 정말이네.

두 사람은 무엇에 감탄하고 있습니까?

1 장미로 젤리를 만든 것
2 식용 꽃이 있는 것
3 개발에 시간이 걸리는 것
4 개발자가 포기하지 않는 것

3 開発に時間がかかること
4 開発者が諦めないこと

3番

女の人と男の人が海底都市について話しています。

M: 清水建設が海底４０００メートルに５０００人が住める都市の建設を提案したよ。

F : まあ、海の中に造るの？ そんなことできたら素晴らしいけど、難しいんじゃない？

M: 実現可能だって。２０３０年までに技術を確立させるらしいよ。待ち遠しいなあ。

F : でも、お金もかかるでしょう。

M: うん、でも３兆円あれば５年で都市を完成させられるんだって。

F : できあがったら見てみたいけど、住みたくはない。でも、なぜ海底都市が必要なのかな。やっぱり海底から資源を採るのが目的なのね。

M: それもあるけど、食糧やエネルギーなど、地球で困っていることが解決できるんだよ。

F : 食糧やエネルギー？ 本当？

M: うん。夢のプロジェクトだよ。

F : そうかな。いいことばかりじゃなさそうな気もする。

海底都市に対する二人の共通する意見はどれですか。

1 夢のプロジェクトである
2 そこに住んでみたい
3 地球の問題が解決できる
4 実現してほしい

4番

女の人がダイヤモンドについて話しています。

F : 地球上で最も硬い物質はダイヤモンドです。アクセサリーとしても最も価値が高いです。今、私がつけているペンダントは人工ダイヤモンドでできています。みなさんは天然のダイヤでないから価値が低いと考えるかもしれません。しかし、これは私にとって大変価値

해설

두 사람은 젤리에 장미를 넣어 먹을 수 있게 만든 것에 놀라워하고 있는데, 그 외에도 파란 장미와 기적의 사과, LED 등의 예를 들면서 오랜 시간동안 포기하지 않고 계속 해 나가는 것이 훌륭하다고 말하고 있으므로 정답은 선택지 4번이 된다.

3번

여자와 남자가 해저도시에 대해서 이야기하고 있습니다.

남: 시미즈 건설이 해저 4000미터에 5000명이 살 수 있는 도시 건설을 제안했어.

여: 어머, 바다 속에 짓는 거야? 그런 일이 가능하다면 멋지겠지만 어렵지 않을까?

남: 실현 가능하대. 2030년까지 기술을 확립시키려나 봐. 몹시 기다려지네.

여: 그런데 돈도 들잖아?

남: 응, 하지만 3조 엔 있으면 5년 만에 도시를 완성할 수 있대.

여: 완성되면 보고 싶기는 하지만 살고 싶지는 않아. 하지만 왜 해저도시가 필요한 걸까? 역시 해저에서 자원을 채취하는 것이 목적이겠지?

남: 그것도 있지만 식량이나 에너지 등 지구에서 곤란을 겪는 것을 해결할 수 있어.

여: 식량이나 에너지? 정말?

남: 응. 꿈의 프로젝트야.

여: 그런가? 좋은 일만 있을 것 같지 않은 기분도 들어.

해저도시에 대한 두 사람의 공통된 의견은 어느 것입니까?

1 꿈의 프로젝트이다
2 그곳에 살아보고 싶다
3 지구 문제를 해결할 수 있다
4 실현하길 바란다

해설

남자가 '꿈의 프로젝트다'라고 얘기하고 있는 반면에 여자는 '그런가?'라고 동의하지 않으며, 또 '살고 싶지는 않다'고 얘기하고 있다. 남자는 '지구에서 곤란을 겪고 있는 일을 해결할 수 있다'고 말한 데 대해 여자는 '정말?'이라고 되묻기만 할 뿐 다른 언급은 없었다. 따라서 1~3번의 내용은 정답으로 맞지 않다. 남자가 '몹시 기다려지네'라고 얘기한 것에 대해 여자는 '완성되면 보고 싶기는 하다'고 했으므로 두 사람 다 해저도시를 완성되기를 기대하고 있기 때문에 정답은 선택지 4번이다.

4번

여자가 다이아몬드에 대해 이야기하고 있습니다.

여: 지구상에서 가장 단단한 물질은 다이아몬드입니다. 액세서리로서도 가장 가치가 높습니다. 지금 제가 달고 있는 펜던트는 인공 다이아몬드로 만들어져 있습니다. 여러분은 천연 다이아몬드가 아니니까 가치가 낮다고 생각할지도 모릅니다. 그러나 이것은 저에게 대단히 가치 있는 소중한 다이아몬드입니다. 사실 이것은 2년 전에 돌아가신 어머니의 뼈로 만든 다이아몬드입니다. 이것을

がある大切なダイヤモンドなのです。実はこれは２年前に亡くなった母の骨から作ったダイヤモンドです。これをつけているといつも母と一緒にいる気持ちになります。コーヒーカップ１杯ぐらいの骨や灰があれば７ヶ月ぐらいで立派なダイヤモンドとなってあなたの元に戻ってくるのです。値段は大きさによりますが、４０万円ぐらいからご用意できます。今まで多くの方にご利用いただいております。是非、思い出のためにお作りになったらいかがでしょう。

女の人は何をしていますか。

1 ダイヤモンドを売っている
2 ダイヤモンドの作り方を説明している
3 人工ダイヤモンドのよさを話している
4 ダイヤモンドを作るように勧めている

5番

女の人と男の人が村の観光について話しています。

M: うちの村を観光の村にしたいんだけど、何も見る物がないんだから無理だよね。
F : でも、それを逆に利用することもできるんじゃない？秘境を目玉にしている村もあるのよ。
M: でも、うちは秘境って感じはしないよ。
F : これは考えれば何か出てくるって例よ。星を見るためにだって人はやってくるんだから。例えばニュージーランドの町には星を見る人が大勢訪れるんだって。
M: その話、知っているよ。町の人は星を見に観光客が来るなんて思わなかったんだよね。
F : そうなのよ。星空が世界一だから世界遺産に登録しようって日本人が提案したのよ。案外住んでいる人には良さが当たり前すぎて価値が分からないものなのよ。
M: じゃ、農業研修に来ている外国人に聞いてみようか。
F : それもいいけど、何か体験できることを探さない？
M: じゃ、お年寄りにも参加してもらおうよ。
F : 特におばあさんたちは手仕事や食べ物に詳しいからね。

二人は誰の意見を聞こうと考えていますか。

1 留学生やおばあさん
2 成功した町の人
3 外国人や村の老人
4 村に住んでいる人

달고 있으면 항상 어머니와 함께 있는 기분이 듭니다. 커피잔 한 잔 분량의 뼈나 재가 있으면 7개월 정도면 멋진 다이아몬드가 되어 당신 곁으로 돌아옵니다. 가격은 크기에 따라 다르지만 40만 엔 정도부터 준비할 수 있습니다. 지금까지 많은 분이 이용하고 계십니다. 꼭 한번 추억을 위해서 만들어 보시면 어떨까요?

여자는 무엇을 하고 있습니까?

1 다이아몬드를 팔고 있다
2 다이아몬드 만드는 법을 설명하고 있다
3 인공 다이아몬드의 장점을 이야기하고 있다
4 다이아몬드를 만들도록 권하고 있다

해설

여자는 자신의 어머니의 유골로 만든 인공 다이아몬드에 대해 이야기한 후 말미에 추억을 위해 꼭 한번 만들어 보라고 권유하고 있다. 따라서 정답은 선택지 4번이다.

5번

여자와 남자가 마을 관광에 대해서 이야기하고 있습니다.

남: 우리 마을을 관광마을로 하고 싶은데 아무것도 볼거리가 없으니 무리겠지?
여: 하지만 그것을 역으로 이용할 수도 있지 않아? 숨은 명소를 주력으로 하고 있는 마을도 있어.
남: 그렇지만, 우리는 숨은 명소란 느낌은 안 들어.
여: 이건 생각하면 뭔가 나올 거라고 예를 든거야. 별을 보기 위해서도 사람은 찾아오니까. 예를 들어 뉴질랜드 마을에는 별을 보러 사람들이 많이 찾아온대.
남: 그 이야기 알고 있어. 마을 사람들은 별을 보러 관광객이 온다고는 생각하지 못했다지.
여: 맞아. 별이 총총한 하늘이 세계 제일이니 세계유산으로 등록하자고 일본인이 제안했대. 의외로 살고 있는 사람은 장점이 너무 당연해서 가치를 모르는 법이거든.
남: 그럼 농업연수를 하러 와 있는 외국인에게 물어볼까?
여: 그것도 좋지만 뭔가 체험할 수 있는 것을 찾지 않을래?
남: 그럼 나이 드신 분들에게도 참가해 달라고 하자.
여: 특히 할머니들은 손으로 하는 일이나 음식을 잘 아시니까.

두 사람은 누구의 의견을 들으려고 생각하고 있습니까?

1 유학생이나 할머니
2 성공한 마을의 사람
3 외국인이나 마을의 노인
4 마을에 살고 있는 사람

해설

유학생에 대한 이야기는 대화에 나오지 않았고, 할머니만이 아니라 노인 전체를 언급하고 있다. 성공한 마을에 대해 이야기하기는 했지만 그곳 사람에게 의견을 듣겠다고 얘기하지는 않았으므로 선택지 1번과 2번은 정답이 아니다. 대화에서 '외국인에게 물어보자', '나이 드신 분들에게도 참가해 달라고 하자'라고 얘기하고 있으므로 선택지 3번이 정답이다. 마을에 살고 있는 사람 중에서도 외국인과 노인들에게 묻기로 했으므로 4번 역시 오답이다.

問題 4

問題4では、問題用紙に何もいんさつされていません。まず文を聞いてください。それから、それに対する返事を聞いて、1から3の中から、最もよいものを一つ選んでください。

문제 4

문제 4에서는 문제용지에 아무것도 인쇄되어 있지 않습니다. 먼저 문장을 들어 주세요. 그리고 그것에 대한 응답을 듣고 1에서 3 중에서 가장 적당한 것을 하나 고르세요.

1番

F：いくら可愛くても犬は世話する人がいない限り飼えないわよ。

M：1 だから、僕が面倒見るって言っているんだよ。

2 だから、お母さんは可愛いと思わないんだね。

3 だから、小さい犬の方を飼う限りは大丈夫だよ。

1번

여: 아무리 귀여워도 개는 돌보는 사람이 없는 한 기를 수 없어.

남: 1 그러니까 내가 돌본다는 하는 거야.

2 그러니까 엄마는 귀엽다고 생각하지 않는구나.

3 그러니까 작은 개를 기르는 한은 괜찮아.

해설

개를 돌볼 사람이 없어서 기를 수 없다는 엄마의 말에 자신이 돌보겠다고 말한 1번이 정답이 된다. 선택지 2번은 여자 역시 개가 귀엽다고 말하고 있으므로 오답이다. 3번 개의 크기는 관계가 없으므로 역시 오답이다.

2番

M：今から品物に関わらず1000円で販売いたします。

F：1 これ以上負けませんよ。

2 1000円均一にします。

3 1000円なんて、本当にお得だね。

2번

남: 지금부터 물건에 상관없이 1000엔에 판매하겠습니다.

여: 1 이 이상은 못 깎아 드려요.

2 1000엔 균일로 하겠습니다.

3 1000엔이라니 정말 이득이네.

해설

선택지 1번과 2번은 파는 사람이 할 말이므로 오답이다. 소비자가 할 말로 적절한 것은 선택지 3번이다.

3番

F：熱があるけど、会社を休むわけにはいかない。

M：1 無理するとだめだよ。

2 君次第ではいけないよ。

3 もうちょっと休もう。

3번

여: 열이 있지만 회사를 쉴 수는 없어.

남: 1 무리하면 더 안 돼.

2 자네 마음대로 하면 안 돼.

3 조금만 더 쉬자.

해설

몸이 아파도 일을 해야 한다는 사람에게 할 말로 적절한 것은 선택지 1번이다. 2번은 강경한 금지의 의미로 상황에 적절하지 않다. 3번은 같이 쉬자고 말하고 있으므로 오답이다.

4番

M：今年は試合には参加するものの、優勝の見込みはないに違いない。

F：1 だから選手が頑張れば勝てるんだね。

2 でも、出るからには頑張る。

3 頑張り次第で勝てるんだね。

4번

남: 올해는 시합에는 참가하지만 우승할 가망은 없는 것과 마찬가지야.

여: 1 그러니까 선수가 열심히 하면 이길 수 있구나.

2 하지만 출전하는 이상 열심히 할거야.

3 노력에 따라서 이길 수 있구나.

해설

남자는 우승할 가망이 없다고 말했는데 여기에 열심히 노력하면 우승할 수 있다고 대답하는 선택지 1번과 3번은 적절하지 않다. 이길 수 없어도 열심히 하겠다고 말하는 선택지 2번이 적절한 대답이므로 정답이다.

5番

M: 何だか寒くて仕方がない。

F : 1 頭が痛いの？
2 服を着すぎだよ。
3 熱があるんじゃない？

5번

남: 왠지 추워서 견딜 수 없어.

여: 1 머리 아파?
2 옷을 너무 많이 입었어.
3 열 있는 거 아니야?

해설

춥다는 말에 적절한 대답은 선택지 3번이다. 머리가 아픈 것과 추운 것은 그다지 관계가 없으므로 1번은 정답이 아니다. 또 옷을 많이 입었다면 춥지 않고 더워지니까 역시 오답이다.

6番

M: 弟といったらいつもこんなことばかりするんだから。

F : 1 それはいいね。
2 それは困るね。
3 それは本当だね。

6번

남: 남동생은 말야, 항상 이런 일만 한다니까.

여: 1 그거 좋다.
2 그거 곤란하겠다.
3 그건 사실이구나.

해설

남자는 남동생의 행동으로 곤란해하고 있다. 그런데 이에 대해 '좋네요'라고 하는 것은 어울리지 않는 대답이므로 1번은 정답이 아니다. 2번의 반응은 곤란해하는 사람의 마음을 이해하고 동조한다는 분위기를 풍기므로 자연스러운 대답이다. 3번 역시 어색한 대답이므로 정답은 2번이다.

7番

F : 休むならせめて電話ぐらいしてよ。

M: 1 連絡しなくちゃ。
2 電話してください。
3 悪かったよ。

7번

여: 쉴 거면 적어도 전화 정도는 해줘.

남: 1 연락해야 돼.
2 전화해주세요.
3 미안해.

해설

선택지 1번과 2번은 '전화 정도는 해줘'라는 여자의 말에 오히려 자신에게 연락을 달라고 말하고 있으므로 적절하지 않다. 3번은 여자의 불만에 대해 사과하고 있으므로 적절한 대답이라고 볼 수 있다. 따라서 정답은 3번이 된다.

8番

M: 出席するにしろ、しないにしろ、早く返事して。

F : 1 どっちにする？
2 明日まで待つよ。
3 明日まで待って。

8번

남: 참석하든 안 하든 빨리 대답해줘.

여: 1 어느 쪽으로 할래?
2 내일까지 기다릴게.
3 내일까지 기다려.

해설

참석할지 말지 빨리 대답을 달라는 남자의 말에 선택지 1번 '어느 쪽으로 할래?'는 오히려 남자에게 어떻게 할지를 묻고 있으므로 오답이다. 2번 '내일까지 기다릴게'는 남자 쪽에 어울리는 대답이므로 적절하지 않다. 3번 '내일까지 기다려'는 대답을 재촉하는 남자에게 기다리라고 말하고 있으므로 적절한 대답이라고 볼 수 있다. 따라서 정답은 3번이다.

9番

F : レイ君、また遅刻するのかな。

M: 1 ええ、時間通りに来っこないですよ。
2 ええ、時間通りに来るわけですよ。
3 ええ、時間通りなんですよ。

9번

여: 레이 군, 또 지각하는 걸까?

남: 1 네, 시간대로 올 리가 없어요.
2 네, 시간대로 올 겁니다.
3 네, 시간대로입니다

해설

여자는 레이 군이 지각할 것이라고 생각하고 있는데 ええ라는 대답은 이에 동의한다는 표현이다. 따라서 적절한 대답은 선택지 1번이 된다.

10番

F：そろそろ会議を始めましょうか。
M：1 ええ、部長がいないから始めましょう。
2 部長が来ないことには始められませんよ。
3 部長が来るけど始めません。

10번

여: 슬슬 회의를 시작할까요?
남: 1 네, 부장님이 없으니 시작합시다.
2 부장님이 오지 않으면 시작할 수 없습니다.
3 부장님이 오지만 시작하지 않습니다.

해설

여자가 이제 슬슬 회의를 시작하자고 하자, 남자는 부장님이 없으면 회의를 시작할 수 없으니 기다려야 한다고 말하고 있다. 따라서 정답은 선택지 2번이 된다.

11番

M：後１点取れたら北大学に合格できたのに、残念だよ。
F：1 それじゃ、あきらめきれないね。
2 それじゃ、あきらめた方がいいね。
3 それじゃ、あきらめない方がいいよ。

11번

남: 1점만 더 땄으면 기타대학교에 합격할 수 있었는데, 아쉬워.
여: 1 그렇다면 포기하기 어렵겠다.
2 그렇다면 포기하는 게 낫겠어.
3 그렇다면 포기하지 않는 게 좋아.

해설

남자는 단지 1점 때문에 합격할 수 없었던 것에 대해 유감을 나타내고 있기 때문에 그렇다면 포기하기가 어렵겠다는 위로의 말을 한 선택지 1번이 적절한 대답이다.

12番

M：秋なのに今日は冬が来たかのように寒いですね。
F：1 ええ、もう冬ですから。
2 ええ、冬が来るほど寒いです。
3 ええ、まだ寒くなる季節じゃないのに。

12번

남: 가을인데 오늘은 겨울이 온 것처럼 춥네요.
여: 1 네, 이제 겨울이니까요.
2 네, 겨울이 올수록 춥네요.
3 네, 아직 추워질 계절이 아닌데.

해설

가을인데도 겨울과 같이 춥다고 말하는 남자의 말에 여자는 동의를 하며 자신도 그게 이상하다고 말하는 선택지 3번이 정답이 된다.

13番

F：今日の漢字・文法・読解のテスト、どうだった？
M：1 読解を始め漢字や文法もあったよ。
2 易しい漢字からしてできなかったよ。
3 聴解はまあまあだったよ。

13번

여: 오늘의 한자·문법·독해 시험, 어땠어?
남: 1 독해를 비롯해 한자나 문법도 있었어.
2 쉬운 한자부터 못 풀었어.
3 청해는 그럭저럭이었어.

해설

오늘 시험이 어땠는지 묻는 여자의 말에 쉽다고 생각한 한자부터 풀지 못해서 잘 보지 못했다고 한 선택지 2번이 적절한 대답이다. 선택지 1번은 시험을 잘 보았냐는 질문에 시험의 종류를 설명하고 있으므로 오답이다. 선택지 3번은 여자가 묻지 않은 것에 대해 말하고 있기 때문에 정답이 아니다.

14番

F：先生に対してはもっと敬語を使いなさい。
M：1 でも、僕についてはとても難しいのです。

14번

여: 선생님에게는 좀 더 경어를 쓰세요.
남: 1 하지만 저에 대해서는 너무 어려워요.

2 でも、僕に対しては敬語を使ってください。

3 でも、僕としては十分使っているつもりなんですが…。

2 하지만 저에게는 경어를 써 주세요.

3 하지만 저로서는 충분히 쓰고 있는 건데요…….

해설

선생님에게는 좀 더 경어를 사용하라는 여자의 말에 적절한 대답은 자신은 충분히 사용하고 있다고 생각한다는 선택지 3번이다. 선택지 1번은 「私については」 대신에 「私にとっては」를 써야 한다.

15番

F：山田さんに手伝ってほしいって言われたんだけど、どうしようかな。

M：1 いいよ、君が手伝うことはないよ。

2 よかった。山田さん、手伝ってくれるんだ。

3 いいね、手伝ってもらおうよ。

15번

여: 야마다 씨가 도와달라고 하던데, 어떻게 하지?

남: 1 됐어, 네가 도와줄 필요는 없어.

2 다행이다. 야마다 씨가 도와주는구나.

3 좋아, 도움을 받자.

해설

야마다 씨가 도움을 청한다는 말에 도와줄 필요가 없다고 한 선택지 1번이 정답이 된다. 야마다 씨는 도움을 받길 원하는 입장이므로 선택지 2번과 3번은 오답이다.

問題 5

問題 5 では、長めの話を聞きます。この問題には練習はありません。問題用紙にメモをとってもかまいません。

1番、2番

問題用紙に何もいんさつされていません。まず話を聞いてください。それから、質問とせんたくしを聞いて、1から4の中から、最もよいものを一つ選んでください。

1番

女の人と男の人がカレー屋について話しています。

F：ねえ、カレーを食べに行かない？　２００円だよ。カツカレーでも４５０円なの。

M：すごく安いね。２００円じゃ儲からないよ。安いから行きたいの？

F：そういうわけじゃないよ。その店、安いだけじゃないの。店の壁に「みらいチケット」というのが貼ってあって誰でもそれを使ってただでカレーが食べられるのよ。

M：じゃ、ただで食べるつもり？ ちょっと恥ずかしいよ。

F：違うわよ。会計の時に余分に２００円払うと「みらいチケット」がもらえるの。それを誰かのために自分で壁に貼るのよ。

M：へ～え。そういえば皿洗いの代わりに食事させてくれる店があったね。その店も自分で食べないで誰かのために食事券を入口に貼る人がいるって言っていたね。

F：そう。私も困っている人のためになる店をやってみた

문제 5

문제 5에서는 긴 이야기를 듣습니다. 이 문제에는 연습은 없습니다. 문제용지에 메모를 해도 상관없습니다.

1번, 2번

문제용지에 아무것도 인쇄되어 있지 않습니다. 먼저, 이야기를 들어 주세요. 그리고 질문과 선택지를 듣고 1에서 4 중에서 가장 적당한 것을 하나 고르세요.

1번

여자와 남자가 카레가게에 대해 이야기하고 있습니다.

여: 있잖아, 카레 먹으러 가지 않을래? 200엔이야. 돈가스 카레도 450엔이야.

남: 굉장히 싸네. 200엔이면 남는게 없겠다. 싸니까 가고 싶은 거야?

여: 그런 게 아니야. 그 가게 싸기만 한 게 아니야. 가게 벽에 '미래 티켓'이라는 게 붙어 있는데 누구나 그것을 사용해서 공짜로 카레를 먹을 수 있어.

남: 그럼 공짜로 먹을 생각이야? 좀 창피하다.

여: 아니야. 계산할 때 여분으로 200엔 내면 '미래 티켓'을 받을 수 있어. 그걸 누군가를 위해 내가 벽에 붙이는 거야.

남: 그래? 그러고 보니 설거지 대신 식사를 하게 해주는 가게가 있었지? 그 가게도 자기가 먹지 않고 누군가를 위해 식사권을 입구에 붙이는 사람이 있다고 했었잖아.

여: 맞아. 나도 어려운 사람을 위한 가게를 하고 싶은데 지금은 무리니까.

남: 적어도 할 수 있는 일을 한다는 거네.

여: 그 정도밖에 못하니까.

いけど、今は無理だから。

M: せめてできることをやるってことだね。

F : そのぐらいしかできないから。

女の人はその店で何をしたいと言っていますか。

1 店を始めるので様子を見たい

2 カレーの味を見てみたい

3 みらいチケットを貼りたい

4 カレーをただで食べたい

2番

外国人の女の人と日本人の男の人が話しています。

F : あっ、レシート、捨てるの？

M: うん、いらないでしょう？

F : うちの国ではレシートは宝くじになっていて、2ヶ月に1回抽選されて当たったらお金がもらえるのよ。だからレシートをもらわない人なんかいないと思うわ。日本円で130円の菓子パンを買って3，600万円も当てた人がいるんだから。

M: すごいな。でも、何でそんなことをしているんだい？

F : 景気をよくすることもあるけど、レシートを出した店は脱税できないでしょう？ このシステムにしてから税金がたくさん払われるようになったのよ。

M: 脱税か。そういえばテレビである国の脱税についてやっていたけど、歯医者さえ領収書をもらわなければ20％割引にするって言っていた。だから誰も領収書をもらわないんだって。お店もレシートを出さないんだよ。

F : だからその国は財政が大変になったのかも。うちの国では脱税はできないんじゃないかしら。

M: レシートって楽しみもあるし、脱税できないし、一石二鳥だね。

F : ええ。

女の人は自分の国のレシートについてどう考えていますか。

1 脱税を防ぐのでレシートを捨ててはいけない

2 宝くじ付きレシートは景気をよくするために必要だ

3 レシートは楽しみもあるし役に立つ

4 みんながレシートをもらうので脱税がなくなった

여자는 그 가게에서 무엇을 하고 싶다고 말하고 있습니까?

1 가게를 시작하기 때문에 상황을 보고 싶다

2 카레의 맛을 보고 싶다

3 **미래티켓을 붙이고 싶다**

4 카레를 공짜로 먹고 싶다

해설

여자는 미래티켓을 살 수 있는 카레가게 얘기를 하면서 자신도 어려운 사람을 도울 수 있는 가게를 하고 싶지만 당장은 무리이기 때문에 지금 할 수 있는 일을 하고 싶다고 말하고 있다. 따라서 여자가 지금 할 수 있는 일이란 미래티켓을 붙여서 다른 사람이 공짜로 식사를 할 수 있도록 하는 것이므로 선택지 3번이 정답이다. 현재 가게를 여는 것은 무리이며, 음식 맛은 언급이 없고, 어려운 사람이 공짜로 식사할 수 있도록 돕고 싶다고 했으므로 1, 2, 4번은 정답이 아니다.

2번

외국인 여자와 일본인 남자가 이야기하고 있습니다.

여: 앗, 영수증 버리는 거야?

남: 응, 필요 없잖아?

여: 우리나라에서는 영수증은 복권으로 되어 있어서 두 달에 한 번 추첨을 해서 당첨되면 돈을 받을 수 있어. 그래서 영수증을 받지 않는 사람이 없을걸. 일본 엔으로 130엔짜리 빵을 사서 3,600만 엔이나 당첨된 사람이 있으니까.

남: 대단하다. 그런데 왜 그런 일을 하고 있는 거야?

여: 경기를 좋게 하는 것도 있지만, 영수증을 발급한 가게는 탈세를 할 수 없잖아? 이 시스템을 시행하고 나서 세금이 많이 걷히게 됐어.

남: 탈세라. 그러고 보니 TV에서 어느 나라의 탈세에 대해 다루고 있었는데 치과 의사마저 영수증을 받지 않으면 20% 할인해 준다고 했었어. 그래서 아무도 영수증을 안 받는대. 가게에서도 영수증을 발급 안 해.

여: 그래서 그 나라는 재정이 어려워졌을지도 몰라. 우리나라에서는 탈세는 할 수 없지 않을까?

남: 영수증은 즐거움도 있고, 탈세도 안 되고, 일석이조네.

여: 응.

여자는 자기 나라의 영수증에 대해 어떻게 생각하고 있습니까?

1 탈세를 방지하므로 영수증을 버려서는 안 된다

2 복권이 붙은 영수증은 경기를 좋게 하기 위해서 필요하다

3 **영수증은 재미도 있고 도움이 된다**

4 모두가 영수증을 받기 때문에 탈세가 없어졌다

해설

선택지 1번은 영수증을 버려서는 안 된다고까지는 말하지 않았기 때문에 정답이 아니다. 경기를 좋게 하는 것보다 세금 징수가 더 중요하며, 탈세가 전혀 없어졌다고는 하지 않았기 때문에 2번과 4번 역시 오답이다. 영수증은 즐거움도 있고 탈세를 방지하기 때문에 일석이조라는 남자의 말에 여자도 동의하고 있으므로 정답은 선택지 3번이다.

3番

まず話を聞いてください。それから、二つの質問を聞いて、それぞれ問題用紙の１から４の中から、最もよいものを一つ選んでください。

コンサルタントが飲食店の定額制について話しています。

M1：飲食店の新しいサービスの定額制についてお話します。月額いくらかで何度来てもよいので、お客様が増えています。赤字になるのではないかとご心配かもしれませんが、例えばビールのみ放題の場合に定額制のお客様はビール以外の食べ物などを前より注文することが多いのです。また、定額制にいろいろ条件を付けるので却って売り上げが伸びているということもあります。９０分制などの時間制限、必ず二人以上で来るとか、おつまみは二つ以上注文するとか、工夫次第でかなり利益が出ます。また、前金をもらうわけですから、やり方によって経営が安定すること間違いないです。

M2：定額制ってお客にも僕らにもいい制度だと思わない？うちの店は飲み物の中でビールと酎ハイだけでやってみようと思うんだ。

F ：定額制は料理の注文が多くなるらしいから、料理上手の山下さんにぴったりだね。

M2：実はそこに一番期待しているんだ。花さんの店はどうする？

F ：うちはお客さんに長居されると困るし。

M2：でも、時間帯によっては暇なときもあるんじゃない？

F ：午後６時までは暇よ。でも、ずっと居られたら困る。

M2：それを条件にしたら？ うちも９０分にするつもりだから。

F ：わかった。そうする。

質問１　男の人は定額制にどの条件をつけますか。

1 種類
2 時間
3 時間と種類
4 時間と時間帯

質問２　女の人は定額制にどの条件をつけますか。

1 種類
2 時間
3 時間と種類
4 時間と時間帯

3번

먼저 이야기를 들어 주세요. 그리고 2개의 질문을 듣고 각각 문제용지의 1에서 4 중에서 가장 적당한 것을 하나 고르세요.

컨설턴트가 음식점 정액제에 대해 이야기하고 있습니다.

남1：음식점의 새로운 서비스인 정액제에 대해 말씀드리겠습니다. 한 달에 얼마를 주고 몇 번을 와도 되기 때문에 손님이 늘고 있습니다. 적자가 나지 않을까 하고 걱정하실 지도 모르지만, 예를 들어 맥주 무제한의 경우 정액제 손님은 맥주 이외의 음식 등을 전보다 주문하는 경우가 많습니다. 또한 정액제에 여러 가지 조건을 붙이기 때문에 오히려 매출이 늘고 있다는 경우도 있습니다. 90분제 등의 시간 제한, 반드시 2명 이상이 와야 한다든가, 안주는 2개 이상 주문한다든가, 궁리하기에 따라 꽤 이익이 납니다. 또한 선금을 받기 때문에 방법에 따라 경영이 안정되는 것이 틀림 없습니다.

남2：정액제는 손님과 우리에게 모두 좋은 제도라고 생각하지 않아? 우리 가게는 음료 중에서 맥주랑 츄하이로만 해볼까 해.

여 ：정액제는 요리 주문이 많아진다고 하니까 요리를 잘하는 야마시타 씨에게 딱 맞겠네.

남2：실은 거기에 제일 기대하고 있어. 하나 씨네 가게는 어떻게 할 거야?

여 ：우리는 손님이 오래 있으면 곤란해서.

남2：하지만 시간대에 따라서는 한가할 때도 있지 않아?

여 ：오후 6시까지는 한가해. 하지만 계속 있으면 곤란해.

남2：그것을 조건으로 하면 어때? 우리도 90분으로 할 생각이니까.

여 ：알았어. 그렇게 할게.

질문1 남자는 정액제에 어떤 조건을 붙입니까?

1 종류
2 시간
3 시간과 종류
4 시간과 시간대

질문2 여자는 정액제에 어떤 조건을 붙입니까?

1 종류
2 시간
3 시간과 종류
4 시간과 시간대

해설

〈질문 1〉 남자는 음료 중에서 맥주와 츄하이를 대상으로 한다고 했고, 마지막 말에서 90분을 조건으로 한다고 했으므로 정답은 선택지 3번이다.
〈질문 2〉 여자는 6시까지는 한가하지만 손님이 오래 있으면 곤란하다고 말하고 있다. 남자의 제안에 오후 6시까지라는 구체적인 시간대와 가게에 머무르는 시간에 제한을 두기로 했으므로 정답은 선택지 4번이다.

memo

memo

memo

최신 개정판
2024년 7월·12월 기출문제 분석 및 반영

JLPT
일본어능력시험

한권으로 끝내기

이치우, 北嶋千鶴子 공저

QR코드를 스캔하면 청해 MP3 파일 및 관련자료를 다운로드 하실 수 있습니다

N2

실전모의테스트 문제집

다락원

JLPT

일본어능력시험

한권으로 끝내기

이치우, 北嶋千鶴子 공저

실전모의테스트

문제집

N2

다락원

목차

*권말에 실전모의테스트 해답용지가 들어 있습니다.

JLPT
실전모의테스트

N2

제1회

제1회 실전모의테스트 채점표

자신의 실력이 어느 정도인지 확인할 수 있도록 임의적으로 만든 채점표입니다. 실제 시험은 상대 평가 방식이므로 약간의 오차가 발생할 수 있습니다.

언어지식 (문자・어휘・문법)

		배점	만점	1회	
				정답 문항 수	점수
문자・어휘	문제 1	1점×5문항	5		
	문제 2	1점×5문항	5		
	문제 3	1점×3문항	3		
	문제 4	1점×7문항	7		
	문제 5	1점×5문항	5		
	문제 6	1점×5문항	5		
문법	문제 7	1점×12문항	12		
	문제 8	1점×5문항	5		
	문제 9	2점×5문항	10		
합계			57점		

* 점수 계산법 : (언어지식(문자・어휘・문법) [ ]점÷57)×60 = [ ]점

독해

		배점	만점	1회	
				정답 문항 수	점수
독해	문제 10	2점×5문항	10		
	문제 11	3점×9문항	27		
	문제 12	3점×2문항	6		
	문제 13	3점×3문항	9		
	문제 14	3점×2문항	6		
합계			58점		

* 점수 계산법 : (독해 [ ]점÷58)×60 = [ ]점

청해

		배점	만점	1회	
				정답 문항 수	점수
청해	문제 1	2점×5문항	10		
	문제 2	2점×5문항	10		
	문제 3	3점×5문항	15		
	문제 4	1점×11문항	11		
	문제 5	3점×4문항	12		
합계			58점		

* 점수 계산법 : (청해 [ ]점÷58)×60 = [ ]점

Language Knowledge (Vocabulary/Grammar)・Reading

問題用紙

N2

言語知識（文字・語彙・文法）・読解

(105分)

注意 Notes

1. 試験が始まるまで、この問題用紙を開けないでください。
   Do not open this question booklet until the test begins.
2. この問題用紙を持って帰ることはできません。
   Do not take this question booklet with you after the test.
3. 受験番号と名前を下の欄(らん)に、受験票と同じように書いてください。
   Write your examinee registration number and name clearly in each box below as written on your test voucher.
4. この問題用紙は、全部で33ページあります。
   This question booklet has 33 pages.
5. 問題には解答番号の 1 、 2 、 3 … が付いています。解答は、解答用紙にある同じ番号のところにマークしてください。
   One of the row numbers 1 , 2 , 3 … is given for each question. Mark your answer in the same row of the answer sheet.

受験番号 Examinee Registration Number	

名前 Name	

問題1　＿＿＿＿の言葉の読み方として最もよいものを、1・2・3・4から一つ選びなさい。

1　クッキーを子供たちに等しく配った。

1 したしく　　2 やさしく　　3 ひとしく　　4 きびしく

2　その仕事がだんだん負担になってきた。

1 ぶんたん　　2 ぶたん　　3 ふんたん　　4 ふたん

3　彼は約束を破ったことで私を憎んでいる。

1 にくんで　　2 うらんで　　3 くやんで　　4 なやんで

4　ぼくたちが東京で会ったのは偶然だった。

1 ぐうぜん　　2 ぐぜん　　3 とつぜん　　4 とぜん

5　１０月下旬にここへ引っ越して来ました。

1 けじゅん　　2 けしゅん　　3 げじゅん　　4 げしゅん

問題2 ＿＿＿＿の言葉を漢字で書くとき、最もよいものを1・2・3・4から一つ選びなさい。

6 スピードいはんで罰金を取られた。

1 遺友　　2 遺反　　3 違友　　4 違反

7 ロミオ役の彼のえんぎはすばらしかった。

1 園技　　2 園劇　　3 演技　　4 演劇

8 彼女はようきな人柄だ。

1 容気　　2 陽気　　3 妖気　　4 要気

9 このご飯、小石がまじっているよ。

1 組じって　　2 含じって　　3 加じって　　4 混じって

10 彼女は絵を描くことがしゅみだ。

1 習味　　2 趣味　　3 興味　　4 好味

問題３　（　　　）に入れるのに最もよいものを、１・２・３・４から一つ選びなさい。

11　（　　　）町長は２００６年から２０１８年にわたり町長を務めました。

1 先　　2 前　　3 昔　　4 古

12　昨日、パステル（　　　）の壁紙を購入した。

1 制　　2 形　　3 則　　4 調

13　この地域は保守（　　　）が強い。

1 味　　2 風　　3 色　　4 香

問題4　（　　　）に入れるのに最もよいものを、1・2・3・4から一つ選びなさい。

14　ダイヤ改正で乗り継ぎがかえって（　　　）になった。

1 面倒（めんどう）　2 無力（むりょく）　3 過剰（かじょう）　4 余計（よけい）

15　大気の状態が（　　　）になり、各地で強い雨が降った。

1 不都合　2 不公平　3 不安定　4 不自由

16　都会生活に（　　　）を感じて上京してくる若者が多い。

1 願い　2 夢　3 あこがれ　4 のぞみ

17　私は最近、めっきり記憶力が（　　　）しまった。

1 傷んで　2 散って　3 かれて　4 おとろえて

18　この地域ではたくさんの農家が米を（　　　）している。

1 制作（せいさく）　2 製造（せいぞう）　3 養成（ようせい）　4 栽培（さいばい）

19　家事の（　　　）については、結婚する前から話し合った方がいいよ。

1 区別　2 区分　3 分別　4 分担

20　こんな（　　　）散らかった部屋ではとても勉強なんてできない。

1 きちんと　2 ごちゃごちゃ　3 ぼんやり　4 きょろきょろ

問題 5　＿＿＿＿の言葉に意味が最も近いものを、１・２・３・４から一つ選びなさい。

21　今度の登山はかなりハードだ。

1 大変だ　　2 簡単だ　　3 楽しい　　4 新しい

22　そんなことで落ち込むなよ。

1 がっかりする　　2 心配する　　3 びっくりする　　4 緊張する

23　船は港に引き返した。

1 答えた　　2 戻った　　3 直した　　4 払った

24　コンピューターの仕組みが分からない。

1 構造　　2 道具　　3 資源　　4 技術

25　急におなかが痛くなってきたので、かかりつけの病院に行った。

1 専門の　　2 近くの

3 休日も開いている　　4 いつも行く

問題６　次の言葉の使い方として最もよいものを、１・２・３・４から一つ選びなさい。

26　特殊

1 その画家は特殊な技法で絵を描いた。

2 この旅館は料理がうまいが、今日はまた特殊だった。

3 山田さんは特殊な理由もないまま大学をやめてしまった。

4 飛行機が離陸（りりく）しようとしたとき、特殊な音を聞いた。

27　初歩

1 あの子には英会話を初歩から教える必要がある。

2 これを初歩として日本文化についてもっと勉強したい。

3 事件の初歩は彼女にかかってきた一本の電話だった。

4 彼はレースの初歩から他の走者を大きくリードした。

28　充満

1 日本でホームステイをして充満した冬休みを送った。

2 大学１年生は今、希望に充満しているに違いない。

3 講演は充満で、２０人以上の人が後ろに立っていた。

4 JRの運賃（うんちん）値上（ねあ）げに対して市民の不満が充満している。

29 即座に

1 私の真剣な顔を見ると西田(にしだ)さんは即座に笑い出した。

2 彼の申し出があまりにばかげていたので、私は即座に断った。

3 即座に雲行(くもゆ)きが怪しくなって風も吹いてきた。

4 帰宅したら即座に母が出かけようとしているところだった。

30 めくる

1 木と木のあいだにロープをめくって洗濯物を干した。

2 あの子は目の不自由なおじいさんの手をめくって駅の階段を下りた。

3 彼女は暇つぶしに雑誌のページをぱらぱらとめくっていた。

4 彼は何とか作業の効率を上げられないものかと知恵をめくっている。

問題7　次の文の（　　　）に入れるのに最もよいものを、1・2・3・4から一つ選びなさい。

31　この仕事は一人ではできません。（　　　）君に手伝ってもらいたいです。

1 そこで　2 ただし　3 しかも　4 かえって

32　信じられないのが、相談したあげくに「今の相談は（　　　）ほしい」と平然（へいぜん）と言う人がいるということです。

1 聞いたはずのことにして　2 聞かないようにして
3 聞いたものがあって　4 聞かなかったことにして

33　楽しみにしていた旅行だったが、病気のためにキャンセル（　　　）。

1 するに違いなかった　2 せざるを得なかった
3 するにほかならなかった　4 するわけにはいかなかった

34　試験のことを考えると不安（　　　）不安（　　　）たまらない。

1 に/に　2 と/と　3 で/で　4 も/も

35　あそこの店の昼食はランチＡとＢの２種類（　　　）選べませんが、ボリューム満点でお腹いっぱいになります。

1 からだけ　2 からしか　3 にだけ　4 にしか

36　先週の土曜日から、松本（まつもと）先生のご講演が始まりました。昨日の講演会にはあいにくの雨にもかかわらず、約２００名の方が（　　　）、スタッフ一同感謝感激でした。

1 まいり　2 ご覧になり　3 お目にかかり　4 おいでくださり

37 妻「ねえ、あんた、次郎(じろう)の学校が釣り旅行を計画していて、何人かの親に一緒に行って（　　　）の。あんた、できるかしら？」
夫「週末だったら喜んで引き受けるよ。」

1 手伝わせてばかりいる　　2 手伝ってほしがっている
3 手伝われてばかりいる　　4 手伝ってもらえている

38 寝る前の数分、髪を乾かすだけで美しい髪が保てます。（　　　）、ドライヤーでできるだけ早く乾かしてあげましょう。

1 濡れたままにせず　　2 濡れてもいいように
3 濡れるようにせず　　4 濡れてもしかたなく

39 お客様にご案内いたします。東京からおいでの田中(たなか)様、山田(やまだ)様が会場受付のテント前で（　　　）。

1 待っております　　2 お待ちください
3 お待ちです　　4 待っていただけますか

40 確かに、紙芝居(かみしばい)は一見単純に見えるが、実は様々な面で奥が深く、むしろ大人が（　　　）。

1 学ばせられるそうだ　　2 学ばれたままだ
3 学ばせるつもりだ　　4 学ばせているところだ

41 サプライズで渡されたのは、私だけのために作られたネックレスでした。オーダーから一ヶ月のところ、クリスマスに間に合うようにショップにも（　　　）、今でも常に大切にしています。

1 対応してくれそうで　　2 対応してくれたそうで
3 対応してもらえそうで　　4 対応してもらったそうで

42 強い日差(ひざ)しで花が（　　　）日陰(ひかげ)に花瓶(かびん)を置いた。

1 枯れたくなるように　　2 枯れてしまいたくないのに
3 枯れてしまわないように　　4 枯れないことになるのに

問題８　次の文の ＿★＿ に入る最もよいものを、１・２・３・４から一つ選びなさい。

（問題例）

あそこで ＿＿ ＿＿ ＿★＿ ＿＿ は山田(やまだ)さんです。

1　テレビ　　2　見ている　　3　を　　4　人

（解答のしかた）

1．正しい文はこうです。

あそこで ＿＿ ＿＿ ＿★＿ ＿＿ は山田(やまだ)さんです。 1 テレビ　3 を　2 見ている　4 人

2．＿★＿ に入る番号を解答用紙にマークします。

（解答用紙）

（例）	① ● ③ ④

43　来週のセミナーでは、古い家 ＿＿ ＿＿ ＿★＿ ＿＿ に暮らせる方法についてお話します。お気軽にご参加ください。

1 だって　　2 素敵　　3 工夫　　4 次第で

44　彼があのようなことを言う ＿＿ ＿＿ ＿★＿ ＿＿ 考えられない。

1 していた　　2 なんて　　3 どうか　　4 としか

45 彼らが犯罪に巻き込まれたり ＿＿＿ ＿＿＿ ＿★＿ ＿＿＿ 、「彼らは日本人じゃないから」と単純に考えてはいないか。

1 したことを報じる　　2 ニュースに接する

3 犯罪に走ったり　　4 たびに

46 自分の夢が定まってない場合は仕方がありませんよね。今だったら声優だったり、ユーチューバーなどもなりたい職業のランキングに入ってきていますので、実際に ＿＿＿ ＿＿＿ ＿★＿ ＿＿＿ いいかもしれません。

1 別として　　2 なるかどうかは

3 夢に書いても　　4 そういったものを

47 ちょっとした質問に対しても、「まあ、だいたいそうですね」と割り切って答えることができないのが、科学者である。それは、少しでも ＿＿＿ ＿＿＿ ＿★＿ ＿＿＿ という姿勢であり、なによりも謙虚さの表れと言って良い。

1 僅(わず)かでも違う可能性が　　2 肯定することはできない

3 考えられるならば　　4 例外が認められるなら、

問題9　次の文章を読んで、文章全体の内容を考えて、［48］から［52］の中に入る最もよいものを、1・2・3・4から一つ選びなさい。

本を読むことは、よいことだ。たとえ、それが住居の貧困の反映であっても、個人が自由な［48-a］によって、それぞれの精神の個室をもつのはのぞましいことだ。実際、そもそも「個人」というのは、そういうふうにして成長してゆくものだからである。

しかし、家庭のなかの書物というものを考えてみると、これはずいぶん、ふしぎな品物のような気がする。［49］、本は家庭の備品(びひん)のひとつではありながら、結局のところ、個人にぞくするものであるからだ。家庭の本棚にならんでいる何十冊、あるいは何百冊の本の背表紙(せびょうし)(注1)は、家族のみんなが毎日ながめているのに、その中身は、家族共有のものではないのである。［50］、家庭にある他のもろもろ(注2)の備品と書物とは、性質がちがうのだ。

それはそれでよい。ちょうど、個室をのぞきこ(注3)まないことが礼儀であるように、精神の個室ものぞきこまない方がよいのかもしれぬ。お互い、好きな本を読んで、それぞれの世界をたのしめば、それでよい、というべきなのかもしれぬ。

しかし、本は、一方で個人にぞくするものでありながら、同時に、だれもが入ることのできる個室、［51］ホテルの部屋のような［48-b］ももっている。だれかが使用中であるかぎり、そこに踏(ふ)み込(こ)ん(注4)ではならないが、空室(くうしつ)になったときには、だれが使ってもかまわない。主婦が買いこんだ文学全集を夫や子どもが読むことは一向(いっこう)(注5)に差(さ)し支(つか)えないことだし、子どものマンガを親が［52］。

(加藤秀俊『暮らしの思想』による)

（注１）背表紙（せびょうし）：本の綴（と）じてある方。タイトルが書いてある部分のこと
（注２）もろもろ：いろいろ
（注３）のぞきこむ：隙間（すきま）などから中を見る
（注４）踏（ふ）み込（こ）む：中に入る
（注５）一向（いっこう）に：まったく。少しも

48

1 a　忍耐力　b　娯楽性　　2 a　観察力　b　経済性
3 a　想像力　b　社会性　　4 a　精神力　b　閉鎖性

49

1 一方　　2 ところが　　3 かえって　　4 なぜなら

50

1 それどころか　　2 それについて　　3 最後の結論から　　4 その点で

51

1 ところで　　2 つまり　　3 もちろん　　4 むしろ

52

1 読んだっていい　　2 読んではいけない
3 読んだわけだ　　4 読みづらくなる

問題10　次の(1)から(5)の文章を読んで、後の問いに対する答えとして最もよいものを、1・2・3・4から一つ選びなさい。

（1）

大木様

先日はお電話で大変失礼いたしました。定価100円のA－120番の商品について問い合わせいたしましたソン商事の木村と申します。初めてのお取引なので確認したくてメールを差し上げております。注文は100個から、1000個～1999個の注文は5％引き、2000個以上になりましたら10％引き、また送料は貴社負担(注1)ということでよろしいでしょうか。また納期(注2)はどのぐらいになるか知りたいです。お返事よろしくお願い致します。

木村清

（注1）貴社負担：払うのはあなたの会社だということ

（注2）納期：ここでは商品が届くまでの期間

53　木村さんが確認したいことは何か。

1　最低の注文数と商品の送料と納期

2　最低の注文数、割引率と送料と納期

3　商品の定価と最低の注文数、割引率、送料

4　最低の注文数、量が多い時の割引率、納期

（２）

好きなおかず１位に選ばれている唐揚げは日本で年間４００億個も食べられているそうだ。美味しい唐揚げの作り方のヒントを挙げる。①鶏肉を醤油、ニンニク、生姜、みりん、ごま油のたれにつける。ある有名店では１日半つける。家では３０分ぐらいでもいいが、良くもむことが大事だ。②もむ時にりんごを入れると酵素の働きで肉が柔らかくなるし甘みも加えられる。りんごがない時は砂糖を少々入れる。③揚げる前に肉を常温に戻すと焦げが防げる。粉を付ける前に肉を皮で包む。うま味が逃げにくくなる。④油で３分ぐらい揚げたら、後２分間は油の中で揺らしながら揚げる。これで空気の穴ができてからっとする。⑤余分な油を落とすために団扇で扇ぐ。これであなたも唐揚げ名人になれる。

54 内容に合っているものはどれか。

1 たれに浸ける時間は長ければ長いほどいい。

2 からっとさせる方法は一つしかない。

3 美味しく作るために科学的な方法も使う。

4 全ての過程でそうする理由を述べている。

（3）

あなたのアイディアを募集します

今年のアイディア募集のテーマは和紙（わし）です。和紙を使った雑貨（ざっか）の商品企画を募集しています。今までにない画期的な製品のアイディアを歓迎いたします。できればイメージもあるともっといいです。当社ホームページの「アイディア募集」ページからご応募ください。

締め切り：9月10日

主材料：既製品（きせいひん）、オリジナル紙を問わず

製品：雑貨

賞金：20万円。商品化の場合、売り上げ歩合（ぶあい）(注)3％

（注）歩合（ぶあい）：ここでは商品が売れた時に売り上げの3％が支払われるという意味

55 内容と違っているのはどれか。

1 特別な和紙を使ってもよい。

2 企画はいくつ出してもよい。

3 どんな材料の企画でもよい。

4 採用されたら必ず賞金がもらえる。

（4）

同じ体型でもどんな服を着るかによって太って見えたり痩せて見えたりする。暖色(注1)は大きく見え、寒色(注2)は小さく見える。痩せて見える組み合わせがある。白いシャツに黒いパンツのように色の違いがはっきりした服を着ると良い。縦に長い物で区切るような服を合わせるのもいい。例えばワンピースに長い上着を前を開けて着れば細くて縦に長い部分が３つ見えるから効果が高い。だから、縦の模様の服もいいことがわかる。また、襟はV字形のほうが着やせ(注3)して見える。全て目の錯覚だがうまく利用したいものだ。

（注１）暖色：赤、オレンジなど見ると暖かく感じる色
（注２）寒色：青、水色など見ると冷たく感じる色
（注３）着やせ：着ると実際より痩せて見えること

56 痩せて見せたい人はどれを着たら一番よいか。

1 白の丸い襟のセーターに黒のパンツ
2 ピンクのワンピースに同色の短い上着
3 上のボタンを開けた水色のシャツとネイビーのパンツ
4 花模様のピンクのブラウスに白いスカート

（５）

ポスティングスタッフ大募集

内容：	担当地区を回ってポストへチラシ(注1)を投函(とうかん)(注2)
	バイクに乗れる方歓迎！レンタルもできます。徒歩・自転車もOK
給与：	１日４時間８日４万円から。週払いOK。W(ダブル)ワーク(注3)OK
勤務時間：	９時～２１時　好きな時間に好きなだけ
	最低週１日から何日でもOK
その他：	未経験者歓迎。ガソリン代支給
	バイク５台、自転車２０台貸し出しあり
	服装・髪型自由！ 希望者にはユニフォームを支給

（注１）チラシ：宣伝などのために印刷された紙
（注２）投函(とうかん)：決まっている箱の中に手紙などを入れること。ここではチラシを入れること
（注３）W(ダブル)ワーク：同時にいくつかの仕事をすること

57 内容と合っているものを選びなさい。

1 ユニフォームを着て働く。

2 運転免許が必要である。

3 初めて仕事をする人でもよい。

4 深夜に働くことが出来る。

問題１１　次の(1)から(3)の文章を読んで、後の問いに対する答えとして最もよいものを、１・２・３・４から一つ選びなさい。

（1）

ビタミンDは骨を強くしたり筋肉を維持したりするのに必要です。更にインフルエンザや癌の発症にも関係があるとも言われています。１日に必要な食事摂取量は約５．５μg(注1)です。ビタミンDはきのこ類、魚介類、卵類、乳類に含まれていますが、最も多いのは魚です。一年中手に入れやすい鮭なら２日に１切れ(注2)を食べれば３０μgほど摂れるので十分だそうです。効率よくサプリメント(注3)で摂りたいと考える人もいるかもしれません。しかしビタミンDは脂溶性(注4)ビタミンのため摂り過ぎると健康障害が表れます。高カルシウム血症(注5)が起こり、血管や腎臓(注6)、心臓、肺などに多量のカルシウムが付いて様々な症状が表れることがありますから、十分に注意する必要があります。ですから食事で摂ることが望まれます。更によいのは紫外線を浴びることです。ビタミンDは皮膚で合成できるのです。顔と両手の甲(注7)ほどの面積を日光に当てると場所によって違いますが、５．５μg合成するために必要な時間は東京地方で夏は一番紫外線が強い昼の１２時ごろで３．５分、冬は２２分ぐらいだそうです。日本は北から南に長い国ですから北海道では各々４．６分、７６分、沖縄では２．９分、７．５分だそうです。紫外線が体に悪いと完全防御(注8)している人は食事で摂るしかないですが、美容のために日焼けしたくない人は顔以外の部分を日光に当てればいいです。

（注１）μg：１００万分の１ｇ
（注２）１切れ：切った１つ。鮭だと８０～１５０ｇ
（注３）サプリメント：身体で足りない栄養素を補うもの。ビタミンやカルシウム剤など
（注４）脂溶性ビタミン：水に溶けにくく油に溶けやすいビタミン
（注５）高カルシウム血症：血液中のカルシウムが非常に多い状態
（注６）腎臓：血液から体にいらない成分を取り除いて尿を作る体の部分
（注７）両手の甲：両方の手の爪がある外側。手のひらの反対側
（注８）防御：ここでは紫外線を防いで体を守ること

58 作者はどのようなビタミンDの摂り方を薦(すす)めているか。

1 毎日魚を食べるのが最もよい。

2 サプリメントは危ないので食事で摂る。

3 日光で摂る場合は必要な面積と時間に注意する。

4 紫外線を浴びても構わない人は日の光を全身に浴びる。

59 どうしてビタミンDを摂る必要があるのか。

1 インフルエンザと癌が防げるから

2 健康な体を維持するために欠かせないから

3 高カルシウム血症を発症する可能性があるから

4 紫外線だけでは足りないから

60 本文の内容と合っていないのはどれか。

1 ビタミンDはどんな光からも合成できる。

2 紫外線を浴びるのは体のどの部分でもよい。

3 ビタミンDは不足でも過剰でも健康を損なう。

4 南の方ほど紫外線を浴びる時間が短くて済む。

（2）

関西(かんさい)では食べ物に「ちゃん」や「さん」を付けることがある。初めて「飴(あめ)ちゃん」と言うのを聞いた時は子供っぽいなあと思ったが、今では何だか可愛(かわい)らしいなあと感じるようになった。お芋(いも)さん、お豆(まめ)さん、お粥(かゆ)さんなど、他の食べ物にも「お」や「さん」をつけるが、その方が優しく感じられる。これは京都の宮中(きゅうちゅう)の女房(にょうぼう)(注1)が食べ物を大切にする気持ちで使っていた言葉が普通の人にも広まったらしい。今は特に丸くて可愛い食べ物をこう呼ぶことが多い。お粥は入れ物が丸いからここに含まれるらしい。また文字数が多い食べ物に「お～さん」がほとんど使われないのは言いにくいからだろう。

「おはようさん」や「おめでとさん」などという挨拶の言葉にも「さん」がついている。尊敬したり気遣(きづか)(注2)ったりする気持ちで言っているのだそうだ。また神仏(しんぶつ)(注3)や月や日も「天神(てんじん)さん」「観音(かんのん)さん」「お日さん」「お月さん」などと呼ぶ。こちらは関東(かんとう)では「天神様」などと呼ぶ。「さん」より尊敬の気持ちが表せる「様」を使っている。しかし関西人に尊敬の気持ちが足りないという意味ではなく、尊敬の気持ちを持ちながらも親しみを感じているのだと思う。関東ではとても偉くて側に近づけないと感じているのかもしれない。また「お馬さん」とは言うが「お牛さん」とは言わない。これは所有者に対する気持ちが関係しているのかもしれない。「お～さん」は大切にする気持ちと親しみの気持ちの両方を表す言葉なのだろう。

（注１）宮中(きゅうちゅう)の女房(にょうぼう)：宮殿(きゅうでん)で仕(つか)える女官(にょかん)
（注２）気遣(きづか)う：いろいろ気にかけて心配する
（注３）神仏(しんぶつ)：神様と仏様

61 「飴ちゃん」という言い方について作者はどう思っているか。

1 子供の言い方だが可愛らしいと感じている。

2 最初は否定的だったが今は肯定的になった。

3 今は子供っぽくて可愛らしいと感じている。

4 初めは驚いたが今は当たり前だと思っている。

62 どうして関西の人は神仏(しんぶつ)や月や日などに「さん」を付けるのか。

1 尊敬する気持ちが足りないから

2 尊敬と同時に親しみも感じているから

3 「様」を使うほどは尊敬していないから

4 尊敬する気持ちより親しみの気持ちが多いから

63 内容に合っているのはどれか。

1 関西ほど関東の人は尊敬の気持ちが強くない。

2 自然の物にも「お～さん」を付けることがある。

3 女官の言葉が広まってみんなが使うようになった。

4 女官達は食べ物が丸くて可愛いから「お～さん」と呼んでいた。

（3）

スポーツ選手は選手として活動できる期間が短いです。引退後に監督やコーチ、解説者などの仕事に就(つ)ける人は本当に僅(わず)かしかいないです。羨(うらや)ましい仕事です。選手として高いお金をもらっていれば、それでアパートを造ったりして生活に困らないかもしれません。しかし怪我で急に辞めなければならないこともあります。会社に所属している選手はそのまま働くこともできますが、プロの場合はその後の生活に困ってしまいます。普通の会社で働くこともあるでしょうが、その際に気を付けなければならないことはプライドを捨てることです。いくらスポーツの世界で活躍していても他の世界ではそれが役に立つわけではないからです。では、選手時代にどんな準備をしたらよいでしょうか。語学や簿記(ぼき)(注1)、様々な一般に必要とされているような資格の勉強をしたほうが良いのでしょうか。長く海外で生活して自然に語学力がついたという場合は別として、まず、今、取り組んでいることに集中しましょう。競技について研究することやトレーニングの工夫、目標達成するべく日々の課題をこなしていくことです。選手生命を伸ばすこともできますから一石二鳥です。その中で考える力や強い精神力が鍛(きた)え(注2)られるでしょう。これがもっともその後の人生に必要な力だと、多くの選手を見てきた私が言いたいことです。

（注1）簿記(ぼき)：毎日の会社などのお金の出入りや取引の記録
（注2）鍛(きた)える：ここでは厳しい練習などをして技術や心や体をしっかりしたものにする

64 誰に向かって述べているのか。

1 現在のプロ選手達

2 アマチュアの選手達

3 引退したプロ選手達

4 これからプロ選手になりたい人達

65 どうして<u>今、取り組んでいることに集中しましょう</u>と言っているのか。

1 別の資格を取るのは難しいから

2 何かに立ち向かう力が付くから

3 一度に二つのことができるから

4 海外で活動しているのではないから

66 どうして引退後のことを考えたほうが良いのか。

1 スポーツの世界は狭いから

2 専門の知識が身に付かないから

3 会社を辞めなければならないから

4 普通の仕事より辞めるのが早いから

問題12　次のAとBの文章を読んで、後の問いに対する答えとして最もよいものを、1・2・3・4から一つ選びなさい。

A

女子大学は外国では大変に少なく、３０００箇所以上も大学があるアメリカでも約２００校あった女子大が今では４０校以下になり、韓国でも女子大は７校に過ぎない。日本でも１９９８年の９８校をピークに、少子化(しょうしか)や共学を希望する学生の増加に伴い７６校にまで減少したが、まだ大学全体の１０％を占めている。日本ではまだ女子大の存在意義があるのだ。共学との比較で最大の魅力は少人数のおかげで教育面だけでなく就職面でも充実したサポートが受けられることだ。だから共学に比べて就職率が高い。また４年間で共学とは違った経験が積めるのも良い。共学だとリーダー役はほとんど女子に回ってこないけれど、女子大だとリーダーの経験が積めるので社会に出た時に役立つのだ。共学に比べて女子大卒の女性は少ないのに社会でリーダーとして活躍する人が目立つのもこのおかげだと思う。男性の目がないから服装なども気にしなくてよいので気楽だ。真面目に勉強に集中できるのも利点である。

B

共学、別学(べつがく)はそれぞれ良さがあると思うが、最近は共学のほうが人気が高い。だから以前は入学するのがかなり難しかった有名女子大さえ地位が下がっているのも無理はない。しかし地位が下がっても女子大で学ぶことには共学にはない大きなメリットがあると私は考える。むしろ女子大で学ぶチャンスを持たなかったことは大きな不幸とさえ思える。就職率のよさなどを除いても、考え方など人格形成に影響する大事な４年間を性差別のない社会で過ごせることはなかなかできない貴重な経験だし、その後の生き方に影響を与える。女子大では共学とは違って女性だけで物事を進めていかなければならない。計画するのも実行するのも女性だけなので積極的にリーダーになることを始め様々な役割が経験できる。自分の持つ能力を更に磨(みが)けるのが女子大のよい点である。男性との交際機会が少ないと言われるがそれに勝(まさ)る利点があると思うし、実際には他大学の学生との交流が盛んでその心配はさほど(注)ないと思う。

（注）さほど：それほど

67 AとBが共に取り上げていることはどれか。

1 男性との交際の機会

2 少人数教育のメリット

3 共学、別学の長所と短所

4 女子大が置かれている状況

68 AとBの女子大に対する意見はどれか。

1 女子大が減っているのは当然だ。

2 女子大には共学にない利点がある。

3 女子大卒のほうが社会で活躍できる。

4 女子大が一番良い点は就職率の高さだ。

問題13　次の文章を読んで、後の問いに対する答えとして最もよいものを、1・2・3・4から一つ選びなさい。

日本の企業は９９．７％が中小企業で、日本全体の従業員の６８．８％がそこで働いています。中小企業というのは製造業は資本金３億円以下、あるいは従業員３００人以下、サービス業は資本金５千万円以下、あるいは従業員１００人以下の企業のことです。またもっと従業員が少ない２０人以下の企業を小規模企業（しょうきぼきぎょう）といいます。日本の中小企業の多くは高い技術があるにもかかわらず大企業の下請け（したう）(注1)仕事をしています。ですから安い海外に仕事が取られたり、景気が悪くなると大企業から安くしろと言われて経営が苦しくなったり、潰れて（つぶ）しまう企業も多いです。しかし、中小企業でも光っている会社もあります。他が真似できない高い技術があるので世界中から仕事の注文が来るシェア(注2)１位の会社がいろいろあります。高い技術やそれを使って新しい商品を売り出して輝いている企業もあります。例えば「絶対ゆるま(注3)ないネジ(注4)」を開発した時にその会社には従業員が５０人ほどしかいませんでした。１００万分の１gの小さい歯車（はぐるま）を作って世界中を驚かせた会社も約７０人、多くの患者さんに感謝された痛くない注射針を作った会社もたった６人しかいなかったのです。どこも本当に小さい会社でした。

ですから中小企業は生き残るためにこの道を進むべきだと思います。積極的に会社が独自の何かを見つけるためには<u>外部の目を通すことが必要です</u>。今までのようにたまたまその企業の中に才能があった人がいたり、発想がよかったりしたから素晴らしい製品などが開発されたというような状態ではチャンスが限られてしまうと思います。社内で会議を開くのもいいでしょう。あるいは世の中に溢れている消費者（しょうひしゃ）(注5)のクレームをチェックするのも一つの手だと思います。しかし社内でできることは限られています。外部の人に技術を見直してもらうことが大切だと思います。その場合勿論専門家に頼むのも良いのですが、広く普通の人にも声をかけたらもっと面白い世界に一つだけの製品が生まれる気がします。インターネット時代ですからその可能性は高いのではないでしょうか。

（注１）下請け（したうけ）：ある人や会社などが引き受けた仕事の全部、または一部をさらに引き受けてすること。また、その人

（注２）シェア：ここでは市場で何％売れているかということ

（注３）ゆるまない：隙間がなくぴったりしている状態

（注４）ネジ：円い棒の外側にぐるぐる回るように１本の溝（みぞ）を作った物。またそれにぴったり合うように内側に溝を作った物。この２つの物がぴったり合うと動かなくなる

（注５）消費者（しょうひしゃ）のクレーム：ここではお客が製品が良くないと言っていること。ここが使いにくいとか、ここが壊れやすいなどという意見

69 中小企業の一番の問題点は何だと言っているか。

1 海外に仕事をとられていること

2 外部の人に相談していないこと

3 ほとんどが高い技術力がないこと

4 多くが下請けの仕事をしていること

70 なぜ外部の目を通すことが必要ですと言っているのか。

1 内部の人は能力が低いから

2 内部の人は積極的ではないから

3 内部の人だけでは生まれる考えが限られるから

4 内部の人より専門家のほうがいい考えが出るから

71 中小企業に対する作者の意見でないのはどれか。

1 中小企業でも世界一になれる可能性がある。

2 中小企業はインターネットを使わないと生き残れない。

3 中小企業もやり方によっては経営が安定する。

4 中小企業は大企業に頼らない道を探したほうがよい。

問題１４　次のページは、あるスーパーの従業員募集の案内である。下の問いに対する答えとして最もよいものを、１・２・３・４から一つ選びなさい。

72　小川(おがわ)さんは大学生で、冬休みに平日だけ６時間働きたいと思っている。小川さんが応募できるのはどれか。

1 契約社員

2 パート社員

3 アルバイト

4 無し

73　正しい情報はどれか。

1 契約社員は平日だけの勤務は選べない。

2 契約社員の時給は全てパートより高い。

3 どの仕事も実働時間は勤務時間より短い。

4 全員、勤務時間中はずっと働いていなければならない。

ひばりスーパー従業員募集

契約社員（社会保険加入）	
８時間週５日勤務 土・日とも勤務の場合時給１，３００円 土・日いずれか勤務の場合時給１，２００円	
水産・精肉部門	６:００～２３:００ 休憩１時間、実働時間は７時間
パン部門	６:００～２３:００ 休憩１時間、実働時間は７時間
レジ	①９:００～１７:００ ②１４:００～２２:００ 休憩１時間、実働７時間

パート社員（年齢不問）	
４時間勤務、休憩なし、週３日以上勤務 時給１，１００円（日曜日の勤務は時給が１００円加算されます）	
水産部門・精肉部門	６:００～２３:００ の中で４時間
パン部門	６:００～２３:００ の中で４時間
レジ	９:００～１８:００ の中で４時間

アルバイト（高校生可・年齢不問）	
実働２時間～８時間、週２日以上勤務 時給１，０００円（土曜・日曜の勤務は時給が１００円加算されます）	
水産部門・精肉部門	６:００～２３:００（時間帯は相談に応じます）
パン部門	６:００～２３:００（時間帯は相談に応じます）

Listening

問題用紙

N2

聴解

(50分)

注意 Notes

1. 試験が始まるまで、この問題用紙を開けないでください。
Do not open this question booklet until the test begins.

2. この問題用紙を持って帰ることはできません。
Do not take this question booklet with you after the test.

3. 受験番号と名前を下の欄(らん)に、受験票と同じように書いてください。
Write your examinee registration number and name clearly in each box below as written on your test voucher.

4. この問題用紙は、全部で13ページあります。
This question booklet has 13 pages.

5. この問題用紙にメモをとってもかまいません。
You may make notes in this question booklet.

受験番号 Examinee Registration Number	

名前 Name	

もんだい 問題 1

問題１では、まず質問を聞いてください。それから話を聞いて、問題用紙の１から４の中から、最もよいものを一つ選んでください。

例

1　先生にメールで聞く

2　友達にメールで聞く

3　研究室の前のけいじを見る

4　りょうの前のけいじを見る

1番（ばん）

1　さとう

2　しお

3　しょうゆ

4　みそ

2番（ばん）

1　去年（きょねん）と同じレストランを予約（よやく）する

2　駅（えき）に近（ちか）いレストランを探（さが）す

3　メールで出欠（しゅっけつ）をたずねる

4　メールで日（ひ）にちの希望（きぼう）を聞（き）く

3番

1 京都の古い家

2 昔の家

3 学校ホテル

4 旅館

4番

1 「いろり」に人数の変更を連絡する

2 書類をコピーして部長に届ける

3 大木さんに書類を届けるように言う

4 書類ができているか確認する

5番(ばん)

1　ランニングする

2　サーフィンにちょうせんする

3　きんにくトレーニングをする

4　水泳(すいえい)を習(なら)う

問題 2

問題2では、まず質問を聞いてください。そのあと、問題用紙のせんたくしを読んでください。読む時間があります。それから話を聞いて、問題用紙の1から4の中から、最もよいものを一つ選んでください。

例

1　友達とけんかしたから

2　かみがたが気に入らないから

3　試験があるから

4　頭が痛いから

1番

1 電話の時ほど丁寧にしなければならないから

2 おじぎしているかどうか相手に分かるから

3 自然におじぎしてしまう言葉があるから

4 おじぎをしないでは言えない言葉があるから

2番

1 まだ行っていないお寺があるから

2 ストレスかいしょうしたいから

3 反対回りしている途中だから

4 親切な人に会いたいから

3番（ばん）

1　こむぎアレルギーがあるから

2　おいしいとひょうばんだから

3　体（からだ）によい材料（ざいりょう）が使（つか）われているから

4　姪（めい）のためにチェックしたいから

4番（ばん）

1　海（うみ）に行（い）きたくなかったから

2　青木（あおき）さんが宿（やど）にいなかったから

3　高橋（たかはし）さんと回（まわ）りたかったから

4　行（い）きたいところが違（ちが）っていたから

5番

1　富士山が見たかったから

2　かんらんしゃからいい景色が見せられないから

3　オンラインミーティングができないから

4　さむくて公園で仕事ができないから

もんだい
問題 3

問題 3 では、問題用紙に何もいんさつされていません。この問題は、全体としてどんな内容かを聞く問題です。話の前に質問はありません。まず話を聞いてください。それから、質問とせんたくしを聞いて、1 から 4 の中から、最もよいものを一つ選んでください。

－ メモ －

問題 4

問題 4 では、問題用紙に何もいんさつされていません。まず文を聞いてください。それから、それに対する返事を聞いて、1 から 3 の中から、最もよいものを一つ選んでください。

− メモ −

問題 5

問題 5 では、長めの話を聞きます。この問題には練習はありません。
問題用紙にメモをとってもかまいません。

1 番、2 番

問題用紙に何もいんさつされていません。まず話を聞いてください。それから、質問とせんたくしを聞いて、1 から 4 の中から、最もよいものを一つ選んでください。

－ メモ －

3番

まず話を聞いてください。それから、二つの質問を聞いて、それぞれ問題用紙の1から4の中から、最もよいものを一つ選んでください。

質問1

1　プランA

2　プランB

3　プランC

4　プランD

質問2

1　プランA

2　プランB

3　プランC

4　プランD

JLPT
실전모의테스트

N2

제2회

제2회 실전모의테스트 채점표

자신의 실력이 어느 정도인지 확인할 수 있도록 임의적으로 만든 채점표입니다. 실제 시험은 상대 평가 방식이므로 약간의 오차가 발생할 수 있습니다.

언어지식 (문자・어휘・문법)

		배점	만점	1회	
				정답 문항 수	점수
문자・어휘	문제 1	1점×5문항	5		
	문제 2	1점×5문항	5		
	문제 3	1점×3문항	3		
	문제 4	1점×7문항	7		
	문제 5	1점×5문항	5		
	문제 6	1점×5문항	5		
문법	문제 7	1점×12문항	12		
	문제 8	1점×5문항	5		
	문제 9	2점×5문항	10		
합계			57점		

*** 점수 계산법** : (언어지식(문자・어휘・문법) [ ]점÷57)×60 = [ ]점

독해

		배점	만점	1회	
				정답 문항 수	점수
독해	문제 10	2점×5문항	10		
	문제 11	3점×9문항	27		
	문제 12	3점×2문항	6		
	문제 13	3점×3문항	9		
	문제 14	3점×2문항	6		
합계			58점		

*** 점수 계산법** : (독해 [ ]점÷58)×60 = [ ]점

청해

		배점	만점	1회	
				정답 문항 수	점수
청해	문제 1	2점×5문항	10		
	문제 2	2점×5문항	10		
	문제 3	3점×5문항	15		
	문제 4	1점×11문항	11		
	문제 5	3점×4문항	12		
합계			58점		

*** 점수 계산법** : (청해 [ ]점÷58)×60 = [ ]점

Language Knowledge (Vocabulary/Grammar)・Reading　　**問題用紙**

N2

言語知識（文字・語彙・文法）・読解

(105分)

注意 Notes

1. 試験が始まるまで、この問題用紙を開けないでください。
   Do not open this question booklet until the test begins.
2. この問題用紙を持って帰ることはできません。
   Do not take this question booklet with you after the test.
3. 受験番号と名前を下の欄(らん)に、受験票と同じように書いてください。
   Write your examinee registration number and name clearly in each box below as written on your test voucher.
4. この問題用紙は、全部で33ページあります。
   This question booklet has 33 pages.
5. 問題には解答番号の 1 、 2 、 3 … が付いています。解答は、解答用紙にある同じ番号のところにマークしてください。
   One of the row numbers 1 , 2 , 3 … is given for each question. Mark your answer in the same row of the answer sheet.

受験番号　Examinee Registration Number	

名前　Name	

問題 1　＿＿＿＿の言葉の読み方として最もよいものを、1・2・3・4から一つ選びなさい。

1　あの候補(こうほ)は選挙で<u>圧倒的</u>な勝利を収めた。

1 あっとうてき　2 おっとうてき　3 あつどうてき　4 おつどうてき

2　彼はその事故で<u>軽傷</u>を負った。

1 けそう　2 けいそう　3 けしょう　4 けいしょう

3　敬語の使い方を間違えて<u>恥</u>をかいてしまった。

1 はす　2 はし　3 はず　4 はじ

4　湖には満月が<u>映って</u>いた。

1 うつって　2 あたって　3 ひかって　4 てって

5　隣の家で魚を焼く匂いが食欲を<u>刺激</u>する。

1 してき　2 しげき　3 さてき　4 さげき

問題2 ＿＿＿＿の言葉を漢字で書くとき、最もよいものを1・2・3・4から一つ選びなさい。

6 彼はかけ声だけはいさましい。

1 騒ましい　2 勇ましい　3 勢ましい　4 戦ましい

7 彼は新しい方面に事業をかくちょうした。

1 広張　2 広長　3 拡張　4 拡長

8 一生懸命勉強しておいてそんはない。

1 害　2 罪　3 毒　4 損

9 今回ばかりはみのがしてください。

1 見欠して　2 見失して　3 見逃して　4 見延して

10 東日本の人のほうが一般的にこい味付けを好む。

1 軟い　2 薄い　3 濃い　4 硬い

問題 3　（　　　）に入れるのに最もよいものを、1・2・3・4 から一つ選びなさい。

11　押入れの中に布団一式(いっしき)、シーツ（　　　）をご用意いたしております。

1 型　　2 属　　3 類　　4 種

12　どんな関係でも「頼み（　　　）人」がいる。

1 きつい　　2 よわい　　3 づらい　　4 わるい

13　こういうテレビドラマは子どもたちに（　　　）影響を及ぼすと思います。

1 悪　　2 大　　3 高　　4 重

問題4　（　　　）に入れるのに最もよいものを、1・2・3・4から一つ選びなさい。

14　高い目標を掲(かか)げて自分に（　　　）をかけることも必要だ。

1 ダメージ　　2 プレッシャー　　3 ショック　　4 コンプレックス

15　その歌手の物まねをしていたら（　　　）が現れた。

1 正面　　2 本物　　3 正式　　4 見物

16　私の申し出に彼は（　　　）返事しかくれなかった。

1 地味な　　2 かすかな　　3 鈍感な　　4 あいまいな

17　このたび横浜(よこはま)支店に（　　　）いたしましたのでお知らせいたします。

1 転職　　2 移住　　3 転勤　　4 移行

18　このレストランを継ぐに（　　　）シェフを探しているところです。

1 ふさわしい　　2 ありがちな　　3 等しい　　4 当たり前な

19　日本人はよく（　　　）ながら人の話を聞くが、必ずしも賛成しているわけではない。

1 にらみ　　2 ふりむき　　3 かがみ　　4 うなずき

20　インフルエンザの流行のピークが過ぎたからといって、（　　　）は禁物だ。

1 失望　　2 油断　　3 覚悟　　4 納得

問題 5 ＿＿＿＿の言葉に意味が最も近いものを、1・2・3・4から一つ選びなさい。

21 ますます物騒（ぶっそう）な世の中になってきた 。

1 うるさい　2 さびしい　3 危険な　4 きらいな

22 その話を聞いて私はひどく動揺した。

1 不安になった　2 不満になった　3 嬉（うれ）しくなった　4 面白いと思った

23 彼の作るカレーは格別だ。

1 とても下品だ　2 特においしい

3 かなり高価だ　4 あまりおいしくない

24 台風の接近（せっきん）で風が一層はげしくなってきた。

1 すぐに　2 もっと　3 少し　4 できるだけ

25 スーツケースが破損した。

1 なくなった　2 ぬすまれた　3 こわれた　4 よごれた

問題 6　次の言葉の使い方として最もよいものを、1・2・3・4から一つ選びなさい。

26　廃止

1 住民はそのバス路線の廃止に反対している。

2 カラオケはストレスの廃止にいい方法だ。

3 大雨のため、野球の試合は廃止となった。

4 雨風が強くなったので登頂(とうちょう)を廃止した。

27　素材

1 森田(もりた)さんの報告書を素材に忠実に英語に訳した。

2 竹内(たけうち)さんの不眠症(ふみんしょう)は職場の人間関係に素材があるのかもしれない。

3 私のいちばん好きな詩人についての伝記的(でんきてき)素材を探している。

4 化学調味料を使わずに、素材を生かしてやさしい味わいに仕あげた。

28　だらしない

1 彼女と出会って彼はだらしない生活を改める決心をした。

2 しばらく手入れをしなかったら、庭が草だらしなくなってしまった。

3 以上の説明でだらしない点がありましたら、おっしゃってください。

4 冷(ひ)え込(こ)むかもしれないから、だらしないセーターぐらいは持っていった方がいい。

29 しみる

1 パレードが市役所前にしみると大きな花火が上がった。

2 肉に香辛料(こうしんりょう)が十分にしみるには時間がかかる。

3 彼女はレースの終盤(しゅうばん)で先頭(せんとう)グループに追いつき、３位にしみた。

4 東京はどこを歩いてもイタリア料理屋にしみる。

30 尽きる

1 ５年ぶりに会って私たちはいつまでも話が尽きなかった。

2 兄はあわてて家を出ていったが、２分も尽きないうちに戻ってきた。

3 その伝統芸能は尽きることなく今日まで受け継がれてきた。

4 エアコンは１時間後にスイッチが尽きるように設定されている。

問題７　次の文の（　　　）に入れるのに最もよいものを、１・２・３・４から一つ選びなさい。

31　彼は話を（　　　）もしないで、ずっとスマホを触っている。

1 聞き　2 聞こう　3 聞いて　4 聞かない

32　昨日私が乗った飛行機は、今まで乗ったどの飛行機（　　　）小さかった。

1 からも　2 のかわりに　3 よりも　4 のわりに

33　（　　　）どうしてこんなことになったんだろう。

1 まもなく　2 いったい　3 おそらく　4 とうとう

34　下記の所へ転居(てんきょ)いたしましたのでご通知（　　　）。

1 されます　2 うかがいます　3 申し上げます　4 おっしゃいます

35　ちょうど運動がてらに歩くにはいい距離です。私は速足なので、30分（　　　）行けます。

1 もあれば　2 とあって　3 になれば　4 において

36　本屋で15冊のマンガ本を買い込み、一晩で（　　　）。

1 読んでばかりだった　2 読み始めた
3 読むようにした　4 読み切った

37　この本を読んでいて、なんだか胸があつくなってきた。自分がこの娘たちと同じ年ごろ、こんなに一生懸命何かに（　　　）。

1 没頭(ぼっとう)するべきじゃなかったんだ　2 没頭(ぼっとう)したことがあっただろうか
3 没頭(ぼっとう)したばかりじゃないんだろう　4 没頭(ぼっとう)じゃなくてなんだろうか

38 今日は夕飯で野菜の天ぷらをつくった。不細工(ぶさいく)だったが、娘においしいと（　　）よかった。

1 言ってあげても　　2 言ってあげられて

3 言ってもらっても　　4 言ってもらえて

39 池田(いけだ)「もしもし、テニスクラブの仲間の池田(いけだ)だよ。」
木村(きむら)「こんにちは、池田(いけだ)さん。風邪が治ったのならいいんだけど。
土曜日の練習を楽しみにしてるね。」
池田(いけだ)「あの、それがもう具合はいいんだけど、上司が僕を、週末にかけての緊急の出張に（　　）ね。今週の練習はキャンセルしなければならないんだよ。」

1 行かれることになってしまって　　2 行かせることにしていて

3 行かれるようにしておいて　　4 行かせるはずがなくなって

40 冬に枯れてしまって、そろそろ（　　）と思った矢先(やさき)、よく見ると実りの葉が茶色の茎(くき)から出てきていたんです。

1 捨ててくるだろう　　2 捨ててあるのか

3 捨ててしまおうか　　4 捨てているのだ

41 学校で学んではいましたが、いざ現場で（　　）具体的な知識や技術が足りないことを痛感しました。

1 実践してくれることに　　2 実践してしまわないように

3 実践しておくものに　　4 実践しようとするたびに

42 A「あっ、コンピューターがいきなり終了しちゃった。きっと書いていた報告書は消えちゃったよ。もう少しで終わるところだったのに。」
B「書いたものは保存しなくちゃだめだって何度も言ったじゃない。」
A「書くのにとても忙しくて、そのことは（　　）。」

1 考えたはずなんだ　　2 考えなきゃいいんだ

3 考えもしなかったんだ　　4 考えるんじゃなかった

問題8　次の文の ＿★＿ に入る最もよいものを、1・2・3・4から一つ選びなさい。

(問題例)

あそこで ＿＿ ＿＿ ＿★＿ ＿＿ は山田(やまだ)さんです。

1　テレビ　　2　見ている　　3　を　　4　人

(解答のしかた)

1．正しい文はこうです。

あそこで ＿＿ ＿＿ ＿★＿ ＿＿ は山田(やまだ)さんです。 1 テレビ　3 を　2 見ている　4 人

2．＿★＿ に入る番号を解答用紙にマークします。

(解答用紙)

(例)	①　●　③　④

43　最近は、ネットなどから話題が ＿＿ ＿＿ ＿★＿ ＿＿ 、その後の加速度的なヒットにつながるケースが多いと感じています。

1　広まると　　2　評判が　　3　評判を　　4　呼んで

44　数式をよく覚えられたり、歴史の年号(ねんごう)を暗記(あんき)できるとか、電話番号を一度見たら ＿＿ ＿＿ ＿★＿ ＿＿ 頭脳明晰(ずのうめいせき)とは言えない。

1　といったような　　2　いわゆる「記憶力」が

3　どんなに素晴らしくても　　4　決して忘れないなど

45 デジタル技術の発展で情報化が進み、ビジネスの手法 ＿＿＿ ＿＿＿ ＿★＿ ＿＿＿ 変わった。

1 から　　2 生活の全てが　　3 買い物の仕方　　4 に至るまで

46 一般に、人は、中学校から高校にかけての時期に、人生において最も成長をとげると言われていますが、＿＿＿ ＿＿＿ ＿★＿ ＿＿＿ なると言えるのではないでしょうか。

1 試練(しれん)の時期に　　2 それはとりもなおさず

3 それだけ大きな　　4 立たされることに

47 焼肉屋(やきにくや)に行った際、肉と一緒に ＿＿＿ ＿＿＿ ＿★＿ ＿＿＿ ことに、イライラしたというエピソードを藤原(ふじわら)さんが語ってくれました。

1 なかなか　　2 頼んだはずの　　3 ご飯が　　4 運ばれてこない

問題９　次の文章を読んで、文章全体の内容を考えて、［48］から［52］の中に入る最もよいものを、１・２・３・４から一つ選びなさい。

車の窓ガラスに塗(ぬ)る紫外線防止剤(しがいせんぼうしざい)がある。透過(とうか)してくる紫外線の、９９．５パーセントを吸収し、一度塗ると、２か月間、その効果は持続する。［48］、思いのほか多く売れているという。車の窓ガラスではなく、家庭のサッシ窓のガラスに塗られて、需要(じゅよう)が広がっているのだ。自宅での日焼けを気にする人々に、受けているのだろう。私たち人間は、これほど気を使って、紫外線を避けている。［49］、植物たちは自然の中で降りそそぐ太陽の光を避けずに暮らしている。だから、紫外線を多く浴びるだろう。私たち人間と比較にならないほど、植物たちに降りそそぐ紫外線は強いはずである。

［50］、植物たちの葉(は)っぱは、日焼けをしている様子はない。もちろん、日焼け止めクリームも使っていない。野菜は、どんなに強い太陽の光に当たっていようとも、みずみずしく緑に輝いている。花々も、鮮やかな色を保っている。果実(かじつ)も、太陽の日差しをいっぱいに受けながら、美しく実っている。植物たちは、太陽の光に当たると、日焼けするどころか、ますます鮮やかな色の葉や花や実をつくる。逆に、紫外線を吸収するフィルムで覆われたビニールハウスや温室では、紫外線が当たらない。だから、栽培されるトマトやナスの色が悪くなる。カーネーションやバラの花の色も鮮やかさを失ってしまう。紫外線は、害を［51］、葉や花や実をきれいにするのだ。

「紫外線は、植物たちには、害もなくやさしい」とうらやましくなる。［52］、そのように考えるのは、私たち人間のひがみ(注1)である。紫外線は、葉っぱに当たって、やっぱり、活性酸素(かっせいさんそ)(注2)を発生させる。植物たちも、自然の中で、活性酸素に悩み闘っているのだ。

(田中修『ふしぎの植物学』による)

（注１）ひがみ：物事を素直に考えず、自分に不利であると思い込む
（注２）活性酸素（かっせいさんそ）：大気中に含まれる酸素分子（さんそぶんし）が、より反応性の高い化合物（かごうぶつ）に変化したものの総称（そうしょう）

48

1 この商品が　　2 ある窓ガラスが
3 そのような車も　　4 あんな紫外線も

49

1 そうやって　　2 ただし　　3 それなのに　　4 したがって

50

1 また　　2 ところが　　3 だから　　4 あるいは

51

1 及ぼすところ　　2 及ぼしたところで
3 及ぼしたばかりか　　4 及ぼすどころか

52

1 それに　　2 または　　3 それなら　　4 しかし

問題10　次の(1)から(5)の文章を読んで、後の問いに対する答えとして最もよいものを、1・2・3・4から一つ選びなさい。

（1）

親指と人差し指で輪を作って利き足[注1]でないほうのふくらはぎ[注2]を測ってみる。もしふくらはぎのほうが細かったら筋肉量が減っているので要注意[注3]だ。年齢に関係なくダイエットなどをしている人は危ない。特に朝食における蛋白質[注4]が不足すると筋肉量が減少してしまうから注意したい。また蛋白質だけでは筋肉を維持するだけなので増やすためには筋肉トレーニングも必要だ。体の筋肉の３分の２が下半身[注5]に集まっているのでそこを鍛えるのがよい。階段を使ったり、足の幅を広げて歩くこともよいが、足を曲げ伸ばしするスクワットは誰にでも簡単にできて効果的だからこれを勧めたい。しかし簡単そうに思うだろうが挫折[注6]しがちである。だから歯磨きの時などついでにするのがよい。

（注１）利き足：力が出てよく動くほうの足
（注２）ふくらばき：膝から下の足の後ろのふくらんでいる部分
（注３）要注意：注意する必要があること
（注４）蛋白質：主に肉や魚、卵などに含まれていて体を作ったり、体を動かすエネルギーになったりする栄養
（注５）下半身：腰から下の部分
（注６）挫折：目的をもって続けてきたことが中途でだめになること

53　筋肉量を増やす方法として正しい説明はどれか。

1　朝食を食べてスクワットする。

2　スクワットをしてダイエットをやめる。

3　筋肉トレーニングをして十分栄養を摂る。

4　１日３回食事をして筋肉トレーニングをする。

（2）

祖母は９０過ぎてから長生きし過ぎて友達がみんないなくなってしまったと度々嘆(なげ)(注1)いた。私はまだ祖母の年には至らないが、大切な友人を何人も亡くして、その気持ちが理解できるようになった。幸いなことに多くの友達は健在(けんざい)(注2)で毎日電話で話す相手もいる。未亡人(みぼうじん)(注3)の友人とは大学時代の思い出や子育て、一緒に行った数々の旅行など話が尽きない。二人で毎日必ず話すことがある。今日良かったことだ。激動(げきどう)の人生ではないから大(たい)そう(注4)なことはないから、小さな幸せを探す。友人の良かったことを聞いて良かったねと言う。友人もまた良かったねと言ってくれる。嫌なことがあった日も前向きになれる。一人暮らしの友人を励ますために始めたこのたわいない(注5)決(き)めごと(注6)に今では私が励まされている。

（注１）嘆(なげ)く：ここでは悲しく思うという意味
（注２）健在(けんざい)：元気で変わりないこと
（注３）未亡人(みぼうじん)：夫を亡くした妻
（注４）大(たい)そう：すごいこと、立派なことなど
（注５）たわいない：ここではすごいことではない、たいしたことではない
（注６）決(き)めごと：ここでは二人で決めたこと

54 著者は今はどんなことに励まされているのか。

1 友達を励ますこと

2 色々な思い出を話すこと

3 友人の安否(あんぴ)を確かめること

4 毎日良かったことを話すこと

（3）

ヒロズキンバエ[注1]のウジ[注2]は長年火傷や糖尿病[注3]などで壊死[注4]した箇所を治療するために使われてきましたが、最近農業分野での利用が注目されています。農作物が実を付けるためには蜜蜂が欠かせないのですが、近年蜜蜂の大量死などもあって十分な蜜蜂を集めることができなくなっています。そこで蜜蜂の代わりにヒロズキンバエでいちごを授粉[注5]させることにしました。利点は活動温度が10℃～35℃と蜜蜂よりも厳寒期[注6]にも強いことや人を刺さないことです。今後不足しがちな蜜蜂の過剰な消費を抑えるためにも厳寒期はハエを使うことが望まれます。欠点は10日ほどで死んでしまうので補充が必要なことです。現在はまだ価格で蜜蜂に負けていますが、安定供給できるメリットがあるし、近い将来、価格面も抑えられると思います。

（注1）ヒロズキンバエ：世界のほとんどの地域で見られるハエで、体は長さ10～14mm、鮮やかな青緑色、または金色をしている

（注2）ウジ：卵から生まれたばかりのハエの子供

（注3）糖尿病：血液中を流れるブドウ糖という成分が増えてしまう病気

（注4）壊死：血液が供給されなくなかったり火傷をしてその部分の組織や細胞が死ぬこと。また、その状態

（注5）授粉：実ができるように花粉をつけること

（注6）厳寒期：とても寒い期間

55 現在の蜜蜂とヒロズキンバエの授粉はどうしたらよいか。

1 安い方を使ったほうがよい。

2 両方を一緒に放したほうがいい。

3 季節によって使い分けたほうがよい。

4 長く使えるほうを利用したほうがいい。

（4）

最近、朝食をパンにする人が５６．６％と半数を超えている。しかしどちらが好きか尋ねたらご飯好きのほうが多かったそうだ。健康の面でもご飯のほうがよいそうだ。ご飯がよい点はまず無添加(むてんか)(注1)であることだ。パンは小麦(こむぎ)に砂糖や塩、油脂(ゆし)(注2)などが加えられた加工品(かこうひん)(注3)である。噛む回数もご飯のほうが多く、脳が活性化すると言われている。しかしパンは忙しい朝に手軽に食べられる便利な食べ物だ。多くの人にとってパンを食べない生活は難しい。だからせめて柔らかくて甘いパンを避けてフランスパンのような硬いパンを選んでほしい。

（注１）無添加(むてんか)：食品に入れられる科学的な物を使用していないこと
（注２）油脂(ゆし)：３大栄養素(えいようそ)の一つ。肉や魚に含まれる動物性(どうぶつせい)と植物(しょくぶつ)がある
（注３）加工品(かこうひん)：ここでは食品に何かの加工(かこう)をした物

56 作者が最も言いたいことはどれか。

1 パンを食べると健康に良くない。

2 朝食をパンにする人のほうが多い。

3 パンを食べるなら硬いパンのほうがいい。

4 忙しい人はご飯は食べない。

（５）

アイカードはアイモール、アイスーパーの直営店(ちょくえいてん)(注1)での衣料品、住まいの品、食料品などをお買い上げの際のご使用で、１００円ごとに１ポイント贈呈(ぞうてい)(注2)します。それ以外の専門店でのご使用では０．１ポイントを差し上げます。但(ただ)し、タバコ、商品券などは対象から除外(じょがい)(注3)させていただきます。またアイモール東駅前店は全店、ひばり店の食料品売り場は専門店ですのでご注意ください。１ポイントは１円としてアイモール、アイスーパー全店でご利用になれます。

（注１）直営店(ちょくえいてん)：フランチャイズ本部が直接経営する店
（注２）贈呈(ぞうてい)：人に差し上げること
（注３）除外(じょがい)：取り除くこと

57　もらえるポイントが正しいのはどれか。

1 東駅前店内の花屋で現金で２，０００円払うと２０ポイント

2 ひばり店内の本屋でカードで２，０００円払うと２ポイント

3 ひばり店内の魚屋で１，０００円の魚をカードで買うと10ポイント

4 東駅前の洋品店で１，０００円のハンカチをカードで買うと１ポイント

問題11　次の⑴から⑶の文章を読んで、後の問いに対する答えとして最もよいものを、1・2・3・4から一つ選びなさい。

（1）

今は手紙でなくメールが世界中を飛び回っている。メールはすぐに相手と繋(つな)がることができるから本当に便利だ。今は手紙を書くことはめったにない。特別な相手や特別な場合に書くことがほとんどだ。大切なお知らせ、お礼、お詫(わ)びなどを丁寧に伝えたい時や、自分の気持ちを相手に伝えたい時に手紙を書く人が多い。後者は手紙を書いている間受け取る人のことを考え続けるし、出すまでに切手をはったりしなければならない。ポストに入れるまでに手間がかかる。だから手紙をもらうと書いた人の気持ちが感じられて嬉しくなるのかもしれない。毎日妻に絵手紙(えてがみ)を描いている人がいる。その日の出来事や気分を絵と短い言葉で表して妻に手渡す。これは手紙というよりその日の彼の気持ちが描かれた絵日記(えにっき)と言えよう。

出す場所もいろいろだ。富士山の頂上から手紙を出す人もいる。人によって違うが登ったぞという達成感や嬉しい気持ち、自慢したい気持ち、驚かせたい気持ちを伝えたいし、めったにない頂上からの手紙を届けたい気持ちも強いのだろう。海の下10メートルほどの海底に本物の郵便ポストが置かれている。ほとんど知られていない海底ポストの存在がダイバーを刺激してここに手紙を入れたくなる人が後を絶たない。勿論防水(ぼうすい)された紙に書いた手紙でなければならないが、郵便ポストに入れるときちんと配達されるそうだ。

58 なぜ海底の郵便ポストに手紙を入れたくなるのか。

1 防水の紙があったから

2 海でダイビングしていることを知らせたいから

3 他のポストがなかったから

4 海底のポストから手紙を出す経験がしたくなるから

59 作者の意見はどれか。

1 気持ちをメールで伝えることはない。

2 特別な経験は手紙でしか伝わらない。

3 手紙より便利なのでメールを使ったほうがよい。

4 伝える内容によってはメールより手紙のほうがいい。

60 本文の内容と合っているのはどれか。

1 毎日手紙を出す人がいる。

2 メールでは伝わらないことが多い。

3 海底ポストに出す時は特別な紙が必要だ。

4 手紙を書くのは特別な経験をした時だけである。

（2）

スポーツのルール変更は勿論公平さが第一に考えられているが、試合を面白くするために変えられることもある。卓球のラケットの色が赤と黒に決定されたのはむしろ①後者だそうだ。白い球と同じような薄い色だと球が見にくいからはっきり見分けられる色がよい。また両面が同色のラケットだとどんな球が来るのかわかりにくくラリー(注1)がすぐに終わってしまう。観客にとっては退屈な試合となるわけだ。②このルールが思わぬ効果を上げている。赤と黒の裏表(うらおもて)の面で打たれた球はどんなコースに来るのか予測がつきやすい。だからラリーが続くようになった。ラリーを繰り返していただけでは勝負がつかない。選手は何か新しい技を使わなければ勝てないのだ。結果として選手の技術が大変進歩したのである。観客はラリーを楽しみつつ新しい技も見ることができるようになった。

卓球のラケットには材質(ざいしつ)など細かい規則があるが、サイズは自由だそうだ。余興(よきょう)(注2)で卓球台をほとんどカバーできるような特大のラケットで試合したことがある。球が逃げる場所がないほどだったのに全く勝てなかったそうだ。それほどでなくてもある程度大きい方が打ち返(うちかえ)(注3)せそうに思うが、そうでもないようで使われているラケットの大きさはさほど違わないように見える。

（注1）ラリー：互いに球を打ち返すこと
（注2）余興(よきょう)：イベントなどを面白くするために行うこと
（注3）打ち返(うちかえ)す：打って相手に戻す

61　①後者は何を指すか。

1 公平さを保つため

2 ルールを変えるため

3 試合を面白くするため

4 選手の技術を向上させるため

62　②このルールが思わぬ効果を上げているとはどういうことか。

1 ラリーが続いて勝負がつかなくなった。

2 どんな球が来るのかわかりやすくなった。

3 選手が新しい技を生み出すようになった。

4 裏表のどちらで打ったかわかりやすくなった。

63　どうしてラケットの大きさには規則がないのか。

1 どの大きさにしたら公平かがわからないから

2 大きさまで規制しては試合がつまらなくなるから

3 規制しなくても同じサイズのラケットを使っているから

4 大きい方が有利とは言えないし、公平さに関係がないから

（3）

誰もが記憶力をつけたいだろう。方法は様々だ。①よく噛んで食べること。何かを噛むとコレシストキニン(注1)という物質が分泌されるそうだ。これが多いほど記憶力がよいそうだ。②蛋白質を摂ること。コレシストキニンは蛋白質の摂取によって向上させることができるからだ。③インスリン(注2)を活性化させること。脳内でのインスリンの働きが悪くなることでマウスの学習能力が低下した一方、インスリンを補給することで学習能力が元に戻ったという報告がある。内臓脂肪型肥満になるとインスリンの働きが悪くなるので肥満にならないように気を付ける。エレベーターを使わないで、歩くだけでもよい。④十分な睡眠。 脳が取得した情報を取捨選択(注3)して必要な情報を定着させるには６時間半から７時間半かかる。だから徹夜で勉強するのは効率が悪いというわけだ。⑤座りっぱなしにならないこと。座っている時間が長い人ほど「記憶の形成」に欠かせない脳の領域の皮質(注4)が薄くなっているそうだ。エコノミー症候群(注5)を防ぐのと同様に度々立ち上がって動くか、座り続けている場合は踵(注6)の上げ下ろしをする。⑥トレーニング。思い出せないことをすぐに調べないで「思い出そうとする時間」を長くする。特に年を取るとメモすることが習慣になるが、見る前に思い出してみることだ。「何だったかなあ」と考えることが大切だそうだ。特に今にも思い出すことができそうな瞬間が記憶にとって最適なのだそうだ。脳の扁桃体という部分は感情と記憶力の両方に関係がある。何かを必死に思い出そうとすると扁桃体が怖い蛇を見た時のように「生死にかかわる事態が起きた」と勘違いして活性化するので記憶力がよくなるのだそうだ。<u>何とも面白い</u>。

（注１）コレシストキニン：消化管ホルモンの１つ
（注２）インスリン：血液中の糖分を下げるホルモン
（注３）取捨選択：悪い物や要らない物を捨てて、良い物や必要な物を選び取ること
（注４）皮質：ここでは脳の外側の部分
（注５）エコノミー症候群：同じ姿勢でいて足の血流が悪くなり、血管の中に血が固まった物ができることによって起きるさまざまな症状
（注６）踵：足の裏の部分。足首の下にあたる部分

64 何とも面白いとあるが、何が面白いのか。

1 トレーニング

2 脳が勘違いすること

3 脳が活性化すること

4 思い出させそうな瞬間

65 記憶力を高めるためにどんなことをやったらよいか。

1 メモを取るのを止める。

2 じっとせずに体を動かす。

3 乗物に乗らないことにする。

4 １２時前には寝ることにする。

66 本文の内容と合っているのはどれか。

1 夜に勉強をするのは記憶する点ではよくない。

2 体を動かすのが最も大事である。

3 思い出せないことを思い出すまで考える必要がある。

4 記憶力アップと健康を維持する方法はほぼ同じである。

問題12　次のAとBの文章を読んで、後の問いに対する答えとして最もよいものを、1・2・3・4から一つ選びなさい。

A

日本の合計特殊出生率(注1)が1．36まで低下しました。この傾向が続くと日本はますます人口が減って労働力不足に陥ってしまいます。現在子供の15人に一人は体外受精(注2)で生まれています。不妊治療の金銭的負担が重くて、治療を諦めてしまう夫婦のために2022年の不妊治療支援の保険適用を目指しています。また子育て中の保護者が保育所または学童保育(注3)施設に入所申請をしているにもかかわらず入所できないいわゆる待機児童(注4)解消に向けて14万人分の保育の受け皿(注5)を準備する方針です。更に男性の育休(注6)取得を促すために企業に制度の周知(注7)を義務づけたり、産後に休暇を取りやすくする仕組みの導入も検討しています。これらの結婚した人のための政策は完璧とは言えませんが実行できればまずまず(注8)だと思います。しかし結婚しない人の増加に歯止め(注9)をかけることは出生率を上げるためにもっと必要なことではないでしょうか。

B

日本で少子化が進む理由は何といっても未婚や晩婚化(注10)が進んでいるからです。それでも既婚者の子供数が増えていればまだましですが、そちらも減少気味です。その理由は、主婦に対する少子化の原因調査によると①子育てと両立できる仕事が少ないが70．3%。②子育てにお金がかかり過ぎるが69．7%。③子育ての負担が女性に偏っているが67．0%だそうです。また不妊治療を受けている人も多いです。晩婚化がその原因の一つです。では未婚問題が解決できれば出生率に貢献するはずですが、 それも難しい状況です。結婚したくない理由は①自分のために時間を使いたい。②経済的なメリットがない。③共同生活が耐えられない。④子供が欲しいと思わない。⑤家事の負担が嫌だなどだそうです。個人の問題に国が立ち入ることはできません。しかし、一方で経済的な理由で結婚できない人が増えているとの情報もあります。こちらは国の政策次第で改善できますから国に何とかしてもらいたいです。

（注１）合計特殊出生率（ごうけいとくしゅしゅっせいりつ）：１人の女性が一生のうちに産む子供の数
（注２）体外受精（たいがいじゅせい）：普通は体の中で行う受精を体の外で行うこと
（注３）学童保育（がくどうほいく）：学校が終わった後や長期の休みの期間に小学校の子供の世話をすること
（注４）待機児童（たいきじどう）：ここでは保育所や学童保育施設に入れないので待っている子供
（注５）受け皿（うけざら）：ここでは保育所や学童保育を希望する子供を受け入れる施設など
（注６）育休（いくきゅう）：育児休業。国が決めた子供を育てるために労働者が仕事を休める権利
（注７）周知（しゅうち）：広く知らせること
（注８）まずまず：まあまあ
（注９）歯止め（はどめ）をかける：進まないように止める
（注10）晩婚化（ばんこんか）：初めて結婚する年齢の平均が上がる状態であること

67 AとBは主に少子化問題の何に焦点を当てているか。

1 Aは国の政策への評価、Bは少子化の原因と解決方法

2 Aは既婚者のための少子化対策、Bは少子化が止まらない原因

3 Aは少子化問題全体の解決のための国の政策、Bは少子化問題が起こる原因

4 Aは主に既婚者への少子化対策について、Bは少子化に対する主婦や未婚者の意見

68 AとBは少子化問題の国の対策についてどう考えているか。

1 Aは国の対策は十分だ、Bは未婚問題は国が立ち入れないという考え

2 Aは国の対策は効果がない、Bは対策によって少子化問題が改善する可能性があるという考え

3 Aは結婚する人を増やす対策のほうが大事だ、Bは少子化を改善できる対策もあるという考え

4 Aは既婚者より未婚者に対する対策が重要、Bは少子化の原因ごとに対策が必要だという考え

問題13　次の文章を読んで、後の問いに対する答えとして最もよいものを、１・２・３・４から一つ選びなさい。

世界の人口は、現在の７８億人から２０５０年には１００億人近くになると予測されています。現在でも食糧(しょくりょう)不足ですから、今のままでは飢え死(うえじ)に(注1)する人が増加してしまいます。また人類が生き残れる環境を作るために地球温暖化の原因である温室ガスを減らさなければなりません。①両者の解決策の一つとして大豆(だいず)、小麦(こむぎ)、エンドウマメ、ソラマメなどを使用した植物から作られた代替肉(だいたいにく)に注目が集まっています。実は畜産業(ちくさんぎょう)は温室効果ガスを大量に排出しているだけでなく飼料や水も大量に使用しなければなりませんから地球環境に与える影響がとっても大きいです。

（中略）

アメリカの調査会社は世界的な代替肉市場規模を、２０１８年で４６．３億米ドル、日本円で４８１５億円、その後年平均成長率(注2)６．８％で拡大し、２０２３年には６４．３億米ドル、日本円で６６８７億円に達すると推定しています。スタートアップ(注3)企業だけでなく大手の食肉や食品の企業が参加するようになったためだと言われています。といっても世界の食肉市場は約２００兆円ですから、まだまだ代替肉はその足元にも及びません。いくら体に良いと言ってもまずければ消費はこんなに伸びないでしょう。近年、本物の肉とほとんど変わらない製品ができたことが消費の拡大に一役買(ひとやくか)って(注4)いると思います。

日本でも代替肉は知られるようになってきました。大手食品企業により、代替肉商品が開発され、ハンバーガーショップでも代替肉を使った商品が売られています。しかし、スーパーマーケットやコンビニでも代替肉を利用した商品が普通に販売されている欧米諸国と比較すると、日本ではベジタリアンなどを対象とした小規模(しょうきぼ)小売店(こうりてん)(注5)やネットでの販売などに限られていて、また商品の種類もまだまだ少ないです。元々肉の消費量が欧米に比べて少ないし豆腐(とうふ)などの大豆製品を日頃からかなり摂っているので、わざわざ健康上の理由で主に大豆を使った植物由来(ゆらい)の食品を食べようとする人があまりいないからかもしれません。また宗教上食べられない人もあまりいませんから、珍しいからちょっと食べてみようと思う人はいると思いますが、よほど美味しいか安くなければ消費は増えないのではないでしょうか。②企業の力が問われています。

（注１）飢え死に（うえじに）：食べ物が食べられなくて死ぬこと
（注２）４８１５億円（おくえん）：１ドル１０４円で計算
（注３）スタートアップ企業（きぎょう）：全く新しいビジネスを短期間で成長させる企業
（注４）一役買う（ひとやくかう）：ここでは役に立っているという意味
（注５）小売店（こうりてん）：最終的に消費者に物を売る店

69 ①両者とは何か。

1 食糧不足と温暖化防止

2 代替肉の生産と環境の悪化

3 人口の増加と温室ガスの減少

4 食糧の増産と温室ガスを出さないこと

70 ②企業の力が問われていますとはどういうことを指すか。

1 企業に販売力があれば消費が増える。

2 企業が珍しいから食べてみたらと勧めれば買う。

3 企業が安くて美味しい製品を出せれば消費が増える。

4 企業が売る商品が安くて美味しいかどうかわからない。

71 作者の考えはどれか。

1 日本でも一般的に代替肉が食べられるようになった。

2 代替肉の品質が向上したので消費が伸びている。

3 代替肉を食べなければ食糧不足が解決できない。

4 大会社が代替肉を作るのに比例して消費が伸びている。

問題14　次のページは、求人情報である。下の問いに対する答えとして最もよいものを、1・2・3・4から一つ選びなさい。

72　山田(やまだ)さんは大型免許を所有しているが今まで働いたことはない。今は月給(げっきゅう)が一番高い仕事がしたい。どの仕事を選んだらいいか。

1 A

2 B

3 C

4 D

73　大山(おおやま)さんは普通運転免許で３年以上の経験がある。 社会保険に加入できて運転能力がアップできる仕事がしたい場合、どれを選んだらいいか。

1 A

2 B

3 C

4 D

A 大型バス運転手

資格：１種または特殊免許所有[注1]（２１歳以上）・普通１種免許所有者[注2]（取得後３年以上）

時間：４:００〜２６:００　実働８時間・交代制

休日：４週８休制（年間休日１０４日）

待遇[注3]：昇給[注4]年１回、ボーナス年３回、社会保険完備、制服支給、試用期間[注5]６か月間は月給２０万円、各種手当（通勤手当、無事故手当）有り

その他：所有免許の種類によって月２５万円〜３０万円。２種免許取得[注6]が可能

B 観光農園責任者（いちご及び梨の栽培に関心がある方、経験は問いません。）

資格：運転免許所有者

時間：８:３０〜１７:３０

但し、いちご、梨のたくさん採れる時期は変更されることがあります。

休日：月曜と正月休みで年間５５日

待遇：月給は農業経験が無い場合２２万円、経験者は３０万円、ボーナス月給１か月分を年１回、社会保険完備、各種手当（通勤手当・皆勤手当[注7]）マイカー通勤可

その他：体が不自由な方やお年寄りの方も働いていますので、このような方に理解がある方を希望します。

C 幼稚園運転手

資格：大型１種免許所持者

時間：８:００〜１６:００

休日：日曜及び春期、夏期、冬期（各期１０日以上の休暇。年間休日約１３０日）

待遇：年収３００万円保証、社会保険完備、制服支給、ボーナス年１回、昇給年１回

その他：掃除なども含まれます。ただし、送り迎えのみも可。その場合はパートになりますので、時給などは相談の上で決めます。

D ケアセンター運転手

資格：運転免許所有者

時間：９:３０〜17:３０

休日：年間６０日保証

待遇：年収２８０万円、制服支給(しきゅう)

その他：主な仕事はお年寄りの送り迎えです。掃除なども含まれます。介護の資格を取る勉強ができます。

（注１）１種(免許)(しゅめんきょ)：車が運転できる普通の免許
（注２）特殊免許(とくしゅめんきょ)：特別な工事用の車、例えばブルトーザー、クレーン車などの免許
（注３）４週８休(しゅう きゅう)：４週(２８日)に休みが８日
（注４）昇給(しょうきゅう)：働いた年数などで給料が上がること
（注５）試用(しよう)：ここでは会社や仕事に合うかどうか試しに働くこと
（注６）２種免許(しゅめんきょ)：タクシーやバスなど、料金を取ってお客を乗せることができる運転免許
（注７）皆勤手当(かいきんてあて)：休まないで働いたことに対して与えられる給料以外のお金

Listening 問題用紙

N2

聴解

(50分)

注意 Notes

1. 試験が始まるまで、この問題用紙を開けないでください。
Do not open this question booklet until the test begins.

2. この問題用紙を持って帰ることはできません。
Do not take this question booklet with you after the test.

3. 受験番号と名前を下の欄(らん)に、受験票と同じように書いてください。
Write your examinee registration number and name clearly in each box below as written on your test voucher.

4. この問題用紙は、全部で13ページあります。
This question booklet has 13 pages.

5. この問題用紙にメモをとってもかまいません。
You may make notes in this question booklet.

受験番号 Examinee Registration Number	

名前 Name	

問題 1

問題１では、まず質問を聞いてください。それから話を聞いて、問題用紙の１から４の中から、最もよいものを一つ選んでください。

例

1　先生にメールで聞く

2　友達にメールで聞く

3　研究室の前のけいじを見る

4　りょうの前のけいじを見る

1番（ばん）

1　夕食（ゆうしょく）をとる

2　温泉（おんせん）めぐりをする

3　部屋（へや）の風呂（ふろ）に入（はい）る

4　大浴場（だいよくじょう）の風呂（ふろ）に入（はい）る

2番（ばん）

1　１階（かい）だけの家（いえ）にする

2　２階（かい）をアパートにする

3　２せたい住宅（じゅうたく）にする

4　民泊（みんぱく）に使（つか）う

3番

1　空いている席に座る

2　前の案内を見ている

3　５つ先のバス停で降りる

4　席のよこのボタンをおす

4番

1　いつもの道をいつものように歩く

2　いつもの道を反対から回る

3　川にそって歩く

4　花の山の道をのぼる

5番(ばん)

1　じゅく以外(いがい)は止(や)めさせる

2　じゅくを止(や)めさせる

3　嫌(いや)ならピアノは止(や)めさせる

4　ピアノじゃなくプログラミングにする

もんだい
問題 2

問題 2 では、まず質問を聞いてください。そのあと、問題用紙のせんたくしを読んでください。読む時間があります。それから話を聞いて、問題用紙の 1 から 4 の中から、最もよいものを一つ選んでください。

例

1　友達とけんかしたから
2　かみがたが気に入らないから
3　試験があるから
4　頭が痛いから

1番

1 ブランド商品だから

2 他の人は持っていないものだから

3 無くす心配がないものだから

4 だれのかすぐ分かるものだから

2番

1 割れたものが元のように直せるから

2 割れたものが前よりよくなることがあるから

3 日本に昔からある修理の方法だから

4 修理した部分が分からないような技術がないから

3番

1 日本人がトイレで手をふくから

2 手をふく習慣が日本人にもあるから

3 同じハンカチで何度も手をふくから

4 日本のトイレに手をふく紙が置いてないから

4番

1 男の人と行きたくないから

2 こんでいるから

3 去年行ったから

4 食事がまずいから

5番

1 子供がこんなに喜ぶと考えなかったから

2 隣の大学の中につくった方がよかったから

3 近所にどんな人がいるか調べなかったから

4 住宅から遠い場所につくった方がよかったから

問題3

問題3では、問題用紙に何もいんさつされていません。この問題は、全体としてどんな内容かを聞く問題です。話の前に質問はありません。まず話を聞いてください。それから、質問とせんたくしを聞いて、1から4の中から、最もよいものを一つ選んでください。

― メモ ―

もんだい
問題 4

問題 4 では、問題用紙に何もいんさつされていません。まず文を聞いてください。それから、それに対する返事を聞いて、1 から 3 の中から、最もよいものを一つ選んでください。

－ メモ －

もんだい
問題 5

問題 5 では、長めの話を聞きます。この問題には練習はありません。
問題用紙にメモをとってもかまいません。

1 番、 2 番

問題用紙に何もいんさつされていません。まず話を聞いてください。それから、質問とせんたくしを聞いて、 1 から 4 の中から、最もよいものを一つ選んでください。

－ メモ －

3番

まず話を聞いてください。それから、二つの質問を聞いて、それぞれ問題用紙の1から4の中から、最もよいものを一つ選んでください。

質問1

1 A市
2 B市
3 C市
4 D市

質問2

1 A市
2 B市
3 C市
4 D市

JLPT N2 실전모의테스트 제1회 | 정답 및 해석 |

1교시 언어지식(문자·어휘·문법)·독해

문제 1 1 ③ 2 ④ 3 ① 4 ① 5 ③
문제 2 6 ④ 7 ③ 8 ② 9 ④ 10 ②
문제 3 11 ② 12 ④ 13 ③
문제 4 14 ① 15 ③ 16 ③ 17 ④ 18 ④ 19 ④ 20 ②
문제 5 21 ① 22 ① 23 ② 24 ① 25 ④
문제 6 26 ① 27 ① 28 ④ 29 ② 30 ③
문제 7 31 ① 32 ④ 33 ② 34 ③ 35 ② 36 ④ 37 ② 38 ① 39 ③ 40 ①
41 ④ 42 ③
문제 8 43 ④ (1342) 44 ① (2314) 45 ② (3124) 46 ④ (2143) 47 ③ (4132)
문제 9 48 ③ 49 ④ 50 ④ 51 ② 52 ①
문제 10 53 ② 54 ③ 55 ③ 56 ③ 57 ③
문제 11 58 ③ 59 ② 60 ① 61 ② 62 ② 63 ② 64 ① 65 ② 66 ④
문제 12 67 ④ 68 ②
문제 13 69 ④ 70 ③ 71 ②
문제 14 72 ③ 73 ①

2교시 청해

문제 1 1 ② 2 ③ 3 ② 4 ④ 5 ④
문제 2 1 ③ 2 ③ 3 ④ 4 ② 5 ②
문제 3 1 ④ 2 ③ 3 ③ 4 ③ 5 ④
문제 4 1 ② 2 ③ 3 ① 4 ② 5 ① 6 ② 7 ③ 8 ② 9 ③ 10 ② 11 ①
문제 5 1 ④ 2 ② 3-1 ④ 3-2 ②

1교시 언어지식(문자·어휘)

문제 1 ＿＿의 단어의 읽기로 가장 알맞은 것을 1·2·3·4에서 하나 고르시오.

1 쿠키를 아이들에게 똑같이 나눠주었다.
2 그 일이 점점 부담이 되었다.
3 그는 약속을 어긴 것으로 나를 미워하고 있다.
4 우리가 도쿄에서 만난 것은 우연이었다.
5 10월 하순에 여기로 이사 왔습니다.

문제 2 ＿＿의 단어를 한자로 쓸 때 가장 알맞은 것을 1·2·3·4에서 하나 고르시오.

6 속도 위반으로 벌금을 물었다.
7 로미오 역의 그의 연기는 훌륭했다.
8 그녀는 활달한 성품이다.
9 이 밥, 작은 돌이 섞여 있어.
10 그녀는 그림을 그리는 것이 취미이다.

문제 3 (　　)에 들어갈 가장 알맞은 것을 1·2·3·4에서 하나 고르시오.

11 전 촌장은 2006년부터 2018년에 걸쳐 촌장을 맡았습니다.
12 어제 파스텔풍의 벽지를 구입했다.
13 이 지역은 보수색이 강하다.

문제 4 (　　)에 들어갈 가장 알맞은 것을 1·2·3·4에서 하나 고르시오.

14 열차운행표 개정으로 환승이 도리어 귀찮아졌다.
15 대기 상태가 불안정해져 각지에서 강한 비가 내렸다.
16 도시 생활에 동경을 느껴 상경하는 젊은이가 많다.
17 나는 최근 부쩍 기억력이 떨어져 버렸다.
18 이 지역에서는 많은 농가가 쌀을 재배하고 있다.
19 가사 분담에 대해서는 결혼하기 전부터 의논하는 것이 좋아.
20 이런 너저분하게 어지러진 방에서는 도저히 공부 같은 건 할 수 없다.

문제 5 ＿＿의 단어와 의미가 가장 가까운 것을 1·2·3·4에서 하나 고르시오.

21 이번 등산은 꽤 힘들다.
22 그런 일로 침울해하지 마.
23 배는 항구로 되돌아왔다.
24 컴퓨터의 구조를 모르겠다.
25 갑자기 배가 아파와서 평소 다니는 병원에 갔다.

문제 6 다음 단어의 용법으로 가장 알맞은 것을 1·2·3·4에서 하나 고르시오.

26 特殊
1 그 화가는 특수한 기법으로 그림을 그렸다.

27 初歩
1 그 아이에게는 영어회화를 기초부터 가르칠 필요가 있다.

28 充満
4 JR 운임 인상에 대해 시민의 불만이 가득하다.

29 即座に
2 그의 제의가 너무나 어이없어서 나는 그 자리에서 거절했다.

30 めくる
3 그녀는 심심풀이로 잡지 페이지를 팔락팔락 넘겼다.

1교시 언어지식(문법)

문제 7 다음 문장의 (　　)에 들어갈 가장 알맞은 것을 1·2·3·4에서 하나 고르시오.

31 이 일은 혼자서는 할 수 없습니다. 그래서 당신이 도와줬으면 합니다.
32 믿을 수 없는 것이 상담한 끝에 '지금 한 상담은 듣지 않은 것으로 해주길 바란다'고 태연하게 말하는 사람이 있다는 것입니다.
33 기대하고 있었던 여행이었지만 아파서 취소할 수밖에 없었다.
34 시험을 생각하면 불안하고 또 불안해서 견딜 수 없다.
35 저기 있는 가게의 점심은 런치 A와 B 2종류에서밖에 고를 수 없지만 양이 아주 푸짐해서 무척 배가 부릅니다.
36 지난주 토요일부터 마츠모토 선생님의 강연이 시작되었습니다. 어제 있었던 강연회에는 공교롭게 내리는 비에도 불구하고 약 200분이 와 주셔서 스태프 일동 정말 감사드리며 감격했습니다.
37 아내 "저기, 여보, 지로네 학교에서 낚시 여행을 계획하고 있는데 부모님 몇 명이 같이 가서 도와주었으면 한대. 당신, 가능해?"
남편 "주말이라면 기꺼이 맡을게."
38 자기 전 몇 분, 머리를 말리기만 해도 아름다운 머리카락을 유지할 수 있습니다. 젖은 채로 두지 말고 드라이어로 가능한 한 빨리 말려 줍시다.
39 (행사 방송에서) 고객님께 안내 말씀 드립니다. 도쿄에서 오신 다나카 님, 야마다 님이 회장 접수 텐트 앞에서 기다리십니다.
40 확실히 종이연극은 단순해 보이지만 실은 여러 면에서 심오해 오히려 어른이 배운다고 한다.
41 깜짝선물로 건네 받은 것은 저만을 위해 만들어진 목걸이였습니다. 주문하고 한 달 정도, 크리스마스에 맞출 수 있게 가게도 대처해주었다고 해서 지금도 항상 소중히 하고 있습니다.
42 강한 햇살에 꽃이 시들어 버리지 않도록 그늘에 꽃병을 두었다.

문제 8 다음 문장의 ___★___에 들어갈 가장 알맞은 것을 1·2·3·4에서 하나 고르시오.

43 다음 주 세미나에서는 낡은 집도 궁리하기에 따라 멋지게 살 수 있는 방법에 대해 이야기합니다. 부담 없이 참석해 주세요.

44 그가 그런 말을 하다니 어딘가 이상하다고 밖에 생각할 수 없다.

45 그들이 범죄에 연루되거나 범죄에 빠진 것을 보도하는 뉴스를 접할 때마다, '그들은 일본인이 아니니까'하고 단순하게 생각하고 있지는 않은가.

46 자신의 꿈이 정해지지 않은 경우에는 어쩔 수 없지요. 요즘에는 성우나 유튜버 등도 되고 싶은 직업의 랭킹에 들어있기 때문에, 실제로 될지 어떨지는 차치하고 그런 것을 꿈으로 써도 좋을지도 모릅니다.

47 사소한 질문에 대해서도 "뭐, 대체로 그렇죠"라고 딱 잘라 대답할 수 없는 사람이 과학자이다. 그것은 조금이라도 예외가 인정된다면, 조금이라도 틀릴 가능성이 생각된다면 긍정할 수 없다는 자세이며, 무엇보다도 겸허함의 표현이라고 해도 좋다.

문제 9 다음 문장을 읽고, 문장 전체의 내용을 생각해서 [48] 부터 [52] 에 들어갈 가장 알맞은 것을 1·2·3·4에서 하나 고르시오.

책을 읽는 것은 좋은 일이다. 비록 그것이 주거 빈곤의 반영이라 해도, 개인이 자유로운 상상력에 의해 저마다의 정신의 개인실을 가지는 것은 바람직한 일이다. 실제로, 원래 '개인'이라는 것은 그런 식으로 성장해 가는 존재이기 때문이다.

그러나 가정에 있는 서적이라는 것을 생각해보면 이것은 상당히 이상한 물건인 듯한 느낌이 든다. 왜냐하면 책은 가정의 비품 가운데 하나이면서 결국 개인에 속하는 것이기 때문이다. 가정의 책장에 꽂혀 있는 수십 권, 혹은 수백 권의 책등(주1) 표지는 온 가족이 매일 바라보는데도 그 내용은 가족이 공유하는 것이 아니다. 그런 점에서 가정에 있는 다른 여러 가지(주2) 비품과 책들과는 성격이 다른 것이다.

그건 그것으로 좋다. 마치 개인실을 들여다보지(주3) 않는 것이 예의인 것처럼 정신의 개인실도 들여다보지 않는 편이 좋을지도 모르겠다. 서로 좋아하는 책을 읽고 각각의 세계를 즐기면 그것으로 좋다 라고 해야 할지도 모른다.

그러나 책은 다른 한편으로 개인에 속하는 것이면서도 동시에 누구나 들어갈 수 있는 개인실, 즉 호텔방과 같은 사회성도 지니고 있다. 누군가가 사용 중인 한 그곳에 발을 들여놓아서는(주4) 안 되지만, 빈 방이 되었을 때에는 누가 사용해도 상관없다. 주부가 구입한 문학전집을 남편이나 아이가 읽는 것도 전혀(주5) 문제가 없는 일이며, 아이의 만화책을 부모가 읽어도 좋다.

(가토 히데토시 『삶의 사상』 중에서)

(주1) 背表紙(せびょうし): 책의 꿰매진 부분. 제목이 쓰여 있는 부분
(주2) もろもろ : 여러 가지
(주3) のぞきこむ: 틈 등을 통해 안을 보다
(주4) 踏(ふ)み込(こ)む : 안으로 들어가다
(주5) 一向(いっこう)に: 전혀, 조금도

문제 10 다음 (1)에서 (5)의 문장을 읽고 다음 질문에 대한 답으로 가장 적절한 것을 1・2・3・4에서 하나 고르시오.

1

해석

오오키님
일전에는 전화로 대단히 실례했습니다. 정가 100엔인 A-120번 상품에 대해 문의드린 송상사의 기무라라고 합니다. 첫 거래인지라 확인하고 싶어서 메일을 드립니다. 주문은 100개부터, 1000개~1999개 주문은 5% 할인, 2000개 이상이 되면 10% 할인, 또한 배송료는 귀사 부담(주1)으로 괜찮으십니까? 또 납기(주2)는 어느 정도가 될지 알고 싶습니다. 답장 부탁드립니다.

기무라 기요시

(주1) 貴社負担(きしゃふたん): 지불하는 것은 당신의 회사라는 것
(주2) 納期(のうき): 여기에서는 상품이 도착하기까지의 기간

단어 **定価**(ていか) 정가 | **差**(さ)**し上**(あ)**げる** 드리다 | **送料**(そうりょう) 배송료 | **貴社**(きしゃ) 귀사 | **負担**(ふたん) 부담 | **納期**(のうき) 납기 | **最低**(さいて) 최저 | **割引率**(わりびきりつ) 할인율 | **量**(りょう) 물량

53 기무라 씨가 확인하고 싶은 것은 무엇인가?

1 최저 주문수와 상품의 배송료와 납기
2 최저 주문수, 할인율과 배송료와 납기
3 상품 정가와 최저 주문수, 할인율, 배송료
4 최저 주문수, 물량이 많을 때의 할인율, 납기

해설 메일에서 최소 주문 개수와 개수에 따른 할인율, 배송료 부담과 납기일에 대해 알고 싶다고 했으므로 정답은 선택지 중 2번이다.

2

해석

좋아하는 반찬 1위로 꼽히는 닭튀김은 일본에서 연간 400억 개나 먹는다고 한다. 맛있는 닭튀김을 만드는 방법의 힌트를 들겠다. ① 닭고기를 간장, 마늘, 생강, 미림, 참기름 양념장에 재운다. 어느 유명 가게에서는 하루 반을 재운다. 집에서는 30분 정도라도 괜찮지만 잘 버무리는 것이 중요하다. ② 버무릴 때 사과를 넣으면 효소의 작용으로 부드러워지고 단맛도 더해진다. 사과가 없을 때는 설탕을 약간 넣는다. ③ 튀기기 전에 고기를 상온에 두면 타는 것을 막을 수 있다. 가루를 묻히기 전에 고기를 껍질로 감싼다. 맛이 잘 도망가지 않는다. ④ 기름에 3분 정도 튀긴 다음 2분간 기름 속에서 흔들면서 튀긴다. 이것으로 공기 구멍이 생겨 바삭해진다. ⑤ 여분의 기름을 빼기 위해 부채로 부채질 한다. 이것으로 당신도 닭튀김 명인이 될 수 있다.

단어 **おかず** 반찬 | **唐揚**(からあ)**げ** 닭튀김 | **挙**(あ)**げる** 들다 | **鶏肉**(けいにく) 닭고기 | **醤油**(しょうゆ) 간장 | **ニンニク** 마늘 | **生姜**(しょうが) 생강 | **みりん** 미림 | **ごま油**(あぶら) 참기름 | **たれ** 양념장 | **浸**(つ)**ける** 재우다 | **もむ** 문지르다 | **酵素**(こうそ) 효소 | **働**(はたら)**き** 작용 | **柔**(やわ)**らかい** 부드럽다 | **揚**(あ)**げる** 튀기다 | **常温**(じょうおん) 상온 | **焦**(こ)**げ** 탐 | **粉**(こな) 가루 | **うま味**(み) 맛 | **揺**(ゆ)**らす** 흔들다 | **余分**(よぶん) 여분 | **団扇**(うちわ) 부채 | **扇**(あお)**ぐ** 부채질하다 | **名人**(めいじん) 명인 | **からっと** 바삭하게 | **過程**(かてい) 과정

54 내용에 맞는 것은 어느 것인가?

1 양념에 재우는 시간은 길면 길수록 좋다.
2 바삭하게 하는 방법은 하나밖에 없다.
3 맛있게 만들기 위해 과학적인 방법도 사용한다.
4 모든 과정에서 그렇게 하는 이유를 말하고 있다.

해설 닭고기는 양념에 30분 정도만 재워도 좋고 중요한 것은 잘 버무리는 것이라고 했으므로 선택지 1번은 맞지 않다. ④와 ⑤를 통해 바삭한 닭튀김을 만들 수 있으므로 2번 역시 오답이다. ②에서 효소의 작용 등을 거론하고 있으므로 선택지 3번이 정답이다. ①에는 이유가 적혀 있지 않기 때문에 4번은 정답이 아니다.

3

해석

당신의 아이디어를 모집합니다.

금년의 아이디어 모집의 테마는 일본 종이입니다. 일본 종이를 사용한 잡화의 상품 기획을 모집하고 있습니다. 지금까지 없었던 획기적인 제품의 아이디어를 환영합니다. 가능하면 이미지도 있으면 더욱 좋습니다. 당사 홈페이지의 '아이디어 모집' 페이지에서 응모해 주십시오.

마감: 9월 10일
주 재료 : 기성품, 오리지널 종이 불문
제품: 잡화
상금 : 20만 엔. 상품화의 경우 판매 수수료 3%

(주) 歩合(ぶあい) : 여기서는 상품이 팔렸을 때 매출의 3%가 지급된다는 뜻

단어 **募集**(ぼしゅう) 모집 | **和紙**(わし) 일본종이 | **雑貨**(ざっか) 잡화 | **企画**(きかく) 기획 | **画期的**(かっきてき) 획기적 | **製品**(せいひん) 제품 | **歓迎**(かんげい) 환영 | **応募**(おうぼ) 응모 | **締**(し)**め切**(き)**り** 마감 | **既製品**(きせいひん) 기성품 | **賞金**(しょうきん) 상금 | **売**(う)**り上**(あ)**げ** 매상 | **歩合**(ぶあい) 수수료

55 내용과 다른 것은 어느 것인가?

1 특별한 일본 종이를 사용해도 된다.
2 기획은 몇 개 제출해도 된다.
3 어떤 재료의 기획이라도 좋다.
4 채용되면 반드시 상금을 받을 수 있다.

해설 안내문에는 기성품이나 오리지널 종이 등을 불문한다고 했고, 제출 개수 제한은 명시되어 있지 않다. 상금에 대한 제한 역시 나와 있지 않은데 아이디어가 상품화되는 경우에는 추가로 판매 수수료를 3% 받을 수 있다고 되어 있다. 이 공모전에서 중요한 것은 일본 종이를 사용하는 것이므로 선택지 3번은 맞지 않는 내용이다.

4

해석

같은 체형이라도 어떤 옷을 입느냐에 따라 뚱뚱해 보이기도 날씬해 보이기도 한다. 따뜻한 색(주1)은 커 보이고 차가운 색(주2)은 작아 보인다. 날씬해 보이는 조합이 있다. 흰 셔츠에 검은 바지처럼 색의 차이가 분명한 옷을 입으면 좋다. 세로로 긴 것으로 구분하는 옷을 맞추는 것도 좋다. 예를 들어 원피스에 긴 상의를 앞을 열고 입으면 가늘고 세로로 긴 부분이 3개 보이기 때문에 효과적이다. 그래서 세로 무늬의 옷도 좋다는 것을 알 수 있다. 또한 옷깃은 V자형이 옷을 입었을 때 더 말라(주3) 보인다. 모두 눈의 착각이지만 잘 이용하고 싶다.

(주1) 暖色(だんしょく): 빨강색, 주황색 등 봤을 때 따뜻하게 느껴지는 색
(주2) 寒色(かんしょく) : 파랑색, 하늘색 등 봤을 때 차갑게 느껴지는 색
(주3) 着(き)やせ : 옷을 입었을 때 실제보다 말라 보이는 것

단어 **痩(や)せる** 여위다, 살이 빠지다 | **暖色(だんしょく)** 따뜻한 색 | **寒色(かんしょく)** 차가운 색 | **組(く)み合(あ)わせ** 조합 | **縦(たて)** 세로 | **区切(くぎ)る** 단락을 짓다 | **上着(うわぎ)** 윗도리, 겉옷 | **模様(もよう)** 무늬 | **襟(えり)** 옷깃 | **錯覚(さっかく)** 착각 | **セーター** 스웨터 | **ネイビー** 짙은 남색, 감색 | **花模様(はなもよう)** 꽃무늬

56 날씬해 보이고 싶은 사람은 어느 것을 입으면 가장 좋은가?

1 목선이 둥근 흰색 스웨터에 검은 바지
2 분홍 원피스에 같은 색의 짧은 상의
3 위 단추를 연 하늘색 셔츠와 감색 바지
4 꽃무늬 분홍 블라우스에 흰 치마

해설 본문의 내용을 종합해 보면 날씬해 보이는 옷차림은 차가운 느낌에 색 차이가 크며, 세로로 길거나 목선이 길게 파인 조합임을 알 수 있다. 이에 맞는 내용은 선택지 3번이다. 선택지 1번은 목선이 반대되므로 정답이 아니다. 2번은 분홍색은 따뜻한 느낌을 주며, 짧은 볼레로는 세로로 긴 것과 반대되므로 역시 오답이다. 꽃무늬가 있는 분홍 블라우스 역시 따뜻한 느낌을 주며 흰색과 차이가 크지 않기 때문에 정답이 되지 않는다.

5

해석

포스팅 스태프 대모집

내용	담당 지구를 돌며 우편함에 전단지(주1) 넣기(주2) 오토바이를 탈 수 있는 분 환영! 대여도 가능합니다. 도보·자전거도 OK
급여	하루 4시간 8일 4만 엔부터. 주급 OK. 투잡(주3) OK
근무 시간	9:00~21:00 사이 원하는 시간에 원하는 만큼. 최소 주 1일부터 며칠이든 OK
기타	미경험자 환영. 기름값 지급. 오토바이 5대, 자전거 20대 대여 가능 복장 및 헤어스타일 자유! 희망자에게는 유니폼 지급

(주1) チラシ: 선전 등을 위해 인쇄된 종이
(주2) 投函(とうかん): 정해져 있는 통 속에 편지 등을 넣는 것. 여기서는 전단지를 넣는 것
(주3) Wワーク(ダブル): 동시에 몇 가지 일을 하는 것

단어 **ポスティング** 포스팅 | **地区(ちく)** 지구 | **投函(とうかん)** 우편함에 넣음 | **歓迎(かんげい)** 환영 | **レンタル** 렌탈 | **給与(きゅうよ)** 급여 | **週払(しゅうはら)い** 주급 | **勤務(きんむ)** 근무 | **未経験者(みけいけんしゃ)** 미경험자 | **ガソリン** 가솔린 | **支給(しきゅう)** 지급 | **服装(ふくそう)** 복장 | **髪型(かみがた)** 머리모양 | **ユニフォーム** 유니폼 | **運転免許(うんてんめんきょ)** 운전면허

57 내용과 맞는 것을 고르시오.

1 유니폼을 입고 일한다.
2 운전면허가 필요하다.
3 처음 일을 하는 사람이라도 좋다.
4 심야 근무를 할 수 있다.

해설 유니폼은 입고 싶은 사람에게만 제공하고 도보로 일하는 경우에는 운전면허가 필요하지 않다. 미경험자도 환영하며 근무 시간은 저녁 9시까지이므로 정답은 선택지 4번이다.

문제 11 다음 (1)에서 (3)의 문장을 읽고 다음 질문에 대한 답으로 가장 적절한 것을 1·2·3·4에서 하나 고르시오.

1

해석

비타민D는 뼈를 튼튼하게 하거나 근육을 유지하는 데 필요합니다. 또한 독감이나 암의 발병에도 관계가 있다고도 합니다. 하루에 필요한 식사섭취량은 약 5.5㎍(마이크로그램)(주1)입니다. 비타민D는 버섯류, 어패류, 달걀류, 유류에 포함되어 있는데, 가장 많은 것은 생선입니다. 1년 내내 구하기 쉬운 연어라면 이틀에 한 토막(주2)을 먹으면 30㎍정도 섭취하기 때문에 충분하다고 합니다. 효율적으로 건강 보조 식품(주3)으로 섭취하고 싶다고 생각하는 사람이 있을지도 모릅니다. 그러나 비타민D는 지용성 비타민(주4)이기 때문에 과다 섭취하면 건강에 문제가 나타납니다. 고칼슘혈증(주5)이 일어나 혈관이나 콩팥(주6), 심장, 폐 등에 다량의 칼슘이 붙어 여러가지 증상이 나타날 수 있기 때문에 충분히 주의할 필요가 있습니다. 그래서 식사로 섭취하는 것이 바람직합니다. 더욱더 좋은 것은 자외선을 쬐는 것입니다. 비타민D는 피부에서 합성할 수 있습니다. 얼굴과 양 손등(주7) 정도의 면적을 햇빛에 비추면 장소에 따라 다르지만, 5.5㎍ 합성하기 위해 필요한 시간은 도쿄지방에서 여름에는 가장 자외선이 강한 낮 12시경에 3.5분, 겨울에는 22분 정도라고 합니다. 일본은 북쪽에서 남쪽으로 긴 나라이기 때문에 홋카이도에서는 각각 4.6분, 76분, 오키나와에서는 2.9분, 7.5분이라고 합니다. 자외선이 몸에 나쁘다고 완전 방어(주8)하고 있는 사람은 식사로 섭취할 수밖에 없지만, 미용을 위해 햇볕에 타고 싶지 않은 사람은 얼굴 이외의 부분을 햇빛에 쬐면 됩니다.

(주1) ㎍(マイクログラム): 100만분의 1g
(주2) 1切(ひとき)れ: 자른 한 조각. 연어는 80~150g
(주3) サプリメント: 신체에 부족한 영양소를 보충해주는 것. 비타민이나 칼슘제 등
(주4) 脂溶性(しようせい)ビタミン: 물에 잘 녹지 않고 기름에 잘 녹는 비타민
(주5) 高(こう)カルシウム血症(けっしょう): 혈중에 칼슘이 상당히 많은 상태
(주6) 腎臓(じんぞう): 혈액에서 몸에 필요없는 성분을 제거해 소변을 만드는 신체 기관
(주7) 両手(りょうて)の甲(こう): 양손의 손톱이 있는 바깥쪽. 손바닥의 반대쪽
(주8) 防御(ぼうぎょ): 여기서는 자외선을 막아 몸을 보호한다는 것

단어 **筋肉**(きんにく) 근육 | **維持**(いじ) 유지 | **インフルエンザ** 독감 | **癌**(がん) 암 | **発症**(はっしょう) 발병 | **摂取量**(せっしゅりょう) 섭취량 | **鮭**(さけ) 연어 | **摂**(と)**る** 섭취하다 | **効率**(こうりつ) 효율 | **カルシウム** 칼슘 | **血管**(けっかん) 혈관 | **腎臓**(じんぞう) 신장 | **心臓**(しんぞう) 심장 | **肺**(はい) 폐 | **症状**(じょうしょう) 증상 | **紫外線**(しがいせん) 자외선 | **皮膚**(ひふ) 피부 | **合成**(ごうせい) 합성 | **日光**(にっこう) 햇빛 | **日焼**(ひや)**け** (햇볕에) 타다 | **面積**(めんせき) 면적 | **構**(かま)**う** 상관하다 | **過剰**(かじょう) 과잉 | **損**(そこ)**なう** 손상하다 | **済**(す)**む** 끝나다

58 저자는 어떠한 비타민D의 섭취 방법을 추천하고 있는가?

1 매일 생선을 먹는 것이 가장 좋다.
2 건강 보조 식품은 위험하기 때문에 식사로 섭취한다.
3 햇볕으로 섭취할 경우에는 필요한 면적과 시간에 주의한다.
4 자외선을 쬐도 상관없는 사람은 햇빛을 온몸에 쬔다.

60 본문의 내용과 맞지 않는 것은 어느 것인가?

1 비타민D는 어떤 빛에서도 합성할 수 있다.
2 자외선을 쬐는 것은 몸의 어느 부분이든 좋다.
3 비타민D는 부족해도 지나쳐도 건강을 해친다.
4 남쪽일수록 자외선을 쬐는 시간이 짧아도 된다.

59 왜 비타민D를 섭취할 필요가 있는가?

1 독감이나 암을 막을 수 있기 때문에
2 건강한 몸을 유지하기 위해 빼놓을 수 없기 때문에
3 고칼슘혈증이 발병할 가능성이 있기 때문에
4 자외선만으로는 부족하기 때문에

해설 〈문제 58〉 저자는 비타민D는 음식을 통해 섭취하는 것이 바람직하나 그보다 자외선을 쬐는 게 더 좋다고 했다. 또 하루에 필요한 만큼의 비타민D를 얻기 위해서는 얼굴과 양 손등을 일정 시간 정도만 햇빛에 노출시키면 된다고 했으므로 정답은 선택지 3번이다.

〈문제 59〉 비타민D의 필요성에 대해 저자는 첫 번째 문장에서 말하고 있다. 비타민D는 뼈를 튼튼하게 하고 근육을 유지한다고 했는데 이것은 즉 건강은 몸을 유지하기 위한 것이므로 정답은 선택지 2번이다. 비타민D가 독감과 암의 발생과 관계가 있다고도 했지 막을 수 있다고는 하지 않았으므로 선택지 1번은 오답이다. 선택지 3번은 비타민D를 과잉 섭취하는 경우에 나타나는 증상이며, 선택지 4번은 필수량이 정해져 있기 때문에 섭취해야 하는 것이 아니라 건강을 유지하기 위해 섭취할 필요가 있는 것이고 그 적정량을 정한 것이기 때문에 정답이 되지 않는다.

〈문제 60〉 본문에서 자외선을 쬐어 비타민D를 섭취한다고 했으므로 선택지 1번은 맞지 않는 내용이다. 또 얼굴과 손등 정도만 햇빛을 쐬어도 좋다고 했고, 비타민D는 건강을 유지하는데 필요하지만 과잉 섭취하면 오히려 고칼슘혈증과 같은 문제를 일으킨다고 했다. 또 남쪽인 오키나와에서는 북쪽인 홋카이도에 비해 햇빛을 쬐는 시간이 짧다고 했으므로 선택지 2, 3, 4는 본문과 맞는 내용이므로 정답이 아니다.

2

해석

관서에서는 음식에 「ちゃん」이나 「さん」을 붙이는 일이 있다. 처음 「사탕ちゃん」이라고 말하는 것을 들었을 때는 어린애 같다고 생각했지만, 지금은 왠지 사랑스럽다고 느끼게 되었다. 고구마さん, 콩さん, 죽さん 등 다른 음식에도 「お」나 「さん」을 붙이는데 그것이 더 부드럽게 느껴진다. 이것은 교토의 궁중의 신분 높은 궁녀(주1)가 음식을 소중히 하는 마음에서 사용했던 말이 일반인들에게도 퍼졌다고 한다. 지금은 특히 둥글고 귀여운 음식을 이렇게 부를 때가 많다. 죽은 통이 동그랗기 때문에 여기에 포함되는 것 같다. 또 글자 수가 많은 음식에 「お～さん」이 거의 쓰이지 않는 것은 말하기 어려워서일 것이다.

「안녕하세요さん」나 「축하해요さん」과 같은 인사말에도 「さん」이 붙어 있다. 존경하거나 걱정하는(주2) 마음으로 말하고 있는 것이라고 한다. 또 신불(주3)이나 달이나 해도 「천신さん」「관음さん」「해さん」「달さん」 등으로 부른다. 이것은 관동에서는 「천신様」 등으로 부른다. 「さん」보다 존경심을 나타낼 수 있는 「様」를 사용하고 있다. 그러나 관서 사람에게 존경심이 부족하다는 의미는 아니고, 존경심을 가지면서도 친밀감을 느끼고 있는 것이라고 생각한다. 관동에서는 너무 대단해서 곁에 다가갈 수 없다고 느끼고 있는 것일지도 모른다. 또 「말さん」이라고는 하지만 「소さん」이라고는 하지 않는다. 이것은 소유자에 대한 마음이 연관이 있는지도 모른다. 「お～さん」은 소중히 하는 마음과 친근한 마음을 모두 나타내는 말일 것이다.

(주1) 宮中(きゅうちゅう)の女房(にょうぼう) : 궁전에서 일하는 여자 관리
(주2) 気遣(きづか)う : 여러 가지를 마음에 두고 걱정하다
(주3) 神仏(しんぶつ) : 하나님과 부처님

단어 **関西**(かんさい) 관서 | **芋**(いも) 고구마 | **豆**(まめ) 콩 | **粥**(かゆ) 죽 | **宮中**(きゅうちゅう) 궁중 | **女房**(にょうぼう) 궁녀 | **尊敬**(そんけい) 존경 | **気遣**(きづか)う 걱정하다 | **神仏**(しんぶつ) 신불 | **関東**(かんとう) 관동 | **偉**(えら)い 대단하다 | **所有者**(しょゆうしゃ) 소유자 | **否定的**(ひていてき) 부정적 | **肯定的**(こうていてき) 긍정적 | **女官**(にょかん) 궁녀

61 「사탕ちゃん」이라는 말투에 대해 저자는 어떻게 생각하고 있는가?

1 아이의 말투지만 귀엽다고 느끼고 있다.
2 처음엔 부정적이었지만 지금은 긍정적이 되었다.
3 지금은 어린애 같고 귀엽다고 느끼고 있다.
4 처음에는 놀랐지만 지금은 당연하다고 생각하고 있다.

62 왜 관서 사람은 신불이나 달이나 해 등에 「さん」을 붙이는 것인가?

1 존경하는 마음이 부족하기 때문에
2 존경과 동시에 친밀감도 느끼고 있기 때문에
3 「様」를 쓸 정도로 존경하지는 않으니까
4 존경하는 마음보다 친근한 마음이 많으니까

63 내용에 맞는 것은 어느 것인가?

1 관서만큼 관동 사람은 존경심이 강하지 않다.
2 자연물에도 「お～さん」을 붙일 때가 있다.
3 궁녀의 말이 널리 퍼져 모두가 쓰게 되었다.
4 궁녀들은 음식이 동그랗고 귀여워서 「お～さん」이라고 불렀다.

해설 〈문제 61〉 두 번째 문장에서 저자는 처음에는 어린애 같다고 생각했지만 지금은 귀엽게 느낀다고 했으므로 정답은 선택지 2번이다. '子供っぽい(어린애 같다)'라는 말은 주로 부정적인 의미로 사용하고 '可愛らしい(사랑스럽다)'는 긍정적인 의미로 사용한다.

〈문제 62〉 두 번째 문단에서 '관서 사람에게 존경의 마음이 부족하다는 의미가 아니라 존경의 마음을 가지며서 친밀감을 느끼고 있다'고 말하고 있으므로 정답은 선택지 2번이다.

〈문제 63〉 관동 사람이 존경심이 부족하다고 말하고 있지 않으며, 궁녀들이 사용하던 말이 널리 퍼졌다고는 했지만 모든 사람이 사용했다는 언급은 나와 있지 않다. 또 궁녀들은 음식을 소중히 하는 마음에서 사용하기 시작했다고 했으므로 선택지 1, 3, 4는 본문의 내용과 맞지 않다. 두 번째 문단에서 해와 달, 동물에게도 사용하고 있다고 했으므로 정답은 선택지 2번이다.

3

해석 운동선수는 선수로서 활동할 수 있는 기간이 짧습니다. 은퇴 후에 감독이나 코치, 해설자 등의 일에 종사하는 사람은 정말 조금 밖에 없습니다. 부러운 일입니다. 선수로서 높은 돈을 받고 있다면, 그것으로 연립주택을 짓거나 해서 생활이 힘들지 않을지도 모릅니다. 하지만 부상으로 갑자기 그만둬야 할 경우도 있습니다. 회사에 소속되어 있는 선수는 그대로 일할 수도 있지만, 프로인 경우에는 그 후의 생활이 힘들어집니다. 일반 회사에서 일할 수도 있을텐데 그 때 주의해야 할 것은 자존심을 버리는 일입니다. 아무리 스포츠의 세계에서 활약하고 있어도 다른 세계에서는 그것이 도움이 되는 것이 아니기 때문입니다. 그럼 선수시절에 어떤 준비를 하면 좋을까요? 어학이나 부기(주1), 여러 가지 일반적으로 필요로 하는 자격의 공부를 하는 것이 좋은 것일까요? 오래 해외에서 생활하면서 자연스럽게 언어가 늘었다는 경우는 제쳐두고 우선, 지금 몰두하고 있는 것에 집중합시다. 시합에 대해 연구하는 것이나 트레이닝 연구, 목표 달성을 위해 매일의 과제를 해내는 것입니다. 선수 생명을 늘릴 수도 있으니 일석이조입니다. 그 속에서 생각하는 힘이나 강한 정신력이 단련될(주2) 것입니다. 이것이 그 후의 인생에 가장 필요한 힘이라고 많은 선수들을 보아온 제가 하고 싶은 말입니다.

(주1) 簿記(ぼき) : 회사 등에서 매일 금전 출납이나 거래를 기록

(주2) 鍛(きた)える : 여기서는 고된 연습 등을 통해 기술이나 마음과 몸을 견고히 함

단어 **引退**(いんたい) 은퇴 | **監督**(かんとく) 감독 | **コーチ** 코치 | **解説者**(かいせつしゃ) 해설자 | **僅**(わず)**か** 조금 | **羨**(うらや)**ましい** 부럽다 | **辞**(や)**める** 그만두다 | **所属**(しょぞく) 소속 | **プライド** 자존심 | **活躍**(かつやく) 활약 | **簿記**(ぼき) 부기 | **資格**(しかく) 자격 | **取**(と)**り組**(く)**む** 몰두하다 | **集中**(しゅうちゅう) 집중 | **競技**(きょうぎ) 시합 | **工夫**(くふう) 궁리 | **達成**(たっせい) 달성 | **こなす** 해내다 | **伸**(の)**ばす** 늘리다 | **一石二鳥**(いっせきにちょう) 일석이조 | **精神力**(せいしんりょく) 정신력 | **鍛**(きた)**える** 단련하다 | **アマチュア** 아마추어 | **知識**(ちしき) 지식

64 누구를 향해 말하고 있는가?

1 현재 프로 선수들
2 아마추어 선수들
3 은퇴한 프로 선수들
4 앞으로 프로 선수가 되고 싶은 사람들

65 왜 지금 몰두하고 있는 것에 집중합시다 라고 말하고 있는가?

1 다른 자격을 취득하는 것은 어려우니까
2 무언가에 맞서는 힘이 붙으니까
3 한 번에 두 가지 일을 할 수 있으니까
4 해외에서 활동하고 있지 않으니까

66 왜 은퇴 후의 일을 생각하는 편이 좋은가?

1 스포츠의 세계는 좁으니까
2 전문적인 지식이 몸에 배지 않으니까
3 회사를 그만두어야 하니까
4 일반적인 일보다 그만두는 것이 빠르니까

해설 〈문제 64〉 본문은 운동을 그만두고 은퇴한 이후의 제2의 인생을 위해 지금 준비해두어야 할 것에 대해 말하고 있다. 6번째 문장에서 '프로의 경우 생활이 곤란해진다'라고 했으므로, 이야기의 상대는 현재 프로 선수임을 알 수 있다. 따라서 정답은 선택지 1번이다. 선수 생활 중에 할일에 대해 언급하고 있으므로 선택지 3은 정답이 아니다. 또 앞으로 선수가 되고 싶은 사람에게 당장 도움이 될만한 얘기가 아니므로 4번 역시 정답이 아니다.

〈문제 65〉 밑줄 친 '지금 몰두하고 있는 것'이란 뒤에 나오는 '시합에 대해 연구하는 것이나 트레이닝 연구, 목표 달성을 위해 매일의 과제를 해내는 것'을 가리킨다. 저자는 이어서 이러한 과정을 통해 '생각하는 힘이나 강한 정신력이 단련될 것'이며 '이것이 그 후의 인생에 가장 필요한 것'이라고 말하고 있다. 따라서 정답은 선택지 2번이 된다.

〈문제 66〉 글의 첫 번째 문장에서 스포츠 선수로서 활동할 수 있는 기간이 짧다고 했으므로 선택지 중에서 정답은 4번이다.

문제 12 다음 A와 B의 문장을 읽고 다음 질문에 대한 답으로 가장 적절한 것을 1·2·3·4에서 하나 고르시오.

해석

A

여대는 외국에서는 매우 적어 3000곳 이상이나 대학이 있는 미국에서도 약 200개교 있었던 여대가 지금은 40개교 이하가 되었고, 한국에서도 여대는 7개교에 불과하다. 일본에서도 1998년의 98개교를 정점으로 저출생이나 남녀공학을 희망하는 학생의 증가에 따라 76개교까지 감소했지만 아직 대학 전체의 10%를 차지하고 있다. 일본에서는 아직 여대의 존재 의의가 있는 것이다. 남녀공학과 비교해 가장 큰 매력은 인원이 적은 덕분에 교육면 뿐만 아니라 취직면에서도 충실한 지원을 받게 되는 점이다. 그래서 남녀공학에 비해 취업률이 높다. 또 4년간 남녀공학과는 다른 경험을 쌓을 수 있는 것도 좋다. 남녀공학이라면 리더 역할은 거의 여자에게 돌아오지 않지만, 여대에서는 리더 경험을 쌓을 수 있기 때문에 사회에 나왔을 때 도움이 된다. 남녀공학에 비해 여대를 졸업한 여성이 적은데도 사회에서 리더로 활약하는 사람이 두드러진 것도 이 덕분이라고 생각한다. 남성의 눈이 없기 때문에 복장 등도 신경쓰지 않아도 되므로 편하다. 성실하게 공부에 집중할 수 있는 것도 장점이다.

B

남녀공학, 별학은 각각 장점이 있다고 생각하지만 최근에는 남녀공학이 더 인기가 높다. 따라서 이전에는 입학하기가 꽤 어려웠던 유명 여대마저 지위가 낮아진 것도 무리는 아니다. 그러나 지위가 낮아져도 여대에서 배우는 것에는 남녀공학에는 없는 큰 장점이 있다고 나는 생각한다. 오히려 여대에서 배울 기회를 갖지 못한 것은 큰 불행이라고까지 여겨진다. 취업률의 장점 등을 제쳐두고, 사고방식 등 인격 형성에 영향을 주는 중요한 4년간을 성차별이 없는 사회에서 보낼 수 있는 것은 좀처럼 할 수 없는 귀중한 경험이며, 그 후의 생활방식에 영향을 준다. 여대에서는 남녀공학과는 달리 여성들끼리 매사를 이끌어나가야 한다. 계획하는 것도 실행하는 것도 여성들뿐이라 적극적으로 리더가 되는 것을 비롯해 다양한 역할을 경험할 수 있다. 자신이 가진 능력을 더욱 연마할 수 있는 것이 여대의 좋은 점이다. 남성과의 교제 기회가 적다고 하지만 그보다 나은 이점이 있다고 생각하며, 실제로는 다른 대학 학생과의 교류가 활발해 그 걱정은 그다지(주) 없다고 생각한다.

(주) さほど : 그다지

단어 **箇所**(かしょ) 개소, 곳 | **ピーク** 정점 | **少子化**(しょうしか) 저출생 | **共学**(きょうがく) 남녀공학 | **増加**(ぞうか) 증가 | **伴**(ともな)う 따르다, 동반하다 | **減少**(げんしょう) 감소 | **占**(し)める 차지하다 | **存在**(そんざい) 존재 | **意義**(いぎ) 의의 | **比較**(ひかく) 비교 | **最大**(さいだい) 최대 | **魅力**(みりょく) 매력 | **少人数**(しょうにんずう) 적은 수의 인원 | **充実**(じゅうじつ) 충실 | **サポート** 지원 | **活躍**(かつやく) 활약 | **服装**(ふくそう) 복장 | **利点**(りてん) 장점 | **別学**(べつがく) 남녀가 다른 학교에서 배우는 것 | **地位**(ちい) 지위 | **メリット** 장점 | **チャンス** 기회 | **不幸**(ふこう) 불행 | **除**(のぞ)く 제외하다 | **人格**(じんかく) 인격 | **形成**(けいせい) 형성 | **影響**(えいきょう) 영향 | **性差別**(せいさべつ) 성차별 | **貴重**(きちょう)な 귀중한 | **物事**(ものごと) 매사 | **進**(すす)める 진행하다 | **積極的**(せっきょくてき) 적극적 | **役割**(やくわり) 역할 | **交際**(こうさい) 교제, 사귐 | **勝**(まさ)る 낫다 | **さほど** 그다지

67 A와 B가 모두 거론하고 있는 것은 어느 것인가?

1 남자와의 교제 기회
2 소인원 교육의 장점
3 남녀공학, 별학의 장단점
4 여대가 놓여 있는 상황

68 A와 B의 여대에 대한 의견은 어느 것인가?

1 여대가 줄어드는 것은 당연하다.
2 여대에는 남녀공학에 없는 이점이 있다.
3 여대를 졸업하는 편이 더 사회에서 활약할 수 있다.
4 여대가 가장 좋은 점은 높은 취업률이다.

해설 〈문제 67〉 선택지 1번은 A에서 언급되어 있지 않다. 2번은 A에서는 언급하고 있지만 B에서는 언급하고 있지 않다. 3번은 AB 모두 남녀공학의 장점이나 여대의 단점에 대해 서술하고 있지 않으므로 정답이 아니다. 4번은 A에서 해외와 일본 모두 여대의 숫자가 줄었다고 했으며, B도 최근에는 남녀공학이 인기가 더 높고 유명 여대의 지위가 낮아졌다고 말하고 있으므로 정답이 된다.

〈문제 68〉 여대가 줄어드는 것에 대해 A도 B도 당연하다는 언급은 없다. 또 사회에서 활약하는 여성 중에 여대를 졸업한 경우가 있다고 했지 남녀공학에 비해 더 활약할 수 있다고는 말하지 않았다. 여대의 가장 좋은 점에 대해 A는 교육과 취업 준비 등에 충실한 지원을 받을 수 있고 리더로 활약할 수 있는 기회가 많다고 말하고 있으며, B 역시 리더로서 적극적인 활동을 하는 것은 아주 소중한 경험이라고 말하고 있다. 따라서 선택지 1, 2, 4번은 정답이 아니다. 남녀공학에서는 좀처럼 할 수 없는 리더의 경험을 할 수 있다고 했으므로 정답은 3번이다.

문제 13 다음 문장을 읽고 다음 질문에 대한 답으로 가장 적절한 것을 1·2·3·4에서 하나 고르시오.

해석

일본의 기업은 99.7%가 중소기업으로, 일본 전체 종업원의 68.8%가 거기에서 일하고 있습니다. 중소기업이라는 것은 제조업은 자본금 3억 엔 이하 혹은 종업원 300인 이하, 서비스업은 자본금 5천만 엔 이하 혹은 종업원 100인 이하인 기업을 말합니다. 또 종업원이 더 적은 20인 이하의 기업을 소규모 기업이라고 합니다. 일본 중소기업의 대부분은 높은 기술이 있음에도 불구하고 대기업의 하청(주1) 일을 하고 있습니다. 그래서 값싼 해외에 일을 빼앗기거나 경기가 나빠지면 대기업으로부터 가격을 낮추라고 하여 경영이 어려워지거나 도산하는 기업도 많습니다. 그러나 중소기업에서도 빛을 발하고 있는 회사도 있습니다. 다른 기업이 흉내낼 수 없는 높은 기술이 있기 때문에 전 세계에서 업무 주문이 들어오는 점유율(주2) 1위 회사가 다양하게 있습니다. 높은 기술과 그것을 사용해 새로운 상품을 발매해 빛나고 있는 기업도 있습니다. 예를 들어 '절대 풀리지(주3) 않는 나사(주4)'를 개발했을 때 그 회사에는 직원이 50명 정도밖에 없었습니다. 100만분의 1g짜리 작은 톱니바퀴를 만들어 전세계를 놀라게 한 회사도 약 70명, 많은 환자들이 고마워한 아프지 않은 주사바늘을 만든 회사도 겨우 6명밖에 없었습니다. 어느 곳이나 정말 작은 회사였습니다.

그래서 중소기업은 살아남기 위해 이 길로 가야 한다고 생각합니다. 적극적으로 회사가 독자적인 무엇인가를 찾아내기 위해서는 외부의 눈을 통하는 것이 필요합니다. 지금까지와 같이 우연히 그 기업 안에 재능이 있던 사람이 있거나 발상이 좋거나 했기 때문에 훌륭한 제품 등이 개발되었다는 그런 상태에서는 기회가 한정되어 버린다고 생각합니다. 사내에서 회의를 여는 것도 좋겠지요. 혹은 세상에 넘쳐나는 소비자의 클레임(주5)을 체크하는 것도 한 방법이라고 생각합니다. 그러나 사내에서 할 수 있는 것은 한정되어 있습니다. 외부인에게 기술을 재검토 받는 것이 중요하다고 생각합니다. 그런 경우 물론 전문가에게 부탁하는 것도 좋지만 널리 일반인에게도 말을 걸면 더 재미있고 세계에 하나뿐인 제품이 탄생할 것 같습니다. 인터넷 시대이기 때문에 그 가능성은 높지 않을까요?

(주1) 下請(したう)け: 어떤 사람이나 회사가 맡은 일의 전부 혹은 일부를 다시 맡기는 것. 또는 그 사람

(주2) シェア: 여기서는 시장에서 몇 % 팔리고 있는지 라는 것

(주3) ゆるまない: 틈이 없이 딱 맞는 상태

(주4) ネジ: 둥근 막대 겉면에 빙글빙글 돌아가듯이 한 줄의 홈을 만든 것. 또는 거기에 딱 맞도록 안쪽에 홈을 만든 것. 이 두 개가 딱 맞으면 움직이지 않게 된다

(주5) 消費者(しょうひしゃ)のクレーム: 여기서는 고객이 제품이 좋지 않다고 말하는 것. 여기가 사용하기 힘들다든가 여기가 고장나기 쉽다든가 하는 의견

단어 **企業**(きぎょう) 기업 | **中小企業**(ちゅうしょうきぎょう) 중소기업 | **従業員**(じゅうぎょういん) 종업원 | **製造業**(せいぞうぎょう) 제조업 | **資本金**(しほんきん) 자본금 | **小規模** (しょうきぼ) 소규모 | **大企業**(だいきぎょう) 대기업 | **下請**(したう)**け** 하청 | **景気**(けいき) 경기 | **潰**(つぶ)**れる** 망하다, 도산하다 | **シェア** 점유율 | **売**(う)**り出**(だ)**す** 발매하다 | **輝**(かがや)**く** 빛나다 | **ゆるまる** 풀리다 | **ネジ** 나사 | **開発**(かいはつ) 개발 | **歯車**(はぐるま) 톱니바퀴 | **患者**(かんじゃ) 환자 | **注射針**(ちゅうしゃばり) 주사바늘 | **生**(い)**き残**(のこ)**る** 살아남다 | **独自**(どくじ) 독자 | **製品**(せいひん) 제품 | **状態**(じょうたい) 상태 | **限**(かぎ)**る** 한정하다 | **消費者**(しょうひしゃ) 소비자 | **クレーム** 불만

69 중소기업의 가장 큰 문제점은 무엇이라고 말하고 있는가?

1 해외에 일을 빼앗기고 있는 것
2 외부인과 상담하지 않는 것
3 대부분이 높은 기술력이 없는 것
4 대부분이 하청 일을 하고 있는 것

70 왜 외부의 눈을 통하는 것이 필요합니다 라고 말하고 있는가?

1 내부 사람은 능력이 낮으니까
2 내부 사람은 적극적이지 않으니까
3 내부인만으로는 나올 수 있는 생각이 한정되니까
4 내부 사람보다 전문가가 더 좋은 생각이 나오니까

71 중소기업에 대한 저자의 의견이 아닌 것은 어느 것인가?

1 중소기업도 세계 1위가 될 수 있는 가능성이 있다.
2 중소기업은 인터넷을 이용하지 않으면 살아남을 수 없다.
3 중소기업도 하기에 따라서는 경영이 안정된다.
4 중소기업은 대기업에 의지하지 않는 길을 찾는 것이 좋다.

해설 〈문제 69〉 본문에서 저자는 대부분의 일본 중소기업은 높은 기술이 있음에도 불구하고 대기업의 하청 일을 하고 있으며, 값싼 해외에 일을 빼앗기거나 경기가 나빠지면 대기업으로부터 가격을 낮게 책정하려는 압력을 받아 경영이 어려워지는 경우가 많다고 말하고 있다. 따라서 정답은 선택지 4번이다.

〈문제 70〉 두 번째 문단 6, 7번째 문장을 보면 '그러나 사내에서 할 수 있는 것은 한정되어 있습니다. 외부인에게 기술을 재검토 받는 것이 중요하다고 생각한다'고 말하고 있다. 따라서 정답은 선택지 3번이다. 내부 사람이 생각이 좁다고는 언급하지 않았고, 좋은 아이디어와 재능이 있는 사람이 늘 나타나는 것은 아니므로 기회가 한정적이게 된다. 또 마지막 부분에 전문가가 아니어도 일반인들을 대상으로 의견을 들어볼 것을 권하고 있으므로 선택지 1, 2, 4번은 정답이 아니다.

〈문제 71〉 실제로 세계 여러 나라로부터 주문이 들어오는 점유율 1위인 중소기업이 있으며, 대기업의 하청에만 의지하지 않고 스스로 버틸 수 있는 방법을 찾는 것이 좋다고 했다. 따라서 선택지 1, 3, 4번은 저자의 의견과 맞는 내용이다. 선택지 2번은 반드시 인터넷을 이용하라고는 말하지 않았기 때문에 정답이 된다.

문제 14 다음 페이지는 어느 슈퍼마켓의 종업원 모집 안내이다. 아래 질문에 대한 답으로 가장 적절한 것을 1・2・3・4에서 하나 고르시오.

72 오가와 씨는 대학생으로 겨울방학에 평일에만 6시간 일하고 싶다. 오가와 씨가 응모할 수 있는 것은 어느 것인가?

1 계약 사원
2 파트 사원
3 아르바이트
4 없음

73 올바른 정보는 어느 것인가?

1 계약 사원은 평일만 하는 근무는 선택할 수 없다.
2 계약 사원의 시급은 모두 파트사원보다 높다.
3 어느 일이나 실제 일하는 시간은 근무 시간보다 짧다.
4 전 직원은 근무 시간 중에는 계속 일해야 한다.

단어 **従業員**(じゅうぎょういん) 종업원 | **募集**(ぼしゅう) 모집 | **契約**(けいやく) 계약 | **保険**(ほけん) 보험 | **加入**(かにゅう) 가입 | **勤務**(きんむ) 근무 | **時給**(じきゅう) 시급 | **水産**(すいさん) 수산 | **精肉**(せいにく) 정육 | **休憩**(きゅうけい) 휴식 | **実働**(じつどう) 실제 근무 | **パート** 시간제 근무 | **年齢**(ねんれい) 연령, 나이 **不問**(ふもん) 불문 | **加算**(かさん) 가산 | **時間帯**(じかんたい) 시간대 | **応**(おう)**じる** 대응하다, ~에 따르다

해설 〈문제 72〉 계약 사원은 일주일에 평일을 포함해 주말에 하루는 꼭 일을 해야 하므로 오가와 씨의 조건에 맞지 않다. 파트 사원은 주 3일만 근무하면 되지만 하루에 근무할 수 있는 시간이 4시간이므로 역시 맞지 않다. 아르바이트는 하루에 최대 8시간까지 근무할 수 있고 주말 근무 선택 사항이므로 오가와 씨의 조건에 맞는다. 따라서 정답은 선택지 중 3번이다.

〈문제 73〉 계약 사원은 토・일 중 하루는 반드시 일해야 하므로 선택지 1번이 정답이다. 파트 사원이 일요일에 근무해 받을 수 있는 시급은 1,200엔인데, 이것은 계약사원이 토・일 중 하루만 일할 때 받는 금액과 같다. 따라서 계약 사원의 시급이 무조건 파트 사원도 높은 것은 아니다. 계약 사원만 휴식시간이 1시간 포함되어 있으므로, 따라서 선택지 2, 3, 4는 정답이 아니다.

해석

종달새 슈퍼마켓 종업원 모집

계약 사원(사회보험 가입)	
근무시간 8시간 주 5일 근무 토, 일 모두 근무할 경우 시급 1,300엔 토, 일 중 하루 근무할 경우 시급 1,200엔	
수산부문·정육부문	6:00 ~ 23:00 휴식 1시간, 실제 근무 시간은 7시간
빵 부문	6:00 ~ 23:00 휴식 1시간, 실제 근무 시간은 7시간
계산대	①9:00~17:00 ②14:00~22:00 휴식 1시간, 실제 근무 시간은 7시간

파트 사원(연령 불문)	
4시간 근무, 휴식 없음, 주 3일 이상 근무 시급 1,100엔(일요일 근무는 시급이 100엔 가산됩니다)	
수산부문 · 정육부문	6:00~23:00 중 4시간
빵 부문	6:00~23:00 중 4시간
계산대	9:00~18:00 중 4시간

아르바이트(고교생 가능·연령 불문)	
실제 근무 시간 2시간~8시간, 주 2일 이상 근무 시급 1,000엔(토요일·일요일 근무는 시급이 100엔 가산됩니다)	
수산부문 · 정육부문	6:00~23:00(시간대는 상담에 따릅니다)
빵 부문	6:00~23:00(시간대는 상담에 따릅니다)

問題 1

問題１では、まず質問を聞いてください。それから話を聞いて、問題用紙の１から４の中から、最もよいものを一つ選んでください。

では練習しましょう。

例

授業で先生が話しています。学生は授業を休んだとき、どのように宿題を確認しますか。

M: ええと、この授業を休むときは、必ず前の日までに連絡してください。

F : メールでもいいですか。

M: はい、いいですよ。あ、それから、休んだときは、私の研究室の前の掲示を見て、宿題を確認してください。友達に聞いたりしないで、自分で確かめてちゃんとやってきてくださいね。

F : はい。

M: それから、今日休んだ人、リンさんですね。リンさんはこのこと知りませんから、だれか伝えておいてくれますか。

F : あ、私、リンさんに伝えておきます。同じ寮ですから。

M: じゃ、お願いします。

学生は授業を休んだとき、どのように宿題を確認しますか。

1 先生にメールで聞く
2 友達にメールで聞く
3 研究室の前のけいじを見る
4 りょうの前のけいじを見る

1番

女の人と男の人が料理しています。男の人は次に何を入れますか。

F : あっ、駄目。今、砂糖を入れたばかりだから、まだお酢は入れないで。調味料は「さしすせそ」の順番に入れないと味が十分つかないのよ。

문제 1

문제1에서는 먼저 질문을 들어 주세요. 그리고 이야기를 듣고 문제용지의 1에서 4 중에서 가장 적당한 것을 하나 고르세요.

그럼 연습해 봅시다.

예

수업에서 선생님이 얘기하고 있습니다. 학생은 수업을 쉬었을 때 어떻게 숙제를 확인합니까?

남: 음, 이 수업을 쉴 때는 반드시 전날까지 연락해 주세요.

여: 메일로도 괜찮나요?

남: 네, 괜찮습니다. 아, 그리고 쉬었을 때에는 제 연구실 앞 게시를 보고 숙제를 확인해 주세요. 친구에게 묻거나 하지 말고, 자기가 확인해서 제대로 해 오세요.

여: 네.

남: 그리고, 오늘 쉰 사람 린 씨네요. 린 씨는 이 내용을 모르니까 누군가 전달해 줄래요?

여: 아, 저 린 씨에게 전해둘게요. 같은 기숙사이니까요.

남: 그럼, 부탁합니다.

학생은 수업을 쉬었을 때 어떻게 숙제를 확인합니까?

1 선생님에게 메일로 묻는다
2 친구에게 메일로 묻는다
3 연구실 앞의 게시를 본다
4 기숙사 앞의 게시를 본다

1번

여자와 남자가 요리하고 있습니다. 남자는 다음에 무엇을 넣습니까?

여: 앗, 안돼. 지금 막 설탕을 넣었으니까, 아직 식초는 넣지 마. 조미료는 '사시스세소' 순서로 넣어야 간이 충분히 배.

남: '사시스세소'요? 「사」는 사토(설탕), 「시」는 시오(소금), 「스」는 스(식초), 세? 「세」는 뭔가요?

M:「さしすせそ」ですか。「さ」は砂糖、「し」は塩、「す」は酢、せ？「せ」は何ですか。
F：醤油よ。
M: 醤油が「せ」って変ですよ。
F：昔は「せうゆ」って書いていたから。
M: そうなんですか。「せ」は醤油ですね。次は「そ」か。「そ」が付く調味料ってありましたか。
F：「そ」は味噌よ。
M: わかりました。では、これを入れますね。どのぐらい入れますか。
F：小匙、２杯、お願い。
M: はい。

男の人は次に何を入れますか。

1 さとう
2 しお
3 しょうゆ
4 みそ

２番

会社で女の人と男の人が話しています。女の人はこの後、何をしますか。

M: 吉田さん、そろそろ新入社員の歓迎会のお店を決めなくちゃね。
F：ああ、そうですね。今週の金曜日ですから、早く予約したほうがいいですよね。
M: どこがいいかな？
F：去年と同じ日本料理のレストランはどうですか？評判がよかったですよ。
M: ああ、あそこね。でも、もう少し駅に近いところはないかな？
F：ありますけど…。人数は何人ぐらいになりますか？
M: 今年の新入社員は１０人だけど…。他の社員がどのくらい参加するかな。
F：じゃ、至急社内メールを出して、人数の確認をしましょうか。
M: お願いするよ。僕はお店を調べておくから。
F：はい、お願いします。

女の人はこの後、何をしますか。

1 去年と同じレストランを予約する
2 駅に近いレストランを探す

여: 쇼유(간장)야.
남: 간장이 「세」라니 이상해요.
여: 옛날에는 「세우유」라고 썼으니까.
남: 그런가요? 「세」는 간장이군요. 다음에는 「소」구나. 「소」가 붙는 조미료가 있었나요?
여: 「소」는 미소(된장)야.
남: 알겠습니다. 그러면 이거를 넣는 거죠? 어느 정도 넣나요?
여: 두 작은 술, 부탁해.
남: 네.

남자는 다음에 무엇을 넣습니까?

1 설탕
2 소금
3 간장
4 된장

해설

설탕을 넣은 지 얼마 안 됐다고 했고 「사」 다음은 「시」이기 때문에 다음에 넣을 것은 2번 소금(시오)이 정답이다.

2번

회사에서 남자와 여자가 이야기하고 있습니다. 여자는 이후에 무엇을 합니까?

남: 요시다 씨, 슬슬 신입사원의 환영회를 할 가게를 정해야 돼.
여: 아, 그렇군요. 이번 주 금요일이니까 빨리 예약하는 게 좋겠네요.
남: 어디가 좋을까?
여: 작년과 같은 일본 요리 레스토랑은 어때요? 평판이 좋았어요.
남: 아, 거기 말이지? 하지만 좀 더 역에 가까운 곳은 없을까?
여: 있습니다만…. 인원은 몇 명 정도 되나요?
남: 올해 신입사원은 10명인데…. 다른 직원들이 얼마나 참석하여나.
여: 그럼, 급히 사내 메일을 보내서 인원수를 확인할까요?
남: 부탁해. 나는 가게를 알아볼 테니까.
여: 네, 부탁드립니다.

여자는 이후에 무엇을 합니까?

1 작년과 같은 레스토랑을 예약한다
2 역에서 가까운 레스토랑을 찾는다
3 메일로 참석 여부를 묻는다
4 메일로 희망하는 날짜를 묻는다

해설

장소는 남자가 역에서 가까운 곳으로 알아보기로 했고 그 전에 여자가 사내 메일을 보내서 참석 인원수를 확인하겠다고 했으므로 정답은 선택지 3번이다.

3　メールで出欠をたずねる
4　メールで日にちの希望を聞く

3番

女の人と男の人が泊まるところについて話しています。二人はどこに泊まりますか。

F：京都の古い家って素敵ね。いつか泊まってみたい。
M：そうだね。表から見ただけだけど、いい雰囲気だったよ。
F：うん、歴史がある家っていいね。ねえ、今度の北海道旅行、昔の家に泊まりましょうよ。
M：いいけど、近くになかったらどうする？ それほど古くないけど学校ホテルなら近くにあるけど、どう？
F：学校ホテル？
M：廃校になった学校をホテルにしてあるんだよ。
F：それにも興味があるけど、学校じゃ、洋風よね。和風のほうがいいわ。
M：畳がある部屋がいいんだね。旅館だって畳だけど、それじゃ駄目なんだよね。
F：古くて素敵な旅館も多いけど、今回はね。
M：じゃ、探してみるよ。

二人はどこに泊まりますか。

1　京都の古い家
2　昔の家
3　学校ホテル
4　旅館

4番

男の部長と女の部下が話しています。女の人はまず何をしますか。

M：鈴木さん、金曜日の会合の準備は終わりましたか。
F：はい、会議室は16時から302を予約しました。その後の会食は19時から隣の「いろり」を10名、コース料理「松」で予約いたしました。
M：山田さんから欠席の連絡がありました。「いろり」の人数を変更しておいてくれませんか。
F：かしこまりました。他の方の出席を確認いたしましょうか。
M：それは僕がするから。社長さんたちだから急に欠席

3번

여자와 남자가 숙박할 곳에 대해 이야기하고 있습니다. 두 사람은 어디에 묵습니까?

여: 교토의 오래된 집은 멋지다. 언젠가 묵어보고 싶어.
남: 그렇네. 겉으로 봤을 뿐이지만 좋은 분위기였어.
여: 응, 역사가 있는 집은 좋아. 저기, 이번 홋카이도 여행, 옛날 집에 묵자.
남: 괜찮지만, 근처에 없으면 어떻게 해? 그리 오래되지 않았지만 학교 호텔이라면 근처에 있는데 어때?
여: 학교 호텔?
남: 폐교가 된 학교를 호텔로 만들었어.
여: 거기에도 흥미가 있지만 학교라면 서양식이네. 일본식 쪽이 좋아.
남: 다다미가 있는 방이 좋은 거지? 여관도 다다미지만 그걸로는 안 되지?
여: 오래되고 멋진 여관도 많지만 이번에는 말이야.
남: 그럼, 찾아 볼게.

두 사람은 어디에 묵습니까?

1　교토의 오래된 집
2　옛날 집
3　학교 호텔
4　여관

해설

여자는 교토의 오래된 집을 보고 이번 홋카이도 여행에서는 옛날 집에서 묵자고 했고 남자는 찾아보겠다고 했으므로 정답은 선택지 2번이다. 두 사람은 홋카이도 여행지의 숙소를 정하는 중이며 학교 호텔과 여관은 여자가 원하는 조건이 아니므로 선택지 1, 3, 4는 정답이 아니다.

4번

남자 부장님과 여자 부하직원이 이야기하고 있습니다. 여자는 우선 무엇을 합니까?

남: 스즈키 씨, 금요일 미팅 준비는 끝났습니까?
여: 네, 회의실은 16시부터 302호를 예약했습니다. 그 후의 회식은 19시부터 옆의 '이로리'를 10명, 코스 요리 '소나무'로 예약했습니다.
남: 야마다 씨에게서 불참 연락이 있었습니다. '이로리'의 인원수를 변경해 주지 않겠습니까?
여: 알겠습니다. 다른 분의 참석을 확인할까요?
남: 그건 제가 할 테니까. 사장님들이라 갑자기 불참이 되어도 어쩔 수 없지만.
여: 그럼 전날까지 기다리는 편이 좋겠네요.

になっても仕方がないけど。

F：では、前日まで待ったほうがよろしいですね。

M：そうだな。それから資料ができているはずだから、大木さんに確認してくれませんか。

F：わかりました。コピーは10人分でよろしいでしょうか。

M：確認することがあるから、まず、見たいんだけど。

F：では、部長にお届けいたします。

M：よろしくね。「いろり」の連絡も忘れないで。

F：承知いたしました。

女の人はまず何をしますか。

1 「いろり」に人数の変更を連絡する
2 書類をコピーして部長に届ける
3 大木さんに書類を届けるように言う
4 書類ができているか確認する

남: 그렇겠군. 그리고 자료가 완성되어 있을 테니까 오오키 씨에게 확인해 주지 않겠습니까?

여: 알겠습니다. 복사는 10명 분으로 괜찮을까요?

남: 확인할게 있어서 먼저 보고 싶은데요.

여: 그럼 부장님께 전달하겠습니다.

남: 잘 부탁해요. '이로리' 연락도 잊지 말고요.

여: 알겠습니다.

여자는 우선 무엇을 합니까?

1 '이로리'에 인원수 변경을 연락한다
2 서류를 복사하여 부장님에게 전달한다
3 오오키 씨에게 서류를 전하도록 말한다
4 서류가 되었는지 확인한다

해설

회식 참가 인원수에 변동이 생겨 가게에 연락을 해야 한다. 여자가 회식일인 금요일 하루 전까지 기다리는게 좋겠다고 했고 남자도 동의했으므로 인원수 변경 연락은 목요일에 할 예정이다. 그리고 남자가 완성된 회의 자료를 먼저 확인하고 싶다고 했으므로 정답은 선택지 4번이다.

5番

女の人と男の人が話しています。男の人はこの後まず何をしますか。

M：今年はサーフィンに挑戦してみたいんだ。

F：いいね。でも、水泳苦手だって言っていたじゃない？

M：うん、だから、まずスポーツクラブに入会して準備するんだ。

F：スポーツクライミングの方はどうするの？

M：楽しいから続けるよ。そのために毎日家で筋肉トレーニングもしているんだから。

F：私もランニングじゃなくてスポーツクライミング始めようかな。

M：急に始めるのはちょっと。それにランニングは続けた方がいいよ。

F：わかった。私もジムに入会して筋肉を鍛えなきゃ。

M：それがいいよ。

男の人はこの後まず何をしますか。

1 ランニングする
2 サーフィンにちょうせんする
3 きんにくトレーニングをする
4 水泳を習う

5번

여자와 남자가 이야기하고 있습니다. 남자는 이후에 우선 무엇을 합니까?

남: 올해는 서핑에 도전해 보고 싶어.

여: 좋네. 하지만 수영 잘 못한다고 하지 않았어?

남: 응, 그래서 우선 스포츠 클럽에 가입해서 준비할 거야.

여: 스포츠 클라이밍 쪽은 어떻게 하고?

남: 재밌으니까 계속할 거야. 그래서 매일 집에서 근육 트레이닝도 하고 있으니까.

여: 나도 달리기 말고 스포츠 클라이밍 시작해볼까?

남: 갑자기 시작하는 것은 좀. 게다가 달리기는 계속하는 게 좋아.

여: 알았어. 나도 헬스클럽에 가입해서 근육을 단련해야겠어.

남: 그게 좋아.

남자는 이후에 우선 무엇을 합니까?

1 달리기를 한다
2 서핑에 도전하다
3 근육 트레이닝을 한다
4 수영을 배운다

해설

남자는 서핑을 하고 싶다고 했는데 수영을 할 줄 모르기 때문에 스포츠 클럽에 가입해서 준비하겠다고 했다. 따라서 남자가 우선 해야 할 일은 선택지 4번 수영을 배우는 것이다. 달리기는 여자가 하고 있고, 서핑에 도전하기 전에 수영을 먼저 배워야 하며, 근육 트레이닝은 이미 하고 있는 일이므로 선택지 1, 2, 3은 정답이 아니다.

問題 2

問題2では、まず質問を聞いてください。そのあと、問題用紙のせんたくしを読んでください。読む時間があります。それから話を聞いて、問題用紙の1から4の中から、最もよいものを一つ選んでください。

では練習しましょう。

例

母親と高校生の女の子が話しています。女の子はどうして学校へ行きたくないのですか。

F1: どうしたの？朝からためいきばっかり。だれかとけんかでもしたの？

F2: それはもういいの、仲直りしたから。それより、見てよ、この前髪。

F1: まあ、また、思い切って短くしたわね。

F2: こんなんじゃ、みんなに笑われちゃうよ。ねえ、今日学校休んじゃだめ？

F1: だめに決まってるでしょ。そんなこと言って、本当は今日の試験、受けたくないんでしょ。

F2: 違うよ、ちゃんと勉強したんだから。そんなことより、ああ、鏡見るだけで頭痛くなりそう。

女の子はどうして学校へ行きたくないのですか。

1 友達とけんかしたから
2 かみがたが気に入らないから
3 試験があるから
4 頭が痛いから

1番

外国人の男の人と日本人の女の人が話しています。女の人は日本人はどうして電話でもお辞儀をするのだと言っていますか。

M: どうして日本人は相手がいないのに電話でもお辞儀をするんですか。

F : はっきりしたことは言えないけど、言葉が動作と深く結び付いているからではないでしょうか。例えば「すみません」は普通は頭を下げながら言うので、もう一つになっていて切り離せないのよ。体が自然に動いちゃうそうです。

M: そうですか。じゃ、「ありがとう」も同じですね。

문제 2

문제2에서는 먼저 질문을 들어 주세요. 그 후 문제용지의 선택지를 읽어 주세요. 읽는 시간이 있습니다. 그리고 이야기를 듣고 문제용지의 1에서 4 중에서 가장 적당한 것을 하나 고르세요.

그럼 연습해 봅시다.

예

엄마와 고등학생인 여자아이가 이야기하고 있습니다. 여자아이는 왜 학교에 가고 싶지 않습니까?

여1: 왜 그러니? 아침부터 한숨만 쉬고. 누구랑 싸웠니?

여2: 그건 이제 괜찮아, 화해했으니까. 그것보다, 봐, 이 앞머리.

여1: 어머나, 또 양껏 짧게 했네.

여2: 이대로는 모두가 웃고 말거야. 있잖아, 오늘 학교 쉬면 안돼?

여1: 당연히 안 되지! 그렇게 말하고 사실은 오늘 시험 보기 싫어서 그러지?

여2: 아니야. 제대로 공부했단 말이야. 그것보다, 아아, 거울 보는 것만으로 머리 아파질 것 같아.

여자아이는 왜 학교에 가고 싶지 않습니까?

1 친구와 싸웠기 때문에
2 머리 모양이 마음에 들지 않기 때문에
3 시험이 있기 때문에
4 머리가 아프기 때문에

1번

외국인 남자와 일본인 여자가 이야기하고 있습니다. 여자는 일본인은 왜 전화상에서도 머리를 숙인다고 말하고 있습니까?

남: 왜 일본인은 상대가 없는데도 전화상에서도 머리를 숙이는 건가요?

여: 확실하게 말할 수 없지만 말이 동작과 깊이 결부되어 있기 때문이 아닐까요? 예를 들어 '죄송합니다'는 보통은 머리를 숙이면서 말하기 때문에 하나가 되어 있어서 떼어낼 수 없어요. 몸이 저절로 움직인다고 해요.

남: 그렇습니까? 그럼 '고마워요'도 마찬가지네요?

여: 맞아요.

남: 하지만 허리를 굽히고 있는지 어떤지 상대방은 모르잖아요.

여: 그게, 목소리의 상태로 알 수 있는 사람은 알 수 있는 것 같아요. 서 있을 때와 몸이 구부러져 있을 때는 목소리가 다르다고 해요.

F：そうですよ。

M：でも、お辞儀しているかどうか相手の人にはわからないですよね。

F：それが、声の調子でわかる人にはわかるらしいですよ。立っている時と体が曲がっている時では声が違うそうです。

M：へえ、そうなんですか。

F：見えないからよけいに気を遣って話したほうがいいですよ。

M：そうですね。

女の人は日本人はどうして電話でもお辞儀をするのだと言っていますか。

1 電話の時ほど丁寧にしなければならないから
2 おじぎしているかどうか相手に分かるから
3 自然におじぎしてしまう言葉があるから
4 おじぎをしないでは言えない言葉があるから

2番

女の人と男の人が話しています。女の人は今回どうして四国に行きますか。

M：山本さん、また四国に行くんだってね。何度目？

F：今度で10回目よ。

M：えっ、そんなに行ったの？ 四国ってよっぽどいいところなんだね。

F：うん、景色もいいし食べ物も美味しいよ。でも、それだけじゃないの。88のお寺を回っているのよ。

M：ああ、まだ全部回っていないんですね。

F：いや、もう1回は全部回ったのよ。今度は最後のお寺から始めて今半分ぐらい行ったところよ。

M：じゃ、それが終わったら終わりなの？

F：お寺を回るのは今回で終わりにするつもりよ。でも四国には行くわ。いろいろな人に親切にしてもらって嬉しかったから。

M：旅っていいね。美しい景色をみたり、美味しいものを食べたり…。ストレスも消えるだろうね。

F：それに親切にしてもらったりするしね。

女の人は今回どうして四国に行きますか。

1 まだ行っていないお寺があるから
2 ストレスかいしょうしたいから
3 反対回りしている途中だから

남: 아, 그래요?

여: 안보이니까 더욱 신경써서 얘기하는 편이 좋아요.

남: 그렇군요.

여자는 일본인은 왜 전화상에서도 머리를 숙인다고 말하고 있습니까?

1 전화할 때일수록 공손하게 해야 하니까
2 인사하고 있는지 어떤지 상대가 아니까
3 저절로 허리를 굽히게 되는 말이 있기 때문에
4 허리를 굽히지 않고는 할 수 없는 말이 있기 때문에

해설

여자는 일본어 중에는 동작과 깊이 결부되어 있는 말이 있는데, '죄송합니다'는 보통 머리를 숙이면서 말하기 때문에 몸이 저절로 움직인다고 말하고 있다. 따라서 정답은 선택지 3번이다. 정중하게 하는 것은 허리를 굽히는 것만이 아니며, 전화 상대가 인사를 하고 있는지 모두가 아는 것은 아니다. 또 여자가 얘기한 것은 특정한 말을 하면 저절로 하게 되는 동작이 있다는 것이지, 허리를 굽히지 않으면 말을 할 수 없다는 것이 아니므로 선택지 1, 2, 4는 정답이 아니다.

2번

여자와 남자가 이야기하고 있습니다. 여자는 이번에 왜 시코쿠에 갑니까?

남: 야마모토 씨, 또 시코쿠에 간다며? 몇 번째야?

여: 이번이 10번째야.

남: 뭐, 그렇게나 갔어? 시코쿠는 상당히 좋은 곳이구나.

여: 응, 경치도 좋고 음식도 맛있어. 하지만 그것뿐만이 아냐. 88개의 절을 돌고 있어.

남: 아~, 아직 다 돌지 않았구나?

여: 아니, 벌써 한 번은 다 돌았어. 이번에는 마지막 절에서 시작해서 지금 절반 정도 간 참이야.

남: 그럼, 그게 끝나면 끝이야?

여: 절을 도는 것은 이번으로 끝낼 생각이야. 하지만 시코쿠에는 갈 거야. 여러 사람이 친절하게 대해줘서 기뻤으니까.

남: 여행이란 좋구나. 아름다운 경치를 보고, 맛있는 것을 먹고…. 스트레스도 사라지겠다.

여: 게다가 친절하게 해주기도 하고 말이야.

여자는 이번에 왜 시코쿠에 갑니까?

1 아직 안 가본 절이 있으니까
2 스트레스를 해소하고 싶으니까
3 반대로 돌고 있는 도중이니까
4 친절한 사람을 만나고 싶으니까

4 親切な人に会いたいから

3番

女の人と男の人が話しています。女の人はどうしてこのレストランに来たかったのですか。

M: ねえ、そのレストラン、ずいぶん不便なところにあるね。お客いるのかな。僕たちだけかもよ。

F: いえいえ、とっても人気があるから行列しているかも。

M: ええっ？ そんなに？

F: 小麦粉の代わりにお米の粉を使っていて、小麦アレルギーの人もピザやパスタが食べられるから。

M: 瞳は、アレルギーないでしょ？

F: ええ、でも姪が小麦アレルギーで。外でピザやパスタが食べられないから、食べてみてよかったら連れて来たいのよ。それに小麦だけじゃなくて体にいい材料が使われているし。

M: いくら健康にいいからと言っても、まずいのは嫌だよ。

F: 大丈夫、とっても美味しいって評判よ。

女の人はどうしてこのレストランに来たかったのですか。

1 こむぎアレルギーがあるから
2 おいしいとひょうばんだから
3 体によい材料が使われているから
4 姪のためにチェックしたいから

4番

女の人と男の人が話しています。女の人はどうして青木さんを誘いませんでしたか。

F: 青木さん、これ食べてみて。とてもおいしいよ。

M: 珍しいお菓子だね。とってもおいしいよ。

F: 駅前の観光案内所でもらったのよ。

M: じゃ、僕ももらってこよう。

F: ５つの観光地を回ってスタンプをもらわないとお菓子はもらえないのよ。欲しかったらそこのお土産屋で売っているそうよ。

M: じゃ、買って帰るよ。ところで川村さんはいつの間

해설

여자는 88개의 절을 벌써 끝까지 한 번 전부 돌았고 지금은 끝에서부터 반대로 돌고 있으며 절반 정도 했다고 했으므로 정답은 선택지 3번이다.

3번

여자와 남자가 이야기하고 있습니다. 여자는 왜 이 레스토랑에 오고 싶었던 것입니까?

남: 저기, 그 레스토랑, 상당히 불편한 곳에 있네. 손님이 있으려나? 우리만 있을지도 몰라.

여: 아니, 엄청 인기가 있어서 줄 서 있을지도 몰라.

남: 뭐? 그렇게?

여: 밀가루 대신 쌀가루를 써서 밀가루 알레르기가 있는 사람도 피자나 파스타를 먹을 수 있으니까.

남: 히토미는 알레르기 없지?

여: 응, 하지만 조카가 밀 알레르기라서. 밖에서 피자나 파스타를 먹을 수 없으니까 먹어보고 괜찮으면 데리고 오고 싶어. 게다가 밀뿐만 아니라 몸에 좋은 재료를 쓰고 있으니.

남: 아무리 건강에 좋다고 해도 맛없는 것은 싫어.

여: 괜찮아, 아주 맛있다고 소문 났어.

여자는 왜 이 레스토랑에 오고 싶었던 것입니까?

1 밀 알레르기가 있어서
2 맛있다고 소문이 나서
3 몸에 좋은 재료를 쓰고 있어서
4 조카를 위해서 체크하고 싶어서

해설

여자는 밀 알레르기가 있는 조카를 데려오고 싶어서 먼저 와 본 것이므로 정답은 선택지 4번이다. 알레르기가 있는 것은 여자가 아니라 여자의 조카이며, 음식이 맛이 있고 좋은 재료를 쓴다는 것은 사실이지만 결정적인 이유는 아니다.

4번

여자와 남자가 이야기하고 있습니다. 여자는 왜 아오키 씨를 부르지 않았습니까?

여: 아오키 씨, 이거 먹어봐. 아주 맛있어.

남: 독특한 과자네. 굉장히 맛있어.

여: 역 앞의 관광안내소에서 받은 거야.

남: 그럼 나도 받아 와야지.

여: 5개 관광지를 돌아다니면서 스탬프를 받지 않으면 과자는 받을 수 없어. 원한다면 거기 있는 기념품 가게에서 팔고 있대.

남: 그럼, 사가지고 갈게. 그런데 가와무라 씨는 어느 틈에 5개나 돌았어?

여: 어제 자유시간에 다카하시 씨와 함께. 꽤 시간이 걸렸어.

に5つも回ったの？
F：昨日の自由時間に高橋さんと一緒に。結構時間がかかったよ。
M: 僕も誘ってくれればよかったのに。邪魔だった？
F：そんなことないよ。青木さんは宿を朝早く先に出ちゃってたから。
M: そうだった。僕は海からの日の出の写真を撮りに行ってたんだ。
F：そうだったの。

女の人はどうして青木さんを誘いませんでしたか。

1 海に行きたくなかったから
2 青木さんが宿にいなかったから
3 高橋さんと回りたかったから
4 行きたいところが違っていたから

남: 나도 불러 주었으면 좋았을 텐데. 방해가 되었어?
여: 그렇지 않아. 아오키 씨는 숙소를 아침 일찍 먼저 나가버렸으니까.
남: 맞다. 나는 바다 일출 사진을 찍으러 갔었지.
여: 그랬잖아.

여자는 왜 아오키 씨를 부르지 않았습니까?

1 바다에 가고 싶지 않았기 때문에
2 아오키 씨가 숙소에 없었기 때문에
3 다카하시 씨와 돌고 싶었기 때문에
4 가고 싶은 곳이 달랐기 때문에

해설

여자는 남자가 아침 일찍 숙소를 나가서 없었다고 했고 남자가 바다에 간 줄도 몰랐기 때문에 정답은 선택지 2번이다.

5番

女の人と男の人が話しています。男の人はどうして残念がっていますか。

M: 家でリモートワークも飽きたなあ。
F：じゃ、明日は公園にパソコンを持って行って仕事しましょうよ。
M: 公園よりカフェの外のテラスがいいな。
F：いいよ。本当は遊園地に行きたかったんだけど。
M: 仕事しないで遊ぶつもり？
F：ううん。リモートワークの人のための飲み物付きのスペースや観覧車1時間乗り放題チケットがあるのよ。観覧車から素敵な景色が見られるのよ。富士山も見えるし。
M: それはいいなあ。明日のオンラインミーティングでタイの人に富士山を見せてあげたいなあ。富士山を見たがっていたから。ねえ、遊園地に行こうよ。
F：それがもう予約でいっぱいになっちゃったのよ。それに寒くなったせいか、そのチケットもう直ぐ終わりなんだって。
M: ええっ、そうなの？ 残念だなあ。

男の人はどうして残念がっていますか。

1 富士山が見たかったから
2 かんらんしゃからいい景色が見せられないから
3 オンラインミーティングができないから
4 さむくて公園で仕事ができないから

5번

여자와 남자가 이야기하고 있습니다. 남자는 왜 아쉬워하고 있습니까?

남: 집에서 원격근무도 질렸어.
여: 그럼, 내일은 공원에 컴퓨터를 가지고 가서 일하자.
남: 공원보다 카페 밖의 테라스가 좋은데.
여: 좋아. 사실은 놀이공원에 가고 싶었지만.
남: 일 안하고 놀 생각이야?
여: 아니. 원격근무하는 사람을 위한 음료수 포함 공간이랑 관람차 1시간 자유이용권이 있어. 관람차에서 멋진 경치를 볼 수 있어. 후지산도 보이고.
남: 그거 좋겠다. 내일 온라인 미팅에서 태국사람에게 후지산을 보여주고 싶어. 후지산을 보고 싶어 했으니까. 있잖아, 놀이공원에 가자.
여: 그게 벌써 예약이 다 차버렸어. 게다가 날씨가 추워진 탓인지 그 티켓이 곧 끝난대.
남: 뭐? 그래? 유감이네.

남자는 왜 아쉬워하고 있습니까?

1 후지산이 보고 싶었으니까
2 관람차에서 좋은 경치를 보여줄 수 없으니까
3 온라인 미팅을 할 수 없으니까
4 추워서 공원에서 일을 할 수 없으니까

해설

남자는 놀이공원 자체에 관심이 있는 것이 아니라 온라인 미팅을 하기로 한 태국사람에게 놀이공원 근처의 후지산을 보여주고 싶었다. 따라서 정답은 선택지 2번이다.

問題 3

問題3では、問題用紙に何もいんさつされていません。この問題は、全体としてどんな内容かを聞く問題です。話の前に質問はありません。まず話を聞いてください。それから、質問とせんたくしを聞いて、1から4の中から、最もよいものを一つ選んでください。

では練習しましょう。

例

テレビでアナウンサーが通信販売に関する調査の結果を話しています。

F：皆さん、通信販売を利用されたことがありますか。買い物をするときは店に行って、自分の目で確かめてからしか買わないと言っていた人も、最近この方法を利用するようになってきたそうです。10代から80代までの人に調査をしたところ、「忙しくて買いに行く時間がない」「お茶を飲みながらゆっくりと買い物ができる」「子供を育てながら、働いているので、毎日の生活になくてはならない」など多くの意見が出されました。

通信販売の何についての調査ですか。

1 利用者数
2 買える品物の種類
3 利用方法
4 利用する理由

1番

女の人と男の人が話しています。

F：遅かったね。
M: お隣のご主人に会って、ちょっと立ち話してた。
F：中村さんって面白い人でしょう？
M: うん。校長先生なのにずいぶん気さくな人だった。
F：そうなのよ。よくこの辺を散歩していて色々な人と話しているの。
M: 向こうから話しかけてきてくれて、つい話がはずんじゃって。
F：そうでしょう？ それにとっても謙虚なのよ。
M: 僕もそう思ったよ。やっぱり「実るほど頭を垂れる稲穂かな」って本当だね。
F：あなたも見習った方がいいよ。

문제 3

문제3에서는 문제용지에 아무것도 인쇄되어 있지 않습니다. 이 문제는 전체로서 어떤 내용인지를 묻는 문제입니다. 이야기 전에 질문은 없습니다. 먼저 이야기를 들어 주세요. 그리고 질문과 선택지를 듣고 1에서 4 중에서 가장 적당한 것을 하나 고르세요.

그럼 연습해 봅시다.

예

텔레비전에서 아나운서가 통신판매에 관한 조사 결과를 이야기하고 있습니다.

여: 여러분, 통신판매를 이용하신 적인 있습니까? 쇼핑을 할 때에는 가게에 가서 자기 눈으로 확인해야만 산다고 하던 사람도 최근에는 이 방법을 이용하게 되었다고 합니다. 10대부터 80대까지 조사한 결과, "바빠서 쇼핑을 갈 시간이 없다" "차를 마시면서 느긋하게 쇼핑을 할 수 있다" "아이를 키우면서 일하고 있어서 매일의 생활에 없어서는 안 된다" 등 많은 의견이 나왔습니다.

통신판매의 무엇에 대한 조사입니까?

1 이용자 수
2 살 수 있는 물품의 종류
3 이용 방법
4 이용하는 이유

1번

여자와 남자가 이야기하고 있습니다.

여: 늦었네?
남: 옆집 아저씨를 만나서, 잠깐 서서 이야기했어.
여: 나카무라 씨는 재미있는 사람이지?
남: 응. 교장선생님인데 꽤 싹싹한 사람이었어.
여: 맞아. 자주 이 근처를 산책하면서 여러 사람과 이야기하더라고.
남: 그쪽에서 말을 걸어줬는데 생각지도 않게 이야기가 흥미로워서.
여: 그렇지? 게다가 아주 겸손해.
남: 나도 그렇게 생각했어. 역시 '벼는 익을수록 고개를 숙인다'라더니 진짜네.
여: 당신도 본받는 게 좋아.
남: 응. 그렇게 해서 나쁠 건 없으니까.

M: うん。そうして悪いことはないからな。

二人は隣の人についてどう思っていますか。

1 頭を上げない人
2 頭が下がる人
3 頭が上がらない人
4 頭が低い人

2番

女の人と男の人がど話しています。

F：ねえ、「山小屋」か「トップ」のどちらかのチェーン店になりましょうよ。

M: 嫌だよ。自分の店で好きなことしたいよ。

F：好きなことって？

M: チェーン店では好きな物が出せないでしょう。世界中のおいしいコーヒーを出したいんだよ。それにミルクで模様を描いて見せたりしたいし。

F：ああ、「ラテアート」ね。それなら「トップ」ならできるよ。メニューは変えられないけど、他のことは私達が好きにできるのよ。１０００円のケーキセットを注文すると英会話が学べる「トップ」もあるそうよ。安いから生徒が大勢集まっているんだって。

M: へえ。でも、メニューが決まっているんだから、特別なコーヒーは出せないでしょう？

F：できると思うよ。おいしいコーヒーの入れ方を教えればいいじゃない？ その時に飲んでもらえるよ。「ラテアート」もできるし。

M: いいね。そうするよ。でも、どうしてチェーン店にこだわるの？

F：チェーン店はすでに知られているから自然にお客が来るでしょう？ そこで面白いことしたら鬼に金棒よ。

二人はどんな店を出しますか。

1 「トップ」で自分のコーヒーを出して、その入れ方を教える店
2 店の横にコーヒーの入れ方などを教える場所がある店
3 「トップ」のメニューは変えず、やりたいこともできる店
4 ラテアートなどの生徒を「トップ」の名前で集める店

두 사람은 옆집 사람에 대해 어떻게 생각하고 있습니까?

1 고개를 들지 않는 사람
2 고개가 숙여지는 사람
3 머리를 못 드는(맞설 수 없는) 사람
4 겸손한 사람

해설

두 사람은 옆집 남자에 대해 아주 겸손하다고 했는데, 선택지 중 겸손을 나타내는 관용구는 4번 頭が低い(겸손하다)이므로 정답이다.

2번

여자와 남자가 이야기하고 있습니다.

여: 저기, '산장'이나 '톱' 중 어느 한 곳의 체인점을 하자.

남: 싫어. 내 가게에서 좋아하는 거 하고 싶어.

여: 좋아하는 거라면?

남: 체인점에서는 좋아하는 것을 내놓을 수 없잖아? 전 세계의 맛있는 커피를 내놓고 싶어. 그리고 우유로 무늬를 그려보고 싶기도 하고.

여: 아, '라떼 아트'말이지? 그렇다면 '톱'이라면 할 수 있어. 메뉴는 바꿀 수 없지만 다른 건 우리가 마음대로 할 수 있어. 1000엔짜리 케이크 세트를 주문하면 영어회화를 배울 수 있는 '톱'도 있다고 해. 가격이 싸서 학생들이 많이 모인대.

남: 그래? 하지만 메뉴가 정해져 있으니까 특별한 커피는 내놓을 수 없겠지?

여: 할 수 있을 거야. 커피를 맛있게 타는 법을 알려주면 되잖아? 그때 마셔보게 할 수 있어. '라떼 아트'도 할 수 있고

남: 좋아. 그렇게 할게. 근데 왜 체인점을 고집해?

여: 체인점은 이미 알려져 있으니까 자연스럽게 손님이 오겠지? 거기다 재미있는 일을 하면 범에 날개를 단 격이 될거야.

두 사람은 어떤 가게를 냅니까?

1 체인점 '톱'이면서 자신의 커피를 팔고, 그 타는 방법을 가르쳐 주는 가게
2 가게 옆에 커피 타는 법 등을 가르치는 장소가 있는 가게
3 '톱' 메뉴는 바꾸지 않고 하고 싶은 일도 할 수 있는 가게
4 라떼 아트 등의 학생을 '톱'의 이름으로 모으는 가게

해설

남자는 체인점은 좋아하는 것을 할수 없어서 싫다고 했는데, 여자는 체인점 '톱'이라면 메뉴를 바꾸는 것 외에는 마음대로 할 수 있다고 했다. 이에 남자도 동의했으므로 정답은 선택지 3번이다. 선택지 1번은 체인점에서는 자신의 커피 메뉴를 팔 수 없으므로 정답이 아니며, 선택지 4번은 라떼 아트 학생을 모으는 것이 가게를 여는 목적은 아니므로 역시 오답이다.

3番

女の人と男の人が話しています。

F：ねえ、今、バラの花が満開なのよ。バラの花を見に行きましょうよ。
M：君が行きたいなら行くけど。どこのバラ園に行きたい？
F：Aバラ園のバラは200種類もあるそうだし、昔の建物と庭が美しいB屋敷のバラもいいわね。
M：僕はどこでもいいよ。毎日美しいバラの道を見ているから。
F：へえ、どこで見ているの？
M：この電車の線路に沿って終点までずっとバラが植えられているんだ。種類はそんなにないけど、色々な色の花が咲いているよ。
F：ああ、ボランティアが世話したバラが何キロも咲いているところね。じゃ、電車に乗って終点まで行きましょう。
M：いいよ。お昼はどうする？終点まで行ってから食べる？
F：う～ん、ちょっと待って。B屋敷のバラも見たいし。
M：それは今度にしようよ。
F：そうね。じゃ、お昼は途中のC遊園地のバラ園で食べましょうよ。
M：そうしよう。

二人はどんなコースでバラを見ますか。

1 電車→C遊園地
2 B屋敷→C遊園地→電車
3 電車→C遊園地→電車
4 電車→B屋敷→電車

4番

料理研究家がきのこについて話しています。

F：みなさん、多くの方はきのこはカロリーがないと考えているようですが、ゼロカロリーではありません。しかしカロリーがとても低いですから気にすることはありません。どのきのこもビタミンなどの栄養が豊富で健康や美容に効果がありますから、たくさん食べて欲しい食品です。子供のきのこは傘が閉じているので胞子が飛びませんから、生で食べても大丈夫ですが、成長して傘が開くとそこに汚れや細菌がつくことがあるので危険です。売っているきのこは必ず火を通して食べてください。しかしマッ

3번

여자와 남자가 이야기하고 있습니다.

여: 있잖아, 지금 장미꽃이 만개야. 장미꽃 보러 가자.
남: 네가 가고 싶다면 가지만. 어느 장미정원에 가고 싶어?
여: A장미정원의 장미는 200종류나 된다고 하고, 옛날 건물과 정원이 아름다운 B저택의 장미도 좋아.
남: 나는 아무데나 상관없어. 매일 아름다운 장미길을 보고 있으니까.
여: 어? 어디서 보고 있는 거야?
남: 이 전철의 선로를 따라 종점까지 쭉 장미가 심어져 있어. 종류는 별로 없지만 여러 가지 색깔의 꽃이 피어 있어.
여: 아, 자원봉사자가 돌본 장미가 몇 킬로나 피어있는 곳이지? 그럼 전철을 타고 종점까지 가자.
남: 좋아. 점심은 어떻게 할래? 종점까지 간 후에 먹을래?
여: 음, 잠깐만. B저택의 장미도 보고 싶고.
남: 그건 다음에 하자.
여: 그래. 그럼 점심은 중간에 있는 C유원지의 장미정원에서 먹자.
남: 그렇게 하자.

두 사람은 어떤 코스로 장미를 봅니까?

1 전철→C유원지
2 B저택→C유원지→전철
3 전철→C유원지→전철
4 전철→B저택→전철

해설

두 사람은 전철 선로를 따라 피어있는 장미를 보기 위해 전철을 타기로 했다. 그리고 종점까지 가기 전에 중간에 있는 C유원지의 장미정원에서 점심을 먹기로 했으므로 정답은 선택지 3번이다. 여자는 B저택에도 들르고 싶다고 했지만 다음에 하기로 했고, 장미가 전철의 종점까지 피어있어 거기까지 가기로 했으므로 선택지 1, 2, 4번은 정답이 아니다.

4번

요리연구가가 버섯에 대해서 이야기하고 있습니다.

여: 여러분, 많은 분들은 버섯은 칼로리가 없다고 생각하는 것 같지만 0칼로리는 아닙니다. 그러나 칼로리가 매우 낮기 때문에 걱정할 필요는 없습니다. 어떤 버섯이든 비타민 등의 영양이 풍부해서 건강과 미용에 효과가 있기 때문에 많이 드셨으면 하는 식품입니다. 어린 버섯은 갓이 닫혀 있기 때문에 포자가 퍼지지 않아서 생으로 먹어도 괜찮지만 성장하여 갓이 펴지면 거기에 더러운 것이나 세균이 묻을 수 있기 때문에 위험합니다. 판매되는 버섯은 반드시 익혀서 먹어야 합니다. 그러나 양송이 버섯은 성장 전에 수확해서 팔고 있기 때문에 생으로 먹어도 괜찮습니다. 송이버섯도 갓이 펴지기 전에 채취하고 있습니다만, 자연에서 자라기 때문에 더러운 것이나 세균이 묻어 있을 우려가 있습니다.

シュルームは成長前に収穫して売っていますから生で食べても大丈夫です。松茸も傘が開かないうちに採っていますが、自然の中で育つので汚れや細菌が付いている恐れがあります。

最も気を付けなければならないことは何だと言っていますか。

1 きのこにもカロリーがあるということ
2 きのこには汚れや細菌がついていること
3 きのこによっては加熱しなければならないこと
4 松茸とマッシュルーム以外は生で食べてはいけないこと

5番

女の人と男の人が話しています。

M: 俺、ユーチューバーを仕事にしようかな。
F : 何馬鹿なこと言っているのよ。
M: 9歳の子供が年収30億円で、アメリカのユーチューバー番付で3年連続で1位なんだよ。
F : それがあなたと何の関係があるの？
M: 30億なんて欲張らないけど、1千万ぐらいは稼げる気がしてきて。
F : 呆れたわ。小学校の男の子がなりたい仕事1位がユーチューバーだって聞いたけど、まさかあなたまでが小学生並みの考えだなんて。
M: すごくいい考えが浮かんだんだよ。稼げそうな。だから…。
F : 稼げるユーチューバーなんて数えるほどだと思うわ。だから趣味にしておいてよ。
M: やっぱり、反対なんだな。
F : お金儲けだなんて不純な気持ちで始めるのは反対よ。好きなことをしていてそれが結果としてお金になったらそれはそれでいいと思うけど。
M: ふ〜ん。

女の人の考えはどれですか。

1 お金を稼ぐのは難しいから止めてほしい
2 小学生並みの考えなので趣味ならかまわない
3 お金が稼げるように考えてやってほしい
4 趣味で自然にお金が稼げるのはかまわない

가장 조심해야 할 사항은 무엇이라고 말하고 있습니까?

1 버섯에도 칼로리가 있다는 것
2 버섯에는 더러운 것이나 세균이 묻어 있는 것
3 버섯에 따라서는 가열해야 하는 것
4 송이버섯과 양송이 버섯 이외에는 생으로 먹어서는 안 되는 것

해설

화자는 버섯은 칼로리가 0은 아니나 매우 낮아 많이 먹어도 문제가 없지만 성장한 버섯은 갓에 세균이나 더러운 것이 붙어 있을 수 있으므로 판매되는 버섯은 반드시 익혀 먹어야 한다고 말하고 있다. 그 중에서 양송이 버섯은 다 자라기 전에 수확해 판매하기 때문에 생으로 먹어도 좋지만, 송이 버섯은 자연에서 자라기 때문에 조심해야 한다고 말하고 있다. 따라서 정답은 선택지 3번이다.

5번

여자와 남자가 이야기하고 있습니다.

남: 나, 유튜버를 직업으로 할까?.
여: 무슨 바보같은 소리를 하는 거야?
남: 9살 어린애가 연수입 30억 엔에다가 미국의 유튜버 순위에서 3년 연속 1위야.
여: 그게 너랑 무슨 상관이야?
남: 30억은 바라지 않지만 천만 정도는 벌 수 있을 것 같아서.
여: 어이가 없네. 초등학교 남자애가 되고 싶은 직업 1위가 유튜버라고 들었는데 설마 너까지 초등학생 정도의 생각이라니.
남:아주 좋은 생각이 떠올랐어. 돈을 벌 수 있을 것 같은. 그래서….
여: 돈을 벌 수 있는 유튜버는 손에 꼽을 정도라고 생각해. 그러니까 취미로 해둬.
남: 역시 반대구나.
여: 돈벌이라는 불순한 마음으로 시작하는 건 반대야. 좋아하는걸 하고 있어서 그게 결과적으로 돈이 된다면 그건 그것으로 좋을 것 같지만.
남: 음.

여자의 생각은 어느 것입니까?

1 돈을 버는 것은 어려우니 그만두기 바란다
2 초등학생 정도의 생각이므로 취미라면 상관없다
3 돈을 벌 수 있도록 생각하고 하길 바란다
4 취미로 자연스럽게 돈을 벌 수 있는 것은 상관없다

해설

여자는 돈을 벌기 위한 목적으로 유튜버를 시작하는 것은 반대지만 좋아하는 일을 취미로 시작해 그게 돈이 되면 그것은 괜찮다고 말했으므로 정답은 선택지 4번이다.

問題 4

問題４では、問題用紙に何もいんさつされていません。まず文を聞いてください。それから、それに対する返事を聞いて、１から３の中から、最もよいものを一つ選んでください。

では練習しましょう。

문제 4

문제4에서는 문제용지에 아무것도 인쇄되어 있지 않습니다. 먼저 문장을 들어 주세요. 그리고 그것에 대한 응답을 듣고 1에서 3 중에서 가장 적당한 것을 하나 고르세요.

그럼 연습해 봅시다.

例

F：今日ちょっと、残って仕事してってもらえない？

M：1　今日ですか。はい、分かりました。

2　すみません、今日遅くなったんです。

3　残りは、あとこれだけです。

예

여：오늘 좀 남아서 일 해줄 수 있을까?

남：1　오늘이요? 네, 알겠습니다.

2　죄송합니다. 오늘 늦어졌습니다.

3　남은 것은 이것뿐입니다.

1番

M：では、条件を検討した上で契約するかどうか決めましょう。

F：1　では、相手の会社を呼んでおきましょう。

2　そのための資料を準備いたします。

3　もう十分検討しましたね。

1번

남：그럼 조건을 검토한 뒤에 계약할지 말지 결정합시다.

여：1　그럼 상대 회사를 불러 둡시다.

2　그것을 위한 자료를 준비하겠습니다.

3　벌써 충분히 검토하셨죠?

해설

조건을 검토한 후에 계약 여부를 결정하겠다고 했으므로 적절한 대답은 필요한 자료를 준비하겠다는 선택지 2번이다.

2番

M：田中、何も知らないと言いながら事件について詳しいんだよ。

F：1　やっぱり、知らないんじゃないかな。

2　やっぱり、事件が起きたんだね。

3　やっぱり、知っているんじゃない？

2번

남：다나카, 아무것도 모른다면서 사건에 대해 잘 안단 말이야.

여：1　역시 모르는 게 아닐까?

2　역시 사건이 일어났구나.

3　역시 알고 있는 거 아니야?

해설

'역시'라는 말 다음에는 상대방의 말에 동의한다는 내용이 와야 한다. 따라서 적절한 대답은 선택지 중 3번이다.

3番

F：コロナのせいで今日は一人として働ける人がいないんですよ。

M：1　仕方がないから工場を止めましょう。

2　仕方がないから働いてもらいましょう。

3　仕方がないから働いているんですよ。

3번

여：코로나 때문에 오늘은 한 사람도 일할 수 있는 사람이 없어요.

남：1　어쩔 수 없으니까 공장을 멈춥시다.

2　어쩔 수 없으니까 일하게 합시다.

3　어쩔 수 없으니까 일하고 있는 거예요.

해설

～としては 뒤에 부정표현과 함께 쓰여 '예외 없이 전부 ～하다'는 의미를 나타낸다. 따라서 여자의 말은 일할 사람이 한 명도 없다는 의미이므로 이에 대한 적절한 대답은 선택지 1번이다.

4番

M: 説明すればするほど賛成する人が増えるんだ。

F : 1 それは苦しいね。

2 それはよかったね。

3 それは難しいね。

4번

남 : 설명하면 할수록 찬성하는 사람이 늘어나.

여 : 1 그것 참 괴롭네.

2 그것 참 잘됐네.

3 그것 참 어렵네.

해설

남자의 의견에 찬성하는 사람이 늘어난다는 말에 여자가 할 수있는 가장 적절한 대답은 선택지 2번이다.

5番

F : 忙しくて食事どころではないよ。

M: 1 でも、食べないと体に悪いよ。

2 そんなに食べたら体に悪いよ。

3 食事するところがないの？

5번

여 : 바빠서 식사할 상황이 아니야.

남 : 1 하지만 먹지 않으면 몸에 안 좋아.

2 그렇게 먹으면 몸에 안 좋아.

3 식사할 곳이 없어?

해설

여자는 식사를 할 수 없을 정도로 바쁘다고 말하고 있으므로 이에 대해 남자가 할 수 있는 가장 적절한 대답은 선택지 1번이다.

6番

M: 景気が悪くなる一方です。

F : 1 うちの会社もいいですよ。

2 うちの会社も同じですよ。

3 お宅の会社はいいんですね。

6번

남 : 경기가 계속 나빠지고 있어요.

여 : 1 우리 회사도 좋아요.

2 우리 회사도 마찬가지예요.

3 댁의 회사는 좋군요.

해설

경기가 계속 나빠지기만 한다는 것으로 보아 남자의 회사 상황이 좋지 않다고 추측할 수 있다. 따라서 선택지 3번은 정답이 아니고, '우리 회사도' 라는 말 뒤에슨 상황이 좋지 않다는 내용이 와야 하므로 가장 적절한 대답은 선택지 2번이다.

7番

F : 頼みさえすれば協力してもらえるよ。

M: 1 だから頼んでいるんですよ。

2 早く頼んだほうがいいですよ。

3 わかってはいるんですけど。

7번

여 : 부탁만 하면 협조해 줄 수 있어요.

남 : 1 그러니까 부탁하고 있는 거예요.

2 빨리 부탁하는 편이 좋아요.

3 알고는 있는데요.

해설

여기서 '～てもらえる'는 제삼자에게 부탁을 하면 도움을 받을 수 있다는 뜻인데, 선택지 1번은 남자가 아직 부탁을 하지 않은 상황이므로 정답이 아니다. 2번은 남자가 아니라 여자가 할 법한 말이므로 역시 오답이다. 3번 "わかってはいるんですけど" 다음에는 할 수 없다거나 하고 싶지 않다는 내용이 생략되어 있다. 따라서 가장 적절한 대답은 선택지 3번이다.

8番

F : あの二人、会うと必ず喧嘩になるのよ。
M: 1 もう顔を合わさないようにしよう。
2 何かしら原因があるんだろうな。
3 じゃ、二人を隣の席にしたほうがいいね。

8번

여 : 저 둘은 만나면 반드시 싸우게 돼.
남 : 1 이제 얼굴을 마주치지 않도록 하자.
2 뭔가 원인이 있겠지.
3 그럼, 저 둘을 옆자리로 하면 되겠다.

해설

선택지 1번은 여자와 남자가 싸우는 두 사람을 만나지 않겠다는 의미인데, 여자와 남자는 싸움의 당사자가 아니므로 적절한 대답은 아니다. 자주 싸우는 원인이 있을 것이라고 말한 선택지 2번이 적절한 대답이다. 항상 싸우는 두 사람을 옆자리에 앉게 하는 것은 좋은 방법이라고 할 수 없으므로 3번 역시 정답이 아니다.

9番

M: これ、子供にしては上手に作ったな。
F : 1 大人に手伝ってもらおう。
2 子供だって上手に作れないよ。
3 とっても才能がある子なんだから。

9번

남 : 이거, 어린아이치고는 잘 만들었네.
여 : 1 어른에게 도와달라고 하자.
2 아이라도 잘 만들 수 없어.
3 아주 재능이 있는 아이니까.

해설

아이를 칭찬하는 남자의 말에 대한 대답으로 가장 적절한 것은 선택지 3번이다. 1번은 현재 상황과 맞지 않으며 2번은 子供だって 뒤에 作れるよ가 오거나 앞에 大人だって 라고 해야 하므로 정답이 아니다.

10番

F : プロジェクトがうまく進まなくて頭が痛いよ。
M: 1 熱があるんですか。
2 いい考えがあるといいんですが。
3 じゃ、薬を飲みますか。

10번

여 : 프로젝트가 잘 진행되지 않아서 골치가 아파.
남 : 1 열이 있나요?
2 좋은 생각이 있으면 좋겠는데요.
3 그럼 약 먹을래요?

해설

일이 잘 풀리지 않아 곤란하다는 의미이므로 이에 대한 적절한 대답은 선택지 중 2번이다.

11番

F : 貧しいながらも幸せに暮らしています。
M: 1 それは何よりです。
2 それは困りましたね。
3 みなさんのおかげだと感謝しています。

11번

여 : 가난하지만 행복하게 살고 있어요.
남 : 1 그것 참 다행입니다.
2 그것 참 곤란하군요.
3 여러분 덕분이라고 감사하고 있습니다.

해설

가난해도 행복하다는 상대방의 말에 대한 대답으로 가장 적절한 것은 선택지 중 1번이다. 행복하다고 말하는 사람에게 곤란하다고 말하는 것은 실례이며 3번은 여자가 할 법한 말이므로 정답이 아니다.

問題 5

問題５では、長めの話を聞きます。この問題には練習はありません。問題用紙にメモをとってもかまいません。

１番、２番

問題用紙に何もいんさつされていません。まず話を聞いてください。それから、質問とせんたくしを聞いて、１から４の中から、最もよいものを一つ選んでください。

１番

女の人と男の人が電熱服について話しています。

M：寒いね。メイさん、そんなに薄着で大丈夫？
F：電熱服を着ているから。
M：電熱服って何？
F：ヒーターが付いている服なのよ。去年までは使い捨てカイロを貼っていたんだけど、こっちの方が断然暖かいのよ。
M：それはいいね。欲しいけどあまり高かったら買えないよ。
F：これは30，000円ぐらいだったけど、友達の店で買って24，000円だったの。もしほしかったら頼んでみるけど。
M：それでも僕には無理かな。
F：ねえ、バッテリー無しだったらメーカーによっては3，000円ぐらいからあるそうよ。
M：そんなに安いの？ところで電気代や持続時間はどのぐらい？
F：これは１円で7．5時間使えるし、強・中・弱に合わせられるし、とても動きやすいのよ。
M：やっぱり高い物はいいね。僕も調べてみるよ。機能がよくて値段が安い物があったら買いたいんだけど。メイさんの友達に頼むかもしれないよ。
F：いいよ。

男の人は電熱服を買いますか。

1　調べて買う物を決める
2　高い物がいいので買う
3　無理なので買わない
4　まだ買うかわからない

문제 5

문제5에서는 조금 긴 이야기를 듣습니다. 이 문제에는 연습은 없습니다. 메모를 해도 상관없습니다.

1번, 2번

문제용지에 아무것도 인쇄되어 있지 않습니다. 먼저 이야기를 들어 주세요. 그리고 질문과 선택지를 듣고 1에서 4 중에서 가장 적당한 것을 하나 고르세요.

1번

여자와 남자가 전열복에 대해 이야기하고 있습니다.

남: 춥다. 메이 씨, 그렇게 얇게 입어도 괜찮아?
여: 전열복을 입고 있으니까.
남: 전열복이 뭐야?
여: 히터가 붙어있는 옷이야. 작년까지는 일회용 손난로를 붙이고 있었는데 이쪽이 훨씬 더 따뜻해.
남: 그거 좋네. 갖고 싶지만 너무 비싸면 살 수 없을 거야.
여: 이건 30,000엔 정도였는데 친구네 가게에서 사서 24,000엔이었어. 혹시 원한다면 부탁해 볼게.
남: 그래도 나에게는 무리야.
여: 있잖아, 배터리가 없는 거라면 제조사에 따라서는 3,000엔 정도부터 있다고 해.
남: 그렇게 싸? 그런데 전기세나 지속 시간은 어느 정도야?
여: 이건 1엔으로 7.5시간 쓸 수 있고, 강·중·약으로 맞출 수 있어서 아주 움직이기 편해.
남: 역시 비싼 건 좋네. 나도 알아볼게. 기능이 좋고 값이 싼 것이 있으면 사고 싶은데. 메이 씨 친구에게 부탁할지도 몰라.
여: 좋아.

남자는 전열복을 삽니까?

1　조사해서 살 물건을 정한다
2　비싼 것이 좋으므로 산다
3　무리라서 사지 않는다
4　아직 살지 모르겠다

해설

남자는 기능이 좋고 가격이 싼 것이 있으면 사고 싶다고 했으나 확실히 사겠다는 언급은 없었다. 따라서 정답은 선택지 4번이다.

2番

美術館の窓口で、男の人が料金を払っています。男の人は全部でいくら支払いますか。

M: すみません、大人二人と高校生二人お願いします。はい、1万円で。

F: 大人2,000円、高校生1,500円です。高校生は学生証をお願いします。

M: 持って来ていないんですが。

F: 申し訳ございませんが、学生証がないと割引は受けられないので、お一人2,000円をいただきます。全部で8,000円お願いいたします。

M: あのう、老人割引はないんでしょうか。

F: あります。お年の方の割引ですが、70歳以上の方は2,000円が半額の1,000円になります。

M: 母は75歳だから、割引をお願いします。

F: 何か年齢がわかる物をお持ちでしょうか。

M: あの、年寄りでも証明書が必要ですか。

F: ええ、ない場合はお気の毒ですが、割引できません。

M: お母さん、保険証出して。… はい、これ、母の保険証です。

F: それでは割引いたします。

M: よかった。

男の人は全部でいくら支払いますか。

1 6,000円
2 7,000円
3 8,000円
4 10,000円

3番

まず話を聞いてください。それから、二つの質問を聞いて、それぞれ問題用紙の1から4の中から、最もよいものを一つ選んでください。

お父さんが子供に夏休みの計画について話しています。

M1: 今年の夏休みだけど、プランを考えたから、君たちの意見を聞きたいな。
まず、プランAは去年と同じように3泊4日で山に行ってキャンプをするんだけど、おじいちゃんの家の近くのキャンプ場にすればいとこの明君や愛子ちゃんも参加できるよ。プランBは海だ。車

2번

미술관 창구에서 한 남자가 요금을 내고 있습니다. 남자는 전부 해서 얼마 지불합니까?

남: 저기요, 어른 2명과 고등학생 2명 부탁합니다. 여기, 만 엔으로.

여: 성인 2,000엔, 고등학생 1,500엔입니다. 고등학생은 학생증을 부탁드립니다.

남: 안 가져왔는데요.

여: 죄송합니다만, 학생증이 없으면 할인은 받을 수 없기 때문에 1인당 2000엔을 받습니다. 모두 해서 8000엔 부탁드립니다.

남: 저, 노인 할인은 없을까요?

여: 있습니다. 어르신을 위한 할인인데, 70세 이상인 분은 2000엔이 반값인 1000엔이 됩니다.

남: 어머니가 75세이시니 할인 부탁드립니다.

여: 뭔가 나이를 알 수 있는 것을 가지고 계신가요?

남: 저, 노인이어도 증명서가 필요한가요?

여: 네, 없으면 죄송하지만 할인되지 않습니다.

남: 엄마, 보험증 주세요. … 네, 여기 어머니 보험증입니다.

여: 그럼 할인해드리겠습니다.

남: 다행이다.

남자는 전부 해서 얼마 지불합니까?

1 6000엔
2 7000엔
3 8000엔
4 10000엔

해설

고등학생이 두 명이지만 학생증이 없어 할인을 받을 수 없으므로 입장료를 성인과 같은 2000엔을 내야한다. 75세 이상인 할머니가 보험증을 가지고 있어 어르신 할인을 받아 입장료를 1000엔 할인받았다. 따라서 고등학생 2명 포함 성인 3명의 입장료 6000엔+노인 할인 1000엔 해서 전부 7000엔을 지불해야 한다.

3번

먼저 이야기를 들어 주세요. 그리고 2개의 질문을 듣고 각각 문제 용지의 1에서 4 중에서 가장 적당한 것을 하나 고르세요.

아빠가 아이에게 여름방학 계획에 대해 이야기하고 있습니다.

남1: 올 여름방학 말인데, 계획을 생각했으니까 너희의 의견을 듣고 싶어.
먼저 계획A는 작년과 마찬가지로 3박 4일로 산에 가서 캠핑을 하는데, 할아버지 댁 근처에 있는 캠핑장으로 하면 사촌동생인 아키라나 아이코도 참가할 수 있어. 계획B는 바다야. 차로 갈 거야. 2박 3일로 뷔페 스타일의 호텔을 예약할 수 있어. 거기는 눈앞이 바다라 방에서 수영복을 입고 갈 수 있어서 장시간 수영을 할 수 있으니까 아주 편리해. 계획C는 2박 3일로 비행기로 규슈까지 가서 로봇호텔에 묵고, 식

で行くよ。2泊3日でビュフェスタイルのホテルが予約できる。そこは目の前が海なので部屋から水着で行けるから長時間泳いでいられるしとても便利だよ。プランCは2泊3日で飛行機で九州まで行ってロボットホテルに泊まって、食事は食べ放題、昼間はアミューズメントパークで遊ぶ。夜には花火も楽しめるよ。プランDは2泊3日でまず山登りしてキャンプ場に泊まる。翌日はボートでどきどきする川下り。湖まで着いたらそこのホテルに泊まる。ホテルにはテニスコートもあるよ。どれも楽しそうだろう？ 話し合って一つに決めて。

M2: 今年は滅多にできないことをしたいな。
F : ねえ、キャンプがいいよ。明君や愛ちゃんと一緒だと楽しいよ。
M2: お正月に会えばいいじゃん。
F : そうだね。
M2: ねえ、川下りしようよ。
F : でも、怖いよ。
M2: 大丈夫。お兄ちゃんが守ってあげるから。
F : う〜ん。でもそれより、海がいいな。食べ放題だし。
M2: 由美は食べることばっかりだな。じゃ、九州はどう？
F : 飛行機は嫌だよ。
M2: 本当に怖がりなんだから。僕はスリルがあるのがいいんだ。
F : 私はやっぱり泳ぎたい。
M2: これじゃ、決められないね。

質問1 男の子はどこに行きたいですか。

1 プランA
2 プランB
3 プランC
4 プランD

質問2 女の子はどこに行きたいですか。

1 プランA
2 プランB
3 プランC
4 プランD

사는 무제한, 낮에는 놀이공원에서 놀아. 밤에는 불꽃놀이도 즐길 수 있어. 계획D는 2박 3일로 먼저 등산해서 캠프장에 묵어. 다음 날은 보트로 두근두근 뱃놀이. 호수까지 도착하면 거기 있는 호텔에 묵어. 호텔에 테니스 코트도 있어. 다 재밌을 것 같지? 의논해서 하나 정해.

남2: 올해는 좀처럼 할 수 없는 것을 하고 싶어.
여 : 나는 캠핑이 좋아. 아키라랑 아이코와 함께면 즐거울 거야.
남2: 설날에 만나면 되잖아.
여 : 그러네.
남2: 있잖아, 뱃놀이 하자.
여 : 하지만 무서워.
남2: 괜찮아. 오빠가 지켜줄게.
여 : 음, 하지만 그보다 바다가 좋아. 음식도 무제한이고.
남2: 유미는 먹는 것만 생각하는구나. 그럼, 규슈는 어때?
여 : 비행기는 싫어.
남2: 진짜 겁쟁이라니까. 난 스릴 있는 게 좋아.
여 : 난 역시 헤엄치고 싶어.
남2: 이래서는 못 정하겠네.

질문1 남자 아이는 어디에 가고 싶습니까?

1 계획A
2 계획B
3 계획C
4 계획D

질문2 여자 아이는 어디에 가고 싶습니까?

1 계획A
2 계획B
3 계획C
4 계획D

해설

〈질문 1〉 남자 아이는 좀처럼 할 수 없고 스릴 있는 뱃놀이를 하고 싶다고 했으므로 선택지 4번이 정답이다.
〈질문 2〉 여자 아이는 먼저 사촌을 만날 수 있는 캠핑을 제안했지만 그 다음에 바다에서 놀 수 있고 식사가 무제한인 곳이 좋다고 했다. 따라서 정답은 선택지 2번이다. 비행기는 타고 싶지 않고 뱃놀이는 무섭다고 했으므로 선택지 1, 3, 4는 오답이다.

JLPT N2 실전모의테스트 제2회 | 정답 및 해석 |

1교시 언어지식(문자·어휘·문법)·독해

문제 1　1 ①　2 ④　3 ④　4 ①　5 ②
문제 2　6 ②　7 ③　8 ④　9 ③　10 ③
문제 3　11 ③　12 ③　13 ①
문제 4　14 ②　15 ②　16 ④　17 ③　18 ①　19 ④　20 ②
문제 5　21 ③　22 ①　23 ②　24 ②　25 ③
문제 6　26 ①　27 ④　28 ①　29 ②　30 ①
문제 7　31 ①　32 ③　33 ②　34 ③　35 ①　36 ④　37 ②　38 ④　39 ②　40 ③
　41 ④　42 ③
문제 8　43 ③ (1234)　44 ② (4123)　45 ④ (1342)　46 ① (2314)　47 ① (2314)
문제 9　48 ①　49 ③　50 ②　51 ④　52 ④
문제 10　53 ③　54 ④　55 ③　56 ③　57 ④
문제 11　58 ④　59 ④　60 ③　61 ③　62 ③　63 ④　64 ②　65 ②　66 ④
문제 12　67 ②　68 ③
문제 13　69 ①　70 ③　71 ②
문제 14　72 ③　73 ①

2교시 청해

문제 1　1 ④　2 ②　3 ②　4 ③　5 ③
문제 2　1 ②　2 ②　3 ③　4 ②　5 ④
문제 3　1 ③　2 ③　3 ④　4 ④　5 ④
문제 4　1 ①　2 ③　3 ①　4 ③　5 ①　6 ②　7 ③　8 ③　9 ②　10 ③　11 ①
문제 5　1 ④　2 ④　3-1 ③　3-2 ①

1교시 언어지식(문자·어휘)

문제 1 ＿＿의 단어의 읽기로 가장 알맞은 것을 1·2·3·4에서 하나 고르시오.

1 그 후보는 선거에서 압도적인 승리를 거두었다.
2 그는 그 사고로 경상을 입었다.
3 경어 사용을 틀려서 창피를 당하고 말았다.
4 호수에는 보름달이 비치고 있었다.
5 옆집에서 생선 굽는 냄새가 식욕을 자극한다.

문제 2 ＿＿의 단어를 한자로 쓸 때 가장 알맞은 것을 1·2·3·4에서 하나 고르시오.

6 그는 구호만큼은 씩씩하다.
7 그는 새로운 방면으로 사업을 확장했다.
8 열심히 공부해둬서 손해는 없다.
9 이번만은 봐주세요.
10 동일본 쪽 사람이 일반적으로 진한 맛을 좋아한다.

문제 3 (　　)에 들어갈 가장 알맞은 것을 1·2·3·4에서 하나 고르시오.

11 벽장 안에 이불 한 세트, 시트류를 준비해 두었습니다.
12 어떤 관계에서든 '부탁하기 어려운 사람'이 있다.
13 이런 TV 드라마는 아이들에게 악영향을 끼친다고 생각합니다.

문제 4 (　　)에 들어갈 가장 알맞은 것을 1·2·3·4에서 하나 고르시오.

14 높은 목표를 내걸고 자신에게 압박을 가하는 것도 필요하다.
15 그 가수의 흉내를 내고 있는데 진짜가 나타났다.
16 나의 제의에 그는 애매한 답변밖에 주지 않았다.
17 이번에 요코하마 지점으로 전근하여 알려드립니다.
18 이 레스토랑을 잇기에 적당한 요리사를 찾고 있는 중입니다.
19 일본인은 자주 고개를 끄덕이며 남의 이야기를 듣지만, 반드시 찬성하고 있는 것은 아니다.
20 독감 유행이 절정을 지났다고 해서 방심은 금물이다.

문제 5 ＿＿의 단어와 의미가 가장 가까운 것을 1·2·3·4에서 하나 고르시오.

21 점점 뒤숭숭한 세상이 되었다.
22 그 얘기를 듣고 나는 몹시 동요했다.
23 그가 만드는 카레는 각별하다.
24 태풍의 접근으로 바람이 한층 거세졌다.
25 여행용 가방이 파손되었다.

문제 6 다음 단어의 용법으로 가장 알맞은 것을 1·2·3·4에서 하나 고르시오.

26 廃止
1 주민들은 그 버스 노선의 폐지에 반대하고 있다.

27 素材
4 화학 조미료를 사용하지 않고 재료를 살려 부드러운 맛으로 완성했다.

28 だらしない
1 그녀와 만나 그는 무절제한 생활을 바로잡을 결심을 했다.

29 しみる
2 고기에 향신료가 충분히 배려면 시간이 걸린다.

30 尽きる
1 5년 만에 만나 우리는 오래도록 이야기가 끝이지 않았다.

1교시 언어지식(문법)

문제 7 다음 문장의 (　　)에 들어갈 가장 알맞은 것을 1·2·3·4에서 하나 고르시오.

31 그는 이야기를 듣지도 않고 계속 스마트폰만 만지고 있다.
32 어제 내가 탄 비행기는 지금까지 탄 어떤 비행기보다도 작았다.
33 도대체 어째서 이런 일이 일어난 걸까.
34 하기의 곳으로 이사했으므로 통지해 드립니다.
35 마침 운동 삼아 걷기에는 좋은 거리입니다. 저는 걸음이 빨라서 30분 정도면 갈 수 있습니다.
36 서점에서 15권의 만화책을 사들여 하룻밤 사이에 다 읽었다.
37 이 책을 읽으면서 왠지 가슴이 뜨거워졌다. 내가 이 여자아이들과 같은 나이일 즈음, 이렇게 열심히 무언가에 몰두한 적이 있었던가?
38 오늘은 저녁으로 야채 튀김을 만들었다. 모양은 별로였지만 딸이 맛있다고 말해줘서 다행이었다.
39 (전화로)
이케다 "여보세요, 테니스 클럽의 동료인 이케다야."
기무라 "안녕, 이케다. 감기가 나은 거라면 좋겠는데. 토요일 연습을 기대하고 있거든."
이케다 "음, 그게 이제 몸은 괜찮은데 상사가 나를 주말에 걸친 긴급 출장에 보내기로 해서 말이야. 이번 주 연습은 취소해야 할 것 같아."
40 겨울에 시들어서 슬슬 버릴까 하고 생각했던 참에 자세히 보니 열매 잎이 갈색 줄기에서 나와 있었습니다.
41 학교에서 배우기는 했지만 막상 현장에서 실천하려고 할 때마다 구체적인 지식이나 기술이 부족하다는 것을 통감했습니다.
42 A "앗, 컴퓨터가 갑자기 꺼져버렸어. 분명 쓰던 보고서는 없어져버렸을 거야. 조금만 더하면 끝날 뻔했는데."
B "쓴 것은 저장해야 한다고 몇 번이나 말했잖아."
A "쓰는 데 너무 바빠서 그건 생각도 못했어."

문제 8 다음 문장의 ___★___에 들어갈 가장 알맞은 것을 1·2·3·4에서 하나 고르시오.

43 요즘은 인터넷 등에서 화제가 되면 평판이 평판을 불러 그 후 가속도가 붙듯 히트로 이어지는 경우가 많다고 느끼고 있습니다.

44 수식을 잘 외울 수 있거나 역사 연호를 암기할 수 있거나, 전화번호를 한 번 보면 결코 잊어버리지 않는 등과 같은 이른바 '기억력'이 아무리 훌륭해도 두뇌가 명석하다고는 말할 수 없다.

45 디지털 기술의 발전이 이루어져 비즈니스 방식부터 쇼핑 방법에 이르기까지 생활 전체가 변했다.

46 일반적으로 사람은 중학교에서 고등학교에 걸친 시기에 인생에서 가장 많이 성장을 이룬다고 하는데, 그것은 곧 그만큼 큰 시련의 시기에 서게 되는 거라고 말할 수 있지 않을까요?

47 불고기집에 갔을 때 고기와 함께 주문했을 밥이 좀처럼 나오지 않아 화가 났다는 에피소드를 후지와라 씨가 말해 주었습니다.

문제 9 다음 문장을 읽고, 문장 전체의 내용을 생각해서 [48] 부터 [52] 에 들어갈 가장 알맞은 것을 1·2·3·4에서 하나 고르시오.

자동차 유리창에 바르는 자외선 차단제가 있다. 투과되는 자외선의 99.5%를 흡수해 한 번 바르면 두 달간 그 효과가 지속된다. 이 상품이 뜻밖에 많이 팔린다고 한다. 자동차 유리창이 아닌 가정의 새시 창문에 발라 수요가 늘고 있는 것이다. 자택에서 햇빛에 타는 것을 걱정하는 사람들에게 호평을 받고 있는 것일 것이다. 우리 인간은 이만큼 신경을 써서 자외선을 피하고 있다. 그런데 식물들은 자연 속에서 쏟아지는 햇빛을 피하지 않고 살고 있다. 그래서 자외선을 많이 받을 것이다. 우리 인간과 비교할 수 없을 만큼 식물들에게 쏟아지는 자외선은 강할 것이다.

그러나 식물들의 잎은 햇볕에 탄 모습은 없다. 물론 자외선 차단 크림도 사용하지 않았다. 채소는 아무리 강한 태양빛을 쬐더라도 싱싱하게 초록빛으로 빛나고 있다. 꽃들도 선명한 빛깔을 유지하고 있다. 열매도 햇빛을 듬뿍 받으며 아름답게 여물어 간다. 식물들은 햇빛을 받으면 햇볕에 타기는커녕 점점 더 선명한 색깔의 잎과 꽃과 열매를 만들어 낸다. 반대로 자외선을 흡수하는 필름으로 덮인 비닐하우스나 온실에서는 자외선이 닿지 않는다. 그래서 재배되는 토마토나 가지의 색깔이 나빠진다. 카네이션이나 장미꽃 색깔도 선명함을 잃어버린다. 자외선은 해를 끼치기는커녕 잎이나 꽃, 열매를 예쁘게 하는 것이다.

'자외선은 식물들에게는 해를 끼치지도 않고 상냥하다'라고 부러워진다. 그러나 그렇게 생각하는 것은 우리 인간의 비뚤어진 마음(주1)이다. 자외선은 잎에 닿아서 역시 활성산소(주2)를 발생시킨다. 식물들도 자연 속에서 활성산소에 시달리며 싸우고 있는 것이다.

(다나카 오사무 『신비한 식물학』 중에서)

(주1) ひがみ: 사물을 있는 그대로 생각하지 않고 자신에게 불리하다고 굳게 믿어버리는 것

(주2) 活性酸素(かっせいさんそ): 대기 중에 포함된 산소분자가 보다 반응성이 높은 화합물로 변화한 것의 총칭

문제 10 다음 (1)에서 (5)의 문장을 읽고 다음 질문에 대한 답으로 가장 적절한 것을 1·2·3·4에서 하나 고르시오.

1

해석

엄지와 검지로 동그라미를 만들어 주로 쓰는 다리(주1)가 아닌 쪽의 종아리(주2)를 재본다. 만약 종아리가 더 가늘다면 근육량이 줄어 들고 있기 때문에 주의가 필요하다(주3). 나이에 관계없이 다이어트 등을 하고 있는 사람은 위험하다. 특히 아침 식사에서 단백질(주4)이 부족하면 근육량이 감소해 버리므로 주의했으면 한다. 또 단백질만으로는 근육을 유지만 할 뿐이기 때문에 늘리기 위해서는 근육 훈련도 필요하다. 몸 근육의 3분의 2가 하반신(주5)에 모여 있어서 그곳을 단련하는 것이 좋다. 계단을 이용하거나 다리 폭을 벌려 걷는 것도 좋지만, 다리를 굽혔다 펴는 스쿼트는 누구나 쉽게 할 수 있어 효과적이므로 이를 권하고 싶다. 그러나 쉬울 것 같지만 좌절(주6)하기 쉽다. 그래서 양치 등을 하는 김에 하는 것이 좋다.

(주1) 利き足(きあし): 힘이 세고 잘 움직이는 쪽 다리

(주2) ふくらはぎ: 무릎에서부터 아래 다리 뒤쪽의 봉긋한 부분

(주3) 要注意(ようちゅうい): 주의할 필요가 있음

(주4) 蛋白質(たんぱくしつ): 주로 고기나 달걀 등에 들어있는 몸을 만들거나 움직이는 에너지가 되는 영양소

(주5) 下半身(かはんしん): 허리부터 아래 부분

(주6) 挫折(ざせつ): 목표를 가지고 계속해 온 일이 도중에 실패하는 것

단어 **輪**(わ) 원, 고리 | **利**(き)**き足**(あし) 주로 쓰는 다리 | **ふくらはぎ** 종아리 | **測**(はか)**る** 재다 | **筋肉**(きんにく) 근육 | **要注意**(ようちゅうい) 요주의 | **年齢**(ねんれい) 연령, 나이 | **朝食**(ちょうしょく) 아침 식사 | **蛋白質**(たんぱくしつ) 단백질 | **減少**(げんしょう) 감소 | **維持**(いじ) 유지 | **トレーニング** 훈련, 연습 | **下半身**(かはんしん) 하반신 | **鍛**(きた)**える** 단련하다 | **スクワット** 스쿼트 | **効果的**(こうかてき) 효과적 | **挫折**(ざせつ) 좌절 | **栄養**(えいよう) 영양 | **摂**(と)**る** 섭취하다

53 근육량을 늘리는 방법으로서 올바른 설명은 어느 것인가?

1 아침식사를 하고 스쿼트한다.
2 스쿼트를 하고 다이어트를 그만둔다.
3 근육 훈련을 하고 충분히 영양을 섭취한다.
4 하루 3번 식사를 하고 근육훈련을 한다.

해설 아침식사 시에 단백질을 섭취하고 근력 운동을 하는 것이 근육량을 늘리는 올바른 방법이다. 따라서 정답은 선택지 3번이다. 단순히 아침을 먹는 것만으로는 충분하지 않고, 다이어트를 그만둔다고 해서 근육량이 늘어나는 것은 아니다. 또 하루 3번 식사하라는 언급은 없었고 중요한 것은 단백질을 섭취하는 것이므로 선택지 1, 2, 4는 정답이 아니다.

2

해석

할머니는 아흔 살이 넘어서부터 너무 오래 살아서 친구들이 모두 없어졌다고 자주 한탄(주1)하셨다. 나는 아직 할머니 나이에는 이르지 않았지만, 소중한 친구를 몇 명이나 잃고 그 마음을 이해할 수 있게 되었다. 다행스럽게도 많은 친구들은 건재(주2)하고 매일 전화로 통화하는 상대도 있다. 과부(주3)인 친구와는 대학시절의 추억이나 육아, 함께 했던 수많은 여행 등 이야기가 끊이지 않는다. 둘이서 매일 꼭 이야기하는 것이 있다. 오늘 좋았던 일이다. 격동의 인생이 아니니 큰(주4) 일은 없기 때문에 작은 행복을 찾는다. 친구의 좋았던 일을 듣고 잘됐다고 말한다. 친구도 또한 잘됐다고 말해준다. 싫은 일이 있었던 날도 긍정적일 수 있다. 혼자 사는 친구를 격려하기 위해 시작한 이 사소한(주5) 규칙(주6)에 지금은 내가 격려를 받고 있다.

(주1) 嘆く(なげく): 여기서는 슬프게 생각한다는 의미

(주2) 健在(けんざい): 건강하고 기운이 있으며 이전과 다름이 없음
(주3) 未亡人(みぼうじん): 남편을 여읜 아내
(주4) 大(たい)そう: 대단함, 엄청남
(주5) たわいない: 여기서는 대단하지 않음, 변변치 않음
(주6) 決(き)めごと: 여기서는 두 사람이 정한 것

단어 **長生(ながい)き** 장수 | **度々(たびたび)** 자주, 여러 번 | **嘆(なげ)く** 한탄하다 | **至(いた)る** 이르다 | **健在(けんざい)** 건재 | **未亡人(みぼうじん)** 과부 | **子育(こそだ)て** 육아 | **尽(つ)きる** 떨어지다 | **激動(げきどう)** 격동 | **大(たい)そうな** 큰 | **前向(まえむ)き** 긍정적 | **励(はげ)ます** 격려하다, 북돋우다 **たわいない** 사소한 | **決(き)めごと** 규칙 | **安否(あんぴ)** 안부

54 저자는 지금은 어떤 일에 격려받고 있는가?

1 친구를 격려하는 것
2 여러 가지 추억을 이야기하는 것
3 친구의 안부를 확인하는 것
4 매일 좋았던 일을 이야기하는 것

해설 친구를 격려하기 위해 서로 그날의 좋았던 일을 이야기하면서 저자 본인이 반대로 격려를 받고 있다고 했으므로 정답은 선택지 4번이다.

3

해석 히로즈킨 파리(주1)의 구더기(주2)는 오랜 세월 화상이나 당뇨병(주3) 등으로 괴사(주4)한 부위를 치료하기 위해 사용되어 왔는데, 최근 농업 분야에서의 이용이 주목받고 있습니다. 농작물이 열매를 맺기 위해서는 꿀벌을 빼놓을 수 없는데 최근 꿀벌의 대량 폐사 등도 있어 충분한 꿀벌을 모을 수 없게 되었습니다. 그래서 꿀벌 대신 히로즈킨 파리로 딸기를 수분(주5) 시키기로 했습니다. 장점은 활동 온도가 10℃~35℃로 꿀벌보다 혹한기(주6)에도 강한 것과 사람을 쏘지 않는 점입니다. 앞으로 부족하기 쉬운 꿀벌의 과잉 소비를 억제하기 위해서라도 혹한기에는 파리를 이용하는 것이 바람직합니다. 단점은 10일 정도면 죽기 때문에 보충이 필요하다는 것입니다. 현재는 아직 가격에서 꿀벌에 지고 있지만 안정적으로 공급할 수 있는 장점이 있고 가까운 장래에 가격면도 낮출 수 있다고 생각합니다.

(주1) ヒロズキンバエ: 전세계 대부분의 지역에서 볼 수 있는 파리로 몸은 길이 10~14mm, 선명한 청록색이나 금색을 띠고 있다
(주2) ウジ: 알에서 막 부화한 파리의 유충
(주3) 糖尿病(とうにょうびょう): 혈액 속에 흐르는 포도당이라는 성분이 증가하는 질환
(주4) 壊死(えし): 혈액이 공급되지 않았거나 화상을 입어 그 부분의 조직이나 세포가 죽는 것. 또는 그런 상태
(주5) 授粉(じゅふん): 열매를 맺도록 꽃가루를 묻히는 일
(주6) 厳寒期(げんかんき): 아주 추운 기간

단어 **ヒロズキンバエ** 히로즈킨 파리 | **ウジ** 구더기 | **長年(ながねん)** 오랜 세월 | **火傷(やけど)** 화상 | **糖尿病(とうにょうびょう)** 당뇨병 | **壊死(えし)** 괴사 | **箇所(かしょ)** 부위 | **治療(ちりょう)** 치료 | **農業(のうぎょう)** 농업 | **分野(ぶんや)** 분야 | **農作物(のうさくぶつ)** 농작물 | **蜜蜂(みつばち)** 꿀벌 | **欠(か)かす** 빠뜨리다 | **授粉(じゅふん)** 수분, 가루받이 | **利点(りてん)** 장점 | **厳寒期(げんかんき)** 혹한기 | **刺(さ)す** 쏘다 | **過剰(かじょう)** 과잉 | **消費(しょうひ)** 소비 | **抑(おさ)える** 억제하다 | **欠点(けってん)** 단점 | **補充(ほじゅう)** 보충 | **供給(きょうきゅう)** 공급 | **メリット** 장점 | **放(はな)す** 풀어 놓다

55 현재의 꿀벌과 히로즈킨 파리의 수분은 어떻게 하면 좋은가?

1 싼 쪽을 사용하는 것이 좋다.
2 양쪽을 함께 풀어놓는 것이 좋다.
3 계절에 따라 달리 쓰는 것이 좋다.
4 오래 사용할 수 있는 쪽을 이용하는 것이 좋다.

해설 히로즈킨 파리는 꿀벌에 비해 추위에 강해 혹한기에도 수분을 할 수 있고 사람을 공격하지 않는 장점이 있지만, 가격이 비싸고 생존 기간이 짧다는 단점이 있다. 때문에 가장 효과적인 수분 방법은 혹한기에는 히로즈킨 파리를 이용하고, 그 외의 계절에는 꿀벌을 이용하는 것이다. 따라서 정답은 선택지 3번이다.

4

해석 요즘 아침식사를 빵으로 하는 사람이 56.6%로 절반을 넘는다. 그러나 어느 쪽을 좋아하는지 물었더니 밥을 좋아하는 쪽이 더 많았다고 한다. 건강면에서도 밥이 더 좋다고 한다. 밥이 좋은 점은 우선 무첨가(주1)라는 점이다. 빵은 밀에 설탕이나 소금, 유지(주2) 등이 첨가된 가공품(주3)이다. 씹는 횟수도 밥이 더 많아 뇌가 활성화된다고 한다. 그러나 빵은 바쁜 아침에 간편하게 먹을 수 있는 편리한 음식이다. 많은 사람에게 빵을 먹지 않는 생활은 어렵다. 그러니 적어도 부드럽고 단 빵을 피하고 프랑스 빵 같은 딱딱한 빵을 선택했으면 좋겠다.

(주1) 無添加(むてんか): 식품에 사용할 수 있는 화학적인 것을 사용하지 않음
(주2) 油脂(ゆし): 3대 영양소 중 하나. 동물성과 식물성이 있다
(주3) 加工品(かこうひん): 여기서는 식품에 어떠한 가공을 한 것

단어 **半数**(はんすう) 절반 | **超**(こ)**える** 넘다 | **無添加**(むてんか) 무첨가 | **小麦**(こむぎ) 밀 | **油脂**(ゆし) 유지 | **加**(くわ)**える** 가하다, 더하다 | **加工品**(かこうひん) 가공품 | **噛**(か)**む** 씹다 | **回数**(かいすう) 횟수 | **脳**(のう) 뇌 | **活性化** (かっせいか) 활성화 | **手軽**(てがる)**に** 간단히 | **硬**(かた)**い** 딱딱하다

56 저자가 가장 말하고자 하는 것은 어느 것인가?

1 빵을 먹으면 건강에 좋지 않다.
2 아침식사를 빵으로 하는 사람이 더 많다.
3 빵을 먹는다면 딱딱한 빵이 더 좋다.
4 바쁜 사람은 밥은 먹지 않는다.

해설 저자가 말하고자 하는 내용은 마지막 줄에 나와 있다. 바쁜 아침 시간에 간편한 빵을 건강에 좋지 않다고 해서 아예 먹지 않을 수는 없으므로, 그렇다면 적어도 부드럽고 달콤한 빵 대신 딱딱한 빵을 먹는 것이 좋다는 내용이다. 따라서 정답은 선택지 3번이다.

5

해석 아이카드는 아이몰, 아이슈퍼 직영점(주1)에서 의류, 생활용품, 식료품 등을 구입 시 사용하면 100엔마다 1포인트를 증정(주2)합니다. 그 이외의 전문점에서 사용하면 0.1포인트를 드립니다. 단, 담배, 상품권 등은 대상에서 제외(주3)합니다. 또한 아이몰 히가시역앞점은 전 점포, 히바리점의 식료품 매장은 전문점이므로 주의해 주십시오. 1포인트는 1엔으로 하여 아이몰, 아이슈퍼 전점에서 이용하실 수 있습니다.

(주1) 直営店(ちょくえいてん): 프랜차이즈 본부가 직접 경영하는 가게
(주2) 贈呈(ぞうてい): 다른 사람에게 줌
(주3) 除外(じょがい): 제외함

단어 **直営店**(ちょくえいてん) 직영점 | **衣料品**(いりょうひん) 의료품, 의류 | **住**(す)**まいの品**(ひん) 생활용품 | **買**(か)**い上**(あ)**げ** 구입 | **贈呈**(ぞうてい) 증정 | **専門店**(せんもんてん) 전문점 | **商品券**(しょうひんけん) 상품권 | **対象**(たいしょう) 대상 | **除外**(じょがい) 제외 | **全店**(ぜんてん) 전 점포 | **洋品店**(ようひんてん) 양품점, 양복점

57 받을 수 있는 포인트가 맞는 것은 어느 것인가?

1 히가시역앞점 내의 꽃집에서 현금으로 2000엔 내면 20포인트

2 히바리점내 서점에서 카드로 2000엔 결제하면 2포인트
3 히바리점내 생선가게에서 1000엔짜리 생선을 카드로 사면 10포인트
4 히가시역 앞 양품점에서 1000엔짜리 손수건을 카드로 사면 1포인트

해설 본문의 내용은 아이카드로 결제했을 경우에만 포인트가 적립된다는 내용이므로 현금 사용 시에는 해당하지 않는다. 따라서 선택지 1번은 틀린 내용이다. 선택지 2의 히바리점내의 서점은 직영점이므로 100엔에 1포인트가 적립된다. 따라서 2000엔 결제하면 20포인트를 받을 수 있으므로 틀린 내용이다. 히바리점내의 생선 가게는 식료품점이므로 100엔당 0.1포인트 적립, 1000엔이면 1포인트가 되므로 역시 오답이다. 히가시역 앞 양품점은 전문점이므로 100엔당 0.1포인트, 1000엔이면 1포인트가 적립되므로 정답이다.

문제 11 다음 (1)에서 (3)의 문장을 읽고 다음 질문에 대한 답으로 가장 적절한 것을 1·2·3·4에서 하나 고르시오.

1

해석

지금은 편지가 아니라 메일이 전 세계를 누비고 있다. 메일은 바로 상대방과 연결될 수 있어서 정말로 편리하다. 지금은 편지를 쓰는 일은 드물다. 특별한 상대나 특별한 경우에 쓰는 것이 대부분이다. 중요한 소식, 감사, 사과 등을 정중하게 전하고 싶을 때나 자신의 마음을 상대방에게 전하고 싶을 때 편지를 쓰는 사람이 많다. 후자는 편지를 쓰는 동안 받을 사람을 계속 생각하며 보내기까지 우표를 붙이거나 해야 한다. 우체통에 넣기까지 시간이 걸린다. 그래서 편지를 받으면 쓴 사람의 마음이 느껴져서 기쁜 것일지도 모른다. 매일 아내에게 그림 편지를 쓰는 사람이 있다. 그 날 있었던 일이나 기분을 그림과 짧은 말로 표현하여 아내에게 건넨다. 이것은 편지라기보다는 그날의 그의 마음을 그린 그림일기라 할 수 있겠다.

부치는 장소도 다양하다. 후지산 정상에서 편지를 부치는 사람도 있다. 사람에 따라 다르지만 올라왔다는 성취감이나 기쁜 마음, 자랑하고 싶은 마음, 놀라게 하고 싶은 마음을 전하고 싶고, 좀처럼 없을 정상에서 보내는 편지를 전하고 싶은 마음도 강할 것이다. 바다 밑 10m 정도 되는 해저에 진짜 우체통이 놓여 있다. 거의 알려지지 않은 해저 우체통의 존재가 다이버를 자극해 여기에 편지를 넣고 싶어하는 사람이 끊이지 않는다. 물론 방수된 종이에 쓴 편지여야 하지만 우체통에 넣으면 확실히 배달된다고 한다.

단어 **飛(と)び回(まわ)る** 누비다 | **繋(つな)がる** 연결되다, 이어지다 | **お詫(わ)び** 사과 | **後者(こうしゃ)** 후자 | **受(う)け取(と)る** 받다 | **手間(てま)** 수고 | **絵手紙(えてがみ)** 그림편지 | **描(か)く** 그리다 | **手渡(てわた)す** 건네주다 | **絵日記(えにっき)** 그림일기 | **頂上(ちょうじょう)** 정상 | **達成感(たっせいかん)** 성취감 | **自慢(じまん)** 자랑 | **海底(かいてい)** 해저 | ***ダイバー*** 다이버, 잠수사 **刺激(しげき)** 자극 | **後(あと)を絶(た)たない** 끊이지 않다 | **防水(ぼうすい)** 방수 | **きちんと** 확실히 | **海辺(うみべ)** 바닷가 | ***ダイビング*** 다이빙, 잠수

58 왜 해저의 우체통에 편지를 넣고 싶어지는 것인가?

1 방수 종이가 있어서
2 바다에서 다이빙하고 있는 것을 알려주고 싶어서
3 다른 우체통이 없어서
4 해저의 우체통에서 편지를 부치는 경험을 하고 싶어서

59 저자의 의견은 어느 것인가?

1 마음을 메일로 전하는 경우는 없다.
2 특별한 경험은 편지로밖에 전해지지 않는다.
3 편지보다 편리하기 때문에 메일을 사용하는 편이 좋다.
4 전하는 내용에 따라서는 메일보다 편지가 더 좋다.

60 본문의 내용과 맞는 것은 어느 것인가?

1 매일 편지를 부치는 사람이 있다.
2 메일로는 전해지지 않는 것이 많다.
3 해저 우체통에 부칠 때는 특별한 종이가 필요하다.
4 편지를 쓰는 것은 특별한 경험을 했을 때뿐이다.

해설 〈문제 58〉 단지 방수 종이가 있다고 해서 편지를 부치고 싶어한다는 내용은 나와 있지 않다. 또 다이빙을 했다는 소식 등이 특별히 놀랄만한 일은 아니며, 다른 우체통에 있는지 없는지에 대해서는 언급되어 있지 않으므로 선택지 1, 2, 3은 정답이 아니다. 바닷속에 생긴 우체통을 보고 자극을 받아 편지를 넣고 싶어하는 사람들이 끊이지 않는다고 했으므로, 이는 좀처럼 할 수 없는 경험을 하

고 싶어한다고 해석할 수 있다. 따라서 정답은 선택지 4번이 된다.

〈문제 59〉 5번째 문장에서 '중요한 소식, 감사, 사과 등을 정중하게 전하고 싶을 때나 자신의 마음을 상대방에게 전하고 싶을 때 편지를 쓰는 사람이 많다'고 했으므로 정답은 선택지 4번이다. 저자는 지금은 편지 보다 이메일을 많이 쓰며 이메일은 상대와 바로 이어져 있어 편리하다고 말하고 있다. 때문에 이메일을 통해 마음이나 특별한 경험을 전하는 경우가 없다고는 단정할 수 없으므로 1번은 정답이 아니다. 또 저자는 이메일이 편리하다고 언급은 했지만 편지보다 이메일을 사용하는 것이 좋다고는 말하지 않았다.

〈문제 60〉 매일 아내에게 편지를 쓰는 남편의 일화에서 편지를 부치는 것이 아니라 직접 건넨다고 했으므로 틀린 내용이다. 메일로 전할 수 없는 것에 대한 언급은 없으며, 편지로 안내나 공지사항을 전달하는 경우도 있으므로 편지를 쓸 때 늘 특별한 마음이 든다고는 할 수 없다. 따라서 선택지 1, 2, 4는 정답이 아니다. 해저 우체통으로 편지를 보내려면 방수 종이를 사용해야 하므로 선택지 3번이 정답이다.

2

해석

스포츠의 규칙 변경은 물론 공평성이 우선시되지만, 시합을 재미있게 하기 위해 바뀌는 경우도 있다. 탁구 라켓의 색이 빨강과 검정으로 결정된 것은 오히려 ① 후자라고 한다. 흰 공과 같은 옅은 색이면 공을 보기 어렵기 때문에 확실히 분별할 수 있는 색이 좋다. 또 라켓의 양면이 같은 색이면 어떤 공이 오는지 알기 어려워 랠리(주1)가 곧바로 끝나 버린다. 관중에게는 지루한 시합이 되는 것이다. ② 이 규칙이 뜻밖의 효과를 올리고 있다. 적과 흑의 앞뒤 면에 맞은 공은 어떤 코스로 올지 예측하기 쉽다. 그래서 랠리가 이어지게 되었다. 랠리를 반복하는 것만으로는 승부가 나지 않는다. 선수는 무엇인가 새로운 기술을 사용하지 않으면 이길 수 없는 것이다. 결과적으로 선수의 기술이 매우 진보한 것이다. 관중은 랠리를 즐기면서 새로운 기술도 볼 수 있게 되었다.

탁구 라켓에는 재질 등 세세한 규칙이 있는데, 크기는 자유라고 한다. 여흥(주2)으로 탁구대를 거의 다 커버할 수 있는 특대 라켓으로 시합한 적이 있다. 공이 도망갈 곳이 없을 정도였는데도 전혀 이기지 못했다고 한다. 그 정도는 아니어도 어느 정도 큰 편이 되받아 칠(주3) 수 있을 것 같지만, 그렇지도 않은지 사용되고 있는 라켓의 크기는 크게 다르지 않아 보인다.

(주1)ラリー: 서로 공을 받아 치는 것
(주2)余興(よきょう): 행사 등을 재밌게 하기 위해 실시하는 일
(주3)打(う)ち返(かえ)す: 쳐서 상대에게 돌려보내다

단어 ルール 규칙 | 公平(こうへい)さ 공평성 | 第一(だいいち) 첫 번째 | 卓球(たっきゅう) 탁구 | ラケット 라켓 | 後者(こうしゃ) 후자 | 球(たま) 공 | 見分(みわ)ける 분별하다, 분간하다 | 両面(りょうめん) 양면 | 同色(どうしょく) 같은 색 | ラリー 랠리 | 観客(かんきゃく) 관객 | 退屈(たいくつ) 지루함 | 裏表(うらおもて) 앞뒤 면 | コース 코스 | 予測(よそく) 예측 | 勝負(しょうぶ) 승부 | 技(わざ) 기술 | 材質(ざいしつ) 재질 | 余興(よきょう) 여흥 | カバー 커버 | 程度(ていど) 정도 | 保(たも)つ 유지하다 | 向上(こうじょう) 향상 | 生(う)み出(だ)す 창출하다 | 有利(ゆうり) 유리함

61 **①후자는 무엇을 가리키는가?**

1 공평성을 유지하기 위해
2 규칙을 바꾸기 위해
3 시합을 재미있게 하기 위해
4 선수의 기술을 향상시키기 위해

62 **②이 규칙이 뜻밖의 효과를 올리고 있다란 어떤 의미인가?**

1 랠리가 이어져 승부가 나지 않았다.
2 어떤 공이 오는지 알기 쉬워졌다.
3 선수가 새로운 기술을 창출하게 되었다.
4 앞뒤의 어느 쪽에으로서 쳤는지 알기 쉬워졌다.

63 **왜 라켓의 크기에는 규칙이 없는가?**

1 어느 크기로 해야 공평한지 모르기 때문에
2 크기까지 규제하면 시합이 재미없어지기 때문에
3 규제하지 않아도 같은 크기의 라켓을 사용하고 있기 때문에
4 큰 쪽이 유리하다고는 말할 수 없고 공평함에 관계가 없기 때문에

해설 〈문제 61〉 첫 번째 문장에서 '스포츠의 규칙 변경은 물론 공평성이 우선시되지만, 시합을 재미있게 하기 위해 바뀌는 경우도 있다'

고 했으므로 여기서 후자는 시합을 재미있게 하는 것을 말한다. 따라서 정답은 선택지 3번이다.

〈문제 62〉 탁구 라켓의 규칙 변경으로 랠리가 계속되어 좀처럼 승부가 나지 않게 되자 선수들은 새로운 기술을 개발하게 되었다. 이와 맞는 선택지 3번이 정답이다.

〈문제 63〉 두 번째 문단에서 재미 삼아 탁구대 만큼 큰 크기의 라켓으로 시합을 했는데 전혀 이길 수 없었던 일에 대해 언급하고 있는데, 이는 라켓의 크기가 크다고 해서 시합에 유리한 것은 아니라는 의미이며, 실제로 사용되는 라켓들의 크기는 대체로 비슷하다고 말하고 있다. 따라서 정답은 선택지 4번이다.

3

해석

누구나 기억력을 기르고 싶을 것이다. 방법은 다양하다. ① 잘 씹어 먹을 것. 무언가를 씹으면 콜레시스토키닌(주1)이라는 물질이 분비된다고 한다. 이것이 많을수록 기억력이 좋다고 한다. ② 단백질을 섭취할 것. 콜레시스토키닌은 단백질 섭취에 의해 향상시킬 수 있기 때문이다. ③ 인슐린(주2)을 활성화시킬 것. 뇌내에서의 인슐린의 기능이 나빠짐으로써 쥐의 학습 능력이 저하한 한편, 인슐린을 보급함으로써 학습 능력이 원래대로 돌아왔다는 보고가 있다. 내장지방형 비만이 되면 인슐린의 기능이 나빠지기 때문에 비만이 되지 않도록 조심한다. 엘리베이터를 이용하지 않고 걷는 것만으로도 좋다. ④ 충분한 수면. 뇌가 취득한 정보를 취사선택(주3)해 필요한 정보를 정착시키려면 6시간 반에서 7시간 반이 걸린다. 따라서 밤을 새워 공부하는 것은 효율이 좋지 않다는 것이다. ⑤ 앉아만 있지 말 것. 앉아 있는 시간이 긴 사람일수록 '기억 형성'에 필수적인 뇌 영역의 피질(주4)이 얇다고 한다. 이코노미증후군(주5)을 막는 것과 마찬가지로 종종 일어나서 움직이거나 계속 앉아 있는 경우에는 발뒤꿈치(주6)를 들었다 내린다. ⑥ 훈련. 기억나지 않는 것을 바로 찾아보지 않고 '기억하려고 하는 시간'을 길게 한다. 특히 나이가 들면 메모하는 것이 습관이 되는데 보기 전에 떠올려 보는 것이다. '뭐였지?'라고 생각하는 것이 중요하다고 한다. 특히 당장이라도 떠올릴 수 있을 것 같은 순간이 기억에 최적이라고 한다. 뇌의 편도체라는 부분은 감정과 기억력 양쪽에 관계가 있다. 뭔가를 필사적으로 떠올리려고 하면 편도체가 무서운 뱀을 보았을 때처럼 '생사가 걸린 사태가 일어났다'고 착각하고 활성화되기 때문에 기억력이 좋아진다고 한다. 정말 재밌다.

(주1)コレシストキニン: 소화간 호르몬의 하나

(주2)インスリン: 혈액 속의 당분을 낮추는 호르몬

(주3)取捨選択(しゅしゃせんたく): 나쁘거나 필요없는 것을 버리고 좋고 필요한 것을 골라 취함

(주4)皮質(ひしつ): 여기서는 뇌의 겉면

(주5)エコノミー症候群(しょうこうぐん): 같은 자세로 있어서 다리의 혈류가 나빠져 혈관 속 피가 뭉침으로 인해 발생하는 여러 증상

(주6)踵(かかと): 발 뒤쪽 부분. 발목 아래 부분

단어 **記憶力**(きおくりょく) 기억력 | **噛**(か)**む** 씹다 | **コレシストキニン** 콜레시스토키닌 | **物質**(ぶっしつ) 물질 | **分泌**(ぶんぴつ) 분비 | **蛋白質**(たんぱくしつ) 단백질 | **摂**(と)**る** 섭취하다 | **摂取**(せっしゅ) 섭취 | **向上**(こうじょう) 향상 | **インスリン** 인슐린 | **活性化**(かっせいか) 활성화 | **脳内**(のうない) 뇌내 | **働**(はたら)**き** 기능 | **マウス** 쥐 | **低下**(ていか) 저하 | **補給**(ほきゅう) 보급 | **報告**(ほうこく) 보고 | **内臓**(ないぞう) 내장 | **脂肪**(しぼう) 지방 | **肥満**(ひまん) 비만 | **睡眠**(すいみん) 수면 | **取得**(しゅとく) 취득 | **取捨選択**(しゅしゃせんたく) 취사선택 | **定着**(ていちゃく) 정착 | **徹夜**(てつや) 밤을 셈 | **効率**(こうりつ) 효율 | **~っぱなし** 계속 ~한 상태임 | **形成**(けいせい) 형성 | **領域**(りょういき) 영역 | **皮質**(ひしつ) 피질 | **症候群**(しょうこうぐん) 증후군 | **防**(ふせ)**ぐ** 막다 | **同様**(どうよう) 같음 | **度々**(たびたび) 종종 | **踵**(かかと) 발뒤꿈치 | **上**(あ)**げ下**(お)**ろし** 올렸다 내림 | **トレーニング** 훈련, 연습 | **瞬間**(しゅんかん) 순간 | **最適**(さいてき) 최적 | **扁桃体**(へんとうたい) 편도체 | **必死**(ひっし) 필사 | **蛇**(へび) 뱀 | **生死**(せいし) 생사 | **事態**(じたい) 사태 | **勘違**(かんちが)**い** 착각 | **持**(いじ) 유지

64 정말 재밌다고 하는데 무엇이 재미있는가?

1 훈련
2 뇌가 착각하는 것
3 뇌가 활성화되는 것
4 생각날 것 같은 순간

65 기억력을 높이기 위해서 어떤 일을 하면 좋은가?

1 메모하는 것을 그만둔다.
2 가만히 있지 않고 몸을 움직인다.
3 교통수단을 이용하지 않기로 한다.
4 12시 전에는 자도록 한다.

66 본문의 내용과 맞는 것은 어느 것인가?

1 밤에 공부를 하는 것은 기억하는 점에서는 좋지 않다.
2 몸을 움직이는 것이 가장 중요하다.
3 생각나지 않는 것을 생각날 때까지 생각할 필요가 있다.
4 기억력 향상과 건강을 유지하는 방법은 거의 같다.

해설 〈문제 64〉 밑줄 친 문장의 앞 내용을 보면, 필사적으로 어떤 기억을 떠올리려고 하면 뇌의 편도체가 마치 뱀을 봤을 때처럼 생사가 걸린 사태가 일어났다고 착각하여 뇌가 활성화되고 기억력이 좋아진다고 말하고 있다. 따라서 뇌가 착각을 하는 것이 재미있다는 것이므로 정답은 선택지 2번이다. 뇌가 활성화하는 것 자체가 아니라 그 원인이 재미있는 것이므로 선택지 3번은 오답이다.

〈문제 65〉 기억력을 높이기 위해서는 단백질을 섭취하고 비만이 되지 않도록 몸을 움직이며, 충분한 수면을 취하는 것이 좋다고 말하고 있다. 또 기억이 나지 않을 때 바로 메모를 보지 말고 떠올리려고 노력하는 것 또한 도움이 된다고 말하고 있다. 따라서 질문에 맞는 내용은 선택지 중 2번이다. 메모를 하는 것을 금지하지는 않았으며, 교통수단을 이용하지 말라는 언급 또한 나와 있지 않다. 또 충분한 수면을 취하는 것이 중요하다고는 했지만 취침 시간에 대해 구체적인 언급을 하지는 않았다. 따라서 선택지 1, 3, 4는 오답이다.

〈문제 66〉 잠을 자는 사이에 뇌가 취득한 정보를 정리하기 때문에 밤을 새워 공부를 하는 것이 효율적이지 못하다고 했지, 밤에 공부하지 말라는 내용은 없다. 또 어떤 방법이 가장 중요하다고는 말하지 않았으며 기억나지 않는 것을 바로 찾아보지 말고 스스로 떠올리고자 시도하는 것이 중요한 것이지 반드시 생각이 날 때까지 해야 한다고는 말하지 않았다. 따라서 선택지 1, 2, 3번은 오답이다. 음식을 잘 씹고 단백질을 섭취하고 몸을 움직이며 충분한 수면을 취하는 것은 건강을 유지하기 위한 방법과 같다. 따라서 정답은 선택지 4번이다.

문제 12 다음 A와 B의 문장을 읽고 다음 질문에 대한 답으로 가장 적절한 것을 1·2·3·4에서 하나 고르시오.

해석

A

일본의 합계특수출생률(주1)이 1.36까지 저하되었습니다. 이런 경향이 계속되면 일본은 점점 인구가 줄어 노동력 부족에 빠져 버릴 것입니다. 현재 아이 15명 중 1명은 체외수정(주2)으로 태어나고 있습니다. 불임치료의 금전적 부담이 커 치료를 포기해 버리는 부부를 위해 2022년 불임 치료 지원의 보험 적용을 목표로 하고 있습니다. 또 육아 중인 보호자가 보육 시설 또는 초등 돌봄(주3) 시설에 입소 신청을 했음에도 불구하고 입소할 수 없는 이른바 대기 아동(주4) 해소를 목표로 14만 명분의 보육 수용(주5)을 준비할 방침입니다. 게다가 남성의 육아휴직(주6) 취득을 촉구하기 위해 기업에 제도의 주지(주7)를 의무화하거나 산후에 휴가를 내기 쉽게 하는 구조의 도입도 검토하고 있습니다. 이러한 결혼한 사람들을 위한 정책은 완벽하다고는 할 수 없지만 실행할 수 있다면 그럭저럭 괜찮다(주8)고 생각합니다. 하지만 결혼하지 않는 사람의 증가에 제동을 거는(주9) 것은 출생률을 높이기 위해 더 필요한 일이 아닐까요?

B

일본에서 저출생이 진행되는 이유는 뭐니뭐니해도 미혼이나 만혼화(주10)가 진행되고 있기 때문입니다. 그래도 기혼자의 자녀 수가 증가하고 있으면 그나마 낫지만, 그쪽도 감소 조짐입니다. 그 이유는 주부에 대한 저출생의 원인 조사에 따르면 ① 육아와 양립할 수 있는 일이 적어서가 70.3%, ② 육아에 돈이 너무 많이 들어서가 69.7%, ③ 육아 부담이 여성에게 치우쳐 있다가 67.0%라고 합니다. 또 불임치료를 받고 있는 사람도 많습니다. 만혼화가 그 원인의 하나입니다. 그럼 미혼 문제를 해결하면 출생율에 기여해야 할 터인데, 그것도 어려운 상황입니다. 결혼하고 싶지 않은 이유는 ① 자신을 위해 시간을 쓰고 싶다. ② 경제적인 이점이 없다. ③ 공동생활을 견딜 수 없다. ④ 아이를 갖고 싶지 않다. ⑤ 가사 부담이 싫다 등이라고 합니다. 개인의 문제에 국가가 개입할 수는 없습니다. 그러나 한편으로 경제적인 이유로 결혼할 수 없는 사람이 늘고 있다는 정보도 있습니다. 이것은 국가의 정책에 따라 개선할 수 있으므로 국가가 어떻게든 해 주었으면 합니다.

(주1)合計特殊出生率(ごうけいとくしゅしゅっせいりつ): 한 명의 여성이 일생 동안 출산하는 아이의 수
(주2)体外受精(たいがいじゅせい): 보통 체내에서 이루어지는 수정을 몸 밖에서 이루어지도록 하는 것
(주3)学童保育(がくどうほいく): 방과 후 또는 장기 방학 기간에 초등학생을 돌보는 것
(주4)待機児童(たいきじどう): 여기서는 보육 시설이나 초등 돌봄 시설에 들어갈 수 없어 기다리고 있는 어린이
(주5)受け皿(うけざら): 여기서는 보육 시설이나 초등 돌봄을 희망하는 아동을 받아들일 수 있는 시설 등
(주6)育休(育児休業)(いくきゅう(いくじきゅうぎょう)): 육아휴직. 국가가 정한 아이를 키우기 위해 근로자가 일을 쉴 수 있는 권리

(주7)周知(しゅうち): 널리 알림

(주8)まずまず: 그럭저럭임

(주9)歯止(はど)めをかける: 더 진행되지 않도록 멈춤

(주10)晩婚化(ばんこんか): 평균 초혼 연령이 높아지는 것

단어 **合計**(ごうけい) 합계 | **特殊**(とくしゅ) 특수 | **出生率**(しゅっしょうりつ) 출생률 | **低下**(ていか) 저하 | **傾向**(けいこう) 경향 | **労働力**(ろうどうりょく) 노동력 | **陥**(おちい)**る** 빠지다 | **体外受精**(たいがいじゅせい) 체외 수정 | **不妊**(ふにん) 불임 | **治療**(ちりょう) 치료 | **金銭的**(きんせんてき) 금전적 | **負担**(ふたん) 부담 | **諦**(あきら)**める** 포기하다 | **支援**(しえん) 지원 | **保険**(ほけん) 보험 | **適用**(てきよう) 적용 | **目指**(めざ)**す** 목표로 하다 | **子育**(こそだ)**て** 육아 | **保護者**(ほごしゃ) 보호자 | **保育所**(ほいくしょ) 보육 시설 | **学童保育**(がくどうほいく) 방과 후 돌봄 | **施設**(しせつ) 시설 | **入所**(にゅうしょ) 입소 | **申請**(しんせい) 신청 | **待機**(たいき) 대기 | **児童**(じどう) 아동, 어린이 | **解消**(かいしょう) 해소 | **向**(む)**ける** 목표로 하다 | **受**(う)**け皿**(ざら) 수용 시설 | **方針**(ほうしん) 방침 | **育休**(いくきゅう) 육아휴직 | **取得**(しゅとく) 취득 | **促**(うなが)**す** 촉구하다 | **企業**(きぎょう) 기업 | **制度**(せいど) 제도 | **周知**(しゅうち) 주지 | **義務**(ぎむ) 의무 | **産後**(さんご) 산후 | **休暇**(きゅうか) 휴가 | **仕組**(しく)**み** 구조 | **導入**(どうにゅう) 도입 | **検討**(けんとう) 검토 | **政策**(せいさく) 정책 | **完璧**(かんぺき) 완벽 | **まずまず** 그럭저럭 | **増加**(ぞうか) 증가 | **歯止**(はど)**めをかける** 제동을 걸다 | **少子化**(しょうしか) 저출생 | **未婚**(みこん) 미혼 | **晩婚化**(ばんこんか) 만혼화 | **既婚者**(きこんしゃ) 기혼자 | **減少**(げんしょう) 감소 | **気味**(きみ) 경향 | **主婦**(しゅふ) 주부 | **両立**(りょうりつ) 양립 | **偏**(かたよ)**る** 치우치다 | **貢献**(こうけん) 공헌 | **状況**(じょうきょう) 상황 | **メリット** 장점 | **共同**(きょうどう) 공동 | **耐**(た)**える** 견디다 | **家事**(かじ) 집안일 | **立**(た)**ち入**(い)**る** 개입하다 | **次第**(しだい) ~에 따라 | **改善**(かいぜん) 개선 | **評価**(ひょうか) 평가 | **可能性**(かのうせい) 가능성

67 A와 B는 주로 저출생 문제 중 무엇에 초점을 맞추고 있는가?

1 A는 국가 정책에 대한 평가, B는 저출생의 원인과 해결 방법
2 A는 기혼자를 위한 저출생 대책, B는 저출생이 멈추지 않는 원인
3 A는 저출생 문제 전체의 해결을 위한 국가 정책, B는 저출생 문제가 일어나는 원인
4 A는 주로 기혼자에 대한 저출생 대책에 대해, B는 저출생에 대한 주부나 미혼자의 의견

68 A와 B는 저출생 문제의 국가 대책에 대해 어떻게 생각하고 있는가?

1 A는 국가 대책은 충분하다, B는 미혼 문제는 국가가 개입할 수 없다는 생각
2 A는 국가 대책은 효과가 없다, B는 대책에 따라 저출생 문제가 개선될 가능성이 있다는 생각
3 A는 결혼하는 사람을 늘리는 대책이 더 중요하다, B는 저출생을 개선할 수 있는 대책도 있다는 생각
4 A는 기혼자보다 미혼자에 대한 대책이 중요하다, B는 저출생의 원인별로 대책이 필요하다는 생각

해설 〈문제 67〉 선택지 1번, B는 저출생의 해결 방법에 대해 언급하고 있지 않으므로 정답이 아니다. A는 불임치료 지원과 보육 시설 확충 등, 기혼자들을 위한 정책에 대해 언급하고 있고, B는 기혼자가 아이를 갖지 않는 이유와 미혼자가 결혼하지 않는 이유 등을 언급하며 저출생이 멈추지 않고 있다고 하고 있으므로 선택지 2번이 정답이다. 3번은 A는 전체가 아니라 기혼자의 저출산 대책이므로 정답이 아니다. 4번은 B에 나와 있는 미혼자의 의견은 출산이 아니라 결혼하지 않는 이유이므로 정답이 아니다.

〈문제 68〉 선택지 1번, A는 기혼자들을 위한 대책에 대해 주로 언급하고 있고, 미혼 인구 증가를 막는 것이 저출생을 해결하는데 필요하다고 말하고 있으며, B는 경제적인 이유로 결혼하지 못하는 사람들에게 지원을 통해 미혼 문제를 해결할 수 있다고 말하고 있으므로 정답이 아니다. A는 기혼자를 위한 대책이 완벽하지는 않지만 실행되면 효과가 있을 것이라고 말하고 있으므로 2번 역시 정답이 아니다. A는 결혼하지 않는 사람의 증가에 제동을 거는 정책은 출생률을 올리기 위해서 더 필요한 것이라고 말하고 있으며, B는 경제적인 이유로 결혼하지 못하는 사람은 국가의 정책으로 해결할 수 있는 가능성이 있다고 말하고 있으므로 선택지 3번이 정답이다. 4번은 B는 미혼자를 줄이는 대책이 필요하다는 언급은 있지만 저출생의 원인 위주로 언급하고 있으며 대책에 대해서는 말하고 있지 않으므로 정답이 되지 않는다.

문제 13 다음 문장을 읽고 다음 질문에 대한 답으로 가장 적절한 것을 1·2·3·4에서 하나 고르시오.

해석

세계 인구는 현재 78억 명에서 2050년에는 100억 명 가까이가 될 것으로 예측되고 있습니다. 현재도 식량 부족이기 때문에 이대로라면 굶어 죽는(주1) 사람이 증가하고 말 것입니다. 또한 인류가 생존할 수 있는 환경을 만들기 위해서 지구온난화의 원인인 온실가스를 줄여야 합니다. ①양자의 해결책 중 하나로 콩, 밀, 완두콩, 잠두콩 등을 사용한 식물로 만들어진 대체육(주2)이 주목받고 있습니다. 사실 축산업은 온실가스를 대량으로 배출하고 있을 뿐 아니라 사료나 물도 많이 사용해야 하기 때문에 지구환경에 미치는 영향이 매우 큽니다.

(중략)

미국의 조사 업체는 세계적인 대체육 시장 규모를 2018년에 46.3억 달러, 일본 엔화로 4815억 엔(주2), 그 후 연평균 성장률 6.8%로 확대해 2023년에는 64.3억 달러, 일본 엔화로 6687억 엔에 이를 것으로 추정하고 있습니다. 스타트업 기업(주3)뿐만 아니라 대형 육류 및 식품기업이 참가하게 되었기 때문이라고 합니다. 그렇다고 해도 세계의 육류 시장은 약 200조 엔이기 때문에 아직도 대체육은 그 발 밑에도 미치지 못합니다. 아무리 몸에 좋다고 해도 맛이 없으면 소비는 이렇게 늘지 않을 것입니다. 최근 진짜 고기와 거의 다름없는 제품이 나온 것이 소비 확대에 한몫하고(주4) 있다고 생각합니다.

일본에서도 대체육은 알려지기 시작했습니다. 대형 식품기업에 의해 대체육 상품이 개발되어 햄버거 가게에서도 대체육을 사용한 상품이 팔리고 있습니다. 그러나 슈퍼마켓이나 편의점에서도 대체육을 이용한 상품이 일반적으로 판매되고 있는 서구 여러 나라와 비교하면, 일본에서는 채식주의자 등을 대상으로 한 소규모 소매점(주5)이나 인터넷 판매 등에 한정되어 있고 또한 상품의 종류도 아직 적습니다. 원래 고기의 소비량이 서양에 비해 적고 두부 등의 콩 제품을 평소부터 꽤 섭취하고 있기 때문에 일부러 건강상의 이유로 주로 콩을 사용한 식물 유래의 식품을 먹으려는 사람이 별로 없기 때문일지도 모릅니다. 또한 종교상 먹을 수 없는 사람도 별로 없기 때문에 특이하니 좀 먹어 보려고 생각하는 사람은 있다고 생각하지만 상당히 맛있거나 싸지 않으면 소비는 늘지 않지 않을까요? ②기업의 역량이 시험받고 있습니다.

(주1) 飢(う)え死(じ)に : 먹을 것을 먹지 못해 사망함

(주2) 4815億円(おくえん) : 1달러를 104엔으로 계산

(주3) スタートアップ企業(きぎょう) : 완전히 새로운 사업을 단기간에 성장시키는 기업

(주4) 一役買(ひとやくか)う : 여기서는 도움이 되고 있다는 의미

(주5) 小売店(こうりてん) :최종적으로 소비자에게 상품을 판매하는 가게

단어

予測(よそく) 예측 | **食糧**(しょくりょう) 식량 | **飢**(う)**え死**(じ) 굶어 죽음 | **増加**(ぞうか) 증가 | **人類**(じんるい) 인류 | **生**(い)**き残**(のこ)**る** 살아남다 | **環境**(かんきょう) 환경 | **地球温暖化**(ちきゅうおんだんか) 지구온난화 | **温室**(おんしつ) 온실 | **解決策**(かいけつさく) 해결책 | **大豆**(だいず) 대두, 콩 | **小麦**(こむぎ) 밀 | **エンドウマメ** 완두콩 | **ソラマメ** 잠두콩 | **植物**(しょくぶつ) 식물 | **代替肉**(だいたいにく) 대체육 | **畜産業**(ちくさんぎょう) 축산업 | **排出**(はいしゅつ) 배출 | **飼料**(しりょう) 사료 | **影響**(えいきょう) 영향 | **原料**(げんりょう) 원료 | **培養**(ばいよう) 배양 | **後者**(こうしゃ) 후자 | **細胞**(さいほう) 세포 | **開発**(かいはつ) 개발 | **前者**(ぜんしゃ) 전자 | **菜食主義者**(さいしょくしゅぎしゃ) 채식주의자 | **拡大**(かくだい) 확대 | **愛護**(あいご) 애호 | **急速**(きゅうそく) 급속도 | **拡**(ひろ)**がり** 확대 | **規模**(きぼ) 규모 | **米**(べい)**ドル** 미국 달러 | **平均**(へいきん) 평균 | **成長率**(せいちょうりつ) 성장률 | **拡大**(かくだい) 확대 | **推定**(すいてい) 추정 | **スタートアップ企業**(きぎょう) 스타트업 기업 | **大手**(おおて) 대형(회사) | **食肉**(しょくにく) 육류 | **足元**(あしもと)**に及**(およ)**ばない** 어림도 없다 | **製品**(せいひん) 제품 | **一役買**(ひとやくか)**う** 한몫하다 | **比較**(ひかく) 비교 | **ベジタリアン** 채식주의자 | **対象**(たいしょう) 대상 | **小売店**(こうりてん) 소매점 | **豆腐**(とうふ) 두부 | **日頃**(ひごろ) 평상시 | **摂**(と)**る** 섭취하다 | **由来**(ゆらい) 유래 | **宗教**(しゅうきょう) 종교 | **品質**(ひんしつ) 품질 | **比例**(ひれい) 비례

69 **①양자란 무엇인가?**

1 식량 부족과 온난화 방지
2 대체육 생산 및 환경의 악화
3 인구 증가와 온실가스의 감소
4 식량의 증산과 온실가스를 내보내지 않는 것

70 **②기업의 역량이 시험받고 있습니다란 어떠한 것을 가리키는가?**

1 기업에 판매력이 있으면 소비가 늘어난다.
2 기업이 특이하니 먹어보라고 권유하면 산다.
3 기업이 싸고 맛있는 제품을 내놓으면 소비가 늘어난다.
4 기업이 파는 상품이 싸고 맛있는지 모르겠다.

71 저자의 생각은 어느 것인가?

1 일본에서도 일반적으로 대체육을 먹게 되었다.
2 대체육의 품질이 향상되었으므로 소비가 늘고 있다.
3 대체육을 먹지 않으면 식량 부족을 해결할 수 없다.
4 대기업이 대체육을 만드는 데 비례해 소비가 늘고 있다.

해설 〈문제 69〉 밑줄 친 양자가 가리키는 것은 앞의 두 문장에 나와 있다. 2, 3번째 문장에서 '현재도 식량 부족이기 때문에 이대로라면 굶어 죽는 사람이 증가하고 말 것'이며 '지구온난화의 원인인 온실가스를 줄여야' 한다고 언급하고 있다. 따라서 정답은 선택지 1번이다.

〈문제 70〉 역량이 의심받는다는 것은 역량이 요구된다 혹은 시험 당한다는 의미이다. 즉 대체육의 소비가 늘어날지 말지는 기업이 맛있고 저렴한 제품을 출시할 수 있는 능력이 있는지에 달려 있다. 따라서 정답은 선택지 3번이다. 상품의 품질이 좋아야지 기업의 판매력만으로 소비가 늘어나는 것은 아니므로 선택지 1번은 정답이 아니다. 저자는 기업이 권하지 않더라도 대체육이 특이하다고 생각해서 먹어보려는 사람은 있으며, 그것보다 중요한 것은 아주 맛있거나 가격이 저렴해야 한다고 말하고 있으므로 2번 역시 정답이 아니다.

〈문제 71〉 대체육은 일본에서는 채식주의자들을 대상으로 하여 소규모로 판매되고 있다고 했으므로 선택지 1번은 정답이 아니다. 두 번째 문단 마지막 문장에서 저자는 '최근 진짜 고기와 거의 다름없는 제품이 나온 것이 소비 확대에 한몫하고 있다고 생각'한다고 말했으므로 선택지 2번이 정답이다. 대체육은 식량부족을 해결할 수 있는 하나의 예로 언급된 것이지 결정적인 방법이라는 언급은 없다. 따라서 3번 역시 오답이다. 스타트업을 비롯해 대기업이 대체육 시장에 참가하면서 소비가 늘고 있다고는 했지만 대체육 소비량이 그에 비례했다고는 말하지 않았기 때문에 4번도 정답이 아니다.

문제 14 다음 페이지는 구인 정보이다. 아래 질문에 대한 답으로 가장 적절한 것을 1・2・3・4에서 하나 고르시오.

72 야마다 씨는 대형 운전면허를 소유하고 있지만 지금까지 일해 본 적이 없다. 지금은 월급이 가장 많은 일을 하고 싶다. 어떤 일을 선택하면 좋은가?

1 A
2 B
3 C
4 D

73 오오야마 씨는 보통 운전면허로 3년 이상의 경험이 있다. 사회 보험에 가입할 수 있고 운전 능력을 향상시킬 수 있는 일을 하고 싶은 경우, 어느 것을 선택하면 좋은가?

1 A
2 B
3 C
4 D

단어 **月給**(げっきゅう) 월급 | **大型**(おおがた) 대형 | **資格**(しかく) 자격 | **免許**(めんきょ) 면허 | **所有**(しょゆう) 소유 | **取得**(しゅとく) 취득 | **実働**(じつどう) 실제 근무 | **シフト制**(せい) 교대근무제 | **待遇**(たいぐう) 대우 | **昇給**(しょうきゅう) 승급, 승진 | **社会保険**(しゃかいほけん) 사회보험 | **完備**(かんび) 완비 | **制服**(せいふく) 제복, 유니폼 | **貸与**(たいよ) 대여 | **試用** (しよう) 수습 기간 | **各種**(かくしゅ) 각종 | **手当**(てあて) 수당 | **無事故**(むじこ) 무사고 | **農園**(のうえん) 농원 | **責任者**(せきにんしゃ) 책임자 | **梨**(なし) 배 | **栽培**(さいばい) 재배 | **変更**(へんこう) 변경 | **農業**(のうぎょう) 농업 | **皆勤**(かいきん) 개근 | **マイカー** 자가용 차 | **不自由**(ふじゆう) 자유롭지 못함 | **幼稚園**(ようちえん) 유치원 | **運転手**(うんてんしゅ) 운전수 | **休暇**(きゅうか) 휴가 | **年収**(ねんしゅう) 연봉 | **保証**(ほしょう) 보증 | **送**(おく)**り迎**(むか)**え** 픽업 | **パート** 파트타임 | 시간제 근무 | **時給**(じきゅう) 시급 | **ケアセンター** 요양원 | **介護**(かいご) 간호

해설 〈문제 72〉 A는 인턴 6개월 간은 월 20만 엔, B는 농업 경험이 없으면 22만 엔, C는 연봉 300만 엔 보장이므로 월 25만 엔, D는 연봉 280만 엔 보장이므로 월 23만 엔이다. 월급이 가장 많은 것은 C이며 자격인 운전면허를 충족하므로 선택지 3번이 정답이다.

〈문제 73〉 보통 면허를 소유하고 있으므로 대형 면허가 자격인 C는 해당하지 않는다. 또 사회보험 조건이 없는 D도 해당하지 않는다. A와 B 중에서 A는 2종 면허 취득이 가능하므로 운전 능력을 향상시킬 수 있는 선택지 1번이 정답이다.

해석

A 대형 버스 운전사

자격 : 1종(주1) 또는 특수면허(주2) 소유 (21세 이상) · 보통 1종 면허 소유자(취득 후 3년 이상)
시간 : 4:00~26:00 실제 근무 시간 8시간 · 교대제
휴일 : 4주 8휴제(주3) (연간 휴일 104일)
대우 : 승급(주4) 연 1회, 보너스 연 3회, 사회보험 완비, 유니폼 지급, 수습(주5) 기간 6개월간은 월급 20만 엔, 각종 수당(통근 수당, 무사고 수당) 있음
기타 : 소유 면허 종류에 따라 월 25만 엔~30만 엔. 2종(주6) 면허 취득 가능

B 관광농원 책임자(딸기 및 배 재배에 관심있는 분, 경험은 불문합니다.)

자격 : 운전면허 소유자
시간 : 8:30~17:30 단 딸기, 배를 많이 딸 때에는 변경되는 경우가 있습니다.
휴일 : 월요일과 설 휴무로 연간 55일
대우 : 월급은 농업 경험이 없을 경우 22만 엔, 경험자는 30만 엔, 보너스 월급 1개월 분을 연 1회, 사회보험 완비, 각종 수당(통근 수당 · 개근 수당(주7)) 자가용 통근 가능
기타 : 몸이 불편하신 분이나 노인 분들도 일하고 있기 때문에 이런 분들을 이해하는 분을 희망합니다.

C 유치원 운전기사

자격 : 1종 면허 소지자
시간 : 8:00~16:00
휴일 : 일요일 및 춘기, 하기, 동기(각기 10일 이상의 휴가. 연간휴일 약 130일)
대우 : 연봉 300만 엔 보증, 사회보험 완비, 유니폼 지급, 보너스 연 1회, 승급 연 1회
기타 : 청소 등도 포함됩니다. 단, 픽업만도 가능. 그 경우는 파트타임이 되므로 시급 등은 상담 후에 결정합니다.

D 요양원 운전기사

자격 : 운전면허 소유자
시간 : 9:30~17:30
휴일: 연간 60일 보증
대우 : 연봉 280만 엔, 유니폼 지급
기타 : 주요 업무는 노인을 픽업하는 것입니다. 청소 등도 포함됩니다. 간호 자격을 취득하는 공부를 할 수 있습니다.

(주1) 1種(免許)(いっしゅ めんきょ) : 운전을 할 수 있는 보통 면허
(주2) 特殊免許(とくしゅめんきょ) : 특별한 공사용 자동차, 예를 들어 불도저, 크레인 등의 면허
(주3) 4週8休(しゅう きゅう) : 4주(28일)에 휴일이 8일
(주4) 昇給(しょうきゅう) : 일한 연수 만큼 급료가 오름
(주5) 試用(しよう) : 여기서는 회사나 일에 맞는지 아닌지 시험 삼아 일하는 것
(주6) 2種免許(にしゅめんきょ) : 택시나 버스 등 요금을 받고 손님을 태울 수 있는 운전면허
(주7) 皆勤手当(かいきんてあて) : 쉬지 않고 일한 것에 대해 지급되는 급료 이외의 돈

2교시 청해

問題 1

問題１では、まず質問を聞いてください。それから話を聞いて、問題用紙の１から４の中から、最もよいものを一つ選んでください。

では練習しましょう。

문제 1

문제1에서는 먼저 질문을 들어 주세요. 그리고 이야기를 듣고 문제용지의 1에서 4 중에서 가장 적당한 것을 하나 고르세요.

그럼 연습해 봅시다.

例

授業で先生が話しています。学生は授業を休んだとき、どのように宿題を確認しますか。

M: ええと、この授業を休むときは、必ず前の日までに連絡してください。

F : メールでもいいですか。

M: はい、いいですよ。あ、それから、休んだときは、私の研究室の前の掲示を見て、宿題を確認してください。友達に聞いたりしないで、自分で確かめてちゃんとやってきてくださいね。

F : はい。

M: それから、今日休んだ人、リンさんですね。リンさんはこのこと知りませんから、だれか伝えておいてくれますか。

F : あ、私、リンさんに伝えておきます。同じ寮ですから。

M: じゃ、お願いします。

学生は授業を休んだとき、どのように宿題を確認しますか。

1 先生にメールで聞く
2 友達にメールで聞く
3 研究室の前のけいじを見る
4 りょうの前のけいじを見る

예

수업에서 선생님이 얘기하고 있습니다. 학생은 수업을 쉬었을 때 어떻게 숙제를 확인합니까?

남: 음, 이 수업을 쉴 때는 반드시 전날까지 연락해 주세요.

여: 메일로도 괜찮나요?

남: 네, 괜찮습니다. 아, 그리고 쉬었을 때에는 제 연구실 앞 게시를 보고 숙제를 확인해 주세요. 친구에게 묻거나 하지 말고, 자기가 확인해서 제대로 해 오세요.

여: 네.

남: 그리고, 오늘 쉰 사람 린 씨네요. 린 씨는 이 내용을 모르니까 누군가 전달해 줄래요?

여: 아, 저 린 씨에게 전해둘게요. 같은 기숙사이니까요.

남: 그럼, 부탁합니다.

학생은 수업을 쉬었을 때 어떻게 숙제를 확인합니까?

1 선생님에게 메일로 묻는다
2 친구에게 메일로 묻는다
3 연구실 앞의 게시를 본다
4 기숙사 앞의 게시를 본다

1番

妻と夫が温泉街で話しています。二人は最初に何をしますか。

F : いい雰囲気の温泉街ね。外国人も大勢いるね。

M: そうだね。みんな浴衣を着てるよ。

F : 温泉巡りをしているのよ。七つの温泉に入れるチ

1번

아내와 남편이 온천 마을에서 이야기하고 있습니다. 두 사람은 처음에 무엇을 합니까?

여: 분위기가 좋은 온천 마을이네. 외국인도 많이 있어.

남: 그렇네. 모두 유카타를 입고 있어.

여: 온천 순회를 하고 있는 거야. 7개의 온천에 들어갈 수 있는 티

ケットを配っているから。
M: 僕たちもそうしようか。
F：でも、もう直ぐ夕食の時間よ。
M: じゃ、その前に部屋のお風呂でもいいから入ろうか。
F：でも、夕食が食べ放題だけど、早く行かなくても大丈夫かしら。
M: 大丈夫だよ。料理は無くなったら直ぐに運んできてくれるから。
F：じゃ、ゆっくり広いお風呂に入りたいわ。
M: いいね。どんな温泉か楽しみだね。
F：そうね。

二人は最初に何をしますか。

1 夕食をとる
2 温泉めぐりをする
3 部屋の風呂に入る
4 大浴場の風呂に入る

2番

妻と夫が話しています。二人は家をどうしますか。

F：子供達がいなくなったから家が広すぎるわね。掃除するのも大変になってきたし。
M: １階だけの小さい家にしようか。階段がないから楽だし。
F：１階だけにするの？ もったいないわ。２階建てにして私達は１階に住んで、２階をアパートにして人に貸したらいいんじゃない？ 収入も増えるし。
M: ２階建てにするなら２世帯住宅にして忠の家族に２階に住んでもらうのはどう？
F：嫌ですよ。向こうだって嫌なんじゃない？ スープが冷めない距離がいいって言うわよ。
M: それもそうだな。収入はある方がいいし…。使わない部屋を民泊に利用したらどうだろう。それなら建てなくていいし、民泊って結構いいお金になるみたいだよ。山田は外国人観光客に貸して一ヶ月に２０万円も収入があるって言っていたよ。
F：でも、家に誰かを泊めたら掃除もしなきゃならないし、却って大変になるわ。
M: それじゃ駄目だな。じゃ、君のアイディアにするか。

켓을 나눠주고 있으니까.
남: 우리도 그렇게 할까?
여: 하지만 이제 곧 저녁식사 시간이야.
남: 그럼, 그전에 방에 있는 욕조라도 괜찮으니까 들어갈까?
여: 하지만 저녁이 뷔페인데 빨리 안 가도 괜찮을까?
남: 괜찮아. 음식은 없어지면 바로 가져다 주니까.
여: 그럼, 천천히 넓은 목욕탕에 들어가고 싶어.
남: 좋아. 어떤 온천일지 기대되네.
여: 그렇네.

두 사람은 처음에 무엇을 합니까?

1 저녁 식사를 한다
2 온천 순회를 한다
3 방에 있는 욕실에 들어간다
4 대욕장의 목욕탕에 들어간

해설

식사 전에 목욕을 하자는 남자의 제안에 여자는 저녁식사에 늦게 가면 음식이 남아 있지 않을까 걱정한다. 남자는 음식은 계속 가져다 줄 것이니 괜찮다고 했고 여자는 그렇다면 넓은 욕탕에서 목욕을 하고 싶다고 했으므로 두 사람이 먼저 할 일은 선택지 중 4번이다.

2번

아내과 남편이 이야기하고 있습니다. 두 사람은 집을 어떻게 합니까?

여: 아이들이 없으니 집이 너무 넓어. 청소하는 것도 힘들어졌고.
남: 1층만 있는 작은 집으로 할까? 계단이 없으니까 편하고.
여: 1층으로 한다고? 너무 아까워. 2층으로 해서 우리는 1층에 살고, 2층을 빌라로 해서 다른 사람에게 임대하면 좋지 않아? 수입도 늘고.
남: 2층으로 할거면 2세대 주택으로 해서 다다시 가족이 2층에 살게 하는 건 어때?
여: 싫어. 그쪽도 싫지 않을까? 수프가 식지 않는 거리가 좋다고 하잖아.
남: 그것도 그렇군. 수입은 있는 게 더 좋고. 안 쓰는 방을 민박(民宿)으로 이용하면 어떨까? 그거라면 짓지 않아도 되고, 민박이 꽤 괜찮은 벌이가 되는 것 같아. 야마다는 외국인 관광객에게 빌려줘서 한 달에 20만 엔이나 수입이 있다고 하더라고.
여: 하지만 집에 누군가를 묵게 하면 청소도 해야 하고 오히려 힘들어져.
남: 그럼 안 되겠네. 그럼 당신 생각대로 할까?
여: 그게 좋아.

두 사람은 집을 어떻게 합니까?

1 1층만 있는 집으로 한다
2 2층을 빌라로 한다

F：それがいいですよ。

二人は家をどうしますか。

1　1階だけの家にする

2　2階をアパートにする

3　2せたい住宅にする

4　民泊に使う

3　2세대 주택으로 한다

4　민박으로 쓴다

해설

집을 1층으로 감축하자는 남편의 말에 여자는 아까우니 2층을 빌라로 개조해서 임대를 주자고 제안했다. 이에 남편이 2층에 아들 내외가 살도록 하거나 남는 방을 민박으로 하자고 제안했지만 아내는 둘 다 좋은 생각이 아니라고 한다. 남편은 그럼 당신의 생각대로 하자고 했으므로 정답은 선택지 2번이다.

3番

バスの中で外国人の女の人と日本人の男の人が話しています。女の人はこの後どうしますか。

F：すみません、この席に座っても大丈夫ですか？

M：今は空いているので、大丈夫ですよ。でも、この席は優先席と言って、お年寄りや体の不自由な人の席なので、そういう方が乗ってきたらその時は立った方がいいですよ。

F：じゃ、失礼します。あのう、「フジ大学前」で降りたいんですが。

M：アナウンスもありますし、運転手さんの上の案内に「フジ大学」って出たら降りればいいですよ。多分、ここから五つ目ぐらいだと思います。

F：あ、本当ですね。あそこを見ていればわかりますね。ありがとうございました。

M：降りる時は席の横のボタンを押せば止まってくれますよ。

F：ああ、これですね。ありがとうございます。

女の人はこの後どうしますか。

1　空いている席に座る

2　前の案内を見ている

3　5つ先のバス停で降りる

4　席のよこのボタンをおす

3번

버스 안에서 외국인 여자와 일본인 남자가 이야기하고 있습니다. 여자는 이후에 어떻게 합니까?

여: 저기요. 이 자리에 앉아도 되나요?

남: 지금은 비어 있기 때문에 괜찮아요. 하지만 이 자리는 노약자석이라고 해서 노인이나 몸이 불편한 사람의 자리이니까 그런 분이 타면 그 때는 일어서는 편이 좋아요.

여: 그럼 실례하겠습니다. 저, '후지대학 앞'에서 내리고 싶은데요.

남: 안내방송도 있고, 운전기사님 위의 안내에 '후지대학'이라고 나오면 내리면 돼요. 아마 여기서 다섯 번째 정도일 겁니다.

여: 아, 정말이네요. 저기를 보고 있으면 알겠네요. 감사합니다

남: 내릴 때는 좌석 옆의 버튼을 누르면 세워 줄 거예요.

여: 아, 이거죠? 감사합니다.

여자는 이후에 어떻게 합니까?

1　빈자리에 앉는다

2　앞의 안내를 보고 있는다

3　5개 앞의 버스 정류장에서 내린다

4　좌석 옆의 버튼을 누른다

해설

현재 여자는 빈자리에 앉아 있고 자신이 내릴 정류장을 확인하고자 한다. 남자가 운전기사 위에 붙어 있는 안내를 보라고 했고 여자는 알겠다고 했으므로 정답은 선택지 2번이다.

4番

女の人と男の人が散歩する道について話しています。二人は今日、どの道を行きますか。

M：今日はいつもの公園に行く道じゃなくて川沿いの道を歩こうよ。

F：いいけど、なぜ？

M：同じ景色を見ていると、脳が活性化しないんだって。

4번

여자와 남자가 산책할 길에 대해서 이야기하고 있습니다. 두 사람은 오늘 어느 길로 갑니까?

남: 오늘은 평소에 공원으로 가는 길 말고 강변 길을 걷자.

여: 좋긴 한데, 왜?

남: 같은 풍경을 보고 있으면 뇌가 활성화되지 않는대.

여: 정말? 뇌가 지루해지는 건가? 뇌는 재미있네.

남: 응. 뇌도 자극하지 않으면 기능이 나빠져 버린대.

여: 그럼, 항상 가는 길이어도 반대로 돌면 다른 경치를 볼 수 있으

F：へえ、脳が退屈しちゃうのかな。脳って面白いね。

M：うん。脳も刺激しないと働きが悪くなっちゃうんだってさ。

F：じゃ、いつもの道でも反対に回れば違った景色が見られるからいいんじゃない？

M：それでもいいけど、そろそろ桜が咲くころだし。

F：桜なら花の山がいいんじゃない？ あそこは桜がいっぱいだから。

M：桜はやっぱり水に映ったところが一番だよ。

F：そんなこと言って、坂が嫌なんじゃないの？ 仕方ないね。

二人は今日、どの道を行きますか。

1 いつもの道をいつものように歩く
2 いつもの道を反対から回る
3 川にそって歩く
4 花の山の道をのぼる

5番

会社で女の人と男の人が子供の教育について話しています。男の人は娘の習い事をどうしますか。

M：うちの奈々、水泳にダンスにピアノ、それに塾も行っていて、毎日忙しいんです。小学生なのに遊び時間がなくて大丈夫でしょうか。何か止めさせた方がいいでしょうか。

F：うちの息子も同じですよ。でも、他の子も習い事しているから遊ぶ時間を合わせるのは難しいみたいですよ。うちは週に２回サッカーに行かせているけど、サッカーの前と後に結構遊んでるみたいです。水泳は子供の習い事のトップで、４０％の子供が習っているそうだから止めさせない方がいいですよ。

M：そうですね。じゃ、ピアノを止めさせよう。この間も嫌々練習していましたよ。どうせ習わせるならピアノよりプログラミングの方が家で練習しなくてもいいから、ちょうどいいと思うんですが。

F：でも、ピアノは人気が下がってはいますが、将来幼稚園とかで働きたい時に役に立つし、音楽は心を育てると言いますよ。

M：そうですか。でも、子供が嫌がったら止めさせることにします。

F：それがいいですね。塾は減らせないでしょうから。

M：勿論ですよ。

니까 좋지 않아?

남: 그래도 되지만 슬슬 벚꽃이 필 무렵이고.

여: 벚꽃이라면 하나노야마가 좋지 않아? 거기는 벚꽃이 가득하니까.

남: 벚꽃은 역시 물에 비친 곳이 제일이야.

여: 그렇게 말하면서 언덕이 싫은 거 아냐? 어쩔 수 없네.

두 사람은 오늘 어느 길로 갑니까?

1 항상 가는 길을 평소처럼 걷는다
2 항상 가는 길을 반대쪽부터 돈다
3 강을 따라 걷는다
4 하나노야마의 길을 오른다

해설

남자는 늘 같은 길을 다니면 뇌가 활성화되지 않기 때문에 오늘은 강변길을 걷자고 한다. 또 벚꽃이 필 시기이고 강물에 비친 벚꽃을 보고 싶다고 했고 여자가 그럼 어쩔 수 없다고 대답했으므로 정답은 선택지 3번이다.

5번

회사에서 여자와 남자가 자녀 교육에 대해 이야기하고 있습니다. 남자는 딸의 배우는 것을 어떻게 합니까?

남: 우리 나나, 수영에 댄스에 피아노, 게다가 학원도 다니고 있어서 매일 바빠요. 초등학생인데 놀 시간이 없어서 괜찮을까요? 뭔가 그만두게 하는 게 좋을까요?

여: 우리 아들도 마찬가지에요. 하지만 다른 아이들도 배우는 게 있어서 노는 시간을 맞추는 것은 어려운가 봐요. 우리는 일주일에 두 번 축구 하러 보내는데 축구하기 전과 후에 꽤 놀고 있다나 봐요. 수영은 아이들이 가장 많이 배우는 것이라 40%의 아이들이 배우고 있다고 하니 그만두게 하지 않는 것이 좋아요.

남: 그렇군요. 그럼 피아노를 그만두게 해야 겠어요. 요전에도 아주 싫어하면서 연습했었거든요. 이왕 배우게 할거면 피아노보다 프로그래밍 쪽이 집에서 연습하지 않아도 되니까 딱 좋을 것 같아요.

여: 하지만 피아노는 인기가 떨어지고는 있지만 장래에 유치원 같은 데에서 일하고 싶을 때 도움이 되고, 음악은 마음을 기른다고 하잖아요.

남: 그런가요? 그렇지만 아이가 싫어하면 그만두게 하려고요.

여: 그게 좋겠네요. 학원은 줄일 수 없으니까요.

남: 물론이죠.

남자는 딸의 배우는 것을 어떻게 합니까?

1 학원 이외에는 그만두게 한다
2 학원을 그만두게 한다
3 싫다면 피아노는 그만두게 한다
4 피아노가 아닌 프로그래밍으로 한다

男の人は娘の習い事をどうしますか。

1 じゅく以外は止めさせる
2 じゅくを止めさせる
3 嫌ならピアノは止めさせる
4 ピアノじゃなくプログラミングにする

해설

남자는 아이가 배우는 것이 너무 많아 줄여주고 싶은데, 수영은 아이들이 가장 많이 배우는 것이라는 여자의 말에 그럼 피아노를 그만두게 하겠다고 했다. 여자가 피아노는 나중에 도움이 될지도 모른다고 했지만 아이가 집에서 연습하는 것을 힘들어했기 때문에 의사를 물어보고 그만두게 하겠다고 했다. 학원은 그만둘 수 없다는 여자의 말에 남자도 동의하고 있으므로 정답은 선택지 중 3번이다.

問題 2

問題２では、まず質問を聞いてください。そのあと、問題用紙のせんたくしを読んでください。読む時間があります。それから話を聞いて、問題用紙の１から４の中から、最もよいものを一つ選んでください。

では練習しましょう。

例

母親と高校生の女の子が話しています。女の子はどうして学校へ行きたくないのですか。

F1: どうしたの？ 朝からためいきばっかり。だれかとけんかでもしたの？

F2: それはもういいの、仲直りしたから。それより、見てよ、この前髪。

F1: まあ、また、思い切って短くしたわね。

F2: こんなんじゃ、みんなに笑われちゃうよ。ねえ、今日学校休んじゃだめ？

F1: だめに決まってるでしょ。そんなこと言って、本当は今日の試験、受けたくないんでしょ。

F2: 違うよ、ちゃんと勉強したんだから。そんなことより、ああ、鏡見るだけで頭痛くなりそう。

女の子はどうして学校へ行きたくないのですか。

1 友達とけんかしたから
2 かみがたが気に入らないから
3 試験があるから
4 頭が痛いから

문제 2

문제2에서는 먼저 질문을 들어 주세요. 그 후 문제용지의 선택지를 읽어 주세요. 읽는 시간이 있습니다. 그리고 이야기를 듣고 문제용지의 1에서 4 중에서 가장 적당한 것을 하나 고르세요.

그럼 연습해 봅시다.

예

엄마와 고등학생인 여자아이가 이야기하고 있습니다. 여자아이는 왜 학교에 가고 싶지 않습니까?

여1: 왜 그러니? 아침부터 한숨만 쉬고. 누구랑 싸웠니?

여2: 그건 이제 괜찮아, 화해했으니까. 그것보다, 봐, 이 앞머리.

여1: 어머나, 또 양껏 짧게 했네.

여2: 이대로는 모두가 웃고 말거야. 있잖아, 오늘 학교 쉬면 안돼?

여1: 당연히 안 되지! 그렇게 말하고 사실은 오늘 시험 보기 싫어서 그러지?

여2: 아니야. 제대로 공부했단 말이야. 그것보다, 아아, 거울 보는 것만으로 머리 아파질 것 같아.

여자아이는 왜 학교에 가고 싶지 않습니까?

1 친구와 싸웠기 때문에
2 머리 모양이 마음에 들지 않기 때문에
3 시험이 있기 때문에
4 머리가 아프기 때문에

1番

お兄さんと妹が父の日の贈り物について話しています。名前が書いてあるギフトはどうして人気があるのですか。

M: 秋子、「父の日」のプレゼント、何にする？ 今、一番人気がある物にする？

F : 一番人気がある物って、ブランド品のネクタイとかお酒？

M: 何でもいいんだよ。名前が入っていれば。

F : 名前が入ったギフトか。例えば？

M: 名前が書いてあるグラス、コップ、サングラス、鞄、何でもいいんだよ。

F : じゃ、お父さんの名前を入れた財布にする？

M: うん、いいね。名前入りだとお父さんだけの物になるからね。

F : お父さん、喜ぶわね。世界に一つしかないギフトだから。

M: それが一番大事だよ。

名前が書いてあるギフトはどうして人気があるのですか。

1 ブランド商品だから
2 他の人は持っていないものだから
3 無くす心配がないものだから
4 だれのかすぐ分かるものだから

2番

日本人の女の人と外国人の男の人が話しています。男の人はどうして金継ぎがいいと言っていますか。

F : これが金継ぎという、日本に昔から伝わる方法で直した茶碗です。茶碗の割れたところを合わせて付けてから、その上に金の粉を付けました。金継ぎは金で継いでいると言う意味です。

M: 金で継いでいるって？

F : 金で継ぐっていうのは金で繋ぎ合わせる、つまり何かと何かを繋いで合わせるという意味ですよ。

M: そうですか。ありがとうございました。金の線がデザインのようできれいですね。割れる前の茶碗と全く違う物のようです。

F : ええ、今ではわからないように修繕することもできるようになりましたが、金継ぎは全然違います。修

1번

오빠와 여동생이 아버지의 날 선물에 대해 이야기하고 있습니다. 이름이 써있는 선물은 왜 인기가 있는 것입니까?

남: 아키코, '아버지의 날' 선물 뭘로 할래? 지금 가장 인기있는 걸로 할래?

여: 가장 인기가 있는 물건이면 고가 브랜드 넥타이라든가 술?

남: 뭐든지 좋아. 이름이 들어가 있으면.

여: 이름이 들어간 선물? 예를 들면?

남: 이름이 써 있는 잔, 컵, 선글라스, 가방, 뭐든지 좋아.

여: 그럼 아버지의 이름을 넣은 지갑으로 할까?

남: 응, 좋아. 이름을 넣으면 아버지만의 것이 되니까.

여: 아버지 기뻐하시겠네. 세상에 하나밖에 없는 선물이니까.

남: 그게 제일 중요해.

이름이 써있는 선물은 왜 인기가 있는 것입니까?

1 고가 브랜드 상품이니까
2 다른 사람은 가지고 있지 않은 것이니까
3 잃어버릴 염려가 없는 것이니까
4 누구 것인지 금방 알 수 있는 것이니까

해설

선물의 종류나 브랜드에 상관 없이 이름이 들어가면 다른 사람에게는 없는 한 사람만을 위한 선물이 되기 때문에 중요하다고 했으므로 정답은 선택지 2번이다.

2번

일본인 여자와 외국인 남자가 이야기하고 있습니다. 남자는 왜 금계가 좋다고 말하고 있습니까?

여: 이것이 금계라고 하는, 일본에 옛날부터 전해지는 방법으로 고친 밥공기예요. 밥공기의 깨진 부분을 맞춰서 붙인 후에 그 위에 금가루를 붙였어요. 금계는 금으로 이었다는 뜻이죠.

남: 금으로 이었다고요?

여: 금으로 잇는다는 것은 금으로 서로 연결한다, 즉 무언가와 무언가를 연결해서 맞춘다는 의미에요.

남: 그렇습니까? 고맙습니다. 금의 선이 디자인처럼 예쁘네요. 깨지기 전의 밥공기와 전혀 다른 물건인 것 같아요.

여: 네, 지금은 알아채지 못하도록 수선할 수도 있게 되었습니다만 금계는 전혀 달라요. 수선한 부분에 금가루를 입혀 일부러 눈에 띄게 되어 있어요.

남: 그렇군요. 이 선 덕분에 밥공기가 더 좋아진 것 같아요.

여: 네, 금계로는 원래의 밥공기보다 좋아지는 일도 종종 있습니다.

繕した部分に金の粉を付けてわざわざ目立つようにしてあります。

M: そうですね。この線のおかげで茶碗がもっとよくなった気がします。

F : ええ、金継ぎでは元の茶碗よりよくなることもたびたびあります。

M: 前よりよくなるなんて素晴らしいですね。この茶碗にも前とは違った美しさがあります。

F : そう言ってくださると直した私としては本当に嬉しいです。

男の人はどうして金継ぎがいいと言っていますか。

1 割れたものが元のように直せるから
2 割れたものが前よりよくなることがあるから
3 日本に昔からある修理の方法だから
4 修理した部分が分からないような技術がないから

3番

男の留学生と女の学生が話しています。男の人はどうして驚きましたか。

M: 亜紀さん、日本人はどうしてほとんどの人がハンカチを持ち歩いているんでしょうか？

F : えっ、スミスさんの国ではハンカチを持たないの？

M: あまり。使う時が少ないですからね。

F : でも、トイレで手を洗った後とかどうするの？

M: ふかない人もいるし、手をふく紙があるから。

F : 日本でも手を乾かす機械があったり、紙が置いてあったりするから、確かにハンカチの出番は少なくなっているわね。

M: 同じハンカチでふくならふかない方がいいですよ。一度使ったら汚いから。何度も使うと聞いてびっくりしました。

F : 汚くないわよ。手をきれいに洗った後、ふくんだからきれいよ。

M: そうですか。ハンカチでふくのは習慣なんですかね。

男の人はどうして驚きましたか。

1 日本人がトイレで手をふくから
2 手をふく習慣が日本人にもあるから
3 同じハンカチで何度も手をふくから
4 日本のトイレに手をふく紙が置いてないから

남: 전보다 나아진다니 멋지네요. 이 밥공기에도 전과는 다른 아름다움이 있어요.

여: 그렇게 말씀해 주시니 고친 저로서는 정말로 기쁩니다.

남자는 왜 금계가 좋다고 말하고 있습니까?

1 깨진 것을 원래처럼 고칠 수 있으니까
2 깨진 것이 전보다 좋아지는 경우가 있으니까
3 일본에 옛날부터 있던 수리방법이니까
4 수리한 부분이 눈에 띄지 않는 기술이 없기 때문에

해설

남자는 수리한 부분의 금으로 된 선이 눈에 띄어 전보다 더 아름답고 좋아보인다고 했으므로 정답은 선택지 2번이다.

3번

남자 유학생과 여학생이 이야기하고 있습니다. 남자는 왜 놀랐습니까?

남: 아키 씨, 일본인은 왜 대부분의 사람이 손수건을 가지고 다니는 걸까요?

여: 어? 스미스 씨 나라에서는 손수건을 안 가지고 다녀?

남: 별로. 사용할 때가 적으니까요.

여: 하지만 화장실에서 손을 씻은 후에 어떻게 해?

남: 안 닦는 사람도 있고, 손을 닦는 종이가 있으니까.

여: 일본에서도 손을 말리는 기계가 있거나 종이가 놓여져 있거나 하니까 확실히 손수건 사용이 적어지고 있어.

남: 같은 손수건으로 닦는다면 닦지 않는 편이 좋아요. 한 번 쓰면 더러우니까. 몇 번이나 쓴다고 해서 깜짝 놀랐습니다.

여: 더럽지 않아. 손을 깨끗이 씻은 후에 닦으니까 깨끗해.

남: 그렇습니까? 손수건으로 닦는 건 습관인가 보군요.

남자는 왜 놀랐습니까?

1 일본인이 화장실에서 손을 닦으니까
2 손을 닦는 습관이 일본인에게도 있으니까
3 같은 손수건으로 몇 번이나 손을 닦으니까
4 일본의 화장실에 손을 닦는 종이가 놓여있지 않으니까

해설

남자는 일본인이 같은 손수건으로 몇 번이나 손을 닦는 것을 보고 놀랐다고 했으므로 정답은 선택지 3번이다.

4番

女の人と男の人が話しています。女の人はどうして連休中は京都に行きたくないのですか。

M: 由美さん、今年のゴールデンウイークは、10連休だね。どこか行くの？

F: 遠くには行かないわ。近くのお寺や神社に行こうと思うの。健二君は？

M: 僕は、京都観光をするつもりなんだよ。よかったら、一緒に行こうよ。

F: えっ。連休に京都に行くの？ 私は去年、連休に行ったけど、どこも観光客で一杯だったわよ。

M: 由美さん、去年行ったの？ そんなに人が多かった？

F: うん、店に入るまでに1時間も並んだのよ。おいしかったけど、もう嫌。京都の人が観光公害だって言っている気持ちがわかったよ。

M: でも、僕はこの連休を逃したら、まとまった休みが取れないから。

F: まあ、じゃ、ガイドブックに載っていないようなお寺やおいしいお店を自分で探して行ったらいいんじゃない？

M: うん、そうするよ。

女の人はどうして連休中は京都に行きたくないのですか。

1 男の人と行きたくないから
2 こんでいるから
3 去年行ったから
4 食事がまずいから

5番

女の人と男の人が公園で話しています。どうして二人は子供の噴水は設計ミスだと言っていますか。

M: 今日は公園の子供の噴水が使えるんだね。子供達がきゃあきゃあ言って喜んでいるよ。

F: 下から急に水が飛び出てくるから面白いのよ。あんなに喜んでいる。だから急に使用禁止になった時はみんながっかりしていたわ。

M: 公園の隣の人が子供の声がうるさいって市役所に文句を言ったんだって。

F: 子供が騒ぐのは仕方ないのに。最近保育園がうるさいとか、子供の声がうるさいっていう文句が多すぎるわ。

4번

남자와 여자가 이야기하고 있습니다. 여자는 왜 연휴 중에는 교토에 가고 싶지 않습니까?

남: 유미 씨, 올해 골든위크는 10일 연휴네. 어디 가?

여: 멀리는 안 가. 근처 절이나 신사에 가려고 해. 겐지는?

남: 나는 교토 관광을 할 생각이야. 괜찮다면 같이 가자.

여: 뭐? 연휴에 교토에 간다고? 나는 작년 연휴에 갔었는데 어디나 관광객으로 가득했어.

남: 유미 씨 작년에 갔었어? 그렇게 사람이 많았어?

여: 응, 가게에 들어갈 때까지 1시간이나 줄을 섰어. 맛있었지만 이제 싫어. 교토 사람들이 관광공해라고 말하는 기분을 이해할 수 있었어.

남: 하지만, 나는 이번 연휴를 놓치면 긴 휴가를 낼 수 없으니까.

여: 뭐, 그럼, 가이드북에 실려있지 않은 절이나 맛집을 직접 찾아서 가면 좋지 않을까?

남: 응, 그렇게 할게.

여자는 왜 연휴 중에는 교토에 가고 싶지 않습니까?

1 남자와 가기 싫으니까
2 붐비니까
3 작년에 갔었으니까
4 식사가 맛없으니까

해설

여자는 작년 연휴에 교토에 갔던 일을 얘기하며 어느 곳이나 관광객이 많아서 가게에 들어가기까지 1시간이나 걸렸다고 말하고 있다. 따라서 정답은 선택지 2번이다.

5번

여자와 남자가 공원에서 이야기하고 있습니다. 왜 두 사람은 어린이 분수는 설계 실수라고 말하고 있습니까?

남: 오늘은 공원의 어린이 분수를 사용할 수 있네. 아이들이 꺅꺅거리며 좋아하고 있어.

여: 밑에서 갑자기 물이 튀어 나오니까 재미있는 거야. 저렇게 좋아하고 있어. 그래서 갑자기 사용이 금지되었을 때는 모두 실망했었어.

남: 공원 옆에 사는 사람이 아이들 목소리가 시끄럽다고 시청에 불평했대.

여: 아이들이 떠드는 건 어쩔 수 없는데. 요즘 어린이집이 시끄럽다거나, 아이 목소리가 시끄럽다는 불평이 너무 많아.

남: 나도 그렇게 생각해. 근데 그 사람 아팠었대.

여: 어머.

남: 공원을 만들 때에 더 생각했어야 했다고 생각해. 대학에 면해

M: 僕もそう思うよ。でもその人、病気だったんだよ。

F : まあ。

M: 公園を作る時にもっと考えるべきだったんだと思うよ。大学に面している方があんなに空いているんだから。

F : そうよね。設計ミスだね。

どうして二人は子供の噴水は設計ミスだと言っていますか。

1 子供がこんなに喜ぶと考えなかったから
2 隣の大学の中につくった方がよかったから
3 近所にどんな人がいるか調べなかったから
4 住宅から遠い場所につくった方がよかったから

있는 쪽이 저렇게 비어 있으니까.

여: 그렇네. 설계 실수네.

왜 두 사람은 어린이 분수는 설계 실수라고 말하고 있습니까?

1 아이가 이렇게 좋아할 줄 몰랐기 때문에
2 옆 대학 안에 만드는 게 더 좋았기 때문에
3 근처에 어떤 사람이 있는지 조사하지 않았기 때문에
4 주택에서 먼 곳에 만드는 게 더 좋았기 때문에

해설

두 사람은 사람이 살지 않는 빈 공간이 있음에도 주거 공간 근처에 공원을 만들어 소음으로 괴로워하는 사람이 생겨났기 때문에 설계 실수라고 말하고 있다. 따라서 정답은 선택지 4번이다.

問題 3

問題３では、問題用紙に何もいんさつされていません。この問題は、全体としてどんな内容かを聞く問題です。話の前に質問はありません。まず話を聞いてください。それから、質問とせんたくしを聞いて、１から４の中から、最もよいものを一つ選んでください。

では練習しましょう。

문제 3

문제3에서는 문제용지에 아무것도 인쇄되어 있지 않습니다. 이 문제는 전체로서 어떤 내용인지를 묻는 문제입니다. 이야기 전에 질문은 없습니다. 먼저 이야기를 들어 주세요. 그리고 질문과 선택지를 듣고 1에서 4 중에서 가장 적당한 것을 하나 고르세요.

그럼 연습해 봅시다.

例

テレビでアナウンサーが通信販売に関する調査の結果を話しています。

F : 皆さん、通信販売を利用されたことがありますか。買い物をするときは店に行って、自分の目で確かめてからしか買わないと言っていた人も、最近この方法を利用するようになってきたそうです。１０代から８０代までの人に調査をしたところ、「忙しくて買いに行く時間がない」「お茶を飲みながらゆっくりと買い物ができる」「子供を育てながら、働いているので、毎日の生活になくてはならない」など多くの意見が出されました。

通信販売の何についての調査ですか。

1 利用者数
2 買える品物の種類
3 利用方法
4 利用する理由

예

텔레비전에서 아나운서가 통신판매에 관한 조사 결과를 이야기하고 있습니다.

여: 여러분, 통신판매를 이용하신 적인 있습니까? 쇼핑을 할 때에는 가게에 가서 자기 눈으로 확인해야만 산다고 하던 사람도 최근에는 이 방법을 이용하게 되었다고 합니다. 10대부터 80대까지 조사한 결과, "바빠서 쇼핑을 갈 시간이 없다" "차를 마시면서 느긋하게 쇼핑을 할 수 있다" "아이를 키우면서 일하고 있어서 매일의 생활에 없어서는 안 된다" 등 많은 의견이나왔습니다.

통신판매의 무엇에 대한 조사입니까?

1 이용자 수
2 살 수 있는 물품의 종류
3 이용 방법
4 이용하는 이유

1番

女の人と男の人がバナナについて話しています。

F：あれ、健、バナナ食べるなんて珍しいね。あっ、それ、まだ皮むいてないよ。

M：いいんだよ。皮ごと食べても。

F：そんな。皮をむかなきゃ、まずいでしょ。

M：これは特別なんだ。皮ごと食べられるバナナだよ。とっても甘くておいしいよ。

F：じゃ、私も。本当おいしい。皮が全然気にならない。でも、高いでしょう？

M：うん、１本６００円。

F：えっ、高すぎるよ。６００円あったら１房４本ぐらいついているバナナが５房は買えるから２０本になるじゃない。栄養をとるために普通のバナナを毎日１本食べる方がいいわ。

M：考え方の相違だな。僕はおいしいバナナ１本の方がいいよ。

F：考え方の相違じゃないでしょ。健、バナナ嫌いなんだから。

M：そうだな。これはバナナだけどバナナじゃないんだ。

F：そうかもね。

女の人はどうして「そうかもね」と言いましたか。

1 バナナじゃないと思ったから
2 バナナだと思ったから
3 普通とは全く違うバナナだと思ったから
4 バナナに似ている果物だと思ったから

2番

女の人と男の人がドローンについて話しています。

M：最近、離れ小島にドローンで荷物を運ぶ実験を始めたんだって。いよいよ、実現するだろうね。

F：まだ、荷物なのね。ドローンタクシーはいつになるかしら。

M：タクシー？ まだまだ先の話だよ。

F：中国では実験が終了してもう実用化されるというのに、遅すぎるんじゃない？

M：技術はあるからしようと思えばできると思うけど、安全な上に安全を求めるのが日本だから。

F：確かに安全は一番大切だけど、実用化で世界に遅れてしまうんじゃないかと心配だよ。

1번

여자와 남자가 바나나에 대해 이야기하고 있습니다.

여: 어머, 다케시, 바나나를 먹다니 별일이네. 앗, 그거, 아직 껍질 안 벗겼어.

남: 괜찮아. 껍질째 먹어도.

여: 그런. 껍질을 벗기지 않으면 맛없잖아.

남: 이건 특별한 거야. 껍질째 먹을 수 있는 바나나야. 아주 달고 맛있어.

여: 그럼 나도. 정말 맛있다. 껍질이 전혀 신경 쓰이지 않아. 하지만 비싸지?

남: 응, 한 개 600엔.

여: 뭐? 너무 비싸. 600엔 있으면 한 송이에 네 개 정도 딸린 바나나를 다섯 송이는 살 수 있으니까 스무 개가 되잖아. 영양을 섭취하기 위해 일반 바나나를 매일 한 개씩 먹는 게 더 좋아.

남: 생각의 차이네. 난 맛있는 바나나 한 개가 더 좋아.

여: 생각의 차이가 아니잖아. 다케시, 바나나 싫어하니까.

남: 글쎄. 이건 바나나지만 바나나가 아니야.

여: 그럴지도 모르겠네.

여자는 왜 '그럴지도 모르겠네'라고 했습니까?

1 바나나가 아니라고 생각했기 때문에
2 바나나라고 생각했기 때문에
3 일반적인 것과는 전혀 다른 바나나라고 생각했기 때문에
4 바나나와 비슷한 과일이라고 생각했기 때문에

해설

바나나를 싫어하는 남자가 비싼 가격을 지불하면서도 사먹는 것을 보고 일반적인 바나나가 아니라 특별한 바나나라고 생각한다는 의미이므로 정답은 선택지 3번이다.

2번

여자와 남자가 드론에 대해 이야기하고 있습니다.

남: 최근에 외딴 작은 섬에 드론으로 짐을 나르는 실험을 시작했대. 드디어 실현되는구나.

여: 아직 짐이잖아. 드론 택시는 언제가 될까?

남: 택시? 아직도 먼 이야기야.

여: 중국에서는 실험이 끝나서 이제 실용화된다고 하는데, 너무 늦는 거 아냐?

남: 기술은 있으니까 하려고 하면 할 수 있다고 생각하는데, 안전에 안전을 추구하는 것이 일본이니까.

여: 확실히 안전은 제일 중요하지만 실용화에서 세계에 뒤처질까 봐 걱정이야.

남: 기술이 좋다면 언젠가 인정받을 거야.

여: 높은 기술은 인정하지만 상업화는 또 다르다고 생각해.

남: 드론이 안 돼도 다른 기술이 있으니까 괜찮아.

M: 技術がよければいつか認められるよ。
F : 技術の高さは認めるけど、商売はまた違うと思うよ。
M: ドローンが駄目でも他の技術があるから大丈夫だよ。
F : 森田さんはずいぶん楽天的ね。

女の人は日本の技術に対してどう思っていますか。

1 ドローンが駄目でも他の技術があるから大丈夫だ
2 安全ばかり気にし過ぎているので技術の開発が遅れている
3 技術は認めるがそれだけでは世界に負ける
4 技術がよければいつか認められる

3番

女の人と男の人が話しています。

M: 最近、ストレスのせいか眠れなくて。
F : 頭の近くに玉ねぎを刻んだのを置いておくとよく眠れるそうよ。
M: 本当？
F : おばあちゃんが言っていたから。
M: おばあちゃんが言っていたって、玲子さんは試してないの？
F : 私は眠れなかったことなんかないから。
M: そうか。おばあちゃんの知恵って、古いんじゃないの？ 非科学的だよ。
F : そんなことないよ。おばあちゃんから教えてもらったこと、みんな正しかったから。
M: 本当？ 例えば？
F : みかんをもんでから食べると甘くなるとか。
M: それは僕も知っているけど。全てが正しいとは限らないから。
F : そうかな。

二人はおばあちゃんの知恵についてどう思っていますか。

1 男の人は全部間違っている、女の人は全部正しいと思っている
2 男の人も女の人も間違っているのもあると思っている
3 男の人も女の人も正しいのはあまりないと思っている
4 男の人は正しいのもある、女の人はみんな正しいと思っている

여: 모리타 씨는 상당히 낙천적이네.

여자는 일본의 기술에 대해 어떻게 생각하고 있습니까?

1 드론이 안되더라도 다른 기술이 있으니까 괜찮다
2 안전에만 너무 신경쓰고 있어서 기술 개발이 늦어지고 있다
3 기술은 인정하지만 그것만으로는 세계에 진다
4 기술이 좋으면 언젠가 인정받는다

해설

여자는 높은 기술을 보유하는 것에서 그치지 말고 실용화하여 세계적으로 뒤쳐지지 않도록 해야 한다고 말하고 있다. 따라서 정답은 선택지 3번이다. 선택지 1번과 4번은 남자가 한 말이고, 2번은 여자는 높은 기술은 인정한다고 했기 때문에 기술 개발이 늦어지고 있는 것은 아니다.

3번

여자와 남자가 이야기하고 있습니다.

남: 요즘 스트레스 탓인지 잠이 안 와.
여: 머리 근처에 양파 다진 것을 놓아두면 잠이 잘 온대.
남: 정말?
여: 우리 할머니가 그랬어.
남: 할머니가 말했다니 레이코 씨는 시도해보지 않았어?
여: 나는 잠을 못 잔 적이 없으니까.
남: 그렇구나. 할머니의 지혜는 구식 아냐? 비과학적이야.
여: 그렇지 않아. 할머니가 가르쳐주신 것 모두 맞았으니까.
남: 진짜? 예를 들면?
여: 귤을 문질러 비빈 후에 먹으면 달아진다든가.
남: 그건 나도 알고 있지만. 모든 것이 옳다고는 할 수 없으니까.
여: 그런가?

두 사람은 할머니의 지혜에 대해 어떻게 생각하고 있습니까?

1 남자는 전부 틀렸다, 여자는 전부 맞다고 생각하고 있다
2 남자와 여자 모두 틀린 것도 있다고 생각하고 있다
3 남자와 여자 모두 맞는 것은 별로 없다고 생각하고 있다
4 남자는 맞는 것도 있고, 여자는 모두 맞다고 생각하고 있다

해설

귤에 대한 것은 남자도 맞다고 생각하지만, 할머니의 지혜를 전적으로 신뢰하는 여자에게 모두 다 맞다고는 할 수 없다고 말하고 있다. 이에 여자는 '그런가?' 라고 하며 동의하고 있지 않다. 따라서 정답은 선택지 4번이다.

4番

女の人が話しています。

F：夏バテしたとはよく聞きますが、冬によくある体調不良も冬バテと言います。冬は気温が下がるので他の季節より熱を作り出し、体中に送らなければならないから、体、特に心臓が無理をします。また明るい時間が短いので仕事などができる時間が短く気分が暗くなりがちで、心身ともに疲れてきます。ビタミンをとって疲れをとるようにしましょう。また毎食１品は温かい食べ物や飲み物をとるのもいいです。ビタミンがたくさんあるからといって、スイカやトマトのような夏の果物や野菜を食べ過ぎないようにしましょう。これらは体を冷やす働きがあります。運動すると体の血の巡りがよくなって手足の冷えが減ったりおなかの調子がよくなったりしますから積極的に運動しましょう。ただし、朝起きてすぐの運動は心臓によくないですから止めた方がいいです。

冬はどんなことに注意したらよいと言っていますか。

1 朝は運動しないで手足やお腹を温めること
2 冬は外が寒いので家の中で運動すること
3 夏の野菜や果物は体を冷やすので絶対に食べないこと
4 体を温める物をとったり運動したりして体を冷やさないこと

4번

여자가 이야기하고 있습니다.

여: 여름을 탄다고는 자주 듣습니다만, 겨울에 자주 있는 컨디션 난조도 겨울을 탄다고 말합니다. 겨울은 기온이 떨어지기 때문에 다른 계절보다 열을 만들어내 온몸에 보내야 하는 탓에 몸, 특히 심장이 무리를 합니다. 또한 밝은 시간이 짧기 때문에 업무 등을 할 수 있는 시간이 짧아 우울해지기 쉬우며, 심신 모두 피로해집니다. 비타민을 섭취해서 피로를 풀도록 합시다. 또 매 끼마다 한 가지는 따뜻한 음식이나 음료를 먹는 것도 좋습니다. 비타민이 많다고 해서 수박이나 토마토 같은 여름 과일이나 채소를 과식하지 않도록 합시다. 이것들은 몸을 차게 하는 작용이 있습니다. 운동을 하면 몸의 혈액순환이 좋아져 손발의 냉증이 줄어들거나 위장의 상태가 좋아지기 때문에 적극적으로 운동합시다. 단, 아침에 일어나서 바로 하는 운동은 심장에 좋지 않기 때문에 그만두는 것이 좋습니다.

겨울에는 어떤 점에 주의하면 좋다고 말하고 있습니까?

1 아침에는 운동하지 말고 손발이나 배를 따뜻하게 할 것
2 겨울은 밖이 춥기 때문에 집 안에서 운동할 것
3 여름 채소나 과일은 몸을 차게 하므로 절대 먹지 말 것
4 몸을 따뜻하게 하는 것을 섭취하거나 운동을 해서 몸을 차갑지 않도록 할 것

해설

화자는 겨울철에는 몸을 따뜻하게 하는 것이 중요하므로 음식에 신경을 쓰고 운동을 하는 것이 중요하다고 말하고 있다. 따라서 정답은 선택지 4번이다. 손발이나 배를 특별히 다뜻하게 하라는 내요은 없었으며, 운동하는 장소에 대해서는 제한하고 있지 않다. 여름 채소나 과일을 절대 먹지 말라고는 하지 않았으므로 선택지 1, 2, 3번은 오답이 다.

5番

男の人が日本の農業について話しています。

M：日本の農業の衰退が言われて長い年月が経ちました。旧態依然の農業をやっているところも多く、そういう農家は後継ぎもいません。しかし、作物を作り、加工し、販売までしているいわゆる６次産業と言われる方法を取り入れている農家は生き生きしています。新しいことに挑戦する元気がある農家はサラリーマンよりもずっと収入があって、安い海外農産物にも負けません。また最近では様々な新しい農法や新種の作物の開発も盛んです。常に同じところに留まらず、前を見ていくことが大切だと思います。個々の農家ではなく村全体で取り組む方がもっといいです。アイディアもお金も多いほど事業が成

5번

남자가 일본 농업에 대해 이야기하고 있습니다.

남: 일본의 농업이 쇠퇴했다는 말을 들은 지 오랜 세월이 지났습니다. 구태의연한 농업을 하고 있는 곳도 많고 그러한 농가는 후계자도 없습니다. 그러나 작물을 만들고, 가공하고, 판매까지 하는 이른바 6차 산업이라고 불리는 방식을 도입하고 있는 농가는 생기가 넘치고 있습니다. 새로운 것에 도전하는 활기가 있는 농가는 샐러리맨보다 훨씬 수입이 있고, 값싼 해외 농산물에도 지지 않습니다. 또 최근에는 여러가지 새로운 농법이나 신종 작물의 개발도 활발합니다. 항상 같은 곳에 머무르지 않고 앞을 보며 가는 것이 중요하다고 생각합니다. 개별 농가가 아니라 마을 전체가 주력하는 것이 더 좋습니다. 아이디어도 돈도 많을수록 사업이 성공하기 쉽기 때문입니다.

功しやすいからです。

男の人は日本の農業の未来についてどう言っていますか。

1 農業は一人でするものだから、個人で頑張らなければならない
2 生産だけの農業を止めて6次産業を進めるのが一番いい
3 誰もが6次産業に取り組まなければならなくなる
4 大勢の方がいいが、一人でも新しいことを始めるのがいい

남자는 일본 농업의 미래에 대해 어떻게 말하고 있습니까?

1 농업은 혼자 하는 것이므로 개인이 노력해야 한다
2 생산만 하는 농업을 그만두고 6차 산업을 진행하는 것이 가장 좋다
3 누구나 6차 산업에 주력하지 않으면 안 되게 된다
4 여러 사람이 하는 것이 더 좋지만 혼자서도 새로운 것을 시작하는 것이 좋다

해설

화자는 개별 농가 보다는 여럿이 모여 아이디어를 모으는게 좋지만 중요한 것은 항상 같은 곳에 머무르지 않고 새로운 것에 도전하며 앞을 향해 나아가는 것이라고 말하고 있다. 따라서 정답은 선택지 4번이다. 여럿이서, 반드시 6차 산업을 해야만 성공한다고는 단정하지 않았으므로 선택지 1, 2, 3은 정답이 아니다.

問題 4

問題4では、問題用紙に何もいんさつされていません。まず文を聞いてください。それから、それに対する返事を聞いて、1から3の中から、最もよいものを一つ選んでください。

では練習しましょう。

문제 4

문제4에서는 문제용지에 아무것도 인쇄되어 있지 않습니다. 먼저 문장을 들어 주세요. 그리고 그것에 대한 응답을 듣고 1에서 3 중에서 가장 적당한 것을 하나 고르세요.

그럼 연습해 봅시다.

例

F：今日ちょっと、残って仕事してってもらえない？
M：1 今日ですか。はい、分かりました。
　2 すみません、今日遅くなったんです。
　3 残りは、あとこれだけです。

예

여 : 오늘 좀 남아서 일 해줄 수 있을까?
남 : 1 오늘이요? 네, 알겠습니다.
　2 죄송합니다. 오늘 늦어졌습니다.
　3 남은 것은 이것뿐입니다.

1番

M：コンテストの提出期限までに作品が完成しそうにないんだ。
F：1 最後まであきらめないで。
　2 応募だけしてみたらいいんじゃない？
　3 期日を守るように書いてあったの？

1번

남 : 공모전 제출기한까지 작품이 완성될 것 같지 않아.
여 : 1 끝까지 포기하지 마.
　2 응모만 해보면 되잖아?
　3 기일을 지키라고 써 있었어?

해설

공모전 기한에 맞출 수 없을 것 같아 낙담한 남자에게 할 수 있는 말로 가장 적절한 것은 선택지 1번이다. 응모 보다 완성을 하는 것이 먼저이고, 공모전에서 기한을 지키는 것은 당연한 일이므로 2, 3번은 정답이 아니다.

2番

M：パーティーに行くにしても9時は過ぎちゃうよ。
F：1 10時までに行きたいけど。

2번

남 : 파티에 간다고 해도 9시는 넘을 거야.
여 : 1 10시까지 가고 싶은데….

2　9時には来られるのね。
3　とにかく来られればいいわ。

2　9시에는 올 수 있겠구나.
3　어쨌든 올 수 있으면 돼.

해설

파티에 9시 전에는 갈 수 없다는 남자의 말에 가장 적절한 대답은 선택지 3번이다. 1번은 남자가 할 법한 말이고, 9시까지 도착하는 것은 불가능하므로 2번도 정답이 아니다.

3番

M: 明日は大雨の恐れはないよ。
F : 1　大した雨じゃなくてよかったね。
2　川が溢れないか心配だね。
3　そんなに恐れないで。

3번
남 : 내일은 폭우의 우려는 없어.
여 : 1　대단한 비가 아니라서 다행이네.
2　강이 넘치지 않을까 걱정이네.
3　그렇게 두려워하지마.

해설

폭우의 우려는 없다는 말은 심한 비가 내리지 않는다는 말이다. 따라서 이에 대한 적절한 대답은 선택지 1번이다.

4番

M: 一人で子供を育てるのは大変でしょう？
F : 1　夫が助けてくれるので大丈夫ですよ。
2　夫を頼らないで育てた方がいいですか。
3　誰にも頼りようがないので困っています。

4번
남 : 혼자 아이 키우기 힘들죠?
여 : 1　남편이 도와주니까 괜찮아요.
2　남편을 의지하지 않고 키우는 게 좋을까요?
3　누구에게도 의지할 수 없어서 힘들어요.

해설

여자는 도와주거나 의지할 사람 없이 혼자서 아이를 키우고 있으므로 적절한 대답은 선택지 3번이다.

5番

M: うちの太郎が泥棒するなんて、あり得ません。
F : 1　親は誰でもそう言うんですよ。
2　誰に盗まれたんですか。
3　何を盗んだんでしょうか。

5번
남 : 우리 다로가 도둑질을 하다니 있을 수 없어요.
여 : 1　부모는 누구나 그렇게 말해요.
2　누구에게 도둑맞았나요?
3　무엇을 훔쳤을까요?

해설

자녀가 도둑질을 했다는 사실을 믿을 수 없어하는 아버지에게 할 법한 말은 선택지 중 1번이다. 2번과 3번은 남자의 아이가 훔쳤다고 의심되는 상황에 어울리지 않는 말이다.

6番

F : この仕事はお引き受けできかねます。
M: 1　それだから何とか。
2　そこを何とか。
3　そこで何とか。

6번
여 : 이 일은 맡을 수 없어요.
남 : 1　그래서 어떻게든.
2　그것을 어떻게든.
3　거기서 어떻게든.

해설

~かねる는 '~할 수 없다'는 의미로, 여자는 거절의 뜻을 전하고 있다. 무언가를 거절당했을 때에 거듭 부탁하는 표현은 선택지 중 2번이다. '제발 이쪽의 제의를 받아들여 주세요' 라는 의미로 상용된다.

7番

M: この学校に入りたくてたまらないんだ。
F : 1 もうこれ以上頑張れないよ。
2 どうしてそんなに頑張っているの？
3 それならもっと勉強することね。

7번

남 : 이 학교에 너무 들어가고 싶어.
여 : 1 이 이상 더 열심히 할 수 없어.
2 왜 그렇게 노력하고 있는 거야?
3 그렇다면 더 공부해야겠구나.

해설

원하는 학교에 입학하고자 하는 남자에게 해줄 수 있는 말은 선택지 3번이다. 1번은 더 열심히 하라거나 힘내라는 말을 들었을 때의 대답이고, 2번에 대한 답이 남자의 말이기 때문에 정답이 아니다.

8番

F : この線路に沿って行ってください。
M: 1 渡ってからどうするんですか。
2 線路を歩くんですね。
3 どのぐらい歩くんですか。

8번

여 : 이 선로를 따라가 주세요.
남 : 1 건너가서 어떻게 해요?
2 선로를 걷는군요?
3 어느 정도 걸어요?

해설

선로를 따라가라는 말에 할 수 있는 대답은 선택지 3번이다. 선로를 그저 따라가라고 했지 건너라거나 선로 위를 걸으라고는 말하지 않았으므로 1번과 2번은 정답이 아니다.

9番

F : 長生きしても寝たきりだったら辛いわね。
M: 1 うん、テレビぐらい見たいだろうなあ。
2 うん、そうはなりたくないものだなあ。
3 うん、生きてさえいられればいいんだよ。

9번

여 : 오래 살아도 누운 채로 있는 거라면 괴로울 거야.
남 : 1 응, 텔레비전 정도 보고 싶겠지.
2 응, 그렇게는 되고 싶지 않아.
3 응, 살아만 있을 수 있으면 돼.

해설

'寝たきり'는 누워 잠을 자는 것이 아니라 움직일 수 없다는 의미이다. 거동이 불편해도 텔레비전은 볼 수 있고, 누운 채로 있는 것은 괴롭다는 여자의 말에 '응'이라고 동의하고 있으므로 그 다음에는 그렇게 되고 싶지 않다는 말이 나와야 한다. 따라서 1번과 3번은 적절한 대답이 아니고 2번이 정답이다.

10番

F : 手術してこのかた、調子がよくないんです。
M: 1 じゃ、何でも食べられるようになったんですね。
2 じゃ、手術は止めた方がいいですね。
3 じゃ、検査してみましょう。

10번

여 : 수술한 이래로 쭉 상태가 좋지 않아요.
남 : 1 그럼, 뭐든지 먹을 수 있게 되었군요.
2 그럼, 수술은 그만두는 편이 좋겠네요.
3 그럼, 검사해 봅시다.

해설

수술을 한 이래로 몸 상태가 좋지 않다고 했으므로 그에 대한 적절한 대답은 선택지 3번이다. 뭐든지 먹을 수 있는 것은 몸 상태가 좋다는 뜻이고 수술은 이미 했고 그로 인해 상태가 좋지 않은 것 같다고 말하고 있으므로 선택지 1번과 2번은 정답이 아니다.

11番

M: 今日は電車で3時間も座れずじまいだった。

F : 1 それはお疲れでしょ。
2 疲れた。
3 手が痛くなったの？

11번

남 : 오늘은 전철에서 3시간이나 앉지 못하고 서 있었어.

여 : 1 그것 참 피곤하겠다.
2 피곤해.
3 손이 아파졌어?

해설

3시간이나 계속 서 있었다고 했으므로 선택지 1번과 같이 피곤하겠다는 말이 가장 적절하다. 2번은 남자가 할 법한 말이고, 3번은 손이 아니라 발이 아프냐고 물어봐야 하므로 정답이 아니다.

問題5

問題5では、長めの話を聞きます。この問題には練習はありません。問題用紙にメモをとってもかまいません。

1番、2番

問題用紙に何もいんさつされていません。まず話を聞いてください。それから、質問とせんたくしを聞いて、1から4の中から、最もよいものを一つ選んでください。

1番

女の人と男の人が冷凍した食品について話しています。

M: ねえ、山下さん、料理上手でしょ？ ほうれん草に似ている小松菜って野菜が安かったので、たくさん買って冷凍しておいたんだけど、ゆでて使ったらまずくって。生の小松菜はゆでてもシャキシャキしておいしいのに、どうしてだろう。

F : 小松菜はほうれん草に似ているけど違うのよ。解凍したらそのまま味を付けて。シャキシャキしてとってもおいしいから。

M: へえ。ゆでないんだ。知らなかったよ。

F : 私は洗ってから切って水を取ってから冷凍しておくのよ。解凍して直ぐに味が付けられるから料理の時間も全然かからないし。

M: 生と冷凍では料理の方法が違うんだね。

F : そうよ。それに野菜によっても料理方法が違うから

문제 5

문제5에서는 조금 긴 이야기를 듣습니다. 이 문제에는 연습은 없습니다. 메모를 해도 상관없습니다.

1번, 2번

문제용지에 아무것도 인쇄되어 있지 않습니다. 먼저 이야기를 들어 주세요. 그리고 질문과 선택지를 듣고 1에서 4 중에서 가장 적당한 것을 하나 고르세요.

1번

여자와 남자가 냉동한 식품에 대해서 이야기하고 있습니다.

남: 저기, 야마시타 씨 요리 잘하지? 시금치랑 비슷한 소송채라는 채소가 싸서 잔뜩 사서 냉동해뒀는데, 삶아서 썼더니 맛이 없더라. 생 소송채는 삶아도 아삭아삭하고 맛있는데, 왜 그럴까?

여: 소송채는 시금치랑 비슷하지만 달라. 해동하면 바로 양념을 하는 거야. 아삭아삭해서 아주 맛있다니까.

남: 아, 삶지 않는구나. 몰랐어.

여: 나는 씻은 다음 잘라서 물기를 빼서 냉동해 두거든. 해동하고 바로 양념을 할 수 있어서 요리 시간도 전혀 걸리지 않고.

남: 날 것과 냉동은 요리 방법이 다르구나?

여: 맞아. 게다가 채소에 따라서도 요리법이 다르니까 맛있게 먹는 방법을 찾아봐. 냉동이 좋은 점은 대부분의 채소가 얼리지 않은 것보다 영양이 늘어난다는 거야.

남: 영양이 늘어난다니 좋네. 근데 신기하네. 어째서?

여: 버섯의 경우는 냉동하면 세포가 파괴돼서 감칠맛 성분을 만들어내는 효소가 작용해 영양가가 높아진대.

남: 그럼, 저렴할 때 사서 계속 냉동하는 게 좋겠네?

여: 응, 하지만 냉동에 적합하지 않은 재료도 있으니까 조심해.

おいしく食べる方法を調べてね。冷凍がいいのは、ほとんどの野菜が生より栄養が増えることなのよ。

M: 栄養が増えるなんていいね。でも不思議だなあ。どうして？

F : きのこの場合は冷凍すると細胞が壊れて旨み成分を作り出す酵素が働いて栄養価が高まるんだって。

M: じゃ、安い時に買ってどんどん冷凍した方がいいね。

F : ええ、でも冷凍に向かない材料もあるから、気をつけてよ。

食品を冷凍することについて何と言っていますか。

1 全ての食材は冷凍した方がいい
2 冷凍した物は熱を加えない方がおいしく食べられる
3 野菜は冷凍した方がおいしくなる
4 冷凍した物は料理方法を間違えるとおいしく食べられない

식품을 냉동하는 것에 대해서 뭐라고 말하고 있습니까?

1 모든 식재료는 냉동하는 것이 좋다
2 냉동한 것은 열을 가하지 않는 편이 맛있게 먹을 수 있다
3 채소는 냉동하는 편이 맛있어진다
4 냉동한 것은 요리법을 틀리면 맛있게 먹을 수 없다

해설

여자는 채소에 따라 요리법이 다르며 모든 채소가 냉동에 적합한 것은 아니라고 말하고 있다. 따라서 정답은 선택지 4번이다.

2番

女の人と男の人が店を出す場所について話しています。

M: ねえ、どうして駅の近くの場所の店を見ないんだ？結構いい店が空いていたのに。

F : 駅から近いところは他の居酒屋に任せておけばいいのよ。家賃が安いところにしたいの。駅から遠ければ家賃が安いからメニューも安くできるから。

M: 家賃は重要だけど駅から15分も歩くような居酒屋にお客は来ないんじゃないかな。

F : 大丈夫、おいしくて安ければお客は来るから。

M: 近所の人だけじゃ商売にならないよ。

F : 初めは近所の人ばかりだと思うけど、そのうちに評判になって駅から歩いて来る人もいるはずよ。

M: そうかも。評判になっている山の上にあるレストランとか、人が住んでいないところのパン屋さんとかも行列しているからなあ。

F : 居酒屋だから山の上ってわけにはいかないけど。店は口コミが一番大事だしね。

M: インターネットでおいしいとかいい評判がアップされるといいんだけど。

F : 大丈夫。味には自信があるから安ければお客は来ると思うわ。

2번

여자와 남자가 가게를 내는 장소에 대해서 이야기하고 있습니다.

남: 있잖아, 왜 역 근처에 있는 가게를 보지 않는 거야? 꽤 괜찮은 가게가 비어 있었는데.

여: 역에서 가까운 곳은 다른 술집에 맡겨두면 돼. 월세가 싼 곳으로 하고 싶어. 역에서 멀면 월세가 싸서 메뉴도 싸게 할 수 있으니까.

남: 월세는 중요하지만 역에서 15분이나 걷는 술집에 손님은 안 오지 않을까?

여: 괜찮아. 맛있고 싸면 손님은 오니까.

남: 근처에 사는 사람만으로는 장사가 안돼.

여: 처음에는 이웃 사람들뿐이겠지만 그러다가 소문이 나서 역에서 걸어오는 사람도 있을 거야.

남: 그럴지도 몰라. 소문난 산 위에 있는 레스토랑이라든지, 사람이 살지 않는 곳의 빵집도 줄을 선다니까.

여: 술집이니까 산 위일 수는 없지만. 가게는 입소문이 제일 중요하고 말이야.

남: 인터넷에서 맛있다든가 좋은 평판이 올랐으면 좋겠는데.

여: 괜찮아. 맛에는 자신이 있으니까 싸면 손님은 올 거라고 생각해.

女の人の店に対する考えはどれですか。

1 場所はどこでもいいが味と安さは重要だ
2 近所の人に来てもらえば十分だ
3 お客を大事にすれば客は来る
4 安くておいしければ評判になって客が来る

3番

まず話を聞いてください。それから、二つの質問を聞いて、それぞれ問題用紙の1から4の中から、最もよいものを一つ選んでください。

女の人が最近の地方自治体の助成金について話しています。

F1： 最近、多くの自治体では若い世代に住んでもらおうと様々な助成金を出しています。A市は出産助成金が出産するたびに20万円、幼稚園の補助金が月に5千円2年間もらえます。医療費は高校生まで無料ですが、所得制限があります。B市はお子さんのいる方が市民になった場合、引っ越し費用として30万円もらえます。出産助成金は10万円で子供の医療費は中学生まで無料です。C市は医療費助成に力を入れていて20歳になるまで無料です。D市は出産助成金が30万円、D市の公立小中学校に通っている場合、教材費、給食費、修学旅行費などの全てを市が負担します。医療費は高校生まで全員無料です。

F2： 住む場所によってずいぶん違いますね。私はA市に住んでいるんですが、もう子供を産む予定はありませんし、子供が病気になった時に結構お金がかかるので引っ越ししようと考えているんです。

M： でもA市は幼稚園の助成金もありますし、高校生まで医療費は無料でしょ？

F2： ええ、子供はもう高校生ですし、医療費の助成は収入で決まるので受けられない年があるんです。

M： それじゃ、誰でも医療費の助成金がもらえるとこ

여자의 가게에 대한 생각은 어느 것입니까?

1 장소는 어디든 좋지만 맛과 저렴함은 중요하다
2 근처 사는 사람이 와 주면 충분하다
3 손님을 소중히 하면 손님은 온다
4 싸고 맛있으면 소문이 나서 손님이 온다

해설

여자는 음식이 맛있고 가격이 저렴하면 손님이 많이 오게 될 것이라고 생각하고 있다. 따라서 정답은 선택지 4번이다. 술집을 열 생각이므로 산 위는 적합하지 않고, 처음에는 근처 사람뿐이겠지만 점차 멀리서도 찾아올 것이라고 생각하고 있다. 손님에 대한 서비스는 언급이 없으므로 선택지 1, 2, 3은 정답이 아니다.

3번

먼저 이야기를 들어 주세요. 그리고 2개의 질문을 듣고 각각 문제 용지의 1에서 4 중에서 가장 적당한 것을 하나 고르세요.

여자가 최근 지방 자치 단체의 보조금에 대해 이야기하고 있습니다.

여1: 최근 많은 자치단체에서는 젊은 세대를 살게 하려고 다양한 보조금을 내고 있습니다. A시는 출산 보조금이 출산할 때마다 20만 엔, 유치원 보조금을 월 5천 엔 2년간 받을 수 있습니다. 의료비는 고등학생까지 무료이지만 소득제한이 있습니다. B시는 자녀가 있는 분이 시민이 된 경우, 이사 비용으로 30만 엔을 받을 수 있습니다. 출산 보조금은 10만 엔이고, 아이의 의료비는 중학생까지 무료입니다. C시는 의료비 보조에 힘쓰고 있어서 20세가 될 때까지 무료입니다. D시는 출산 보조금이 30만 엔, D시의 공립 초·중학교에 다니는 경우 교재비, 급식비, 수학여행비 등 모두를 시가 부담합니다. 의료비는 고등학생까지 모두 무료입니다.

여2: 사는 장소에 따라 상당히 다르네요. 저는 A시에 살고 있는데 이제 아이를 낳을 예정은 없고, 아이가 아플 때 상당히 돈이 들기 때문에 이사하려고 생각하고 있어요.

남： 하지만 A시는 유치원 보조금도 있고, 고등학생까지 의료비는 무료잖아요?

여2: 네, 아이는 벌써 고등학생이고, 의료비 보조는 수입으로 결정되기 때문에 받을 수 없는 때가 있어요.

남： 그럼, 누구나 의료비 보조금을 받을 수 있는 곳이 좋겠네요. 저는 아직 아이가 없지만 슬슬 갖고 싶다고 생각하고 있습니다. 의료비는 회사 보험으로 매달 5천 엔 이상은 들지 않기 때문에 걱정하지 않지만.

여2: 부러워요. 그럼 출산 비용이나 그 후의 교육비 보조를 생각하는 편이 좋겠네요.

남： 그렇지만 아이는 사립 초등학교에 보낼 생각이라 학교의 보조금은 아무래도 좋습니다.

여2: 그렇군요.

ろがいいですね。僕はまだ子供がいないんですが、そろそろほしいと思っています。医療費は会社の保険で毎月５千円以上はかからないから気にしないんですが。

F2： 羨ましいです。じゃ、出産費用や、その後の教育費の助成を考えた方がいいですね。

M ： そうですが、子供は私立の小学校に入れるつもりなので学校の助成金はどうでもいいんです。

F2： そうですか。

質問１ 女の人はどこに住んだらいいですか。

1 A市
2 B市
3 C市
4 D市

質問２ 男の人はどこに住んだらいいですか。

1 A市
2 B市
3 C市
4 D市

질문1 여자는 어디에 살면 좋습니까?

1 A시
2 B시
3 C시
4 D시

질문2 남자는 어디에 살면 좋습니까?

1 A시
2 B시
3 C시
4 D시

해설

〈질문1 〉 여자는 현재 A시에 살고 있지만 더 출산할 계획이 없고 아이가 이미 고등학생이라 의료비 혜택을 받을 수 없어 이사를 가려고 한다. B시는 이사 지원금을 30만 엔 받을 수 있지만 의료비 지원은 받을 수 없다. C시는 20세가 될 때까지 의료비가 무료이다. D시는 출산 보조금과 공립 초·중학교에 재학할 경우 지원을 하고 있으므로 여자는 해당하지 않는다. 따라서 정답은 선택지 3번 C시이다.

〈질문 2〉 남자는 현재 자녀가 없지만 앞으로 갖을 생각이고 회사 보험이 있기 때문에 의료비 보조는 필요하지 않다. 또 아이가 태어나면 사립 초등학교에 보낼 생각이다. 따라서 남자에게는 출산과 보육에 대한 보조금이 중요하다. A시는 출산 보조금이 20만 엔, B시는 10만 엔, D시는 30만 엔으로 D시가 가장 높다. 그러나 A시는 유치원 보조금을 1년에 6만 엔씩 2년간 총 12만 엔 지급하기 때문에 A시가 받을 수 있는 지원금이 32만 엔으로 가장 많다. 따라서 정답은 선택지 1번이다.

N2 | 第1回　模擬テスト　言語知識(文字・語彙・文法)・読解　解答用紙

受 験 番 号 Examinee Registration Number	

名 前 Name	

< ちゅうい Notes >

1. くろいえんぴつ（HB、No.2）でかいてください。
   Use a black medium soft (HB or No.2) pencil.
2. かきなおすときは、けしゴムできれいにけしてください。
   Erase any unintended marks completely.
3. きたなくしたり、おったりしないでください。
   Do not soil or bend this sheet.
4. マークれい　Marking examples

よい Correct	わるい Incorrect
●	⊘ ◌ ◯ ◎ ⦶ ●

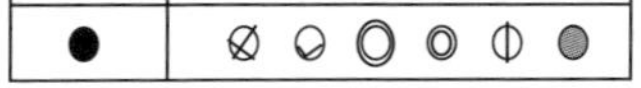

問題 1				
1	①	②	③	④
2	①	②	③	④
3	①	②	③	④
4	①	②	③	④
5	①	②	③	④

問題 2				
6	①	②	③	④
7	①	②	③	④
8	①	②	③	④
9	①	②	③	④
10	①	②	③	④

問題 3				
11	①	②	③	④
12	①	②	③	④
13	①	②	③	④

問題 4				
14	①	②	③	④
15	①	②	③	④
16	①	②	③	④
17	①	②	③	④
18	①	②	③	④
19	①	②	③	④
20	①	②	③	④

問題 5				
21	①	②	③	④
22	①	②	③	④
23	①	②	③	④
24	①	②	③	④
25	①	②	③	④

問題 6				
26	①	②	③	④
27	①	②	③	④
28	①	②	③	④
29	①	②	③	④
30	①	②	③	④

問題 7				
31	①	②	③	④
32	①	②	③	④
33	①	②	③	④
34	①	②	③	④
35	①	②	③	④
36	①	②	③	④
37	①	②	③	④
38	①	②	③	④
39	①	②	③	④
40	①	②	③	④
41	①	②	③	④
42	①	②	③	④

問題 8				
43	①	②	③	④
44	①	②	③	④
45	①	②	③	④
46	①	②	③	④
47	①	②	③	④

問題 9				
48	①	②	③	④
49	①	②	③	④
50	①	②	③	④
51	①	②	③	④
52	①	②	③	④

問題 10				
53	①	②	③	④
54	①	②	③	④
55	①	②	③	④
56	①	②	③	④
57	①	②	③	④

問題 11				
58	①	②	③	④
59	①	②	③	④
60	①	②	③	④
61	①	②	③	④
62	①	②	③	④
63	①	②	③	④
64	①	②	③	④
65	①	②	③	④
66	①	②	③	④

問題 12				
67	①	②	③	④
68	①	②	③	④

問題 13				
69	①	②	③	④
70	①	②	③	④
71	①	②	③	④

問題 14				
72	①	②	③	④
73	①	②	③	④

N2 | 第1回　模擬テスト　聴解　解答用紙

受験番号 Examinee Registration Number		名前 Name	

＜ ちゅうい Notes ＞

1. くろいえんぴつ（HB、No.2）でかいてください。
   Use a black medium soft (HB or No.2) pencil.
2. かきなおすときは、けしゴムできれいにけしてください。
   Erase any unintended marks completely.
3. きたなくしたり、おったりしないでください。
   Do not soil or bend this sheet.
4. マークれい Marking examples

よい Correct	わるい Incorrect
●	⊘ ◌ ◎ ◎ ⦶ ◍

問題 1				
例	①	②	●	④
1	①	②	③	④
2	①	②	③	④
3	①	②	③	④
4	①	②	③	④
5	①	②	③	④
問題 2				
例	①	●	③	④
1	①	②	③	④
2	①	②	③	④
3	①	②	③	④
4	①	②	③	④
5	①	②	③	④
問題 3				
例	①	②	③	●
1	①	②	③	④
2	①	②	③	④
3	①	②	③	④
4	①	②	③	④
5	①	②	③	④

問題 4			
例	●	②	③
1	①	②	③
2	①	②	③
3	①	②	③
4	①	②	③
5	①	②	③
6	①	②	③
7	①	②	③
8	①	②	③
9	①	②	③
10	①	②	③
11	①	②	③

問題 5				
1	①	②	③	④
2	①	②	③	④
3 (1)	①	②	③	④
3 (2)	①	②	③	④

N2 | 第2回　模擬テスト　言語知識(文字・語彙・文法)・読解　解答用紙

受験番号 Examinee Registration Number		名前 Name	

< ちゅうい　Notes >

1. くろいえんぴつ（HB、No.2）でかいてください。
   Use a black medium soft (HB or No.2) pencil.
2. かきなおすときは、けしゴムできれいにけしてください。
   Erase any unintended marks completely.
3. きたなくしたり、おったりしないでください。
   Do not soil or bend this sheet.
4. マークれい　Marking examples

よい Correct	わるい Incorrect
●	⊘ ◌ ◯ ◎ ⦶ ◉

問題 1				
1	①	②	③	④
2	①	②	③	④
3	①	②	③	④
4	①	②	③	④
5	①	②	③	④

問題 2				
6	①	②	③	④
7	①	②	③	④
8	①	②	③	④
9	①	②	③	④
10	①	②	③	④

問題 3				
11	①	②	③	④
12	①	②	③	④
13	①	②	③	④

問題 3				
14	①	②	③	④
15	①	②	③	④
16	①	②	③	④
17	①	②	③	④
18	①	②	③	④
19	①	②	③	④
20	①	②	③	④

問題 5				
21	①	②	③	④
22	①	②	③	④
23	①	②	③	④
24	①	②	③	④
25	①	②	③	④

問題 6				
26	①	②	③	④
27	①	②	③	④
28	①	②	③	④
29	①	②	③	④
30	①	②	③	④

問題 7				
31	①	②	③	④
32	①	②	③	④
33	①	②	③	④
34	①	②	③	④
35	①	②	③	④
36	①	②	③	④
37	①	②	③	④
38	①	②	③	④
39	①	②	③	④
40	①	②	③	④
41	①	②	③	④
42	①	②	③	④

問題 8				
43	①	②	③	④
44	①	②	③	④
45	①	②	③	④
46	①	②	③	④
47	①	②	③	④

問題 9				
48	①	②	③	④
49	①	②	③	④
50	①	②	③	④
51	①	②	③	④
52	①	②	③	④

問題 10				
53	①	②	③	④
54	①	②	③	④
55	①	②	③	④
56	①	②	③	④
57	①	②	③	④

問題 11				
58	①	②	③	④
59	①	②	③	④
60	①	②	③	④
61	①	②	③	④
62	①	②	③	④
63	①	②	③	④
64	①	②	③	④
65	①	②	③	④
66	①	②	③	④

問題 12				
67	①	②	③	④
68	①	②	③	④

問題 13				
69	①	②	③	④
70	①	②	③	④
71	①	②	③	④

問題 14				
72	①	②	③	④
73	①	②	③	④

N2 | 第2回　模擬テスト　聴解　解答用紙

受験番号 Examinee Registration Number		名前 Name	

< ちゅうい　Notes >

1. くろいえんぴつ（ＨＢ、Ｎｏ.２）でかいてください。
   Use a black medium soft (HB or No.2) pencil.
2. かきなおすときは、けしゴムできれいにけしてください。
   Erase any unintended marks completely.
3. きたなくしたり、おったりしないでください。
   Do not soil or bend this sheet.
4. マークれい　Marking examples

よい Correct	わるい Incorrect
●	⊘ ◒ ◎ ◎ ⦶ ◍

問題 1				
例	①	②	●	④
1	①	②	③	④
2	①	②	③	④
3	①	②	③	④
4	①	②	③	④
5	①	②	③	④

問題 2				
例	①	●	③	④
1	①	②	③	④
2	①	②	③	④
3	①	②	③	④
4	①	②	③	④
5	①	②	③	④

問題 3				
例	①	②	③	●
1	①	②	③	④
2	①	②	③	④
3	①	②	③	④
4	①	②	③	④
5	①	②	③	④

問題 4			
例	●	②	③
1	①	②	③
2	①	②	③
3	①	②	③
4	①	②	③
5	①	②	③
6	①	②	③
7	①	②	③
8	①	②	③
9	①	②	③
10	①	②	③
11	①	②	③

問題 5					
1		①	②	③	④
2		①	②	③	④
3	(1)	①	②	③	④
	(2)	①	②	③	④

memo

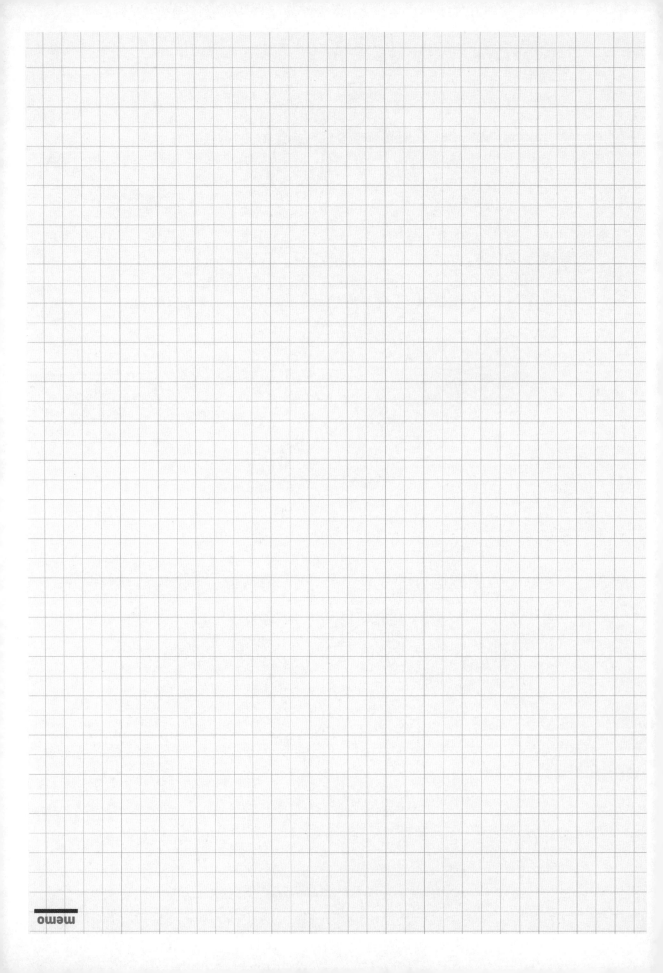

memo

JLPT
일본어능력시험

한권으로 끝내기

이치우, 北嶋千鶴子 공저

N2

스피드 체크북
문자·어휘·문법

다락원

JLPT

일본어능력시험

한권으로 끝내기

이치우, 北嶋千鶴子 공저

스피드 체크북

N2

다락원

목차

언어지식 문자·어휘 직전 체크!

언어지식 문법 직전 체크!

언어지식

문자·어휘 직전 체크!

1 한자읽기 기출어휘
2 한자표기 기출어휘
3 단어형성 기출어휘
4 문맥규정 기출어휘
5 유의표현 기출어휘
6 용법 기출어휘

N2

1 한자읽기 기출어휘

あ

- □ 握手(あくしゅ) 악수
- □ 鮮(あざ)やか 선명함
- □ 焦(あせ)る 초조해하다
- □ 与(あた)える 주다
- □ 温(あたた)かい 다정하다
- □ 圧勝(あっしょう) 압승
- □ 圧倒的(あっとうてき) 압도적
- □ 怪(あや)しい 수상하다
- □ 誤(あやま)り 잘못, 틀림, 실수
- □ 改(あらた)めて 다시, 재차, 새삼스레
- □ 案外(あんがい) 뜻밖에, 의외로
- □ 言(い)い難(がた)い 말하기 어렵다
- □ 勇(いさ)ましい 용감하다
- □ 衣装(いしょう) 의상
- □ 異常(いじょう) 이상함
- □ 傷(いた)む 상하다
- □ 著(いちじる)しい 현저하다, 두드러지다
- □ 移転(いてん) 이전
- □ 祈(いの)る 기도하다
- □ 違反(いはん) 위반
- □ 医療(いりょう) 의료
- □ 祝(いわ)う 축하하다
- □ 印刷(いんさつ) 인쇄
- □ 植木(うえき) 정원수, 분재
- □ 浮(う)く 떠오르다, 들뜨다
- □ 疑(うたが)い 의심
- □ 宇宙(うちゅう) 우주
- □ 映(うつ)る 비치다
- □ 腕(うで) 팔
- □ 運送(うんそう) 운송
- □ 運賃(うんちん) 운임
- □ 偉(えら)い 훌륭하다
- □ 得(え)る 얻다
- □ 延期(えんき) 연기, 미룸
- □ 応援(おうえん) 응원
- □ 応対(おうたい) 응대, 접대
- □ 欧米(おうべい) 구미, 유럽과 미국
- □ 大幅(おおはば) 큰 폭
- □ 補(おぎな)う 보충하다
- □ ～億(おく) ～억
- □ 置(お)く 놓다, 두다
- □ 怒(おこ)る 화내다
- □ 幼(おさな)い 어리다, 미숙하다, 유치하다
- □ 納(おさ)める 넣다, 납입하다
- □ 踊(おど)り 춤
- □ 劣(おと)る 뒤떨어지다
- □ 主(おも) 주됨

か

- □ 介護(かいご) 간호
- □ 改善(かいぜん) 개선
- □ 会談(かいだん) 회담
- □ 快適(かいてき) 쾌적함
- □ 回復(かいふく) 회복

□ 抱える(かか) 떠안다, 책임지다
□ 拡充(かくじゅう) 확충
□ 隠す(かく) 감추다, 숨기다
□ 下降(か こう) 하강, 추락
□ 囲む(かこ) 둘러싸다
□ 重ねる(かさ) 거듭하다, 겹치다
□ 賢い(かしこ) 현명하다, 영리하다
□ 傾く(かたむ) 기울다, 치우치다
□ 仮定(か てい) 가정
□ 可能性(か のうせい) 가능성
□ 貨物(か もつ) 화물
□ 辛い(から) 맵다
□ 絡まる(から) 휘감기다, 얽히다
□ 観察(かんさつ) 관찰
□ 乾燥(かんそう) 건조
□ 缶詰(かんづめ) 통조림
□ 願望(がんぼう) 바람, 소원
□ 勧誘(かんゆう) 권유
□ 完了(かんりょう) 완료
□ 記憶(き おく) 기억
□ 企画(き かく) 기획
□ 危険(き けん) 위험
□ 機嫌(き げん) 기분, 심기
□ 記事(き じ) 기사
□ 規制(き せい) 규제
□ 競う(きそ) 겨루다, 경쟁하다
□ 貴重(き ちょう) 귀중함
□ 規模(き ぼ) 규모
□ 決まる(き) 결정되다, 정해지다
□ 客(きゃく) 손님
□ 求人(きゅうじん) 구인
□ 休息(きゅうそく) 휴식
□ 共感(きょうかん) 공감
□ 行事(ぎょう じ) 행사
□ 協力(きょうりょく) 협력
□ 漁業(ぎょぎょう) 어업
□ 極端(きょくたん) 극단적임, 아주 지나침
□ 拒否(きょ ひ) 거부
□ 記録(き ろく) 기록
□ 議論(ぎ ろん) 의논, 논쟁
□ 空港(くうこう) 공항
□ 偶然(ぐうぜん) 우연히
□ 軽傷(けいしょう) 경상
□ 下旬(げ じゅん) 하순
□ 現象(げんしょう) 현상
□ 靴(くつ) 신발, 구두
□ 雲(くも) 구름
□ 悔しい(くや) 분하다
□ 暮す(くら) 살다, 생활하다
□ 継続(けいぞく) 계속
□ 芸能(げいのう) 예능, 연예
□ 警備(けい び) 경비
□ 景色(け しき) 경치
□ 結果(けっ か) 결과
□ 険しい(けわ) 험악하다, 험상궂다
□ 原因(げんいん) 원인
□ 厳重(げんじゅう) 엄중함
□ 建設(けんせつ) 건설
□ 講演(こうえん) 강연
□ 郊外(こうがい) 교외
□ 公害(こうがい) 공해
□ 交差点(こう さ てん) 교차로
□ 高層(こうそう) 고층
□ 声(こえ) (목)소리

□ 越える(こ) 넘다, 초월하다
□ 氷(こおり) 얼음
□ 故郷(こきょう) 고향
□ 小包(こづつみ) 소포
□ 異なる(こと) 다르다
□ 断る(ことわ) 거절하다
□ 怖い(こわ) 무섭다
□ 混乱(こんらん) 혼란

さ

□ 再度(さいど) 재차, 다시
□ 裁判(さいばん) 재판
□ 再利用(さいりよう) 재사용
□ 幸い(さいわ) 다행임
□ 作業(さぎょう) 작업
□ 削除(さくじょ) 삭제
□ 撮影(さつえい) 촬영
□ 寒い(さむ) 춥다
□ 参考(さんこう) 참고
□ 賛否(さんぴ) 찬반, 가부
□ 至急(しきゅう) 시급, 급히
□ 刺激(しげき) 자극
□ 事件(じけん) 사건
□ 指示(しじ) 지시
□ 地震(じしん) 지진
□ 姿勢(しせい) 자세
□ 実践(じっせん) 실천
□ 絞る(しぼ) 조이다, (쥐어)짜다
□ 島(しま) 섬
□ 占める(し) (비율·자리) 차지하다
□ 湿る(しめ) 축축해지다, 습기 차다
□ 地元(じもと) 그 지역, 그 고장, 연고지
□ 柔軟に(じゅうなん) 유연하게
□ 宿泊(しゅくはく) 숙박
□ 手術(しゅじゅつ) 수술
□ 出版(しゅっぱん) 출판
□ 首脳(しゅのう) 수뇌, 정상
□ 寿命(じゅみょう) 수명
□ 主要(しゅよう) 주요
□ 順調(じゅんちょう) 순조로움
□ ～賞(しょう) ~상
□ 状況(じょうきょう) 상황
□ 情景(じょうけい) 정경, 광경
□ 詳細(しょうさい) 상세
□ 正直(しょうじき) 정직함, 솔직함
□ 焦点(しょうてん) 초점
□ 商品(しょうひん) 상품
□ 情報(じょうほう) 정보
□ 省略(しょうりゃく) 생략
□ 職場(しょくば) 직장
□ 諸国(しょこく) 여러 나라
□ 処理(しょり) 처리
□ 資料(しりょう) 자료
□ 進学率(しんがくりつ) 진학률
□ 心臓(しんぞう) 심장
□ 信用(しんよう) 신용
□ 信頼(しんらい) 신뢰
□ 人類(じんるい) 인류
□ 垂直(すいちょく) 수직
□ 数年(すうねん) 여러 해, 수년
□ 優れる(すぐ) 뛰어나다, 우수하다
□ 隅(すみ) 구석, 모퉁이
□ 声援(せいえん) 성원

- □ 性格(せいかく) 성격
- □ 清潔(せいけつ) 청결함
- □ 成功(せいこう) 성공
- □ 政治(せいじ) 정치
- □ 成長(せいちょう) 성장
- □ 政党(せいとう) 정당
- □ 責任(せきにん) 책임
- □ 設備(せつび) 설비
- □ 背骨(せぼね) 척추
- □ 戦争(せんそう) 전쟁
- □ 選択(せんたく) 선택
- □ 全般(ぜんぱん) 전반, 전체
- □ 善良だ(ぜんりょうだ) 선량하다, 어질다
- □ 総額(そうがく) 총액
- □ 相互(そうご) 상호, 서로
- □ 操作(そうさ) 조작
- □ 想像(そうぞう) 상상
- □ 装置(そうち) 장치
- □ 率直(そっちょく) 솔직함
- □ 備える(そなえる) 갖추다, 대비하다
- □ 損害(そんがい) 손해
- □ 尊重(そんちょう) 존중
- □ 損得(そんとく) 손익, 손해와 이득

た

- □ 退院(たいいん) 퇴원
- □ 大臣(だいじん) 대신, 장관
- □ 代表(だいひょう) 대표
- □ 倒す(たおす) 쓰러뜨리다, 무너뜨리다
- □ 他人(たにん) 타인
- □ 単純(たんじゅん) 단순함
- □ 担当者(たんとうしゃ) 담당자
- □ 知恵(ちえ) 지혜
- □ 地球(ちきゅう) 지구
- □ 遅刻(ちこく) 지각
- □ 知識(ちしき) 지식
- □ 駐車(ちゅうしゃ) 주차
- □ 抽象的(ちゅうしょうてき) 추상적
- □ 抽選(ちゅうせん) 추첨
- □ ～兆(ちょう) ~조
- □ 調査(ちょうさ) 조사
- □ 調節(ちょうせつ) 조절
- □ 著者(ちょしゃ) 저자
- □ 貯蔵(ちょぞう) 저장
- □ 治療(ちりょう) 치료
- □ 通行(つうこう) 통행
- □ 次々と(つぎつぎと) 잇달아
- □ 机(つくえ) 책상
- □ 伝える(つたえる) 전하다
- □ 務める(つとめる) 역할을 맡다
- □ 積む(つむ) (짐·경력) 쌓다, 싣다
- □ 強火(つよび) 센 불
- □ 適切(てきせつ) 적절함
- □ 鉄橋(てっきょう) 철교
- □ 展開(てんかい) 전개
- □ 逃亡(とうぼう) 도망
- □ 登山(とざん) 등산
- □ 途端に(とたんに) 바로 그 순간
- □ 途中(とちゅう) 도중
- □ 突然(とつぜん) 돌연, 갑자기
- □ 届く(とどく) 도착하다, 이르다
- □ 隣(となり) 옆
- □ 乏しい(とぼしい) (경험·물자) 부족하다, 모자라다

- □ 伴う (ともな) 동반하다, 따르다
- □ 努力 (どりょく) 노력
- □ 泥 (どろ) 진흙

な

- □ 内容 (ないよう) 내용
- □ 仲良く (なかよ) 사이좋게
- □ 和やか (なご) 온화함
- □ 悩む (なや) 고민하다
- □ 握る (にぎ) 쥐다, 잡다
- □ 憎い (にく) 밉다
- □ 憎む (にく) 미워하다, 증오하다
- □ 日課 (にっか) 일과
- □ 盗む (ぬす) 훔치다
- □ 塗る (ぬ) 바르다, 칠하다
- □ 熱演 (ねつえん) 열연
- □ 年齢 (ねんれい) 연령, 나이
- □ 農薬 (のうやく) 농약
- □ 残る (のこ) 남다
- □ 除く (のぞ) 제거하다, 제외하다
- □ 述べる (の) 서술하다, 말하다

は

- □ ～倍 (ばい) ～배
- □ 配布 (はいふ) 배포
- □ 爆発 (ばくはつ) 폭발
- □ 恥 (はじ) 부끄러움, 수치
- □ 外れる (はず) 제외되다, 벗어나다
- □ 発射 (はっしゃ) 발사
- □ 離れる (はな) 멀어지다, 떨어지다
- □ 破片 (はへん) 파편
- □ 針 (はり) 바늘
- □ 張り切る (はき) 기운이 넘치다
- □ 犯罪 (はんざい) 범죄
- □ 反対 (はんたい) 반대
- □ 判断 (はんだん) 판단
- □ 販売 (はんばい) 판매
- □ 比較的 (ひかくてき) 비교적
- □ 悲劇 (ひげき) 비극
- □ 等しい (ひと) 동등하다
- □ 批評 (ひひょう) 비평
- □ 皮膚 (ひふ) 피부
- □ ～秒 (びょう) ～초
- □ 評価 (ひょうか) 평가
- □ 標識 (ひょうしき) 표지, 표식
- □ 平等 (びょうどう) 평등
- □ 含める (ふく) 포함하다
- □ 舞台 (ぶたい) 무대
- □ 負担 (ふたん) 부담
- □ 部分的 (ぶぶんてき) 부분적
- □ 触れる (ふ) (문화·주제) 접하다
- □ 分析 (ぶんせき) 분석
- □ 平均 (へいきん) 평균
- □ 減る (へ) 줄다
- □ 返却 (へんきゃく) (책·CD) 반환, 반납
- □ 貿易 (ぼうえき) 무역
- □ 防災 (ぼうさい) 방재
- □ 方針 (ほうしん) 방침
- □ 豊富 (ほうふ) 풍부함
- □ 法律 (ほうりつ) 법률
- □ 星 (ほし) 별
- □ 掘る (ほ) 파다, 캐다

ま

- □ 招く(まねく) 초대하다, 부르다, 초래하다
- □ 迷う(まよう) 망설이다
- □ 乱れる(みだれる) 흐트러지다, 흐려지다
- □ 密接(みっせつ) 밀접함
- □ 密閉(みっぺい) 밀폐
- □ 認める(みとめる) 인정하다
- □ 未来(みらい) 미래
- □ 迎える(むかえる) 맞이하다
- □ 面倒(めんどう) 귀찮음, 번거로움
- □ 目的(もくてき) 목적
- □ 戻す(もどす) (원래 자리·상태) 되돌리다
- □ 求める(もとめる) 구하다, 청하다
- □ 物語(ものがたり) 이야기
- □ 模範(もはん) 모범

や

- □ 役目(やくめ) 임무
- □ 焼ける(やける) (불)타다, 구워지다
- □ 家賃(やちん) 집세
- □ 雇う(やとう) 고용하다
- □ 敗れる(やぶれる) 지다, 패배하다
- □ 優秀(ゆうしゅう) 우수
- □ 優勝(ゆうしょう) 우승
- □ 豊か(ゆたか) 풍요로움
- □ 油断(ゆだん) 방심, 부주의
- □ 良い(よい) 좋다
- □ 溶岩(ようがん) 용암
- □ 要求(ようきゅう) 요구
- □ 容姿(ようし) 용모
- □ 幼稚(ようち) 유치함
- □ 世の中(よのなか) 세상

ら わ

- □ 略する(りゃくする) 생략하다
- □ 流行(りゅうこう) 유행
- □ 両替(りょうがえ) 환전
- □ 両国(りょうこく) 양국
- □ 例外(れいがい) 예외
- □ 冷蔵庫(れいぞうこ) 냉장고
- □ 冷凍(れいとう) 냉동
- □ 歴史(れきし) 역사
- □ 連続(れんぞく) 연속
- □ 連絡(れんらく) 연락
- □ 笑う(わらう) 웃다
- □ 割合(わりあい) 비율

2 한자표기 기출어휘

あ

□ 悪天候(あくてんこう) 악천후
□ 浅(あさ)い 얕다, 깊지 않다
□ 鮮(あざ)やか 선명함, 또렷함
□ 辺(あた)り 주변, 주위
□ 厚(あつ)かましい 뻔뻔하다
□ 甘(あま)い 달다, 엄하지 않다
□ 誤(あやま)り 잘못, 틀림, 실수
□ 荒(あら)い 거칠다, 거세다
□ 争(あらそ)う 다투다
□ 委員会(いいんかい) 위원회
□ 勢(いきお)い 기세, 힘
□ 勇(いさ)ましい 용감하다
□ 異色(いしょく) 이색적임
□ 泉(いずみ) 샘
□ 忙(いそが)しい 바쁘다
□ 痛(いた)い 아프다
□ 違反(いはん) 위반
□ 依頼(いらい) 의뢰
□ 岩(いわ) 바위
□ 祝(いわ)い 축하(선물)
□ 伺(うかが)う 여쭙다
□ 薄(うす)い 얇다, 연하다, 싱겁다, 적다
□ 腕(うで) 팔
□ 敬(うやま)う 공경하다
□ 永久(えいきゅう) 영구, 영원
□ 絵(え)の具(ぐ) 그림물감
□ 演技(えんぎ) 연기
□ 援助(えんじょ) 원조, 도움
□ 追(お)い越(こ)し 추월
□ 横断(おうだん) 횡단
□ お菓子(かし) 과자
□ 補(おぎな)う 보충하다
□ ～億(おく) ～억
□ 贈(おく)る 선물하다
□ 遅(おく)れる 늦다, 뒤처지다
□ お互(たが)いに 서로
□ 劣(おと)る 뒤떨어지다
□ 驚(おどろ)かせる 놀래키다
□ お湯(ゆ) 더운 물
□ 泳(およ)ぐ 헤엄치다
□ 温泉(おんせん) 온천

か

□ 介護(かいご) 간호, 간병
□ 開催(かいさい) 개최
□ 改札口(かいさつぐち) 개찰구
□ 回復(かいふく) 회복
□ 拡大(かくだい) 확대
□ 拡張(かくちょう) 확장
□ 肩(かた) 어깨
□ 傾(かたむ)く 치우치다, 기울다
□ 必(かなら)ず 반드시, 꼭
□ 壁(かべ) 벽

□ 革靴(かわぐつ) 가죽 구두
□ 感覚(かんかく) 감각
□ 環境(かんきょう) 환경
□ 関係(かんけい) 관계
□ 簡潔(かんけつ) 간결함
□ 関心(かんしん) 관심
□ 観測(かんそく) 관측
□ 勧誘(かんゆう) 권유
□ 管理(かんり) 관리
□ 岸(きし) 물가, 절벽, 벼랑
□ 帰省(きせい) 귀성
□ 競(きそ)う 경쟁하다, 겨루다
□ 喫茶店(きっさてん) 찻집, 카페
□ 寄付(きふ) 기부
□ 疑問(ぎもん) 의문
□ 牛乳(ぎゅうにゅう) 우유
□ 器用(きよう) 손재주가 있음
□ 教育(きょういく) 교육
□ 教師(きょうし) 교사
□ 競争(きょうそう) 경쟁
□ 共同(きょうどう) 공동
□ 恐怖(きょうふ) 공포
□ 許可(きょか) 허가
□ 巨大(きょだい) 거대함
□ 距離(きょり) 거리
□ 議論(ぎろん) 논의, 토론
□ 金額(きんがく) 금액
□ 禁止(きんし) 금지
□ 区域(くいき) 구역
□ 偶然(ぐうぜん) 우연히
□ 暮(く)らす 살다, 생활하다
□ 暮(く)れる (날이) 저물다

□ 詳(くわ)しい 자세하다
□ 訓練(くんれん) 훈련
□ 経営(けいえい) 경영
□ 景気(けいき) 경기
□ 形式(けいしき) 형식
□ 系統(けいとう) 계통
□ 警備(けいび) 경비
□ 景色(けしき) 경치
□ 削(けず)る 깎다, 삭감하다
□ 欠点(けってん) 결점
□ 煙(けむり) 연기
□ 健康(けんこう) 건강
□ 検査(けんさ) 검사
□ 研修(けんしゅう) 연수
□ 県庁(けんちょう) 현청
□ 濃(こ)い 짙다, 진하다
□ 強引(ごういん) 반대를 무릅씀, 억지로 함
□ 硬貨(こうか) 금속화폐, 동전
□ 郊外(こうがい) 교외
□ 講義(こうぎ) 강의
□ 講師(こうし) 강사
□ 構造(こうぞう) 구조
□ 好調(こうちょう) 호조, 순조, 좋은 상태임
□ 行動(こうどう) 행동
□ 鉱物(こうぶつ) 광물
□ 凍(こお)る 얼다
□ 国際(こくさい) 국제
□ 焦(こ)げる 타다, 눋다
□ 快(こころよ)い 유쾌하다, 즐겁다
□ 腰(こし) 허리
□ 個人的(こじんてき) 개인적
□ 骨折(こっせつ) 골절

□ 異(こと)なる 다르다
□ 困(こま)る 곤란하다, 어려움을 겪다
□ 混乱(こんらん) 혼란

さ

□ ～際(さい) ~때
□ 最高(さいこう) 최고
□ 在籍(ざいせき) 재적
□ 才能(さいのう) 재능
□ 財布(さいふ) 지갑
□ 坂(さか) 언덕
□ 捜(さが)す 찾다
□ 咲(さ)く (꽃이) 피다
□ 酒(さけ) 술
□ 叫(さけ)ぶ 외치다, 부르짖다
□ 誘(さそ)う (같이 하길) 권하다
□ 撮影(さつえい) 촬영
□ 雑誌(ざっし) 잡지
□ 参加(さんか) 참가
□ 参照(さんしょう) 참조
□ 残念(ざんねん) 유감임
□ 散歩(さんぽ) 산책
□ 寺院(じいん) 사원
□ 司会(しかい) 사회
□ 四捨五入(ししゃごにゅう) 반올림
□ 自信(じしん) 자신
□ 沈(しず)む 가라앉다, 지다
□ 従(したが)う 따르다
□ 実践(じっせん) 실천
□ 湿度(しつど) 습도
□ 失敗(しっぱい) 실패, 실수
□ 指導(しどう) 지도
□ 児童(じどう) 아동
□ 志望(しぼう) 지망
□ 事務所(じむしょ) 사무소
□ 弱点(じゃくてん) 약점
□ 周囲(しゅうい) 주위
□ 収穫(しゅうかく) 수확
□ 住居(じゅうきょ) 주거
□ 就職(しゅうしょく) 취직
□ 宿泊(しゅくはく) 숙박
□ 受講(じゅこう) 수강
□ 首相(しゅしょう) 수상
□ 出世(しゅっせ) 출세
□ 出版社(しゅっぱんしゃ) 출판사
□ 趣味(しゅみ) 취미
□ 順調(じゅんちょう) 순조로움
□ 準備(じゅんび) 준비
□ 紹介(しょうかい) 소개
□ 蒸気(じょうき) 수증기
□ 条件(じょうけん) 조건
□ 症状(しょうじょう) 증상, 증세
□ 招待(しょうたい) 초대
□ 象徴(しょうちょう) 상징
□ 承認(しょうにん) 승인
□ 消費(しょうひ) 소비
□ 消防署(しょうぼうしょ) 소방서
□ 将来(しょうらい) 장래
□ 省略(しょうりゃく) 생략
□ 食欲(しょくよく) 식욕
□ 女優(じょゆう) 여배우
□ 真剣(しんけん) 진지함
□ 診断(しんだん) 진단

- □ 深夜(しんや) 심야
- □ 垂直(すいちょく)に 수직으로
- □ 水滴(すいてき) 물방울
- □ 救(すく)う 구하다, 구제하다
- □ 涼(すず)しい 시원하다
- □ 捨(す)てる 버리다
- □ 鋭(するど)い 날카롭다, 예리하다
- □ 座(すわ)る 앉다
- □ 生活(せいかつ) 생활
- □ 精算(せいさん) 정산
- □ 成績(せいせき) 성적
- □ 製造(せいぞう) 제조
- □ 生徒(せいと) 학생 (주로 초·중고생)
- □ 製品(せいひん) 제품
- □ 成分(せいぶん) 성분
- □ 積極的(せっきょくてき) 적극적
- □ 節約(せつやく) 절약
- □ 背中(せなか) 등
- □ 狭(せま)い 좁다
- □ 責(せ)める 탓하다, 책망하다
- □ 戦争(せんそう) 전쟁
- □ 総人口(そうじんこう) 총인구
- □ 装置(そうち) 장치
- □ 即座(そくざ)に 즉각, 당장
- □ 属(ぞく)する (단체) 속하다, 소속하다
- □ 底(そこ) 바닥, 밑
- □ 組織(そしき) 조직
- □ 卒業(そつぎょう) 졸업
- □ 備(そな)える 마련하다, 갖추다
- □ 損(そん) 손해
- □ 尊敬(そんけい) 존경
- □ 存在(そんざい) 존재
- □ 損失(そんしつ) 손실

た

- □ 絶(た)えず 늘, 끊임없이
- □ 倒(たお)す 쓰러뜨리다
- □ 畳(たたみ) 다다미
- □ 谷(たに) 계곡
- □ 頼(たの)もしい 믿음직스럽다
- □ 束(たば)ねる 묶다, 통솔하다
- □ 卵(たまご) 알, 달걀
- □ 頼(たよ)る 의지하다
- □ 団体(だんたい) 단체
- □ 短編(たんぺん) 단편
- □ 縮(ちぢ)める 줄이다, 움츠리다
- □ 駐車場(ちゅうしゃじょう) 주차장
- □ 頂点(ちょうてん) 꼭대기, 정상
- □ 直接(ちょくせつ) 직접
- □ 散(ち)る 지다, 떨어지다
- □ 疲(つか)れ 피로
- □ 続(つづ)く 계속되다, 이어지다
- □ 努(つと)める 노력하다, 힘쓰다
- □ 務(つと)める 임무를 맡다, 역할을 다하다
- □ 常(つね)に 항상
- □ 積(つ)もる 쌓이다
- □ 抵抗(ていこう) 저항
- □ 典型的(てんけいてき) 전형적
- □ 伝統(でんとう) 전통
- □ 到着(とうちゃく) 도착
- □ 投票(とうひょう) 투표
- □ 道路(どうろ) 도로
- □ 登録(とうろく) 등록

□ 討論(とうろん) 토론
□ 整う(ととの) 갖추어지다, 정돈되다
□ 飛ぶ(と) 날다

な

□ 流れる(なが) 흐르다
□ 波(なみ) 파도
□ 涙(なみだ) 눈물
□ 慣れる(な) 익숙해지다, 습관이 되다
□ 逃げる(に) 도망치다
□ 布(ぬの) 천
□ 願う(ねが) 바라다
□ 昇る(のぼ) 떠오르다

は

□ 歯(は) 이, 치아
□ ～杯(はい) ～잔
□ 俳優(はいゆう) 배우
□ 灰色(はいいろ) 잿빛, 회색, 침울함
□ 激しい(はげ) 격하다, 심하다
□ 果たす(は) (역할, 임무) 완수하다
□ 離れる(はな) 떨어지다, 거리가 멀어지다
□ 省く(はぶ) 줄이다, 생략하다
□ 破片(はへん) 파편
□ 販売(はんばい) 판매
□ 被害(ひがい) 피해
□ ～匹(ひき) ～마리
□ 必要(ひつよう) 필요함
□ 等しい(ひと) 같다, 동등하다
□ 避難(ひなん) 피난
□ 批判(ひはん) 비판
□ 表現(ひょうげん) 표현
□ 拾う(ひろ) 줍다
□ 疲労(ひろう) 피로
□ 広がる(ひろ) 넓어지다
□ 夫婦(ふうふ) 부부
□ 複雑(ふくざつ) 복잡함
□ 福祉(ふくし) 복지
□ 含む(ふく) 포함하다
□ 物価(ぶっか) 물가
□ 降る(ふ) (눈·비) 내리다
□ 変更(へんこう) 변경
□ 編集(へんしゅう) 편집
□ 返品(へんぴん) 반품
□ 貿易(ぼうえき) 무역
□ 報告書(ほうこくしょ) 보고서
□ 帽子(ぼうし) 모자
□ 宝石(ほうせき) 보석
□ 方法(ほうほう) 방법
□ 訪問(ほうもん) 방문
□ 法律(ほうりつ) 법률
□ 募集(ぼしゅう) 모집
□ 保証(ほしょう) 보증
□ 保存(ほぞん) 보존
□ 骨(ほね) 뼈, 가시

ま

□ 任せる(まか) 맡기다
□ 混じる(ま) 섞이다
□ 増す(ま) 늘다, 많아지다
□ 祭り(まつ) 축제
□ 窓(まど) 창문

□ 招く(まねく) 초대하다, 부르다, 초래하다

□ 守る(まもる) 지키다

□ 万年筆(まんねんひつ) 만년필

□ 磨く(みがく) 닦다

□ 湖(みずうみ) 호수

□ 乱れる(みだれる) 흐트러지다

□ 導く(みちびく) 인도하다

□ 皆(みな) 모두

□ 見逃す(みのがす) 못 보다, 놓치다

□ 迎え(むかえ) 맞이, 마중

□ 昔(むかし) 옛날

□ 娘(むすめ) 딸

□ 村(むら) 마을

□ 群れ(むれ) 떼, 무리

□ 明確(めいかく) 명확함

□ 恵まれる(めぐまれる) (좋은 환경) 혜택을 받다, 풍족함을 누리다

□ 珍しい(めずらしい) 진귀하다, 드물다

□ 面倒だ(めんどうだ) 귀찮다, 번거롭다

□ 申し込み(もうしこみ) 신청

□ 催し(もよおし) 모임, 행사

や

□ 養う(やしなう) 기르다

□ 破れる(やぶれる) (봉투) 찢어지다, 터지다

□ 辞める(やめる) 사임하다, 그만두다

□ 柔らか(やわらか) 부드러움, 유연함

□ 柔らかい(やわらかい) 부드럽다

□ 豊か(ゆたか) 풍요로움, 풍부함

□ 油断(ゆだん) 방심, 부주의

□ 陽気(ようき) 명랑함

□ 欲(よく) 욕심

□ 喜ぶ(よろこぶ) 기뻐하다, 좋아하다

ら わ

□ 乱暴(らんぼう) 난폭함

□ 理解(りかい) 이해

□ 領収書(りょうしゅうしょ) 영수증

□ 礼儀(れいぎ) 예의

□ 輪(わ) 원형, 고리

□ 沸く(わく) 끓다, 뜨거워지다

□ 割引(わりびき) 할인

3 단어형성 기출어휘

あ

- □ 悪影響(あくえいきょう) 악영향
- □ 悪条件(あくじょうけん) 악조건
- □ アメリカ流(りゅう) 미국식
- □ アルファベット順(じゅん) 알파벳순
- □ 医学界(いがくかい) 의학계
- □ 一日(いちにち)おきに 하루 걸러
- □ 異文化(いぶんか) 이문화
- □ 異分野(いぶんや) 이분야, 다른 분야
- □ 薄暗(うすぐら)い 좀 어둡다, 침침하다
- □ 応援団(おうえんだん) 응원단
- □ 親子連(おやこづ)れ 부모와 자녀 동반
- □ 音楽全般(おんがくぜんぱん) 음악 전반

か

- □ 会員制(かいいんせい) 회원제
- □ 会社員風(かいしゃいんふう) 회사원 같은, 회사원풍
- □ 学年別(がくねんべつ) 학년별
- □ 風邪気味(かぜぎみ) 감기 기운
- □ 家族連(かぞくづ)れ 가족 동반
- □ 壁際(かべぎわ) 벽가, 벽 옆
- □ 仮採用(かりさいよう) 임시 채용
- □ 仮登録(かりとうろく) 임시 등록
- □ 管理下(かんりか) 관리하
- □ 期限切(きげんぎ)れ 기한이 다 됨
- □ 危険性(きけんせい) 위험성
- □ 貴団体(きだんたい) 귀 단체
- □ 旧制度(きゅうせいど) 구 제도
- □ クリーム状(じょう) 크림 상태
- □ 結婚観(けっこんかん) 결혼관
- □ 決定権(けっていけん) 결정권
- □ 現実離(げんじつばな)れ 현실과 동떨어짐
- □ 現社長(げんしゃちょう) 현 사장
- □ 現制度(げんせいど) 현 제도
- □ 現段階(げんだんかい) 현 단계
- □ 高収入(こうしゅうにゅう) 고수입
- □ 高水準(こうすいじゅん) 높은 수준
- □ 高性能(こうせいのう) 고성능
- □ 国際色(こくさいしょく) 국제색
- □ 子供連(こどもづ)れ 아이 동반

さ

- □ 再開発(さいかいはつ) 재개발
- □ 最接近(さいせっきん) 최접근
- □ 再提出(さいていしゅつ) 재제출
- □ 再放送(さいほうそう) 재방송
- □ 最有力(さいゆうりょく) 가장 유력함
- □ 作品集(さくひんしゅう) 작품집
- □ 写真付(しゃしんづ)き 사진 포함
- □ 就職率(しゅうしょくりつ) 취업률
- □ 住宅街(じゅうたくがい) 주택가
- □ 集中力(しゅうちゅうりょく) 집중력
- □ 主原料(しゅげんりょう) 주원료
- □ 主成分(しゅせいぶん) 주성분
- □ 準決勝(じゅんけっしょう) 준결승

□ 準優勝(じゅんゆうしょう) 준우승

□ 招待状(しょうたいじょう) 초대장

□ 商店街(しょうてんがい) 상점가

□ 諸外国(しょがいこく) 여러 외국

□ 食器類(しょっきるい) 식기류

□ 諸手続き(しょてつづき) 여러 절차

□ 初年度(しょねんど) 초년도, 첫 년도

□ 諸問題(しょもんだい) 여러 문제

□ 進学率(しんがくりつ) 진학률

□ スキー場(じょう) 스키장

□ 成功率(せいこうりつ) 성공률

□ 政治色(せいじしょく) 정치색

□ 前社長(ぜんしゃちょう) 전 사장

□ 前町長(ぜんちょうちょう) 전 마을 대표

□ 線路沿い(せんろぞい) 기찻길 옆

□ 総売上(そううりあげ) 매상 총액, 총 판매액

□ 送信元(そうしんもと) 송신원, 발신지

た

□ 頼(たの)みづらい 부탁하기 곤란하다

□ 食(た)べ頃(ごろ) 먹기에 적당한 때

□ 低価格(ていかかく) 낮은 가격

□ 低(てい)カロリー 저칼로리

□ 抵抗心(ていこうしん) 저항심

□ 電車賃(でんしゃちん) 전철 요금

□ 同意見(どういけん) 같은 의견

□ 東京駅発(とうきょうえきはつ) 도쿄역발

□ 投票率(とうひょうりつ) 투표율

□ 都会育ち(とかいそだち) 도시에서 자람

□ 読書離れ(どくしょばなれ) 독서에서 멀어짐

な

□ 夏休(なつやす)み明(あ)け 여름방학이 끝난 직후

□ 2対1(にたいいち) 2 대 1

□ 日本式(にほんしき) 일본식

□ 日本風(にほんふう) 일본풍

□ 日本流(にほんりゅう) 일본류, 일본식

□ 年代順(ねんだいじゅん) 연대순

は

□ 働(はたら)き手(て) 일꾼, 일손

□ 半透明(はんとうめい) 반투명

□ 非公式(ひこうしき) 비공식

□ ビジネスマン風(ふう) 비즈니스맨풍

□ 一仕事(ひとしごと) 조금 일을 함

□ 副社長(ふくしゃちょう) 부사장

□ 副大臣(ふくだいじん) 부대신, 부장관

□ 不正確(ふせいかく) 부정확

□ 二人連れ(ふたりづれ) 동행한 두 사람

□ 文学賞(ぶんがくしょう) 문학상

□ 別会場(べつかいじょう) 다른 회장

□ 勉強漬け(べんきょうづけ) 공부에 열중임

□ ボール状(じょう) 둥근 형태, 둥근 모양

ま

□ 真新(まあたら)しい 아주 새롭다, 완전히 새것이다

□ 真後(まうし)ろ 바로 뒤

□ 真夜中(まよなか) 한밤중

□ 未経験(みけいけん) 미경험

□ 未使用(みしよう) 미사용

□ ムード一色(いっしょく) 분위기 일색

□ 無回答(むかいとう) 무응답

□ 無計画(むけいかく) 무계획

□ 無責任(むせきにん) 무책임

□ 名選手(めいせんしゅ) 명선수

や ら わ

□ 用心深(ようじんぶか)い 신중하다

□ 予約制(よやくせい) 예약제

□ ヨーロッパ風(ふう) 유럽풍, 유럽식

□ 来学期(らいがっき) 다음 학기

□ 来(らい)シーズン 다음 시즌

□ 別(わか)れ際(ぎわ) 헤어질 때

□ 私宛(わたしあ)て 내 앞

4 문맥규정 기출어휘

あ

- □ 相次(あいつ)ぐ 잇따르다, 연달다
- □ あいにく 공교롭게도
- □ 曖昧(あいまい) 애매함
- □ あくび 하품
- □ あこがれ 동경
- □ あこがれる 동경하다
- □ 足元(あしもと) 발밑
- □ 預(あず)ける 맡기다
- □ アピール 어필, 호소
- □ 溢(あふ)れる 넘치다
- □ 予(あらかじ)め 사전에, 미리
- □ 争(あらそ)う 다투다, 경쟁하다
- □ アレンジ 어레인지, 변형, 각색
- □ 慌(あわ)ただしい 어수선하다, 바쁘다
- □ 安易(あんい) 손쉬움, 안이함
- □ 案外(あんがい) 의외로, 예상 외로
- □ いいかげん 건성임, 무책임함
- □ いきなり 갑자기
- □ 育児(いくじ) 육아
- □ 維持(いじ) 유지
- □ いじめる 괴롭히다
- □ 偉大(いだい) 위대함
- □ 抱(いだ)く (마음에) 품다
- □ 一気(いっき)に 단숨에
- □ いつのまにか 어느새
- □ 緯度(いど) 위도
- □ 違反(いはん) 위반
- □ 意欲(いよく) 의욕
- □ いらいら 초조해함, 안절부절못함
- □ いわば 말하자면, 예를 들면, 이른바
- □ いわゆる 소위, 이른바
- □ 引退(いんたい) 은퇴
- □ インパクト 임팩트, 충격, 인상
- □ 打(う)ち消(け)す 부정하다
- □ うとうと 꾸벅꾸벅 조는 모양
- □ うなずく 수긍하다, 고개를 끄덕이다
- □ うわさ 소문
- □ 営業(えいぎょう) 영업
- □ エネルギー 에너지
- □ 得(え)る 얻다
- □ エンジン 엔진
- □ おかまいなく 신경 쓰지 마세요
- □ 納(おさ)める 납부하다
- □ お世話(せわ)になる 신세를 지다
- □ 穏(おだ)やか 온화함
- □ 劣(おと)る (능력이) 떨어지다
- □ 衰(おとろ)える 쇠약해지다, 쇠퇴하다
- □ 思(おも)い切(き)って 과감히, 큰맘 먹고
- □ 思(おも)い込(こ)む 굳게 믿다
- □ 主(おも) 주됨
- □ 主(おも)に 주로, 대부분
- □ 温厚(おんこう) 온화하고 따뜻함

か

- □ 解散(かいさん) 해산
- □ 解消(かいしょう) 해소
- □ 改正(かいせい) 개정
- □ 開設(かいせつ) 개설
- □ 改善(かいぜん) 개선
- □ 改造(かいぞう) 개조
- □ 解約(かいやく) 해약
- □ 抱(かか)える (문제) 안다, 떠안다
- □ 欠(か)かす 빠뜨리다, 빼먹다
- □ 輝(かがや)かしい 빛나다, 눈부시다
- □ 覚悟(かくご) 각오
- □ 確保(かくほ) 확보
- □ かさかさ 꺼칠꺼칠, 바삭바삭
- □ 固(かた)める 굳히다
- □ かたよる 치우치다
- □ 活気(かっき) 활기
- □ 格好(かっこう) 모양, 모습
- □ 活発(かっぱつ) 활발함
- □ 空(から) 속이 빔
- □ カロリー 칼로리, 열량
- □ 感覚(かんかく) 감각
- □ 完了(かんりょう) 완료
- □ 気軽(きがる)に 선뜻, 가벼운 마음으로
- □ 効(き)く 효과가 있다
- □ きつい 꽉 끼다
- □ ぎっしり 가득 찬 모양, 잔뜩
- □ 記入(きにゅう) 기입
- □ 機能(きのう) 기능
- □ キャンパス 캠퍼스, (대학) 교정
- □ 求人(きゅうじん) 구인
- □ 共通(きょうつう) 공통
- □ ぎりぎり 아슬아슬함, 빠듯함
- □ 苦情(くじょう) 불평, 불만
- □ 口調(くちょう) 말투
- □ ぐちを言(い)う 푸념을 하다
- □ ぐったり 녹초가 됨, 늘어짐
- □ くどい 장황하다, 되풀이해서 귀찮다
- □ 悔(く)やむ 후회하다, 애석하게 여기다
- □ クリア 통과하다, 헤쳐나가다
- □ 苦労(くろう) 고생
- □ 詳(くわ)しい 상세하다, 자세하다
- □ 契機(けいき) 계기
- □ 劇的(げきてき)に 극적으로
- □ 結論(けつろん) 결론
- □ 気配(けはい) 기색, 기미
- □ 限界(げんかい) 한계
- □ 見当(けんとう) 예측, 짐작
- □ 後悔(こうかい) 후회
- □ 交渉(こうしょう) 교섭
- □ 好調(こうちょう) 호조, 순조
- □ ご遠慮(えんりょ)なく 사양 않고
- □ 誤解(ごかい) 오해
- □ 克服(こくふく) 극복
- □ ごくろうさま 수고하셨습니다
- □ こそこそ 소곤소곤
- □ ごちゃごちゃ 어지러이 뒤섞임, 너저분한 모양
- □ コミュニケーション 커뮤니케이션, 의사 전달
- □ ごろごろ 뒹굴뒹굴, 데굴데굴
- □ コンクール 콩쿠르, 경연 대회

さ

- □ 栽培(さいばい) 재배
- □ 逆(さか)らう 거스르다, 거역하다
- □ 差(さ)し支(つか)える 지장이 있다
- □ さっぱり 상쾌함
- □ さて 그건 그렇고
- □ 覚(さ)める 잠이 깨다, 눈이 뜨이다
- □ しかたがない 어쩔 수 없다
- □ 時間(じかん)をつぶす 시간을 때우다
- □ 直(じき)に 바로, 곧
- □ 敷(し)く 깔다
- □ シーズン 시즌, 시기, 철
- □ 辞退(じたい) 사퇴
- □ 次第(しだい)に 점차
- □ しつこい 집요하다
- □ しびれる 마비되다, 저리다
- □ 地味(じみ) 수수함, 검소함
- □ 締(し)め切(き)り 마감(일)
- □ 締(し)め切(き)る 마감하다
- □ 地元(じもと) 그 지역, 그 고장, 연고지
- □ 視野(しや) 시야
- □ しゃべる 이야기하다, 수다를 떨다
- □ 邪魔(じゃま) 방해, 거추장스러움
- □ 収穫(しゅうかく) 수확
- □ 柔軟(じゅうなん) 유연함
- □ 順調(じゅんちょう) 순조로움
- □ 上昇(じょうしょう) 상승
- □ 省略(しょうりゃく) 생략
- □ 徐々(じょじょ)に 서서히
- □ ショック 쇼크, 충격
- □ じろじろ 빤히, 유심히
- □ 進出(しんしゅつ) 진출
- □ 慎重(しんちょう) 신중함
- □ ずうずうしい 뻔뻔하다
- □ 隙(すき) 틈, 방심
- □ スケジュール 스케줄
- □ スタート 스타트
- □ すっきり 말쑥함, 상쾌함
- □ すなわち 즉
- □ スペース 공간
- □ スムーズ 순조로움, 원활함
- □ スムーズに 순조롭게
- □ 鋭(するど)い 날카롭다, 예리하다
- □ ぜいたく 사치스러움
- □ 成長(せいちょう) 성장
- □ 接(せっ)する 접하다
- □ 接続(せつぞく) 접속
- □ 設備(せつび) 설비
- □ 節約(せつやく) 절약
- □ 迫(せま)る 다가오다
- □ 専念(せんねん) 전념
- □ 相違(そうい) 상이함, 다름
- □ そういえば 그러고 보니
- □ 続出(ぞくしゅつ) 속출
- □ 続々(ぞくぞく)(と) 잇달아, 끊임없이
- □ そそっかしい 경솔하다, 덜렁대다
- □ ぞろぞろ 졸졸, 줄줄(많은 사람이 잇달아 움직이는 모양)
- □ 尊重(そんちょう) 존중

た

- □ 体格(たいかく) 체격
- □ タイミング 타이밍
- □ 対立(たいりつ) 대립
- □ 炊(た)く (밥을) 짓다
- □ 蓄(たくわ)える 저장하다, 비축하다
- □ 多大(ただい)な 커다란, 막대한
- □ ただし 다만
- □ 達(たっ)する 이르다, 도달하다
- □ たっぷり 듬뿍, 많이
- □ 頼(たの)もしい 믿음직하다, 기대할 만하다
- □ チーム 팀
- □ 着々(ちゃくちゃく)と 착착, 척척
- □ ちゃんと 제대로, 정확하게
- □ 中継(ちゅうけい) 중계
- □ 超過(ちょうか) 초과
- □ 調節(ちょうせつ) 조절
- □ 散(ち)らかす 어지르다
- □ 通過(つうか) 통과
- □ 通(つう)じない 통하지 않다
- □ つねに 항상, 늘
- □ つまずく 발에 걸려 넘어지다, 실패하다
- □ 詰(つ)まる 막히다
- □ 強(つよ)み 강점, 유리한 점
- □ 辛(つら)い 괴롭다
- □ 提供(ていきょう) 제공
- □ 訂正(ていせい) 정정
- □ 適度(てきど) 적당함, 적절함
- □ 手(て)ごろ 적당함
- □ デザイン 디자인
- □ でたらめに 엉터리로, 아무렇게나
- □ 徹夜(てつや) 철야, 밤샘
- □ 手間(てま) 수고, 품
- □ 転勤(てんきん) 전근
- □ 点検(てんけん) 점검
- □ 添付(てんぷ) 첨부
- □ どうしても 기어코, 꼭
- □ 導入(どうにゅう) 도입
- □ 特色(とくしょく) 특색
- □ 特定(とくてい) 특정
- □ 独特(どくとく) 독특
- □ 溶(と)け込(こ)む 녹아들다
- □ とっくに 훨씬 전에, 벌써
- □ 飛(と)び散(ち)る 흩날리다
- □ 飛(と)びつく 달려들다
- □ 努力(どりょく) 노력
- □ とんでもない 당치 않다

な

- □ なお 여전히, 더욱
- □ なだらか 경사가 완만함
- □ 懐(なつ)かしい 그립다
- □ 納得(なっとく) 납득
- □ 倣(なら)う 따르다, 모방하다
- □ ニーズ 요구
- □ 苦手(にがて) 서투름, 잘 못함, 어색함
- □ 濁(にご)る 흐려지다, 탁해지다
- □ にっこり 빙긋이
- □ ノック 노크
- □ のんびり 느긋함, 태평함

は

- □ 配達(はいたつ) 배달
- □ 拍手(はくしゅ) 박수
- □ 発揮(はっき) 발휘
- □ 派手(はで) 화려함
- □ 話(はな)しかける 말을 걸다
- □ 話(はなし)が尽(つ)きない 이야기가 끊기지 않다
- □ 場面(ばめん) 장면
- □ 腹(はら)を立(た)てる 화를 내다
- □ バランス 밸런스, 균형
- □ 反映(はんえい) 반영
- □ パンク 펑크, 터짐
- □ 比較(ひかく) 비교
- □ 引(ひ)き止(と)める 말리다, 붙잡다
- □ ひそひそ 소곤소곤
- □ びっしょり 흠뻑 젖음
- □ ひも 끈
- □ 費用(ひよう) 비용
- □ 評価(ひょうか) 평가
- □ 評判(ひょうばん) 평판, 유명함
- □ 比例(ひれい) 비례
- □ 敏感(びんかん) 민감함
- □ 不安定(ふあんてい) 불안정
- □ 普及(ふきゅう) 보급
- □ 含(ふく)む 포함하다
- □ ふさわしい 적합하다, 어울리다
- □ ぶらぶら 어슬렁어슬렁, 빈둥빈둥
- □ プレッシャー 압력
- □ 分析(ぶんせき) 분석
- □ 分担(ぶんたん) 분담
- □ 平和(へいわ) 평화(로움)
- □ 豊富(ほうふ)に 풍부하게, 풍족하게
- □ ほがらか 명랑함
- □ 歩道(ほどう) 보도
- □ ほんの 그저, 단지
- □ 本物(ほんもの) 진짜, 실물
- □ ぼんやり 멍하니, 흐릿하게

ま

- □ まあまあ 그런대로
- □ マイペース 자기 나름의 방식
- □ 貧(まず)しい 가난하다, 변변찮다
- □ まねる 흉내 내다
- □ まれだ 드물다
- □ 迷(まよ)う 헤매다, 망설이다
- □ 見出(みだ)し 제목, 헤드라인
- □ 耳(みみ)にする 듣다
- □ 夢中(むちゅう)になる 푹 빠지다, 열중하다
- □ 名所(めいしょ) 명소
- □ 目指(めざ)す 목표로 하다
- □ 面(めん)する 면하다, 마주보다
- □ 面接(めんせつ) 면접
- □ 面倒(めんどう) 귀찮음, 번거로움
- □ もてなす 대접하다
- □ 盛(も)り上(あ)がる 고조되다

や

- □ やかましい 시끄럽다
- □ 役目(やくめ) 역할
- □ 雇(やと)う 고용하다
- □ 有効(ゆうこう) 유효함

□ 有利(ゆうり) 유리함

□ 愉快(ゆかい) 유쾌함

□ 油断(ゆだん) 방심, 부주의

□ 容積(ようせき) 용적, 용량

□ 予測(よそく) 예측

□ 呼(よ)び止(と)める 불러 세우다

ら わ

□ リーダー 리더, 지도자

□ リハーサル 리허설

□ 流行(りゅうこう) 유행

□ リラックス 릴랙스, 편안함

□ レベル 레벨, 수준

□ 話題(わだい) 화제

□ 割(わ)り込(こ)む 끼어들다, 새치기하다

□ わりと 비교적

5 유의표현 기출어휘

あ

- □ あいさつ 인사 ≒ 会釈(えしゃく) 가벼운 인사
- □ アイデア 아이디어, 구상 ≒ 案(あん) 안
- □ あいまいだ 애매하다 ≒ はっきりしない 분명하지 않다
- □ 明(あき)らかな 확실한, 명백한 ≒ はっきりした 확실한, 분명한
- □ 頭(あたま)にきている 화가 나 있다 ≒ 怒(おこ)っている 화내고 있다
- □ 当(あ)てる 맞추다 ≒ ぶつける 부딪치다, 던져서 맞추다
- □ あぶない 위험하다, 위태롭다 ≒ あやうい 위험하다, 위태롭다
- □ あやまった 잘못된 ≒ 正(ただ)しくない 옳지 않은
- □ 誤(あやま)り 잘못, 틀림, 실수 ≒ 間違(まちが)っているところ 잘못된 부분
- □ あらゆる 모든, 온갖 ≒ すべての 모든
- □ あわれな 불쌍한, 가여운 ≒ かわいそうな 불쌍한
- □ 案(あん)の定(じょう) 예상대로, 아니나 다를까 ≒ やっぱり 역시
- □ いきなり 갑자기 ≒ 突然(とつぜん) 돌연, 갑자기
- □ 息抜(いきぬ)き 잠시 쉬다, 숨을 돌리다 ≒ 休(やす)む 쉬다
- □ いじる 만지다 ≒ 触(さわ)る 만지다, 닿다
- □ 依然(いぜん) 여전히 ≒ まだ 아직
- □ 依然(いぜん)として 여전히 ≒ 相変(あいか)わらず 변함없이
- □ 一層(いっそう) 한 층 ≒ もっと 더욱, 더
- □ 一転(いってん)した 완전히 바뀌었다 ≒ すっかり変(か)わった 완전히 바뀌었다
- □ いばっている 뽐내다, 으스대다 ≒ えらそうに 잘난 척하며
- □ 打(う)ち消(け)した 부정했다 ≒ 正(ただ)しくないと言(い)った 옳지 않다고 말했다
- □ うつむいて 고개를 숙이고 ≒ 下(した)を向(む)いて 아래를 향하고
- □ オイル 오일, 기름 ≒ あぶら 기름
- □ 大(おお)げさだ 과장되다 ≒ オーバーだ 오버다, 과장되다
- □ お勘定(かんじょう) 계산 ≒ 会計(かいけい) 회계, 계산
- □ お勘定(かんじょう)は済(す)ませました 계산은 마쳤습니다 ≒ お金(かね)は払(はら)いました 돈은 지불했습니다

□ 臆病(おくびょう)だ 겁쟁이다, 겁이 많다 ≒ 何(なん)でも怖(こわ)がる 무엇이든 무서워하다

□ 惜(お)しい 아깝다, 아쉽다 ≒ もったいない 아깝다

□ おしゃべりな 수다스러운 ≒ よく話(はな)す 말을 많이 하는

□ おそらく 아마, 어쩌면 ≒ たぶん 아마

□ 落(お)ち込(こ)んだ 기가 죽었다 ≒ がっかりした 낙담했다, 실망했다

□ 思(おも)いがけない 의외의, 뜻밖의 ≒ 意外(いがい)な 의외의

□ およそ／おおよそ 대략, 약 ≒ だいたい 대개, 약

□ おわびする 사죄하다, 사과하다 ≒ 謝(あやま)る 사죄하다, 사과하다

か

□ 買(か)い占(し)めた (상품, 주식) 매점했다 ≒ 全部(ぜんぶ)買(か)った 전부 샀다

□ ガイドして 안내해 ≒ 案内(あんない)して 안내해

□ 回復(かいふく)する 회복하다 ≒ よくなる 좋아지다

□ 概要(がいよう) 개요 ≒ 大体(だいたい)の内容(ないよう) 대강의 내용

□ 欠(か)かせない 빼놓을 수 없다 ≒ ないと困(こま)る 없으면 곤란하다

□ かかりつけ 늘 같은 의사에게 진료 받는 ≒ いつも行(い)く 늘 가는

□ 各自(かくじ) 각자 ≒ 一人一人(ひとりひとり) 각자, 한 사람 한 사람

□ かさかさしている 꺼칠꺼칠하다, 버석버석하다 ≒ 乾燥(かんそう)している 건조하다

□ 過剰(かじょう)である 과잉이다 ≒ 多(おお)すぎる 너무 많다

□ がっかりする 낙담하다, 실망하다 ≒ 失望(しつぼう)する 실망하다

□ かつて 일찍이 ≒ 以前(いぜん) 이전에

□ 勝手(かって)な 제멋대로인 ≒ わがままな 제멋대로인

□ 感謝(かんしゃ) 감사 ≒ おれい 감사(의 말씀)

□ 記憶(きおく)している 기억하고 있다 ≒ 覚(おぼ)えている 기억하고 있다

□ 気(き)に入(い)る 마음에 들다 ≒ 好(す)きになる 좋아하게 되다

□ 奇妙(きみょう)な 기묘한 ≒ 変(か)わった 별난, 특이한

□ 奇妙(きみょう)な 기묘한 ≒ 変(へん)な 이상한

□ 行儀(ぎょうぎ) 예의, 예의범절 ≒ マナー 매너, 예의

□ 気(き)をつける 조심하다 ≒ 注意(ちゅうい)する 주의하다

□ 苦情(くじょう) 불만, 불평 ≒ 不満(ふまん) 불만

□ くたくただ 녹초가 되었다 ≒ ひどく疲(つか)れた 몹시 지쳤다

□ くだらない 하찮다, 가치 없다	≒	価値(かち)がない 가치가 없다
□ くどい 장황하다, 지긋지긋하다	≒	しつこい 집요하다, 끈덕지다
□ くるむ 감싸다, 둘러싸다	≒	包(つつ)む 싸다, 포장하다
□ 契機(けいき) 계기	≒	きっかけ 계기
□ 見解(けんかい) 견해	≒	考(かんが)え方(かた) 사고방식
□ 貢献(こうけん)できる 공헌할 수 있다	≒	役(やく)に立(た)つ 도움이 되다
□ 小柄(こがら)だ 몸집이 작다	≒	体(からだ)が小(ちい)さい 체격이 작다
□ 異(こと)なる 다르다	≒	違(ちが)う 다르다
□ 娯楽(ごらく) 오락	≒	レジャー 레저, 여가

さ

□ 再三(さいさん) 재삼, 여러 번	≒	何度(なんど)も 몇 번이나
□ サイン 사인, 서명	≒	署名(しょめい) 서명
□ ささやく 속삭이다	≒	小声(こごえ)で話(はな)す 작은 소리로 이야기하다
□ 指図(さしず) 지시, 지휘	≒	命令(めいれい) 명령
□ 差(さ)し支(つか)え 지장, 장애	≒	問題(もんだい) 문제
□ 差(さ)し支(つか)えない 지장이 없다	≒	かまわない 상관없다
□ 定(さだ)める 정하다, 결정하다	≒	決(き)める 정하다
□ 雑談(ざつだん) 잡담	≒	おしゃべり 수다
□ さわがしい 소란스럽다	≒	うるさい 시끄럽다
□ サンプル 샘플, 견본	≒	見本(みほん) 견본
□ 仕上(しあ)げて 일을 끝내고	≒	完成(かんせい)させて 완성시키고
□ じかに 직접	≒	直接(ちょくせつ) 직접
□ しぐさ 행동, 동작	≒	動作(どうさ) 동작
□ 仕事(しごと)にとりかかる 일에 착수하다	≒	仕事(しごと)をはじめる 일을 시작하다
□ じたばたしても 버둥버둥대도, 발버둥쳐도	≒	あわてても 허둥대도
□ じっとして 꼼짝 않고, 가만히	≒	動(うご)かないで 움직이지 않고
□ 失望(しつぼう)した 실망했다	≒	がっかりした 낙담했다, 실망했다
□ 自分勝手(じぶんかって)な 제멋대로의	≒	わがままな 제멋대로의
□ 湿(しめ)っている 젖어 있다	≒	まだ乾(かわ)いていない 아직 마르지 않았다
□ 終日(しゅうじつ) 종일	≒	一日中(いちにちじゅう) 하루 종일

□	修正(しゅうせい) 수정	≒	直す(なおす) 고치다, 바꾸다
□	衝突する(しょうとつする) 충돌하다	≒	ぶつかる 부딪히다
□	衝突しそうに(しょうとつしそうに) 충돌할 것처럼	≒	ぶつかりそうに 부딪힐 것처럼
□	徐々に(じょじょに) 서서히	≒	次第に(しだいに) 차례로
□	書籍(しょせき) 서적	≒	本(ほん) 책
□	収納する(しゅうのうする) 수납하다	≒	仕舞う(しまう) 정리하다, 치우다
□	所有する(しょゆうする) 소유하다	≒	持つ(もつ) 가지다
□	真剣に(しんけんに) 진지하게	≒	まじめに 진지하게
□	深刻な(しんこくな) 심각한	≒	重大な(じゅうだいな) 중대한
□	慎重に(しんちょうに) 신중히	≒	十分注意して(じゅうぶんちゅういして) 충분히 주의해서
□	すべて 모두	≒	全部(ぜんぶ) 전부
□	済ます(すます) 끝내다, 마치다	≒	終える(おえる) 끝내다
□	すまない 미안하다	≒	もうしわけない 죄송하다
□	精一杯(せいいっぱい) 힘껏, 있는 힘을 다해	≒	一生懸命(いっしょうけんめい) 열심히
□	せいぜい 기껏해야	≒	多くても(おおくても) 많아봤자
□	相互(そうご) 상호	≒	たがい 서로, 상호
□	騒々しい(そうぞうしい) 시끄럽다, 떠들썩하다	≒	うるさい 시끄럽다
□	相当(そうとう) 상당히	≒	かなり 꽤, 상당히
□	そっくりだ 꼭 닮다	≒	似ている(にている) 닮았다
□	そろう 갖추어지다, 모이다	≒	集まる(あつまる) 모이다
□	そろえる (사이즈를) 맞추다	≒	同じにする(おなじにする) 같게 하다

た

□	退屈な(たいくつな) 지루한	≒	つまらない 재미없는
□	直ちに(ただちに) 곧장, 즉시	≒	すぐに 곧, 바로
□	たちまち 금세	≒	すぐに 곧, 바로
□	たびたび 여러 번, 자주	≒	しばしば / 何度も(なんども) 자주, 종종, 몇 번이나
□	たまたま 우연히	≒	偶然(ぐうぜん) 우연히
□	単なる(たんなる) 단순한	≒	ただの 단순한, 그저
□	縮んで(ちぢんで) (길이, 크기) 줄고, 줄어	≒	小さくなって(ちいさくなって) 작아지고, 작아져
□	チャンス 찬스	≒	機会(きかい) 기회

□ 注目(ちゅうもく)する 주목하다 ≒ 関心(かんしん)を持(も)つ 관심을 갖다

□ 追加(ついか)する 추가하다 ≒ 足(た)す 더하다

□ ついている 행운이 따르다 ≒ 運(うん)がいい 운이 좋다

□ 使(つか)い道(みち) 용도, 쓸모 ≒ 用途(ようと) 용도

□ 疲(つか)れる 피곤하다 ≒ くたびれる 지치다

□ つねに 늘, 항상 ≒ いつも 언제나

□ テクニック 테크닉, 기술 ≒ 技術(ぎじゅつ) 기술

□ でたらめ 엉터리임, 되는 대로임 ≒ うそ 거짓말

□ テンポ 템포, 빠르기, 박자, 속도 ≒ 速(はや)さ 빠르기

□ 同情(どうじょう)した 동정했다 ≒ かわいそうだと思(おも)った 불쌍하다고 생각했다

□ 当分(とうぶん) 당분간 ≒ しばらく 잠시, 당분간

□ 動揺(どうよう)した 동요했다 ≒ 不安(ふあん)になった 불안해졌다

□ 油断(ゆだん)していた 방심하고 있었다 ≒ 気(き)をつけていなかった 조심하지 않았다

□ とっくに 훨씬 전에, 벌써 ≒ ずっと前(まえ)に 훨씬 전에

□ とがっている 뾰족하다, 예민하다 ≒ 細(ほそ)くなっている 좁다, 가늘다, 예민하다

□ とりあえず 일단, 우선 ≒ 一応(いちおう) 일단, 우선

□ トレーニング 트레이닝, 훈련, 단련 ≒ 練習(れんしゅう) 연습

な

□ 日中(にっちゅう) 낮, 주간 ≒ 昼間(ひるま) 낮, 주간

□ 年中(ねんじゅう) 연중, 항상 ≒ いつも 늘, 항상

は

□ はげる 벗겨지다, 바래다 ≒ 取(と)れる 떨어지다

□ ハードだ 힘들다 ≒ 大変(たいへん)だ 힘들다

□ 比較的(ひかくてき) 비교적 ≒ 割合(わりあい)に 비교적

□ 引(ひ)き返(かえ)す 되돌아가다 ≒ 戻(もど)る 돌아가다

□ ひきょうな 비겁한 ≒ ずるい 치사한, 교활한

□ 必死(ひっし)だった 필사적이었다 ≒ 一生懸命(いっしょうけんめい)だった 열심이었다

□ 人柄(ひとがら) 인품, 성품 ≒ 性格(せいかく) 성격

□ ぶかぶかだ 헐렁헐렁하다 ≒ とても大(おお)きい 무척 크다

□ 物騒(ぶっそう)になってきた 위험해졌다, 뒤숭숭해졌다 ≒ 安全(あんぜん)じゃなくなってきた 안전하지 않게 되었다

□ 不平(ふへい) 불평 ≒ 文句(もんく) 불평, 불만

□ ブーム 유행 ≒ 流行(りゅうこう) 유행

□ プラン 플랜, 계획 ≒ 計画(けいかく) 계획

□ 方々(ほうぼう) 여기저기, 여러 곳 ≒ あちこち 이곳저곳

□ ほぼ 거의, 대체로 ≒ だいたい 대체로

ま

□ 間際(まぎわ) 직전 ≒ 直前(ちょくぜん) 직전

□ まもなく 곧, 머지않아 ≒ もうすぐ 이제 곧, 머지않아

□ まれだ 드물다 ≒ あまりいない 드물다, 별로 없다

□ まれな 드문 ≒ ほとんどない 거의 없는

□ 見事(みごと)だ 훌륭하다 ≒ すばらしい 훌륭하다

□ 自(みずか)ら 스스로 ≒ 自分(じぶん)で 스스로

□ みっともない 보기 흉하다, 창피하다 ≒ はずかしい 부끄럽다, 창피하다

□ 妙(みょう)な 묘한 ≒ 変(へん)な 이상한

□ むかつく 화가 치밀다, 울컥하다 ≒ 怒(おこ)る 화나다

□ 無口(むくち)だ 말이 없다 ≒ あまり話(はな)さない 그다지 말하지 않는다

□ もっとも 가장, 무엇보다도 ≒ 一番(いちばん) 가장, 제일

□ 最寄(もより)の 근처의 ≒ 一番近(いちばんちか)い 가장 가까운

や

□ やかましい 시끄럽다 ≒ うるさい 시끄럽다

□ 約(やく) 약, 대략 ≒ およそ 대략

□ 安(やす)く譲(ゆず)る 싸게 넘기다 ≒ 安(やす)く売(う)る 싸게 팔다

□ 山(やま)のふもと 산기슭 ≒ 山(やま)の下(した)の方(ほう) 산의 아래쪽

□ やむを得(え)ない 어쩔 수 없다, 부득이하다 ≒ しかたない 어쩔 수 없다, 하는 수 없다

□ やや 약간, 다소 ≒ すこし 조금

□ 優秀(ゆうしゅう)だった 우수했다 ≒ 頭(あたま)がよかった 머리가 좋았다

□ 愉快(ゆかい)な 유쾌한 ≒ 面白(おもしろ)い 재미있는

□ ゆずる 넘겨주다, 양보하다 ≒ あげる 주다

□ 油断(ゆだん)していた 방심하고 있었다 ≒ 気(き)をつけていなかった 조심하지 않았다

□ 用心(ようじん) 조심 ≒ 注意(ちゅうい) 주의

□ 用心(ようじん)する 조심하다, 주의하다 ≒ 気(き)をつける 조심하다, 주의하다

ら

□ 利口(りこう)な 영리한 ≒ 頭(あたま)がいい 머리가 좋다

□ 冷静(れいせい)な 냉정한, 침착한 ≒ 落(お)ち着(つ)いた 침착한, 차분한

□ レンタルする 대여하다 ≒ 借(か)りる 빌리다

わ

□ わがまま 제멋대로 굶 ≒ 勝手(かって) 제멋대로 굶

□ わずか 약간, 불과 ≒ 少(すこ)し 조금

6 용법 기출어휘

あ

- □ 合図(あいず) (눈짓, 몸짓, 소리) 신호
- □ 明(あ)かり 등불, 불빛
- □ 明(あき)らか 분명함
- □ 甘(あま)やかす 응석을 받아주다
- □ あるいは 혹은, 또는
- □ 荒(あ)れる 거칠어지다, 날뛰다
- □ 慌(あわ)ただしい 어수선하다, 바쁘다
- □ いいわけ 변명
- □ 生(い)き生(い)き 생생한 모양, 활기참
- □ 偉大(いだい) 위대함
- □ いちいち 일일이, 하나하나
- □ いったん 일단, 우선
- □ 一斉(いっせい)に 일제히, 동시에
- □ 違反(いはん) 위반
- □ 今(いま)に 머지않아
- □ 引退(いんたい) 은퇴
- □ 引用(いんよう) 인용
- □ 受(う)け入(い)れる 받아들이다
- □ 薄(うす)める 묽게 하다, 연하게 하다
- □ うたがう 의심하다
- □ 打(う)ち明(あ)ける 밝히다, 털어놓다
- □ 打(う)ち合(あわ)せ 협의, 미리 상의함
- □ 演説(えんぜつ) 연설
- □ 延長(えんちょう) 연장
- □ 覆(おお)う 덮다, 씌우다
- □ 大(おお)げさ 과장됨
- □ 思(おも)いつく 생각이 떠오르다
- □ 温厚(おんこう) 온화하고 다정함
- □ 温暖(おんだん) 온난함

か

- □ 会見(かいけん) 회견
- □ 外見(がいけん) (사람) 겉모습, 외견
- □ 解約(かいやく) 해약, 해지
- □ かすか 희미함, 어렴풋함
- □ がっかり 낙담, 실망
- □ かなう 이루어지다
- □ かばう 감싸다, 비호하다
- □ 頑固(がんこ) 완고함
- □ 鑑賞(かんしょう) 감상
- □ 頑丈(がんじょう) 튼튼하고 옹골참
- □ 感心(かんしん) 감탄함, 감복함
- □ 気候(きこう) 기후
- □ きっかけ 계기
- □ ぎっしり 가득, 잔뜩, 빽빽이
- □ きっぱり 딱 잘라, 단호히
- □ 急激(きゅうげき) 급격함
- □ 共有(きょうゆう) 공유
- □ 傾向(けいこう) 경향
- □ 暮(く)れ 저녁때, 한 해의 마지막
- □ くれぐれも 아무쪼록
- □ 掲示(けいじ) 게시
- □ 欠陥(けっかん) 결함
- □ 限定(げんてい) 한정

□ 交代(こうたい) 교대
□ 合同(ごうどう) 합동
□ 心強(こころづよ)い 마음 든든하다
□ 快(こころよ)い 상쾌하다, 유쾌하다
□ こつこつ 꾸준히 노력하는 모양

さ

□ 催促(さいそく) 재촉
□ 栽培(さいばい) 재배
□ 作成(さくせい) 작성
□ さっさと 어서, 서둘러
□ さびる 녹슬다
□ 差別(さべつ) 차별
□ 作法(さほう) 예의 범절
□ さまたげる 방해하다, 지장을 주다
□ 残高(ざんだか) 잔고
□ 支持(しじ) 지지
□ 実施(じっし) 실시
□ 質素(しっそ) 검소함
□ 実(じつ)に 실로
□ 支配(しはい) 지배
□ しみる 배다, 스며들다
□ 充実(じゅうじつ) 충실
□ 充満(じゅうまん) 충만, 가득함
□ 取材(しゅざい) 취재
□ 順調(じゅんちょう) 순조로움
□ 正直(しょうじき) 정직함, 솔직함
□ 生(しょう)じる 발생하다, 생기다
□ 上達(じょうたつ) 숙달
□ 初期(しょき) 초기
□ 初歩(しょほ) 초보
□ 印(しるし) 표, 표시
□ 深刻(しんこく) 심각함
□ 少(すこ)しも 조금도
□ スピード 속도
□ するどい 날카롭다
□ 世間(せけん) 세간, 세상
□ 世代(せだい) 세대
□ せっかく 모처럼
□ 節約(せつやく) 절약
□ せめて 적어도
□ 鮮明(せんめい) 선명
□ 早期(そうき) 조기
□ 即座(そくざ)に 즉각, 당장
□ 続出(ぞくしゅつ) 속출
□ 素材(そざい) 소재
□ それとも 그렇지 않으면

た

□ 大(たい)した 대단한, 특별한
□ たくましい 늠름하다
□ 多彩(たさい) 다채로움
□ たしか 아마
□ 畳(たた)む (이불, 옷) 개다
□ 妥当(だとう) 타당
□ たとえ~ても 비록 ~해도
□ たまたま 때마침, 우연히
□ 保(たも)つ (상태) 유지하다
□ ~だらけ ~투성이
□ だらしない 단정하지 않다, 칠칠하지 못하다
□ 単(たん)なる 단순한
□ 縮(ちぢ)む 줄어들다

- □ 着々(ちゃくちゃく) 착착
- □ 中断(ちゅうだん) 중단
- □ 注目(ちゅうもく) 주목
- □ 頂上(ちょうじょう) 정상
- □ 散(ち)らかる 흩어지다, 널브러지다
- □ 尽(つ)きる 다하다, 떨어지다, 끝나다
- □ 定年(ていねん) 정년
- □ 手軽(てがる) 손쉬움, 간단함
- □ 展開(てんかい) 전개
- □ 問(と)い合(あ)わせる 문의하다
- □ どうせ 어차피
- □ 特殊(とくしゅ) 특수
- □ とっくに 훨씬 전에, 벌써
- □ どっと 왈칵, 왁자글
- □ 乏(とぼ)しい 부족하다
- □ ドライブ 드라이브

な

- □ 濁(にご)る 탁해지다, 흐려지다
- □ 日課(にっか) 일과
- □ 鈍(にぶ)い 둔하다, 굼뜨다, 반응이 느리다
- □ 乗(の)り越(こ)す 내릴 역을 지나치다
- □ 乗(の)り継(つ)ぐ 갈아타다

は

- □ 廃止(はいし) 폐지
- □ はきはき 시원시원, 또박또박
- □ 外(はず)す 풀다, 벗다
- □ 発達(はったつ) 발달
- □ 腫(は)れる 붓다
- □ 範囲(はんい) 범위
- □ 反省(はんせい) 반성
- □ 引(ひ)き返(かえ)す 되돌아가다
- □ 微妙(びみょう) 미묘함
- □ 不安(ふあん) 불안
- □ 普及(ふきゅう) 보급
- □ ふさぐ 틀어 막다, 가리다
- □ ふさわしい 적합하다, 어울리다
- □ ふもと 산기슭
- □ 振(ふ)り向(む)く (뒤)돌아보다
- □ 分解(ぶんかい) 분해
- □ 分野(ぶんや) 분야, 활동 범위
- □ へだてる 사이를 떼다, 멀리하다
- □ ベテラン 베테랑, 노련한 사람
- □ 方針(ほうしん) 방침
- □ 補足(ほそく) 보충
- □ 保存(ほぞん) 보존, 저장
- □ ほっと 안심하는 모양

ま

- □ 向(む)かい 맞은편, 건너편, 정면
- □ 矛盾(むじゅん) 모순
- □ 夢中(むちゅう) 열중함, 몰두함
- □ 目上(めうえ) 윗사람, 연장자
- □ めくる (책장) 넘기다
- □ ものたりない 어딘가 부족하다
- □ 最寄(もよ)り 가장 가까움, 근처
- □ 漏(も)れる 새다, 빠지다

や

- □ 役目(やくめ) 역할
- □ 破(やぶ)れる 찢어지다

□ ユーモア 유머

□ 行方(ゆくえ) 행방

□ 用途(ようと) 용도

ら わ

□ 楽(らく) 편안함, 쉬움

□ 利益(りえき) 이익

□ 略す(りゃくす) 줄이다, 생략하다

□ 礼儀(れいぎ) 예의

□ 冷静(れいせい) 냉정함

□ 論争(ろんそう) 논쟁

□ わずか 약간

언어지식

문법 직전 체크!

N2 1순위 문법 107

N2 2순위 문법 53

N2

N2 1순위 문법 107

001 〜あげく 〜한 끝에

さんざん悩(なや)んだあげく、思(おも)いきって彼女(かのじょ)に結婚(けっこん)を申(もう)し込(こ)むことにした。
몹시 고심한 끝에 과감히 그녀에게 청혼을 하기로 했다.

002 〜あまり 〜한 나머지

彼女(かのじょ)は一番(いちばん)行(い)きたかった大学(だいがく)に合格(ごうかく)し、うれしさのあまり跳(と)び上(あ)がった。
그녀는 가장 가고 싶었던 대학에 합격하여 기쁜 나머지 껑충 뛰었다.

003 〜一方(いっぽう)で 〜하는 한편으로

仕事(しごと)をする一方(いっぽう)で、遊(あそ)ぶことも忘(わす)れない、そんな若者(わかもの)が増(ふ)えている。
일을 하는 한편으로 노는 것도 잊지 않는 그런 젊은이가 늘고 있다.

004 〜一方(いっぽう)だ (오로지) 〜할 뿐이다, 〜하기만 한다

警察(けいさつ)の呼(よ)びかけにもかかわらず、オートバイの事故(じこ)は増(ふ)える一方(いっぽう)だ。
경찰의 호소에도 불구하고 오토바이 사고는 늘어나기만 한다.

005 〜うえ(に) 〜인 데다가

このへんは物価(ぶっか)が高(たか)いうえに交通(こうつう)も不便(ふべん)なので暮(く)らしにくい。
이 근처는 물가가 비싼 데다가 교통도 불편하기 때문에 살기 불편하다

006 〜うえは 〜한 이상에는, 〜한 바에는

こうなったうえは、何(なん)としても責任(せきにん)をとるつもりです。
이렇게 된 바에는 어떻게든 책임을 질 작정입니다.

007 〜うちに / 〜ないうちに
〜하는 동안에, 〜중에, 〜할 때에 / 〜하지 않는 사이에, 〜하기 전에

この辺(あた)りはにぎやかだが、夜(よる)になると人通(ひとどお)りもなくなるから、明(あか)るいうちに帰(かえ)ろう。 이 부근은 붐비지만 밤이 되면 인적도 뜸해지니 밝을 때에 돌아가자.

冷(さ)めないうちに、召(め)し上(あ)がってください。 식기 전에 드세요.

008 ～うる・～える / ～えない ～할 수 있다 / ～할 수 없다

彼(かれ)の取(と)った態度(たいど)は、わたしには十分理解(じゅうぶんりかい)しうるものであった。
그가 취한 태도는 내가 충분히 이해할 수 있는 것이었다.

009 ～おそれがある ～할 우려가 있다

大雨(おおあめ)で裏山(うらやま)がくずれるおそれがあるため、近(ちか)くの公民館(こうみんかん)に避難(ひなん)した。
폭우로 뒷산이 무너질 우려가 있어 근처에 있는 주민회관으로 피난했다.

010 ～かぎり / ～ないかぎり ～하는 한 / ～하지 않는 한

私(わたし)が記憶(きおく)するかぎり、彼(かれ)は結婚(けっこん)したことはない。
내가 기억하는 한 그는 결혼한 적이 없다.

あの人(ひと)が謝(あやま)らないかぎり、私(わたし)は許(ゆる)しません。
그 사람이 사과하지 않는 한 나는 용서하지 않겠습니다.

011 ～かけの / ～かける ～하다 만 / ～하다 말다, ～할 뻔하다

椅子(いす)に編(あ)みかけのセーターが置(お)いてあった。
의자에 뜨다 만 스웨터가 놓여 있었다.

冷蔵庫(れいぞうこ)の中(なか)の野菜(やさい)がくさりかけている。
냉장고 안의 야채가 썩으려고 한다.

012 ～がち 자주 ～함, ～하는 경향이 있음

病気(びょうき)がちの彼(かれ)には、こんな激(はげ)しいスポーツはできない。
잔병치레가 잦은 그는 이런 과격한 운동은 할 수 없다.

一(ひと)つ悪(わる)いことがあると、何(なに)につけても悪く考(かんが)えがちになる。
한 가지 나쁜 일이 있으면 뭐든지 나쁘게 생각하게 된다.

013 ～かと思(おも)ったら・～かと思(おも)うと ～(하)나 싶더니 (곧)

ぴかっと光(ひか)ったかと思(おも)ったら、しばらくしてかみなりが鳴(な)った。
번쩍 빛이 나는가 싶더니 잠시 후에 천둥이 쳤다.

014 ～か ～ないかのうちに ～하자마자

彼(かれ)は、問題(もんだい)を見(み)るか見ないかのうちに、もう答(こた)えを書(か)き始(はじ)めていた。
그는 문제를 보자마자 벌써 답을 적기 시작했다.

015 ～かのようだ (마치) ~인 듯하다, ~인 것 같다

もう３月なのに、今日は真冬にでも戻ったかのようだ。
이제 3월인데 오늘은 마치 한겨울로 돌아간 듯하다.

016 ～から～にかけて ~부터 ~에 걸쳐

日本では、８月の下旬から９月の上旬にかけて台風が多い。
일본에서는 8월 하순부터 9월 초순에 걸쳐 태풍이 많다.

発達する低気圧の影響で、土曜日の夕方から日曜日の朝にかけて、激しい雨が降るおそれがあります。
발달하는 저기압의 영향으로 토요일 저녁부터 일요일 아침에 걸쳐 심한 비가 내릴 우려가 있습니다.

017 ～からいって・～からいうと ~으로 보아, ~으로 보건대

今の状況からいって、このまま計画をすすめるのは無理です。
지금 상황으로 보건대 이 상태로 계획을 추진하는 것은 무리입니다.

私の経験から言うと、留学はした方がいいよ。
내 경험으로 보아 유학은 하는 편이 좋아.

018 ～からして ~부터가

私は彼のことが大嫌いだ。彼の話し方や服装からしてがまんならない。
나는 그 사람을 무척 싫어한다. 그 사람의 말투나 복장부터가 참을 수 없다.

019 ～からすると・～からすれば ~으로 보아

アクセントからすると、どうやらあの人は外国出身らしい。
악센트로 보아 아무래도 그 사람은 외국 출신인 것 같다.

020 ～からといって ~라고 해서

親が頭がいいからといって、子どもも必ず頭がいいとはかぎらない。
부모가 머리가 좋다고 해서 자식도 꼭 머리가 좋다고는 할 수 없다.

しばらく連絡がないからといって、そんなに心配することはないよ。
잠시 연락이 없다고 해서 그렇게 걱정할 필요는 없어.

021 ～からには ~할 바에는, ~한 이상에는

一度やると決めたからには途中でやめるわけにはいかない。
한번 하겠다고 결정한 이상에는 도중에 그만둘 수는 없다.

022 ～気味 ～기운이 있음, ～경향임

以前と比べると観光客が少し減り気味です。
이전에 비해 관광객이 조금 줄어든 듯합니다.

このところ忙しくて少し疲れ気味だから、今日は早く帰ることにした。
요즈음 바빠서 조금 피곤한 듯해서 오늘은 일찍 돌아가기로 했다.

023 ～きり / ～きりだ ～한 이래로 / ～한 채이다, ～했을 뿐이다

あの人は出かけたきり戻ってこなかった。
그 사람은 나간 채 돌아오지 않았다.

本田さんとは３年前に一度会ったきりだ。
혼다 씨와는 3년 전에 한 번 만났을 뿐이다.

024 ～くせに ～인 주제에, ～이면서도

彼はまだ学生のくせに外車をのりまわしているそうだ。
그는 아직 학생인 주제에 외제차를 타고 다닌다고 한다.

山田さんは大学で英語を専攻したくせに簡単な挨拶もできない。
야마다 씨는 대학에서 영어를 전공했으면서도 간단한 인사도 못한다.

025 ～げに ～한 듯이

近くの公園で子どもたちが楽しげに遊んでいる。
근처 공원에서 아이들이 즐거운 듯이 놀고 있다.

026 ～こそ / ～からこそ ～야말로 / ～이기 때문에

いつも約束の時間に遅れて迷惑をかけるので、今度こそ、遅刻をしないようにしよう。
항상 약속 시간에 늦어 폐를 끼치기 때문에 이번에야말로 지각을 하지 않도록 하자.

自分の才能を信じ続けてきたからこそ、彼女は成功することができた。
자신의 재능을 계속 믿어왔기 때문에 그녀는 성공할 수 있었다.

027 ～ことか ～던가, ～인지

日本に来たばかりの時、あなたの親切がどんなにうれしかったことか。
일본에 온 지 얼마 되지 않았을 때, 당신의 친절이 얼마나 기뻤던지.

028 ～ことから / ～ところから　～로 인해, ～때문에 / ～하는 점에서, ～해서

岡田(おかだ)さんはなんでもよく知(し)っていることから、友(とも)だちに「博士(はかせ)」と呼(よ)ばれている。
오카다 씨는 뭐든지 잘 알고 있어서 친구들에게 '박사'라고 불리고 있다.

彼女(かのじょ)は父親(ちちおや)が韓国人(かんこくじん)であるところから、韓国人(かんこくじん)の知(し)り合(あ)いも多(おお)い。
그녀는 아버지가 한국인이어서 한국인 친구도 많다.

029 ～(の)ことだから　～의 일이니까, ～이니까

あの人(ひと)のことだから、どうせ時間(じかん)どおりには来(こ)ないだろう。
그 사람이니까 어차피 시간대로는 오지 않을 것이다..

030 ～ことなく　～하지 않고

失敗(しっぱい)をおそれることなく挑戦(ちょうせん)してほしい。
실패를 두려워하지 말고 도전해 주었으면 한다.

031 ～ことに　～하게도

困(こま)ったことに、操作(そうさ)ミスでコンピューターが動(うご)かなくなってしまった。
난처하게도 조작 실수로 컴퓨터가 작동하지 않게 되어 버렸다.

032 ～最中(さいちゅう)　한창 ～중

今(いま)は食事(しょくじ)の最中(さいちゅう)だから、タバコは遠慮(えんりょ)したほうがいいですよ。
지금은 한창 식사 중이니 담배는 삼가는 것이 좋아요.

033 ～さえ・～すら　～조차, ～마저, ～도

今(いま)の調子(ちょうし)では、予選(よせん)に出(で)ることさえむずかしい。
지금 상태로는 예선에 나가는 것조차 어렵다.

漢字(かんじ)どころか、ひらがなすら読(よ)めない。
한자는커녕 히라가나조차 읽지 못한다.

034 ～さえ～ば　～만 ～하면

この試合(しあい)に勝(か)ちさえすれば、オリンピックに出場(しゅつじょう)できる。
이 시합에 이기기만 하면 올림픽에 출전할 수 있다.

面白(おもしろ)くさえあればどんな本(ほん)でもけっこうです。
재밌기만 하면 어떤 책이든 좋습니다.

彼女はひまさえあればファッション雑誌を読んでいる。
그녀는 틈만 나면 패션 잡지를 읽고 있다.

035 ～ざるをえない ～할 수밖에 없다, ～해야만 한다

２回も同じ間違いをするとは、注意が足りなかったと言わざるをえない。
두 번이나 같은 실수를 하다니, 주의가 부족했다고 말할 수밖에 없다.

ここまでマスコミにたたかれれば、彼も謝罪せざるをえないだろう。
이 정도로 매스컴이 비난하면 그도 사죄할 수밖에 없을 것이다.

036 ～次第で(は) / ～次第だ ～에 따라서(는) / ～나름이다, ～한 것이다

明日の試合は天気次第では中止になるかも知れない。
내일 시합은 날씨에 따라서는 중지가 될지도 모른다.

先日お伝えした日程に誤りがありましたので、今回改めてご連絡した次第です。
일전에 전해 드린 일정에 착오가 있어 이번에 다시 연락을 드린 것입니다.

037 ～(の)末(に)・～(た)末 ～한 끝에

この新しい薬は、何年にもわたる研究の末に作り出されたものだ。
이 신약은 몇 년에 걸친 연구 끝에 만들어진 것

038 ～だけあって・～だけに / ～だけのことはある

(과연) ～인 만큼 / (과연) ～은/는 다르다, ～라 할 만하다

彼女は日本に留学していただけあって、日本語がよくできる。
그녀는 일본에 유학했던 만큼 일본어를 아주 잘한다.

この家は、さすが金をかけただけに、大地震でも倒れなかった。
이 집은 과연 돈을 들인 만큼 대지진에도 무너지지 않았다.

彼の作業は速くて確実だ。さすがに、ベテランだけのことはある。
그의 작업은 빠르고 확실하다. 과연 베테랑은 다르다.

039 ～たところ ～했더니

久しぶりに故郷に帰ってみたところ、すっかり変わっていて少し悲しかった。
오랜만에 고향에 돌아가 봤더니 완전히 변해있어서 조금 슬펐다.

040 ～たとたん(に) ～한 순간(에), ～하자마자

二人(ふたり)は出会(であ)ったとたんに恋(こい)に落(お)ちたそうです。
두 사람은 만나자마자 사랑에 빠졌다고 합니다.

041 ～ついでに・～をかねて・～がてら ～하는 김에, ～을 겸해서

コンビニでお弁当(べんとう)を買(か)うついでに、ジュースも買(か)った。
편의점에서 도시락을 사는 김에 주스도 샀다.

ついでに本屋(ほんや)であの週刊誌(しゅうかんし)を買(か)ってきて。
가는 김에 서점에서 그 주간지 사다 줘.

車(くるま)を買(か)ったので、ドライブをかねてふるさとの両親(りょうしん)の家(いえ)に行(い)った。
차를 사서 드라이브를 겸해 고향에 계신 부모님집에 갔다.

犬(いぬ)と散歩(さんぽ)がてら郵便局(ゆうびんきょく)に寄(よ)って切手(きって)を買(か)った。
개와 산책할 겸 우체국에 들러 우표를 샀다.

042 ～っけ ～던가, ～였더라

えっ？ 今日(きょう)が大学入試(だいがくにゅうし)でしたっけ。
네? 오늘이 대학 입학 시험이었던가요?

043 ～っこない ～할 리 없다

山本(やまもと)さんに頼(たの)んだってやってくれっこないよ。
야마모토 씨에게 부탁해 봤자 해 줄 리 없어.

044 ～つつ(も)・～ながら(も) / ～つつある
～하면서(도), ～(하)지만 / ～중이다, ～하고 있다

勉強(べんきょう)しなければと思(おも)いつつ遊(あそ)んでしまう。
공부해야지 라고 생각하면서도 놀고 만다.

残念(ざんねん)ながら彼(かれ)の言(い)うとおりだ。
유감이지만 그가 말하는 대로다.

地球(ちきゅう)は毎年少(まいとしすこ)しずつ温(あたた)かくなりつつある。
지구는 매년 조금씩 따뜻해지고 있다.

045 ～っぽい ～의 경향이 강하다, ～같다, ～한 성질이 있다

私(わたし)は飽(あ)きっぽい性格(せいかく)なので、何(なに)をしてもすぐにやめてしまう。
나는 싫증을 잘 내는 성격이어서 무엇을 하든 금방 그만둬 버린다.

年をとって人の名前を忘れっぽくなった。
나이를 먹어 사람 이름을 잘 잊어버리게 되었다.

046 ～てくれる・～てもらう (남이 나에게) ~해 주다

彼女は熱烈に私の権利を弁護してくれた。
그녀는 열렬하게 나의 권리를 변호해 주었다.

友達にバイト先を紹介してもらった。
친구가 아르바이트 자리를 소개해 주었다.

047 ～てたまらない ~해서 견딜 수 없다, 너무 ~하다

痛み止めを飲んだのに、まだ頭が痛くてたまらない。
진통제를 먹었는데도 아직 머리가 아파서 견딜 수 없다.

お母さんは君のことが心配でたまらないんだよ。
어머니는 너를 아주 걱정하고 계셔.

048 ～てならない ~해서 견딜 수 없다, 너무 ~하다

試験の結果が気になってならない。
시험 결과가 너무 걱정된다.

友だちに何度も電話をしたがつながらない。何かあったのか心配でならない。
친구에게 몇 번이고 전화를 했지만 연결이 되지 않는다. 무슨 일이 있었는지 걱정이 되어 견딜 수 없다.

049 ～(の)ではない(か)・～(ん)じゃない(か) ~이/가 아닐까 〈확인·추측〉

A「あいつ、彼女でもできたんじゃないか。」
그 녀석, 여자친구라도 생긴 게 아닐까?

B「そういえば最近ファッションにこだわってるな。」
그러고 보니 요즘 패션에 무척 신경 쓰고 있어.

A「真っ青な顔して、どこか悪いんじゃないの？」
얼굴이 창백한데, 어디 안 좋은 거 아니야?

B「いや、どこも悪くないさ。」
아니, 아픈 데 없어.

050 ～というと・～といえば ~라고 하면

昔は新婚旅行というと、ハワイを思い出す人が多かった。
예전에는 신혼여행이라고 하면 하와이를 떠올리는 사람이 많았다.

日本(にほん)といえば、私(わたし)は富士山(ふじさん)を連想(れんそう)します。
일본이라 하면 나는 후지산을 연상합니다.

051 ～というものだ ～라는 것이다

賃金(ちんぎん)を倍(ばい)にしてほしいなどと言(い)うのは、不法(ふほう)な要求(ようきゅう)というものだ。
임금을 배로 해 달라고 하는 것은 터무니없는 요구라는 것이다.

052 ～というものではない ～라는 것은 아니다

勝負(しょうぶ)は勝(か)てばよいというものではない。どんな勝(か)ち方(かた)をしたのかが重要(じゅうよう)だ。
승부는 이기면 그만이 아니다. 어떤 식으로 이겼는가가 중요하다.

053 ～というより ～라기보다

駅(えき)から家(いえ)までバスに乗(の)らず歩(ある)くのは、節約(せつやく)というより健康(けんこう)のためだ。
역에서 집까지 버스를 타지 않고 걷는 것은 절약이라기보다 건강을 위해서이다.

054 ～といっても ～라고 해도

料理(りょうり)ができるといっても、たまごやきぐらいです。
요리를 할 수 있다고 해도 계란말이 정도입니다.

055 ～とか / とかで ～라고 하던데 / ～라고 하면서

小学生(しょうがくせい)の体力(たいりょく)は低下(ていか)しているとか。
초등학생의 체력은 저하되고 있다던데.

友人(ゆうじん)がけがをしたとかで、彼(かれ)は見舞(みま)いに行(い)ったよ。
친구가 다쳤다고 하면서 그는 병문안을 갔어.

056 ～どころか / ～どころではない ～하기는 커녕 / ～할 상황이 아니다

私(わたし)はあの人(ひと)にいろいろ親切(しんせつ)にしたつもりだが、感謝(かんしゃ)されるどころか、恨(うら)まれた。
나는 그 사람에게 여러가지로 친절하게 대했다고 생각하는데 감사를 받기는 커녕 미움 받았다.

あしたは試験(しけん)があるので、ドライブどころではない。
내일은 시험이 있어서 드라이브할 상황이 아니다.

057 ～ところを / ～ところに・～ところへ ～(인/한) 중에 / ～하는 참에

お忙しいところをわざわざおいでいただき、恐縮でございます。
바쁘신 중에 일부러 와 주셔서 감사합니다.

ちょうど出かけようとしていたところへ、田舎の母から宅急便が届いた。
마침 외출하려던 참에 시골에 계신 어머니로부터 택배가 왔다.

058 ～として(は) ～로서(는), ～라고 해서

彼女は研究生として、この大学で勉強している。
그녀는 연구생으로서 이 대학에서 공부하고 있다.

059 ～としても ～라고 해도

楽天的な彼は会社を首になったとしてもあまり心配しないだろう。
낙천적인 그는 회사에서 해고가 되었다고 해도 별로 걱정하지 않을 것이다.

060 ～ないことには ～(하)지 않으면

噴火がどんな状態なのかは、その現場へ行ってみないことにはわからない。
분화가 어떤 상태인지는 그 현장에 가보지 않으면 알 수 없다.

061 ～ないことはない ～(하)지 않는 것은 아니다

あなたの苦労がわからないことはないです。
당신의 고생을 모르는 것은 아닙니다

062 ～において・～における ～에서, ～에서의

９８年の冬季オリンピックは長野市において行われた。
98년 동계 올림픽은 나가노 시에서 열렸다.

国際社会におけるわが国の役割について述べなさい。
국제사회에서의 우리나라의 역할에 관해 서술하시오.

063 ～に応じて ～에 맞게, ～에 따라서, ～에 응해

この会社では、能力に応じて給料が支払われます。
이 회사에서는 능력에 따라서 월급이 지급됩니다.

064 ～に(も)かかわらず ～에(도) 관계없이, ～에(도) 불구하고

荷物は多少にかかわらずご配達します。
짐은 많고 적음에 관계없이 배달해 드립니다.

努力したにもかかわらずすべて失敗してしまった。
노력했는데도 불구하고 모두 실패하고 말았다.

065 ～にかぎって・～にかぎり / ～にかぎらず
～에 한해 / ～뿐만 아니라

うちの子にかぎってそんなことをするはずがない。
우리 아이만은 그런 짓을 할 리가 없다.

先着のお客様１００人にかぎり、景品をさしあげます。
먼저 오신 손님 100분에 한해 경품을 드립니다.

彼は野球部に入っているが、野球に限らずスポーツなら何でも得意だ。
그는 야구부에 들어 있지만 야구뿐만 아니라 스포츠라면 뭐든지 잘한다.

066 ～にかけては ～에 있어서는, ～에 관한 한

弟 は勉強はできないが、泳ぎにかけては誰にも負けない。
남동생은 공부는 못하지만, 수영에 있어서는 누구에게도 지지 않는다.

067 ～に決まっている 반드시 ～이다, ～임이 분명하다, ～임이 당연하다

こんなことをしたら父に叱られるに決まっている。
이런 일을 하면 아버지에게 혼날 게 분명하다.

大雨の日に運動会なんて、できないに決まっている。
큰비가 오는 날 운동회라니, 못 할 게 분명해.

068 ～にくわえ(て) ～에 더하여, ～에다

様々な特殊技術にくわえて、コンピューターによる画像処理技術も導入している。
다양한 특수 기술에 더하여 컴퓨터에 의한 화상 처리 기술도 도입하고 있다.

069 ～にしても ～라고 해도

どんなに忙しかったにしても、電話をかけるくらいの時間はあっただろう。
아무리 바빴다고 해도 전화를 걸 정도의 시간은 있었을 것이다.

070 ～にしては ～치고는

弟は小学校４年生にしては、背が低いほうです。
남동생은 초등학교 4학년치고는 키가 작은 편입니다.

071 ～にしろ～にしろ / ～にせよ ～든 ～든 / ～라 하더라도

行くにしろ行かないにしろ、今日のうちに返事をしなければならない。
가든 가지 않든 오늘 중으로 답변을 해야 한다.

試験の問題が難しかったにせよ、もう少しいい点がとりたかった。
시험 문제가 어려웠다 하더라도 좀 더 좋은 점수를 받고 싶었다.

072 ～にそって・～にそい ～에 따라, ～을 따라

列車はしばらく海岸にそって走りました。
열차는 잠시 해안을 따라 달렸습니다.

ガイドラインにそい、個人情報を取り扱っています。
지침에 따라 개인정보를 취급하고 있습니다.

073 ～に備えて ～에 대비하여

相手のアタックに備えてブロックの練習をしました。
상대방의 공격에 대비하여 블로킹 연습을 했습니다.

074 ～に違いない・～に相違ない ～임이 틀림없다, ～임이 분명하다

あの子は将来、大物になるに違いない。
그 아이는 장래에 대단한 인물이 될 것이 틀림없다.

服装はいつもとだいぶ違うが、やっぱりあれは石原さんに相違ない。
복장은 평소랑 꽤 다르지만 역시 저건 이시하라 씨가 분명하다.

075 ～につけ(て) / ～につけ～につけ ～할 때마다, ～에 따라 / ～든 ～든

地震のニュースを聞くにつけ、不安な気持ちになります。
지진 뉴스를 들을 때마다 불안해집니다.

子供の頃からずっといいにつけ悪いにつけ、何かというと兄と比較されてきたのだ。
어릴 적부터 쭉 좋든 싫든 툭하면 형과 비교되어 왔다.

076 ～につれ(て) ～(함)에 따라, ～하면서, ～할수록

都市の人口が増えるにつれて、犯罪が増加してきた。
도시의 인구가 늘어남에 따라 범죄가 증가해 왔다.

077 ～にとって ～에게 있어서, ～에게

留学生にとって住むところをさがすのは大きな問題だ。
유학생에게 있어서 살 곳을 찾는 것은 커다란 문제이다.

078 ～にともなって・～にともない / ～にともなう
～에 따라, ～에 동반해 / ～에 따른, ～에 동반한

高齢化にともない、老人医療の問題も深刻になりつつある。
고령화에 따라 노인 의료 문제도 심각해지고 있다.

火山活動にともなう現象は、次のようなものがあります。
화산활동에 동반한 현상은 다음과 같은 것이 있습니다.

079 ～に反し(て) ～와 반대로, ～와 달리

専門家の予測に反して、景気の回復が遅れている。
전문가의 예측과 달리 경기 회복이 늦어지고 있다.

080 ～にほかならない ～임에 틀림없다, 바로 ～이다

わが社がここまで成長できたのも、社員全員の努力があったからにほかならない。
우리 회사가 여기까지 성장할 수 있었던 것도 바로 사원 전원의 노력이 있었기 때문이다.

081 ～ぬきで / ～ぬきには ～없이, ～(하)지 말고 / ～없이는, ～빼고는

冗談ぬきでまじめに考えてください。
농담하지 말고 진지하게 생각해 주세요.

プラスの面もマイナスの面もあるにせよ、現代はもはや観光抜きには語れない時代です。
긍정적인 면도 부정적인 면도 있지만, 현재는 이제 관광을 빼고는 논할 수 없는 시대입니다.

イギリスの文学は、シェイクスピアぬきでは語りえない。
영국 문학은 셰익스피어를 빼고는 말할 수 없다.

082 ～ぬきにして ～(은/는) 생략하고, ～(을/를) 빼고

財政問題をぬきにして福祉政策を考えても、あまり意味がない。
재정 문제를 빼고 복지 정책을 생각해도 별로 의미가 없다.

勝ち負けの話はぬきにして、お互いよくやったと思う。
이기고 지는 것을 떠나 둘 다 정말 잘했다.

083 ～のみならず ～뿐만 아니라

若い人のみならず老人や子どもたちにも人気がある。
젊은이뿐만 아니라 노인과 아이들에게도 인기가 있다.

084 ～のもとで / ～のもとに ～아래서, ～밑에서, ～지도 하에 / ～(명목) 하에

私は石原先生のもとで研究しています。
저는 이시하라 선생님 지도 하에 연구하고 있습니다.

人々の代表は、「国民国家」の名のもとに、一つの言語・一つの民族で統一しようとする政府を誕生させた。
사람들의 대표는 '국민국가'라는 명목 하에 하나의 언어·하나의 민족으로 통일하고자 하는 정부를 탄생시켰다.

085 ～ばかりに ～하는 바람에, ～하는 탓에

古いさしみを食べたばかりにおなかをこわしてしまった。
오래된 생선회를 먹은 탓에 배탈이 나고 말았다.

086 ～はともかく・～は別として ～은/는 차치하고, ～은/는 그렇다 치고

このレストラン、ちょっと高いんですけど、値段はともかく味はいいですね。
이 레스토랑은 조금 비싸지만 가격은 그렇다 치고 맛은 좋네요.

10年前ならともかく、今はそんな服は着られない。
10년 전이면 몰라도 지금은 그런 옷은 입을 수 없다.

彼は別としてチームの他のメンバーとはうまくいっている。
그는 그렇다 치고 팀의 다른 멤버들과는 잘 지내고 있다.

087 ～まい ～(하)지 않겠다, ～(하)지 않을 것이다

今日は雨が降るまいと思って、かさを持ってきませんでした。
오늘은 비가 오지 않을 거라 생각해서 우산을 가져오지 않았습니다.

もう、このようなことはしまいと神(かみ)に誓(ちか)いました。
이제 이런 짓은 하지 않겠다고 신에게 맹세했습니다.

088 ～むき ～(방)향, ～취향에 맞음, ～에 적합함, ～용

お年寄(としよ)り向(む)きのサービスや商品(しょうひん)がありますか。
어르신에게 적합한 서비스나 상품이 있습니까?

089 ～むけ ～용(임)

この会社(かいしゃ)では、子(こ)どもむけのテレビ番組(ばんぐみ)を作(つく)っている。
이 회사에서는 어린이용 텔레비전 프로그램을 만들고 있다.

090 ～も～ば～も ～도 ～하고(하거니와) ～도

洗濯(せんたく)の好(す)きな人(ひと)もいれば、料理(りょうり)が趣味(しゅみ)という人(ひと)もいる。
빨래를 좋아하는 사람도 있고 요리가 취미라는 사람도 있다.

こんな事件(じけん)を起(お)こすなんて、親(おや)も親なら子(こ)も子だ。
이런 사건을 일으키다니, 부모도 부모지만 자식도 자식이다.

091 ～もかまわず ～도 개의치 않고

彼女(かのじょ)は母親(ははおや)がとめるのもかまわず、タクシーに乗(の)って行(い)ってしまった。
그녀는 어머니가 말리는 것도 개의치 않고 택시를 타고 가 버렸다.

092 ～ものがある ～하는 데가 있다, 아주 ～하다, 정말 ～하다

スポーツには、勝負(しょうぶ)を超(こ)えて人々(ひとびと)の感動(かんどう)をさそうものがある。
스포츠에는 승부를 넘어 사람들의 감동을 불러일으키는 데가 있다.

093 ～ものか ～할까 보냐, ～하나 봐라

３年間(ねんかん)、厳(きび)しい練習(れんしゅう)に耐(た)えたんだ。明日(あした)の試合(しあい)、負(ま)けてなるものか。
3년 동안 혹독한 연습을 견뎌냈어. 내일 시합, 질까 보냐.

094 ～ものだ / ～ものではない

～하는 법이다, ～해야 한다 / ～하는 게 아니다, ～할 필요는 없다, ～해서는 안 된다

遊(あそ)んでばかりではだめだ。学生(がくせい)は勉強(べんきょう)するものだ。
놀고만 있어서는 안 된다. 학생은 공부를 해야 한다.

夜遅く電話をかけるものではないよ。
밤늦게 전화하는 거 아니야.

095 ～ものだから ～이기 때문에, ～해서

急に寒くなったものだから、風邪をひいてしまった。
갑자기 추워져서 감기에 걸리고 말았다.

096 ～ものなら ～할 수 있다면

一緒に行けるものなら行ってあげたいが、仕事の都合上、そうもいかない。
같이 갈 수 있다면 가 주고 싶지만, 일의 형편상 그렇게 할 수 없다.

097 ～ものの ～하기는 했으나, ～하기는 했지만

すぐ退院はできたものの、不幸にも後遺症が残り、思うように仕事をすることができなくなった。
금방 퇴원은 할 수 있었지만 불행히도 후유증이 남아 생각대로 일을 할 수 없게 되었다.

098 ～やら～やら ～며 ～며, ～랑 ～랑, ～(하)고 ～(하)고

ポケットにはハンカチやらガムやらが入っている。
주머니에는 손수건이며 껌 등이 들어 있다.

昨日はお酒を飲みすぎたせいで、頭が痛いやら、吐き気がするやらで大変だった。
어제는 술을 너무 많이 마신 탓에 두통이며 구토로 힘들었다.

099 ～わけにはいかない ～할 수는 없다

明日は試験があるから、今日は遊んでいるわけにはいかない。
내일은 시험이 있어서 오늘은 놀고 있을 수는 없다.

100 ～わりに(は) ～에 비해서(는)

あの映画は、有名なスターがたくさん出演しているわりにはつまらなかった。
그 영화는 유명한 스타가 많이 출연한 데 비해서는 재미없었다.

101 ～を契機として・～を契機に ～을 계기로

彼は就職を契機として生活スタイルをガラリと変えた。
그는 취업을 계기로 생활 방식을 확 바꿨다.

中島さんは定年退職を契機に絵を習い始めた。
나카시마 씨는 정년 퇴직을 계기로 그림을 배우기 시작했다.다.

102 ～を込めて ～을 담아, ～을 가지고

このケーキは私が心を込めて作ったものです。
이 케이크는 제가 마음을 담아 만든 것입니다.

103 ～を通じて・～を通して ～을 통해서

藤田さんご夫妻とは鈴木さんを通じて知り合いました。
후지타 씨 부부와는 스즈키 씨를 통해서 알게 되었습니다.

その講義を通して、政治にどんどん興味がわいてきた。
그 강의를 통해서 점점 정치에 흥미가 생겼다.

104 ～を～とする / ～を～として ～을 ～로 하다 / ～을 ～로서

学校はその生徒を退学処分とするという結論を出したようだ。
학교는 그 학생을 퇴학 처분한다는 결론을 낸 듯 하다.

彼は金もうけを目的として生きているような男だ。
그는 돈벌이를 목적으로서 살고 있는 듯한 남자다.

105 ～を問わず ～을 불문하고

年齢、経験を問わず、だれでもツアーに参加できます。
나이, 경험을 불문하고 누구나 투어에 참가할 수 있습니다.

106 ～をはじめ ～을 비롯하여, ～을 위시하여

この大学には中国をはじめ、アジアからの留学生が多い。
이 대학에는 중국을 비롯하여 아시아에서 온 유학생이 많다.

107 ～をめぐって ～을 둘러싸고

大気汚染の解決策をめぐって活発な議論が続いている。
대기 오염의 해결책을 둘러싸고 활발한 논의가 계속되고 있다.

N2 2순위 문법 53

108 ～かいがあって ～한 보람이 있어

二時間待ったかいがあって、雨がやみ、美しい景色を見ることができた。
2시간 기다린 보람이 있어 비가 그치고 아름다운 경치를 볼 수 있었다.

109 ～かというと・～かといえば ～하는가 하면, ～하냐 하면

文章がうまければ誰でも作家になれるかというと、そんなことはない。
문장에 능하면 누구나 작가가 될 수 있는가 하면 그렇지는 않다.

部長と課長は何かといえば意見が対立する。
부장님과 과장님은 툭하면 의견이 대립한다.

110 ～現在で ～현재, ～시점으로

登録者は、2021年8月現在で144名です。
등록자는 2021년 8월 현재 144명입니다.

111 ～こそ～が ～는 ～지만

彼は年こそ若いが非常に有能だ。
그는 나이는 젊지만 상당히 유능하다.

112 ～ことがある / ～ことはない ～하는 경우가 있다 / ～할 필요는 없다
～たことがある / ～たことがない ～한 적이 있다 / ～한 적이 없다

天気予報ははずれることもある。
일기예보는 빗나갈 경우도 있다.

今さら彼にそんな手紙など書くことはないよ。
새삼 그에게 그런 편지 따위 쓸 필요는 없어.

その本なら子どものころ読んだことがあります。
그 책이라면 어렸을 적에 읽은 적이 있습니다.

そんな話は聞いたことがない。
그런 얘기는 들은 적이 없다.

113 ～ことになる ～하게 되다, ～하는 셈이 된다
～ことにはならない ～한 것이 되지는 않는다
～ことにする ～하게 되다, ～하기로 하다

家賃(やちん)は１か月(げつ)６万円(まんえん)だから、１年(ねん)で７２万円(まんえん)も支払(しはら)うことになる。
집세는 한 달에 6만 엔이니까, 1년에 72만 엔이나 지불하는 셈이 된다.

本(ほん)やインターネットの資料(しりょう)を写(うつ)しただけではレポートを書(か)いたことにはならない。
책이나 인터넷 자료를 베낀 것만으로는 리포트를 쓴 것이 되지는 않는다.

A「電車(でんしゃ)とバスとどちらがいいですか。」
전철과 버스 중 어느 쪽이 좋아요?

B「そうですね。バスはいつもこみますから、今日(きょう)は電車(でんしゃ)で行(い)くことにしましょう。」
글쎄요, 버스는 늘 붐비니까 오늘은 전철로 가기로 합시다.

114 ～ことは～が ～하기는 ～지만다

レポートは最後(さいご)まで書(か)いたことは書いたんですが、まだ足(た)りない部分(ぶぶん)があります。
리포트는 마지막까지 쓰기는 썼습니다만 아직 부족한 부분이 있습니다.

115 ～ずにすむ・～ないですむ・～なくて(も)すむ
～하지 않고 끝나다, ～하지 않아도 된다

友(とも)だちが、余(あま)っていたコンサートのチケットを１枚(まい)くれたので、私(わたし)はチケットを買(か)わずにすんだ。
친구가 남은 콘서트 티켓을 한 장 주어서 나는 표를 사지 않아도 되었다.

かさを持(も)って行(い)ったので、とつぜん雨(あめ)に降(ふ)られてもぬれないですんだ。
우산을 가지고 갔기 때문에 갑자기 비가 와도 젖지 않았다.

幸(さいわ)い友人(ゆうじん)が冷蔵庫(れいぞうこ)をくれたので、新(あたら)しいのを買(か)わなくてすんだ。
다행히 친구가 냉장고를 줘서 새 것을 사지 않아도 되었다.

116 ～そうだ ～할 것 같다 ～해 보인다 〈추측〉 / ～라고 한다 〈전문〉

この椅子(いす)、とても丈夫(じょうぶ)そうですね。
이 의자, 아주 튼튼해 보이네요.

娘(むすめ)がアメリカに留学(りゅうがく)していた時(とき)はたいへんお世話(せわ)になったそうで、ありがとうございました。
딸이 미국에 유학하고 있었을 때는 대단히 신세를 졌다고 하던데, 고마웠습니다.

117 ～そうもない・～そうにもない ～할 것 같지도 않다, ~못 할 것 같다

この渋滞では約束の時刻に間に合いそうもない。
이런 정체로는 약속 시간에 맞출 수 없을 것 같다.

118 ～たらいい(ん)じゃないか / ～たらどうか

～하면 되지 않을까?, ~하면 되잖아? / ~하는 게 어떨까?

そんなに体の具合が悪いなら、無理をしないで休んだらいいじゃないか。
그렇게 몸상태가 안 좋으면 무리하지 말고 쉬면 되잖아.

まず宿題を片付けてしまったらどうか。
먼저 숙제를 해치우는 게 어때?

119 ～(の)だろうか ～일까?

ビールを飲んでしまったのは誰だろうか。
맥주를 마셔버린 것은 누구일까?

渡辺選手は来シーズン、ホームラン王になるだろうか。
와타나베 선수는 다음 시즌에 홈런왕이 될 것인가?

120 ～つもり(で) ～한 셈(치고), ~할 생각(으로)

旅行したつもりで、お金は貯金することにした。
여행한 셈치고 돈은 저금하기로 했다.

でも、自分じゃまだまだ若いつもりでいるよ。
하지만 자기는 아직도 젊은 줄 알고 있어.

121 ～ていては ～해서는, ~하고 있어서는

間違いを恐れていては、日本語が上手になりません。
틀릴 것을 겁내서는 일본어가 늘지 않습니다.

122 ～ている / ～てある ～하고 있다 / ~해져 있다

事故があったのは道が大きく右に曲っているところだった。
사고가 난 것은 길이 크게 오른쪽으로 굽어 있는 곳이었다.

北海道には何回も行っているから次は沖縄に行きたい。
홋카이도에는 몇 번이나 갔으니까 다음에는 오키나와에 가고 싶어.

牛乳は毎日必ず飲んでいます。
우유는 매일 꼭 마시고 있습니다.

娘の部屋を掃除しようとしたら、もうかたづけてあった。
딸 방을 청소하려고 했더니 이미 정리되어 있었다.

123 ～ておく / ～てみる / ～てしまう

～해 두다 / ～해 보다 / ～하고 말다, ～해 버리다

A「ワインを何本ぐらい買っておきましょうか。」
와인을 몇 병 정도 사둘까요?
B「そうですねえ、3本ぐらい買っておけばいいんじゃないですか。」
글쎄요, 세 병 정도 사 두면 되지 않을까?

新しくできたレストランに行ってみた？ おいしいよ。
새로 생긴 레스토랑에 가 봤어? 맛있어.

家族のように思っていた犬が死んでしまった。
가족처럼 생각하고 있던 개가 죽고 말았다.

124 ～ても ～해서라도

今日の会合には、どんな手段を使ってでも時間通りに到着しなければならない。
오늘 회합에는 어떤 수단을 써서라도 시간대로 도착해야 한다.

125 ～でない / ～でないと・～でなければ

～이 아니다, ～하지 않다 / ～하지 않으면, ～이/가 아니면로

彼はどこか素直でないところがある。
그는 어딘가 순진하지 않은 데가 있다.

バイトがあって、どうしてもその日でないと来られない。
아르바이트가 있어서 아무래도 그 날이 아니면 올 수 없어.

ご面倒でなければ、ぜひお願いします。
번거롭지 않으시다면 꼭 부탁 드리겠습니다.

126 ～てばかりいる ～하고만 있다
～てばかりはいられない ～하고만 있을 수는 없다

親が他人をいつもうらんでばかりいると子どもも人をうらむようになるという。
부모가 다른 사람을 늘 원망하기만 하면 자식도 다른 사람을 원망하게 된다고 한다.

就職が決まったからといって、喜んでばかりはいられません。
취직이 정해졌다고 해서 기뻐하고만 있을 수는 없습니다.

127 ～てはじめて ～서야 비로소

父(ちち)が亡(な)くなってはじめて、そのありがたさがわかった。
아버지가 돌아가시고 나서야 비로소 그 고마움을 알았다.

128 ～てはならない ～해서는 안 된다

自分(じぶん)の利益(りえき)のために法律(ほうりつ)を変(か)えることがあってはならない。
자신의 이익을 위해서 법률을 바꾸는 일이 있어서는 안 된다.

129 ～ても ～하여도

日本(にほん)の6月(がつ)は1年(ねん)でいちばん日(ひ)が暮(く)れるのが遅(おそ)くて、7時(じ)になっても暗(くら)くなりません。
일본의 6월은 1년 중 해가 지는 게 가장 늦어서 7시가 되어도 어두워지지 않습니다.

130 ～ても仕方(しかた)がない ～해도 어쩔 수 없다, ～해도 소용없다

専門的(せんもんてき)なことについては、林先生(はやしせんせい)をぬきにして議論(ぎろん)しても仕方(しかた)がない。
전문적인 사항에 대해서는 하야시 선생님을 빼고 논의해도 소용없다.

131 ～てよかった ～해서 다행이다, ～해서 좋았다
～なくてよかった ～하지 않아서 다행이다, ～하지 않길 잘했다

私(わたし)も日本語教育(にほんごきょういく)にとても関心(かんしん)があるので、今回(こんかい)の話(はなし)が聞(き)けてよかった。
나도 일본어 교육에 무척 관심이 있어서 이번 이야기를 들을 수 있어서 좋았다.

あの映画(えいが)、見(み)に行(い)かなくてよかったよ。ぜんぜんおもしろくなかったんだって。
그 영화, 보러 가지 않길 잘했어. 하나도 재미없었대.

A「こんなにおいしいステーキ、食(た)べたことがありません。」
　이렇게 맛있는 스테이크는 먹어 본 적이 없어요.

B「ありがとう。お気(き)に召(め)してよかった。」
　고마워. 입맛에 맞아서 다행이다..

132 ～と・～ば / ～たら / ～なら(ば) ～하면 / ～했더니 / ～라면

そこを右(みぎ)に曲(ま)がると郵便局(ゆうびんきょく)があります。
그곳을 오른쪽으로 돌면 우체국이 있습니다.

雨(あめ)が降(ふ)れば行(い)きません。
비가 오면 가지 않겠습니다.

車(くるま)だったら10分(ぷん)で行(い)けるが、歩(ある)いたら1時間(じかん)かかる。
차라면 10분이면 갈 수 있지만 걸으면 1시간 걸린다.

喫茶店(きっさてん)に入(はい)ったらいい音楽(おんがく)が流(なが)れていました。
커피숍에 들어갔더니 좋은 음악이 흐르고 있었습니다.

欲(ほ)しいならそのポスターあげるよ。
갖고 싶으면 그 포스터 줄게.

その話(はなし)なら、僕(ぼく)にまかせて。
그 이야기라면 내게 맡겨.

133 ～といけない ~하면 안 된다

暗(くら)くなるといけないので、もう帰(かえ)りましょう。
어두워지면 안 되니까 이제 돌아갑시다.

134 ～といった ~라고 하는, ~(와/과) 같은

この人形(にんぎょう)は、「こんにちは」「さようなら」といった簡単(かんたん)な言葉(ことば)を話(はな)します。
이 인형은 '안녕하세요' '안녕히 가세요'와 같은 간단한 말을 합니다.

135 ～と思(おも)う ~라고 생각하다, ~일/할 것이다
～(よ)うと思(おも)う ~하려고 생각하다, ~하려고 하다

この問題(もんだい)、テストに出(で)ると思(おも)う？ 이 문제, 시험에 나올 것 같아?

今夜(こんや)はカレーにしようと思(おも)います。
오늘 저녁은 카레를 먹으려고 합니다.

136 ～ところをみると ~하는 것을 보면

彼(かれ)が笑(わら)っているところをみると、合格(ごうかく)したにちがいない。
그가 웃고 있는 것을 보면 합격했음이 틀림없다.

なかなか帰(かえ)ってこないところをみると、弟(おとうと)は残業(ざんぎょう)でもしているのだろう。
좀처럼 집에 들어오지 않는 것을 보면 남동생은 야근이라도 하고 있는 것이겠지.

137 ～とは ① ~(이)란 ② ~라고는, ~하다니, ~일/할 줄이야

「下水(げすい)」とは、台所(だいどころ)などで使(つか)った汚(よご)れた水(みず)のことである。
'하수'라는 것은 부엌 등에서 사용한 더러워진 물을 말한다.

あれ以来(いらい)あの人(ひと)にもう二度(にど)と会(あ)えないとは、想像(そうぞう)もできなかった。
그 이후로 그 사람을 두 번 다시 만날 수 없을 거라고는 상상도 하지 못 했다.

138 ～とは限(かぎ)らない ～하다고는 할 수 없다서

実力(じつりょく)のあるチームがいつも勝(か)つとは限(かぎ)らない。試合(しあい)はやってみなければわからないのだ。
실력 있는 팀이 항상 이긴다고는 할 수 없다. 시합은 해보지 않으면 모르는 것이다.

親(おや)の頭(あたま)がいいからといって、子供(こども)も必(かなら)ず頭がいいとは限(かぎ)らない。
부모의 머리가 좋다고 해서 자식도 반드시 머리가 좋다고는 할 수 없다.

139 ～とみえて ～인 듯이, ～했는지

雨(あめ)が降(ふ)ったとみえて、道(みち)がぬれています。
비가 내렸는지 길이 젖어 있습니다.

140 ～とも ～하더라도, ～하려 해도

一人(ひとり)の時(とき)は誰(だれ)が来(こ)ようとも玄関(げんかん)の戸(と)を開(あ)けてはいけないよ。
혼자일 때는 누가 오더라도 현관문을 열어서는 안 돼.

母(はは)はどんなに辛(つら)くとも、決(けっ)してぐちを言(い)わなかった。
어머니는 아무리 괴로워도 결코 푸념을 하지 않았다.

141 ～中(なか)を / ～中(なか)で(は) ～속을, ～하는 와중에 / ～(한 것) 중에서(는)

あらしの中(なか)を突(つ)き進(すす)んで行(い)った。
폭풍 속을 무릅쓰고 나아갔다.

私(わたし)の聞(き)いた中(なか)では、今(いま)までで最高(さいこう)の演奏(えんそう)だった。
내가 들은 것 중에서는 지금까지 최고의 연주였다.

142 ～なくはない・～ないではない
～하지 않는 것은 아니다, ～하지 못할 것은 없다

あの人(ひと)の性格(せいかく)を考(かんが)えると、理解(りかい)できなくはない。
그 사람의 성격을 생각하면 이해할 수 없는 것은 아니다.

同窓会(どうそうかい)に行(い)きたくないではないが、会費(かいひ)を払(はら)うのは嫌(いや)だ。
동창회에 가고 싶지 않은 것은 아니지만 회비를 내는 것은 싫다.

143 ～なければならない・～なくてはならない
～하지 않으면 안 된다, ～해야 한다

教育(きょういく)を普及(ふきゅう)させるためには、すべての子(こ)どもに学(まな)ぶ権利(けんり)が与(あた)えられなければならない。교육을 보급시키기 위해서는 모든 아이에게 배울 권리가 주어져야 한다.

まだ10時だけど、朝5時に起きなくてはならないから、そろそろ寝よう。
아직 10시지만 아침 5시에 일어나야 하니까 슬슬 자야겠다.

144 ～にあたる ～에 해당한다

鈴木さんは野口先生の遠い親戚にあたります。
스즈키 씨는 노구치 선생님의 먼 친척에 해당합니다.

145 ～にかぎる ～하는 것이 제일이다, ～이/가 최고다

怪しいメールは無視するに限ります。
수상한 메일은 무시하는 것이 제일이다.

146 ～にたとえると ～에 비유하면

人生の短さを花にたとえると、さくらの花だ。
인생의 짧음을 꽃에 비유하면 벚꽃이다.

147 ～には ～하려면

この計画を実現するには、政府の援助が必要です。
이 계획을 실현하려면 정부의 원조가 필요합니다.

148 ～には～が ～하기는 ～지만

あしたのパーティーへ行くには行くが、何時に行けるかちょっとわかりません。
내일 파티에 가기는 하는데, 몇 시에 갈 수 있을지 잘 모르겠습니다.

149 ～に向かって / ～に向け(て) ～을 향해, ～에게 / ～을 향해(서), ～을 목표로

強い風に向かって歩くのはきつい。 강한 바람을 맞으며 걷는 것은 힘들다.

次のオリンピックに向けて準備はすでに着々と進んでいる。
다음 올림픽을 목표로 준비는 이미 척척 진행되고 있다.

150 ～によらず ～에 관계없이

わが社は新入社員を学歴によらず採用しています。
우리 회사는 신입 사원을 학력에 관계없이 채용하고 있습니다.

151 ～のも当然だ・～のも最もだ ～하는 것도 당연하다

3週間も水をやらなかったのだから、花が枯れてしまうのも当然だ。
3주나 물을 주지 않았기 때문에 꽃이 시들어 버리는 것도 당연하다.

親友に裏切られたんだから、彼が落ち込むのももっともだ。
친구에게 배신당했으니, 그가 침울한 것도 당연하다.

152 ～ばよかった ～하면 좋았겠다, ～할 걸 그랬다

天気予報を確認すればよかったのに。
일기예보를 확인했으면 좋았을걸.

買う前にちゃんと調べておけばよかった。
사기 전에 잘 알아볼 걸 그랬다.

153 ～ぶりに ～만에

台風で電車が不通になっていたが、10時間ぶりに運転を始めたそうだ。
태풍으로 전철이 불통이 됐었는데 10시간 만에 운행을 시작했다고 한다.

154 ～まで ～까지, ～할 때까지

もう9時を過ぎているが、この仕事を終えるまでは、帰るわけにはいかない。
벌써 9시를 지나고 있지만 이 일을 마칠 때까지는 돌아갈 수 없다.

ここまで病気がひどくなったら、医者に行かなければだめだよ。
이 지경까지 병이 심해지면 의사에게 가야 해.

155 ～ものと思われる ～라고 여겨지다, ～라고 볼 수 있다
～ものとは思えない ～라고는 여겨지지 않는다, ～라고는 볼 수 없다

今回の調査で事故の原因が明らかになるものと思われる。
이번 조사로 사고 원인이 명백해지리라 여겨진다.

その話は必ずしも実際の体験をそのまま伝えたものとは思えなかった。
그 이야기는 반드시 실제 체험을 그대로 전했다고는 여겨지지 않았다.

156 ～(よ)う / ～(よ)うとする ～해야지, ～하자 / ～하려고 하다

私が買い物に行こうか。 내가 사러 갈까?

ピッチャーが投げようとした時、ランナーは三塁へ走った。
투수가 던지려고 할 때 주자는 3루로 달렸다.

157 ～ようで(は) ～할 것 같아서, ～해서(는)

彼(かれ)は冷静(れいせい)なようで、本当(ほんとう)はあわてものなんです。
그는 침착할 것 같지만 사실은 덜렁이입니다.

締(し)め切(き)り直前(ちょくぜん)になってテーマを変(か)えるようでは、いい論文(ろんぶん)は書(か)けないだろう。
마감 직전이 되어 주제를 바꿔서는 좋은 논문은 쓸 수 없을 것이다.

水(みず)やりは、簡単(かんたん)なようでいて奥(おく)の深(ふか)い作業(さぎょう)なんです。
물주기는 간단한 것 같지만 심오한 작업입니다.

158 ～ように / ～ないように ～하도록 / ～하지 않도록

彼(かれ)はみんなによく聞(き)こえるように大声(おおごえ)で話(はな)した。
그는 모두에게 잘 들리도록 큰 소리로 말했다.

二度(にど)と同(おな)じ誤(あやま)りをしないように注意(ちゅうい)しなさい。
두 번 다시 같은 잘못을 하지 않도록 조심해라.

素敵(すてき)な出会(であ)いがありますように。
멋진 만남이 있기를.

159 ～ようになる / ～ようにする ～하게 되다 / ～하도록 하다

早(はや)く退院(たいいん)できるようになりたいです。
빨리 퇴원할 수 있게 되었으면 좋겠습니다.

もう会(あ)わないようにしよう。
이젠 만나지 않도록 해야지.

160 ～をのぞいて(は) ～을 제외하고(는), ～을 빼고(는)

この仕事(しごと)は楽(らく)だし、給料(きゅうりょう)もいいし、通勤時間(つうきんじかん)が長(なが)いことをのぞいては文句(もんく)ない。
이 일은 편하고 보수도 좋고, 통근 시간이 긴 것을 빼고는 불만 없다.

JLPT
일본어능력시험

한권으로 끝내기

N2